EL ZOHAR

PART II

EL ZOHAR

Traducido, explicado
y comentado
Vol. XXI

EDICIONES OBELISCO

Si este libro le ha interesado y desea que le mantengamos informado de nuestras publicaciones, escríbanos indicándonos qué temas son de su interés (Astrología, Autoayuda, Ciencias Ocultas, Artes Marciales, Naturismo, Espiritualidad, Tradición...) y gustosamente le complaceremos.

Puede consultar nuestro catálogo en www.edicionesobelisco.com

Colección Cábala y Judaísmo
El Zohar
Vol. XXI

1.ª edición: abril de 2016

Título original: *Sefer ha Zohar*

Traducción: *Proyecto Amós*
Maquetación: *Natàlia Campillo*
Diseño de cubierta: *Enrique Iborra*

© 2016, Proyecto Amós
(Reservados todos los derechos)
© 2016, Ediciones Obelisco, S. L.
(Reservados los derechos para la presente edición)

Edita: Ediciones Obelisco, S. L.
Pere IV, 78 (Edif. Pedro IV) 3.ª planta, 5.ª puerta.
08005 Barcelona - España
Tel. 93 309 85 25 - Fax 93 309 85 23
E-mail: info@edicionesobelisco.com

ISBN: 978-84-9111-071-2
Depósito Legal: B-8.147-2016

Printed in Spain

Impreso en España en los talleres gráficos de Romanyà/Valls S. A.
Verdaguer, 1 - 08786 Capellades (Barcelona)

Reservados todos los derechos. Ninguna parte de esta publicación, incluido el diseño de la cubierta, puede ser reproducida, almacenada, transmitida o utilizada en manera alguna por ningún medio, ya sea electrónico, químico, mecánico, óptico, de grabación o electrográfico, sin el previo consentimiento por escrito del editor. Diríjase a CEDRO (Centro Español de Derechos Reprográficos, www.cedro.org) si necesita fotocopiar o escanear algún fragmento de esta obra.

DEDICATORIA DE EL ZOHAR

A Jana Miriam, que alcanzó a leer parte de estos textos y los amó con toda su alma. Para ella, que develó el misterioso modo de estudiar la Torá desde las profundidades de su ser y de entregarse a Dios sin reservas, y que se fue de este mundo en dirección a su amada Jerusalén Celestial con la paz interior y el sosiego que caracterizan a aquellos que tienen la certeza de haber cumplido su misión en su paso por la vida.

Quienes tuvimos el mérito y la suerte de conocerla sabemos que su luz espiritual y su sonrisa pura nos acompañarán e iluminarán hasta el reencuentro final.

Zijroná Librajá

¡Que su recuerdo sea una bendición!

PALABRAS INTRODUCTORIAS

He aquí que vendrán días, dice El Eterno, Dios, en que enviaré hambre a la Tierra, pero no hambre de pan, ni sed de agua, sino de la palabra de El Eterno.

Amós 8:11

Los motivos que nos llevan a traducir esta edición de El Zohar son los siguientes:

1. Todo lo relacionado con la Cábala se encuentra tan popularizado y divulgado que prácticamente se halla al alcance de cualquiera.
2. Las traducciones parciales que normalmente suelen encontrarse en el mercado son incompletas, inexactas y confusas, y en la mayoría de los casos no se basan en el idioma original de El Zohar.
3. Existen personas que, sin saber hebreo ni arameo, e incluso sin vivir de acuerdo con las normas de la Torá, se dedican a la enseñanza de estos textos sagrados motivados por intereses exclusivamente personales y comerciales.

Por consiguiente, y tras consultar a grandes e importantes cabalistas en Israel, nos propusimos presentar una traducción absolutamente fiel al texto sagrado original, incluyendo comentarios breves y aclaraciones con la intención de facilitar una comprensión mínima de aquellos pasajes que se consideran de carácter más abierto y revelado. Estas aclaraciones escritas en letra más fina, no son nunca opiniones personales de los traductores, sino una síntesis de las enseñanzas de los sabios que han comentado El Zohar. Con todo, el lector atento notará que muchos pasajes han sido traducidos de modo literal y sin explicación alguna, ya que debido a su misterio y hermetismo simplemente no pueden ser revelados al inexperto aprendiz.

Las características técnicas de la presente obra son las siguientes:
1. La letra enfatizada en negrita es la traducción palabra por palabra de El Zohar.
2. La letra intercalada en redonda son los comentarios y agregados.
3. Se han añadido fuentes bíblicas y talmúdicas.
4. Se acompaña un glosario al final de cada volumen.

Por último, queremos aclarar que todas las personas que participan en la traducción de esta obra excepcional viven de acuerdo con las enseñanzas clásicas de la Torá y se esfuerzan por complacer y cumplir la Voluntad del Creador.

Quiera el Dios de Abraham, Itzjak y Jacob hacer cumplir nuestra voluntad: que las almas sedientas de espiritualidad beban de la Luz de Su Torá.

Y como dice la Mishná de Pirkei Avot (2:6):
En un lugar donde no hay hombres, esfuérzate en ser un hombre.

Los traductores

SEGUNDA PARTE

AJAREI MOT

Y El Eterno le dijo a Moshé (Moisés): háblale a Aarón, tu hermano: no vendrá en todo momento al Santuario, dentro de la Partición, delante de la Cubierta que hay sobre el Arca, para que no muera; pues en una nube habré de aparecer sobre la Cubierta» (Levítico 16:1-2). **Dijo Rabí Iehuda: considerando que está escrito: «El Eterno habló a Moshé»,** y aún no está escrita ninguna ordenanza, **¿por qué** se volvió a decir este enunciado **otra vez?** Como está escrito: **«Y El Eterno le dijo a Moshé** (Moisés): háblale **a Aarón, tu hermano:** no vendrá en todo momento al Santuario, dentro de la Partición, delante de la Cubierta que hay sobre el Arca, para que no muera; pues en una nube habré de aparecer sobre la Cubierta». **Pues con la primera declaración era suficiente.** ¿Cómo se explica?

La respuesta no es **sino ésta: así hemos estudiado: está escrito: «El Eterno llamó a Moshé** (Moisés) **y le habló** desde la Tienda de la Reunión, diciendo» (Levítico 1:1). He aquí que cuando Moshé entró en el Santuario está duplicado el texto que se refiere a la comunicación de El Eterno con Moshé. Y ésta es la explicación: alude al aspecto femenino inferior –*Maljut*–, que llamó a Moshé, y después El Eterno, que es el aspecto femenino inferior –*Maljut*–, habló con él, y le ordenó lo referente al precepto de los sacrificios. **Y está escrito** acerca de la entrega de la Torá: **«A Moshé** (Moisés) **Él le dijo: asciende a El Eterno,** tú, Aarón, Nadab y Abihu, y setenta ancianos de Israel, y os

56a

postraréis a la distancia» (Éxodo 24:1). Y no está escrito quién habló. Y ésta es la explicación: el aspecto femenino inferior –*Maljut*–, habló a Moshé: asciende al aspecto masculino inferior –*Zeir Anpín*–, que se denomina El Eterno. Y por eso no está escrito: «Asciende a Mí». **Y este asunto ya ha sido** estudiado y **establecido** por los sabios, quienes enseñaron **que** lo que está escrito **aquí,** el comienzo, se refiere a **un grado,** o sea, el aspecto femenino inferior –*Maljut*–, **y** lo que está escrito **después** se refiere a **otro grado,** el del aspecto masculino inferior –*Zeir Anpín*–. **También aquí,** lo que está escrito: «**El Eterno habló a Moshé** (Moisés) tras la muerte de los dos hijos de Aarón [...]», es **un grado,** inferior. Es decir, el aspecto femenino inferior –*Maljut*–, habló a Moshé tras la muerte de los dos hijos de Aarón cuando se aproximaron a El Eterno y murieron. Y le dijo que la causa de la muerte de ellos era porque dañaron su honor, del aspecto femenino inferior –*Maljut*–. **Y después** está escrito: «**Y El Eterno le dijo a Moshé** (Moisés): háblale **a Aarón, tu hermano:** no vendrá en todo momento al Santuario, dentro de la Partición, delante de la Cubierta que hay sobre el Arca, para que no muera; pues en una nube habré de aparecer sobre la Cubierta» (Levítico 16:1-2), y es **otro grado,** más elevado. Es decir, el aspecto masculino inferior –*Zeir Anpín*–, le dijo a Moshé que advirtiera a Aarón respecto al honor de la Presencia Divina –*Shejiná*–, que es el aspecto femenino inferior –*Maljut*–. **Y todo asciende en un mismo peso.** Es decir, tanto las palabras del aspecto femenino inferior –*Maljut*–, que habló a Moshé tras la muerte de los dos hijos de Aarón cuando se aproximaron a El Eterno y murieron, tanto las palabras del aspecto masculino inferior –*Zeir Anpín*–, quien dijo: «no vendrá en todo momento al Santuario», todo es un mismo asunto, el concerniente a la enseñanza del honor que se debe otorgar a la Presencia Divina –*Shejiná*– y su morada, el Santuario. Y si bien está escrito en ambos casos El Eterno, y las expresiones «dijo –*vaiomer*–», y «habló –*diver*–», que fueron dichas una vez en relación con el aspecto femenino inferior –*Maljut*–, y otra vez en relación con el aspecto masculino inferior –*Zeir Anpín*–, no hay ninguna pregunta que no se pueda responder al respecto. **Y esto es así porque todo se vincula con una sola raíz.** Ya que ambos entes cósmicos se unen a través del poder del lugar donde están enraizados, que es El Infinito. Por eso a veces se aplica el atributo denominado el aspecto masculino inferior –Zeir Anpín– al aspecto femenino inferior –Maljut–, y otras veces el atributo denominado aspecto femenino inferior –Maljut–, al aspecto masculino inferior –Zeir Anpín–, pues no hay ninguna separación entre ellos.

Está escrito: «El Eterno habló a Moshé (Moisés) **tras la muerte de los dos hijos de Aarón,** cuando se aproximaron a El Eterno y murieron» (Levítico 16:1). **Rabí Itzjak abrió** su enseñanza acerca de este asunto **y** para explicarlo **dijo** este versículo: **«Servid a El Eterno con temor; y regocijaos con estremecimiento»** (Salmos 2:11). **Y está escrito: «Servid a El Eterno con alegría; venid ante su presencia con alabanza»** (Salmos 100:2). **Estos versículos** aparentemente **se contradicen éste a éste.** Pues en el primer versículo citado se declara que se debe servir a El Eterno con temor y estremecimiento, y en el otro versículo citado se declara que se debe servir a El Eterno con alegría y alabanza. ¿Cómo se explica esta aparente contradicción?

La respuesta no es **sino ésta: así hemos estudiado:** lo que está escrito: **«Servid a El Eterno con temor»,** enseña **que todo servicio que la persona debe realizar ante su Amo, al principio necesita** hacerlo con **temor, para temer de Él,** siendo esa la puerta de entrada para servir a El Santo, Bendito Sea, como es debido; ya que a través del temor la persona será precavida de traspasar la voluntad de El Santo, Bendito Sea. **Y** obrando **por temor a su Amo, resultará que después lo servirá cumpliendo las ordenanzas de la Torá con alegría. Y** a esto se refiere lo que está escrito: «Ahora, Israel, ¿qué te pide El Eterno, tu Dios? Únicamente que le temas a El Eterno, tu Dios, que vayas por todos Sus caminos y Lo ames, y que sirvas a El Eterno, tu Dios, con todo tu corazón y con toda tu alma» (Deuteronomio 10:12). Resulta que El Eterno solicita de la persona que al comienzo lo sirva con temor, para que después llegue a cumplir los preceptos con alegría.

A continuación está escrito: **«y regocijaos con estremecimiento»** (Salmos 2:11). ¿Qué enseña? **Que está prohibido para la persona**

alegrarse en exceso en este mundo. Esto es así en relación **con los asuntos del mundo, pero** en relación **con los asuntos de la Torá y las ordenanzas de la Torá, debe alegrarse.** Y por eso, **después** de que la persona se despierte en servir a El Santo, Bendito Sea, con temor, **resultará que la persona lo servirá cumpliendo las ordenanzas de la Torá con alegría, como está escrito: «Servid a El Eterno con alegría;** venid ante su presencia con alabanza» (Salmos 100:2).

Dijo Rabí Aba: está escrito: «Servid a El Eterno con temor; y regocijaos con estremecimiento» (Salmos 2:11). **(56b)** Este versículo nos revela que éste **es el misterio del asunto** en lo que respecta al temor. Pues aparentemente esta declaración es difícil de entender, ya que está escrito: **«Servid a El Eterno con temor»,** ¿**y a qué temor se refiere aquí?** ¿A qué ente cósmico alude? La respuesta no es **sino ésta**: tal **como ya ha sido** estudiado y **establecido por nosotros, como está escrito: «El principio de la sabiduría es el temor de El Eterno»** (Proverbios 1:7). Es decir, el aspecto femenino inferior –*Maljut*–, que se denomina «el temor de El Eterno», es el principio y la puerta de entrada para ascender desde lo bajo a lo Alto, y entrar junto al aspecto masculino inferior –*Zeir Anpín*–, que se denomina «sabiduría –*daat*–». Y en relación con ella está dicho: «Servid a El Eterno», que es el aspecto masculino inferior –*Zeir Anpín*–, «con temor», entrando primero a través del aspecto femenino inferior –*Maljut*–, que está asociada con el misterio del temor de lo bajo. **Y está escrito: «El principio de la sabiduría es el temor de El Eterno»** (Proverbios 1:7). ¿A qué se refiere? Enseña que el principio de la sabiduría desde abajo hacia arriba es el temor de El Eterno, o sea, el ente cósmico denominado *Biná*. surge de aquí que también el ente cósmico denominado *Biná* se denomina «temor» en relación con la sabiduría –*Jojmá*–, o sea, el ente cósmico denominado *Jojmá*, y el ente cósmico denominado *Biná* es la puerta de entrada para ascender al ente cósmico denominado *Jojmá*. Pero esto es así únicamente a través de solicitud, pues lo principal del denominativo temor, está asociado con el misterio del aspecto femenino inferior –*Maljut*–. Ahora bien, **«el temor de El Eterno», El Santo, Bendito Sea,** que es un denominativo que está asociado con el misterio del ente cósmico denominado *Biná*, **se**

SEGUNDA PARTE: AJAREI MOT

denomina así, el temor de El Eterno. pero dado que los juicios que hay en este ente cósmico están endulzados, por esta razón, el principal denominativo asociado con él es el de la «alegría», y en relación con el ente cósmico denominado *Biná* está dicho: «Servid a El Eterno con alegría» (Salmos 100:2).

Dijo Rabí Elazar: está escrito: **«Servid a El Eterno con temor; y regocijaos con estremecimiento»** (Salmos 2:11). **Aquel que desea realizar el servicio de su Amo,** es decir, unir a El Santo, Bendito Sea, con su Presencia Divina –*Shejiná*–, que son el aspecto masculino inferior –*Zeir Anpín*–, y el aspecto femenino inferior –*Maljut*–, asociados con el misterio de los dos Nombres sagrados: El Eterno –el Tetragrama– y Dios –*Elokim*–, **¿de qué lugar ha de comenzar** la unión, **y en qué lugar ha de concentrarse en su servicio para unir el Nombre de su Amo?** ¿Ha de comenzar de abajo hacia arriba, o de arriba hacia abajo? **Volvió y dijo:** debe hacerlo **con temor;** es decir, comenzar desde el aspecto femenino inferior –*Maljut*–, pues **con temor es el comienzo del servicio de abajo hacia arriba.** Es decir, desde el aspecto femenino inferior –*Maljut*–, comienza la unión desde abajo hacia arriba, ya que este ente cósmico está abajo, en el comienzo de la entrada del Mundo de la Emanación –*Atzilut*–. Y después debe volver para unir desde arriba hacia abajo, y reunir allí a todo. Y dado que aquí se habla del comienzo de la unión, por esta razón se dijo: «Servid a El Eterno con temor; y regocijaos con estremecimiento» (Salmos 2:11). Y en el otro procedimiento mencionado, se habla del final de la unión, por eso se dijo: «Servid a El Eterno con alegría; venid ante su presencia con alabanza» (Salmos 100:2).

Ven y **observa: ¿qué está escrito aquí?** Está escrito: «El Eterno habló a Moshé (Moisés) **tras la muerte de los dos hijos de Aarón,** cuando se aproximaron a El Eterno y murieron» (Levítico 16:1). Y se sabe que ellos murieron porque dañaron al aspecto femenino inferior –*Maljut*–. Y no porque tuvieran mala intención, sino porque quisieron rectificarla y la dañaron. **Y después** está escrito: «Y El Eterno le dijo a Moshé (Moisés): háblale **a Aarón, tu hermano:** no vendrá en todo momento al Santuario, dentro de la Partición, delante de la Cubierta que hay sobre el Arca, para que no muera; pues en una nube habré de aparecer sobre la Cubierta. **Con esto** –*zot*– **vendrá Aarón** al Santuario: con un toro joven como sacrificio expiatorio –*jatat*– y un carnero como ofrenda ígnea –*olá*–» (Levítico 16:2-3). Y debe saberse qué advertencia es ésta en relación con la rectificación del aspecto femenino inferior –*Maljut*–. ¿Cómo se explica? La respuesta no es **sino ésta**: a partir **de aquí,** de este suceso que revela que los hijos de Aarón murieron por dañar al aspecto femenino inferior –*Maljut*–, por no haber asociado con ellos a su padre, que estaba vinculado con el misterio de las facultades cognitivas cósmicas –*mojín*–, del aspecto masculino superior –*Aba*–, a raíz de eso los entes impuros denominados *jitzonim* tenían poder para adherirse al aspecto femenino inferior –*Maljut*–; y ese es **el comienzo de la advertencia para los sacerdotes, todo lo que ellos deben cuidarse con ese** ente cósmico denominado *Zot*, es decir, el aspecto femenino inferior –*Maljut*–. Ya que deben saber cómo rectificarla correctamente. **Y a esto se refiere** lo que está escrito: **«temor de Dios».** Es decir, se refiere al aspecto femenino inferior –*Maljut*–, que se denomina temor de Dios. Y a esto se refiere lo que está escrito: «Y El Eterno le dijo a Moshé (Moisés): háblale a Aarón, tu hermano: no vendrá en todo momento –*kol et*– al Santuario, dentro de la Partición, delante de la Cubierta que hay sobre el Arca, para que no muera; pues en una nube habré de aparecer sobre la Cubierta» (Levítico 16:2). Pues la corteza impura denominada *klipa* se denomina «en todo momento –*kol et*–», y debe evitarse que toque al Santuario, o sea, al aspecto femenino inferior –*Maljut*–.

Otro modo de interpretar el **asunto:** está escrito: «El Eterno habló a Moshé (Moisés) **tras la muerte de los dos hijos de Aarón,** cuando se aproximaron a El Eterno y murieron» (Levítico 16:1). **Dijo Rabí Iosei: debería** decir: «El Eterno habló a Moshé (Moisés) **tras la muerte de Nadab y Abihu»,** como está escrito: «Nadav y Avihu murieron ante El Eterno cuando ofrendaron un fuego extraño ante El Eterno en el Desierto del Sinaí, y no tenían hijos; y Elazar e Itamar oficiaron en vida de Aarón, su padre» (Números 3:4). **¿Por qué razón** está escrito aquí: «El Eterno habló a Moshé (Moisés) tras la muerte de **los dos hijos de Aarón? Y he aquí que se sabe que eran sus hijos.** ¿Cómo se explica? La respuesta no es **sino ésta: así hemos estudia-**

SEGUNDA PARTE: AJAREI MOT

do: aún no estaban con el permiso de ellos mismos, sino con el permiso del padre de ellos, pues su padre vivía. Y por eso era apropiado que asociaran con él para la rectificación del aspecto femenino inferior –*Maljut*–, para proyectar las facultades cognitivas cósmicas –*mojín*–, del aspecto masculino superior –*Aba*–. Y para insinuar eso, se los denomina en el versículo: «los dos hijos de Aarón».

Y por eso está escrito: **«cuando se aproximaron a El Eterno y murieron».** Pues por esa causa murieron los dos hijos de Aarón. **Pues ellos desplazaron el momento** acercándose a El Eterno para ofrecer el incienso **en vida del padre de ellos,** y deberían haber asociado al padre de ellos en eso, y no, tomar el poder estando el padre de ellos con vida, y sin hacerlo participar. **Y todo** lo que los sabios dijeron acerca de las faltas de ellos, **ocurrió,** ya que murieron **por ese pecado que cometieron** de no asociar a su padre, **como está escrito:** «Nadav y Avihu murieron ante El Eterno cuando **ofrecieron un fuego extraño** ante El Eterno en el Desierto del Sinaí, y no tenían hijos; y Elazar e Itamar oficiaron en vida de Aarón, su padre» (Números 3:4). Se refiere a los entes impuros denominados *jitzonim*, que se denominan «fuego extraño». Pues si bien no se concentraron en eso, al no asociar a su padre, los entes impuros denominados *jitzonim* se adhirieron al aspecto femenino inferior –*Maljut*–.

Como hemos estudiado: en un lugar está escrito: «Nadav y Avihu murieron ante El Eterno cuando **ofrecieron un fuego extraño** ante El Eterno en el Desierto del Sinaí, y no tenían hijos; y Elazar e Itamar oficiaron en vida de Aarón, su padre» (Números 3:4). Y esa fue la causa de su muerte. **Y en un lugar está escrito:** «Tomaron los hijos de Aarón, Nadab y Abihu, cada uno su brasero, le pusieron fuego y colocaron encima incienso; **y trajeron ante El Eterno un fuego extraño** que Él no les había ordenado» (Levítico 10:1). Esto ocurrió mientras su padre estaba con vida, y por eso murieron. Y en verdad, **esto y esto sucedió.** Pues al acercarse ante El Eterno para ofrendar estando su padre vivo, sin que lo asociaran, provocaron la adherencia de los entes impuros denominados *jitzonim* que se denominan «fuego extraño». **Y a esto se refiere lo que está escrito aquí: «los hijos de Aarón»,** para enseñar que aún estaban bajo el dominio de su padre. **Y está escrito:** «Nadav y Avihu murieron ante El Eterno **cuando ofrecieron** un fuego extraño ante El Eterno en el Desierto del Sinaí, y no tenían hijos; y Elazar e Itamar oficiaron en vida de Aarón, su padre» (Números 3:4). Pues desplazaron el momento y ofrendaron sin asociar al padre de ellos, estando él con vida.

Dijo Rabí Jía: un día yo marchaba por el camino, para ir a visitar **a Rabí Shimón, para estudiar de él la sección de Pesaj. Me topé con un monte, y vi grietas y agujeros en una roca, y había allí dos hombres.**

Mientras marchaba, oí la voz de esos hombres, quienes decían: está escrito: **«Cántico de alabanza, salmo de los hijos de Koraj: grande es El Eterno,** y muy excelso; en la ciudad de nuestro Dios, en su santo Monte» (Salmos 48:1). **¿Qué** significa: **«Cántico de alabanza, salmo»**? Pues un salmo es un cántico de alabanza. ¿Qué viene a enseñar esta aparente redundancia? La respuesta no es **sino ésta: así hemos estudiado en nombre de Rabí Shimón: el cántico** de alabanza –*shir*– que está **duplicado,** alude al aspecto masculino inferior –*Zeir Anpín*–, y al aspecto femenino inferior –*Maljut*–, ya que el aspecto masculino inferior –*Zeir Anpín*–, se denomina cántico de alabanza –*shir*–, y el aspecto femenino inferior –*Maljut*–, se denomina salmo –*mizmor*–. **Y dado que es** un cántico de alabanza **más selecto que los demás cánticos** de alabanza, **se dijo acerca de él dos veces** una expresión de **cántico.** A esto se refiere lo que está escrito: «Cántico de alabanza –*shir*–, salmo –*mizmor*–». **Y así** también ocurre con la cita que declara: **«Cántico de alabanza** –*shir*–, **salmo** –*mizmor*– **del día de Shabat»** (Salmos 92:1). **Del mismo modo: «Cantar de los Cantares de Salomón»** (Cantar de los Cantares 1:1). O sea, **un cántico de alabanza** supremo, **superior a todos los** demás **cánticos de alabanza.**

Otra explicación: está escrito: **«Cántico de alabanza** –*shir*–, **salmo** –*mizmor*–». Es un **cántico de alabanza** –*shir*– **de El Santo, Bendito Sea, que cantaban** los levitas, y oraban **por los hijos de Koraj.** Es decir, no fue compuesto por los hijos de Koraj, sino que lo alababan en contraposición con los hijos de Koraj. Pues lo cantaban **por aquellos que se sientan en la entrada del Infierno,** para apagar de ellos el fuego del Infierno. **¿Y quiénes son? Los hermanos de ellos que se hallan en los portales del Infierno.** Tal como enseñaron los sabios talmudistas: está escrito: «Pero los hijos de Koraj no murieron» (Números 26:11). Y fue estudiado en una Baraita en el nombre de Rabeino, –es decir, Rabí Iehuda Hanasí–, les fue preparado un lugar alto a los hijos de Koraj en el Infierno, y se ubicaron sobre el mismo, y no murieron (Talmud, tratado de Meguilá 14a). **Y por eso ese cántico** de alabanza **era pronunciado** por los levitas **en el segundo día de la semana** en el Templo Sagrado. Es decir, el día lunes. ¿Y cuál es la razón? Porque en el segundo día de la semana fue creado el Infierno, y el recitado de ese cántico es propicio para salvar a los malvados de los castigos del Infierno. Y del mismo modo este cántico de alabanza es propicio para salvarse de los enemigos.

Dijo Rabí Jía: **me acerqué a ellos, y les dije: ¿Qué hacéis en este lugar? Me dijeron: somos comerciantes, y dos días de la semana nos apartamos de la región habitada y nos ocupamos de la Torá. Pues** en la ciudad **las personas no nos dejan** estudiar la Torá apropiadamente **todo día y día,** ya que nos molestan. Les **dije: ¡bienaventurada vuestra parte!**

Además abrieron y dijeron: todo el tiempo que los justos se apartan del mundo, el juicio se aparta del mundo, y la muerte de los justos expía por los pecados de la generación. Y por eso leemos en el día de Iom Kipur la sección de la muerte de **los hijos de Aarón, para que expíe por los pecados de** los Hijos de **Israel. El Santo, Bendito Sea, dijo** a los Hijos de Israel: **ocupaos de la muerte de estos justos, y se os considerará como si ofrecierais ofrendas en ese día, para expiar por vosotros.** Por esta razón, cuando se lee en la sinagoga en el día de Iom Kipur la sección de la Torá que se refiere a la muerte los hijos de Aarón, hay que preocuparse por su muerte, y entonces se considerará como expiación.

Pues hemos estudiado: todo el tiempo que los Hijos de **Israel estén en el exilio, y no ofrezcan ofrendas en ese día,** el Día del Perdón, **y esos dos chivos** del Día del Perdón **no se pudieran ofrecer,** ya que a través de la confesión sobre el chivo destinado ser enviado a Azazel se expían los pecados de los Hijos de Israel, como está escrito:

56b

«Tomará los dos machos cabríos y los ubicará ante El Eterno, en la entrada de la Tienda de la Reunión. Aarón echará suertes sobre los dos machos cabríos: una suerte "para El Eterno" y una suerte "para Azazel". Aarón acercará el macho cabrío designado por sorteo para El Eterno y hará con él un sacrificio expiatorio –*jatat*–. Y el macho cabrío designado por sorteo para Azazel se pondrá vivo ante El Eterno, para procurar expiación por su intermedio para enviarlo a Azazel en el desierto» (Levítico 16:8-11). Y está escrito: «Cuando termine de expiar por el Santuario, la Tienda de la Reunión y el Altar, aproximará el macho cabrío vivo. Aarón apoyará sus dos manos sobre la cabeza del macho cabrío vivo y confesará sobre él todas las iniquidades de los Hijos de Israel, y todos sus pecados de rebelión entre todos sus pecados, y los colocará sobre la cabeza del macho cabrío y lo enviará con un hombre designado al desierto. El macho cabrío cargará sobre sí todas sus iniquidades hacia una tierra no habitada, y debe enviar al macho cabrío al desierto» (Levítico 16:20-22). Entonces, al leerse la sección de la Torá de la muerte de los dos hijos de Aarón, **les será considerado** a los Hijos de Israel **por memoria de** la muerte de **los dos hijos de Aarón, y expiará por ellos.**

Pues así hemos estudiado: está escrito: «Estos eran los nombres de los hijos de Aarón, los sacerdotes ungidos, a los que dispuso para servir» (Números 3:3). **Y está escrito:** «Estos son los nombres de los hijos de Aarón, **el primogénito era Nadav, y Avihu, Elazar e Itamar»** (Números 3:2). Y esto es difícil de entender, pues **debería** estar escrito: **«y Elazar e Itamar»,** con la conjunción copulativa y, que en hebreo corresponde con la letra *vav*. ¿Por qué no está escrita la conjunción copulativa antes de Elazar? **¿Qué** significa **«Elazar e Itamar»,** sin la conjunción copulativa antes de Elazar? La respuesta no es **sino ésta: Avihu era considerado como dos hermanos suyos.** Y ésta es la explicación: «Y Avihu era considerado como Elazar e Itamar». **Y Nadav como todos.** Es decir, Nadav era considerado como sus tres hermanos. Por eso debajo de Nadav consta el signo *etnajta*, lo cual enseña que sólo él era considerado como tres hermanos suyos.

Y hay quien la estudia esa enseñanza **al revés.** Es decir, que no eran considerados tan importantes, y en realidad se equivocaron y pensaron que eran considerados como Elazar e Itamar, pero en verdad no era así. Y a esto se refiere lo que está escrito: «Estos son los nombres de los hijos de Aarón, **el primogénito era Nadav,** y Avihu, Elazar e Itamar» (Números 3:2). Y debajo de Nadav consta el signo *etnajta*. Enseña que **sólo él** era considerado en sus ojos como dos hermanos suyos. Y asimismo ocurría con **Avihu, sólo él** era considerado en sus ojos así. **Y cada uno y uno era considerado en sus ojos como dos de ellos,** es decir, **como Elazar e Itamar** juntos. Pero en verdad no era así. Y si suponéis, siendo así, ¿por qué son considerados como expiación? La respuesta no es sino ésta: **pero Nadav y Avihu solos,** es decir, juntos, **eran considerados como los setenta** miembros del **Sanhedrín. Pues ellos servían ante Moshé. Y por eso su muerte expía sobre** todos los Hijos de **Israel.** Y a esto se refiere lo que está escrito: «Moshé (Moisés) le dijo a Aarón y a sus hijos Elazar e Itamar: «No dejéis vuestras cabelleras sin cortar ni rasguéis vuestras vestiduras, para que no muráis y Él se encolerice con toda la asamblea; **y vuestros hermanos, toda la Casa de Israel, lamenten la conflagración que encendió El Eterno»** (Levítico 10:6).

Y dijo Rabí Shimón: está escrito: «Estos son los nombres de los hijos de Aarón, **el primogénito era Nadav,** y Avihu, Elazar e Itamar» (Números 3:2). La expresión primogénito –*bejor*– indica importancia. **Es decir, ese a quien le llegaba toda la alabanza y la gloria,** ya que era considerado el más importante. **Nadav y Avihu** juntos, **cuánto más y más,** que eran apropiados para recibir todo el honor y la alabanza. **Pues como esos dos no se hallaba en Israel.** Es decir, como esos dos hijos de Aarón, no había entre todos los Hijos de Israel.

Está escrito: **«El Eterno habló a Moshé** (Moisés) **tras la muerte de los dos hijos de Aarón,** cuando se aproximaron a El Eterno y murieron» (Levítico 16:1). **Rabí (57a) Jizkia abrió** su enseñanza acerca de este asunto **y para explicarlo dijo** este versículo: **«Por tanto, así dijo El Eterno a la casa de Jacob, que redimió a Abraham:** no será ahora avergonzado Jacob, ni su rostro se pondrá pálido. Porque verá a sus hijos, obra de mis manos en medio de ellos, que santificarán mi nombre; y santificarán al Santo de Jacob, y temerán al Dios de Israel»

(Isaías 29:22-23). **Este versículo es difícil** de entender. Pues **debería estar escrito: «Por lo tanto, así dijo El Eterno que redimió a Abraham»**. Ya que aparentemente este versículo se refiere a cuando El Santo, Bendito Sea, liberó a Abraham en Ur Kasdim, cuando fue arrojado a un horno encendido. **¿Qué** significa: **«Por lo tanto, así dijo El Eterno "a la casa de Jacob", que redimió a Abraham»?** ¿Acaso Jacob redimió a Abraham?

La respuesta no es **sino ésta: esto ya ha sido** estudiado y **establecido** por los sabios, **y lo que surge de aquí ya ha sido** estudiado y **dicho. Pues Jacob redimió a Abraham ciertamente. Ya que en ese momento en que cayó al horno encendido de los caldeos,** cuando lo arrojaron allí, **juzgaron su juicio** en el tribunal de lo Alto, para verificar si era apropiado salvarlo. **Y** en lo Alto, los acusadores **dijeron ante El Santo, Bendito Sea: ¿por qué** mérito **se salvará este** hombre? **Mérito de sus padres no tiene.** El Santo, Bendito Sea, **les dijo: se salvará por** mérito de **sus hijos. Pues así hemos estudiado: el hijo otorga mérito al padre.** Los acusadores **dijeron** ante El Santo, Bendito Sea: he **aquí que Ismael saldrá de él,** y será un malvado, y no es apropiado que se salve por el mérito de él. **El Santo, Bendito Sea, dijo: he aquí Itzjak, que extenderá su cuello sobre el Altar** para ser degollado, y en mérito de él es apropiado que se salve. Los acusadores **dijeron** ante El Santo, Bendito Sea: he **aquí que Esaú saldrá de él,** y será un malvado, por eso no es suficiente el mérito de Itzjak para que se salve. **El Santo, Bendito Sea, dijo: he aquí Jacob, que es un Trono completo, y todos los hijos** serán **íntegros ante Mí.** Y por su mérito se salvó Abraham. Los acusadores estuvieron de acuerdo y **dijeron: ciertamente que por el mérito de él Abraham ha de salvarse. A esto se refiere lo que está escrito:** «Por tanto, así dijo El Eterno a la casa de Jacob, **que redimió a Abraham»**.

A continuación está escrito en el versículo: **«No será ahora avergonzado Jacob, ni su rostro se pondrá pálido. Porque verá a sus hijos, obra de mis manos en medio de ellos, que santificarán mi nombre;** y santificarán al Santo de Jacob, y temerán al Dios de Israel» (Isaías 29:22-23). **¿Quiénes** son: **sus hijos, obra** de El Santo, Bendito Sea? La respuesta no es sino ésta: **ellos son Janania, Mishael y**

Azaria, que se arrojaron ellos mismos al interior de un horno de fuego encendido para santificar mi Nombre.

Otra explicación: está escrito en el versículo: «**No será ahora avergonzado Jacob**». ¿Por qué se menciona aquí a Jacob? Y he aquí que está escrito: «**Y con Estos estaban de los hijos de Iehuda, Daniel, Janania, Mishael y Azaria**» (Daniel 1:6). **Se los denomina «de los hijos de Iehuda».** O sea, se menciona hasta Iehuda y no se menciona que eran hijos de Jacob. **Y por eso, debería** decir: «**No será ahora avergonzado Iehuda**». ¿Qué significa: «**No será ahora avergonzado Jacob**»?

La respuesta no es **sino ésta: así hemos estudiado: cuando ataron a Janania, Mishael y Azaria para arrojarlos al interior de un horno encendido, cada uno alzó su voz y dijo** un versículo **delante de todos esos pueblos, reyes y ministros** que se reunieron en ese lugar para prosternarse ante la imagen de Nabucodonosor. **Janania dijo: «El Eterno está conmigo; no temeré de lo que me pudiera hacer un hombre. El Eterno está conmigo, en mi ayuda; y yo lo veré en los que me aborrecen, es bueno confiar en El Eterno»** (Salmos 118:6-7). A través de esta cita, Janania revelaba que tenía confianza en El Santo, Bendito Sea, de que lo salvaría si Él lo deseaba. **Mishael abrió y dijo: «Tú, pues, siervo mío Jacob, no temas, dice El Eterno,** ni te atemorices, Israel; porque te salvaré desde lejos, a ti y a tu descendencia, de la tierra de cautividad. **Pues Yo estoy contigo, dice El Eterno, para salvarte, pues destruiré** a todas las naciones entre las cuales te esparcí; pero a ti no te destruiré, sino que te castigaré con justicia, pero no te dejaré sin castigo [...]» (Jeremías 30:10-11). A través de esta cita, Mishael revelaba que tenía confianza en El Santo, Bendito Sea, de que lo salvaría, así como salvó a Jacob. **En ese momento en que todos** los pueblos **oyeron el nombre de Jacob, se sorprendieron, y gritaron burlonamente** porque confiaba en lo que El Santo, Bendito Sea, le había asegurado a Jacob. **Azaria abrió y dijo: «Oye Israel, El Eterno es nuestro Dios, El Eterno es uno»** (Deuteronomio 6:4). A través de esta cita, Azaria revelaba que entregaba su alma por la santidad del Nombre de El Santo, Bendito Sea.

A esto se refiere lo que está escrito: «éste dirá: yo soy de El Eterno, éste se llamará al nombre de Jacob, y éste escribirá con su mano: a El Eterno, y se apellidará con el nombre de Israel» (Isaías 44:5). Lo que está escrito: **«éste dirá: yo soy de El Eterno», se refiere a Janania.** Pues Janania dijo: «El Eterno está conmigo; no temeré de lo que me pudiera hacer un hombre. El Eterno está conmigo, en mi ayuda; y yo lo veré en los que me aborrecen, es bueno confiar en El Eterno» (Salmos 118:6-7). Lo que está escrito: **«éste se llamará al nombre de Jacob», se refiere a Mishael.** Pues Mishael dijo: «Tú, pues, siervo mío Jacob, no temas, dice El Eterno, ni te atemorices, Israel; porque te salvaré desde lejos, a ti y a tu descendencia, de la tierra de cautividad. Pues Yo estoy contigo, dice El Eterno, para salvarte, pues destruiré a todas las naciones entre las cuales te esparcí; pero a ti no te destruiré, sino que te castigaré con justicia, pero no te dejaré sin castigo [...]» (Jeremías 30:10-11). Lo que está escrito: **«y éste escribirá con su mano: a El Eterno, y se apellidará con el nombre de Israel», se refiere a Azaria.** Pues Azaria dijo: «Oye Israel, El Eterno es nuestro Dios, El Eterno es uno» (Deuteronomio 6:4).

En ese momento El Santo, Bendito Sea, reunió a su Corte, los ángeles de lo Alto, y **les dijo: ¿con qué pronunciación de las pronunciaciones que dijeron estos tres los salvaré?** Los ángeles celestiales **abrieron y dijeron: «Y sepan que tu Nombre es El Eterno; Tú solo, Excelso sobre toda la Tierra»** (Salmos 83:19). Es decir, su intención fue decir a El Santo, Bendito Sea: «Sálvalos para que sea santificado tu Nombre en todo el mundo». Y a esto se refiere lo que dijo Azaria: «Oye Israel, El Eterno es nuestro Dios, El Eterno es uno» (Deuteronomio 6:4).

En ese momento El Santo, Bendito Sea, dijo a su Trono de Gloria, que es la Presencia Divina –*Shejiná*–, que se denomina el Trono del aspecto masculino inferior –*Zeir Anpín*–: **Trono mío, dime con qué pronunciación de esas pronunciaciones salvaré a esos justos.** El Trono, o sea, la Presencia Divina –*Shejiná*–, **le dijo** a El Santo, Bendito Sea: **sálvalos con esa pronunciación de la cual todos se rieron:** «Tú, pues, siervo mío Jacob, no temas, dice El Eterno, ni te atemorices, Israel; porque te salvaré desde lejos, a ti y a tu descendencia, de la tierra de cautividad. Pues Yo estoy contigo, dice El Eterno, para salvarte, pues destruiré a todas las naciones entre las cuales te esparcí; pero a ti no te destruiré, sino que te castigaré con justicia, pero no te dejaré sin castigo [...]» (Jeremías 30:10-11). **No sea avergonzado ahora Jacob, y no sea ahora empalidecido su rostro.** Es decir, también ahora, en el tiempo de Janania, Mishael y Azaria, no sea avergonzado Jacob, pues todos verán que así **como emergió** el mérito de **Jacob a Abraham en el horno encendido, que emerja ahora con estos** justos. **A esto se refiere lo que está escrito: «Por tanto, así dijo El Eterno a la casa de Jacob, que redimió a Abraham: no será ahora avergonzado Jacob,** ni su rostro se pondrá pálido. Porque verá a sus hijos, obra de mis manos en medio de ellos, que santificarán mi nombre; y santificarán al Santo de Jacob, y temerán al Dios de Israel» (Isaías 29:22-23). Es decir, no será avergonzado a raíz **de esa burla** con lo que los ministros y los pueblos se burlaron de su nombre, sino que por recordar su nombre, sus descendientes se salvarán del fuego del horno encendido.

Hemos estudiado que todos esos que se rieron de ese asunto fueron quemados en ese fuego, y fueron muertos por un destello de fuego.

Ahora bien, **¿quién salvó a esos tres** justos, y con qué mérito se salvaron? **Porque oraban ante El Santo, Bendito Sea,** para que se santificara su Nombre a través de ellos. **Y unificaban su Nombre como es debido.** Es decir, estaban dispuestos a entregar su alma para santificar el Nombre de El Santo, Bendito Sea, y a través de eso generaron la unión suprema del aspecto masculino inferior –*Zeir Anpín*–, con el aspecto femenino inferior –*Maljut*–, del Mundo de la Emanación –*Atzilut*–. **Y por unificar el Nombre** de El Santo, Bendito Sea, **como es debido, se salvaron de ese fuego del horno encendido.**

Ahora se retoma la explicación del versículo con el que se abrió la disertación: pues **los dos hijos de Aarón ofrecieron fuego extraño,** y por eso, los entes impuros denominados *jitzonim* se adhirieron al servicio de ellos, **para que su Nombre,** de El Santo, Bendito Sea, **no sea unificado como es debido.** Es decir, a través de eso no generaron la unión del aspecto masculino inferior –*Zeir Anpín*–, con el

57a

aspecto femenino inferior *–Maljut–*, **y por eso fueron quemados en el fuego.**

Dijo Rabí Itzjak: está escrito: «El Eterno habló a Moshé (Moisés) tras la muerte de los dos hijos de Aarón» (Levítico 16:1). Y está escrito: «cuando se aproximaron a El Eterno y murieron» (Ibíd.). Y **dado que fue dicho: «tras la muerte de los dos hijos de Aarón», ¿acaso no sabemos que murieron».** ¿A qué se debe esta aparente redundancia? La respuesta no es **sino ésta: así hemos estudiado: hubo dos muertes** en los dos hijos de Aarón, **una, ante El Eterno,** cuando murieron sus cuerpos, **y una, que no tenían hijos,** y murieron con sus almas, pues no podían levantarse más y servir ante El Eterno, dado que no tenían hijos. **Pues todo el que no merece hijos, está considerado muerto. A esto se refiere** lo que está escrito: «El Eterno habló a Moshé (Moisés) **tras la muerte** de los dos hijos de Aarón, cuando se aproximaron a El Eterno **y murieron».** Es decir: «tras la muerte», textualmente, «y murieron», pues a causa de no tener hijos, eran considerados como muertos.

Dijo Rabí Aba: en verdad Nadab y Abihu no murieron con sus almas, pues sus almas se introdujeron en Pinjas. Pues, **¿a qué se refiere** lo que está escrito: **«Nadav y Avihu murieron ante El Eterno cuando ofrendaron un fuego extraño ante El Eterno en el Desierto del Sinaí, y no tenían hijos; y Elazar e Itamar oficiaron** en vida de Aarón, su padre» (Números 3:4)? **¿Qué** indica la aproximación de **esto a esto? Como está escrito: «y no tenían hijos».** Y está escrito a continuación: **«y Elazar e Itamar oficiaron».** Y esto es difícil de entender, ¿acaso **Elazar e** Itamar heredaron el sacerdocio de Nadav y Avihu porque no tenían hijos? ¿cómo se explica? La respuesta no es **sino ésta: hay un misterio en este asunto. Y esto es** como **lo que he dicho,** que lo que está escrito: **«murieron», porque no tenían hijos.** Es decir, al no tener hijos estaban considerados como muertos. **Y ciertamente es así, pero no como las demás personas del mundo,** ya que aquel que no tiene hijos, no merece entrar en la división de El Santo, Bendito Sea, pero **aunque sea que** ellos **no se casaron,** para merecer ser rectificados a través del casamiento de levirato, aún así se rectificaron a través de Pinjas. **Pues ellos no murieron sino con una muerte de ellos mismos,** o sea, sus cuerpos, **pero con una muerte de sus almas, no murieron.** A esto se refiere la aproximación de temas mencionada. Pues está escrito: «y no tenían hijos», y a continuación está escrito: «y Elazar e Itamar oficiaron». Se enseña que se rectificaron a través de Elazar, que engendró a Pinjas.

¿De dónde lo sabemos? Es decir, ¿de dónde sabemos que las almas de Nadab y Abihu se introdujeron en Pinjas? **Como está escrito: «Elazar hijo de Aarón (57b) tomó para sí mujer de las hijas de Putiel, y ella dio a luz a Pinjas; estos eran los jefes de los padres de los levitas, según sus familias»** (Éxodo 6:25). Lo que está escrito: «Elazar hijo de Aarón tomó para sí mujer de las hijas de Putiel, y ella dio a luz a Pinjas», enseña que tenía un solo hijo, y aún así está escrito a continuación: «Estos eran los jefes de los padres de los levitas, según sus familias». Y a esto se refiere lo que está escrito: **«Estos»,** en plural, **y Pinjas sólo era** el hijo de Elazar. **Y está escrito** también en plural: **«los jefes de los padres de los levitas».** Se indica a modo de insinuación que las almas de Nadab y Abihu se introdujeron en Pinjas. Por eso en el versículo se lo menciona con número plural. **Por eso murieron una muerte de ellos mismos,** sus cuerpos, pero **con una muerte de sus almas, no murieron,** ya que se introdujeron en Pinjas.

Dijo Rabí Elazar: ciertamente lo que has dicho es así, pues **se desprende de** lo que está escrito: **«Estos»,** en plural, **y se desprende de** lo que está escrito también en plural: **«los jefes».** Y a esto se **refiere lo que está escrito** en todo lugar en que se menciona en la Torá a Pinjas: «hijo de Aarón el sacerdote», es decir, por el flanco de su alma, que incluía a las almas de Nadab y Abihu, como está escrito: **«Pinjas, hijo de Elazar, hijo de Aarón el Sacerdote,** ha apartado Mi ira de los Hijos de Israel, cuando con celo Me vengó entre ellos, por lo que no consumí a los Hijos de Israel en Mi venganza» (Números 25:11). **Y está escrito: «Y Pinjas, hijo de Elazar, hijo de Aarón el Sacerdote, era Sacerdote en aquellos días»** (Jueces 20:28). Y **debería** decir: **«Pinjas, hijo de Elazar, el Sacerdote».** ¿Por qué se menciona que era hijo de Aarón? La respuesta no es **sino ésta: en todo lugar en el que se menciona a Pinjas, está escrito: «hijo de**

57b

Aarón el Sacerdote», para indicar que su alma incluía a las almas de Nadab y Abihu, que eran hijos de Aarón. **Y** con respecto a **Elazar no está escrito sino: «Elazar el Sacerdote»,** y no se menciona que era hijo de Aarón. **Como está escrito:** «Y se pusieron de pie ante Moshé (Moisés), **ante Elazar el sacerdote,** y ante los líderes y toda la asamblea en la entrada de la Tienda de la Reunión, diciendo: Nuestro padre murió en el Desierto, pero no se contaba entre la asamblea que se reunió en contra de El Eterno en la asamblea de Koraj, sino que murió por su propio pecado, y no tuvo hijos varones» (Números 27:2-3). Y está escrito: **«Elazar el sacerdote les dijo** a los hombres de la legión que vinieron de la batalla: éste es el decreto de la Torá que El Eterno le ordenó a Moshé (Moisés): únicamente el oro y la plata, el cobre, el hierro, la lata y el plomo» (Números 31:21-22). Se desprende de aquí que lo que está escrito: «Pinjas, hijo de Elazar, hijo de Aarón el Sacerdote», es para indicar lo que hemos dicho de Pinjas, es decir, la expresión: «hijo de Aarón el Sacerdote», recae sobre Pinjas, que se denomina: «hijo de Aarón el Sacerdote», por las almas de Nadab y Abihu, que eran hijos de Aarón, y estaban en su interior. Y no recae sobre Elazar, pues no es denominado de ese modo. **Y por eso,** porque las almas de Nadab y Abihu, que eran hijos de Aarón, se introdujeron en el interior de Pinjas, **murieron una muerte de ellos mismos,** sus cuerpos, pero **con una muerte de sus almas, no murieron.**

Y hemos estudiado según el misterio de la Mishná: en el nombre Pinjas hay dos partes, y conforman **una pareja.** Estas dos partes son *pin* y *jas*, y están vinculadas con el misterio de las almas que estaban introducidas en el interior de Pinjas. Pues se indica a través de esto que Nadab y Abihu, que eran la cabeza –*penei*– de la generación (*pen* es en singular y *penei* en plural), estaban enraizados en él. Y él reparó –*jas*– en los Hijos de Israel y la plaga se detuvo, como está escrito: «Pinjas, hijo de Elazar, hijo de Aarón el Sacerdote, vio y se puso de pie en medio de la asamblea, y tomó una lanza en su mano. Fue tras el israelita y entró a la tienda y los atravesó a ambos, al hombre israelita y a la mujer en su estómago, y la plaga cesó entre los Hijos de Israel. Los que murieron en la plaga fueron veinticuatro mil» (Números 25:7-9). Y éte es el misterio del asunto: Nadab y Abihu estaban en-

SEGUNDA PARTE: AJAREI MOT

57b

raizados en la sefirá de *Netzaj*, y la sefirá de *Hod*, del aspecto femenino superior –*Ima*–, y eran dos almas que se transformaron en un alma en Pinjas, y en correspondencia con ellos, hay dos partes en el nombre de Pinjas. **Y he aquí que lo que surge de aquí ya ha sido** estudiado y **dicho,** pues ya dijimos que hay una letra *iud* **pequeña entre las letras** del nombre **de Pinjas,** y la razón es porque **esta** letra, *iud*, que está asociada con el misterio de la coronilla de la sefirá de *Iesod*, **incluye a ambos como uno,** a Nadab y Abihu. **Y este es el misterio del asunto, y lo que surge de aquí ya ha sido** estudiado y **dicho.**

Rabí Elazar preguntó a su padre, Rabí Shimón, acerca de este asunto, **le dijo: he aquí que** las almas de Nadab y Abihu **son dos,** provenientes de dos sefirot del aspecto femenino superior –*Ima*–, la sefirá de *Netzaj*, y la sefirá de *Hod*, **y** por eso **eran dos** hombres en vida. Siendo así, **¿por qué** sus almas **no se introdujeron en dos** personas distintas? Rabí Shimón **le dijo** a su hijo, Rabí Elazar: ellos **eran dos partes de un cuerpo,** pues la sefirá de *Netzaj*, y la sefirá de *Hod*, son dos partes de un cuerpo, y a veces son consideradas como un grado. Y además, **he aquí** debe considerarse **que ellos no se casaron,** y aquel que no tiene una mujer es considerado la mitad de un cuerpo, **y por eso se incluyeron en uno,** pues ambos se incluyeron en Pinjas, **como está escrito:** «Elazar hijo de Aarón tomó para sí mujer de las hijas de Putiel, y ella **dio a luz a Pinjas; estos eran los jefes** de los padres de los levitas, según sus familias» (Éxodo 6:25).

Y a la letra *iud* del nombre **de Pinjas no le fue dada** y colocada en su nombre **para unir las letras, sino cuando celó a El Santo, Bendito Sea,** con el suceso de Zimri. **Y vino a enderezar lo** que se había **torcido. Pues él vio que ese** hombre, **Zimri, introdujo la señal del pacto sagrado en otro dominio,** y por eso Pinjas celó a El Santo, Bendito Sea, y mató a Zimri. **Y así, lo que se torció al comienzo,** a través de Nadab y Abihu, **se rectificó aquí,** con el celo de Pinjas. Pues el asunto **se torció con fuego extraño al comienzo, como está escrito:** «Nadav y Avihu murieron ante El Eterno **cuando ofrecieron un fuego extraño** ante El Eterno en el Desierto del Sinaí, y no tenían hijos; y Elazar e Itamar oficiaron en vida de Aarón, su padre» (Números 3:4). Y a través de eso dañaron al aspecto femenino inferior

57b

–*Maljut*–. Y **aquí, con lo extraño se rectificó,** es decir, al matar Pinjas a la mujer extraña, la midianita, se rectificó ese daño. Ahora bien, ¿de dónde sabemos que una mujer foránea es considerada de ese modo? **Como está escrito: «Y se allegó a una mujer de un dios extraño»** (Malaquías 2:11). **Así como antes** el daño fue causado a través de **fuego extraño, aquí también** la rectificación fue realizada a través de la muerte de **una mujer extraña.**

Rabí Shimón preguntó: **¿qué se ve de aquí** en relación con la rectificación del fuego extraño a través de la muerte de una mujer extraña? La respuesta no es **sino ésta: en un comienzo** Nadab y Abihu **acercaron a la estaba lejos, como está escrito: «cuando ofrendaron un fuego extraño».** Es decir, a través de eso acercaron la mujer extraña, que es el aspecto femenino inferior –*Maljut*–, de la corteza impura denominada *klipa*, al aspecto femenino inferior –*Maljut*–, de la santidad. **También aquí, Zimri,** a través de su pecado, **acercó a la** mujer extraña **que estaba lejos,** y a través de eso **el nombre del rey,** que es el aspecto femenino inferior –*Maljut*–, de la santidad, **se acercó a la** mujer extraña **que estaba lejos. Inmediatamente: «Pinjas, hijo de Elazar, hijo de Aarón el Sacerdote, vio y se puso de pie en medio de la asamblea,** y tomó una lanza en su mano. Fue tras el israelita y entró a la tienda y los atravesó a ambos, al hombre israelita y a la mujer en su estómago, y la plaga cesó entre los Hijos de Israel» (Números 25:7-8). A través de este celo **rectificó lo que se torció al comienzo,** a través de Nadab y Abihu. **Entonces fue dada la** letra *iud* **en su nombre, para unir las letras como es debido.** Es decir, para unir *pen* con *jas* en un nombre: Pinjas, para indicar que las almas de Nadab y Abihu se introdujeron en Pinjas.

Y entonces Pinjas **fue anunciado** de lo vinculado **con la paz, como está escrito:** «El Eterno habló a Moshé (Moisés), diciendo: Pinjas, hijo de Elazar, hijo de Aarón el Sacerdote, ha apartado Mi ira de los Hijos de Israel, cuando con celo Me vengó entre ellos, por lo que no consumí a los Hijos de Israel en Mi venganza. Por eso **di: he aquí que le doy Mi pacto de paz»** (Números 25:10-12). **«Mi pacto», concretamente,** o sea, le fue dado a Pinjas el misterio de la coronilla de la sefirá de *Iesod*, asociada con el misterio del aspecto femenino inferior –*Maljut*–.

SEGUNDA PARTE: AJAREI MOT

Ahora bien, **¿qué** significa **la paz aquí?** ¿Por qué le fue dado a Pinjas como recompensa el pacto de paz? La respuesta no es **sino ésta: con esa corona,** el aspecto femenino inferior –*Maljut*–, **pecaron al comienzo** Nadab y Abihu, ofreciendo fuego extraño, y **con esa corona despertaron riñas al comienzo,** o sea, despertaron a la mujer extraña, que es el aspecto femenino inferior –*Maljut*–, de la corteza impura denominada *klipa*, para que riñera con la mujer virtuosa, el aspecto femenino inferior –*Maljut*–, de la santidad. **Y ahora que se rectificó** el daño, **está escrito: «he aquí que le doy Mi pacto de paz»** (Números 25:12). **«Mi pacto», concretamente,** o sea, el aspecto femenino inferior –*Maljut*–, de la santidad, **estará con él con paz.**

Y debido a eso fue colocada una letra *iud* **pequeña en su nombre,** es decir, el nombre de Pinjas, **pues ella,** el aspecto femenino inferior –*Maljut*–, es un ente cósmico asociado con el misterio de las **letras pequeñas, para mostrar que fue rectificado lo que se había torcido al comienzo. Y he aquí que** el aspecto femenino inferior –*Maljut*–, de la santidad, **se completó con él. Rabí Elazar vino y besó sus manos,** de Rabí Shimón, su padre. **Dijo: Bendito el Misericordioso, pues he preguntado eso, y no se perdió de mí** ese misterio.

Hemos estudiado: dijo Rabí Iosei: en este día de Iom Kipur fue establecido que se leyera esta sección de la Torá correspondiente con la muerte de los dos hijos de Aarón, pues en la misma consta el orden del servicio del Día del Perdón, **para expiar por los Hijos de Israel en el exilio,** cuando no hay Templo Sagrado edificado ni sacerdote puro y en sus funciones para expiar por ellos. Entonces surgirá el recuerdo de la muerte de los dos hijos de Aarón para expiación de todos los Hijos de Israel. **Por eso, el orden de este día,** el Día del Perdón, **fue dispuesto** y establecido **aquí,** en la sección de la Torá correspondiente con la muerte de los dos hijos de Aarón, y la lectura de esto reemplaza a los sacrificios. **Y** además, **porque la muerte de los hijos de Aarón expía por los Hijos de Israel.**

De aquí aprendemos, todo hombre que los flagelos de El Santo, Bendito Sea, vienen sobre él, son ellos expiación por sus faltas. He aquí que los Hijos de Israel fueron flagelados con la muerte de los dos hijos de Aarón, y fueron expiados sus pecados. **Y todo el que sufre por los flagelos de los justos, quitan sus pecados del mundo. y por eso en este día se lee** la sección de la Torá correspondiente con la muerte de los dos hijos de Aarón: «El Eterno habló a Moshé (Moisés) **tras la muerte de los dos hijos de Aarón,** cuando se aproximaron a El Eterno y murieron. **Y El Eterno le dijo a Moshé (Moisés):** háblale a Aarón, tu hermano: no vendrá en todo momento al Santuario [...]». Esto es así **para que los del pueblo oigan y sufran por la pérdida de los justos, y sean expiadas sus faltas. Y todo el que sufre por la pérdida de los justos, o derrama lágrimas por ellos, El Santo, Bendito Sea, pregona acerca de él y dice: «Y es quitado tu pecado y perdonada tu transgresión»** (Isaías 6:7). **Y no sólo eso, sino que sus hijos no morirán en sus días,** mientras él viva. **Y acerca de él está escrito: «Verá simiente que prolongará sus días»** (Isaías 53:10). Es decir, verá a sus simiente prolongar sus días, y no morirán estando él vivo.

Está escrito: **«Háblale a Aarón, tu hermano: no vendrá en todo momento al Santuario,** dentro de la Partición, delante de la Cubierta que hay sobre el Arca, para que no muera; pues en una nube habré de aparecer sobre la Cubierta» (Levítico 16:2). **Rabí Shimón abrió** su enseñanza acerca de este asunto **y** para explicarlo **dijo** este versículo: **«Todos los ríos se dirigen al el mar, y el mar no se llena»** (Eclesiastés 1:7). **Dijo Rabí Shimón: yo me sorprendo de los moradores del mundo, pues no tienen ojos para observar** lo que espera a la persona en el futuro, **y corazón para examinar** lo que ocurrirá en el futuro con ellos mismos. **Y no saben,** pues no tienen siquiera voluntad para saber. **Y no consideran en sus corazones observar** cuál es **la voluntad del Amo de ellos,** y saber para qué El Santo, Bendito Sea, los envió a este mundo. **¿Cómo duermen y no se despiertan de su sueño antes de que venga ese día que los cubrirá de tinieblas y oscuridad, y (58a) el Amo de los depósitos** —es decir, las almas que El Santo, Bendito Sea, depositó en ellos— **reclame las cuentas de ellos?**

Y hay un heraldo que todos los días clama a ellos desde los Cielos: «Volved, hijos rebeldes». Y aunque la persona no oye, su alma

SEGUNDA PARTE: AJAREI MOT

oye y despierta a la persona. **Y las almas de ellos testifican por ellos cada día y** cada **noche.** Y también **la Torá alza su voz a todo flanco,** y pregona y dice: **«¿Hasta cuándo, tontos, amaréis la tontería?»** (Proverbios 1:22). Y también la Torá pregona y dice: **«Aquel que es tonto, que venga aquí** –es decir: aquel que no tenga entendimiento, que se aparte y venga aquí–, al **falto de corazón** por completo, **le dice: venid, comed mi pan, y bebed del vino que he mezclado»** (Proverbios 9:4). **Y no hay quien incline su oído, y no hay quien despierte su corazón,** para observar el llamado de despertar proveniente de lo Alto.

Ven y **observa: en el futuro, las generaciones que vendrán, la Torá será olvidada de entre ellos, y los sabios de corazón se reunirán en sus lugares** de descanso, o sea, partirán de este mundo, **y no habrá quien cierre y abra,** es decir, quien estudie con profundidad y responda las preguntas. **¡Ay de esa generación!**

Y de aquí en adelante, no habrá generación como esta generación, como la generación de Rabí Shimón, **hasta que venga el rey Mesías, que entonces se despertará la sabiduría en el mundo, como está escrito: «Pues todos Me conoceréis, desde los pequeños hasta los grandes»** (Jeremías 31:33).

Ven y **observa:** está escrito: **«Del Edén surge un río** que riega el jardín, y de allí se divide y se transforma en cuatro cursos de agua» (Génesis 2:10). **Y hemos estudiado: ¿cuál es el nombre de ese río? He aquí que esto ya ha sido** estudiado y **establecido por nosotros,** pues ya hemos dicho que **su nombre es Iuval.** Y está vinculado con el misterio de la sefirá de *Iesod*, del ente cósmico denominado *Biná*, **como está escrito: «Y a Iuval enviará sus raíces»** (Jeremías 17:8). Es decir, el aspecto masculino inferior –*Zeir Anpín*–, enviará sus raíces al sefirá de *Iesod*, del aspecto femenino superior –*Ima*–, que es el ente cósmico denominado *Biná*. **Y en el libro de Rav Amnuna el anciano** está escrito que **se llama Jaim,** que significa Vida. Es decir, el ente cósmico denominado *Biná* se denomina Vida. Pues al estar el aspecto masculino superior –*Aba*–, unido al aspecto femenino superior –*Ima*–, este ente cósmico, llamado también *Biná*, se denomina Vida por el nombre del aspecto masculino superior –*Aba*–. **Pues de allí,** de la

58a

sefirá de *Iesod*, del aspecto masculino superior –*Aba*–, y de la sefirá de *Iesod*, del aspecto femenino superior –*Ima*–, **salen las** emanaciones de **vida al mundo.** Y esas emanaciones de vida que salen al mundo son las facultades cognitivas cósmicas –*mojín*–, asociados con el misterio del aspecto masculino inferior –*Zeir Anpín*–. **Y ellas,** las facultades cognitivas cósmicas –*mojín*–, **se denominan Vida del Rey,** que es el aspecto masculino inferior –*Zeir Anpín*–. **Y esto ya ha sido** estudiado y **establecido por nosotros,** pues ya hemos dicho que **ese Árbol grande y poderoso,** es decir, el aspecto masculino inferior –*Zeir Anpín*–, es grande por el flanco de la sefirá de *Jesed* –bondad–, y es poderoso por el flanco de la sefirá de *Guevurá* –rigor–, **pues tiene sustento para todos,** ya que la abundancia del nutriente sale de él a través del aspecto femenino inferior –*Maljut*–, a todos los mundos. Él **se llama Árbol de la Vida,** pues es **el árbol que plantó sus raíces,** o sea, los seis extremos cósmicos, **en esas** emanaciones de **vida,** de la sefirá de *Iesod*, del aspecto masculino superior –*Aba*–, y la sefirá de *Iesod*, del aspecto femenino superior –*Ima*–. **Y todo es bello** y correcto, tanto lo que he dicho acerca del ente cósmico denominado *Biná*, que se denomina Iuval, tanto lo que está escrito en el libro de Rav Amnuna el anciano, que el ente cósmico denominado *Biná* se denomina Vida.

Y hemos estudiado: ese río, o sea, la sefirá de *Iesod*, del aspecto femenino superior –*Ima*–, dentro del cual está investida la sefirá de *Iesod*, del aspecto masculino superior –*Aba*–, **sacó ríos profundos,** que son los ríos de las aguas asociadas con el misterio de las irradiaciones de luminosidad del aspecto femenino superior –*Ima*–, junto **con el óleo de la unción,** asociado con el misterio de las irradiaciones de luminosidad del aspecto masculino superior –*Aba*–, **para irrigar el Jardín,** que es el aspecto masculino inferior –*Zeir Anpín*– en su estado de pequeñez. **Y para humectar los árboles y las plantaciones.** Ya que es el aspecto masculino inferior –*Zeir Anpín*– en su estado de grandeza se denomina Árbol. Y cuando aún estaba asociado con el misterio de los seis extremos, plantado en el aspecto masculino superior –*Aba*–, se denominaba Plantación. **Como está escrito: «Sáciense los árboles de El Eterno, los cedros del Líbano que plantó»** (Salmos 104:16). Es decir, en el momento de grandeza, sáciense los seis extremos del aspecto masculino inferior –*Zeir Anpín*–, del flanco de las facultades cognitivas cósmicas –*mojín*–, del aspecto femenino superior –*Ima*–, y también reciban abundancia hasta saciarse del flanco de las facultades cognitivas cósmicas –*mojín*–, del aspecto masculino superior –*Aba*–, que se denomina Líbano.

Y esos ríos que llevan la abundancia de las facultades cognitivas cósmicas –*mojín*–, surgen y **se proyectan** de la sefirá de *Iesod*, del aspecto masculino superior –*Aba*–, y la sefirá de *Iesod*, del aspecto femenino superior –*Ima*–, **y se reúnen** en dos columnas, la sefirá de *Netzaj*, y la sefirá de *Hod*, del aspecto masculino inferior –*Zeir Anpín*–. **Y esos dos,** que son la sefirá de *Netzaj*, y la sefirá de *Hod*, del aspecto masculino inferior –*Zeir Anpín*–, **son denominados Iajín y Boaz.** La sefirá de *Netzaj*, se denomina Iajín, porque prepara –*mejín*–, la abundancia; y la sefirá de *Hod*, se denomina Boaz, porque otorga poder –*oz*– a la abundancia; **y es bello** y correcto que se los denominó así.

Y de allí salen todos esos ríos. Es decir, de la sefirá de *Netzaj*, y la sefirá de *Hod*, salen todos esos ríos que son los que llevan la abundancia de las facultades cognitivas cósmicas –*mojín*–. **Y se envían a un grado que se denomina Justo** –*Tzadik*–, **como está escrito: «El justo es el fundamento** –*Iesod*– **del mundo»** (Proverbios 10:25). Se refiere a la sefirá de *Iesod*, del aspecto masculino inferior –*Zeir Anpín*–, que fundamenta –*miased*–, y mantiene al aspecto femenino inferior –*Maljut*–, que se denomina Mundo.

Y todos ellos fluyen y se reúnen en ese lugar denominado Mar. Y ese es el Mar de la sabiduría, o sea, el aspecto femenino inferior –*Maljut*–, que se denomina *Jojmá* de lo bajo. **A esto se refiere lo que está escrito: «Todos los ríos se dirigen al el mar,** y el mar no se llena» (Eclesiastés 1:7). Es decir, todas las influencias se dirigen al aspecto femenino inferior –*Maljut*–, que se denomina Mar.

Y si dijeras: dado que los ríos de abundancia **llegan a este lugar,** del aspecto femenino inferior –*Maljut*–, sólo de acuerdo con la necesidad y el momento, **y cesan y después no vuelven a venir,** siendo así, ¿por qué llegan del ente cósmico denominado *Biná* a la sefirá de *Netzaj*, y la sefirá de *Hod*, después de que allí ya tienen qué influenciar? ¿Por qué se proyecta siempre? La respuesta no es sino ésta: está

58a

escrito: «Los ríos todos se dirigen al mar, y el mar no se llena; **al lugar de donde los ríos se dirigen, allí vuelven a correr nuevamente»** (Eclesiastés 1:7). Lo que está escrito: «al lugar de donde los ríos se dirigen», se refiere a la sefirá de *Netzaj*, y la sefirá de *Hod*. Esto es así **porque ese río,** el ente cósmico denominado *Biná*, **no cesa jamás,** porque en ella se encuentra la fuente de la influencia de la abundancia. Y si se demora, se demora y se reúne únicamente en la sefirá de *Netzaj*, y la sefirá de *Hod*; y ellos **«vuelven** a correr nuevamente». **¿A qué lugar vuelven** siempre? No es posible decir que vuelven a la sefirá de *Iesod*, y la aspecto femenino inferior –*Maljut*–, pues a veces el río cesa en ellos, como está escrito: «Como las aguas se van del mar, y el río se asolará –*iejarev*– y se secará» (Job 14:11). La expresión *iejarev* significa también será destruido, y se refiere al primer Templo Sagrado. y lo que está escrito a continuación, «se secará», se refiere al segundo Templo Sagrado. Ellos «vuelven», **a esas dos columnas:** la sefirá de **Netzaj,** y la sefirá de **Hod.** Y si dijeras: ¿Cuál es el beneficio de esa abundancia en la sefirá de *Netzaj*, y la sefirá de *Hod*, si no es enviada a lo bajo? A esto se refiere lo que está escrito: **«a correr** –*lalejet*– nuevamente».** La expresión *lalejet* significa literalmente «para ir», y se refiere a ese Justo, que es la sefirá de *Iesod*. Es decir, para ir **a ese Justo,** la sefirá de *Iesod*, en momento de necesidad, para influenciar la emanación de la abundancia al aspecto femenino inferior –*Maljut*–. Esto es así **para que se encuentren las bendiciones** del flanco de la *Jojmá*, y la alegría del flanco de la *Biná*, en el mundo.

Y a esto se refiere el misterio de lo que hemos estudiado. Es decir, esto es lo que ya hemos dicho, que la abundancia que se proyecta a través de la sefirá de *Netzaj*, y la sefirá de *Hod*, a la sefirá de *Iesod*, y de allí al aspecto femenino inferior –*Maljut*–, para enviarla a los entes de lo bajo, es el misterio que hemos estudiado sobre la base de lo que está escrito: «Allí andan las naves, allí **este Leviatán que hiciste para que jugase en él»** (Salmos 104:26). La expresión *leviatán*, significa también unión, **y se refiere al Justo,** que es la sefirá de *Iesod*. Pues a través de la sefirá de *Iesod* se concreta la unión del aspecto masculino inferior –*Zeir Anpín*–, y el aspecto femenino inferior –*Maljut*–. Y a esto se refiere lo que está escrito: «este Leviatán

SEGUNDA PARTE: AJAREI MOT

58a

que hiciste para que jugase –*lesajek*– en él». Es decir, has creado a la sefirá de *Iesod*, para que se unan a través de él; y la unión íntima se denomina *sejok*, como está escrito: «Y sucedió que cuando se prolongaron sus días allí, Abimelej, rey de los filisteos, miró por la ventana y vio a Itzjak (Isaac) riéndose –*metzajek*– en la intimidad con su mujer Rivka (Rebeca)» (Génesis 26:8). Y a través de eso se proyecta la abundancia a través de la sefirá de *Iesod*, al aspecto femenino inferior –*Maljut*–.

Y a esto se refiere lo que está escrito: **«Todos ellos esperan en ti, para que les des su comida a su tiempo»** (Salmos 104:27). Es decir, todas las fuerzas de lo bajo esperan por ti, en referencia a la sefirá de *Iesod*, «para que les des su comida a su tiempo». **¿Quién es el ente cósmico aludido en la expresión: «a su tiempo»? Se refiere a la matronita,** o sea, el aspecto femenino inferior –*Maljut*–, que se denomina «a su tiempo –*itó*–», de la sefirá de *Iesod*, pues el aspecto femenino inferior –*Maljut*–, se une con él, con la sefirá de *Iesod*. Y el aspecto femenino inferior –*Maljut*–, se denomina tiempo, porque de tiempo en tiempo, recibe de él la abundancia, y no siempre, **y por eso todos ellos esperan a ese tiempo.** Es decir, esperan que la sefirá de *Iesod*, proyecte la abundancia al aspecto femenino inferior –*Maljut*–. Y a esto se refiere lo que está escrito: «Todos ellos esperan en ti, para que les des su comida a su tiempo» (Salmos 104:27). O sea, todos los entes de lo bajo esperan que la sefirá de *Iesod*, otorgue abundancia de nutriente al aspecto femenino inferior –*Maljut*–, que se denomina «su tiempo». Pues **todos los** mundos y todas las creaciones **que se nutren en lo bajo, se nutren de este lugar,** el aspecto femenino inferior –*Maljut*–. **Y este misterio ya ha sido** estudiado y **establecido por nosotros** sobre la base de lo que está escrito: **«Los ojos de todos esperan en ti,** y tú les das su comida a su tiempo» (Salmos 145:15). Es decir, los ojos de todos los entes de lo bajo esperan a la sefirá de *Iesod*, para que otorgue la abundancia al aspecto femenino inferior –*Maljut*–, que se denomina «su tiempo», **como ya ha sido** estudiado y **establecido por nosotros.**

Ven y **observa: cuando ese** ente cósmico denominado **«todo – *kol*–»,** y es la sefirá de *Iesod*, **perfuma a** ente cósmico denominado

58a

«**su tiempo**», que es el aspecto femenino inferior –*Maljut*–, **y se une con él,** es decir, la sefirá de *Iesod*, se une con el aspecto femenino inferior –*Maljut*–, entonces, **todos los mundos están** alegres, **con gran alegría,** por la abundancia que se proyecta del ente cósmico denominado *Biná*. Y **todos los mundos están** llenos y rebosantes, **con** gran **bendición** que se proyecta del aspecto masculino superior –*Aba*–. **Entonces la paz se encuentra en los de lo Alto y en los de lo bajo.**

Y cuando los malvados del mundo provocan con sus pecados que no se encuentre la bendición de esos ríos allí, en el aspecto femenino inferior –*Maljut*–, **y ese tiempo,** el aspecto femenino inferior –*Maljut*–, **se nutre del Otro Lado** –*Sitra Ajara*–, o sea, del flanco del juicio de la sefirá de *Iesod*, **entonces los juicios se despiertan en el mundo, y no hay paz, y cuando los moradores del mundo quieren bendecirse, no pueden sino a través del sacerdote.** Es decir, a través de la medida de la sefirá de *Jesed* –bondad–, que es donde están enraizados y adheridos los sacerdotes. Resulta que a través de que los entes de lo bajo vuelven a la senda del bien, con arrepentimiento y rectificación, a través de eso ascienden aguas femeninas, **para que se despierte su corona,** la sefirá de *Jesed* –bondad–, para que influencie a la sefirá de *Iesod*, y el aspecto femenino inferior –*Maljut*–, sea bendecida a través de la abundancia de la sefirá de *Iesod*, **y se hallen las bendiciones en todos los mundos.** Pues el aspecto femenino inferior –*Maljut*–, envía las bendiciones a los de lo bajo.

Hemos estudiado: en ese momento, después de la muerte de los dos hijos de Aarón, quienes provocaron un daño al aspecto femenino inferior –*Maljut*–, y a raíz de eso se bloqueó el flujo de la abundancia a los entes inferiores, **Moshé pidió ante El Santo, Bendito Sea, por este asunto.** Pues Moshé **le dijo** a El Santo, Bendito Sea: **si los moradores del mundo vuelven** a la senda del bien, con arrepentimiento y rectificación **ante Ti, ¿a través de quién se bendicen?** Es decir, ¿a través de quién se rectificará el bloqueo de la abundancia proveniente de lo Alto? **El Santo, Bendito Sea, le dijo: «Háblale a Aarón, tu hermano»,** pues él está enraizado en la medida de la sefirá de *Jesed* –bondad–, y adherido a ella, **pues en su mano son otorgadas las bendiciones de lo Alto y las de lo bajo.** Resulta que si los Hijos de Israel despertaran la medida de la sefirá de *Jesed* –bondad–, a través de buenas acciones y el cumplimiento de los preceptos, entonces, la sefirá de Jesed –bondad– enviará influencia de bondad a la sefirá de *Iesod*, y este ente cósmico la enviará al aspecto femenino inferior –*Maljut*–, para que envíe todo tipo de bendiciones y abundancia a los de lo bajo.

Está escrito: **«Y El Eterno le dijo a Moshé (Moisés): «Háblale a Aarón, tu hermano: no vendrá en todo momento al Santuario,** dentro de la Partición, delante de la Cubierta que hay sobre el Arca, para que no muera; pues en una nube habré de aparecer sobre la Cubierta» (Levítico 16:2). **Rabí Aba** abrió su enseñanza acerca de este asunto y para explicarlo **dijo: hay tiempos** específicos **ante El Santo, Bendito Sea, para hallar** la gracia de su **voluntad, y** por tanto, **para hallar bendiciones, y** también **para pedir los pedidos** que se desean realizar ante Él; **y hay tiempos** específicos **ante El Santo, Bendito Sea, que no son** adecuados **para hallar** la gracia de su **voluntad, y** por tanto **las bendiciones no se manifiestan, y duros juicios se despiertan en el mundo, y el tiempo del juicio está suspendido** sobre el mundo, situado en el medio. Es decir, a veces prevalece la misericordia, y a veces prevalecen los juicios.

Ven y **observa: hay tiempos** específicos **en el año para hallar** la gracia de la **voluntad** de El Santo, Bendito Sea, y esos tiempos son los meses de Adar, Nisán, Iiar, y Siván; **y hay tiempos** específicos **en el año en los que el juicio se encuentra** dispuesto en dirección de lo bajo, y se despierta, y son los meses de Tamuz, Av, Tevet y Shvat. **Y hay tiempos** específicos **en el año en los que el juicio se encuentra (58b) y está suspendido** sobre el mundo, situado en el medio. Es decir, a veces prevalece la misericordia, y a veces prevalecen los juicios. Y se refiere a los meses de Elul, Tishrei, Jeshván y Kislev.

Asimismo, **hay tiempos** específicos **en los meses en los que hay en ellos** aptitud para hallar la gracia de la **voluntad** de El Santo, Bendito Sea, y este tiempo es la primera mitad de los meses, por el llenado de la Luna, que crece y aumenta en ese período. **Y hay tiempos** específicos **en los meses en los que se encuentran en ellos los jui-**

58b

cios y están suspendidos sobre todo, y este tiempo es la segunda mitad de los meses, que es momento de juicio por la disminución de la Luna.

Del mismo modo, **hay tiempos** específicos **en las semanas en los que hay en ellos** aptitud para hallar la gracia de la **voluntad** de El Santo, Bendito Sea, o sea, en estos días: el primer día de la semana –domingo–, el tercer día de la semana –martes–, el cuarto día de la semana –miércoles–, y el sexto día de la semana –viernes–. Estos días corresponden con estas emanaciones cósmicas denominadas sefirot: la sefirá de *Jesed* –bondad–, la sefirá de *Tiferet*, la sefirá de *Netzaj*, y la sefirá de *Iesod*. **Y hay tiempos** específicos **en las semanas en los que se encuentran en ellos los juicios sobre el mundo,** y esos días son: el segundo día de la semana –lunes–, y el quinto día de la semana –jueves–. Estos días corresponden con estas emanaciones cósmicas denominadas sefirot: la sefirá de *Guevurá* –rigor– y la sefirá de *Hod*.

También **hay tiempos** específicos **en los días en los que hay en ellos** aptitud para hallar la gracia de la **voluntad** de El Santo, Bendito Sea, **y el mundo está perfumado,** o sea, desde la medianoche, hasta el mediodía. **Y hay tiempos** específicos **en los días en los que los juicios están suspendidos y se hallan** sobre el mundo, o sea, desde el mediodía, hasta la medianoche. **E incluso en las horas.** Es decir, las horas se dividen en misericordia y juicio, y por lo tanto hay momentos de despertar del bien y la misericordia, y hay momentos de despertar de la ira y el juicio.

Y a esto se refiere lo que está escrito: «Para todo hay un tiempo –*zman*–, **y un momento** –*et*– **para cada cosa** bajo los Cielos» (Eclesiastés 3:1). **Y está escrito:** «En cuanto a mí, **que mi plegaria a Ti,** El Eterno, sea en un tiempo de voluntad» (Salmos 69:14). Resulta que hay un tiempo especifico para la recepción de las plegarias. **Y está escrito: «Buscad a El Eterno cuando puede ser hallado,** llamadlo cuando está cerca» (Isaías 55:6). Resulta que hay un tiempo especifico para la recepción de la rectificación y el arrepentimiento. **Y está escrito: «¿Por qué te sitúas lejos, El Eterno; y te ocultas en el tiempo de la tribulación?»** (Salmos 10:1). Resulta que hay un tiempo especifico que no es de buena voluntad. **Y está escrito: «El Eterno se me apa-**

reció a la distancia –en un tiempo distante, estando aún en Egipto–» (Jeremías 31:2). Y en el versículo se revela que aún cuando El Santo, Bendito Sea, estaba lejos, se le reveló al profeta y atendió su plegaria. Resulta que hay un tiempo especifico en que El Santo, Bendito Sea, está situado lejos. **Y hay veces en que está cerca, como está escrito: «El Eterno está cerca de todos los que lo invocan»** (Salmos 145:18). Resulta que hay un tiempo especifico en que El Santo, Bendito Sea, recibe las plegarias. **A esto se refiere** lo que está escrito: «Y El Eterno le dijo a Moshé (Moisés): háblale a Aarón, tu hermano: **no vendrá en todo momento al Santuario,** dentro de la Partición, delante de la Cubierta que hay sobre el Arca, para que no muera; pues en una nube habré de aparecer sobre la Cubierta» (Levítico 16:2). Debe venir únicamente cuando es momento de buena voluntad, o sea, en el Día del Perdón, con el humo del incienso.

Rabí Shimón dijo: este asunto ya ha sido estudiado y establecido **por nosotros,** pues ya hemos explicado el significado de la expresión **«a su tiempo»,** correspondiente al versículo que declara: «Todos ellos esperan en ti, para que les des su comida a su tiempo» (Salmos 104:27). Y dijimos que este misterio está asociado con la acción de la sefirá de *Iesod*, que envía influencia de abundancia al aspecto femenino inferior –*Maljut*–, que se denomina «a su tiempo». **Y así es ciertamente,** que el aspecto femenino inferior –*Maljut*–, se denomina «su tiempo», de la sefirá de *Iesod*. **Y aquí,** después de la muerte de los dos hijos de Aarón, **El Santo, Bendito Sea, vino a advertir a Aarón, para que no se equivocara con ese pecado con el que se equivocaron sus hijos,** es decir, le advirtió que no uniera al aspecto femenino inferior –*Maljut*–, de la corteza impura denominada *klipa*, con la santidad. **Pues ese tiempo,** el aspecto femenino inferior –*Maljut*–, de la santidad **es sabido** y conocido. **Por eso no ha de equivocarse en unir otro tiempo con el Rey.** Es decir, por eso no ha de equivocarse en unir el tiempo del Otro Lado –*Sitra Ajara*– al aspecto femenino inferior –*Maljut*–, de la santidad. **A esto se refiere lo que está escrito:** «Y El Eterno le dijo a Moshé (Moisés): háblale a Aarón, tu hermano: **no vendrá en todo momento al Santuario,** dentro de la Partición, delante de la Cubierta que hay sobre el Arca, para que no muera; pues en una nube habré de aparecer sobre la Cubierta» (Levítico 16:2). Esta expresión, según la gramática hebrea, puede leerse también así: «no vendrá con todo momento al Santuario». Es decir, se indica que no vendrá con todo momento, o sea, con ambos, también con el momento de la corteza impura denominada *klipa*, ara unirlo a la santidad.

Ahora bien, ¿qué hace suponer que Aarón podría venir con el tiempo de la corteza impura denominada corteza impura denominada *klipa* , para unirla a la santidad? La respuesta no es sino ésta: **es decir, aunque sea que vea un tiempo en el que** a causa de los pecados de los entes de lo bajo **fue entregada** la conducción del mundo **en manos de otro,** el Otro Lado –*Sitra Ajara*–, no diga: dado que El Santo, Bendito Sea, desea **esa conducción,** siendo así, se deduce que la entregó en su mano –en su poder–, para unir y acercar el tiempo de la corteza impura denominada *klipa*, para ascenderlo a la santidad. Debe saber que no ha de decir así, **pues Yo y Mi Nombre,** la sefirá de *Iesod*, y el aspecto femenino inferior –*Maljut*–, están unidos como uno, y **son uno.** Y el que entra el tiempo de la corteza impura denominada *klipa*, en medio de ellos causa una separación en la santidad. **Y a esto se refiere** lo que está escrito: **«No vendrá con todo momento al Santuario».** Es decir, también con el momento del Otro Lado –*Sitra Ajara*–.

Y si desea saber con qué ha de venir al Santuario, y no equivocarse entre tiempo y tiempo, ha de saber que: **«Con esto** –*bezot*–**»,** vendrá Aarón al Santuario», en referencia al aspecto femenino inferior –*Maljut*–, de la santidad. Y a esto se refiere lo que está escrito: «Con esto –*bezot*– vendrá Aarón al Santuario» (Levítico 16:3). **Pues este** ente cósmico denominado *Zot* **es el tiempo que está adherido a mi Nombre,** y con él debe venir al Santuario. Es decir, **con esa** letra *iud*, que es la coronilla de la sefirá de *Iesod*, o sea, el aspecto femenino inferior –*Maljut*–, que está **grabada en mi Nombre, vendrá al Santuario; y no vendrá en todo momento** –con todo momento–, es decir, también con el momento del Otro Lado –*Sitra Ajara*–. Y por eso razón se modificó en el texto bíblico la denominación, y se dijo: «Con esto –*bezot*– vendrá», y no se dijo: «Con el tiempo vendrá». Esto fue así para que distinguiera entre el tiempo de la santidad y el tiempo de la corteza impura denominada *klipa*.

Hemos estudiado: Dijo Rabí Iosei: está escrito: «A *–et–* **todo** *–hakol–* **hizo bello en su momento»** (Eclesiastés 3:11). **Este asunto ya ha sido** estudiado y **establecido por la Lámpara sagrada,** Rabí Shimón, **y así es** la explicación, **como hemos estudiado:** está escrito: **«A** *–et–* **todo** *–hakol–* **hizo bello en su momento»** (Eclesiastés 3:11). Lo que está escrito: «en su momento», según la gramática hebrea puede leerse también así: «con su momento». **Y así es, «a** *–et– * **todo** *–hakol–***», ciertamente.** Es decir, ciertamente que a la sefirá de *Iesod*, que se denomina «todo», **«hizo bello con su momento»,** es decir, con el aspecto femenino inferior *–Maljut–*, que se denomina «su tiempo», para que se unieran **éste con éste, y no se mezclaran otros con ellos,** para separar entre ambos. O sea, **«con su tiempo», concretamente, y no, con otro.** Es decir, con el tiempo de la sefirá de *Iesod*, concretamente, y no, con el tiempo del Otro Lado *–Sitra Ajara–*. **Por eso se advirtió a Aarón: «No vendrá con todo momento al Santuario»,** o sea, también con el momento de la corteza impura denominada *klipa*, **pero, ¿con qué vendrá?** La respuesta no es sino ésta: **«*bezot*».** O sea, con el aspecto femenino inferior *–Maljut–*, de la santidad, **como ya ha sido** estudiado y **establecido por nosotros, como está escrito: «Con esto** *–bezot–* **vendrá Aarón al Santuario».**

Rabí Elazar estaba sentado ante su padre, Rabí Shimón, **y le dijo: está escrito respecto a la congregación de Koraj:** «Y descendieron ellos y todo lo que poseían vivos al pozo, la tierra los cubrió **y se perdieron de entre la congregación»** (Números 16:33). **¿Qué** significa: **«y se perdieron»?** ¿Se refiere a la pérdida del cuerpo o a la pérdida del alma? La respuesta no es **sino ésta: como está escrito: «Y toda alma de entre su pueblo que hiciere cualquier labor en este día, Yo perderé esa alma»** (Levítico 23:30). Se observa que se refiere a la destrucción y la pérdida del alma. Y **está escrito acerca de los hijos de Aarón: «Salió un fuego de ante El Eterno que los consumió y murieron** ante El Eterno» (Levítico 10:2). **Y está escrito respecto a la congregación de Koraj: «Surgió fuego de El Eterno y consumió a los doscientos cincuenta hombres** que ofrecían el incienso»

(Números 16:35). ¿Acaso **consideras que** ambos **son equivalentes éste con éste?** Es decir, ¿es posible considerar que así como los de la congregación de Koraj fueron castigados con la pérdida del alma, del mismo modo fueron castigados los dos hijos de Aarón?

Dijo Rabí Shimón: es distinto el caso de los hijos de Aarón, pues no está escrito acerca de ellos «pérdida», como con los de la congregación de Koraj, como está escrito acerca de ellos: «Y descendieron ellos y todo lo que poseían vivos al pozo, la tierra los cubrió **y se perdieron de entre la congregación»** (Números 16:33). **Y está escrito:** «Los Hijos de Israel le dijeron a Moshé (Moisés), diciendo: he **aquí que perecemos, estamos perdidos, estamos todos perdidos»** (Números 17:27). El texto **incluye a los doscientos cincuenta que ofrecieron el incienso aromático,** quienes se perdieron ciertamente. **Y estos,** los dos hijos de Aarón, **no se perdieron.** Pues ellos se rectificaron ingresando en Pinjas, tal como ya hemos explicado. Por eso no se los debe comparar con los de la congregación de Koraj.

Rabí Elazar **le dijo** a su padre, Rabí Shimón: **está escrito:** «Y El Eterno le dijo a Moshé (Moisés): háblale a Aarón, tu hermano: **no vendrá en todo momento al Santuario,** dentro de la Partición, delante de la Cubierta que hay sobre el Arca, para que no muera; pues en una nube habré de aparecer sobre la Cubierta» (Levítico 16:2). **Y está escrito:** «Con esto –*zot*– **vendrá Aarón al Santuario:** con un toro joven como sacrificio expiatorio –*jatat*– y un carnero como ofrenda ígnea –*olá*–» (Levítico 16:2-3). **Dado que está dicho: «no vendrá en todo momento»,** se desprende que El Santo, Bendito Sea, desea informarle en qué momento ha de venir, y **¿por qué no está escrito en qué momento ha de venir?** Debería constar explícitamente qué habría de venir en el Día del Perdón, como se detalla al final de la sección, como está escrito: «Esto quedará para vosotros como decreto eterno: en el mes séptimo, el día diez del mes, afligiréis vuestras almas, y no haréis ninguna labor [...] Aarón vendrá a la Tienda de la Reunión [...] (Números 16:29-34).

Rabí Shimón **le dijo** a su hijo: **Elazar, lo que se desprende de aquí ya ha sido** estudiado y **dicho.** Pues ya hemos dicho que la expresión «momento –*et*–» aquí mencionada fue incluida para advertir a Aarón de que no viniera en cualquier momento, sino en un momento específico, sino que fue incluida para advertirle con el momento de la corteza impura denominada *klipa*, sino: «Con esto –*zot*– vendrá Aarón al Santuario», o sea, con el momento de la santidad, es decir, el aspecto femenino inferior –*Maljut*–, de la santidad. Y la expresión «con esto –*zot*–», y la expresión: «momento», **son un solo asunto,** pues aluden al aspecto femenino inferior –*Maljut*–. Y El Santo, Bendito Sea, le advirtió: «no vendrá en todo momento», es decir: «no vendrá con todo momento», como ya hemos explicado anteriormente, sino que ha de venir sólo con el momento de la santidad, que se denomina «con esto –*zot*–», y es el aspecto femenino inferior –*Maljut*–, de la santidad. **Y el tiempo** de la venida del sumo sacerdote al Santuario **era sabido** por los sacerdotes a partir de la declaración que consta en la sección Pinjas, como está escrito: «El día diez de este séptimo mes habrá una santa convocación para vosotros y afligiréis vuestras almas; no haréis ninguna labor [...] Un macho cabrío por sacrificio expiatorio –*jatat*–, además del sacrificio expiatorio –*jatat*– de la expiación –*hakipurim*– y la ofrenda ígnea –*olá*– continua, con su ofrenda vegetal –*minjá*– y sus libaciones» (Números 29:7-11). **Pero aquí** El Santo, Bendito Sea, **le desea advertir** a Aarón **acerca del pecado de sus hijos,** para que no cometa el mismo error que cometieron sus hijos, acercando el momento de la corteza impura denominada *klipa*. **Y lo que surge de aquí ya ha sido** estudiado y **dicho.**

Rabí Elazar **le dijo** a su padre, Rabí Shimón: **y yo** también **pensé así,** como has explicado, **y** te lo he preguntado **porque quería asentar el asunto,** y estar seguro de que lo había comprendido correctamente.

Rabí Shimón **le dijo** a su hijo Rabí Elazar: **Elazar, hijo mío, ven** y **observa: todos los sacrificios y todas las ofrendas ígneas, son gratos para El Santo, Bendito Sea.** Pues acerca de todos está escrito: «olor grato para El Eterno», **pero no había para Él agrado de ellos como con este incienso, ya que el incienso es más elevado** y selecto **que todos** los sacrificios, incluso más que el toro y el macho cabrío del Día del Perdón. **Y por eso** en el Día del Perdón **lo entraban** al incienso **al interior** del Lugar Santísimo del Templo Sagrado denominado *Kodesh Hakodashim* **en silencio.** Y en los demás días los sacerdotes se apartaban del sector del Templo denominado Ulam, que está junto al Lugar Santísimo del Templo Sagrado denominado *Kodesh Hakodashim,* y del Altar, cuando se ofrecía el incienso. **Y lo que se desprende de aquí ya ha sido** estudiado y **dicho.**

Y por eso no fueron castigadas todas las personas por errores cometidos con **los demás sacrificios y ofrendas ígneas como con el incienso.** Ya que hallamos que ofrecieron ofrendas en altares que no estaban permitidos, denominados *bamot,* y no fueron castigados inmediatamente, como ocurrió con el incienso. **Pues todo el servicio de El Santo, Bendito Sea,** consistente en unir los aspectos cósmicos denominados *partzufim* del Mundo de la Emanación –*Atzilut*–, **se une y se vincula aquí,** con el incienso, **más que con todo** servicio. **Y por eso se denomina** al incienso *ketoret,* que significa vínculo en lengua aramea. **Y lo que surge de aquí ya ha sido** estudiado y **dicho.** Pues ya hemos dicho que acerca de este asunto está escrito: **«El óleo y el incienso alegran el corazón»** (Proverbios 27:9). «El óleo y el incienso», están asociados con el misterio de las facultades cognitivas cósmicas –*mojín*–, del aspecto masculino superior –*Aba*–, y el aspecto femenino superior –*Ima*–; y lo que está escrito a continuación «alegran el corazón», se refiere al aspecto masculino inferior –*Zeir Anpín*–, que se denomina «corazón».

Rabí Shimón abrió su enseñanza **y disertó** a partir de este versículo: **«A más de la fragancia de tus buenos óleos,** tu nombre es como óleo esparcido; por eso las doncellas te aman» (Cantar de los Cantares 1:3). **He observado en este versículo, y así es** la explicación: lo que está escrito: **«A más de la fragancia», ¿a qué fragancia se refiere?** Pues es sabido que la fragancia está asociada con el misterio del elevado de las aguas femeninas, ¿y de qué aguas femeninas se habla aquí? La respuesta no es sino ésta: **la fragancia del incienso,** que está asociado con el misterio de las aguas femeninas que hace ascender el aspecto femenino superior –*Ima*–, que se denomina el incienso del aspecto masculino superior –*Aba*–. **Pues él es sutil e importante, y** más **interior que todos** los demás grados de las aguas femeninas, tal como el aspecto femenino superior *–Ima–*, es sutil e importante, y más interior que todos los aspectos cósmicos denominados *partzufim* que hay debajo de él. **Y cuando esa fragancia** asociada con el misterio de las aguas femeninas del aspecto femenino superior *–Ima–*, **asciende para vincularse con ese óleo de la unción** asociado con el misterio de las aguas masculinas del aspecto masculino superior *–Aba–*, **que es** como **un arroyo** de óleo **que surge de la fuente** del óleo, entonces **se despiertan éste con éste,** las aguas femeninas del aspecto femenino superior *–Ima–*, con las aguas masculinas del aspecto masculino superior *–Aba–*, **y** a través de eso, el aspecto masculino superior *–Aba–*, y el aspecto femenino superior *–Ima–*, **se unen como uno. Y entonces,** de la unión de ellos se proyectan **esos buenos óleos,** que son las facultades cognitivas cósmicas *–mojín–*, **para irradiar luminosidad** en el aspecto masculino inferior *–Zeir Anpín–*, y el aspecto femenino inferior *–Maljut–*, **como está dicho: «A más de la fragancia de tus buenos óleos».** Pues cuando asciende la fragancia, que está asociada con el misterio de las aguas femeninas del aspecto femenino superior *–Ima–*, y se une con el óleo, que está asociado con el misterio de las aguas masculinas del aspecto masculino superior *–Aba–*, entonces son buenos, pues se proyectan de ellos las facultades cognitivas cósmicas *–mojín–*, para irradiar luminosidad en el aspecto masculino inferior *–Zeir Anpín–*, y el aspecto femenino inferior *–Maljut–*. **Y entonces se vierte el óleo** asociado con el misterio de las facultades cognitivas cósmicas *–mojín–*, del aspecto masculino superior *–Aba–*, **de grado en grado de esos grados** que son las emanaciones cósmicas denominadas sefirot del aspecto masculino inferior *–Zeir Anpín–*, que se denominan Nombre sagrado El Eterno. **A esto se refiere lo que está escrito: «Tu nombre es como óleo esparcido»** (Cantar de los Cantares 1:3). Se refiere a las facultades cognitivas cósmicas *–mojín–*, del aspecto masculino superior *–Aba–*, que son esparcidos y proyectados para otorgar influencia al aspecto masculino inferior *–Zeir Anpín–*, que es el Nombre El Eterno.

A continuación está escrito en el versículo: **«Por eso las doncellas te aman»** (Cantar de los Cantares 1:3). **¿Qué** significa **«las doncellas** *–alamot–***»? Tal como ya ha sido** estudiado y **establecido por**

nosotros, pues ya hemos dicho que lo que está escrito: **«doncellas** –*alamot*–**»,** se refiere a **«mundos** –*olamot*–**», concretamente.** Es decir, se refiere a los mundos inferiores: el Mundo de la Creación –*Briá*–, el Mundo de la Formación –*Ietzirá*–, y el Mundo de la Acción –*Asiá*–, ya que también ellos reciben de la abundancia que se proyecta al aspecto masculino inferior –*Zeir Anpín*–, del Mundo de la Emanación –*Atzilut*–, a través del aspecto femenino inferior –*Maljut*–.

Otro modo de interpretar el **asunto:** está escrito: **«Por eso las doncellas** –*alamot*– **te aman»** (Cantar de los Cantares 1:3). ¿Qué significa «las doncellas –*alamot*–»? **Como está dicho: «Canto de alamot»** (Salmos 46:1). Se refiere a las doncellas que cantan junto con el aspecto femenino inferior –*Maljut*–, o sea, los ángeles que se encuentran en los siete Palacios del Mundo de la Creación –*Briá*–, y se denominan las siete doncellas de Ester, pues también ellas reciben de la abundancia que se proyecta al aspecto masculino inferior –*Zeir Anpín*–. **Y todo es uno,** un mismo asunto. Pues también según la explicación anterior, que revela que se trata de mundos –*olamot*–, concretamente, también están incluidos en ellos los siete Palacios del Mundo de la Creación –*Briá*–.

Y en el libro de Rav Amnuna el anciano está escrito: ¿Qué significa **«las doncellas** –*alamot*–**»? Como está dicho:** «Se levanta aún de noche **y da comida a su familia, y ración** –*jok*– **(59a) a sus jóvenes»** (Proverbios 31:15). Lo que está escrito: **«a sus jóvenes»,** está vinculado con lo que está escrito: **«Por eso las doncellas** –*alamot*– **te aman»** (Cantar de los Cantares 1:3). Se refiere a las siete doncellas que sirven al aspecto femenino inferior –*Maljut*–, todas ellas te aman, **para bendecir tu nombre, y para cantar ante ti,** para recibir de ti abundancia suprema. **Y de allí,** los Palacios del Mundo de la Creación –*Briá*–, **se hallan las bendiciones en todos los** mundos **inferiores, y se bendicen los de lo Alto, y los de lo bajo.** Resulta que a través de la unión suprema del aspecto masculino superior –*Aba*–, con el aspecto femenino superior –*Ima*–, se bendicen los entes de lo Alto, que son el aspecto masculino inferior –*Zeir Anpín*–, y el aspecto femenino inferior –*Maljut*–, del Mundo de la Emanación –*Atzilut*–, y los de lo bajo, que son los mundos inferiores: el Mundo de la Creación *–Briá–*, el Mundo de la Formación *–Ietzirá–*, y el Mundo de la Acción *–Asiá–*.

Otro modo de interpretar el **asunto:** está escrito: «A más de la fragancia de tus buenos óleos, tu nombre es como óleo esparcido; **Por eso las doncellas** *–alamot–* **te aman»** (Cantar de los Cantares 1:3). **Es** correcto y **bello** lo enseñado por **aquel que dijo que** la expresión *alamot* es un acrónimo formado por los términos *al mavet*. Es decir, se refiere a los entes celestiales poseedores de facultad de juicio que están a cargo de la muerte *–al mavet–*. Pues también ellos te aman cuando son endulzados y perfumados a través del incienso. **Pues a través de este asunto,** el servicio del incienso, también **los entes celestiales poseedores de** facultad de **juicio se endulzan y se perfuman. Y dado que este incienso,** asociado con el misterio del aspecto femenino superior *–Ima–*, **se ofrece con el óleo** supremo **de lo Alto,** es decir, se une con el aspecto masculino superior *–Aba–*, por eso **es considerado más importante ante El Santo, Bendito Sea, que todos los demás sacrificios y ofrendas ígneas.** Pues a través de la unión del aspecto masculino superior *–Aba–*, y el aspecto femenino superior *–Ima–*, la abundancia desciende al aspecto masculino inferior *–Zeir Anpín–*, y al aspecto femenino inferior *–Maljut–*, y a todos los mundos.

Dijo la Congregación de Israel, que es el aspecto femenino inferior *–Maljut–*, a El Santo, Bendito Sea, que es el aspecto masculino inferior *–Zeir Anpín–*: **yo soy como el incienso,** es decir: estoy en el mismo grado que el incienso. Pues yo asciendo aguas femeninas hacia ti, tal como el aspecto femenino superior *–Ima–*, ascendiendo aguas femeninas hacia el aspecto masculino superior *–Aba–*. **Y tú eres como el óleo,** es decir, estás en el mismo grado que el óleo. Pues haces descender las aguas masculinas hacia mí, del mismo modo como el aspecto masculino superior *–Aba–*, hace descender las aguas masculinas hacia el aspecto femenino superior *–Ima–*, y por eso: **«Llévame; en pos de ti correremos;** el rey me ha llevado a sus cámaras» (Cantar de los Cantares 1:4). ¿Por qué la expresión «correremos» está en plural? La respuesta no es sino ésta: porque la expresión **«correremos»** me incluye a mí –dice la Congregación de Israel– y a otros. **Como**

59a

está dicho: «Por eso las doncellas *–alamot–* te aman» (Cantar de los Cantares 1:3). Es decir: **yo y todas las multitudes** de lo Alto correremos en pos de ti, **pues todos están aferrados a mí, y a esto se refiere lo que está escrito: «Llévame». Pues todos de mí dependen,** ya que reciben la abundancia a través de mí.

A continuación está escrito: **«el rey me ha llevado a sus cámaras»** (Cantar de los Cantares 1:4). Ésta es la explicación: **si el rey,** que es el ente cósmico denominado *Biná*, **me ha llevado a sus cámaras,** entonces: **«Nos regocijaremos y alegraremos en ti»** (Ibíd.). Es decir, la Congregación de Israel declara: nos regocijaremos y alegraremos contigo: **yo y todas las multitudes.** Todos nos alegraremos y disfrutaremos de la abundancia proveniente de lo alto a raíz de esa unión suprema.

Hemos estudiado: todas las multitudes de lo Alto, **cuando la Congregación de Israel,** o sea, el aspecto femenino inferior *–Maljut–*, **se alegra y se bendice;** se alegra a raíz de la abundancia emanada por el ente cósmico denominado *Biná*, y se bendice con la abundancia emanada por el aspecto masculino superior *–Aba–*, **todos se alegran,** por la abundancia proveniente del ente cósmico denominado *Biná* que reciben a través del aspecto femenino inferior *–Maljut–*, **y entonces el juicio no se posa en el mundo.** Pues los juicios se endulzan a través de la abundancia del ente cósmico denominado *Biná*. **Y a esto se refiere lo que está escrito: «Alégrense los Cielos, y regocíjese la Tierra»** (Salmos 96:11). Lo que está escrito: «Alégrense los Cielos», se refiere a las emanaciones cósmicas denominadas sefirot del aspecto masculino inferior *–Zeir Anpín–*, y lo que está escrito: «y regocíjese la Tierra», se refiere a las emanaciones cósmicas denominadas sefirot del aspecto femenino inferior *–Maljut–*, y todas sus legiones.

Está escrito: «Y El Eterno le dijo a Moshé (Moisés): háblale a Aarón, tu hermano: no vendrá en todo momento al Santuario, dentro de la Partición, delante de la Cubierta que hay sobre el Arca, para que no muera; **pues en una nube habré de aparecer sobre la Cubierta»** (Levítico 16:2). **Rabí Iehuda** abrió su enseñanza acerca de este asunto y para explicarlo **dijo: bienaventurados esos justos que El**

SEGUNDA PARTE: AJAREI MOT

Santo, Bendito Sea, desea la gloria de ellos. Y en relación con este asunto **hemos estudiado: un rey de carne y sangre, si una persona monta sobre su caballo, es condenado a muerte,** pero con El Santo, Bendito Sea, no es así, pues **El Santo, Bendito Sea, hizo montar a Elías sobre la** Carroza de Él, como está escrito: «Y Elías ascendió en medio de un torbellino –*saará*– al Cielo» (II Reyes 2:11). Y Saará es la Carroza del Omnipresente, como está escrito: «Entonces respondió El Eterno a Job desde un torbellino –*saará*–» (Job 38:1). **Y aquí, ¿qué está escrito** acerca del sumo sacerdote? Está escrito: **«pues en una nube habré de aparecer sobre la Cubierta»** (Levítico 16:2). Es decir, el aspecto masculino inferior –*Zeir Anpín*–, manifiesta que con la vestimenta de la nube, que es el aspecto femenino inferior –*Maljut*–, se aparecerá sobre la Cubierta. Resulta que la nube es una vestimenta de El Santo, Bendito Sea, **y El Santo, Bendito Sea, introdujo a Moshé en ella,** esa vestimenta, y lo vistió con ella. **A esto se refiere lo que está escrito: «Moshé (Moisés) llegó en medio de la nube** y ascendió a la montaña; y Moshé (Moisés) estuvo en la montaña durante cuarenta días y cuarenta noches» (Éxodo 24:18). **«En medio de la nube», concretamente.** Y esa nube es la nube respecto de la cual está escrito: **«pues en una nube habré de aparecer sobre la Cubierta»** (Levítico 16:2). **A esto se refiere lo que está escrito: «Y El Eterno creará sobre toda la morada del monte de Tzión, y sobre los lugares de sus convocaciones, nube de día, y humo** y resplandor, con fuego que eche llamaradas flamígeras, de noche; porque sobre toda gloria habrá un palio –que os cubrirá y protegerá–» (Isaías 4:5). Se refiere a la nube del aspecto masculino inferior –*Zeir Anpín*–, que se denomina Día, y al aspecto femenino inferior –*Maljut*–, que es su vestimenta. **Y está escrito: «Pues la nube de El Eterno** estaba sobre el Tabernáculo de día y el fuego estaba sobre él de noche, ante los ojos de toda la Casa de Israel, en todos sus viajes» (Éxodo 40:38). Es decir, se refiere al aspecto femenino inferior –*Maljut*–, que es la nube del aspecto masculino inferior –*Zeir Anpín*–, que se denomina El Eterno, y ella estaba sobre Tabernáculo de día.

Y hemos estudiado: ¿a qué se refiere lo que está escrito: «El Eterno descendió en una nube y se ubicó junto a él allí, y proclamó

59a

con el Nombre El Eterno» (Éxodo 34:5)? Se refiere a lo que hemos dicho anteriormente, como está escrito: **«Pues en una nube habré de aparecer sobre la Cubierta»** (Levítico 16:2). Es decir, el aspecto masculino inferior –*Zeir Anpín*–, investido en el aspecto femenino inferior –*Maljut*–, se revela sobre la Cubierta. Y **hemos estudiado: ese lugar en el que se posaban esos querubines** vinculados con el misterio de los ángeles cuyos nombres se escriben con las letras hebreas *mem–tet–tet–reish–vav–nun* y *samej–nun–dalet–lamed*, que están asociados con el misterio del grado de la sefirá de *Netzaj,* y la sefirá de *Hod*, que se posaban sobre la Cubierta, asociada con el misterio de la sefirá de *Iesod,* **como ya ha sido** estudiado y **establecido por los nosotros,** tal como enseñaron los sabios: **los querubines sobre un milagro estaban** dispuestos. Es decir, sobre la sefirá de *Iesod*, que se denomina Milagro.

¿Y cuál era el milagro? Para explicarlo se cita una nueva enseñanza: **y hemos estudiado: tres veces al día acontecía un milagro con las alas de ellos.** Es decir, en los tiempos de las tres plegarias, la plegaria nocturna, la plegaria matutina, y la plegaria vespertina, ocurría un milagro con las alas de los querubines. O sea, **cuando se revelaba sobre ellos la santidad del rey,** que es la Presencia Divina –*Shejiná*–. En ese momento **esos** querubines **alzaban sus alas y las extendían por sí solos, y cubrían sobre la Cubierta,** y sus alas se transformaban en Trono de la Presencia Divina –*Shejiná*– que se posaba sobre ellos. **Después** de que los Hijos de Israel terminaban de recitar sus plegarias, y la Presencia Divina –*Shejiná*– se apartaba, los querubines **plegaban sus alas y** las mismas **se aferraban a sus cuerpos,** como era habitual. ¿De dónde lo sabemos? **Como está dicho: «Los querubines extendían las alas hacia arriba,** y cubrían la Cubierta con sus alas, con sus rostros uno frente al otro; hacia la Cubierta estarán los rostros de los querubines» (Éxodo 25:20). Es decir, en forma milagrosa ellos extendían sus alas hacia arriba por sí solos. Y debe considerarse que no está escrito: **«las tendrán extendidas** –a las alas–**»,** indicándose que así era desde un principio, o sea, que siempre las tuvieron extendidas. **Y está escrito: «cubrían».** Es decir, en forma milagrosa ellos cubrían la Cubierta con sus alas por sí solos. **Y no** está escrito tampoco: **«estaban cubriendo»,** indicándose que así era desde un principio, o sea, que siempre cubrían la Cubierta. **Pues sobre un milagro estaban** dispuestos. **Y se alegraban con la Presencia Divina** –Shejiná–, que se revelaba sobre ellos. Ya que los ángeles cuyos nombres se escriben con las letras hebreas *mem–tet–tet–reish–vav–nun* y *samej–nun–dalet–lamed*, son ángeles de las legiones de la Presencia Divina –Shejiná–, y por eso se alegraban por la revelación de la Presencia Divina –Shejiná– sobre ellos.

Dijo Rabí Aba: ¿Qué pretende enseñarnos **aquí el versículo?** Pues está escrito: «Y El Eterno le dijo a Moshé (Moisés): háblale a Aarón, tu hermano: no vendrá en todo momento al Santuario, dentro de la Partición, delante de la Cubierta que hay sobre el Arca, para que no muera; **pues en una nube habré de aparecer sobre la Cubierta»** (Levítico 16:2). Y se entiende que El Santo, Bendito Sea, dijo a Moshé que dijere a Aarón que no vendrá en todo momento al Santuario, porque la Presencia Divina –Shejiná– se aparece y se revela sobre la Cubierta. **Y está escrito: «Con esto** –*bezot*– **vendrá Aarón** al Santuario: con un toro joven como sacrificio expiatorio –*jatat*– y un carnero como ofrenda ígnea –*olá*–» (Levítico 16:3). Es decir, no es apropiado que venga a ver, sino con este servicio. Y se entiende de aquí, que el sacerdote observaba a la Presencia Divina –Shejiná–. **Y** esto es difícil de entender, pues **el** sumo **sacerdote no veía a la Presencia Divina** –Shejiná– **cuando entraba** al Lugar Santísimo del Templo Sagrado denominado *Kodesh Hakodashim*. Siendo así, debería estar escrito: «pues en una nube Yo estaré sobre la Cubierta» (Levítico 16:2). Y no se debía haber utilizado el lenguaje «aparecer». ¿Cómo se explica? La respuesta no es **sino ésta: la nube** de la Presencia Divina –Shejiná– **descendía. Y cuando** la Presencia Divina –Shejiná– **descendía,** y **llegaba hasta esa Cubierta, y** se posaba sobre las alas de los querubines, entonces **se despertaban las alas de los querubines, y golpeaban sus alas, y pronunciaban cántico** de alabanza. Y a través de esto el sumo sacerdote sabía que la Presencia Divina –Shejiná– se había revelado allí. Y a esto se refiere lo que está escrito: «pues en una nube habré de aparecer sobre la Cubierta» (Levítico 16:2).

¿Y qué cántico pronunciaban? La respuesta es ésta: **«Grande es El Eterno, y muy alabado; temible sobre todos los dioses»** (Salmos 96:4). Ésta es la explicación: «Grande es El Eterno», por el flanco de la sefirá de *Jesed* –bondad–, que se denomina Grande, «y muy alabado», por el flanco de la sefirá de *Biná*, que se denomina Alabanza, y se proyecta a la sefirá de *Guevurá* –rigor–, que se denomina Muy; «temible», por el flanco de la sefirá de *Tiferet*, «sobre todos», por el flanco de la sefirá de *Iesod*, «los dioses –*elohim*–», por el flanco de la sefirá de *Maljut*, que se denomina Elohim. Y pronunciaban este versículo para enseñar que no son dioses, y las personas no se equivocaran con ellos. **A este** cántico lo pronunciaban **cuando alzaban sus alas,** que estaban colocadas sobre sus cuerpos, para enseñar el temor de ellos a causa del encumbramiento de la sefirá de *Tiferet* y el aspecto femenino inferior –*Maljut*–, que se posaba sobre ellos. Pero **cuando las extendían** a sus alas para cubrir la Cubierta, **recitaban** este versículo: **«Porque todos los dioses de los pueblos son ídolos, y El Eterno hizo los Cielos»** (Salmos 96:5). Es decir, los dioses tienen límites y lugar determinado, pero El Eterno es el lugar del universo, y el universo no es su lugar. Y para que las personas no piensen que dado que se manifestaba allí la revelación de la Presencia Divina –*Shejiná*–, por esta razón El Santo, Bendito Sea, está sujeto a un límite de lugar, por eso recitaban este versículo, para enseñar que los Cielos y los Cielos de los Cielos no lo contienen, y llena toda la Tierra con su Gloria. **Y cuando cubrían la Cubierta** con sus alas, **pronunciaban** este versículo: **«Delante de El Eterno, porque vino a juzgar la Tierra; juzgará al mundo con justicia, y a los pueblos con rectitud»** (Salmos 98:9). Es decir, dado que éste no es el lugar de la Presencia Divina –*Shejiná*–, y llena toda la Tierra con su Gloria, entonces, ¿por qué ellos se estremecen ruidosamente? Por eso decían este versículo, para enseñar que venía El Santo, Bendito Sea, y su Presencia Divina –*Shejiná*– se revelaba en el Santuario, para conducir a los entes de lo bajo, y su gloria llena toda la Tierra.

Y el sacerdote oía sus voces en el Templo Sagrado, y entonces colocaba el incienso en su lugar, y se concentraba en lo que se concentraba, para que se bendijeran todos, es decir, todo el mundo. Y a esto se refiere lo que está escrito: «Y El Eterno le dijo a Moshé (Moisés): háblale a Aarón, tu hermano: no vendrá en todo momento al Santuario, dentro de la Partición, delante de la Cubierta que hay sobre el Arca, para que no muera; pues en una nube habré de aparecer sobre la Cubierta» (Levítico 16:2). Se refiere a esa voz que indicaba la presencia de la Presencia Divina –*Shejiná*–.

Y las alas de los querubines subían y bajaban y pronunciaban cánticos de alabanza, **y cubrían la Cubierta, y después las subían. A esto se refiere lo que está escrito:** «Los querubines extendían las alas hacia arriba, y **cubrían** la Cubierta con sus alas, con sus rostros uno frente al otro; hacia la Cubierta estarán los rostros de los querubines» (Éxodo 25:20). **«Cubrían», precisamente,** en forma milagrosa. **¿Y de dónde sabemos que la voz de ellos se oía? Como está dicho: «Y escuché el sonido** de sus alas cuando andaban, y era como el sonido de muchas aguas, como la voz del Omnipotente, un ruido de muchedumbre, como el ruido de un campamento; cuando se detenían, silenciaban sus alas» (Ezequiel 1:24).

Dijo Rabí Iosei a Rabí Aba: está escrito: «Delante de El Eterno, porque vino a juzgar la Tierra; juzgará al mundo con justicia –*tzedek*–, y a los pueblos con rectitud» (Salmos 98:9). Y sabemos que «justicia –*tzedek*–», se refiere al aspecto femenino inferior –*Maljut*–, por tanto, lo que está escrito a continuación: **«y a los pueblos con rectitud** –*meisharim*–», ¿a qué se refiere? **¿Quiénes son** los entes cósmicos aludidos en la expresión **«rectitud** –*meisharim*–»? Pues la expresión *meisharim* significa literalmente «rectos». La respuesta no es sino ésta: **como está dicho: «los rectos te amarán»** (Cantar de los Cantares 1:4). Y esta revelación fue escrita **para incluir a los dos querubines** vinculados con el misterio de los ángeles cuyos nombres se escriben con las letras hebreas *mem–tet–tet–reish–vav–nun* y *samej–nun–dalet–lamed*, que están asociados con el misterio de lo masculino y lo femenino, y que aman a la Presencia Divina –*Shejiná*–, pues son parte de sus legiones. Y cuando ellos enderezaban –*meisharim*– sus rostros uno frente al otro, según el misterio de la unión íntima, entonces se denominan *meisharim*. Y respecto a lo que hemos dicho, que los querubines están asociados con el misterio de lo masculino y lo femenino, es así porque el ángel cuyo nombre se escribe con las letras hebreas *mem–tet–tet–reish–vav–nun*, pertenece al Mundo de la Formación –*Ietzirá*–,

59a

está asociado al grado masculino y el ángel cuyo nombre se escribe *samej–nun–dalet–lamed*, pertenece al Mundo de la Acción –*Asiá*–, está asociado al grado femenino. Y ellos se denominan **meisharim concretamente. Y a esto se refiere** lo que está escrito: «**y a los pueblos con rectitud** –*meisharim*–» (Salmos 98:9). Es decir, la Presencia Divina –*Shejiná*–, juzga y conduce el mundo a través de esos dos ángeles. **Y está escrito:** «Cuando Moshé (Moisés) llegó a la Tienda de la Reunión para hablar con Él, **oyó que la Voz le hablaba** desde arriba de la Cubierta que estaba sobre el Arca del Testimonio, **de entre los dos querubines, y Él le habló**» (Números 7:89). Es decir, Moshé oyó la voz de la Presencia Divina –*Shejiná*–, y El Santo, Bendito Sea, le hablaba a través de los ángeles cuyos nombres se escriben con las letras hebreas *mem–tet–tet–reish–vav–nun* y *samej–nun–dalet–lamed*.

Dijo Rabí Itzjak: aprendemos de aquí que en todo lugar en que no se encuentran juntos **lo masculino y lo femenino,** o sea hombre y mujer, **no es apropiado para ver el rostro de la Presencia Divina** –*Shejiná*–. **A esto se refiere lo que está escrito: «Los rectos** –*iesharim*– **morarán en tu presencia**» (Salmos 140:14). Y se refiere a lo masculino y lo femenino, tal como explicamos anteriormente. **Y hemos estudiado: está escrito:** «¡La Roca! Perfecta es Su obra, pues todos Sus senderos son justicia; un Dios de fe sin iniquidad, **justo y recto es Él**» (Deuteronomio 32:4). Es decir, se alude a lo **masculino y** lo **femenino**. Pues el término «justo», está vinculado con la sefirá de *Iesod*, del aspecto masculino inferior –*Zeir Anpín*–, y el término «recto», está vinculado con el aspecto femenino inferior –*Maljut*–. **También aquí,** en el caso de **los querubines,** se alude en ellos a lo **masculino y** lo **femenino,** y tienen esas características para propiciar el posado de la Presencia Divina –*Shejiná*– sobre ellos. **Y en relación con ellos está escrito: «Tú has preparado a los rectos** –*meisharim*–» (Salmos 99:4). Y está escrito: «Juzgará **a los pueblos en justicia** –*meisharim*–» (Salmos 99:10). Pues *meisharim* se refiere a lo masculino y lo femenino, cuando enderezan –*meisharim*– sus rostros este frente a este. **Y a esto se refiere** lo que está escrito: «Los querubines extendían las alas hacia arriba, y cubrían la Cubierta con sus alas, **con sus rostros uno frente al otro;** hacia la Cubierta estarán los rostros de los querubines» (Éxodo 25:20). Es decir, estaban rostro con rostro, según el misterio de la unión íntima, y ese era un momento de buena voluntad, como fue explicado previamente. **Y esto ya ha sido** estudiado y establecido **por nosotros.**

(59b) hemos estudiado: dijo Rabí Iosei: una vez el mundo necesitaba lluvia, y **Rabí Ieisa, Rabí Jizkia, y los demás compañeros, vinieron ante Rabí Shimón. Lo hallaron cuando estaba por ir a ver a** su suegro, **Rabí Pinjas hijo de Iair, él y Rabí Elazar, su hijo. Cuando** Rabí Shimón **los vio, Rabí abrió** su enseñanza **y** para explicarla **dijo** este versículo: **«¡Cuán bueno y cuán agradable es residir los hermanos juntos!»** (Salmos 133:1). Y preguntó: **¿Qué** significa **«residir los hermanos juntos»?** La respuesta no es sino ésta: **como está dicho** acerca de los querubines: «Los querubines extendían las alas hacia arriba, y cubrían la Cubierta con sus alas, **con sus rostros uno frente al otro;** hacia la Cubierta estarán los rostros de los querubines» (Éxodo 25:20). La expresión: «uno frente al otro», en el original hebreo está escrita mediante la locución *ish el ajiv*, que literalmente significa: «un hombre frente a su hermano». Se refiere a **cuando estaban** dispuestos **uno con uno,** o sea, cuando hay unión del aspecto masculino inferior –*Zeir Anpín*–, con el aspecto femenino inferior –*Maljut*–, del Mundo de la Emanación –*Atzilut*–, en ese momento los querubines **se observaban éste a éste,** rostro con rostro. Y acerca de esto **está escrito: «¡Cuán bueno y cuán agradable** es residir los hermanos juntos!» (Salmos 133:1). Lo que está escrito: «Cuán bueno», se refiere a la sefirá de *Jesed* –bondad–, y «cuán agradable», se refiere a la sefirá de *Guevurá* –rigor–. Es decir, cuando la sefirá de *Jesed* –bondad–, y la sefirá de *Guevurá* –rigor–, se incluían éste con éste, en ese momento: «¡Cuán bueno y cuán agradable es residir los hermanos juntos!». O sea, en ese momento los dos querubines, y también el aspecto masculino inferior –*Zeir Anpín*–, y el aspecto femenino inferior –*Maljut*–, del Mundo de la Emanación –*Atzilut*–, están dispuestos rostro con rostro, según el misterio de la unión intima como uno.

Ahora bien, **y cuando** a raíz de los pecados de los entes de lo bajo, **el aspecto masculino aparta su rostro del aspecto femenino, ¡ay**

del mundo! En relación con esto está escrito: «Y hay quien es reunido sin juicio» (Proverbios 13:23). Es decir, hay quien muere sin juicio, sin clemencia, porque el aspecto masculino inferior *–Zeir Anpín–*, que se denomina juicio, se aparta del aspecto femenino inferior *–Maljut–*, y no hay misericordia en el juicio, por el incremento de las acusaciones y el fortalecimiento de los juicios. O sea, **«sin juicio», ciertamente.** Pues el aspecto masculino inferior *–Zeir Anpín–*, que se denomina juicio, no estaba unido al aspecto femenino inferior *–Maljut–*. **Y está escrito** acerca de los Hijos de Israel, que dicen al aspecto masculino superior *–Aba–*: **«La justicia y el juicio son el asiento de tu Trono»** (Salmos 89:15). Es decir, el aspecto masculino inferior *–Zeir Anpín–*, y el aspecto femenino inferior *–Maljut–*, que se denominan Justicia y Juicio, son el asiento y el Trono del ente cósmico denominado *Biná*, que es el Trono del aspecto masculino superior *–Aba–*. **Pues no van éste sin éste. Y cuando el juicio se aleja de la justicia, ¡ay del mundo!** Es decir, cuando el aspecto masculino inferior *–Zeir Anpín–*, se aleja del aspecto femenino inferior *–Maljut–*, ¡ay del mundo! por el fortalecimiento de los juicios.

Y ahora he visto que vosotros habéis venido porque el aspecto masculino inferior *–Zeir Anpín–* **no reside con el aspecto femenino** inferior *–Maljut–*, y hay despertar de los juicios, y por eso no descienden lluvias en el mundo. Rabí Shimón les **dijo: si habéis venido a mí** solamente **por eso, volved. Pues en este día he observado que todos** los aspectos cósmicos denominados *partzufim* **volverán a residir rostro con rostro.** Es decir, Rabí Shimón oró para que el aspecto masculino inferior *–Zeir Anpín–* y el aspecto femenino inferior *–Maljut–*, vuelvan a unirse y estar rostro con rostro, y los juicios se endulcen. Y por consiguiente se proyectará la abundancia y la bondad al mundo, y descenderán lluvias de bendición. **Y si habéis venido por la Torá,** para estudiar, **quedaos conmigo.**

Los compañeros **le dijeron** a Rabí Shimón: **para todo hemos venido junto al maestro. Por lo tanto, que uno de nosotros vaya a informar a nuestros hermanos, los demás compañeros,** de que hoy descenderán lluvias, **y nosotros nos sentaremos ante el maestro** para oír palabras de Torá.

Mientras caminaban, Rabí Shimón abrió su enseñanza y para explicarla **dijo** este versículo: **«Yo soy morena y codiciable, hijas de Jerusalén,** como las tiendas de Kedar, como las cortinas de Salomón» (Cantar de los Cantares 1:5). ¿A qué se refiere? Se refiere a **la Congregación de Israel,** o sea, la Presencia Divina –*Shejiná*–, que **le dijo El Santo, Bendito Sea,** o sea, el aspecto masculino inferior –*Zeir Anpín*–: **«Yo soy morena»,** es decir, estoy ennegrecida **en el exilio,** pues no me uno completamente a ti, pero **«soy codiciable»** y bella **con** el cumplimiento de **los preceptos de la Torá. Pues aunque sea que** los Hijos de **Israel están en el exilio, no los abandonan** a los preceptos de la Torá, y a través de eso tengo cierto grado de unión contigo, aunque no en forma completa.

A continuación está escrito en el versículo: **«como las tiendas de Kedar»** (Cantar de los Cantares 1:5). ¿A qué se refiere? Se refiere a la Congregación de Israel, que es la Presencia Divina –*Shejiná*–, y dice: yo estoy vestida con –las cortezas impuras denominadas– *klipot* negras, que **son los hijos de Ketura, cuyos rostros están siempre ennegrecidos** –*deitkadrú*–. Es decir, la Presencia Divina –*Shejiná*– manifiesta: **y** aunque yo estoy vestida con las cortezas impuras denominadas *klipot*, Dios libre, **aún así,** yo soy **«como las cortinas de Salomón»** (Cantar de los Cantares 1:5). Es decir, **como esa visión pura del Cielo.** O sea, la Presencia Divina –*Shejiná*– declara: soy bella como la sefirá de *Tiferet,* que se denomina Cortina, e ilumina a la sefirá de *Iesod,* que se denomina Salomón, pues recibo una irradiación de luminosidad pequeña de ellos –dice la Presencia Divina –*Shejiná*–. ¿Y de dónde sabemos que la Cortina está asociada con el misterio de la sefirá de *Tiferet*? **Como está escrito: «Extiende los Cielos como una Cortina»** (Salmos 104:2). Y los sabios cabalistas explicaron que los Cielos están vinculados con el misterio de la sefirá de *Tiferet*. Por lo tanto, según esta declaración se deduce que los Cielos están asociados con el misterio de la sefirá de *Tiferet* y son como una Cortina.

A continuación está escrito: **«No me veáis porque soy morena, pues el Sol me ennegreció;** los hijos de mi madre se airaron contra mí; me pusieron a guardar las viñas; y mi viña, que era mía, no guardé» (Cantar de los Cantares 1:6). **¿Por qué razón** la Presencia Divina

59b

–Shejiná– dijo a los Hijos de Israel: **«no me veáis»**? Es decir, ¿por qué les dijo que no la observaran para meditar en ella y aprehender su irradiación? La respuesta es ésta: **«porque soy morena»**, o sea, soy sólo como un pequeño punto negro, **«pues el Sol me ennegreció»**. Es decir: **porque el Sol,** que es el aspecto masculino inferior –*Zeir Anpín*–, **no me miró para irradiar luminosidad en mí como es debido** rostro con rostro para emblanquecer mi rostro, para que yo pueda irradiar luminosidad a los Hijos de Israel.

Y los Hijos de **Israel, ¿qué dicen?** La respuesta es ésta: **«los hijos de mi madre se airaron contra mí»**. Es decir, ellos dicen: ellos me han hecho irritar y pecar. Ahora bien, **¿quiénes son «los hijos de mi madre»?** La respuesta es ésta: **son los** setenta **ministros de** lo Alto que están a cargo de proteger a **los demás pueblos.** Y los Hijos de Israel declaran que ellos provocaron su pecado y el exilio. Y por eso, ellos reciben la abundancia de nuestra madre cósmica, la sagrada Presencia Divina –*Shejiná*–, y a nosotros se nos da únicamente el sobrante

Otro modo de interpretar el **asunto:** este versículo no se refiere a los Hijos de Israel, sino a la Presencia Divina –*Shejiná*–, y ella dice: **«los hijos de mi madre», concretamente.** O sea, se refiere concretamente a los seis flancos del aspecto masculino inferior –*Zeir Anpín*–, que son hijos del ente cósmico denominado *Biná*, como yo –dice la Presencia Divina –*Shejiná*–. Y ellos «se airaron contra mí», es decir, se enojaron conmigo y me apartaron de ellos, hasta que descendí al Mundo de la Creación –*Briá*–, para investirme en la corteza denominada *Klipa*t Noga, para nutrir a los setenta ministros. **Como está dicho: «Arrojó del Cielo a la Tierra […]»** (Lamentaciones 2:1). Es decir, el aspecto masculino inferior –*Zeir Anpín*–, que se denomina Cielo, arrojó y apartó de nosotros al aspecto femenino inferior –*Maljut*–, que se denomina Tierra. **Y cuando se arrojó del Cielo a la Tierra,** o sea, cuando el aspecto femenino inferior –*Maljut*–, se alejó del aspecto masculino inferior –*Zeir Anpín*–, entonces dijo: **«me pusieron a guardar las viñas»,** es decir, me pusieron a conducir y nutrir a los setenta ministros, que se denominan Viñas de los entes impuros denominados *jitzonim*. **¿Cuál es la razón? Porque «mi viña, que era mía** –los Hijos de Israel–, **no guardé».** Es decir: la Presencia Divina –*Shejiná*– manifiesta: no cuidé a los Hijos de Israel, que son la viña de El Santo, Bendito Sea, cuando estaban en la Tierra de Israel, para que no pecaran.

Y hemos estudiado: está escrito: «No me veáis porque soy morena, pues el Sol me ennegreció; los hijos de mi madre se airaron contra mí; me pusieron a guardar las viñas; y mi viña, que era mía, no guardé» (Cantar de los Cantares 1:6). ¿A qué se refiere? **«Los hijos de mi madre»,** que son los seis flancos del aspecto masculino inferior –*Zeir Anpín*–, que son hijos del ente cósmico denominado *Biná*, **ciertamente, acordaron respecto de mí,** dice la Presencia Divina –*Shejiná*–, para alejarme de ellos. **Es decir:** esto ocurrió **cuando fue apartada la Tierra de los Cielos,** o sea, cuando el aspecto femenino inferior –*Maljut*–, fue apartado del aspecto masculino inferior –*Zeir Anpín*–, **como ya ha sido** estudiado y **establecido por nosotros, como está escrito: «Su hermana se colocó a distancia,** para saber qué sería de él» (Éxodo 2:4). Lo que está escrito: «su hermana», se refiere al aspecto femenino inferior –*Maljut*–, que es la Presencia Divina –*Shejiná*–, y es considerada según el grado de la hermana del aspecto masculino inferior –*Zeir Anpín*–, cuando no está unida a él. Y ella está colocada a la distancia porque el aspecto masculino inferior –*Zeir Anpín*–, la alejó de él.

Y aquí, en relación con nuestro asunto, **fue dicho ciertamente** lo que está escrito: **«¡Cuán bueno y cuán agradable es residir los hermanos juntos!»** (Salmos 133:1). Es decir, cuando el aspecto masculino inferior –*Zeir Anpín*–, y el aspecto femenino inferior –*Maljut*–, que son hermanos, hijos del aspecto femenino superior –*Ima*–, están juntos y unidos íntimamente como uno. **Y en relación con ellos hemos establecido** la declaración: **«juntos** –*gam iajad*–**».** Pues es sabido que la expresión *gam* siempre es incluida para agregar algo al sentido textual, y en este caso sería posible decir que se refiere al aspecto femenino inferior –*Maljut*–, **como está dicho: «Pero a pesar de** –*gam*– **todo esto** –*zot*–**, mientras estuvieren** en la tierra de sus enemigos, no los aborreceré ni los rechazaré para aniquilarlos, para

59b

anular Mi pacto con ellos, pues Yo soy El Eterno, su Dios» (Levítico 26:44). La expresión *gam* se refiere al aspecto femenino inferior –*Maljut*–, que se denomina *Zot*. Pero en la cita que declara: «¡Cuán bueno y cuán agradable es **residir los hermanos** juntos –*gam iajad*–!» (Salmos 133:1), **incluye** al aspecto femenino inferior –*Maljut*–. Pues la expresión «hermanos», incluye al aspecto masculino inferior –*Zeir Anpín*–, y al aspecto femenino inferior –*Maljut*–, que son hermanos hijos del aspecto femenino superior –*Ima*–. Siendo así, ¿qué viene a agregar la declaración *gam*? La respuesta no es sino ésta: **dado que está escrito *gam*, incluye a todos los de lo Alto.** Es decir, todos los aspectos cósmicos denominados *partzufim* que están por encima del aspecto masculino inferior –*Zeir Anpín*–, y el aspecto femenino inferior –*Maljut*–, y son el aspecto masculino superior –*Aba*–, y el aspecto femenino superior –*Ima*–, y el ente cósmico oculto denominado *Arij Anpin*. **Pues todo su gobierno se encuentra** vinculado **con ese lugar** del aspecto femenino inferior –*Maljut*–. Es decir, dado que ellos envían la abundancia al aspecto masculino inferior –*Zeir Anpín*–, y al aspecto femenino inferior –*Maljut*–, para que la envíen a los entes de lo bajo, y si a raíz de las faltas de los entes de lo bajo hay separación entre el aspecto masculino inferior –*Zeir Anpín*–, y el aspecto femenino inferior –*Maljut*–, entonces también a ellos, los entes supremos, los afecta un cierto grado de daño y carencia de completitud. Pues no pueden enviar la abundancia como es debido, y conforme a la voluntad de ellos.

Otro modo de interpretar el **asunto:** está escrito: **«¡Cuán bueno y cuán agradable** es residir los hermanos juntos –*gam iajad*–!» (Salmos 133:1). **Se refiere a los compañeros, cuando están sentados juntos, como uno, y no están separados éste de éste.** Ya que cuando están sentados juntos, estudiando con amor y compañerismo, son como hermanos concretamente. Pues **al comienzo,** cuando comienzan a debatir sobre el estudio de la Torá, **se ven como guerreros que entablan una batalla, y que quieren matarse éste a éste,** pero **después,** cuando acordaron con la verdad del asunto, **vuelven** a unirse **con amor de hermandad** (*véase* Talmud, tratado de Kidushín 30b). Entonces, cuando eso ocurre, **El Santo, Bendito Sea, ¿qué dice** de

SEGUNDA PARTE: AJAREI MOT

59b - 60a

ellos? «¡Cuán bueno y cuán agradable es residir los hermanos juntos –*gam iajad*–!». La expresión *gam* fue agregada **para incluir a la Presencia Divina –***Shejiná***– con ellos,** cuando estudian Torá en el nombre de los Cielos. **Y no sólo eso, sino que El Santo, Bendito Sea, atiende sus palabras, y se conforta con eso, y se alegra con ellos. A esto se refiere lo que está escrito: «Entonces hablaron los temerosos de Dios, uno al otro, y atendió El Eterno y escuchó; y fue escrito un libro de recuerdos ante él,** para los temeroso de Dios y los que consideran Su Nombre» (Malaquías 3:16).

Después Rabí Shimón dijo a los compañeros: **y vosotros compañeros que estáis aquí, tal como estuvisteis** unidos **con afecto y amor antes de esto, así también de aquí en adelante, no os separéis uno del otro, hasta que El Santo, Bendito Sea, se alegre con vosotros y proclame sobre vosotros paz, y se encuentre por vuestra causa la paz en el mundo. A esto se refiere lo que está escrito: «En aras de mis hermanos y mis compañeros diré: ¡La paz sea contigo!»** (Salmos 122:8).

Después de esto, **marcharon** juntos, Rabí Shimón y los compañeros. **Marcharon hasta que llegaron a la casa de Rabí Pinjas hijo de Iair. Rabí Pinjas** hijo de Iair **salió** a recibir a Rabí Shimón, **y lo besó.** Después **dijo: merecí besar a la Presencia Divina –***Shejiná***–**. Pues Rabí Pinjas hijo de Iair vio que la Presencia Divina –*Shejiná*– se posaba sobre Rabí Shimón. **¡Bienaventurada mi parte! Preparó para ellos camas honorables, cuyas patas estaban atadas con cuerdas unas a otras.** Es decir, les preparó camas confortables para que se sentaran sobre ellas y estudiaran la Torá. **Rabí Shimón dijo** a Rabí Pinjas hijo de Iair: **¡La Torá no necesita eso!** Entonces Rabí Pinjas hijo de Iair **las quitó y se sentaron** sobre el suelo.

Rabí Pinjas hijo de Iair le **dijo** a Rabí Shimón: **antes de que comamos escuchemos las palabras del amo de la Torá. Pues respecto a Rabí Shimón, todas las palabras** que pronuncia **son reveladas,** y no una simple insinuación. **Él es un hombre que no teme de los de lo Alto y los de lo bajo para decirnos** los secretos de la Torá. **No teme de los de lo Alto,** o sea, de las acusaciones de los ángeles supremos, **pues El Santo, Bendito Sea, acuerda (60a) con él;** no

60a

teme de los de lo bajo, o sea, de las legiones de los entes impuros denominados *jitzonim,* **como un león, que no teme de los hijos de los rebaños.**

Rabí Shimón le dijo a su hijo Rabí Elazar: Rabí Elazar, ponte de pie, y dinos un asunto nuevo, o sea, una nueva enseñanza de la Torá, **antes de que lo hagan Rabí Pinjas** hijo de Iair **y los demás compañeros.**

Rabí Elazar se puso de pie y **abrió** su enseñanza, y para explicarla **dijo** este versículo: **«El Eterno habló a Moshé** (Moisés) **tras la muerte de los dos hijos de Aarón,** cuando se aproximaron a El Eterno y murieron» (Levítico 16:1). **Se debe observar** y meditar **en este versículo, pues se ve como si estuviera de más,** como si fuera innecesario. **Pues he aquí que está escrito a continuación: «Y El Eterno le dijo a Moshé** (Moisés): háblale **a Aarón, tu hermano:** no vendrá en todo momento al Santuario, dentro de la Partición, delante de la Cubierta que hay sobre el Arca, para que no muera; pues en una nube habré de aparecer sobre la Cubierta» (Levítico 16:2). A partir **de aquí es el comienzo de la sección,** por tanto **ese versículo de arriba, ¿cuál es** la razón por la que fue incluido? **Como está escrito: «El Eterno habló a Moshé».** Y aquí surge la pregunta: **¿qué le dijo? Y después** está escrito: **«Y El Eterno le dijo a Moshé».** ¿Cómo se explican estas dos citas?

La respuesta no es **sino ésta: cuando El Santo, Bendito Sea, le dio el** precepto del **incienso aromático a Aarón,** El Santo, Bendito Sea, **quiso que ninguna otra persona lo utilizara en vida de él,** o sea, El Santo, Bendito Sea, quiso que nadie fuera de Aarón ofreciera el incienso mientras viviera. **¿Por qué razón? Porque Aarón incrementó la paz en el mundo.** Como fue enseñado: Hilel decía: sé de los alumnos de Aarón, ama la paz y persigue la paz, ama a las criaturas —las personas— y acércalas a la Torá (Mishná, tratado de Avot 1:13). **El Santo, Bendito Sea, le dijo** a Aarón: **tú deseas incrementar la paz en el mundo, a través de ti se incrementará la paz en lo Alto.** Pues a través del ofrecido del incienso se unen todas las emanaciones cósmicas denominadas sefirot, y hay paz entre ellas. Por eso, y en pago por tu acción, **he aquí que el incienso aromático será entregado**

SEGUNDA PARTE: AJAREI MOT

en tu mano desde ahora en adelante, y en tu vida ninguna otra persona lo utilizará. Pero **Nadab y Abihu, se adelantaron en vida del padre de ellos para ofrecer lo que no les había sido otorgado, y ese asunto provocó que erraran,** y ofrecieran fuego extraño y murieran. Como está escrito: «Nadav y Avihu murieron ante El Eterno cuando ofrendaron un fuego extraño ante El Eterno en el Desierto del Sinaí, y no tenían hijos; y Elazar e Itamar oficiaron en vida de Aarón, su padre» (Números 3:4).

Y hemos estudiado: Moshé meditaba acerca de quién les había provocado cometer este error, y estaba triste por ello, y con el fin de consolarlo, **¿qué está escrito?** Está escrito: **«El Eterno habló a Moshé** (Moisés) **tras la muerte de los dos hijos de Aarón»** (Levítico 16:1). **¿Y qué le dijo** El Santo, Bendito Sea? Lo que está escrito a continuación: **«cuando se aproximaron a El Eterno y murieron».** Se observa que **no está escrito: «cuando ofrecieron** a El Eterno», en alusión al fuego extraño que ofrecieron, **sino** que está escrito: **«cuando se aproximaron** a El Eterno», en vida del padre de ellos. **El Santo, Bendito Sea, le dijo a Moshé: esto les provocó a ellos** ofrecer fuego extraño, **porque desplazaron el momento en vida del padre de ellos, y se equivocaron con eso. Y a esto se refiere lo que está escrito:** «Tomaron los hijos de Aarón, Nadab y Abihu, cada uno su brasero, le pusieron fuego y colocaron encima incienso; y trajeron ante El Eterno un fuego extraño **que Él no les había ordenado»** (Levítico 10:1). **A ellos no les había ordenado, pero a Aarón le había ordenado.**

Y Rabí Elazar dijo: **y si los dos hijos de Aarón,** que eran justos íntegros, **porque desplazaron el momento en vida del padre de ellos, provocaron sobre ellos todo eso,** la muerte, **yo en relación con mi padre,** Rabí Shimón, **y Rabí Pinjas** hijo de Iair, **y los demás compañeros, cuánto más y más,** debo dejarme desplazar por el momento, y desplazarlo yo, disertando ante ellos. **Vino Rabí Pinjas** hijo de Iair, **lo besó y lo bendijo.**

Rabí Shimón abrió su enseñanza y para explicarla **dijo** este versículo: **«He aquí la cama de él, de Quien la paz es de Él** –*shelis-*

hlomó–, **hay sesenta valientes alrededor de ella,** de los valientes de Israel. Todos ellos aferraban espadas, diestros en la guerra; cada hombre con su espada sobre su muslo, por el temor de las noches» (Cantar de los Cantares 3:7-8). Lo que está escrito: **«He aquí la cama de Quien la paz es de Él»,** ¿qué indica? **¿Quién es** el ente cósmico aludido en la expresión **«la cama de él»? Se refiere al Trono de gloria del rey.** O sea, se refiere al aspecto femenino inferior –*Maljut*–, que se denomina Cama cuando por la noche desciende al Mundo de la Creación –*Briá*–, y se transforma en Trono y Cama de la irradiación de luminosidad del Mundo de la Emanación –*Atzilut*– que desciende a ella a través del aspecto masculino inferior –*Zeir Anpín*–. **Como está escrito acerca de él,** es decir, acerca del aspecto masculino inferior –*Zeir Anpín*–, estando el aspecto femenino inferior –*Maljut*–, en el Mundo de la Creación –*Briá*–: **«El corazón de su marido está seguro en ella,** y no le faltarán ganancias –*shalal*–» (Proverbios 31:11). Es decir, el aspecto masculino inferior –*Zeir Anpín*–, confía y está seguro en el aspecto femenino inferior –*Maljut*–, en que incluso estando en el Mundo de la Creación –*Briá*–, no se adherirán a ella los entes impuros denominados *jitzonim*; pues el aspecto femenino inferior –*Maljut*–, es del Mundo de la Emanación –*Atzilut*–. Y lo que está escrito: **«shelishlomó»,** significa: **«El rey de Quien la paz es toda de Él».** Y se refiere al aspecto masculino inferior –*Zeir Anpín*–, que la sefirá de *Iesod*, que se denomina Paz, es de él.

A continuación está escrito en el versículo: **«Hay sesenta valientes alrededor de ella»** (Cantar de los Cantares 3:7). Se refiere al misterio de las emanaciones de la sefirá de *Guevurá* –rigor–, que se expanden de las cinco fuerzas de *Guevurá* de la sefirá de *Daat* por los seis flancos del aspecto masculino inferior –*Zeir Anpín*–, desde la sefirá de *Jesed* –bondad– hasta la sefirá de *Iesod*. Y dado que cada una de las emanaciones cósmicas denominadas sefirot vinculadas con los seis flancos está incluida de diez, he aquí sesenta. Y la sefirá de *Iesod*, las entrega al aspecto femenino inferior –*Maljut*–, **pues se aferran al flanco de ella.** Es decir, se adhieren y aferran alrededor del aspecto femenino inferior –*Maljut*–, para protegerla del adherido de los entes impuros denominados *jitzonim*. Y ellos, esos entes cósmicos que protegen al aspecto femenino inferior *–Maljut–*, provienen **del juicio severo** de las fuerzas de *Guevurá* del aspecto masculino inferior *–Zeir Anpín–*.

Y esos sesenta valientes **se denominan sesenta golpes de fuego, pues ese joven se inviste en ellos.** Es decir, se inviste en ellos el ángel cuyo nombre comienza con las letras hebreas *mem–tet*, para conducir al mundo a través de ellos según el grado del juicio. Y debe considerarse que **a la derecha de él,** este ángel, **hay una llamarada de la espada poderosa,** que se denomina juicio leve, pues la espada no ejerce dominio a la distancia. En tanto que **a la izquierda de él,** este ángel, **hay brasas ígneas poderosas,** que son juicios muy severos, pues las brasas arden y pueden ejercer dominio y quemar a la distancia. Pues esos juicios **se unen con sus escamas** que son sus legiones. O sea, **con setenta mil** ángeles denominados **llamaradas de fuego ardiente que consume.** Es decir, son ángeles poseedores de facultad de juicio poderoso y severo. **Y esos sesenta** valientes son ángeles **armados con poderosas armas** de guerra, que salieron **de esas** fuerzas de las *guevurot* **poderosas, de la** sefirá de *Guevurá* –rigor– **suprema de El Santo, Bendito Sea,** o sea, la sefirá de *Daat* del aspecto masculino inferior *–Zeir Anpín–*. **A esto se refiere lo que está escrito: «de los valientes de Israel».** Es decir, de los valientes del aspecto masculino inferior *–Zeir Anpín–*, que se denomina Israel.

Y hemos estudiado: respecto a esa cama de Quien la paz es de Él, o sea, el aspecto femenino inferior *–Maljut–*, **¿qué está escrito?** Esta escrito: **«Se levanta aún de noche** y da comida *–teref–* a su familia, y ración *–jok–* a sus jóvenes» (Proverbios 31:15). O sea, **cuando** el aspecto femenino inferior *–Maljut–*, **se nutre del flanco del juicio** del aspecto masculino inferior *–Zeir Anpín–*, y entonces «da comida a su familia», o sea, otorga poder de juicio a sus legiones de ángeles.

Ahora bien, **¿qué** significa la expresión: **«comida** *–teref–*», según los misterios de la cábala? La respuesta es ésta: **como está dicho: «Y arrebata** *–taraf–* **y no hay quien salve»** (Miqueas 5:7). Es decir, el león arrebata los animales del rebaño y no hay quien se salve de él. Resulta que la expresión *teref* alude a los juicios severos, que no hay quien salve de ellos.

60a

A continuación está escrito: **«Todos ellos aferraban espadas, diestros en la guerra»** (Cantar de los Cantares 3:8). Es decir, todos estaban aferrados al aspecto femenino inferior –*Maljut*–, que se denomina Espada, cuando está vinculada con el grado de los juicios. Y ésta es la explicación: ellos estaban dispuestos y **preparados en todo lugar para ejecutar el juicio, y se denominan poseedores** de facultad de juicio **de *shevarim* y *teruá*** (quebranto y sollozo), que están asociados con el misterio de los juicios, ya que de ellos reciben los juicios los poseedores de facultad de juicio de *shevarim* del Mundo de la Creación –*Briá*–, poseedores de facultad de juicio de *teruá* del Mundo de la Acción –*Asiá*–.

A continuación está escrito en el versículo: **«cada hombre con su espada sobre su muslo»** (Cantar de los Cantares 3:8). Es decir, cada uno de los sesenta valientes mencionados, reciben el poder del juicio del aspecto femenino inferior –*Maljut*–, que se denomina Espada, para proteger a la sefirá de *Iesod*, del aspecto femenino inferior –*Maljut*–, que se denomina Muslo, de la adherencia de los entes impuros denominados *jitzonim*, **como está dicho: «Ciñe tu espada sobre el muslo del valiente»** (Salmos 45:4). Y ésta es la explicación: «Ciñe tu espada», para que los entes impuros denominados *jitzonim* no se nutran de la sefirá de *Iesod*, del aspecto femenino inferior –*Maljut*–.

Despues está escrito en el versículo: **«por el temor de las noches»** (Cantar de los Cantares 3:8). **Esto ya ha sido** estudiado y **establecido** por los sabios, quienes explicaron que se refiere al **temor del Infierno,** que se asemeja a las noches. Es decir, para que no se adhieran los entes impuros denominados *jitzonim*, llamados Noches, y el Infierno, al aspecto femenino inferior –*Maljut*–, **pero** nosotros lo explicaremos de modo diferente: lo que está escrito: **«por el temor de las noches»**, es decir: **todas esas** fuerzas del juicio, **¿de qué lugar reciben** su poder? La respuesta no es sino ésta: **«del temor».** O sea, **de ese lugar denominado Temor.** Es decir, de la sefirá de *Guevurá* –rigor– del aspecto masculino inferior –*Zeir Anpín*–, que se denomina Temor. **Como está dicho:** «Si el Dios de mi padre, el Dios de Abraham **y el Temor de Itzjak (Isaac) no hubiera estado conmigo,** ahora me habrías echado con las manos vacías; Dios vio mi aflicción

SEGUNDA PARTE: AJAREI MOT

y el esfuerzo de mis manos, y por eso te reprendió anoche» (Génesis 31:42). Y está escrito: «Que el Dios de Abraham y el dios de Najor juzgue entre nosotros; el dios de su padre; **Y Iaacov (Jacob) juró por el Temor de su padre Itzjak** (Isaac)» (Génesis 31:53). Y lo que está escrito: **«de las noches»**, se refiere a **cuando ellos son mandados a ejecutar el juicio,** o sea, por las noches, ya que la noche es el tiempo del despertar del juicio.

Y hemos estudiado que hay un tiempo en el cual el aspecto femenino inferior –*Maljut*–, recibe mucha abundancia, como **está escrito: «Considera un campo y lo adquiere»** (Proverbios 31:16). Es decir, el aspecto femenino inferior –*Maljut*–, consideró estar en el grado de un campo sembrado, con mucha abundancia, y adquirió esa abundancia a través de la sefirá de *Iesod*, del aspecto masculino inferior –*Zeir Anpín*–. **A esto se refiere lo que está escrito: «Y todas las fieras** –*jaiot*– **del campo se alegrarán** –*isajakú*– **allí»** (Job 40:20). La declaración *isajakú* significa literalmente «se reirán». Y la declaración *«jaiot»* se refiere a los seres vivientes del Mundo de la Creación –*Briá*–, que son legiones del aspecto femenino inferior –*Maljut*–; ya que ellos ascienden las almas al aspecto femenino inferior –*Maljut*–, según el misterio de las aguas femeninas. Y a través de eso «se alegrarán –*isajakú*– allí», es decir, provocarán la alegría y se reirán con la unión íntima, que se denomina *sejok*, como está escrito: «Y sucedió que cuando se prolongaron sus días allí, Abimelej, rey de los filisteos, miró por la ventana y vio a Itzjak (Isaac) riéndose –*metzajek*– en la intimidad con su mujer Rivka (Rebeca)» (Génesis 26:8). Es decir, Abimelej lo vio en el momento en que mantenía relaciones maritales. **Y a esto se refiere lo que está escrito: «Éste es el gran y extenso mar,** en el que se mueven seres innumerables, seres pequeños y grandes. **Allí andan las naves;** allí este Leviatán que hiciste para que jugase en él» (Salmos 104:26). Lo que está escrito: «Éste es el gran y extenso mar», se refiere al aspecto femenino inferior –*Maljut*–, que se torna grande. Y lo que está escrito: «Allí andan las naves», se refiere a las almas de los justos, que se denominan «naves», las cuales ascienden y van con ella según el misterio de las aguas femeninas, **como está dicho: «Era como naves de mercader; trae su pan de lejos»** (Proverbios 31:14).

Es decir, el aspecto femenino inferior *–Maljut–*, es como un mercader que se aleja con naves a lugares distantes; o sea, a través de las almas que ascendieron con ella según el misterio de las aguas femeninas, y se concretó la unión íntima. Y a través de eso: «trae su pan de lejos». O sea, **«de lejos», ciertamente, de la cabeza de la facultad cognitiva cósmica** *–moaj–*, es decir, de la cabeza de los las facultades cognitivas cósmicas *–mojín–*, del aspecto masculino inferior *–Zeir Anpín–*, que es la sefirá de *Jojmá*, **y encima de la cabeza,** o sea, de un lugar más elevado y supremo que la sefirá de *Jojmá*, que es el aire que está por encima de la membrana del cerebro *–moaj–*, de allí **«trae su pan»**, o sea, proyecta la abundancia **a través del justo,** que es la sefirá de *Iesod*, del aspecto masculino inferior *–Zeir Anpín–*, que se denomina Justo. Esto es así **cuando** el aspecto masculino inferior *–Zeir Anpín–* y el aspecto femenino inferior *–Maljut–*, **se unen como uno. Entonces hay alegría en todos** los mundos, debido a la abundancia. **A esto se refiere lo que está escrito: «allí este Leviatán que hiciste para que jugase con él»** (Salmos 104:26).

Hemos estudiado: mil quinientos ángeles del Mundo de la Creación *–Briá–* **poseedores de escudos, amos del poder, que se aferran** a través **de ese flanco de esos** sesenta **poderosos** del Mundo de la Creación *–Briá–*, que el ángel cuyo nombre se escribe con las letras *mem–tet*, se inviste en ellos; y **en la mano de ese** ángel cuyo nombre se escribe con las letras *mem–tet*, **que se denomina joven, hay cuatro grandes llaves,** asociadas con el misterio de los cuatro campamentos de la Presencia Divina *–Shejiná–*. Y se denominan llaves porque a través de ellos se abren todos los depósitos de la abundancia que se proyectan por medio del Aspecto Cósmico Femenino Inferior *–Maljut–* del Mundo de la Emanación *–Atzilut–*, para que sean descendidos a este mundo. Y todos esos ángeles están en el Mundo de la Creación *–Briá–*.

Asimismo, debe considerarse que **los** entes denominados *taninim* **se desplazan bajo esa embarcación de ese (60b) gran mar.** Y esos entes denominados *taninim* son doce ángeles que se encuentran en el Mundo de la Formación *–Ietzirá–*, bajo el velo que se encuentra entre el Mundo de la Creación *–Briá–* y el Mundo de la Formación *–Ietzi-*

rá–, el cual está asociado con el misterio de una embarcación. Y ellos llevan el Trono del Aspecto Cósmico Femenino Inferior *–Maljut–* del Mundo de la Creación *–Briá–*, el cual está asociado con el misterio del Gran Mar. Y ellos se expanden **a cuatro flancos,** que son los cuatro extremos del mundo, para realizar su acción que deben realizar. **Este** arcángel con dos ángeles **se desplaza a este flanco, y este** otro arcángel con dos ángeles **se desplaza a este flanco, y así todos.**

Cuatro aspectos se ven en el rostro de ellos, esos cuatro arcángeles, que son Mijael, Gabriel, Uriel, y Refael. Pues en el arcángel Mijael se observa rostro de león, en el arcángel Gabriel se observa rostro de Toro, en el arcángel Uriel se observa rostro de águila, y en el arcángel Refael se observa rostro de hombre. **Y cuando se incluyen como uno** en el ángel cuyo nombre se escribe con las letras *mem–tet*, al respecto está escrito: «**Y el aspecto de sus rostros era rostro de hombre,** y rostro de león en –el flanco de la– derecha de los cuatro; y rostro de toro a la izquierda en los cuatro; y había rostro de águila en los cuatro» (Ezequiel 1:10). Es decir, **«sus rostros», se refiere al rostro de todos** los cuatro entes sagrados *–jaiot haKodesh–*, se transforman en rostro de hombre, parecido al del ángel cuyo nombre se escribe con las letras *mem–tet*. Pues él es para ellos como la forma para la materia. Aunque hay una diferencia entre ellos, y es que el rostro del ángel cuyo nombre se escribe con las letras *mem–tet*, es un rostro como el **rostro** de un hombre **grande,** y los rostros de los cuatro entes sagrados *–jaiot haKodesh–*, son como rostros de un niño, y **se incluyen como uno en lo Alto,** en el Aspecto Cósmico Femenino Inferior *–Maljut–* del Mundo de la Emanación *–Atzilut–*, donde están enraizados.

Debe considerarse que **dos** grados, correspondientes con la emanación cósmica *–sefirá–* denominada *Jojmá* y la emanación cósmica *–sefirá–* denominada *Biná* del Aspecto Cósmico Masculino Inferior *–Zeir Anpin–* de Noga, **ascienden** en el día del Mundo de la Creación *–Briá–* al Mundo de la Emanación *–Atzilut–* **y se desplazan** y se nutren del Aspecto Cósmico Femenino Inferior *–Maljut–* del Mundo de la Emanación *–Atzilut–* de la santidad. Y tienen **dos rastrillos en sus manos,** que corresponden con el misterio de los dos pechos del

60b

Aspecto Cósmico Femenino Inferior –*Maljut*–, que aferran con sus manos, y se nutren de ellos. Y esto está asociado con el misterio de **mil montes** vinculados con el secreto de las diez emanaciones cósmicas –sefirot– del Aspecto Cósmico Masculino Inferior –*Zeir Anpin*– de Noga, del Mundo de la Creación –*Briá*–, que a raíz de una gran inclusión alcanzan la cifra de mil. Ellos **ascienden y entran todo día** (cada día) en la frontera del Mundo de la Emanación –*Atzilut*–. Pues cuando los dos grados correspondientes con la emanación cósmica –sefirá– denominada *Jojmá* y la emanación cósmica –sefirá– denominada *Biná* del Aspecto Cósmico Masculino Inferior –*Zeir Anpin*– de Noga, ascienden, se considera como si hubieran ascendido las diez emanaciones cósmicas. Y ellas se nutren **de la abundancia del Mar Supremo,** que es el Aspecto Cósmico Femenino Inferior –*Maljut*– del Mundo de la Emanación –*Atzilut*–, asociado con el misterio de Raquel. **Después** de nutrirse de ella, ellos **se retiran de ella, y ascienden a otro mar,** es decir, ascienden para nutrirse de Lea. Y debe saberse que no sólo las diez emanaciones cósmicas de Noga se nutren del Aspecto Cósmico Femenino Inferior –*Maljut*–, sino que **no hay cuenta para** describir la cantidad de **esos** entes poseedores de facultad de juicio **que se aferran a los cabellos** del Aspecto Cósmico Femenino Inferior –*Maljut*–, y reciben de allí el nutriente para llevar a cabo su acción.

Ésta es una explicación más profunda del asunto: hay **dos hijos** que **se nutren todos los días los cuales se denominan los espías de la Tierra.** Esos entes cósmicos están asociados con el misterio de dos facultades cognitivas cósmicas –*mojín*–, del Aspecto Cósmico Masculino Inferior –*Zeir Anpin*–, de Noga del Mundo de la Emanación –*Atzilut*–, que se nutren del Aspecto Cósmico Femenino Inferior –*Maljut*– del Mundo de la Emanación –*Atzilut*– todos los días. **Y éste es el secreto de** lo que está escrito en **el Libro de la Discreción –***Sifra Ditzniuta***–, como está escrito: «Josué hijo de Nun envió desde Shitim dos espías en silencio, diciéndoles: marchad, reconoced la tierra, y a Jericó»** (Josué 2:1). Los mismos están asociados con el misterio de los dos facultades cognitivas cósmicas –*mojín*–, de Noga del Mundo de la Emanación –*Atzilut*–, **y ellos se nutren de bajo los**

flancos de los miembros del Aspecto Cósmico Femenino Inferior –*Maljut*–, es decir, de los dos pechos que se encuentran en los flancos de su cuerpo cósmico.

Además, hay **dos hijas bajo los pies de ella,** el Aspecto Cósmico Femenino Inferior –*Maljut*– de Mundo de la Emanación –*Atzilut*–, y se corresponden con el secreto de las dos facultades cognitivas cósmicas –*mojín*–, asociadas con el misterio de la emanación cósmica –sefirá– denominada *Jojmá* y la emanación cósmica –sefirá– denominada *Biná* del Aspecto Cósmico Femenino del Aspecto Cósmico Masculino Inferior –*Zeir Anpin*–, de Noga del Mundo de la Emanación –*Atzilut*–, que corresponden con el secreto de los dos pájaros mencionados en la sección de la Torá *Vaijí*. **Y a esto se refiere lo que está escrito: «Los hijos de los soberanos** –*bnei haElokim*– **vieron que las hijas del hombre** eran seductoras y tomaron para sí mujeres, cada uno según su elección» (Génesis 6:2). Y se refiere al misterio de los facultades cognitivas cósmicas –*mojín*–, vinculadas con el secreto de la emanación cósmica –sefirá– denominada *Jojmá* y la emanación cósmica –sefirá– denominada *Biná* del Aspecto Cósmico Femenino del Aspecto Cósmico Masculino Inferior –*Zeir Anpin*–, de Noga del Mundo de la Emanación –*Atzilut*–. **Y estos** entes cósmicos **se aferran a las uñas de esa cama.** Es decir, se refiere al Aspecto Cósmico Femenino Inferior –*Maljut*–, que se denomina Cama, que es el lugar de donde se nutren.

Y a esto se refiere lo que hemos estudiado: como está escrito: «Entonces vinieron al rey dos mujeres meretrices, y se presentaron delante de él» (I Reyes 3:16). Se refiere a los *mojín*, es decir, las facultades cognitivas cósmicas, de la emanación cósmica –sefirá– denominada *Jojma* y la emanación cósmica –sefirá– denominada *Biná* de Noga, que son denominadas «dos mujeres meretrices». Y ellas vinieron en los días de Salomón y se sometieron y entraron a la santidad. Y a esto se refiere lo que está escrito: **«y se presentaron** delante de él»**,** en los días de Salomón, pues entonces se incluyeron en la santidad. **Y no antes de eso.**

Y cuando los de Israel que están en lo bajo vuelven su cerviz detrás de El Santo, Bendito Sea, es decir, cuando se rebelan contra

60b

El Santo, Bendito Sea, **¿qué está escrito?** Está escrito: **«Los opresores de mi pueblo son jóvenes, y mujeres ejercieron dominio sobre él»** (Isaías 3:12). Lo que está escrito: «Los opresores», se refiere a los entes impuros denominados *jitzonim,* que los inducen en el sueño durante la noche, y entonces esas dos mujeres meretrices ejercen dominio sobre ellos **ciertamente.**

Asimismo debe considerarse que **en la mano izquierda** del Aspecto Cósmico Femenino Inferior –*Maljut*– hay poder de adherencia para **setenta ramas** que son los setenta ministros espirituales de las naciones, que se aferran al árbol del Aspecto Cósmico Femenino Inferior –*Maljut*–. **Pues ellos crecen entre los peces del mar, y son todos rojos como la rosa** debido al poder del rigor que hay en ellos. **Y arriba de ellos,** es decir, sobre los setenta ministros espirituales de las naciones, hay **una rama más roja,** es decir, con más poder, y es el ente maligno cuyo nombre comienza con las letras *samej-mem.* **Este** ente maligno **asciende** para recibir abundancia **y desciende** para repartir la abundancia a los setenta ministros espirituales de las naciones, **y todos se cubren con los cabellos** del Aspecto Cósmico Femenino Inferior –*Maljut*–. Es decir, todos los ministros espirituales se nutren de los juicios del Aspecto Cósmico Femenino Inferior –*Maljut*– que se denominan los cabellos de ella, y todos ellos son **poseedores de mala lengua,** es decir, difamadores, pues acusan permanentemente a los Hijos de Israel.

Cuando la serpiente, o sea, el ente maligno cuyo nombre comienza con las letras *samej-mem* **desciende** y desea acusar a los Hijos de Israel, **salta sobre los montes** que son los Palacios masculinos de las cortezas impuras denominadas *klipot,* y **brinca sobre las colinas** que son los Palacios femeninos de las cortezas impuras denominadas *klipot,* **hasta que encuentre presa para aferrar con sus uñas y comer, entonces se acalla** su acusación, **y vuelve su lengua para bien.** Es decir, habla bien de los Hijos de Israel. **Bienaventurados esos,** los Hijos de **Israel, que le preparan la presa;** es decir, le dan parte de la santidad, como el chivo expiatorio enviado a Azazel, y las últimas aguas con que se lavan las manos antes de recitar la bendición para después de comer pan. Y a través de eso, el ente maligno cuyo nombre comienza con las letras *samej-mem* **vuelve a su lugar,** pues **entra en el agujero del Gran Abismo,** y deja de acusar.

Cuando ascienden los poseedores de lanzas y espadas, que son los entes impuros denominados *jitzonim*, poseedores de facultad de juicio, **los cuales no tienen número ni cuenta,** y se ubican **alrededor de esos sesenta poderosos supremos** de la santidad, **que están alrededor de esa cama** asociada con el misterio del Aspecto Cósmico Femenino Inferior –*Maljut*–, los cuales son **miles de millares y decenas de miles de miríadas que se encuentran en todo flanco de esa cama suprema,** para recibir abundancia del Aspecto Cósmico Femenino Inferior –*Maljut*– y entregarla a los de lo bajo. **Y de ella se nutren, y todos se levantan ante ella.**

Debajo de todos esos ángeles sagrados mencionados **salen millares y miríadas de** entes **poseedores de** facultad de **juicio** de los entes impuros denominados *jitzonim* **que no tienen cuenta, y descienden y deambulan por el mundo,** para observar y encontrar argumentos para acusar y dañar. Esto es así **hasta que tocan los poseedores de** *shofar* **y** los entes poseedores de facultad de juicio de los entes impuros denominados *jitzonim* **se reúnen** en el lugar de ellos, y no dejan de acusar y deambular. **Y esos** entes impuros denominados *jitzonim* **se aferran a la inmundicia de las uñas** del Aspecto Cósmico Femenino Inferior –*Maljut*–. Es decir, se aferran al residuo de los juicios del Aspecto Cósmico Femenino Inferior –*Maljut*–.

Esa cama que es el Aspecto Cósmico Femenino Inferior –*Maljut*– **los incluye a todos** esos ángeles, y además, **las patas de esa cama están aferradas** a los cautro ángeles de Argamán, es decir, Uriel, Refael, Gabriel, Mijael, y Nuriel; y estos ángeles son en realidad cuatro, pues Uriel con Nuriel están asociados con el misterio de la sefirá de *Jesed* –bondad– y la sefirá de *Guevurá* –rigor– del *Tiferet*, que se expanden **a los cuatro flancos del mundo,** y ellos son la Carroza de la Presencia Divina –*Shejiná*–. Y **todos entran en la generalidad** de la cuenta de las legiones del Aspecto Cósmico Femenino Inferior –*Maljut*–, tanto **lo que se encuentra arriba,** tanto **lo que se encuentra abajo,** como está escrito: «Conoceréis este día, y lo internalizaréis en vuestro corazón, que El Eterno, **Él es el Dios, arriba en los Cielos**

60b

y abajo en la Tierra, y no hay ningún otro» (Deuteronomio 4:39). **Y a esto se refiere lo que está escrito: «Y he aquí** la cama». **¿Qué** significa **«y he aquí»?** Pues la expresión «y he aquí *–hine–*», se refiere a algo que se encuentra dispuesto. La respuesta es ésta: se incluyó esta expresión **porque** se desea indicar que ella **está dispuesta para** enviar influencia a **todos, en lo Alto, y en lo bajo. Y ella, esa cama** asociada con el misterio del Aspecto Cósmico Femenino Inferior *–Maljut–*, **está grabada** y se nota **más** reveladamente **que todas** las emanaciones cósmicas –sefirot–. Y por eso **se denomina** con el denominativo *alef–dalet–nun–iud,* que significa Amo. O sea, **Amo de todos** los mundos de lo bajo, y **su grabación** se nota **entre sus legiones** de todos los mundos: el Mundo de la Creación *–Briá–*, el Mundo de la Formación *–Ietzirá–*, y el Mundo de la Acción *–Asiá–*.

Por eso, dado que los Palacios de la impureza se nutren del Aspecto Cósmico Femenino Inferior *–Maljut–*, **el sacerdote necesita concentrarse en los asuntos de lo Alto, para vincular el Nombre sagrado en el lugar en que se necesita vincular.** Es decir, sin vincular con él a los Palacios de la impureza. **Y a esto se refiere lo que hemos estudiado: está escrito: «Con esto** *–vezot–* **vendrá Aarón al Santuario».** Es decir, **con este** ente cósmico, el Aspecto Cósmico Femenino Inferior *–Maljut–*, que se denomina Zot, **el sacerdote debe acercar la santidad a su lugar.** Es decir, debe ascender las centellas sagradas del lugar de las cortezas impuras denominadas *klipot*.

De ese lugar del Aspecto Cósmico Femenino Inferior *–Maljut–*, **las personas deben temer ante El Santo, Bendito Sea,** pues ella se denomina «Mujer temerosa de El Eterno». **Y a esto se refiere lo que está escrito: «Si fuesen sabios entenderían esto** *–zot–*, lo comprenderían desde su fin» (Deuteronomio 32:29). O sea, el temor de los juicios del Aspecto Cósmico Femenino Inferior *–Maljut–*. **Es decir, si las personas observaran el castigo** que sobreviene a los malvados, **como Zot,** es decir, el Aspecto Cósmico Femenino Inferior *–Maljut–* **está aferrada entre sus legiones, y cómo serían contados ante ella** los ángeles de **todas esas legiones, que están aferrados a su labor para cobrarse de los malvados,** entonces inmediatamente **«comprenderían desde su fin».** O sea, que si no se rectifican serán castigados según lo merezcan. **Y por eso cuidarán sus acciones, y no pecarán ante el Amo sagrado.**

Además dijo Rabí Shimón: todo hombre que merece estudiar la Torá, y la cuida, entonces, **ese** ente cósmico denominado *Zot* **lo cuida a él, y establece con él un** nuevo **pacto sobre el pacto que** El Santo, Bendito Sea, **estableció con él,** el pueblo de Israel, **que no se apartará de él y de sus hijos, y de los hijos de sus hijos, jamás. A esto se refiere lo que está escrito: «Y en cuanto a mí, éste** *–zot–* **será mi pacto con ellos,** dijo El Eterno» (Isaías 59:21).

Se sentaron a comer. Mientras comían, Rabí Shimón les dijo a los compañeros: cada uno y uno diga un asunto nuevo de la Torá sobre la mesa, delante de Rabí Pinjas.

Rabí Jizkia abrió su disertación y para explicarla **dijo** este versículo: **«El Señor, Dios, me dio lengua de entendidos, para saber hablar palabras al cansado»** (Isaías 50:4). Y dijo a modo de introducción una alabanza sobre los Hijos de Israel: **bienaventurados son ellos, los Hijos de Israel, que El Santo, Bendito Sea, los** eligió y los **desea más que a las demás naciones, y los llamó santos, como está escrito: «Santos son los** –Hijos– **de Israel para El Eterno»** (Jeremías 2:3). **Y les (61a) dio parte para aferrarse al Nombre sagrado,** asociado con el misterio del Aspecto Cósmico Masculino Inferior *–Zeir Anpin–*. **¿Y cómo se aferran los** Hijos **de Israel al Nombre sagrado?** ¿Es decir, con qué mérito lo hicieron? **Porque merecieron** recibir **la Torá** en el Monte Sinaí. Y de allí merecieron unirse a El Santo, Bendito Sea. **Pues todo el que merece la Torá, merece** unirse **a El Santo, Bendito Sea.**

Y hemos estudiado ante el maestro: ¿Qué significa **«santo»?** La respuesta no es sino ésta: se refiere al cuerpo cósmico *–partzuf–* mas **completo de todos, que se denomina *Jojmá* suprema,** o sea, el Aspecto Cósmico Masculino Supremo *–Aba–*, que envía abundancia a todos los cuerpos cósmicos *–partzufim–* que están debajo de él. **Y de ese lugar,** la emanación cósmica *–sefirá–* denominada *Iesod* del Aspecto Cósmico Masculino Supremo *–Aba–*, **se proyecta el óleo sagrado,** que son los facultades cognitivas cósmicas *–mojín–*, del Aspec-

61a

to Cósmico Masculino Inferior –Zeir Anpin–, por el flanco del Aspecto Cósmico Masculino Supremo –Aba–, **por los senderos sabidos, al lugar denominado Biná suprema. Y de allí salen fuentes y arroyos a todo flanco, hasta que llegan a este** ente cósmico denominado Zot.

Este ente cósmico denominado Zot, que es el Aspecto Cósmico Femenino Inferior –Maljut–, **cuando se bendice de ese lugar supremo que se denomina Santo** –Kodesh–, **y se denomina Jojmá**, o sea la irradiación de luminosidad de las facultades cognitivas cósmicas –mojín–, del Aspecto Cósmico Masculino Supremo –Aba–, **la denominan Ruaj HaKodesh. Es decir, el espíritu de ese Kodesh de lo Alto,** o sea, el Aspecto Cósmico Masculino Supremo –Aba–. **Y cuando salen y se despiertan de ella,** el Aspecto Cósmico Femenino Inferior –Maljut–, los **secretos de la Torá** que están enraizados en el Aspecto Cósmico Masculino Supremo –Aba–, **entonces se denomina Lashón HaKodesh**. Pues ella es la lengua y la boca para revelar a través suyo los secretos de la Torá del Santo –Kodesh– supremo.

El orden de la proyección de las facultades cognitivas cósmicas –mojín–, al Aspecto Cósmico Femenino Inferior –Maljut– es el siguiente: en un comienzo las facultades cognitivas cósmicas –mojín–, se reúnen en la emanación cósmica –sefirá– denominada Netzaj y la emanación cósmica –sefirá– denominada Hod, del Aspecto Cósmico Masculino Inferior –Zeir Anpin–, **y cuando se proyecta ese óleo sagrado,** es decir, las facultades cognitivas cósmicas –mojín–, del Aspecto Cósmico Masculino Supremo –Aba–, **a esas dos columnas,** que son la emanación cósmica –sefirá– denominada Netzaj y la emanación cósmica –sefirá– denominada Hod, del Aspecto Cósmico Masculino Inferior –Zeir Anpin–, que son consideradas las columnas de la emanación cósmica –sefirá– denominada Tiferet, **las cuales se denominan «instruidos** –leshón limudim– **por El Eterno»** (Isaías 54:13), y se denominan **«Legiones», se reúne allí** la abundancia de las facultades cognitivas cósmicas –mojín–. Y ellos acondicionan y preparan la abundancia para que sea apropiada para los entes de lo bajo. **Y cuando sale de allí con ese grado que se denomina Iesod a ese** grado denominado **Jojmá menor, entonces** la emanación cósmica –sefirá–

denominada *Iesod* **se denomina:** ***Leshón Limudim.*** **Y la abundancia sale para despertar a esos sagrados supremos,** que son los profetas, y están preparados para recibir la abundancia de la profecía de la emanación cósmica –sefirá– denominada *Netzaj* y la emanación cósmica –sefirá– denominada *Hod* del Aspecto Cósmico Masculino Inferior –*Zeir Anpin*–. **A esto se refiere lo que está escrito: «El Señor, Dios, me dio lengua de entendidos** –*leshón limudim*–, **para saber hablar palabras al cansado»** (Isaías 50:4).

Rabí Jizkia concluyó su explicación diciendo: **y El Santo, Bendito Sea, dio esto,** lengua de entendidos –*leshón limudim*–, **a la luminaria sagrada, Rabí Simón,** pues él mereció revelar los secretos de la Torá más que todos los profetas; **y además porque** El Santo, Bendito Sea, **lo ascendió a lo Alto, a lo Alto,** a los mundos supremos recónditos, y allí aprehendió los secretos de la Torá que no les fueron revelados siquiera a los profetas. **Por eso, todas sus palabras** vinculadas con sus secretos, **se dijeron en forma revelada, y no, fueron encubiertas,** perdiéndose del mundo. **Acerca de él está escrito: «Boca a boca hablo Yo con él, en una visión clara y no con acertijos;** la imagen de El Eterno contempla él. ¿Por qué no temisteis hablar sobre mi servidor, Moshé (Moisés)?» (Números 12:8).

Rabí Ieisa abrió su disertación **y** para explicarla **dijo** este versículo: **«Y El Eterno dio sabiduría a Salomón cuando le habló, y hubo paz entre Jiram y Salomón»** (I Reyes 5:26). Lo que está escrito: **«Y El Eterno dio sabiduría a Salomón», a esto se refiere lo que hemos estudiado: en los días de Salomón la Luna estuvo en su completitud.** Es decir, el Aspecto Cósmico Femenino Inferior –*Maljut*– que se denomina Luna, y también sabiduría de Salomón. Y lo que está escrito: **«cuando le habló»,** es decir, **tal como está dicho acerca de él: «la sabiduría y la ciencia te son dadas a ti»** (II Crónicas 1:12).

«Y hubo paz entre Jiram y Salomón». ¿Y qué relación hay en **esto con esto?** Es decir, ¿cuál es la razón de la aproximación de estos dos temas mencionados: «Y El Eterno dio sabiduría a Salomón cuando le habló, y hubo paz entre Jiram y Salomón»? Pues aparentemente se entiende que a causa de que El Eterno dio sabiduría a Salomón cuando le habló, hubo paz entre ellos. ¿Cómo se explica? La respues-

61a

ta no es **sino ésta: así hemos estudiado:** lo que está escrito: **«Y El Eterno dio sabiduría a Salomón»,** y a esa sabiduría, ¿cómo la estableció? Dijo Rabí Iosei: en un comienzo la estableció según este asunto: pues Salomón actuó con sabiduría **cuando descendió a Jiram de ese grado que solía decir: «en la residencia de Dios he morado»** (Ezequiel 28:2). Es decir, lo hizo bajar de su envanecimiento y error que cometió, convirtiéndose a sí mismo en dios.

Como hemos estudiado en una Baraita: **Jiram rey de Tzor, se hizo a sí mismo un dios,** y **después que vino Salomón, hizo con su sabiduría que descendiera de ese consejo** que le habían dado, de convirtiéndose a sí mismo en un dios. **Y le agradeció a Salomón. Y a esto se refiere lo que está escrito: «y hubo paz entre Jiram y Salomón»** (I Reyes 5:26). Pues al principio había discusión entre ellos en lo referente a la fe, hasta que Salomón lo venció con su sabiduría, y reconoció al Dios verdadero.

Y hemos estudiado: dijo Rabí Itzjak, dijo Rabí Iehuda, que Salomón **le envió** a Jiram **un demonio,** pues Salomón ejercía dominio también sobre los demonios, **y lo descendió a siete niveles del Infierno, y lo ascendió, y le enviaba escritos cada día y día en mano de él,** o sea, a través del demonio. Y en esos escritos le probaba a Jiram acerca de verdad de la fe en Dios. Esto fue así **hasta que volvió,** reconoció **y le agradeció.**

Y hemos estudiado: Salomón heredó a la Luna con todos sus flancos, es decir, heredó al Aspecto Cósmico Femenino Inferior –*Maljut*– con todos sus grados, también el grado del dominio de los entes impuros denominados *jitzonim*. Y por eso ejercía dominio sobre los demonios. **Y por eso, sobre todo gobernó con su sabiduría. Y Rabí Shimón hijo de Iojai gobierna con su sabiduría sobre todos los moradores del mundo,** hasta que **todos esos** eruditos **que ascienden en sus grados, no ascienden si o están completos con él.** Es decir, no pueden ascender y aprehender sin él los secretos profundos de la Torá.

Rabí Iosei abrió su disertación **y** para explicarla **dijo** este versículo: **«Paloma mía, que estás escondida en los agujeros de la peña, en lo oculto de escarpados parajes, muéstrame tu rostro, hazme**

oír tu voz; porque tu voz es agradable» (Cantar de los Cantares 2:14). Lo que está escrito: «**Paloma mía**», **se refiere a la Congregación de Israel,** o sea, el conjunto de los Hijos de Israel que se asemejan a una paloma, pues **así como la paloma no deja a su pareja jamás, así es la Congregación de Israel, no dejan a El Santo, Bendito Sea, jamás.**

A continuación está escrito: «**que estás escondida en los agujeros de la peña**». **Se refiere a los sabios** estudiosos de la Torá **que no se encuentran en reposo** y sosiego **en este mundo.** A continuación está escrito: «**en lo oculto de escarpados parajes** –*madregá*–», **y se refiere a los sabios recatados de ellos, que ocultan sus grados** –*madregot*–, **que la Presencia Divina** –*Shejiná*– **no se aparta de ellos jamás.**

Entonces El Santo, Bendito Sea, reclama por ellos a la Congregación de Israel, que es la Presencia Divina –*Shejiná*–, **y dice:** «**muéstrame tu rostro, hazme oír tu voz; porque tu voz es agradable**». **Pues no se oye voz en lo Alto, sino la voz de aquellos que se ocupan de la Torá.**

Y hemos estudiado: todos aquellos que se ocupan de la Torá en la noche, el aspecto de ellos se graba en lo Alto ante El Santo, Bendito Sea, y El Santo, Bendito Sea, se alegra con ellos todos el día, y los observa. Y esa voz asciende y traspasa todos los firmamentos, hasta que asciende ante El Santo, Bendito Sea. A esto se refiere lo que está escrito: «porque tu voz es agradable y tu aspecto bello».

Rabí Iosei concluyó su explicación diciendo: **y ahora El Santo, Bendito Sea, grabó el aspecto de Rabí Shimón en lo Alto, y su voz asciende a lo Alto, a lo Alto,** es decir, al Aspecto Cósmico Femenino Inferior –*Maljut*–, y al Aspecto Cósmico Masculino Inferior –*Zeir Anpin*–. **Y se corona con la corona sagrada, hasta que El Santo, Bendito Sea, se corona con él en todos los mundos, y se gloria con él. Acerca de él está escrito: «Y me dijo: eres mi siervo, Israel, porque en ti me gloriaré**» (Isaías 49:3).

Rabí Jía abrió su disertación **y** para explicarla **dijo** este versículo: «**Lo que fue es lo que será**» (Eclesiastés 1:9). «**Lo que será es lo**

que ya fue» (Eclesiastés 3:9). **«Lo que fue ya fue llamado su nombre»** (Eclesiastés 6:10). Esto es difícil de entender, pues ¿por qué se necesitó decir un mismo tema tres veces? ¿Cómo se explica? La respuesta no es sino ésta: se refiere a tres temas: **a esto se refiere lo que hemos estudiado: antes de que El Santo, Bendito Sea, creara este mundo, creaba mundos y los destruía, hasta (61b) que El Santo, Bendito Sea, hizo ascender en su voluntad crear este mundo, y se aconsejó con la Torá. Entonces se arregló con sus arreglos, y se coronó con sus coronas, y creó este mundo. Y todo lo que se encuentra en este mundo estaba ante Él y se dispuso ante Él.**

También lo explicó según su sentido profundo: **antes de que El Santo, Bendito Sea, creara este mundo, creaba mundos y los destruía, hasta que El Santo, Bendito Sea, hizo ascender en su voluntad crear este mundo, y se aconsejó con la Torá.** Es decir, se aconsejó sacar el Nombre *Mem–He*, que está vinculado con el grado del Aspecto Cósmico Masculino Inferior –*Zeir Anpin*–, que salió de la frente de Adam Kadmón, y a través de él se acondicionaron todos los cuerpos cósmicos denominados *partzufim* del Mundo de la Emanación –*Atzilut*–.

Lo que se ha dicho, que **entonces se arregló con sus arreglos,** rectificándose todos los cuerpos cósmicos denominados *partzufim* invistiéndose éste dentro de éste, convirtiéndose en alma éste de éste, y también los recipientes de ellos aumentaron al expandirse hasta la medida de todo el Mundo de la Emanación –*Atzilut*–. Y a través de eso tenían poder para recibir las irradiaciones de luminosidad de ellos, **y se coronó con sus coronas, y creó este mundo. Y todo lo que se encuentra en este mundo estaba ante Él y se dispuso ante Él.**

Y hemos estudiado: todos esos conductores del mundo que son los justos que **se encuentran en cada generación y generación, antes de venir al mundo, estaban** ante El Santo, Bendito Sea, **con sus aspectos** concretos. Y no sólo eso, sino que **incluso todas esas almas de las personas antes de venir al mundo, todas estaban grabadas ante Él en el firmamento, con ese aspecto concreto de ellos en este mundo. Y todo lo que** las personas **estudian** de la Torá **en este mundo, a todo ya lo sabían antes de venir al mundo.**

SEGUNDA PARTE: AJAREI MOT

Y hemos estudiado: esto es así respecto a los justos verdaderos, y todos los que no se hallan justos en este mundo, incluso allí se alejan de El Santo, Bendito Sea, que enseña la Torá. Y se rebelan contra el Amo de ellos y desean venir a este mundo antes del tiempo correspondiente. **Y entran en el agujero del Gran Abismo.** Pues allí se encuentran las cortezas impuras denominadas *klipot*, y se unen a ellas. **Y desplazan el momento, y descienden al mundo** antes de estar maduros y acondicionados como es debido, para disfrutar de los placeres de este mundo. Y respecto a **el alma de ellos, he aquí que hemos estudiado, que así como ellos tienen dura cerviz en este mundo, así eran antes de venir al mundo.** Pues eran almas bajas. **Y esa parte sagrada que** El Santo, Bendito Sea, **les dio a ellos,** o sea, a las almas de ellos, antes de descender al mundo, **ellos la arrojan de ellos,** y se unen a los entes impuros denominados *jitzonim*. **Y van y deambulan y se impurifican en ese agujero del Gran Abismo,** o sea, el lugar de las cortezas impuras denominadas *klipot* y los entes impuros denominados *jitzonim*. **Y reciben su parte** y su vitalidad **de allí, y desplazan el momento y descienden al mundo.** Y aún así, **si después** esa persona **merece y vuelve en arrepentimiento ante el Amo de ellos,** El Santo, Bendito Sea, **él vuelve a tomar su parte** sagrada **concretamente,** o sea, la parte de la Torá y la vestimenta suprema que dejó en el Jardín del Edén al desviarse hacia las cortezas impuras denominadas *klipot*. **A esto se refiere lo que está escrito: «Lo que fue es lo que será»** (Eclesiastés 1:9). **«Lo que será** es lo que ya fue» (Eclesiastés 3:9).

Y respecto a lo que está escrito: «Lo que fue **ya fue llamado su nombre»** (Eclesiastés 6:10), enseña que en el nombre de la persona se indican a modo de alusión todas sus acciones.

Ven y **observa: respecto a los hijos de Aarón, no hubo en todo Israel grandes como ellos, con excepción de Moshé y Aarón, y ellos se denominan: «los grandes de los Hijos de Israel»** (Éxodo 24:11). **Y dado que erraron ante el Rey sagrado, murieron.** Y dado que existía la posibilidad de que sus almas se quemaron, se pregunta: **¿Y acaso El Santo, Bendito Sea, quiso exterminarlos? Y he aquí que hemos estudiado según los misterios de la Mishná**

que El Santo, Bendito Sea, hace bondad con todos; e incluso a los malvados del mundo, no los quiere exterminar. Y ellos, los hijos de Aarón, eran justos verdaderos, siendo así, ¿es posible suponer que fueron exterminados del mundo? ¿Dónde está el mérito de ellos? ¿Dónde está el mérito del padre de ellos? También el mérito de Moshé. Y ellos, ¿cómo fueron exterminados?

La respuesta no es sino ésta: así hemos estudiado de la Lámpara Sagrada, Rabí Simón, que El Santo, Bendito Sea, reparó en el honor de ellos, y sus almas no se perdieron. Y esto ya ha sido establecido por nosotros, pues ya hemos dicho anteriormente que el alma de ellos se encarnó en Pinjas.

Y ven y observa: antes de que los hijos de Aarón murieran, está escrito: «Elazar hijo de Aarón tomó para sí mujer de las hijas de Putiel, y ella dio a luz a Pinjas; estos eran los jefes de los padres de los levitas, según sus familias» (Éxodo 6:25). He aquí vemos que su nombre es Pinjas, que es un acrónimo formado por las palabras *pen* y *jas*, lo cual enseña que en el futuro rectificaría lo torcido. Es decir, lo que torcieron y dañaron Nadab y Abihu que eran el rostro –*penei*– de la generación, y a través de eso El Santo, Bendito Sea, reparó –*jas*– sobre los Hijos de Israel, y detuvo la plaga. A esto se refiere lo que está escrito: «Lo que fue es lo que será» (Eclesiastés 1:9).

Y hemos estudiado: todos los justos verdaderos, antes de venir al mundo, todos se preparan en lo Alto y son llamados por sus nombres. Y Rabí Shimón hijo de Iojai, desde que El Santo, Bendito Sea, creó el mundo, estaba preparado y dispuesto ante El Santo, Bendito Sea, para descender al mundo, y estaba con él; y El Santo, Bendito Sea, lo llamó por su nombre. Bienaventurada su parte en lo Alto y en lo bajo. Acerca de él está escrito: «Alégrense tu padre y tu madre, y conténtese la que te dio a luz» (Proverbios 23:25). «Tu padre», se refiere a El Santo, Bendito Sea, «y tu madre», se refiere a la Congregación de Israel, o sea, el Aspecto Cósmico Femenino Inferior –*Maljut*–.

Rabí Aba abrió su disertación y para explicarla dijo este versículo: «Mientras el rey estaba en su celebración, mi nardo dio su fragancia» (Cantar de los Cantares 1:12). **Este versículo ya ha sido explicado por los compañeros,** como fue enseñado: **cuando El Santo, Bendito Sea, estaba dispuesto y listo para entregar la Torá a** los Hijos de **Israel en el Monte Sinaí,** entonces: **«mi nardo dio su fragancia».** Es decir, los Hijos de **Israel dieron e hicieron ascender buena fragancia. Y ese mérito está en pie y los protege por las generaciones de las generaciones; y dijeron: «Todo lo que El Eterno ha dicho haremos y escucharemos»** (Éxodo 24:7).

Otro modo de interpretar el **asunto: «Mientras el rey estaba en su celebración,** mi nardo dio su fragancia» (Cantar de los Cantares 1:12). **Mientras Moshé ascendió para recibir la Torá de El Santo, Bendito Sea, y fue grabada sobre las dos Tablas de piedra,** los Hijos de **Israel abandonaron esa buena fragancia que se coronaba sobre ellos, y dijeron del becerro: «estos son tus dioses, Israel»** (Éxodo 32:4). Y según esta explicación: «mi nardo dio su fragancia», se refiere a otros.

Esto que se dijo es respecto al sentido llano del versículo, pero **ahora,** explicaremos **este versículo según los misterios de la sabiduría. Ven** y **observa, está escrito: «Del Edén surge un río que riega el jardín,** y de allí se divide y se transforma en cuatro cursos de agua» (Génesis 2:10). **Este río** está asociado con el secreto de la emanación cósmica –sefirá– denominada *Iesod* del Aspecto Cósmico Femenino Supremo –Supremo–, y **se expande a sus flancos,** es decir, los seis flancos del Aspecto Cósmico Masculino Inferior –*Zeir Anpin*–, **en el momento en que se une con él en una unión completa ese Edén,** que está asociado con el secreto del Aspecto Cósmico Masculino Supremo –*Aba*–, **en ese sendero que no es conocido en lo Alto y en lo bajo, como está dicho: «Sendero** –*netiv*– **que no fue conocido por ave»** (Job 28:7). Y el «sendero –*netiv*–», se refiere a la emanación cósmica –sefirá– denominada *Iesod* del Aspecto Cósmico Masculino Supremo –*Aba*–. **Y** el Aspecto Cósmico Masculino Supremo –*Aba*– y el Aspecto Cósmico Femenino Supremo –Supremo– **se encuentran con una única voluntad que** a raíz de eso **no se separan jamás uno del otro. Entonces salen** de su unión **fuentes y arroyos.** Las fuentes están asociadas con el misterio de las facultades cognitivas cósmicas

–mojín–, del Aspecto Cósmico Masculino Supremo *–Aba–*, y los arroyos están asociadas con el misterio de las facultades cognitivas cósmicas *–mojín–*, del Aspecto Cósmico Femenino Supremo –Supremo–. **Y coronan al hijo sagrado con todas esas coronas;** es decir coronan al Aspecto Cósmico Masculino Inferior *–Zeir Anpin–*, con las coronas de las facultades cognitivas cósmicas *–mojín–*, de grandeza. **A esto se refiere lo que está escrito: «Con la corona con la que lo coronó su madre»** (Cantar de los Cantares 3:1). Pues las facultades cognitivas cósmicas *–mojín–*, se invisten en las facultades cognitivas cósmicas *–mojín–*, del Aspecto Cósmico Femenino Supremo –Supremo–, y la Aspecto Cósmico Femenino Supremo –Supremo– corona al Aspecto Cósmico Masculino Inferior *–Zeir Anpin–*. **Y en ese momento ese hijo hereda la heredad de su padre y su madre. Entonces él,** es decir, el Aspecto Cósmico Masculino Inferior *–Zeir Anpin–*, **se alegra con ese placer y ese deleite,** o sea, las facultades cognitivas cósmicas *–mojín–*, del Aspecto Cósmico Masculino Supremo *–Aba–* y el Aspecto Cósmico Femenino Supremo –Supremo–. Pues envía irradiación de luminosidad al Aspecto Cósmico Femenino Inferior *–Maljut–*, que es el placer de él.

Y hemos estudiado en una Baraita: **cuando el rey supremo,** es decir, el Aspecto Cósmico Masculino Inferior *–Zeir Anpin–*, **se sienta con sus coronas con el deleite de los reyes,** o sea, con las facultades cognitivas cósmicas *–mojín–* de grandeza, **a esto se refiere lo que está escrito: «Mientras el rey estaba en su celebración, mi nardo dio su fragancia»** (Cantar de los Cantares 1:12). Es decir, mientras el Aspecto Cósmico Masculino Inferior *–Zeir Anpin–*, recibe las facultades cognitivas cósmicas *–mojín–* de grandeza, del Aspecto Cósmico Masculino Supremo *–Aba–* y el Aspecto Cósmico Femenino Supremo –Supremo–, «mi nardo dio su fragancia», **en referencia a la** emanación cósmica *–sefirá–* denominada *Iesod,* llamada nardo, **porque saca** y proyecta **las bendiciones** al Aspecto Cósmico Femenino Inferior *–Maljut–*, **para unir al rey sagrado (62a) con la reina.** O sea, para unir al Aspecto Cósmico Masculino Inferior *–Zeir Anpin–*, con el Aspecto Cósmico Femenino Inferior *–Maljut–*. **Y entonces las bendiciones son otorgadas a todos los mundos, y se bendicen los de**

lo Alto, y los de lo bajo. O sea, el Mundo de la Creación –*Briá*–, el Mundo de la Formación –*Ietzirá*–, y el Mundo de la Acción –*Asiá*–.

Y ahora la lámpara sagrada se corona con sus coronas de este grado, es decir, Rabí Shimón se corona con las facultades cognitivas cósmicas –*mojín*–, de grandeza del grado del Aspecto Cósmico Femenino Inferior –*Maljut*–. **Y él y los compañeros ascienden alabanzas de lo bajo a lo Alto,** en el grado del Aspecto Cósmico Femenino Inferior –*Maljut*–. **Y ella se corona con esas alabanzas.** Ya que a través de esas alabanzas el Aspecto Cósmico Femenino Inferior –*Maljut*– recibe la irradiación de luminosidad de las facultades cognitivas cósmicas –*mojín*–, que son coronas. Y **ahora se deben sacar bendiciones a todos los compañeros de lo Alto a lo bajo, en este grado sagrado** del Aspecto Cósmico Femenino Inferior –*Maljut*–. **Y que Rabí Elazar, su hijo, diga de esas palabras supremas que aprendió de su padre.**

Rabí Elazar abrió su disertación **y** para explicarla **dijo** este versículo: **«Observó y he aquí que he aquí que había un pozo en el campo;** y he aquí que junto al pozo había tres rebaños de ovejas junto a él, pues de ese pozo daban de beber a los rebaños, y la piedra que había sobre la boca del pozo era grande. **Cuando se reunían todos los rebaños** en aquel lugar, hacían rodar la piedra de la boca del pozo y daban de beber a las ovejas; luego volvían a colocar la piedra en su sitio, en la boca del pozo» (Génesis 29:2-3). **Estos versículos** contienen profundos secretos y por tanto **hay que observar en ellos. Y yo los he aprendido de mi padre según el misterio de la sabiduría. Y así aprendí:** lo que está escrito: **«Observó y he aquí que he aquí que había un pozo en el campo»,** ¿a qué se refiere? **¿Quién es** el ente cósmico aludido en **ese pozo? A esto se refiere lo que está escrito: «Pozo que cavaron los príncipes, que los nobles del pueblo excavaron a través de un legislador,** con su vara; un regalo del Desierto» (Números 21:18). Es decir, lo que está escrito: «Pozo que cavaron los príncipes», se refiere a la rectificación de la emanación cósmica –*sefirá*– denominada *Iesod* del Aspecto Cósmico Femenino Inferior –*Maljut*–, a través del Aspecto Cósmico Masculino Supremo –*Aba*– y el

62a

Aspecto Cósmico Femenino Supremo –Supremo–, que se denominan príncipes. Y lo que está escrito: «que los nobles del pueblo excavaron a través de un legislador», se refiere al misterio de la colocación de las aguas femeninas dentro de la emanación cósmica –sefirá– denominada *Iesod* del Aspecto Cósmico Femenino Inferior *–Maljut–*.

A continuación está escrito: **«y he aquí que junto al pozo había tres rebaños de ovejas asentados junto a él».** Se refiere a la emanación cósmica –sefirá– denominada *Netzaj,* la emanación cósmica –sefirá– denominada *Hod,* y la emanación cósmica –sefirá– denominada *Iesod,* del Aspecto Cósmico Masculino Inferior *–Zeir Anpin–,* que edifican a todos los cuerpo cósmicos denominados *partzufim.* **Pues ellos están asentados junto a él,** ya que a través de ellos se realiza la unión, **y están arriba,** para proyectarle abundancia y bendiciones. **Y de ellos,** la emanación cósmica –sefirá– denominada *Netzaj,* la emanación cósmica –sefirá– denominada *Hod,* y la emanación cósmica –sefirá– denominada *Iesod,* **ese pozo se llena de bendiciones.**

A continuación está escrito: **«Cuando se reunían todos los rebaños en aquel lugar,** hacían rodar la piedra de la boca del pozo **y daban de beber** a las ovejas» (Génesis 29:3). **Pues de ese pozo se nutren los de lo Alto y los de lo bajo.** Es decir, de la abundancia que recibe el Aspecto Cósmico Femenino Inferior *–Maljut–* a través de la unión suprema, se nutre el Mundo de la Creación *–Briá–*, el Mundo de la Formación *–Ietzirá–*, y el Mundo de la Acción *–Asiá–*, y también los mundos del Otro Lado. **Y todos se bendicen como uno.**

Asimismo está escrito en el versículo: **«y la piedra que había sobre la boca del pozo era grande».** Se refiere al juicio severo de la *Guevurá* del Aspecto Cósmico Masculino Inferior *–Zeir Anpin–*, que se denomina Piedra Grande, **que está sobre ella por el flanco de** la izquierda, o sea, **el Otro Lado, para nutrirla,** es decir, para nutrir al Aspecto Cósmico Femenino Inferior *–Maljut–*.

Y está escrito: **«Cuando se reunían todos los rebaños en aquel lugar,** hacían rodar la piedra de la boca del pozo y daban de beber a las ovejas» (Génesis 29:3). **Se refiere a las seis coronas del rey,** o sea, sus seis emanaciones cósmicas –sefirot–, que son los seis extremos del Aspecto Cósmico Masculino Inferior *–Zeir Anpin–*, **los cuales se reú-**

SEGUNDA PARTE: AJAREI MOT

nen, todos ellos, y proyectan bendiciones de la cabeza del rey, y la vierten en ella. Y cuando todos se unen como uno, para verter en ella, entonces, a esto se refiere lo que está escrito: **«hacían rodar la piedra de la boca del pozo».** Es decir, **hacían rodar ese juicio severo, y lo quitaban de ella,** convirtiéndolo en misericordia. Y entonces, **«daban de beber a las ovejas».** O sea, **vertían las bendiciones de ese pozo,** que es el Aspecto Cósmico Femenino Inferior –*Maljut*–, **a los de lo Alto y a los de lo bajo.**

Después: «volvían a colocar la piedra en su sitio, en la boca del pozo». Es decir, **ese juicio volvía a su lugar** original. **Pues** el juicio **es necesario para perfumar el mundo, y rectificar el mundo.**

Y ahora, El Santo, Bendito Sea, vierte sobre vosotros del pozo del arroyo, es decir, de la abundancia de la emanación cósmica –sefirá– denominada *Biná*, **y de vosotros se bendicen todos los moradores de la generación. Bienaventurada vuestra parte en este mundo y en el Mundo Venidero. Acerca de vosotros está escrito: «Y todos tus hijos serán instruidos por El Eterno»** (Isaías 54:13).

Rabí Shimón abrió su disertación y para explicarla **dijo** este versículo: **«Alégrense los piadosos por su gloria, y alaben sobre sus camas»** (Salmos 149:5). **Hemos estudiado: con los trece atributos** de misericordia asociados con el misterio de las trece rectificaciones de la barba del ente cósmico oculto denominado *Arij Anpin*, **se establece un vínculo con la fe.** Es decir, a través de ellos, se unen todos los cuerpos cósmicos denominados *Partzufim* del Mundo de la Emanación –*Atzilut*–, y se otorgan influencia estos a estos, **para que haya bendiciones en todos** los cuerpos cósmicos denominados *Partzufim* y en todos los mundos. **Y toda la fe de El Santo, Bendito Sea,** que son los cuerpos cósmicos denominados *Partzufim* del Mundo de la Emanación –*Atzilut*–, **se cierran** y se incluyen en tres cuerpos cósmicos denominados *Partzufim*, y ellos son: el ente cósmico oculto denominado *Arij Anpin*, el Aspecto Cósmico Masculino Supremo –*Aba*– y el Aspecto Cósmico Femenino Supremo –Supremo–. Y la barba los cubre, por eso se incluyen en el ente cósmico oculto denominado *Arij Anpin*. Y ellos envían la abundancia al Aspecto Cósmico Masculino Inferior

62a

–*Zeir Anpin*–, y el Aspecto Cósmico Femenino Inferior –*Maljut*–, y a todos los mundos. **Y por eso,** la Torá **se corona con los trece atributos** (las trece reglas con las cuales se interpreta la Torá), **como fue establecido** por los sabios: **por** *Kal vajomer* (esta regla consiste en deducir una ley no revelada de un asunto severo –*jomer*–, a partir de una ley explícita de un asunto leve –*kal*–), *Guezerá Shavá* (deducción por comparación de similitudes). Esas trece reglas con las cuales se interpreta la Torá corresponden con el misterio de las trece rectificaciones de la barba del ente cósmico oculto denominado *Arij Anpin*. **Y varias veces hemos establecido** y explicado **esto, y el Nombre sagrado se corona con esto.** Es decir, el Aspecto Cósmico Masculino Inferior –*Zeir Anpin*–, recibe la irradiación de luminosidad de las trece rectificaciones de la barba del ente cósmico oculto denominado *Arij Anpin*.

Ven y **observa: cuando El Santo, Bendito Sea, deseó que sus hijos fueran bendecidos con el nombre de la fe,** o sea, a través del Aspecto Cósmico Femenino Inferior –*Maljut*–, **¿qué está escrito?** Está escrito: **«Todas éstas son las tribus de Israel, doce,** y esto –*zot*– es lo que su padre les dijo y las bendijo; bendijo a cada una de acuerdo con su bendición apropiada» (Génesis 49:28). Es decir, con la Presencia Divina –*Shejiná*–, que se denomina *Zot*, como está escrito: **«y esto** –*zot*–**», he aquí que eran trece. Pues la Presencia Divina** –*Shejiná*– **se asoció con ellos, y a través de eso se cumplieron las bendiciones. Y a esto se refiere lo que está escrito: «bendijo a cada una de acuerdo con su bendición apropiada».** ¿Qué significa «de acuerdo con su bendición apropiada»? **Como el modelo de lo Alto,** o sea, las trece rectificaciones de la barba del ente cósmico oculto denominado *Arij Anpin*, que corresponden con los trece atributos de misericordia de lo Alto. O sea, **con la bendición** y la abundancia proveniente **de cada atributo y atributo.** Pues cada una de las tribus fue bendecida con la abundancia suprema proveniente de una de las trece rectificaciones de la barba del ente cósmico oculto denominado *Arij Anpin*.

Y hemos estudiado: todos esos atributos asociados con el misterio de las trece rectificaciones de la barba del ente cósmico oculto denominado *Arij Anpin*, **ascienden y se coronan, y se posan en**

una cabeza, del Aspecto Cósmico Masculino Inferior –*Zeir Anpin*–, que es su corona. Pues hasta allí llega la proyección de la irradiación de luminosidad y la abundancia de las trece rectificaciones de la barba del ente cósmico oculto denominado *Arij Anpin*, y no, a través del Aspecto Cósmico Masculino Supremo –*Aba*– y el Aspecto Cósmico Femenino Supremo –Supremo–. **Y allí se corona la cabeza del rey,** en principio, y recibe la irradiación de luminosidad del ente cósmico oculto denominado *Arij Anpin,* **ese que se denomina según el primer grado de piedad,** que es la emanación cósmica –sefirá– denominada *Jojmá* del Aspecto Cósmico Masculino Inferior –*Zeir Anpin*–, que recibe la irradiación de luminosidad del ente cósmico oculto denominado *Arij Anpin* en primer lugar. Y de ella se proyecta la irradiación de luminosidad a todas las demás emanaciones cósmicas –sefirot– del Aspecto Cósmico Masculino Inferior –*Zeir Anpin*–.

Y los piadosos heredan toda esa gloria de lo Alto, pues reciben la irradiación de luminosidad del Aspecto Cósmico Masculino Inferior –*Zeir Anpin*–, que se denomina Gloria, **como está escrito: «Alégrense los piadosos por su gloria», en este mundo, «y alaben sobre sus camas», en el Mundo venidero. «La alabanza de Dios en sus gargantas»,** **pues saben vincular el vínculo de la fe,** es decir, los cuerpos cósmicos denominados *Partzufim* del Mundo de la Emanación –*Atzilut*–, **como es debido,** a través de su plegaria que sacan de sus gargantas. **Y entonces,** a esto se refiere lo que está escrito: **«y una espada de doble filo en sus manos».** ¿Qué ente cósmico está aludido en la declaración **«una espada de doble filo»? Ésta es la espada para El Eterno,** o sea, el Aspecto Cósmico Femenino Inferior –*Maljut*–, cuando se despierta con los juicios. Y esa es **la espada de El Santo, Bendito Sea,** que es el Aspecto Cósmico Masculino Inferior –*Zeir Anpin*–, **«de doble filo», pues gira con dos juicios,** es decir, recibe el poder de los juicios de la emanación cósmica –sefirá– denominada *Guevurá* y la emanación cósmica –sefirá– denominada *Hod* del Aspecto Cósmico Masculino Inferior –*Zeir Anpin*–, **¿y por qué** ella necesita los juicios? **«Para tomar venganza de las naciones [...]».**

Rabí Shimón culminó su disertación diciendo: **y Rabí Pinjas el hijo de Iair está enraizado en la corona,** es decir, emanación cósmica –sefirá– denominada *Jesed*, que es **la cabeza suprema. Por eso, él hereda la gloria de lo Alto,** es decir, la irradiación de luminosidad del Aspecto Cósmico Masculino Inferior *–Zeir Anpin–*, **y él establece el vínculo supremo,** o sea, los facultades cognitivas cósmicas *–mojín–*, del Aspecto Cósmico Masculino Inferior *–Zeir Anpin–*, y después, **el vínculo sagrado,** o sea, vincula a la emanación cósmica –sefirá– denominada *Biná* con los seis flancos del Aspecto Cósmico Masculino Inferior *–Zeir Anpin–*, y después, **el vínculo de la fe,** o sea, los seis flancos del Aspecto Cósmico Masculino Inferior *–Zeir Anpin–*, con el Aspecto Cósmico Femenino Inferior *–Maljut–*. **Bienaventurada su parte en este mundo y en el Mundo Venidero. Respecto a esta mesa está dicho: «Ésta es la mesa que está delante de El Eterno»** (Ezequiel 41:22).

Rabí Pinjas el hijo de Iair **se levantó, y lo besó** a Rabí Simón, **y lo bendijo. Y** después **besó a Rabí Elazar y a todos los compañeros, y los bendijo. Tomó el vaso y bendijo** la bendición final para después de comer pan *–birkat hamazón–*. **Abrió** su disertación **y** para explicarla **dijo** este versículo: **«Ordenas la mesa delante de mí en presencia de mis angustiadores;** unges mi cabeza con óleo, mi copa rebosa» (Salmos 23:5). Y explicó profundos misterios relacionados con este versículo.

Se sentaron allí todo ese día, y todos los compañeros estaban alegres (62b) con las palabras de la Torá que pronunciaban. **Y la alegría de Rabí Shimón era muy grande,** más que la de todos los demás. **Rabí Pinjas tomó a su nieto, Rabí Elazar, y no lo dejó todo ese día y toda la noche, y se alegraba con él. Recitó sobre él** mismo el versículo que declara: **«Entonces te deleitarás en El Eterno»** (Isaías 58:14). **Toda esta alegría y este gran deleite son de mi parte,** pues todas estas enseñanzas de la Torá fueron pronunciadas en mi casa, **y en el futuro pregonarán sobre mí en ese mundo,** el Mundo Venidero. **Bienaventurada tu parte, Rabí Pinjas, pues tú te has merecido todo esto. «Paz contigo, y paz para quien te ayuda, pues tu Dios te ayuda»** (I Crónicas 12:29). Y dijo eso por haberse merecido a un nieto como Rabí Elazar.

Los sabios **madrugaron para marchar. Rabí Pinjas se levantó y agarró a Rabí Elazar, y no lo dejaba ir. Rabí Pinjas acompañó a**

Rabí Shimón y lo bendijo, y también bendijo **a todos los compañeros.**

Mientras caminaban, Rabí Shimón les dijo a los compañeros: «Es momento de hacer por El Eterno» (Salmos 119:126). Es decir: debemos estudiar Torá en el camino. **Vino Rabí Aba y preguntó** a Rabí Simón: **está escrito: «Aarón echará suertes sobre los dos machos cabríos:** una suerte"para El Eterno"y una suerte"para Azazel"». **Estas suertes, ¿para qué?** ¿Por qué no separaban un macho cabrío para El Eterno y un macho cabrío para Azazel, sin sorteo? **Y respecto a Aarón, ¿por qué él debía echar las suertes? Y esta sección, ¿para qué** fue incluida? ¿Cuál es la razón profunda? **Y he aquí que ya he estudiado ante el maestro el orden del Día** del Perdón, **y** ahora **quiero saber** también el misterio de **esto.**

Rabí Shimón abrió su disertación **y** para explicarla **dijo** este versículo: «Él se dio vuelta, se alejó, y lloró; regresó a ellos y les habló; **tomó a Shimon** (Simeón) **de entre ellos y lo encarceló ante sus ojos»** (Génesis 42:24). ¿Por qué José encerró precisamente a Simeón y no a otro de sus hermanos? ¿Qué vio de especial en él? La respuesta no es **sino ésta: José dijo: en todo lugar Simeón es la puerta del juicio, y en ese momento en que me fui de** ante **mi padre junto a mis hermanos, Simeón abrió en un comienzo con juicio. A esto se refiere lo que está escrito: «Y se dijeron los unos a los otros: «¡He aquí! ¡Ahí viene el soñador! Ahora, vamos** y matémoslo, y arrojémoslo a uno de los pozos y diremos"Lo devoró una bestia salvaje". Y veremos qué quedará de sus sueños» (Génesis 37:19-20). Todo esto lo dijo Simeón. **Después** ocurrió algo similar **con Shejem,** como está escrito: **«Y sucedió que** al tercer día, cuando sentían más dolor, **dos de los hijos de Iaacov (Jacob), Shimón (Simeón) y Levi,** hermanos de Dina, tomó cada uno su espada y llegaron confiados a la ciudad, y mataron a todos los varones (Génesis 34:25). He aquí que todos sus actos eran con juicio. Por eso José dijo: **es mejor tomar a éste,** Simeón, **y de ese modo no despertará riña en todas las tribus.**

Y hemos estudiado: ¿qué vio Simeón para unirse a Levi más que todos los otros hermanos? **Y he aquí que** también **Reubén era su hermano, y próximo a él,** como Levi. ¿Por qué no se unió a él? La

62b

respuesta no es **sino ésta**: **Simeón vio y supo que Levi provenía del flanco del juicio, y Simeón se vinculaba con el flanco del juicio severo.** Es decir, Simeón sabía que él y Levi estaban enraizados en la emanación cósmica –sefirá– denominada *Guevurá*, por tanto él **dijo: nos mezclaremos uno con el otro, y destruiremos el mundo** a través del despertar del juicio. **¿Qué hizo El Santo, Bendito Sea, para que no despertaran el juicio en el mundo? Tomó Levi para parte de Él.** El Santo, Bendito Sea, **dijo: de aquí en adelante Simeón residirá con la cadena** de la emanación cósmica –sefirá– denominada *Guevurá* **solo,** y no podrá despertar el juicio en una medida sustancial, como ocurriría si estuviera con Levi.

Hemos estudiado: del flanco de Ima, es decir, el Aspecto Cósmico Femenino Supremo –Supremo–, que es el Aspecto Cósmico Femenino Inferior –*Maljut*– del Mundo de la Emanación –*Atzilut*–, salen **dos ángeles de juicio** que emiten irradiación de luminosidad con los juicios **como el mediodía, se aferran en** el flanco del Aspecto Cósmico Femenino Inferior –*Maljut*–, en la emanación cósmica –sefirá– denominada *Guevurá* de **la mano izquierda,** es decir, salen de los residuos de las fuerzas de las *guevurot* del Aspecto Cósmico Femenino Inferior –*Maljut*–. **Y he aquí que ya hemos** estudiado y **establecido, que ellos espían la tierra en cada día y día,** para observar a los seres humanos y acusarlos en lo Alto. **Y a esto se refiere el misterio de lo que está escrito: «Dos hombres espías»** (Josué 2:1).

Y hemos estudiado: bienaventurada la parte de los **Hijos de Israel,** pues están enraizados en el Aspecto Cósmico Masculino Inferior –*Zeir Anpin*–, y el Aspecto Cósmico Femenino Inferior –*Maljut*–, del Mundo de la Emanación –*Atzilut*– de la santidad, **más que todos los** otros **pueblos.** Y dado que las almas de los Hijos de Israel provienen de ese lugar sagrado, por eso **El Santo, Bendito Sea, desea purificarlos y ser misericordioso con ellos, pues ellos son su parte y heredad. A esto se refiere lo que está escrito: «Pues la porción de El Eterno es su pueblo;** Iaacov (Jacob) es la medida de Su herencia» (Deuteronomio 32:9). **Y está escrito: «Lo hacía cabalgar en las alturas de la Tierra** y le hacía comer los frutos maduros de los campos; le dio de sorber miel de una piedra, y aceite de una roca dura» (Deuteronomio 32:13). **«En**

las alturas de la Tierra», precisamente. **Pues ellos están aferrados a lo Alto,** o sea, el Aspecto Cósmico Femenino Inferior –*Maljut*–, **a lo Alto,** es decir, el Aspecto Cósmico Masculino Inferior –*Zeir Anpin*–. **Y por eso el amor de El Santo, Bendito Sea, se une a ellos. A esto se refiere lo que está escrito: «Os he amado, dijo El Eterno»** (Malaquías 1:2). **Y está escrito: «Sino que a causa de Su amor hacia vosotros,** y por cuidar el juramento que juro a vuestros padres, El Eterno os sacó con mano fuerte y os redimió de la casa de la esclavitud, de la mano del Faraón, rey de Egipto» (Deuteronomio 7:8).

Y debido al gran amor con que los ama, les da un día en el año para purificarlos, y hacerlos merecedores de todos sus pecados, como está escrito: «Pues en este día él procurará expiación para vosotros, para purificaros; de todos vuestros pecados ante El Eterno seréis purificados» (Levítico 16:30). **Para que sean merecedores en este mundo y en el Mundo Venidero, y no se halle en ellos pecado. Y por eso, en este día los** Hijos **de Israel se coronan, y ejercen dominio sobre todos los poseedores de** facultad de **juicio, y sobre todos los espíritus** de los entes impuros denominados *jitzonim*.

Hemos estudiado: está escrito: **«Aarón echará suertes sobre los dos machos cabríos:** una suerte "para El Eterno" y una suerte "para Azazel"». Se aprecia que está escrito: **«Aarón echará»,** y la razón por la que él echaba las suertes era **porque él provenía del flanco de la** emanación cósmica –sefirá– denominada *Jesed*. Y está escrito: **«sobre los dos machos cabríos».** Está escrito: **«sobre», precisamente,** pues Aarón influenciaba con la emanación cósmica –sefirá– denominada *Jesed* sobre el Aspecto Cósmico Femenino Inferior –*Maljut*–, **para que la matronita,** o sea, el Aspecto Cósmico Femenino Inferior –*Maljut*–, **se perfume** y endulce de sus juicios a través de la expansión de la emanación cósmica –sefirá– denominada *Jesed*.

A continuación está escrito: **«una suerte "para El Eterno" y una suerte "para Azazel"».** Rabí Shimón preguntó: **Y he aquí que son dos machos cabríos,** que están vinculados con el misterio de la emanación cósmica –sefirá– denominada *Jojmá* y la emanación cósmica –sefirá– denominada *Biná* del Aspecto Cósmico Masculino Inferior –*Zeir Anpin*–, de Noga del Mundo de la Emanación –*Atzilut*–. Por tanto, ¿**por qué** queda **uno para El Eterno?** ¿Por qué no se los envía a ambos a Azazel? La respuesta no es **sino ésta: dijo El Santo, Bendito Sea: que uno permanezca conmigo, y uno que vaya y deambule por el mundo. Pues si ambos se unen, el mundo no lo puede soportar.**

Por eso **sale este** macho cabrío asociado con el misterio de la emanación cósmica –sefirá– denominada *Biná* (que es el Aspecto Cósmico Femenino Supremo –Supremo–), de Noga, y **anda y deambula por el mundo, y los halla a los** Hijos de Israel ocupados **con varios servicios** dedicados a El Santo, Bendito Sea, **en varios grados** que hay entre ellos, y **con varias conductas buenas** que realizan los Hijos de Israel, obrando de manera superlativa. Y por eso **no puede con ellos.** Y dado que reina la **paz entre todos ellos, no puede entrar en ellos con acusaciones.** Entonces, **eso otro macho cabrío** sobre el que cayó la suerte para Azazel, asociado con el misterio de la emanación cósmica –sefirá– denominada *Biná* (que es el Aspecto Cósmico Femenino Supremo –Supremo–), de Noga, **es enviado** a Azazel **con la** pesada **carga de todos los pecados de** los Hijos de **Israel.**

Hemos estudiado: cuántos grupos de entes con facultad de juicio que muerden como serpientes, **se unen conjuntamente, los cuales están bajo el poder de él,** este macho cabrío, **y son designados para espiar la Tierra.** Ellos espían lo que cada uno hace en privado, y ascienden para testificar que Zutano hizo así y así, y acusan **sobre todos esos (63a) que traspasaron las palabras de la Torá. Y en ese día,** el Día del Perdón, **no hay delator para acusarlos a ellos, los** Hijos **de Israel.**

Cuando ese macho cabrío de Azazel **llega al monte, cuánta alegría sobre alegría** se despierta entre los entes impuros denominados *jitzonim,* y **todos se perfuman** y endulzan **con él. Y ese alguacil** que es el ente maligno cuyo nombre comienza con las letras *samej–mem* **que salió** para acusar a los Hijos de Israel, **vuelve** a su lugar **y pronuncia alabanza de los** Hijos **de Israel, y el acusador se convierte en defensor.** Ya que el ente maligno cuyo nombre comienza con las letras *samej–mem* mismo enseña méritos de los Hijos de Israel.

Y ven y **observa: no sólo eso,** es decir, el ente maligno cuyo nombre comienza con las letras *samej–mem* no se perfuma y endulza sólo con el macho cabrío enviado a Azazel, **sino que con todo lugar en que los Hijos de Israel quieren purificarse de sus pecados** rectificándose y volviendo a la buena senda, **El Santo, Bendito Sea, les dio un consejo para unir a los poseedores de facultad de juicio,** para que no acusen más, **y para perfumarlos con esos sacrificios y ofrendas ígneas que ofrecen ante El Santo, Bendito Sea.** Pues ellos reciben parte del humo de las ofrendas. **Y entonces** los entes malignos acusadores **no pueden dañarlos** a los Hijos de Israel.

Y ese día del Perdón, el perfumado y el endulzado es **más** grande **que todos** los demás tiempos. Pues así **como los** Hijos **de Israel perfuman** y endulzan **en lo bajo a todos** los juicios a través de los dos machos cabríos, **así perfuman** y endulzan en lo Alto **a todos esos** entes **que tienen** poder de facultad de juicio y capacidad de **delatado** contra los Hijos de Israel. **Y todo es** realizado a través de **la ofrenda, y el servicio a El Santo, Bendito Sea.** Pues con cada ofrenda ofrecida a El Santo, Bendito Sea, hay una parte que se otorga a los entes impuros denominados *jitzonim*, para que se aparten de la santidad y no acusen más contra los Hijos de Israel, y entren en su lugar, el agujero del Gran Abismo. Pero es diferente en el Día del Perdón, que El Santo, Bendito Sea, ordenó enviar la parte de ellos a una tierra deshabitada. Y la razón es porque El Santo, Bendito Sea, quiso cargar sobre ellos toda la inmundicia de los pecados de los Hijos de Israel.

Hemos estudiado: en ese momento acerca del cual está escrito: «Tomará (Aarón) los dos machos cabríos y los ubicará ante El Eterno, en la entrada de la Tienda de la Reunión. Aarón echará suertes sobre los dos machos cabríos: una suerte "para El Eterno" y una suerte "para Azazel"» (Levítico 16:8-9), **se despiertan esos** dos machos cabríos en el Día del Perdón **en lo Alto.** Ya que esos dos machos cabríos están asociados con el misterio de la emanación cósmica –sefirá– denominada *Jojmá*, y la emanación cósmica –sefirá– denominada *Biná*, de Noga, del Aspecto Cósmico Masculino Inferior –*Zeir Anpin*–, del Mundo de la Emanación –*Atzilut*–. **Y ellos quieren salir** para buscar argumentos y acusar a los Hijos de Israel **y ejercer dominio en el**

63a

mundo. Y toda acción que se realiza en lo bajo, despierta una semejanza de ese mismo asunto en lo Alto. Por eso, **dado que el sacerdote** acerca y **ofrece estos** machos cabríos **en lo bajo** en el Templo Sagrado, ocurre que **se acercan esos** entes asociados con el misterio de la emanación cósmica –sefirá– denominada *Jojmá*, y la emanación cósmica –sefirá– denominada *Biná*, de Noga, del Aspecto Cósmico Masculino Inferior –*Zeir Anpin*–, del Mundo de la Emanación –*Atzilut*– **en lo Alto,** y entonces **las suertes ascienden en todos los flancos.**

Es decir, **el sacerdote echa las suertes** sobre los machos cabríos **en lo bajo,** y entonces, **el sacerdote** supremo, que es el ángel Mijael, **echa las suertes** sobre la emanación cósmica –sefirá– denominada *Jojmá*, y la emanación cósmica –sefirá– denominada *Biná*, del Noga, **en lo Alto,** para determinar quién quedará para El Santo, Bendito Sea, y quién deambulará por el mundo. O sea, tal **como en lo bajo,** que **uno,** un macho cabrío, **queda para El Santo, Bendito Sea, y a uno lo sacan al desierto,** a Azazel, **así es también en lo Alto, uno queda para El Santo, Bendito Sea,** o sea, la emanación cósmica –sefirá– denominada *Jojmá* de Noga, **y uno sale y deambula por el mundo,** es decir, la emanación cósmica –sefirá– denominada *Biná*, de Noga, que sale **a ese desierto supremo,** que es el lugar de Azazel supremo, en referencia al agujero del Gran Abismo. Entonces **se vinculan uno con uno,** el de lo bajo, con el de lo Alto.

Está escrito: «Aarón apoyará sus dos manos sobre la cabeza del macho cabrío vivo y confesará sobre él todas las iniquidades de los Hijos de Israel, y todos sus pecados de rebelión entre todos sus pecados, y los colocará sobre la cabeza del macho cabrío y lo enviará con un hombre designado al desierto» (Levítico 16:22). **Por eso Aarón apoyaba sus dos manos** y sus diez dedos **sobre él, para que El Santo, Bendito Sea, acuerde con él.** Y esto se manifiesta con el acuerdo de las diez emanaciones cósmicas –sefirot–, que dan su conformidad para que todos los pecados de los Hijos de Israel **recaigan sobre cabeza del macho cabrío vivo** –*hajai*–. A esto se refiere lo que está escrito: «apoyará sus dos manos», con sus diez dedos, en correspondencia con el misterio de las diez emanaciones cósmicas –sefirot–. Y está escrito **«vivo** –*hajai*–**», precisamente, para incluir a eso de lo**

Alto. Ya que la letra *he* incluida al comienzo de la palabra indica algo adicional, y se refiere al macho cabrío de lo Alto, que es la facultad cognitiva cósmica *–moaj–*, de la emanación cósmica *–sefirá–* denominada *Biná* de Noga, para que también se apoye sobre él el sacerdote de lo Alto, que es Mijael, y entonces confiesa sobre él todos los pecados de los Hijos de Israel.

Está escrito a continuación: **«confesará sobre él todas las iniquidades».** Esto se entiende a través de lo declarado en otro versículo, **como está escrito:** «Cuando un individuo se hiciere culpable en lo relativo a uno de estos asuntos, **confesará su pecado sobre ella** –la ofrenda–» (Levítico 5:5). **Y ya hemos** estudiado y **establecido** que la expresión: **«sobre ella»,** fue incluida para enseñar **que la persona se purifica** a través de la confesión **y queda toda esa falta sobre ella,** la oveja. **Así es también aquí** lo referente a lo que está escrito: «confesará sobre él», es decir, **después de que el sacerdote confesó por ellos, los** Hijos **de Israel sobre él, es decir, quedarán todos** los pecados **sobre él,** es decir, el macho cabrío que será enviado a Azazel.

Rabí Aba le dijo a Rabí Simón: **si es así,** que el macho cabrío es enviado al Otro Lado, se ve como si se le ofreciera una ofrenda. **Y he aquí que está escrito: «Ya no sacrificarán sus ofrendas a los demonios** *–seirim–* tras los cuales se descarrían; éste será un decreto eterno para ellos y para sus generaciones» (Levítico 17:7). ¿Y cómo tú dices que se envía el macho cabrío a Azazel, que es el Otro Lado?

Rabí Shimón **le dijo: es diferente aquí, pues allí ofrecían ofrendas a los demonios** que se denominan *seirim,* **y por eso no está escrito: «Ya no sacrificarán sus ofrendas** *seirim».* Es decir, no ofrecían los *seirim,* **sino a los** *seirim.* **Pues allí servían y adoraban a los demonios y les otorgaban** fuerza y **poder, y aquí,** en el Día del Perdón, separaban dos machos cabríos por ofrenda para El Eterno. Y después, al macho cabrío sobre el que había caído la suerte «para Azazel», lo cargaban con la carga de los pecados que el sumo sacerdote confesaba sobre él. Y enviaban al Otro Lado parte de la ofrenda de El Eterno, como está escrito: **«El macho cabrío cargará sobre sí todas sus ini-**

quidades hacia una tierra no habitada, y debe enviar al macho cabrío al desierto». **Y ofrenda** expiatoria **no se hacía sino para El Santo, Bendito Sea.** Pues lo que está prohibido es ofrecerlo como ofrenda a los demonios, pero ofrecerlo a El Santo, Bendito Sea, y después enviarlo a Azazel, no está incluido dentro de esta prohibición.

Ven y **observa: a causa de las ofrendas se perfuman** y endulzan **los de lo bajo y los de lo Alto.** Ya que todas las ofrendas mencionadas en la Torá vienen para perfumar y endulzar los juicios, y unir los mundos. **Y** por esta razón, a raíz de eso, **el juicio no se posa** más **y no ejerce dominio sobre ellos, los** Hijos **de Israel.**

Hemos estudiado: está escrito: «Aarón apoyará sus dos manos sobre la cabeza del macho cabrío vivo y confesará sobre él todas las iniquidades de los Hijos de Israel, y todos sus pecados de rebelión entre todos sus pecados, y los colocará sobre la cabeza del macho cabrío **y lo enviará con un hombre designado al desierto»** (Levítico 16:22). **¿Qué** significa: **«un hombre designado»?** La respuesta no es **sino ésta:** el misterio del asunto es éste: (63b) **con todo lo que se hace** en lo bajo, **la persona debe estar preparada para ese asunto,** pues **hay** un tipo de **hombre que la bendición se cumple a través de él más que otro,** ya que es más propicio para bendecir que otros.

Ven y **observa: ¿qué está escrito acerca del sacerdote?** Está escrito: **«El de buen ojo** –misericordioso– **será bendecido** –*ieboraj*–» (Proverbios 22:9). Y los sabios talmudistas han enseñado: **no leas** la palabra **«***ieboraj***»** con la vocalización de «*ieboraj*», que significa «bendecido», **sino** con la vocalización de **«***iebarej***»**, o sea, se refiere al que bendice, pues él es apropiado para bendecir a otros. **Pues** dado que el sacerdote tenía buen ojo, por esta razón **estaba preparado para que la bendición se cumpliera a través de él.**

Y hay un tipo de **persona que está preparada para las maldiciones se cumplan a través de él, y en todo lo que observa, allí vendrán las maldiciones, la calamidad, el temor, y el espanto. Por** ejemplo Bilaam, que es llamado ojo malo, pues estaba preparado **para** hacer **todo mal, y no estaba preparado para** hacer el **bien. Y aunque sea que bendijo** a los Hijos de Israel, **su bendición no es bendición** verdadera, **y no se cumplió. Y cuando maldecía, todo lo**

que maldecía se cumplía, e incluso lo que decía **en un instante. Y a esto se refiere lo que está escrito:** «Bilaam alzó sus ojos y vio que Israel habitaba según sus tribus y el espíritu de Dios estuvo sobre él. Proclamó su parábola y dijo: las palabras de Bilaam hijo de Beor, las palabras del hombre **del ojo abierto** *–shetum haain–* [...]» (Números 24:2-3). La expresión: «*shetum haain*», indica que tenía los ojos abiertos siempre para observar y dañar. Pues **en todo lugar en que sus ojos** observaban y **ejercían dominio, recaía la maldición.**

Ven y **observa: ¿qué está escrito** acerca Bilaam? Está escrito: «Bilaam vio que era bueno a los ojos de El Eterno bendecir a Israel, por lo que no fue como las otras veces hacia las adivinaciones, sino que **dirigió su rostro hacia el Desierto**» (Números 24:1). He aquí que sus malas intenciones estaban dirigidas al Desierto, hacia donde miraba. Y eso era así **para que se despertara de ese flanco ese** ente **que ejercía dominio allí,** o sea, el poder del mal de ojo, que proviene del Otro Lado *–Sitra Ajara–*, y ejerce dominio en el Desierto. Y deseaba esto **para venir con palabras de acusación contra los** Hijos **de Israel.** Pero no pudo llevar a cabo su macabra intención. **¿Qué está escrito acerca de los sacerdotes?** Está escrito: **«El de buen ojo** –misericordioso– **será bendecido** *–ieboraj–*» (Proverbios 22:9). **Pues él estaba preparado para** impartir bendiciones, **y que se posara la bendición con su mirada. Y a esto se refiere lo que hemos estudiado: la persona se ha de desviar incluso de cien caminos para no encontrarse con una persona que tiene mal ojo,** pues puede dañar.

También aquí, acerca del macho cabrío enviado a Azazel, está escrito: «Aarón apoyará sus dos manos sobre la cabeza del macho cabrío vivo y confesará sobre él todas las iniquidades de los Hijos de Israel, y todos sus pecados de rebelión entre todos sus pecados, y los colocará sobre la cabeza del macho cabrío **y lo enviará con un hombre designado** al desierto» (Levítico 16:22). **Pues él estaba preparado para esto** en su naturaleza **y grabado para esto** en su cuerpo, **y el sacerdote lo reconocía,** pues **un ojo era un poco más grande que el otro, y las cejas que estaban sobre sus ojos estaban cubiertas por muchos pelos, y sus ojos se veían como coloreados con azul, y no miraba en forma recta,** sino que volteaba los ojos y miraba en forma oblicua. **Éste era el hombre preparado para esto,** para llevar el macho cabrío a Azazel, **y era** el hombre **apropiado para ello. A esto se refiere lo que está escrito: «un hombre designado** *–ití–***»** (Levítico 16:22). Es decir, presto y preparado para eso.

En Gush Jalav había un hombre que en todo lugar en que golpeaba con sus manos, ese hombre moría, y las personas no se acercaban a él. En Suria había un hombre que en todo lugar en que observaba, incluso para bien, todo se invertía para mal. Un día, un hombre andaba por la feria, y su rostro resplandecía. Vino ese hombre y lo observó, y se le agrietó su ojo. Por eso, en toda cosa hay persona preparada para esto o para esto, para transmitir energía para bien o para mal. **Y a esto se refiere lo que está escrito: «El de buen ojo** –misericordioso– **será bendecido** *–ieboraj–***»** (Proverbios 22:9). Y los sabios talmudistas han enseñado: **no leáis** la palabra **«*ieboraj*»** con la vocalización de «*ieboraj*», que significa «bendecido», **sino** con la vocalización de ***«iebarej»,*** o sea, se refiere al que bendice, pues él es apropiado para bendecir a otros. Pues aquel que tiene buen ojo está preparado para bendecir a otros.

Y hemos estudiado: ese hombre que iba al desierto con el macho cabrío, **cuando llegaba con el macho cabrío, ascendía a la montaña y lo desplazaba con sus dos manos** hacia atrás. Y el macho cabrío **no bajaba a la mitad de la montaña** en su caída, **hasta que se convertía en miembros, miembros,** es decir, se desmembraba por el contacto con los peñascos de la montaña. Aunque hay sabios cabalistas que explicaron que en realidad los entes impuros denominados *jitzonim* lo despedazaban. **Y ese hombre decía: «Así sean borrados los pecados de tu pueblo,** la Casa de Israel».

Y dado que a través de esto **ascendía ese acusador** y se convertía en defensor de los Hijos de Israel, **entonces El Santo, Bendito Sea, tomaba todos los pecados** de los Hijos **de Israel, y todo lo que estaba escrito en esos escritos en lo Alto para recordar los pecados de los seres humanos, y los arrojaba del mismo modo al lugar denominado «profundidades del mar»,** tal como hizo el hombre designado con el macho cabrío. **A esto se refiere lo que está escrito: «Y arrojará a las profundidades del mar todos los pecados de ellos»**

(Miqueas 7:19). Es decir, se refiere al agujero del Gran Abismo, asociado con el misterio de la emanación cósmica –sefirá– denominada *Biná* del Mundo de la Creación –*Briá*– de la corteza impura denominada *Klipá*, que es el ente denominado las profundidades del Aspecto Cósmico Femenino Inferior –*Maljut*– de la santidad, y sus sobrantes.

REIA MEIMNA

Esta ordenanza mencionada en el versículo: «Con esto –*bezot*– vendrá Aarón al Santuario» (Levítico 16:3), indica **que el sumo sacerdote realice el servicio de este día como es debido,** para aplacar el rigor del juicio y endulzarlo, y evitar que el Acusador acuse a los Hijos de Israel. **Y que envíe el macho cabrío a Azazel** para tapar la boca del Acusador y evitar que siga acusando a los Hijos de Israel. **Este misterio** del enviado del macho cabrío está indicado en el versículo, **como fue dicho** (*véase* II Zohar 185a): **para apartarlo del pueblo sagrado, y no reclame los pecados ante el Rey, y no acuse contra ellos, pues no tiene poder ni dominio, sino solamente cuando se** despierta y **fortifica el enojo en lo Alto.**

Y con ese presente, el macho cabrío, **se convierte después en defensor de ellos. Y por eso,** dado que siempre quiere acusar, **es desplazado de delante del Rey. Y eso ya fue** estudiado y **establecido por nosotros. Pues** ya hemos dicho que **él** se denomina **«final de toda carne»,** debido a que desea el final de toda carne, o sea, quiere destruir a todos, y por eso es desplazado de delante del Rey. **Y el pueblo sagrado,** los Hijos de Israel, **le dan un macho cabrío, como él necesita.**

Y este misterio está relacionado con lo que está escrito: «Iaacov (Jacob) le respondió a Rivka (Rebeca), su madre: **pero mi hermano Esav (Esaú) es hombre velludo,** y yo soy de piel tersa» (Génesis 27:11). La expresión «mi hermano», alude al ente maligno cuyo nombre comienza con las letras *samej–mem*, el ministro espiritual de Esaú, a quien envían el macho cabrío a Azazel. Y lo llama «mi hermano»,

63b

pues **como él está** relacionado **con el flanco** de Jacob, que es el flanco **de la santidad,** donde hay un grado asociado al género **masculino y** un grado asociado al género **femenino,** que son el Aspecto Cósmico Masculino Inferior –*Zeir Anpin*–, y el Aspecto Cósmico Femenino Inferior –*Maljut*–, de la santidad, **también es así con el flanco de la impureza,** hay un grado asociado al género **masculino y** un grado asociado al género **femenino,** que son el Aspecto Cósmico Masculino Inferior –*Zeir Anpin*–, y el Aspecto Cósmico Femenino Inferior –*Maljut*–, de la corteza impura denominada *klipa*. Y si bien enviando el macho cabrío a Azazel hay en él un poco de unión, **hay un proverbio que dicen** las personas: **si arrojas un hueso a un perro, lamerá el polvo de tus pies.** Y se utilizó esta comparación porque los demonios denominados *seirim* se adhieren a los pies del Aspecto Cósmico Femenino Inferior –*Maljut*–, y también aquí, se da un macho cabrío al ente maligno cuyo nombre comienza con las letras *samej–mem*, y él deja de lado sus acusaciones y se convierte en defensor de los Hijos de Israel.

Y ésta es la prueba de lo mencionado: **preguntaron a Ben Zoma: ¿qué** dice la ley **con** respecto a **castrar un perro? Les dijo:** está escrito: «Aquel que tenga los testículos estrujados, aplastados, desgarrados o cortados, no lo ofrendaréis a El Eterno, **ni haréis estas cosas en vuestra Tierra»** (Levítico 22:24). Significa: **todo lo vinculado con vuestra Tierra no hagáis,** y dedujo esto teniendo en cuenta que este versículo no se refiere a la Tierra de Israel, ya que este no es un precepto vinculado con el suelo, y sino a la Tierra en general, al mundo entero. **Pues así como el mundo necesita esto,** es decir, los demás animales, **el mundo también necesita esto,** el perro. **Y a esto se refiere lo que se dijo:** está escrito: «Y Dios vio todo lo que había hecho, **y he aquí que era muy bueno;** y fue de tarde, y fue de mañana, el sexto día» (Génesis 1:31). La expresión «muy», **se refiere al Ángel de la Muerte,** el cual también es necesario para el mundo, y por eso **tampoco** al perro **hay que anularlo del mundo; pues el mundo lo necesita aunque sea que está escrito acerca de él: «Y esos perros insolentes no conocen saciedad»** (Isaías 56:11). Aún así, **no se anularon del mundo. Todo es necesario, el bien y el mal.** Pues absolutamente todo lo que El Santo, Bendito Sea, creó en el mundo, es para la rectificación del mundo.

Y por eso en este día, el Día del Perdón, **debemos arrojar un hueso al perro,** que es el macho cabrío que se envía al ente maligno cuyo nombre comienza con las letras *samej–mem*, que se denomina «perro». **Y mientras él arrastra** el hueso y lo come, **entra aquel que tiene que entrar en el Palacio del Rey,** o sea, el defensor, para enseñar los méritos de los Hijos de Israel, **y no hay quien le reproche** nada, y el Acusador está entretenido con su macho cabrío que le fue enviado como presente. **Después (63b), aún el perro menea su cola.** Es decir, defiende a los Hijos de Israel.

Otra enseñanza: **¿Qué está escrito** acerca del macho cabrío? Está escrito: «Aarón apoyará sus dos manos sobre la cabeza del macho cabrío vivo **y confesará sobre él todas las iniquidades de los Hijos de Israel,** y todos sus pecados de rebelión entre todos sus pecados, y los colocará sobre la cabeza del macho cabrío y lo enviará con un hombre designado al desierto» (Levítico 16:22). **Y está escrito: «El macho cabrío cargará sobre sí todas sus iniquidades** hacia una tierra no habitada, y debe enviar al macho cabrío al desierto» (Levítico Ibíd. 22). **Por cuanto qué él,** el ente maligno cuyo nombre comienza con las letras *samej–mem*, **ve a ese macho cabrío,** que le fue enviado como presente, **lo desea** vehementemente, **y quiere incluirse con él, y no sabe de esos pecados que lleva macho cabrío.** Después **vuelve con los Hijos de Israel, y los ve sin pecado y sin culpa,** pues todos los pecados y las culpas de los Hijos de Israel están sobre la cabeza del macho cabrío, y **asciende a lo Alto, y los alaba ante El Santo, Bendito Sea. Y El Santo, Bendito Sea, observa el testimonio ese acusador. Y dado que desea apiadarse de su pueblo, aunque Él sabe todo lo que ocurrió** con las personas, lo que ellos hicieron, y finalmente deberán pagar la deuda, aún así, **se apiada de ellos,** los Hijos de **Israel.**

Y todos los pecados **están posados sobre este** macho cabrío, **para que** a través de esto **no se despierte el misterio del juicio de lo Alto,** para otorgar poder al Otro Lado –*Sitra Ajara*–, para acusar, **y para que éste,** el ente maligno cuyo nombre comienza con las letras *samej–mem*, no **se fortifique, y los moradores del mundo se pierdan. Pues este** ente maligno cuyo nombre comienza con las letras *samej–mem*, **viene del flanco del juicio severo. Y si éste,** el ente maligno cuyo nombre comienza con las letras *samej–mem*, **se despierta, se despierta con los pecados de las personas. Pues no tiene capacidad de despertarse para ascender a lo Alto y despertar el juicio severo, sino solamente con los pecados de las personas.**

Pues cuando la persona comete un pecado, se reúne éste, el ente maligno cuyo nombre comienza con las letras *samej–mem*, **y varios millares** de entes impuros denominados *jitzonim* **que lo ayudan. Y se reúnen allí** en el lugar del pecado cometido, **y la cogen,** a la inmundicia que surge de ese pecado, **y la elevan a lo Alto, El Misericordioso nos salve** de sus manos.

Y respecto a todo El Santo, Bendito Sea, dio un consejo a los **Hijos de Israel,** a través del macho cabrío que envían a Azazel, **para salvarse de todos los flancos** malos, y los acusadores. **Y a esto se refiere lo que está escrito: «Bienaventurado el pueblo que tiene esto; bienaventurado el pueblo cuyo Dios es El Eterno»** (Salmos 144:15).

Final de Reia Meimna

Hemos estudiado: está escrito: **«Y de la asamblea de los Hijos de Israel tomará dos machos cabríos como sacrificio expiatorio** –*jatat*– y un carnero como ofrenda ígnea –*olá*–**»** (Levítico 16:5). Está escrito: **«y de la asamblea», para** enseñar **que sean de todos,** es decir, que adquieran los machos cabríos con el dinero de todos los Hijos de Israel, **y a través de eso se expíe por todos. Pues todos los pecados de los Hijos de Israel dependen de aquí, y todos se expían con este** macho cabrío. **(64a) y no es suficiente** con que el dinero para comprar el macho cabrío sea **de una persona. ¿Y de qué lugar tomaban** el dinero? **De esas cajas de** la asamblea que estaban en **el Atrio tomaban el pago,** es decir, el dinero necesario para adquirir los machos cabríos. **Y los traían de ese dinero que era de todos** los Hijos de Israel.

SEGUNDA PARTE: AJAREI MOT

64a

Y ese otro macho cabrío que quedaba para El Santo, Bendito Sea, lo hacían –lo ofrecían como– **ofrenda expiatoria en primer lugar. Y ya fue** estudiado y **establecido** por nosotros **con qué lugar se vinculaba,** o sea, con la facultad cognitiva cósmica –*moaj*–, de la emanación cósmica –sefirá– denominada *Jojmá*, del Aspecto Cósmico Masculino Inferior –*Zeir Anpin*–, de Noga. Y a través del servicio que realizaban con él, se depuraba lo bueno de Noga y ascendía a la santidad.

Y después de esto, tras realizar el servicio con los dos machos cabríos en lo bajo, **se acercaban estos** dos machos cabríos en lo Alto, **y todos se perfumaban** y endulzaban. **Y** los Hijos de **Israel quedaban** limpios, y **merecedores ante El Santo, Bendito Sea,** limpios **de todos los pecados que cometieron y pecaron ante Él. A esto se refiere lo que está escrito: «Pues en este día él procurará expiación para vosotros,** para purificaros; de todos vuestros pecados ante El Eterno seréis purificados» (Levítico 16:30).

Además dijo Rabí Simón: está escrito: **«Iaacov (Jacob) le respondió a Rivka (Rebeca), su madre: pero mi hermano Esav (Esaú) es hombre velludo, y yo soy hombre de piel tersa»** (Génesis 27:11). **¿Qué indica** esta declaración a modo de insinuación? La respuesta no es **sino ésta: ciertamente que Esaú es hombre velludo** –*sair*–, **pues** está vinculado **con ese** Otro Lado –*Sitra Ajara*–, **que se denomina «*sair*», pues viene de ese flanco.** A continuación está escrito: **«y yo soy hombre de piel tersa** –*jalak*–**».** Es decir: **hombre** de El Santo, Bendito Sea, **pues** Él **separó** y designó ministros **para todos los demás pueblos,** para que fueran los **encargados de ellos, como está escrito:** «Para que no elevéis los ojos hacia los Cielos y veáis el Sol y la Luna y las estrellas, toda la legión de los Cielos, y os descarriéis y os inclinéis ante ellos y los adoréis a ellos, **a los que El Eterno, vuestro Dios, ha designado** –*jalak*– para todos los pueblos bajo todo los Cielos» (Deuteronomio 4:19). **Y está escrito: «Pues la porción** –*jelek*– **de El Eterno es su pueblo;** Iaacov (Jacob) es la medida de Su herencia» (Deuteronomio 32:9). Resulta que sólo Jacob quedó como porción para El Santo, Bendito Sea.

64a

Además, ahora revelaremos otra explicación de lo que está escrito: «Pero mi hermano Esav (Esaú) es hombre velludo, y yo soy hombre de piel tersa». Pues lo que está escrito: **«yo soy hombre de piel tersa** *–jalak–*», indica: yo soy el hombre que he recibido una parte **de los dos machos cabríos, y quedó uno,** una parte, para Esaú. **Pues el sacerdote dividía** *–jalak–* los dos machos cabríos, repartiendo **uno para la parte de él,** Esaú, **y uno para** la parte de **El Santo, Bendito Sea.** Ahora bien, ¿**por qué** daba un macho cabrío para la parte de Esaú? **Para que** el macho cabrío **cargara sobre sus hombros todos los pecados de Jacob, como está escrito: «El macho cabrío cargará sobre sí todas sus iniquidades** *–avonotam–* hacia una tierra no habitada, y debe enviar al macho cabrío al desierto» (Levítico 16:22). La expresión *avonotam* puede leerse ***avonot tam,*** que significa «los pecados del íntegro», en alusión a Jacob que se denomina íntegro, como está escrito: «Los jóvenes crecieron y Esav (Esaú) se hizo cazador, hombre de campo; pero Iaacov (Jacob) era un hombre íntegro que habitaba en tiendas» (Génesis 25:27).

Hemos estudiado: en ese día, el Día del Perdón, **muchas puertas están abiertas ante** los Hijos de **Israel, para recibir sus plegarias. Bienaventurada la parte de** los Hijos de **Israel, pues El Santo, Bendito Sea, desea hacerlos merecedores y purificarlos** de sus pecados. **A esto se refiere lo que está escrito: «Pues en este día él procurará expiación** para vosotros, para purificaros; de todos vuestros pecados ante El Eterno seréis purificados» (Levítico 16:30).

En ese día, el Día del Perdón, **el sacerdote se corona con varias coronas,** es decir, recibe varias irradiaciones de luminosidad provenientes de las facultades cognitivas cósmicas *–mojín–*. **En ese día, el servicio del sacerdote es valioso y grande, más que todos los servicios** de todos los demás días del año. Pues **a todos,** también a los entes impuros denominados *jitzonim,* **otorga una parte de las ofrendas de El Santo, Bendito Sea,** para que no acusen contra los Hijos de Israel. **En ese día se despierta** la medida de **la bondad** *–Jesed–* **en el mundo a través del sacerdote.** Pues el sacerdote **ofrece ofrendas** para expiar **por los pecados del pueblo,** ofreciendo **en primer lugar por sus faltas, y después, por las faltas del pueblo.**

SEGUNDA PARTE: AJAREI MOT

64a

Y asimismo **ofrece ofrendas ígneas por él, y por el pueblo.** Y ya fue estudiado y **establecido por nosotros lo referente a este asunto** en otros lugares.

Cada sabio expuso su enseñanza, (*véase* 59b), y **mientras caminaban, se sentaron en un campo y oraron. Descendió** del Cielo **una nube de fuego y los rodeó. Rabí Shimón dijo** a los compañeros: **yo veo que la voluntad de El Santo, Bendito Sea, está aquí,** pues se posa la Presencia Divina –*Shejiná*–, por eso, **sentémonos** para estudiar la Torá. **Se sentaron, y pronunciaron palabras de Torá.**

Rabí Shimón **abrió** su disertación **y** para explicarla **dijo** este versículo: **«Como el agua fría al alma exhausta, así son las buenas noticias de tierra lejana»** (Proverbios 25:25). **He aquí que he meditado en las palabras del rey Salomón, y** he observado que **a todas las dijo con sabiduría** –*Jojmá*–. Es decir, provienen del flanco de la emanación cósmica –sefirá– denominada *Jojmá*.

Ven y **observa: tres libros de sabiduría sacó Salomón al mundo, y todos con sabiduría suprema,** o sea, provenientes de la emanación cósmica –sefirá– denominada *Jojmá*, y aún así, se dividen en tres grados. Pues el **Cantar de los Cantares** está vinculado con la medida de la ***Jojmá*, Eclesiastés** está vinculado con la medida de la **Tebuná, y Proverbios** está vinculado con la medida de la ***Daat*.** Es decir, esos libros están vinculados con el misterio de la emanación cósmica –sefirá– denominada *Jojmá*, la emanación cósmica –sefirá– denominada *Biná*, y la emanación cósmica –sefirá– denominada *Daat*, de *Nukva*, (el Aspecto Cósmico Femenino Inferior –*Maljut*–), y están dispuestos frente a la emanación cósmica –sefirá– denominada *Jesed*, la emanación cósmica –sefirá– denominada *Guevurá*, y la emanación cósmica –sefirá– denominada *Tiferet*, del Aspecto Cósmico Masculino Inferior –*Zeir Anpin*–. Y **en correspondencia con estas tres** medidas **hizo tres libros.** Pues el **Cantar de los Cantares** en correspondencia de la medida de la ***Jojmá*,** pues **así es,** ya que está lleno de sabiduría y misterios de la Torá. Ya que todo su contenido está colmado de ejemplos y metáforas del interior de la *Jojmá*. Y los mismos se refieren al amor de El Santo, Bendito Sea, por la Congregación de Israel. Y el

64a

amor está vinculado con la emanación cósmica –sefirá– denominada *Jojmá* que está ubicada en alineación cósmica de la derecha. **Eclesiastés en correspondencia con** la medida de la ***Tebuná*, pues así es,** ya que está lleno de mensajes de reproche y ética y moral, para que la persona que se desvía del camino correcto, y va tras los deleites mundanos, reflexione –*itbonen*–, y prevalezca contra su instinto; y ese poder de reflexión está asociado al flanco de la izquierda, o sea, el lugar de la Tebuná. **Proverbios en correspondencia con** la medida de la ***Daat*.** Ahora bien, **¿cómo vemos** que este libro está vinculado con la emanación cósmica –sefirá– denominada *Daat*?

La respuesta no es **sino ésta: todos esos versículos** del libro de los Proverbios **son** manifestados **de dos modos.** Pues la mayoría de los versículos del libro de los Proverbios se dividen en dos partes: la mitad se refieren al justo, y la otra mitad se refieren al pecador y el malvado. Y lo mismo ocurre con todos los asuntos mencionados en ese libro, la mitad se refiere a vituperio, y la otra mitad a alabanza. Pero a veces la primera mitad se refiere a alabanza, y la otra mitad a vituperio, y otras veces es al revés. Es decir: **el comienzo y el final** de cada versículo, **se ven de dos modos:** la mitad del versículo está orientado en dirección de la emanación cósmica –sefirá– denominada *Jesed* de la emanación cósmica –sefirá– denominada *Daat*, y la otra mitad del versículo está orientado en dirección de la emanación cósmica –sefirá– denominada *Guevurá* de la emanación cósmica –sefirá– denominada *Daat*. Pero **cuando meditamos en los versículos,** vemos que **éste está incluido en éste, y éste está incluido en éste. Por eso,** el libro de los Proverbios **equivale a** la emanación cósmica –sefirá– denominada ***Daat*,** que incluye a la emanación cósmica –sefirá– denominada *Jesed*, y la emanación cósmica –sefirá– denominada *Guevurá*.

Rabí Shimón dijo además: **este versículo:** «Como el agua fría al alma exhausta, así son las buenas noticias de tierra lejana» (Proverbios 25:25), **su inicio no es** como **su final, y su final no es** como **su inicio.** Pues se ve como si se tratara de dos asuntos diferentes. **Y cuando observé** y medité **en él,** entendí que **todo está incluido esto en esto, tanto de su inicio a su final, tanto de su final a su inicio.** Es decir, tanto si se lo interpreta desde su inicio hacia su final, tanto si se lo interpreta desde su final hacia su inicio. Pues lo que está escrito: **«las buenas noticias de tierra lejana»**, es como **«el agua fría al alma exhausta»**, y asimismo, **«el agua fría al alma exhausta»**, es considerada por la persona como **«las buenas noticias de tierra lejana»**. Pues **esto y esto trae sosiego al espíritu,** ya que **así como esto es confortante para el espíritu, también esto es confortante para el espíritu.**

Mientras Rabí Shimón y los compañeros **estaban sentados** en el campo, **llegó una persona** y les **dijo que la esposa de Rabí Shimón se curó de su enfermedad. Y** dijo también que **los compañeros oyeron una voz** del Cielo que decía **que El Santo, Bendito Sea, perdonó los pecados de la generación.** Pues la mujer de Rabí Shimón con su enfermedad que soportaba protegía a la generación de ser castigada a causa de los pecados cometidos. Y ahora que El Santo, Bendito Sea, perdonó a la generación, ella sanó de su enfermedad. **Dijo Rabí Simón: aquí se cumplió el versículo** que declara: **«Así son las buenas noticias de tierra lejana». Así es el sosiego del espíritu** a raíz de las buenas noticias, **«como el agua fría al alma exhausta». Les dijo** a los compañeros: **«Levantémonos y marchemos, pues El Santo, Bendito Sea, nos hace milagros».**

Rabí Shimón abrió su disertación **y** para explicarla **dijo** este versículo: **«Cómo el agua fría al alma exhausta», se refiere a la Torá, pues todo el que merece las palabras de la Torá,** es decir, estudiándolas, **y nutre su alma con ellas, ¿qué está escrito?** Está escrito: **«Así son las buenas noticias de tierra lejana». Pues El Santo, Bendito Sea, pregona sobre él muchas bondades para beneficiarlo a él en este mundo y en el Mundo Venidero.** Pues el estudio de la Torá es una de las cosas que la persona come de sus frutos en este mundo y el capital queda guardado para el Mundo Venidero. **A esto se refiere lo que está escrito: «las buenas»,** es decir, lo que se oye de El Santo, Bendito Sea, que pregona para otorgar mérito a los estudiosos de la Torá, **¿de dónde viene?** Es decir, la buena noticia, ¿de dónde viene? La respuesta no es sino ésta: **«de tierra lejana».** O sea, **del lugar que El Santo, Bendito Sea, estaba lejos de él al comienzo,** cuando estaba alejado de la Torá, **del lugar que la persona estaba con odio**

en un comienzo con él, como está escrito: «Y la tierra se levanta contra él» (Job 20:27). Es decir, la Presencia Divina –*Shejiná*–, que se denomina Tierra, se levanta contra él para castigarlo por alejarse de la Torá, y después de que se arrepintió y sació su alma de estudio de la Torá, entonces, **de ese lugar (64b),** o sea, del lugar de la Presencia Divina –*Shejiná*–, **le adelantan la paz. A esto se refiere lo que está escrito: «de tierra lejana».** O sea, de la Presencia Divina –*Shejiná*–, que estaba alejada de él. **Y está escrito: «El Eterno se me apareció desde lejos, diciendo: con amor eterno te he amado; por tanto, te envié mi bondad»** (Jeremías 31:2).

Está escrito: **«Saldrá al Altar que hay ante El Eterno y hará expiación sobre él:** tomará de la sangre del toro y de la sangre del macho cabrío y las colocará sobre las astas del Altar, en todo su contorno» (Levítico 16:18). **Rabí Iehuda abrió** su disertación acerca de este asunto **y** para explicarla **dijo** este versículo: **«Salmo de Asaf: el Dios de dioses, El Eterno, ha hablado, y convocado la tierra, desde el nacimiento del Sol hasta donde se pone»** (Salmos 50:1). Y considérese que **hemos estudiado: mil quinientas cincuenta miríadas de poseedores de** facultad de **canto, cantan a El Santo, Bendito Sea, cuando despunta el día; y mil quinientos cuarenta y ocho,** entonan cántico al comienzo de la noche, **cuando** alumbra **la Luna. Y mil quinientos noventa millares de miríadas en ese momento que se denomina «entre los atardeceres** –*bein arbaim*–».

Rabí Iosei dijo: cuando ilumina el día, todos esos entes **poseedores de *ievava* alaban con palabras de alabanza en correspondencia con** el despertar de **esa mañana,** o sea, el despertar de la emanación cósmica –*sefirá*– denominada *Jesed*. Y esos entes poseedores de ievava se encuentran en el Mundo de la Formación –*Ietzirá*–, que se denomina Día. Y si bien ellos son entes poseedores de facultad de juicio, se endulzan con la emanación cósmica –*sefirá*– denominada *Jesed* que se despierta por la mañana. **Pues cuando se despierta esa mañana, todos se perfuman** y endulzan, **y el juicio se silencia, y esos entes poseedores de *ievava* pronuncian alabanzas. A esto se refiere lo que está escrito: «Cuando alababan todas las estrellas**

del alba, y entonaban *teruá* **todos los hijos de Dios**» (Job 38:7). Es decir, todos los ángeles denominados «los hijos de Dios» entonan *teruá* porque se endulzan a través de la emanación cósmica –sefirá– denominada *Jesed* que se despierta por la mañana. Y por eso, **en ese tiempo la alegría y las bendiciones se encuentran en el mundo. Y El Santo, Bendito Sea,** vinculado con la proyección de la emanación cósmica –sefirá– denominada *Biná*, **despierta a** la emanación cósmica –sefirá– denominada *Jesed*, o sea, la medida de la bondad, de **Abraham**, para que se proyecte al mundo, **para vivificarlo** por el flanco de la emanación cósmica –sefirá– denominada *Jojmá*, donde está enraizado, que vivifica a su poseedor. **Y se alegra con él** según el misterio de la unión del Aspecto Cósmico Masculino Inferior –*Zeir Anpin*–, y el Aspecto Cósmico Femenino Inferior –*Maljut*–, que se concreta a través de la proyección de la emanación cósmica –sefirá– denominada *Jesed*. **Y lo hace ejercer dominio en el mundo. ¿Y de dónde sabemos que esa mañana es** la medida **de Abraham? Como está escrito: «Abraham se levantó por la mañana** temprano en el lugar donde había estado ante El Eterno» (Génesis 19:27). Y la mañana está asociada con el misterio de la proyección de la emanación cósmica –sefirá– denominada *Jesed*.

En ese tiempo que se denomina «**entre los atardeceres** –*bein arbaim*–», que es el tiempo de la plegaria vespertina, **todos esos mil quinientos noventa millares de miríadas** de ángeles, **poseedores** de facultad **de *ielala*,** que están en el Mundo de la Acción –*Asiá*–, que se denomina noche –*laila*–, y son poseedores de facultad de juicio más severo que esos entes poseedores de *ievava* del Mundo de la Formación –*Ietzirá*–, debido a que el tiempo de la plegaria vespertina provoca el despertar de los juicios, aún así, ellos **son llamados y entonan cánticos en ese tiempo, y** en ese tiempo **las riñas ejercen dominio en el mundo,** ya que el juicio que se expande en el mundo provoca el despertar de la acción del juicio y el rigor en lo bajo. **Y ese tiempo,** en el que el patriarca Isaac estableció el recitado de la plegaria vespertina, **es el tiempo del despertar de El Santo, Bendito Sea, con que despierta a Isaac,** y corresponde con el misterio del juicio para juzgar a los pecadores. **Y por eso, él se levanta y juzga a**

64b

los pecadores que traspasan las palabras de la Torá. **Y siete ríos de fuego se proyectan y salen y se posan sobre las cabezas de los pecadores** que están en el Infierno. Y a esto se refiere lo que está escrito: «Si a pesar de esto no Me hacéis caso, entonces os castigaré aún más, siete veces por vuestros pecados» (Levítico 26:18). **Y brasas de fuego llameantes se despiertan de lo alto a lo bajo.** Es decir, de la *Guevurá* suprema se despierta el juicio y se proyecta al Infierno en lo bajo concretamente. **Y entonces Abraham vuelve a su lugar.** Es decir, la emanación cósmica –sefirá– denominada *Jesed* vuelve a su lugar, y no emite bondad, **como está dicho: «Y Abraham volvió a su lugar»** (Génesis 18:33). **Y el día se marcha,** es decir, el Sol se pone, y los juicios se fortifican. **Y los pecadores del Infierno claman y dicen: ¡Ay de nosotros porque el día se ha marchado, pues se han inclinado las sombras de la tarde!** Esto es así a raíz de los juicios que se despiertan, **y en ese momento la persona debe ser cuidadosa en la plegaria vespertina.**

Cuando llega la noche, esos mil quinientos cuarenta y ocho ángeles del exterior del velo son llamados, y pronuncian cántico. Entonces, los juicios de lo bajo se despiertan, o sea, los ángeles de juicio del Aspecto Cósmico Femenino Inferior –*Maljut*–, **y van y deambulan por el mundo. Y esos** ángeles **pronuncian cántico hasta que se divide la noche,** es decir, hasta la medianoche, o sea, **una guardia y media** (pues según esta opinión, la noche se divide en tres guardias).

Después de que se divide la noche, se presentan todos los otros ángeles conjuntamente, los de la otra guardia y media, **como uno, y pronuncian alabanzas, como está dicho: «Anunciarán alabanzas de El Eterno»** (Isaías 60:6).

Dijo Rabí Iehuda: cuando el momento de **la buena voluntad se encuentra** despierto **en la mañana,** es momento de **anunciar alabanzas de El Eterno,** y no, en la medianoche.

Dijo Rabí Iosei: después de que el viento norte se despierta en la medianoche, y se marcha, se anuncian las alabanzas de El Eterno, **hasta que llega la mañana, y se despierta esa** emanación cósmica –sefirá– denominada *Jesed* de la **mañana. Entonces la ale-**

gría y las bendiciones se encuentran en el mundo a raíz de la proyección de la luz de la emanación cósmica –sefirá– denominada *Jesed*.

Hemos estudiado: dijo Rabí Aba: todo es así, como dijo Rabí Iosei, **y** debe considerarse que **encima de ellos,** los ángeles de las tres guardias, hay **tres ministros.** Y **en ese momento en que se despierta esa mañana, y se despiertan las alabanzas** a El Santo, Bendito Sea, **se designa sobre** todos **esos mil quinientos cincuenta miríadas** de ángeles poseedores de facultad de canto, **un ministro cuyo nombre** se escribe con las letras hebreas *he–iud–mem–nun*. Y su nombre está asociado con la raíz de la expresión *iemin*, que significa «derecha», pues la emanación cósmica –sefirá– denominada *Jesed* que se despierta en la mañana está asociada con el misterio del flanco de la derecha, **en correspondencia con** *he–iud–mem–nun* de **lo bajo,** mencionado en el libro de los Salmos (Salmo 88). **Y bajo su mano** –es decir, bajo su mando– **hay ministros encargados de ellos, para ordenar el cántico,** y controlar que un ángel no levante su voz más que su compañero, y que uno no se adelante a otro, ni se retrase.

En ese momento en que se despierta ese tiempo que se denomina **«entre los atardeceres** *–bein arbaim–***», y entonan cántico todos esos mil quinientos noventa millares de miríadas de poseedores** de facultad **de *ielala*,** que están en el Mundo de la Acción –*Asiá*–, **se designa sobre ellos un encargado cuyo nombre** se escribe con las letras hebreas *iud–dalet–vav–tav–vav–nun*, **en correspondencia con** *iud–dalet–vav–tav–vav–nun*, de **lo bajo,** mencionado en el libro de los Salmos (Salmo 37). **Y bajo su mano** –es decir, bajo su mando– **hay ministros encargados de ellos, para disponer el cántico** como es debido, **como está dicho: «Tronchado** *–zemir–* **de los pecadores»** (Salmos 25:5). Pues los cánticos –*zemirot*– de ellos también tronchan a los pecadores.

En ese momento en que llega la noche se despiertan todos esos ángeles **de fuera de la cortina,** pero no entonan cánticos hasta la medianoche. **Entonces se silencia todo y apertura** de la boca para entonar cántico **no hay. Y los juicios de lo bajo se despiertan, y todos son designados conjuntamente,** incluso **estos** que están **sobre estos, hasta que se divide la noche,** es decir, hasta la medianoche.

64b - 65a

Después de que se divide la noche y todos se reúnen para separase de los *jitzonim* que ejercieron dominio hasta la medianoche, **es designado sobre ellos un encargado, y él reúne a todos los campamentos** sagrados. **Como está dicho:** «Luego se desplazaba la bandera del campamento de los hijos de Dan, **la retaguardia** –*measef*– **de todos los campamentos,** de acuerdo con sus legiones, y sobre su legión se hallaba Ajiezer, hijo de Amishadai» (Números 10:25). La expresión *measef* significa también reunir. **Y su nombre es Asaf, en correspondencia con** Asaf **de lo bajo,** mencionado en el libro de los Salmos (Salmo 50). **Y bajo su mano,** es decir, bajo su dominio, están **todos esos ministros designados. Y ellos anuncian alabanzas** a El Santo, Bendito Sea, **hasta que llega la mañana.**

Dado que llega la mañana, se levanta ese joven que se amamanta de los pechos de su madre, es decir, el ángel cuyo nombre se escribe con las letras hebreas *mem–tet–tet–reish–vav–nun*, que se amamanta de los pechos del Aspecto Cósmico Femenino Inferior –*Maljut*–, **para purificarlos** a todos los ángeles, de la impureza que contrajeron a raíz de los juicios que ejercieron dominio en la noche. Y entonces el ángel mencionado **entra para prestar servicio.**

Después, **cuando se despierta la mañana, entonces, es momento de** buena **voluntad, pues la matronita se encuentra con el rey.** Es decir, Raquel se encuentra con Jacob, **y el rey proyecta de él una (65a) hebra de bendiciones,** que es la hebra de bondad, **y las tiende sobre la reina,** que es el Aspecto Cósmico Femenino Inferior –*Maljut*–, **y los** justos **que se unen con ella. ¿Quiénes son los que se unen con ella? Aquellos que se esfuerzan en la Torá en la noche cuando se divide.**

Rabí Shimón dijo: bienaventurada la parte de aquel que viene con la matronita, o sea, el Aspecto Cósmico Femenino Inferior –*Maljut*–, **en el momento en que ella viene a recibir el rostro del rey, para hablar con él. Y se encuentra con ella en el momento en que el rey,** que es el Aspecto Cósmico Masculino Inferior –*Zeir Anpin*–, **extiende su diestra para recibir a la matronita. A esto se refiere lo que está escrito:** «Alzaré las alas de la mañana, y moraré en el extremo del mar» (Salmos 139:9). Es decir, el rey David

SEGUNDA PARTE: AJAREI MOT

65a

declara que ocuparse él del estudio de la Torá a la medianoche, eleva al Aspecto Cósmico Femenino Inferior –*Maljut*– hasta la emanación cósmica –sefirá– denominada *Netzaj* y la emanación cósmica –sefirá– denominada *Hod*, que están asociadas con el misterio de las alas, para morar con el Aspecto Cósmico Femenino Inferior –*Maljut*– a la luz de la mañana, que se denomina: «el extremo del mar». **¿Qué significa: «el extremo del mar»?** Es decir, ¿por qué la mañana se denomina: «el extremo del mar»? La respuesta no es sino ésta: **porque ese momento es el** tiempo de la rectificación de ese **extremo de ese mar,** o sea, el Aspecto Cósmico Femenino Inferior –*Maljut*–.

Pues cuando se divide la noche, **es el comienzo** de la rectificación de ella. Ya que a la medianoche concretamente desciende el punto de la Corona de Raquel al Mundo de la Creación –*Briá*–. Por eso **es** un momento asociado al **juicio.** Y a través del estudio de la Torá de los justos realizado desde la medianoche hasta el amanecer, asciende la Corona de Raquel, y se deposita en el brazo izquierdo del Aspecto Cósmico Masculino Inferior –*Zeir Anpin*–, según el misterio de la filacteria del brazo. **Y ahora,** por la mañana, **es el final** –el extremo– de la rectificación **de ella,** ya que se rectifica con la continuación de la plegaria matutina, y se completa y rectifica completamente todo su cuerpo cósmico. Pues **se apartan** todos **los juicios de ella, y ella entra en las alas del rey,** el Aspecto Cósmico Masculino Inferior –*Zeir Anpin*–, **ella, y todos los que se asocian con ella. A esto se refiere lo que está escrito: «Pero de día mandará El Eterno su bondad, y de noche su cántico estará conmigo,** y mi oración al Dios de mi vida» (Salmos 42:9).

Y hemos estudiado: en ese momento, los patriarcas se presentan con la matronita. Es decir, a la mañana, la emanación cósmica –sefirá– denominada *Jesed*, la emanación cósmica –sefirá– denominada *Guevurá*, y la emanación cósmica –sefirá– denominada *Tiferet*, del Aspecto Cósmico Masculino Inferior –*Zeir Anpin*–, se presentan con el Aspecto Cósmico Femenino Inferior –*Maljut*–, **y se adelantan a hablar con ella, y unirse con ella. Y El Santo, Bendito Sea, habla con ella a través de ellos, y** después **la llama para extender sobre ella sus alas. A esto se refiere lo que está escrito: «Salmo**

65a

de Asaf: El Dios de dioses, El Eterno, ha hablado, y convocado la tierra, desde el nacimiento del Sol hasta donde se pone» (Salmos 50:1). Lo que está escrito: **«*El*», se refiere a** la **irradiación de luminosidad de** la emanación cósmica –sefirá– denominada *Jojmá,* que en su ramificación se denomina *Jesed,* o sea, se refiere a la emanación cósmica –sefirá– denominada *Jesed.* Lo que está escrito: **«Dios», se refiere a la** emanación cósmica –sefirá– denominada *Guevurá.* Lo que está escrito: **«El Eterno», se refiere a la completitud de todo: la misericordia,** o sea, la emanación cósmica –sefirá– denominada *Tiferet.* **Y a esto se refiere** lo que está escrito: **«ha hablado, y convocado la tierra»,** en alusión al Aspecto Cósmico Femenino Inferior –*Maljut*–. Pues después de realizarse el vínculo afectivo a través de la emanación cósmica –sefirá– denominada *Jesed,* la emanación cósmica –sefirá– denominada *Guevurá,* y la emanación cósmica –sefirá– denominada *Tiferet,* El Santo, Bendito Sea, llama al Aspecto Cósmico Femenino Inferior –*Maljut*–, que está asociada con el misterio de la tierra y se denomina Tierra, para unirse con ella.

Rabí Elazar estaba sentado frente a Rabí Simón, su padre. Le dijo: he aquí que hemos estudiado: Dios –*Elokim*–, **en todo lugar es** un Nombre asociado al **juicio;** El Tetragrama que se escribe con las letras *iud–he–vav–he,* **hay lugares en que se denomina *Elokim,* por ejemplo,** en la cita que declara: «Y dijo Abram: **"Señor mío, Dios:** ¿Qué puedes darme, si yo no tengo hijos y el encargado de mi casa es Eliezer, el damasceno?"» (Génesis 15:2). En este caso El Tetragrama que se escribe con las letras *iud–he–vav–he,* se lee *Elokim* –Dios–, porque está vocalizado con las vocales de *Elokim.* **¿Por qué** El Tetragrama que se escribe con las letras *iud–he–vav–he,* cuando está vocalizado con las vocales de *Elokim,* **se denomina *Elokim*? He aquí que sus letras son** letras de **misericordia en todo lugar.**

Rabí Shimón **le dijo: así está escrito en el versículo, como está escrito: «Conoceréis este día, y lo internalizaréis en vuestro corazón, que El Eterno, Él es el Dios,** arriba en los Cielos y abajo en la Tierra, y no hay ningún otro» (Deuteronomio 4:39). Es decir, debes meditar que el Tetragrama que se escribe con las letras *iud–he–vav–he,* contiene la fuerza del juicio del nombre *Elokim.* **Y está** escrito: «**El Eterno es Dios** –*Elokim*–» (I Reyes 18:39). Indicándose lo inverso.

Rabí Elazar **le dijo** a Rabí Simón: **ese asunto ya lo sabía, que en el lugar de juicio hay misericordia** mezclado con él, **y a veces, en el lugar en que hay misericordia, hay juicio** mezclado con ella. Pero aún así, no era apropiado vocalizar el Tetragrama con las vocales de *Elokim*, que indican juicio.

Rabí Shimón **le dijo** a Rabí Elazar: **ven** y **observa que es así,** tal como he dicho, pues **el Tetragrama en todo lugar es** un nombre que indica **misericordia** simple, **y cuando los pecadores invierten la misericordia en juicio, entonces,** al respecto **está escrito: *iud–he–vav–he* y se lee *Elokim*.**

Pero ven y **observa el misterio del asunto** vinculado con el Nombre de El Santo, Bendito Sea, que está escrito con las letras *iud–he–vav–he* y se lee *Elokim*: **son tres grados:** la emanación cósmica –sefirá– denominada *Biná*, la emanación cósmica –sefirá– denominada *Guevurá*, y la emanación cósmica –sefirá– denominada *Maljut*. Y aunque sea que la emanación cósmica –sefirá– denominada *Guevurá* del Aspecto Cósmico Masculino Inferior –*Zeir Anpin*–, no se denomina *Elokim*, sino cuando está unida con la emanación cósmica –sefirá– denominada *Biná*, y la emanación cósmica –sefirá– denominada *Maljut* no se denomina El Señor, sino cuando está unida con la emanación cósmica –sefirá– denominada *Guevurá*, no creas que las tres son un mismo grado. Y esto es así porque **cada grado y grado** está determinado **por separado,** según su acción, **y aunque sea que todo es uno,** es decir, todas estas emanaciones cósmicas son uno, por estar asociadas al grado del juicio, **y se unen** conjuntamente **en uno,** un solo vínculo, **y no se separan ésta de ésta,** con todo eso se consideran tres grados.

Ven y **observa: todas** las siete sefirot del Aspecto Cósmico Masculino Inferior –*Zeir Anpin*–, por el flanco del *Jesed* de ellas, **son** denominadas **plantaciones,** pues crecen con las aguas de la emanación cósmica –sefirá– denominada *Jesed*. Y **todas** las siete sefirot por el flanco de la *Guevurá* de ellas, **son** denominadas **lámparas,** pues están encendidas como lámparas por el fuego del juicio. **Todas ilumi-**

nan del flanco de la emanación cósmica –sefirá– denominada *Jesed*, **y destellan** del flanco de la emanación cósmica –sefirá– denominada *Guevurá*, **y son irrigadas** a través de las aguas de la emanación cósmica –sefirá– denominada *Jesed*, **y son bendecidas a través de ese río que sale y se proyecta** para irrigar las siete sefirot, o sea, la emanación cósmica –sefirá– denominada *Biná*, **pues todas están incluidas en él, y la generalidad de todo está en él,** ese río asociado con el misterio de la emanación cósmica –sefirá– denominada *Biná*.

Y ese río, que es la emanación cósmica –sefirá– denominada *Biná* (asociada con el misterio del Aspecto Cósmico Femenino Supremo –Supremo–), **se denomina madre del Jardín.** Es decir, madre de los seis flancos del Aspecto Cósmico Masculino Inferior –*Zeir Anpin*–, y el Aspecto Cósmico Femenino Inferior –*Maljut*–, que están asociados con el misterio de las plantaciones del Jardín. **Y** ella **está sobre el Jardín,** y se denomina madre **porque el Edén,** o sea, el Aspecto Cósmico Masculino Supremo –*Aba*–, **se asocia con ella, y no se aparta de ella** jamás. **Y por eso, todas las fuentes,** que son las influencias de las sefirot enraizadas en la emanación cósmica –sefirá– denominada *Biná* (asociada con el misterio del Aspecto Cósmico Femenino Supremo –Supremo–), que se proyectan de la emanación cósmica –sefirá– denominada *Jojmá* (asociada con el misterio del Aspecto Cósmico Masculino Supremo –*Aba*–), **salen y se proyectan** a la emanación cósmica –sefirá– denominada *Biná*, con las raíces de las sefirot, **y ellas irrigan todos los miembros,** es decir, los seis flancos inferiores. **Y abren en ella las entradas,** o sea, los cincuenta portales de la emanación cósmica –sefirá– denominada *Biná*, y los llenan con abundancia de misericordia, y así se llenan también de abundancia las raíces de las sefirot de la emanación cósmica –sefirá– denominada *Biná*. **Y por eso se halla la misericordia en ella, y la misericordia está abierta en ella. Y dado que se la denomina madre** del Aspecto Cósmico Masculino Inferior –*Zeir Anpin*–, y el Aspecto Cósmico Femenino Inferior –*Maljut*–, y está en el grado de Aspecto Cósmico **Femenino** con relación al Aspecto Cósmico Masculino Supremo –*Aba*–, pues recibe de él, y también se denomina *Guevurá*, **y el juicio sale de ella, se denomina misericordia por** el flanco de **sí**

misma. Y por otro lado, **del flanco de ella se despiertan los juicios, y por eso** el Tetragrama **está escrito** en relación con ella **con misericordia, y vocalizado con** rigor de **juicio.** O sea, **las letras con misericordia, y el juicio** se proyecta **de su flanco, de este modo:** *iud–he–vav–he*, **vocalizado con las vocales de** *Elokim*; **éste es un grado.** Es decir, la emanación cósmica –sefirá– denominada *Biná* es el primer grado de los tres grados antes mencionados.

El segundo grado de los tres grados antes mencionados, está asociado con el misterio del Aspecto Cósmico Femenino Inferior –*Maljut*–, que se denomina *Tzedek*, **y es la última corona,** es decir, la última emanación cósmica –sefirá– del Mundo de la Emanación –*Atzilut*–. **Éste es** el ente cósmico que está asociado con el misterio del **tribunal del rey,** que es el Aspecto Cósmico Masculino Inferior –*Zeir Anpin*–. **Y hemos estudiado:** el Nombre de El Santo, Bendito Sea, que se escribe con las letras *alef–dalet–nun–iud*, **así se escribe, y así se lee.** Pero el Nombre de El Santo, Bendito Sea, que se escribe con las letras *iud–he–vav–he*, se escribe con esas letras mencionadas, y se lee –se pronuncia– con las letras *alef–dalet–nun–iud*. **Y la Congregación de Israel** –*Kneset Israel*–, que es el Aspecto Cósmico Femenino Inferior –*Maljut*–, **se denomina así,** con este Nombre, **y este Nombre se completa en este lugar.**

Estos son los tres grados que se denominan con nombres de juicio, y ellos son: la emanación cósmica –sefirá– denominada *Biná* con el Nombre de El Santo, Bendito Sea, *iud–he–vav–he*, vocalizado con las vocales de *Elokim*; la emanación cósmica –sefirá– denominada *Guevurá* del Aspecto Cósmico Masculino Inferior –*Zeir Anpin*–, con el nombre *Elokim* simple; y la emanación cósmica –sefirá– denominada Majut (el Aspecto Cósmico Femenino Inferior –*Maljut*–), con el Nombre *alef–dalet–nun–iud*. **Y todos se vinculan éste con éste, sin separación** entre ellos, **tal como ya fue** estudiado y **establecido por nosotros,** ya que previamente hemos dicho que el Nombre *alef–dalet–nun–iud* asociado al Aspecto Cósmico Femenino Inferior –*Maljut*– se vincula con el Nombre *iud–he–vav–he*, vocalizado con las vocales de *Elokim* asociado con el misterio de la emanación cósmica –sefirá– denominada *Biná*, a través del Nombre *Elokim* de la emanación cósmica –sefirá– denominada *Guevurá* del Aspecto Cósmico Masculino Inferior –*Zeir Anpin*–.

Rabí Elazar **le dijo** a Rabí Simón, su padre: **si parece bien a mi padre,** seguiré preguntando. **He aquí que yo he oído acerca de esto, como está escrito: «Estaré pues estaré».** Estos son Nombres de cuerpos cósmicos denominados *Partzufim* de Mundo de la Emanación –*Atzilut*–, pero **no logré entender cuáles** cuerpos cósmicos denominados *Partzufim* de Mundo de la Emanación –*Atzilut*–, están vinculados con estos Nombres.

Rabí Shimón **le dijo: Elazar, hijo mío, esto ya fue** estudiado y **establecido por los compañeros, y ahora con una palabra se unen todos.**

(65b) Y el misterio del asunto es así: el Nombre **«Estaré** –que en hebreo se escribe con las letras: *alef–he–iud–he–*», alude al ente cósmico oculto denominado *Arij Anpin*, pues **este** ente cósmico **es la generalidad de todos** los cuerpos cósmicos denominados *Partzufim* de Mundo de la Emanación –*Atzilut*–, y la generalidad de todas las influencias. **Pues cuando los senderos** que proyectan la abundancia proveniente de la Luz Infinita aún **están cerrados y no se expanden** para proyectar la abundancia, **y** aún **se incluyen en ese lugar** recóndito, el del ente cósmico oculto denominado *Arij Anpin*, **entonces,** el ente cósmico oculto denominado *Arij Anpin* **se denomina «Estaré** –*alef–he–iud–he–*», **que incluye** todo, y es como si el ente cósmico oculto denominado *Arij Anpin* dijera que «Estaré –que en hebreo se escribe con las letras: *alef–he–iud–he–*», está preparado para revelarse a través de los cuerpos cósmicos denominados *Partzufim* del Mundo de la Emanación –*Atzilut*–, pero ahora **todo está cerrado** en mí **y no hay** en mí **revelación.**

Después que salió de él el comienzo, es decir, después de que saliera del ente cósmico oculto denominado *Arij Anpin* el comienzo del Mundo de la Emanación –*Atzilut*–, que es el Aspecto Cósmico Masculino Supremo –*Aba*–, **y ese río,** que es el Aspecto Cósmico Femenino Supremo –Supremo–, **se embaraza para proyectar todo,** es decir, toda la abundancia proveniente de la Luz Infinita y sacar –dar a luz– al Aspecto Cósmico Masculino Inferior –*Zeir Anpin*–, y el Aspecto Cósmico Femenino Inferior –*Maljut*–, entonces **se denomina «Que estaré** –*alef–shin–reish alef–he–iud–he–*». Y la razón es porque la expresión «Que –*alef–shin–reish*–», tiene las mismas letras que la palabra *Rosh*, que significa Cabeza, y alude al Aspecto Cósmico Masculino Supremo –*Aba*–. Y el segundo Nombre «Estaré –*alef–he–iud–he–*», alude a la emanación cósmica –sefirá– denominada *Biná* (el Aspecto Cósmico Femenino Supremo –Supremo–). **Es decir, por eso** ese ente cósmico se denomina **«Estaré** –*alef–he–iud–he–*», pues es como si el Aspecto Cósmico Femenino Supremo –Supremo– dijera: **«Estaré** –*alef–he–iud–he–*» **está preparado para proyectar** después del tiempo del embarazo la abundancia, **y dar a luz** al Aspecto Cósmico Masculino Inferior –*Zeir Anpin*–, y el Aspecto Cósmico Femenino Inferior –*Maljut*–.

Y ahora lo explicaremos en forma más profunda, pues el primer Nombre **«Estaré** –*alef–he–iud–he–*», está asociado con el misterio del ente cósmico oculto denominado *Arij Anpin*, **es decir, ahora,** antes de que fueran dispuestos y completados en forma revelada los cuerpos cósmicos denominados *Partzufim* del Aspecto Cósmico Masculino Supremo –*Aba*– y el Aspecto Cósmico Femenino Supremo –Supremo–, y los del Aspecto Cósmico Masculino Inferior –*Zeir Anpin*–, y el Aspecto Cósmico Femenino Inferior –*Maljut*–, **yo incluyo todo** el Mundo de la Emanación –*Atzilut*–. Y yo soy **la generalidad que incluye todos los pormenores.** Y después del tiempo establecido, «Estaré –*alef–he–iud–he–*», se manifiesta reveladamente en los aprtzufim del Mundo de la Emanación –*Atzilut*–. Y lo que está escrito: **«Que Estaré** –*alef–shin–reish alef–he–iud–he–*», que aluden al Aspecto Cósmico Masculino Supremo –*Aba*– y al Aspecto Cósmico Femenino Supremo –Supremo–, **ya que** después de la unión íntima **el Aspecto Cósmico Femenino Supremo** –*Ima*– **se embaraza** con el Aspecto Cósmico Masculino Inferior –*Zeir Anpin*–, y el Aspecto Cósmico Femenino Inferior –*Maljut*–, y después de completarse el tiempo del embarazo, **está preparada para sacar** –dar a luz– **todas las particularidades, y revelar el Nombre supremo.** Es decir, el Aspecto Cósmico Femenino Supremo –Supremo– está preparada para que a través de ella se revele el Nombre *iud–he–vav–he* supremo, que es el Aspecto

Cósmico Masculino Inferior –*Zeir Anpin*–, y el Aspecto Cósmico Femenino Inferior –*Maljut*–, tal como ya hemos dicho anteriormente.

Después Moshé quiso conocer el detalle del asunto, o sea, **quién es** el ente cósmico que en el futuro saldría del Aspecto Cósmico Femenino Supremo –Supremo–, **hasta que explicó y dijo: «Estaré** –*alef–he–iud–he*–», **éste es el detalle.** Es decir, la emanación cósmica –sefirá– denominada *Biná* (el Aspecto Cósmico Femenino Supremo –Supremo–), y el tercer «Estaré –*alef–he–iud–he*–», indica el tiempo del alumbramiento del Aspecto Cósmico Femenino Supremo –Supremo–, en el que daría a luz al Aspecto Cósmico Masculino Inferior –*Zeir Anpin*–, y por eso lo denomina «detalle». **Y aquí no está escrito: «Que Estaré** –*alef–shin–reish alef–he–iud–he*–», que fue dicho en relación con el Aspecto Cósmico Masculino Supremo –*Aba*– y el Aspecto Cósmico Femenino Supremo –Supremo–.

Rabí Shimón siguió explicando: **y hallé** escrito **en el libro del rey Salomón,** que explica todo lo que hemos mencionado previamente en forma sintética y cerrada. Es decir, **«Que** –*alef–shin–reish*–», indica que **con el vínculo con el Amo** –*Adón*–, que alude al Aspecto Cósmico Masculino Supremo –*Aba*– y se denomina Edén, **el Palacio supremo,** o sea, el Aspecto Cósmico Femenino Supremo –Supremo–, que es el Palacio supremo del Aspecto Cósmico Masculino Supremo –*Aba*–, **se encuentra** siempre **en vínculo** y unión con él. Es decir, el Aspecto Cósmico Masculino Supremo –*Aba*– y el Aspecto Cósmico Femenino Supremo –Supremo– se unen para engendrar al Aspecto Cósmico Masculino Inferior –*Zeir Anpin*–, y el Aspecto Cósmico Femenino Inferior –*Maljut*–. **Como está dicho: «Lea dijo ¡Para mi felicidad!** –*beoshrí*–; **pues las mujeres me felicitarán** –*ishruni banot*–; **y lo llamó** *Asher* (Aser)» (Génesis 30:13). Es decir, la expresión *Asher* alude al último grado de la emanación cósmica –sefirá– denominada *Jojmá*, y el primer grado de la emanación cósmica –sefirá– denominada *Biná*, que a veces se denomina Lea. Y ella dice: *beoshrí*, o sea, con la abundancia que me fue proyectada de la emanación cósmica –sefirá– denominada *Jojmá*, «*ishruni banot*–»; o sea, por eso yo soy feliz y dichosa entre los demás cuerpos cósmicos denominados *Partzufim* que se denominan «hijas –*banot*–». Y a través de esta abundancia **«Es-**

taré –alef–he–iud–he–», **está preparado para** engendrar y **dar a luz** el cuerpo cósmico denominado *Partzuf* del Aspecto Cósmico Masculino Inferior –*Zeir Anpin*–. Pues el tercer Nombre «Estaré –*alef–he–iud–he*–», señala el tiempo del engendrado del Aspecto Cósmico Masculino Inferior –*Zeir Anpin*–.

Ven y **observa cómo** el conocimiento **descendió de grado en grado, para informar** a Moshé **el misterio del Nombre sagrado** *iud–he–vav–he*, que corresponde con el Aspecto Cósmico Masculino Inferior –*Zeir Anpin*–. Es decir, hasta que le fue revelado a Moshé lo referente al nacimiento del Aspecto Cósmico Masculino Inferior –*Zeir Anpin*–. **En un comienzo** El Santo, Bendito Sea, le reveló el Nombre «**Estaré** –*alef–he–iud–he*–», vinculado con el misterio del ente cósmico oculto denominado *Arij Anpin*, que es la generalidad de todos los cuerpos cósmicos denominados *Partzufim*. Y este ente cósmico **estaba cerrado** y oculto, investido en los cuerpos cósmicos denominados *Partzufim* del Mundo de la Emanación –*Atzilut*–, de modo **que no se revela** nada de él, **como he dicho** previamente. **Y una señal** del asunto consta en la cita que declara: **«Yo fui** –*alef–he–iud–he*– **un *amón* junto a Él,** y era su alegría día a día, jugaba junto a Él en todo momento» (Proverbios 8:30). Es decir, el ente cósmico oculto denominado *Arij Anpin* que es denominado según el Nombre «Estaré –*alef–he–iud–he*–», dice: yo me encuentro junto a la Luz Infinita, y yo fui la herramienta –*kli umanutó*–, con la que El Santo, Bendito Sea, hizo todos los cuerpos cósmicos denominados *Partzufim* del Mundo de la Emanación –*Atzilut*–. **Y está escrito: «la gente no sabe su valor»** (Job 28:13). Es decir, alude a la sabiduría –*Jojmá*–. Y si no es posible aprehender la emanación cósmica –*sefirá*– denominada *Jojmá*, cuánto más el ente cósmico oculto denominado *Arij Anpin*.

Después el ente cósmico oculto denominado *Arij Anpin* **sacó** –produjo– **el misterio del comienzo supremo, el inicio de todo,** es decir, el Aspecto Cósmico Masculino Supremo –*Aba*–. **Y a ese río,** que es el Aspecto Cósmico Femenino Supremo –Supremo–, y entonces se unieron el Aspecto Cósmico Masculino Supremo –*Aba*– con el Aspecto Cósmico Femenino Supremo –Supremo–, y el Aspecto Cósmico Masculino Supremo –*Aba*– dio al Aspecto Cósmico Femenino Su-

65b

premo –Supremo–, las irradiaciones de luminosidad necesarias para la formación del Aspecto Cósmico Masculino Inferior –*Zeir Anpin*–, y el Aspecto Cósmico Femenino Inferior –*Maljut*–. Entonces **la** –*Ima*– **Aspecto Cósmico Femenino Supremo se embarazó** del Aspecto Cósmico Masculino Inferior –*Zeir Anpin*–, y el Aspecto Cósmico Femenino Inferior –*Maljut*–, **y estaba preparada para dar a luz.** Y en el versículo **se dijo: «Que estaré** –*alef–shin–reish alef–he–iud–he*–», que alude a dos cuerpos cósmicos denominados *Partzufim*, el Aspecto Cósmico Masculino Supremo –*Aba*– y el Aspecto Cósmico Femenino Supremo –*Ima*–, los cuales están unidos, y Aspecto Cósmico Femenino Supremo –*Ima*– **estaba preparada para dar a luz** al Aspecto Cósmico Masculino Inferior –*Zeir Anpin*–, **y rectificar todo,** es decir, también engendrar al Aspecto Cósmico Femenino Inferior –*Maljut*–.

Después de que el Aspecto Cósmico Femenino Supremo –*Ima*– **comenzó a dar a luz** al Aspecto Cósmico Masculino Inferior –*Zeir Anpin*–, y el Aspecto Cósmico Femenino Inferior –*Maljut*–, **y** a darlos a luz, **no está escrito; «Que** –*alef–shin–reish*–», que indica la unión del Aspecto Cósmico Masculino Supremo –*Aba*– y el Aspecto Cósmico Femenino Supremo –*Ima*–, **sino «Estaré** –*alef–he–iud–he*–», pues yo doy a luz al Aspecto Cósmico Masculino Inferior –*Zeir Anpin*–, y al Aspecto Cósmico Femenino Inferior –*Maljut*–. **Es decir, ahora,** con el alumbramiento del Aspecto Cósmico Masculino Inferior –*Zeir Anpin*–, y el Aspecto Cósmico Femenino Inferior –*Maljut*–, el Aspecto Cósmico Femenino Supremo –*Ima*– **sacará** al Aspecto Cósmico Masculino Inferior –*Zeir Anpin*–, **y se rectificará** y saldrá **todo,** también el Aspecto Cósmico Femenino.

Después de que salieran todos, es decir, después del nacimiento del Aspecto Cósmico Masculino Inferior –*Zeir Anpin*–, y el Aspecto Cósmico Femenino Inferior –*Maljut*–, **y se rectifiquen, cada uno y uno** de los cuerpos cósmicos denominados *Partzufim* **en su lugar** adecuado, pues el Aspecto Cósmico Masculino Inferior –*Zeir Anpin*–, viste al ente cósmico oculto denominado *Arij Anpin* desde el ombligo hacia abajo, y el Aspecto Cósmico Femenino viste al Aspecto Cósmico Masculino Inferior –*Zeir Anpin*–, y entonces, en el versículo se **dejó todo,** o sea, todos los nombres asociados con el misterio del Aspecto Cósmico Masculino Supremo –*Aba*– y el Aspecto Cósmico Femenino Supremo –*Ima*–, **y** se **dijo: «El Eterno** –*iud–he–vav–he–*», que está asociado con el misterio de los cuerpos cósmicos denominados *Partzufim* del Aspecto Cósmico Masculino Inferior –*Zeir Anpin*–, y el Aspecto Cósmico Femenino Inferior –*Maljut*–. –**Éste** que fue mencionado en el versículo **es el detalle** del Nombre «El Eterno –*iud–he–vav–he–*», vinculado con el Aspecto Cósmico Masculino Inferior –*Zeir Anpin*–, y el Aspecto Cósmico Femenino Inferior –*Maljut*–. **Y ésta es** la razón esencial de **la existencia** del mundo. Ya que el Aspecto Cósmico Masculino Inferior –*Zeir Anpin*–, y el Aspecto Cósmico Femenino Inferior –*Maljut*–, son considerados padres de los Hijos de Israel, que son el objetivo y la finalidad de la creación.

Y en ese momento Moshé conoció el misterio del Nombre sagrado de El Santo, Bendito Sea: «El Eterno –*iud–he–vav–he–*», tanto **lo cerrado y** oculto del mismo, como así lo **revelado** de él. **Y aprehendió lo que no aprehendieron los demás moradores del mundo.** Pues a Moshé le fueron revelados los secretos recónditos de los Nombres sagrados de El Santo, Bendito Sea, lo que no fue así con ningún profeta. **Bienaventurada su parte. Rabí Elazar vino y le basó las manos** a su padre, Rabí Simón.

Rabí Shimón **le dijo** a su hijo: **Elazar, hijo mío, de aquí en adelante, cuídate de no escribir el Nombre sagrado,** «El Eterno –*iud–he–vav–he–*», **sino de manera apropiada. Pues todo el que no sabe escribir el Nombre sagrado,** «El Eterno –*iud–he–vav–he–*», **de manera apropiada,** con todos los rasgos y detalles de sus letras que aluden a los cuerpos cósmicos denominados *Partzufim* supremos, del Mundo de la Emanación –*Atzilut*–, **y vincular el vínculo de la fe,** o sea, unir los cuerpos cósmicos denominados *Partzufim*, **uniéndolos éste con éste, para unir el Nombre sagrado, sobre él está escrito: «Pues ha despreciado la palabra de El Eterno y ha traspasado Su precepto; esa persona ciertamente será tronchada,** su pecado está sobre ella» (Números 15:31). Es decir, será tronchado de su grado supremo, propio de los conocedores de los secretos de la Torá, y no podrá gozar de la irradiación de luminosidad oculta de la Presencia Divina –*Shejiná*– que se proyecta sobre los justos. Esto es así **incluso**

si disminuyó solamente **un grado o un vínculo,** incluso **de una sola letra de ellas,** las cuatro letras del Tetragrama.

Ven y **observa** el orden de la escritura del Tetragrama: se escribe la letra *iud* **al comienzo, que incluye a todo,** es decir, a las facultades cognitivas cósmicas –*mojín*–, y es **oculta por todos los flancos.** Pues es sólo un punto negro, lo cual indica que no hay posibilidad de aprehensión de las facultades cognitivas cósmicas –*mojín*–. **Sus senderos no se abren.** Pues está enraizada esencialmente en la emanación cósmica –sefirá– denominada *Jojmá* del Mundo de la Emanación –*Atzilut*–, y por eso no se abre en treinta y dos senderos, como la emanación cósmica –sefirá– denominada *Jojmá* del Aspecto Cósmico Masculino Inferior –*Zeir Anpin*–. Ella **incluye el Aspecto Cósmico Masculino y el Aspecto Cósmico Femenino.** Es decir, incluye al Aspecto Cósmico Masculino Supremo –*Aba*–, y al Aspecto Cósmico Femenino Supremo –*Ima*–.

El espinillo superior de la letra *iud*, **alude al** *Ain* (lo absolutamente inaprensible y recóndito), es decir, alude al ente cósmico oculto denominado *Arij Anpin*, que se denomina *Ain*. **Después** se escribe el cuerpo de la letra *iud*, que corresponde con el misterio de la emanación cósmica –sefirá– denominada *Jojmá*, **que sacó a ese río** que es la emanación cósmica –sefirá– denominada *Biná*, **que se proyectó y salió de ella.** Pues el nombre completo de la letra *iud* está formado por una letra *vav* y una letra *dalet* además de *iud*, y esas dos letras que completan su nombre, *vav* y *dalet*, se transforman en la letra *he* de la emanación cósmica –sefirá– denominada *Biná*, y ella es la Madre suprema, o sea, el Aspecto Cósmico Femenino Supremo –*Ima*–, que está incluida en el Aspecto Cósmico Masculino Supremo –*Aba*–. **Y** después, en el momento de la unión, la letra *he* asociada con el misterio del Aspecto Cósmico Femenino Supremo –*Ima*–, será apropiada **para embarazarse de él,** el Aspecto Cósmico Masculino Supremo –*Aba*– con las almas del Aspecto Cósmico Masculino Inferior –*Zeir Anpin*–, y el Aspecto Cósmico Femenino Inferior –*Maljut*–, que también están aludidos en esas dos letras que completan el nombre de la letra *iud*, *vav* y *dalet*, y también en la letra *he* de la emanación cósmica –sefirá– denominada *Biná*. **Y a esto,** a la emanación cósmica –sefirá–

denominada *Biná*, **se refiere lo que está escrito: «Del Edén surge un río** que riega el jardín, y de allí se divide y se transforma en cuatro cursos de agua» (Génesis 2:10). Es decir, la emanación cósmica –sefirá– denominada *Biná*, que se denomina Río, salió del Aspecto Cósmico Masculino Supremo –*Aba*–, que se denomina Edén. Ahora bien, se aprecia que en el versículo está escrito: **«surge»,** en presente, **y no, «surgió»,** en pretérito. ¿Cuál es la razón? Fue escrito de ese modo para enseñar que la abundancia siempre surge de la unión de ellos, según el misterio de la vivificación existencial de los mundos. **Por eso no quiere apartarse de él.** Es decir, el Aspecto Cósmico Femenino Supremo –*Ima*–, no quiere apartarse del Aspecto Cósmico Masculino Supremo –*Aba*– jamás, y su unión nunca se interrumpe. **Y por eso está escrito: «Compañera mía»** (Cantar de los Cantares 1:15). Es decir, el Aspecto Cósmico Masculino Supremo –*Aba*– dice acerca de ella, el Aspecto Cósmico Femenino Supremo –*Ima*–: «Compañera mía», porque el Aspecto Cósmico Masculino Supremo –*Aba*– y el Aspecto Cósmico Femenino Supremo –*Ima*– son Coronas –sefirot– compañeras que no se separan.

Y si dijeras: está escrito: «río», entendiéndose que es uno, es decir, está escrito: «Del Edén surge un río que riega el jardín [...]», y podría entenderse que se refiere a un solo cuerpo cósmico denominado *Partzuf* que sale del Aspecto Cósmico Masculino Supremo –*Aba*–, **y he aquí** que has explicado que son **tres.** Pues habéis dicho que la emanación cósmica –sefirá– denominada *Biná* salió de él, y también el Aspecto Cósmico Masculino Inferior –*Zeir Anpin*–, y el Aspecto Cósmico Femenino Inferior –*Maljut*–. ¿Cómo se explica? La respuesta no es sino ésta: **Ciertamente que es así,** como he dicho. Pues la letra *iud* asociada con el misterio del Aspecto Cósmico Masculino Supremo –*Aba*–, **sacó** –produjo– a los **tres** cuerpos cósmicos denominados *Partzufim* mencionados, **y en** esos **tres se incluyen todos** los Cuerpos cósmicos denominados *Partzufim* del Mundo de la Emanación –*Atzilut*–. Pues la letra *iud*, que como dijimos es el Aspecto Cósmico Masculino Supremo –*Aba*–, **sacó ante ella al** Aspecto Cósmico Femenino Supremo –*Ima*–, que se denomina **Río, y a los dos hijos que el Aspecto Cósmico Femenino Supremo** –*Ima*– **amamanta**

en momentos de su pequeñez –*katnut*–. **Y** después **se embaraza de ellos** con el segundo embarazo de grandeza –*gadlut*–, **y los saca,** según el misterio del ascenso de las aguas femeninas, y ellos vuelven y descienden a su lugar.

Después se escribe la primera letra *he* del Tetragrama, y éste es el secreto de su escritura: **de esta forma:**

Esto es así para indicar a modo de insinuación en la letra *iud* del extremo derecho de la letra *he*, a Israel Sava, incluido con la *Tebuná*. Y también, la letra *he* es como una letra *dalet* en cuyo interior hay una letra *vav*, que es el pie izquierdo de la letra *he*. **Y estos dos** caracteres, *dalet* y *vav*, están asociados con el misterio de los **hijos,** el Aspecto Cósmico Masculino Inferior –*Zeir Anpin*–, y el Aspecto Cósmico Femenino Inferior –*Maljut*–, **que están debajo del Padre,** o sea, el Aspecto Cósmico Masculino Supremo –*Aba*– **y la Madre,** o sea, el Aspecto Cósmico Femenino Supremo –*Ima*–. Y esos dos hijos están vinculados con el misterio de las letras *vav* y *he* del Tetragrama.

Después de que el Aspecto Cósmico Femenino Supremo –*Ima*– **concibió,** sacó –dio a luz– un hijo varón, y lo puso ante ella, y lo arregló, **y** para insinuar esto **es necesario** escribir la letra *vav* después de la letra *he* del Aspecto Cósmico Femenino Supremo –*Ima*–, y concentrarse en que se refiere al Aspecto Cósmico Masculino Inferior –*Zeir Anpin*–, después de nacer, y se asentó en su lugar. **Y este** hijo **hereda la heredad del Aspecto Cósmico Masculino Supremo –*Aba*– y el Aspecto Cósmico Femenino Supremo –*Ima*–,** es decir, recibe dos facultades cognitivas cósmicas –*mojín*–, la de la emanación cósmica –*sefirá*– denominada *Jojmá* y la de la emanación cósmica –*sefirá*– denominada *Biná*, que el Aspecto Cósmico Masculino Supremo –*Aba*– y el Aspecto Cósmico Femenino Supremo –*Ima*– heredaron y recibieron del ente cósmico oculto denominado *Arij Anpin*. **Y** el Aspecto Cósmico Masculino Inferior –*Zeir Anpin*–, **hereda dos partes,** la suya y la del Aspecto Cósmico Femenino Inferior, **y de él,** el Aspecto Cósmico Masculino Inferior –*Zeir Anpin*–, **se nutre la hija.** Y a través de esto ellos están vinculados uno con el otro. **Y por eso se debe escribir después** la última letra *he* del Tetragrama con forma de letra *vav* y letra *he*, de este modo:

Así se alude al vínculo entre el Aspecto Cósmico Masculino Inferior –*Zeir Anpin*–, y el Aspecto Cósmico Femenino Inferior –*Maljut*–. Pues **así como la** letra *he* **anterior,** la primera del Tetragrama, tiene la forma de la letra *iud* y la letra *he*, así:

Y se indica la presencia de Israel Sava en vínculo con la *Tebuná*, **y no se los debe separar, también aquí** las letras *vav* y *he* deben estar unidas **como uno** en la última letra *he*, de este modo:

65b

Entonces, tal como hemos dicho, así se alude al vínculo íntimo entre el Aspecto Cósmico Masculino Inferior –*Zeir Anpin*–, y el Aspecto Cósmico Femenino Inferior –*Maljut*–. **Y no se los debe separar. Y este asunto ya fue** estudiado y **establecido por nosotros, y estas palabras ascienden** correctamente **en otro lugar.** Es decir, a este asunto ya lo hemos explicado en forma detallada (*véase* III Zohar 11b). **Bienaventurada la parte de los justos que conocen los misterios supremos del Rey sagrado, y son apropiados para** alabar y agradecer ante Él. A esto se refiere lo que está escrito: «Los justos alabarán tu Nombre; los rectos morarán en tu presencia» (Salmos 140:14).

Hemos estudiado: dijo Rabí Iehuda: está escrito: «**El Poderoso** –*El*–, **Dios** –*Elokim*–, **El Eterno, ha hablado, y convocado a la Tierra,** desde el nacimiento del Sol hasta donde se pone. De Tzión, perfección de hermosura, Dios ha resplandecido» (Salmos 50:1). En esta cita se alude a la completitud de las tres alineaciones cósmicas. Pues el Nombre de El Santo, Bendito Sea: «El Poderoso –*El*–», alude a la alineación de la emanación cósmica –sefirá– denominada *Jesed*; el Nombre de El Santo, Bendito Sea: «Dios –*Elokim*–», alude a la alineación de la emanación cósmica –sefirá– denominada *Guevurá*; y el Nombre de El Santo, Bendito Sea: «El Eterno», alude a la alineación de la emanación cósmica –sefirá– denominada *Tiferet*. O sea, se alude aquí a **la completitud de todos,** es decir, **la completitud de los patriarcas sagrados,** ya que ellos están vinculados con esas tres alineaciones ya que Abraham se vincula con el misterio de la emanación cósmica –sefirá– denominada *Jesed*, Isaac se vincula con el misterio de la emanación cósmica –sefirá– denominada *Guevurá*, y Jacob se vincula con el misterio de la emanación cósmica –sefirá– denominada *Tiferet*, del Aspecto Cósmico Masculino Inferior –*Zeir Anpin*–. Y éste es el misterio del asunto: a través de la emanación cósmica –sefirá– denominada *Jesed*, la emanación cósmica –sefirá– denominada *Guevurá*, y la emanación cósmica –sefirá– denominada *Tiferet*, el Aspecto Cósmico Masculino Inferior –*Zeir Anpin*–, abraza al Aspecto Cósmico Femenino Inferior –*Maljut*– antes de la unión íntima. Y por eso está escrito a continuación: **«ha hablado y convocado a la Tierra»,** en referencia al Aspecto Cósmico Masculino Inferior –*Zeir Anpin*–, que convocó a la Tierra, o sea, al Aspecto Cósmico Femenino Inferior –*Maljut*–, **para encontrarse con la Congregación de Israel** –*Kneset Israel*–, que es el Aspecto Cósmico Femenino Inferior –*Maljut*–, **con la completitud de la alegría. ¿Y en qué lugar se encuentra con ella?** Es decir, ¿a través de qué emanación cósmica –sefirá–? Para esclarecerlo en el versículo se **volvió** a aludir el asunto, **y se dijo: «De Tzión, perfección de hermosura, Dios ha resplandecido».** Es decir, desde la emanación cósmica –sefirá– denominada *Iesod* que se denomina Tzión, que es la perfección de hermosura, el Aspecto Cósmico Femenino Inferior –*Maljut*–, que se denomina *Elokim*, recibió la irradiación de luminosidad y el resplandor.

Además, en relación con este versículo citado, **hemos estudiado: cuando El Santo, Bendito Sea, quiso crear el mundo inferior, hizo todo similar a lo Alto. Hizo a Jerusalén en medio de toda la Tierra** habitable, en correspondencia con el Aspecto Cósmico Femenino Inferior –*Maljut*–, **y encima de ella, un lugar que se denomina Tzión,** en referencia a la emanación cósmica –sefirá– denominada *Iesod*, que está vinculado también con el misterio del Templo Sagrado. **Y de ese lugar se bendice** Jerusalén. **Y de este lugar, Tzión, el mundo comenzó a edificarse, y** a partir **de él se edificó,** tal como el Aspecto Cósmico Femenino Inferior –*Maljut*– se edifica a través de la emanación cósmica –sefirá– denominada *Iesod*. **A esto se refiere lo que está escrito: «El Poderoso** –*El*–**, Dios** –*Elokim*–**, El Eterno».** Pues estos tres Nombres de El Santo, Bendito Sea, son el fundamento del misterio de la bondad (la emanación cósmica –sefirá– denominada *Jesed*), el juicio (la emanación cósmica –sefirá– denominada *Guevurá*), y la misericordia (la emanación cósmica –sefirá– denominada *Tiferet*, que combina la bondad con el juicio y determina a través de la misericordia). A continuación está escrito: **«Ha hablado, y convocado a la Tierra».** Es decir, El Santo, Bendito Sea, habló, y el mundo existió. **«Desde el nacimiento del Sol hasta donde se pone»,** en alusión a la totalidad del mundo. Después está escrito: **«De Tzión, perfección de hermosura (66a), Dios ha resplandecido».** Es de-

66a

cir: «**De Tzión**», que es la completitud de hermosura del mundo, «**Dios ha resplandecido**».

Ven y observa: Jerusalén, o sea, el Aspecto Cósmico Femenino Inferior –*Maljut*–, **no se bendice sino de Tzión,** es decir, la emanación cósmica –sefirá– denominada *Iesod* del Aspecto Cósmico Masculino Inferior –*Zeir Anpin*–. **Y Tzión,** que es la emanación cósmica –sefirá– denominada *Iesod*, se bendice **de lo Alto,** de la emanación cósmica –sefirá– denominada *Tiferet*. **Y todo se vincula uno con el otro.** Ya que la emanación cósmica –sefirá– denominada *Iesod* otorga influencia al Aspecto Cósmico Femenino Inferior –*Maljut*–, y el Aspecto Cósmico Femenino Inferior –*Maljut*–, otorga influencia al Templo Sagrado y a Jerusalén. Resulta que lo espiritual se vincula con lo material como uno.

Ahora se retoma el versículo con el que se abrió esta explicación, (mencionado en el folio 64b): **Fue estudiado: dijo Rabí Iehuda:** está escrito: «**Saldrá al Altar que hay ante El Eterno y hará expiación sobre él:** tomará de la sangre del toro y de la sangre del macho cabrío y las colocará sobre las astas del Altar, en todo su contorno» (Levítico 16:18). Ésta es la explicación: se observa que está escrito: «saldrá al Altar», y no está escrito: «saldrá al Altar de oro», que corresponde con el misterio de la emanación cósmica –sefirá– denominada *Biná*. Sólo está escrito: «**saldrá al Altar», sin especificar.** Y al estar sin especificar alude al Aspecto Cósmico Femenino Inferior –*Maljut*–. Enseña que así **como se hizo en lo bajo,** en referencia a la expiación en el Altar inferior, **se hizo en lo Alto,** en referencia al Altar de lo Alto, o sea, el Aspecto Cósmico Femenino Inferior –*Maljut*–. Es decir, se proyectó la abundancia y la irradiación de luminosidad de la emanación cósmica –sefirá– denominada *Jesed* y la misericordia de la emanación cósmica –sefirá– denominada *Tiferet*, para iluminar las emanaciones cósmicas que se oscurecieron a raíz del daño causado por los pecados cometidos. **Y todo se vincula uno con el otro,** lo espiritual se vincula con lo material.

Y hemos estudiado: así como en este día el sacerdote expía en lo bajo, en el Templo Sagrado, **también es así en lo Alto,** el sacerdote supremo expía en el Templo Sagrado de lo Alto. **Y cuando el sacerdote de lo bajo ordena su servicio, también es así con el sacerdote de lo Alto** asociado con el misterio de la emanación cósmica –sefirá– denominada *Jesed* del Aspecto Cósmico Masculino Inferior –*Zeir Anpin*–, que ordena la influencia de *jasadim* para enviar a los Hijos de Israel. Pues la influencia de la emanación cósmica –sefirá– denominada *Jesed* **no se encuentra** dispuesta **en lo Alto hasta que se encuentre** dispuesto **en lo bajo** el servicio del sacerdote. **Y de lo bajo comienza a ascender la santidad del rey supremo,** o sea, el ascenso de las aguas femeninas de los entes de lo bajo, **y todos los mundos se encuentran en un vínculo íntimo ante El Santo, Bendito Sea.** Pues todos los mundos, el Mundo de la Emanación –*Atzilut*–, el Mundo de la Creación –*Briá*–, el Mundo de la Formación –*Ietzirá*–, y el Mundo de la Acción –*Asiá*–, se vinculan de abajo hacia arriba.

Dijo Rabí Iehuda: si los Hijos de Israel supieran por qué El Santo, Bendito Sea, ordenó castigar a los Hijos **de Israel más que a todas las demás naciones, sabrían que El Santo, Bendito Sea, dejó** de lado muchos castigos que deberían sobrevenirles por los pecados cometidos, **y no se cobró de ellos** siquiera **una de cien.** Pues El Santo, Bendito Sea, desea purificarlos de los daños que hicieron a sus almas con los pecados cometidos, y también, en forma paralela, purificar a la Presencia Divina –*Shejiná*– de la adherencia de los entes impuros denominados *jitzonim*, que los Hijos de Israel provocaron con los pecados cometidos. Pues los Hijos de Israel tienen almas supremas, enraizadas en las emanaciones cósmicas supremas, y recae sobre ellos la misión de la elevación de todos los mundos. Por eso, si los Hijos de Israel pecan, dañan en lo Alto, y necesitan una rectificación especial.

Hemos estudiado: ¡Cuántas carrozas y legiones tiene El Santo, Bendito Sea¡ ¡Cuántos ministros encargados se encuentran a su servicio¡ Por eso, **cuando El Santo, Bendito Sea, preparó** y dispuso **a los Hijos de Israel en este mundo, los coronó con coronas sagradas como en lo Alto,** o sea, los coronó con los cinco grados de almas sagradas: *nefesh, ruaj, neshamá, iejidá* y *jaiá*, tal como tienen los cuerpos cósmicos denominados *Partzufim* sagrados de lo Alto. **Y**

66a

los hizo morar en la Tierra santa, para que se hallen con su servicio; y vinculó a todos los entes de lo Alto con ellos, vinculándolos con el servicio de los Hijos de **Israel**. **Y la alegría no entra ante Él, y el servicio no se realiza ante Él en lo Alto, hasta que los** Hijos de **Israel lo realizan en lo bajo.**

Todo el tiempo que los Hijos **de Israel se encuentran esforzados con el servicio del Amo de ellos en lo bajo, así es también en lo Alto.** El tiempo que los Hijos de Israel anulan el servicio del Amo de ellos **en lo bajo, se anula en lo Alto, y el servicio no se encuentra en lo Alto ni en lo bajo. Y dado que los** Hijos **de Israel anularon el servicio de El Santo, Bendito Sea, estando en la Tierra, así es también en lo Alto, y con más razón después** de la destrucción del Templo Sagrado, y los Hijos de Israel fueron enviados al exilio, ciertamente que el servicio se anuló en lo Alto.

El Santo, Bendito Sea, dijo: vosotros, los Hijos de **Israel: si vosotros supierais cuántas multitudes** de ángeles, y **cuántas legiones se impiden** de realizar su servicio **a causa de vosotros, comprenderíais que no sois aptos para existir en el mundo siquiera un instante. Y con todo eso, ¿qué está escrito?** Está escrito: «**Pero a pesar de todo esto, mientras estuvieren en la tierra de sus enemigos, no los aborreceré ni los rechazaré** para aniquilarlos, para anular Mi pacto con ellos, pues Yo soy El Eterno, su Dios» (Levítico 26:44).

Por eso está escrito: «**Saldrá al Altar** que hay ante El Eterno y hará expiación sobre él: tomará de la sangre del toro y de la sangre del macho cabrío y las colocará sobre las astas del Altar, en todo su contorno» (Levítico 16:18). Se observa que está escrito: «**Saldrá al Altar», sin especificar.** Es decir, no se refiere a la emanación cósmica –sefirá– denominada *Biná* (el Aspecto Cósmico Femenino Supremo –*Ima*–), sino al Aspecto Cósmico Femenino Inferior –*Maljut*–. Y así también ocurre con lo que está escrito a continuación: «**que hay ante El Eterno»,** que está escrito **sin especificar;** o sea, el Aspecto Cósmico Femenino Inferior –*Maljut*– está ante El Eterno, que es el Aspecto Cósmico Masculino Inferior –*Zeir Anpin*–. Pero si estuviera escrito: «Saldrá al Altar de oro», en alusión a la emanación cósmica –sefirá– denominada *Biná*, que es el Aspecto Cósmico Femenino

Supremo –*Ima*–, en ese caso, El Eterno, o sea, el Tetragrama, aludiría a la emanación cósmica –sefirá– denominada *Jojmá*, es decir, el Aspecto Cósmico Masculino Supremo –*Aba*–. Y a continuación está escrito: **«y hará expiación sobre él»**, es decir, purificará el Altar, que alude al Aspecto Cósmico Femenino Inferior –*Maljut*–. Y **después** está escrito: **«Y salió e hizo su ofrenda ígnea** –*olá*–, **y la ofrenda ígnea** –*olá*– **del pueblo,** y expió por él y por el pueblo».

Lo que está escrito: **«y expió por él»,** ¿**a qué se refiere? Dijo Rabí Iosei:** hizo esto **para despertar en un comienzo** la emanación cósmica –sefirá– denominada *Jesed* **en el mundo.** Y el despertar de la emanación cósmica –sefirá– denominada *Jesed* se denomina expiación.

Hemos estudiado: está escrito: «Esparcirá la sangre sobre el Altar con su dedo índice siete veces; así lo purificará **y lo santificará de las impurezas de los Hijos de Israel»** (Levítico 16:19). ¿**Qué** significa: **«y lo santificará de las impurezas»?** Pues según su sentido llano se entiende que ha de santificar concretamente lo santo supremo de las impurezas de los Hijos de Israel, y allí es imposible decir que se refiere al despertar de la emanación cósmica –sefirá– denominada *Jesed*, pues se habla de lo sagrado supremo, que es la emanación cósmica –sefirá– denominada *Jojmá*. ¿Cómo se explica? La respuesta no es **sino ésta: dijo Rabí Elazar: he aquí que hemos estudiado: los malvados provocan un daño en lo Alto** a través de sus pecados, en el lugar en que sus almas están enraizadas, y de ese modo oscurecen cierran los canales que proyectan la irradiación de luminosidad suprema de misericordia, **y se despiertan los juicios.** Y a través de eso **provocan que el Templo se impurifique,** es decir, provocan que el Aspecto Cósmico Femenino Inferior –*Maljut*– se impurifique a través de la adherencia de los entes impuros denominados *jitzonim*. **Y** entonces **la serpiente poderosa** asociada con el misterio del ente maligno cuyo nombre comienza con las letras *samej–mem* **comienza a revelarse** y a despertar las acusaciones contra los Hijos de Israel. **Y entonces los juicios se despiertan en el mundo.**

Y en ese día, el Día del Perdón, **el sacerdote debe purificar todo.** Es decir, a través de las ofrendas ofrecidas debe purificar todos los

66a

lugares dañados, y quitar de allí el daño. **Y** después, debe **despertar la corona sagrada de lo Alto de él,** es decir, la irradiación de luminosidad proveniente de la emanación cósmica –sefirá– denominada *Jesed*, **que es la cabeza del Rey.** Pues la emanación cósmica –sefirá– denominada *Jesed* asciende y se convierte en recipiente de la facultad cognitiva cósmica *–moaj–*, de la emanación cósmica –sefirá– denominada *Jojmá*. Y a través del despertar de la emanación cósmica –sefirá– denominada *Jesed*, el sacerdote debe despertar los lugares que ya han sido purificados, **para que venga el Rey para posarse** y estar **con la matronita.** Es decir, para que venga el Aspecto Cósmico Masculino Inferior *–Zeir Anpin–*, y se una con el Aspecto Cósmico Femenino Inferior *–Maljut–*, a través de las facultades cognitivas cósmicas *–mojín–*, de la emanación cósmica –sefirá– denominada *Jojmá*. **Y cuando la cabeza del Rey** que es la facultad cognitiva cósmica *–moaj–*, de la emanación cósmica –sefirá– denominada *Jojmá* del Aspecto Cósmico Masculino Inferior *–Zeir Anpin–*, **se proyecta** a lo bajo, entonces **todos se proyectan,** o sea, todas las demás facultades cognitivas cósmicas *–mojín–*, de la emanación cósmica –sefirá– denominada *Biná* y la emanación cósmica –sefirá– denominada *Daat*. **Y** a través de esto, el Aspecto Cósmico Masculino Inferior *–Zeir Anpin–*, **viene a unirse con la matronita, y despertar la alegría y las bendiciones en el mundo.** Pues la alegría se despierta por el flanco de la emanación cósmica –sefirá– denominada *Biná*, y las bendiciones se despiertan en el mundo por el flanco de la emanación cósmica –sefirá– denominada *Jojmá*.

Resulta que toda la completitud de lo Alto y lo bajo depende del servicio del sacerdote. Pues si despierta la corona de él, todo se despierta, y todo está completo. Y a esto se refiere lo que está escrito: «Así procurará expiación sobre el Santuario para las impurezas de los Hijos de Israel, incluso para sus pecados de rebelión entre todos sus pecados; y así hará con la Tienda de la Reunión que reside junto a ellos en medio de su impureza» (Levítico 16:16). Es decir, **en un comienzo «procurará expiación sobre el Santuario»,** o sea, purificar el lugar dañado, y después, proyectar las facultades cognitivas cósmicas *–mojín–*, y procurar la unción del Aspecto Cósmico

Masculino Inferior –*Zeir Anpin*–, y el Aspecto Cósmico Femenino Inferior –*Maljut*–; y de la abundancia que surge de esa unión disfrutan todos los ángeles. Y por eso, a través de su servicio, **debe aumentar la paz en el mundo, y aumentar la alegría en el mundo.**

Y cuando hay alegría por la unión del Rey con la matronita, todos los servidores y todos los que se encuentran en el Palacio, todos están contentos, **con alegría. Y todos los pecados que cometieron ante el Rey son expiados. A esto se refiere lo que está escrito:** «Pues en este día él procurará expiación para vosotros, para purificaros; **de todos vuestros pecados ante El Eterno seréis purificados**» (Levítico 16:30). Es decir, esos pecados que se encuentran ante El Eterno.

Y a esto se refiere lo que está escrito: «No habrá persona en la Tienda de la Reunión hasta su salida cuando venga a procurar expiación en el Santuario; procurará la expiación para sí mismo, para su casa y para toda la congregación de Israel» (Levítico 16:17). Es decir, **cuando** el sacerdote **entra para procurar la unión de ellos,** el Aspecto Cósmico Masculino Inferior –*Zeir Anpin*–, y el Aspecto Cósmico Femenino Inferior –*Maljut*–. **Y cuando el Rey,** que es el Aspecto Cósmico Masculino Inferior –*Zeir Anpin*–, **se une con la matronita,** o sea, el Aspecto Cósmico Femenino Inferior –*Maljut*–, **en ese momento** se purifican los daños del Aspecto Cósmico Masculino Inferior –*Zeir Anpin*–, y el Aspecto Cósmico Femenino Inferior –*Maljut*–; y a esto se refiere lo que está escrito: «Aarón acercará su propio toro de sacrificio expiatorio –*jatat*– **y procurará la expiación para sí mismo y para su casa**» (Levítico 16:6).

Hemos estudiado: está escrito: **«No habrá persona en la Tienda de la Reunión** hasta su salida cuando venga a procurar expiación en el Santuario; procurará la expiación para sí mismo, para su casa y para toda la congregación de Israel» (Levítico 16:17). **Rabí Itzjak abrió** su disertación sobre este asunto **y** para explicarla **dijo** este versículo: **«Recordaré Mi pacto con Iaacov (Jacob) y también Mi pacto con Itzjak (Isaac),** y también Mi pacto con Abraham recordaré, y recordaré la Tierra» (Levítico 26:42). **Este versículo ya fue** estudiado y **esta-**

blecido por los sabios; pues ya han enseñado que **cuando los** Hijos **de Israel están en el exilio, es como si El Santo, Bendito Sea, estuviera con ellos en el exilio. Pues la Presencia Divina** *–Shejiná–* **no se aparta de ellos jamás.** Y El Santo, Bendito Sea, que es el Aspecto Cósmico Masculino Inferior *–Zeir Anpin–*, viene para estar con la Presencia Divina *–Shejiná–*, y cuidarla y protegerla de la adherencia de las cortezas impuras denominadas *klipot* en el exilio.

Ven y observa: cuando los Hijos **de Israel estuvieron en el exilio en Babilonia, la Presencia Divina** *–Shejiná–* **moraba entre ellos, y volvió con ellos del exilio. Y por el mérito de esos justos (66b) que quedaron en la Tierra** y no cometieron pecados, la Presencia Divina *–Shejiná–* **se posó en la Tierra** de Israel, cuando fue edificado el segundo Templo Sagrado, **y no se apartó de ellos jamás.**

Dijo Raí Iehuda: pues a raíz de la reinauguración del Templo, y el ofrendado de las ofrendas en el segundo Templo Sagrado, **la matronita** que es el Aspecto Cósmico Femenino Inferior *–Maljut–*, **volvió** a unirse **con el Rey,** o sea, el Aspecto Cósmico Masculino Inferior *–Zeir Anpin–*, **y todo volvió a su lugar con la alegría del Rey. Por eso se los denomina: «los hombres de la Gran Asamblea»,** y se denominan así porque «hombres» se refiere a justos, y Asamblea, es el Aspecto Cósmico Femenino Inferior *–Maljut–*. Y los justos la engrandecieron con respecto a su situación en la que se encontraba en el exilio; es decir, **Gran Asamblea, concretamente.**

Hemos estudiado: todo el tiempo que los Hijos **de Israel están en el exilio, si lo merecen, El Santo, Bendito Sea, se adelanta a hacer misericordia con ellos,** y sacarlos del exilio; **y si no lo merecen,** El Santo, Bendito Sea, **los deja en el exilio hasta ese tiempo que se decretó sobre ellos. Y cuando llega el tiempo** que se decretó sobre ellos para que permanezcan en el exilio, **y ellos no son propicios** para ser redimidos, **El Santo, Bendito Sea, repara en la gloria de su Nombre,** que es la Presencia Divina *–Shejiná–*, **y no los olvida en el exilio.** Pues todo exilio tiene un fin, y si lo merecen son redimidos antes, y si no, en el tiempo que corresponde. **A esto se refiere lo que está escrito: «Recordaré Mi pacto con Iaacov (Jacob) y también Mi pacto con Itzjak (Isaac),** y también Mi pacto con Abraham recordaré, y recordaré la Tierra» (Levítico 26:42). **Ellos son los patriarcas de todos,** pues aluden a la emanación cósmica –sefirá– denominada *Jesed*, la emanación cósmica –sefirá– denominada *Guevurá*, y la emanación cósmica –sefirá– denominada *Tiferet*, que son los padres de la emanación cósmica –sefirá– denominada *Netzaj*, la emanación cósmica –sefirá– denominada *Hod*, y la emanación cósmica –sefirá– denominada *Iesod*. Y ellos están asociados con el misterio de las letras *iud*, he y vav del Tetragrama, y **el misterio del Nombre sagrado** se completa con el Aspecto Cósmico Femenino Inferior –*Maljut*–, asociada con el misterio de la última letra *he* del Tetragrama, tal como se indica a continuación en el versículo: «y recordaré la Tierra». Pues la Tierra se refiere al Aspecto Cósmico Femenino Inferior –*Maljut*–, que es denominado así, tal como han enseñado los sabios cabalistas.

Dijo Rabí Jía: ¿cuál es la razón de Jacob que es mencionado **primero aquí?** La respuesta no es **sino ésta: porque Jacob es la generalidad de los patriarcas,** ya que está asociado con el misterio de la emanación cósmica –sefirá– denominada *Tiferet*, que incluye a la emanación cósmica –sefirá– denominada *Jesed* y la emanación cósmica –sefirá– denominada *Guevurá*. **Y él es el árbol sagrado,** ya que la emanación cósmica –sefirá– denominada *Tiferet* está vinculada con el misterio del árbol supremo, y los seis flancos son ramas del mismo. **Por eso, la letra *vav* del Nombre sagrado está aferrada a él,** pues la letra *vav* –cuyo valor numérico es 6– incluye los seis flancos, **y así lo llamamos Jacob, con *vav*.** Es decir, en el texto original hebreo, el nombre Iaakov está escrito completo, con una letra *vav*.

Dijo Rabí Itzjak: el nombre Iaakov está escrito completo, con una letra *vav*, porque la letra *vav* escrita en forma completa, **con sus letras** que forman su nombre *vav–alef–vav*, tiene un valor numérico igual a 13, y ese valor alude a los **trece atributos** de misericordia. Y ese valor corresponde asimismo con el misterio de las trece rectificaciones de la barba del ente cósmico oculto denominado *Arij Anpin*. Enseña que el Aspecto Cósmico Masculino Inferior –*Zeir Anpin*–, vinculado con el misterio de Jacob, **hereda la heredad de las trece fuentes de la fuente oculta sagrada.** Es decir, recibe la irradiación de luminosidad de las trece rectificaciones de la barba del ente cósmico oculto denominado *Arij Anpin*, y de ese modo también él se completa con el misterio de las trece rectificaciones de la barba.

Dijo Rabí Aba: la letra *vav* escrita en forma completa, con sus letras que forman su nombre *vav–alef–vav*, alude a un misterio íntimo supremo. Pues, **¿por qué incluye** a las letras *vav–alef–vav*? La respuesta no es **sino ésta**: la primera letra *vav* alude al Aspecto Cósmico Masculino Inferior –*Zeir Anpin*–, que **se sienta en el Trono del Maljut, como está dicho:** «Y sobre la expansión que había sobre sus cabezas se veía la semejanza de un trono que tenía aspecto como de piedra de zafiro; **y sobre la semejanza del trono había arriba una semejanza que tenía apariencia de hombre –Adam– que estaba sobre él**» (Ezequiel 1:26). Y la semejanza del trono se refiere al Aspecto Cósmico Femenino Inferior –*Maljut*–, en tanto que apariencia de hombre –Adam– que estaba sobre él, se refiere al Aspecto Cósmico Masculino Inferior –*Zeir Anpin*–. Y la letra *Alef* del nombre de la letra *vav* alude al ente cósmico **oculto** denominado *Arij Anpin*, **en el interior de él,** el Aspecto Cósmico Masculino Inferior –*Zeir Anpin*–, desde el ombligo hacia abajo. **Y no se revela** el exterior y debajo de él. **Y a esto se refiere lo que está escrito: «Y dijo: juro por Mí Mismo, palabra de El Eterno,** que, como has hecho esto y no negaste a tu hijo, a tu único hijo» (Génesis 22:16). Lo que está escrito: «El Eterno», se refiere al Aspecto Cósmico Masculino Inferior –*Zeir Anpin*–, que juró por el ente cósmico oculto denominado *Arij Anpin*, que está investido en él. **Por eso está escrito así,** con la letra *Alef* de la letra *vav*, **y no se lee,** pues alude al ente cósmico oculto denominado *Arij Anpin*. Ya que esa letra no se oye cuando se pronuncia la letra *vav*. Y **la última letra *vav*** del nombre de la letra *vav*, alude a la emanación cósmica –sefirá– denominada *Iesod*, **está incluida en la primera** letra *vav*, que alude a la emanación cósmica –sefirá– denominada *Tiferet*. Pues respecto a **la última** letra *vav* es algo que **ya hemos** estudiado y **establecido.** Ya que hemos dicho, que **se refiere al *Iesod*, que es el final del cuerpo,** o sea, la emanación cósmica –sefirá– denominada *Tiferet* y su inclusión. Pues la emanación cósmica –sefirá– denominada *Iesod* también incluye los seis flancos, al igual que la emanación cósmica –sefirá– denominada *Tiferet*, **y por eso la generalidad de las**

letras *vav, alef, vav,* **incluye a éstas** letras **con éstas,** pues la emanación cósmica –sefirá– denominada *Tiferet* y la emanación cósmica –sefirá– denominada *Iesod* están incluidas ésta con ésta y esas sefirot están asociadas con el misterio de las dos letras *vav*. Pues la primera letra *vav* alude al la emanación cósmica –sefirá– denominada *Tiferet*, y la segunda alude a la emanación cósmica –sefirá– denominada *Iesod*, encontrándose por tanto **la cabeza,** que alude al ente cósmico oculto denominado *Arij Anpin*, **y el final** que alude a la emanación cósmica –sefirá– denominada *Iesod,* **tal como ya fue** estudiado y **establecido por nosotros.**

Y hemos estudiado: son dos las letras que tienen similitud con esto, que el relleno de las mismas es como la primera letra, y éstas son: la letra *vav* completa con su relleno, es decir, incluyendo todas las letras que completan su nombre, tal **como hemos dicho** previamente, y **también es así** con la letra *nun*. **Y aunque sea que este asunto ya fue estudiado** y establecido **por** los sabios, ahora lo explicaremos de modo diferente: lo concerniente a la letra *nun* completa, con todas las letras que forman su nombre, **así se explica: la letra *nun* encorvada,** que es la primera letra con que se escribe el nombre de la letra *nun*, **se refiere a la matronita,** es decir, la emanación cósmica –sefirá– denominada *Tiferet* del Aspecto Cósmico Femenino. **Y próxima a ella** se encuentra la letra *vav*, **que se refiere a** la emanación cósmica –sefirá– denominada *Iesod* del Aspecto Cósmico Masculino Inferior –*Zeir Anpin*–, **para que** el Aspecto Cósmico Femenino **se bendiga de él,** ya que todas las bendiciones que el Aspecto Cósmico Femenino recibe, se proyectan a través de la emanación cósmica –sefirá– denominada *Iesod* del Aspecto Cósmico Masculino Inferior –*Zeir Anpin*–. La letra *nun* **extendida** con que se escribe el nombre de la letra *nun*, y está situada al final del mismo, está asociada con el misterio del aliento que sale de la boca de la emanación cósmica –sefirá– denominada *Iesod* del Aspecto Cósmico Masculino Inferior –*Zeir Anpin*–, que es el lugar cósmico a partir del cual **se expande** y edifica el cuerpo cósmico del Aspecto Cósmico Femenino, que es la emanación cósmica –sefirá– denominada *Tiferet* de ella. Y debe saberse que hay dos tipos de aliento, uno, es el que surge de la emanación cósmica

–sefirá– denominada *Iesod* del Aspecto Cósmico Masculino Supremo –*Aba*–, y a partir del mismo se edificó el cuerpo cósmico de Jacob, y el otro aliento surge de la emanación cósmica –sefirá– denominada *Iesod* del Aspecto Cósmico Femenino Supremo –*Ima*–, y a partir del mismo se edificó el cuerpo cósmico del Aspecto Cósmico. **Y por eso, las letras están incluidas, y se unen** las unas con las otras, **ésta con ésta.** Pues la *nun* encorvada del cuerpo cósmico del Aspecto Cósmico Femenino se une con la letra *vav* de la emanación cósmica –sefirá– denominada *Iesod* del Aspecto Cósmico Masculino Inferior –*Zeir Anpin*–, y también con la letra *nun* extendida, que es el aliento que sale de la boca de la emanación cósmica –sefirá– denominada *Iesod* del Aspecto Cósmico Masculino Inferior –*Zeir Anpin*–.

Y si dijeras, dado que toda la voluntad de la emanación cósmica –sefirá– denominada *Iesod* del Aspecto Cósmico Masculino Inferior –*Zeir Anpin*–, es otorgar influencia al Aspecto Cósmico Femenino, vinculada con el misterio de la letra *nun* encorvada, entonces, **¿por qué la letra *vav* vuelve su rostro** desviándolo **de la *nun* encorvada?** He aquí que la emanación cósmica –sefirá– denominada *Iesod*, indicada en la letra *vav*, debería orientar su rostro en dirección de la *nun* encorvada para mostrarle que desea otorgarle influencia. **Y** en contraposición con esto, la letra *vav* **vuelve su rostro en dirección de** la letra ***nun* extendida,** que está asociada con el misterio del aliento que sale de la emanación cósmica –sefirá– denominada *Iesod*. ¿Cómo se explica? La respuesta no es **sino ésta: por el honor del Rey,** que es Jacob, cuyo cuerpo también se rectifica a través del aliento que sale de la boca de la emanación cósmica –sefirá– denominada *Iesod* del Aspecto Cósmico Masculino Inferior –*Zeir Anpin*–, por el flanco del Aspecto Cósmico Masculino Supremo –*Aba*–, por eso, la emanación cósmica –sefirá– denominada *Iesod* **vuelve su rostro en dirección de Jacob.**

Y hemos estudiado: la letra *mem* **no incluye en su interior a otra** letra. Pues su nombre completo se escribe con dos letras *mem*, y ninguna otra letra forma parte de él, **sino** solamente una letra *mem* **abierta,** y una letra *mem* **cerrada.** Y la razón es porque la letra *mem* **abierta** se vincula **con el momento en que el Aspecto** Cósmico **Masculino** Inferior –*Zeir Anpin*–, **se une a ella,** el Aspecto Cósmico Femenino. Ya que entonces, la emanación cósmica –sefirá– denominada *Iesod* del Aspecto Cósmico Masculino Inferior –*Zeir Anpin*–, está abierta para otorgar influencia al Aspecto Cósmico Femenino, a través del aliento que sale de él. La letra *mem* **cerrada** se vincula con el misterio de la emanación cósmica –sefirá– denominada *Daat* del Aspecto Cósmico Femenino, que está frente al reverso de la emanación cósmica –sefirá– denominada *Iesod* del Aspecto Cósmico Masculino Inferior –*Zeir Anpin*–, que recibe las *guevurot* del Aspecto Cósmico Femenino Supremo –*Ima*–, que se denomina **Jubileo. Pues sus caminos están cerrados,** debido a que en la emanación cósmica –sefirá– denominada *Daat* del Aspecto Cósmico Femenino hay solamente cinco *guevurot*, y por eso su *Daat* es liviana y cerrada. **Y aunque sea que a veces las *guevurot* se expanden** por todo el cuerpo del Aspecto Cósmico Femenino, aún así, generalmente está cerrada.

Y hay quienes estudiaron en relación con esto, lo referente a la letra *mem*, citando este versículo: **como está dicho: «Huerto cerrado eres hermana mía, prometida mía; onda cerrada, fuente sellada»** (Cantar de los Cantares 4:12). Y la explicación es que una fuente sellada está vinculada con el misterio de la letra *mem* cerrada, vinculada con la emanación cósmica –sefirá– denominada *Iesod* del Aspecto Cósmico Femenino cerrada, para que no se nutran de ella los entes impuros denominados *jitzonim*.

Dijo Rabí Itzjak: cuando el Rey sagrado, que es el Aspecto Cósmico Masculino Inferior –*Zeir Anpin*–, **los recuerda a los Hijos de Israel por** la gloria de **su Nombre,** aunque sea que ellos no lo merezcan, **y retorna a la matronita** que es la Presencia Divina –*Shejiná*– **a su lugar,** que es Tzión, muy pronto, con la llegada del Mesías, **en relación con esto está escrito: «No habrá persona en la Tienda de la Reunión hasta su salida cuando venga a procurar expiación en el Santuario;** procurará la expiación para sí mismo, para su casa y para toda la congregación de Israel» (Levítico 16:17). Es decir, entonces no habrá unión del Aspecto Cósmico Masculino Inferior –*Zeir Anpin*–, con el Aspecto Cósmico Femenino Inferior –*Maljut*–, a través del ascenso de las aguas femeninas por parte de los Hijos de Israel, sino que el Aspecto Cósmico Femenino Inferior –*Maljut*– se

66b

despertará sola para elevar aguas femeninas sin la ayuda de las almas de los justos.

Así es también con el sumo **sacerdote** en el Día del Perdón, **cuando entra para unir el Nombre sagrado y procurar expiación en el Santuario,** ya que se concentra **para unir al Rey con la matronita,** o sea, el Aspecto Cósmico Masculino Inferior –Zeir Anpin–, con el Aspecto Cósmico Femenino Inferior –Maljut–, ya que el sumo sacerdote hace en el Día del Perdón tal como lo que se realiza en lo Alto. Y no es ético estar presente en el momento de la unión íntima. Y a esto se refiere lo que **está escrito: «No habrá persona en la Tienda de la Reunión** hasta su salida cuando venga a procurar expiación en el Santuario».

Hemos estudiado: dijo Rabí Iehuda: el sacerdote despierta la paz en el mundo, en lo Alto y en lo bajo. Y hemos estudiado: en un comienzo el sacerdote **entra en un grado.** Es decir, cuando viste las ropas de oro, que aluden al Aspecto Cósmico Femenino Inferior –Maljut–, entra en el grado del Aspecto Cósmico Femenino Inferior –Maljut–. Por eso, antes de vestir esas ropas, **sumerge su cuerpo** en agua para purificarse, y después, cuando viste las ropas blancas, que aluden al Aspecto Cósmico Masculino Inferior –Zeir Anpin–, **sale de este grado** y entra **a otro grado,** el del Aspecto Cósmico Masculino Inferior –Zeir Anpin–. Por eso, antes de vestir esas ropas, **sumerge su cuerpo** en agua para purificarse. Y a través de esto, **se aferra la paz con éste y con éste,** es decir, a través de ese procedimiento, el sacerdote une al Aspecto Cósmico Masculino Inferior –Zeir Anpin–, con el Aspecto Cósmico Femenino Inferior –Maljut–. Y **santifica sus manos, y** el Aspecto Cósmico Masculino Inferior –Zeir Anpin–, y el Aspecto Cósmico Femenino Inferior –Maljut–, **se bendicen como uno.** Pues la purificación de las manos alude a la proyección de la bendición vinculada con el misterio de las manos de lo Alto, o sea, la emanación cósmica –sefirá– denominada *Jesed* y la emanación cósmica –sefirá– denominada *Guevurá*, hasta que las bendiciones se proyectan también a los pies, es decir, la emanación cósmica –sefirá– denominada *Netzaj* y la emanación cósmica –sefirá– denominada *Hod*. **Y en relación con todo asunto que el sacerdote hace** en lo bajo **debe mos-**

trar y despertar su correspondencia en lo Alto. **Y debe mostrar su vestimenta, con la que se viste en relación con lo que hace.** Pues en el servicio interior, cuando se concentra en el Aspecto Cósmico Masculino Inferior –*Zeir Anpin*–, debe vestirse con ropas blancas, en correspondencia con el misterio de ese ente cósmico. Y en el servicio interior, cuando se concentra en el Aspecto Cósmico Femenino Inferior –*Maljut*–, debe vestirse con ropas de oro, en correspondencia con el misterio de ese ente cósmico. Esto es así **para que se concentre hasta que ordene** y rectifique **todo como es debido, y** a través de eso **se bendigan los de lo Alto y los de lo bajo.**

Hemos estudiado: Rabí Shimón abrió su disertación acerca de los misterios de la Torá, **y** para explicarla **dijo:** la letra *iud* del Tetragrama, que corresponde con el misterio de la emanación cósmica –sefirá– denominada *Jojmá* del Mundo de la Emanación –*Atzilut*–, **está grabada** en correspondencia con las aguas femeninas que ascienden hacia ella los cuerpos cósmicos denominados *Partzufim* inferiores. Y entonces, las tres **letras** *he, vav* y *he*, del Tetragrama, **que están en los flancos** de la letra *iud*, las cuales corresponden con los cuerpos cósmicos denominados *Partzufim* del Aspecto Cósmico Femenino Supremo –*Ima*–, y el Aspecto Cósmico Masculino Inferior –*Zeir Anpin*–, y el Aspecto Cósmico Femenino Inferior –*Maljut*–, **se vinculan con** la letra *iud* correspondiente a la emanación cósmica –sefirá– denominada *Jojmá*, a través de las aguas femeninas que ascendieron hacia ella. Y después la letra *iud* correspondiente a la emanación cósmica –sefirá– denominada *Jojmá*, en la cual se depuraron todas las depuraciones **marcha** y asciende con las depuraciones **a** Adam Kadmon, que también está vinculado con el misterio de la letra *iud*. Y esto no significa que la emanación cósmica –sefirá– denominada *Jojmá* ascendió a la generalidad de Adám Kadmon, sino que la letra *iud* de la emanación cósmica –sefirá– denominada *Jojmá* **asciende a** la letra *iud* de la emanación cósmica –sefirá– denominada *Jojmá* de Adam Kadmon. Y a raíz del vínculo que se produce en lo Alto a través de las aguas femeninas ascendidas, de allí se proyecta abundancia de las facultades cognitivas cósmicas –*mojín*–, hasta la emanación cósmica –sefirá– denominada *Jojmá* del Mundo de la Emanación –*Atzilut*–. Y después la letra *iud* correspondiente a la emanación cósmica –sefirá– denominada *Jojmá*, **marcha** y otorga la influencia de las facultades cognitivas cósmicas –*mojín*–, **a** la letra *vav*, del Tetragrama, que corresponde con el misterio del Aspecto Cósmico Masculino Inferior –*Zeir Anpin*–. Y las facultades cognitivas cósmicas –*mojín*–, **se reúnen con ellas,** la emanación cósmica –sefirá– denominada *Jojmá*, la emanación cósmica –sefirá– denominada *Biná*, y la emanación cósmica –sefirá– denominada *Daat* del Aspecto Cósmico Masculino Inferior –*Zeir Anpin*–. Y en un comienzo el Aspecto Cósmico Masculino Inferior –*Zeir Anpin*–, **dirige su concentración** para recibir las facultades cognitivas cósmicas –*mojín*–, del Aspecto Cósmico Femenino Supremo –*Ima*–, ya que las facultades cognitivas cósmicas –*mojín*–, del Aspecto Cósmico Masculino Supremo –*Aba*– entran en él únicamente a través de las facultades cognitivas cósmicas –*mojín*–, del Aspecto Cósmico Femenino Supremo –*Ima*–. Resulta que la letra *he* del Aspecto Cósmico Femenino Supremo –*Ima*–, **se une con *vav*** (*vav–he–vav*) del Aspecto Cósmico Masculino Inferior –*Zeir Anpin*–, según el misterio del investido de las facultades cognitivas cósmicas –*mojín*–.

La primera letra *he* del Tetragrama, asociada con el misterio del Aspecto Cósmico Femenino Supremo –*Ima*–, **se aferra a sus portales,** que son la emanación cósmica –sefirá– denominada *Jesed*, y la emanación cósmica –sefirá– denominada *Guevurá*, pues como es sabido, las cinco emanaciones de *jasadim*, cada una de las cuales está compuesta de diez, están vinculadas con el secreto de los cincuenta portales de la emanación cósmica –sefirá– denominada *Biná* que se proyectan al Aspecto Cósmico Masculino Inferior –*Zeir Anpin*–; y lo mismo ocurre con las cinco emanaciones de *guevurot*, cada una de las cuales está compuesta de diez, y están vinculadas con el secreto de los cincuenta portales de la emanación cósmica –sefirá– denominada *Biná* que se proyectan al Aspecto Cósmico Femenino. Y la Aspecto Cósmico Femenino Supremo –*Ima*– está aferrada a esos portales. Y a raíz de eso, ella pone límites a todas las irradiaciones de luminosidad, para que no se expandan más de lo que corresponde. Por lo tanto, ella proyecta las irradiaciones de luminosidad que surgen de la emanación cósmica –sefirá– denominada *Jesed* y la emanación cósmica

–sefirá– denominada *Guevurá*, **con grabados ordenados.** Y de este modo controla que las irradiaciones de luminosidad que surgen de la emanación cósmica –sefirá– denominada *Jesed* y la emanación cósmica –sefirá– denominada *Guevurá*, no se expandan más de lo debido en el Aspecto Cósmico Masculino Inferior –*Zeir Anpin*–, y el Aspecto Cósmico Femenino Inferior –*Maljut*–. Y la razón es porque el Aspecto Cósmico Femenino Supremo –*Ima*– **aferra las irradiaciones de luminosidad** de las *guevurot*, **que son mil quinientas.** Pues la raíz de las cinco *guevurot* se encuentra en la emanación cósmica –sefirá– denominada *Daat* del Aspecto Cósmico Masculino Inferior –*Zeir Anpin*–, y se expanden a través de cinco flancos: la emanación cósmica –sefirá– denominada *Jesed*, la emanación cósmica –sefirá– denominada *Guevurá*, la emanación cósmica –sefirá– denominada *Tiferet*, la emanación cósmica –sefirá– denominada *Netzaj*, y la emanación cósmica –sefirá– denominada *Hod*, y se incluyen en la emanación cósmica –sefirá– denominada *Iesod* de él. Y de allí se proyectan a la emanación cósmica –sefirá– denominada *Daat* del Aspecto Cósmico Femenino. Resulta que en tres lugares hay quince *guevurot*, y dado que las *guevurot* son llamaradas de fuego, por esta razón se multiplican por cien, hasta que ascienden a a 15 centenas. Y el Aspecto Cósmico Femenino Supremo –*Ima*– también aferra las emanaciones de *jasadim* que se proyectan por los cinco flancos del Aspecto Cósmico Masculino Inferior –*Zeir Anpin*–, que se incluyen en la emanación cósmica –sefirá– denominada *Iesod*; y las inclusión de esas inclusiones tiene lugar en emanación cósmica –sefirá– denominada *Maljut*. He aquí que en total son siete niveles, y como cada uno está incluido de diez, he aquí que son **setenta órdenes cerrados,** pues se proyectan por siete emanaciones cósmicas –sefirot– del Aspecto Cósmico Masculino Inferior –*Zeir Anpin*–.

Y después de que las *guevurot* descendieron a la emanación cósmica –sefirá– denominada *Iesod* del Aspecto Cósmico Masculino Inferior –*Zeir Anpin*–, **asciende la última** letra *he* del Tetragrama, que es el Aspecto Cósmico Femenino Inferior –*Maljut*–, para unirse con el Aspecto Cósmico Masculino Inferior –*Zeir Anpin*–, rostro con rostro. **Y ella se corona cincuenta veces** a través de las cinco emanaciones de las *guevurot* que recibe del Aspecto Cósmico Masculino Inferior –*Zeir Anpin*–, en la emanación cósmica –sefirá– denominada *Daat* de ella. Y esas irradiaciones de luminosidad están asociadas con el misterio de los cincuenta portales de la emanación cósmica –sefirá– denominada *Biná* que se encuentran en ella. Y de la emanación cósmica –sefirá– denominada *Daat*, de ella se proyectan por las cinco emanaciones cósmicas de ella: la emanación cósmica –sefirá– denominada *Jesed*, la emanación cósmica –sefirá– denominada *Guevurá*, la emanación cósmica –sefirá– denominada *Tiferet*, la emanación cósmica –sefirá– denominada *Netzaj*, y la emanación cósmica –sefirá– denominada *Hod*, que cada una está incluida de diez, y en total son cincuenta. Y esas emanaciones –sefirot– de las *guevurot* **consisten en la existencia que da existencia** y hace crecer a todo el cuerpo cósmico denominado *Partzuf* del Aspecto Cósmico Femenino.

A esto se refiere lo que fue enseñado: **cuando se graba con sus coronas,** es decir, cuando el Aspecto Cósmico Masculino Inferior –*Zeir Anpin*–, se graba para recibir sus coronas, que son las facultades cognitivas cósmicas –*mojín*–, de grandeza, **se ilumina el rostro del Rey,** que es el Aspecto Cósmico Masculino Inferior –*Zeir Anpin*–, con la irradiación de luminosidad de las facultades cognitivas cósmicas –*mojín*–. Y después, la letra *vav* de la emanación cósmica –sefirá– denominada *Daat* **se** proyecta y **expande en setenta y dos grabados.**

Después, la letra *he* vinculada con el misterio del Aspecto Cósmico Femenino Supremo –*Ima*– **corona a** la letra *vav* vinculada con el misterio del Aspecto Cósmico Masculino Inferior –*Zeir Anpin*–, convirtiéndose en corona de él. Y en la corona del Aspecto Cósmico Masculino Inferior –*Zeir Anpin*–, irradian **setenta mil** irradiaciones de luminosidad, **y quinientas coronas, que se coronan con una corona,** que es la emanación cósmica –sefirá– denominada *Tiferet*, del Aspecto Cósmico Femenino Supremo –*Ima*–, y se convierte en corona en la cabeza del Aspecto Cósmico Masculino Inferior –*Zeir Anpin*–. **A esto se refiere lo que está escrito: «Con la corona con la que lo coronó su madre»** (Cantar de los Cantares 3:1). Pues la emanación cósmica –sefirá– denominada *Tiferet* del Aspecto Cósmico Femenino Supremo –*Ima*– corona al Aspecto Cósmico Masculino Inferior –*Zeir Anpin*–.

Además, la letra *vav* de la emanación cósmica –sefirá– denominada *Daat* del Aspecto Cósmico Masculino Inferior *–Zeir Anpin–*, se incluye **con dos cabezas,** la emanación cósmica –sefirá– denominada *Daat* suprema, y la emanación cósmica –sefirá– denominada *Daat* inferior. Y ambas están asociadas al grado de cabeza, o sea, incluyen la emanación cósmica –sefirá– denominada *Jojmá*, la emanación cósmica –sefirá– denominada *Biná*, y la emanación cósmica –sefirá– denominada *Daat*, del Aspecto Cósmico Masculino Inferior *–Zeir Anpin–*. Y estas son las particularidades de esas cabezas: **la cabeza del cráneo,** que es la emanación cósmica –sefirá– denominada *Daat* suprema, la cual está **grabada** y oculta **en su cabeza,** con **un espinillo arriba,** que corresponde con las facultades cognitivas cósmicas *–mojín–*, de la emanación cósmica –sefirá– denominada *Daat* suprema, que desequilibra entre la emanación cósmica –sefirá– denominada *Jojmá* y la emanación cósmica –sefirá– denominada *Biná* del Aspecto Cósmico Masculino Inferior *–Zeir Anpin–*, y **un espinillo abajo,** que corresponde con los seis flancos de la emanación cósmica –sefirá– denominada *Daat* suprema, que se invisten en el interior de la emanación cósmica –sefirá– denominada *Daat* inferior, y se convierten en su alma. Y en relación con este asunto debe considerarse que la forma de la letra *vav* de la emanación cósmica –sefirá– denominada *Daat* es el de *iud* sobre *vav*; resulta que la emanación cósmica –sefirá– denominada *Daat* suprema, que es *iud*, se convierte en cabeza de la emanación cósmica –sefirá– denominada *Daat* inferior, que es *vav*. **Y** por eso, la letra *iud,* que es la emanación cósmica –sefirá– denominada *Daat* suprema, **desciende a** la letra *vav***,** ya que sus seis flancos descienden a la emanación cósmica –sefirá– denominada *Daat* inferior, y se convierten en **grabado de todos los grabados,** o sea, se convierten en el interior del interior dentro suyo. Ya que la emanación cósmica –sefirá– denominada *Daat* inferior es interior, y el alma de los seis flancos, del cuerpo del Aspecto Cósmico Masculino Inferior *–Zeir Anpin–*, y los seis flancos de la emanación cósmica –sefirá– denominada *Daat* suprema, se convierten en interior de la emanación cósmica –sefirá– denominada *Daat* inferior.

Considérese además, que las emanaciones de *jasadim* del Aspecto Cósmico Masculino Inferior *–Zeir Anpin–*, están ocultas y selladas **en**

su interior, o sea, en el interior de las dos emanaciones de *Daat*. Y se revelan sólo **setenta aristas de coronas,** que son setenta niveles de *jasadim*. Y la razón es porque cada emanación de *Jesed* está asociada con el misterio de un Nombre de El Santo, Bendito Sea, el Tetragrama. Y el valor numérico del Tetragrama es 26. Resulta que dos *jasadim* de la emanación cósmica –sefirá– denominada *Netzaj* y la emanación cósmica –sefirá– denominada *Hod*, tienen un valor numérico igual a 52. Y dos tercios de *Jesed* de la emanación cósmica –sefirá– denominada *Tiferet* del Aspecto Cósmico Masculino Inferior –*Zeir Anpin*–, equivalen a dieciocho partes de 26, resultando que en conjunto suman 70 grados de *jasadim* que se revelan a través de la emanación cósmica –sefirá– denominada *Iesod* del Aspecto Cósmico Femenino Supremo –*Ima*– en el Aspecto Cósmico Masculino Inferior –*Zeir Anpin*–. Y los mismos descienden **de arriba,** o sea, de la emanación cósmica –sefirá– denominada *Daat*, **hacia abajo,** hasta su emanación cósmica –sefirá– denominada *Iesod*.

En él, o sea, en el Aspecto Cósmico Masculino Inferior –*Zeir Anpin*–, **vuelan** y descienden **los cálices,** es decir, las *guevurot*, que descienden desde el pecho hacia abajo, y llegan hasta su emanación cósmica –sefirá– denominada *Iesod*. **Y se elevan.** Ya que las emanaciones de *jasadim* se elevan con la luz de retorno. Por tanto, **este asciende y este desciende.** Resulta que las emanaciones de *jasadim* ascienden, y las *guevurot* descienden, y **se graban uno con uno,** es decir, éste con éste, y de ese modo se mezclan y se endulzan.

Además, la letra *iud* asociada con el misterio de la emanación cósmica –sefirá– denominada *Jojmá*, **se vincula con** la letra *he* asociada con el misterio de la emanación cósmica –sefirá– denominada *Biná*. Es decir, se alude al misterio de la unión de la emanación cósmica –sefirá– denominada *Jojmá* con la emanación cósmica –sefirá– denominada *Biná* en relación con el Aspecto Cósmico Masculino Inferior –*Zeir Anpin*–, y el Aspecto Cósmico Femenino Inferior –*Maljut*–. Y después la letra *he* asociada **con** el misterio de la emanación cósmica –sefirá– denominada *Biná* desciende la gota a través de la emanación cósmica –sefirá– denominada *Daat* hasta la letra *vav* de la emanación cósmica –sefirá– denominada *Iesod*. Y después la letra *vav* de la emanación

SEGUNDA PARTE: AJAREI MOT

66b - 67a

cósmica –sefirá– denominada *Iesod* del Aspecto Cósmico Masculino Inferior –*Zeir Anpin*–, coloca la gota **en** la letra *he*, de la coronilla de la emanación cósmica –sefirá– denominada *Iesod* de él. Y a través de eso, **éste se aferra con éste,** es decir, el Aspecto Cósmico Masculino Inferior –*Zeir Anpin*–, y el Aspecto Cósmico Femenino Inferior –*Maljut*– se aferran y vinculan uno con el otro. **Como está dicho: «Mas su arco se estableció firme** –*eitán*– y sus brazos resplandecieron, de las manos del Supremo Poder de Iaacov (Jacob), de allí, él fue pastor de la piedra de Israel» (Génesis 49:24). Es decir, cuando la emanación cósmica –sefirá– denominada *Iesod*, que se denomina *Eitán*, se asienta según el misterio del establecimiento del pacto, entonces la unión se produce tal como se indica a continuación: **«y sus brazos resplandecieron»,** o sea, a través de la emanación cósmica –sefirá– denominada *Jesed* y la emanación cósmica –sefirá– denominada *Guevurá*, que están asociadas con el misterio de dos brazos. Ahora bien, ¿de dónde se proyectan a él la emanación cósmica –sefirá– denominada *Jesed* y la emanación cósmica –sefirá– denominada *Guevurá*? La respuesta no es sino ésta: **«de las manos del Supremo Poder de Iaacov** (Jacob)»**,** o sea, del Aspecto Cósmico Femenino Supremo –*Ima*–, que sostiene y fortifica al Aspecto Cósmico Masculino Inferior –*Zeir Anpin*–, que se denomina Jacob. **Y está escrito:** «Vio a los kenitas y proclamó su parábola, y dijo: **fuerte** –*eitán*– **es tu lugar de residencia y incrustado en una roca está tu nido»** (Números 24:21). La roca se refiere al Aspecto Cósmico Femenino Inferior –*Maljut*–. Es decir, cuando la emanación cósmica –sefirá– denominada *Iesod* se asienta, se une con el Aspecto Cósmico Femenino Inferior –*Maljut*–.

Entonces, después de realizarse toda la rectificación mencionada, **(67a) todo se vincula uno con uno,** es decir, el Aspecto Cósmico Masculino Inferior –*Zeir Anpin*–, se vincula con el Aspecto Cósmico Femenino Inferior –*Maljut*– según el misterio de la unión intima; **éste con éste,** es decir, el Aspecto Cósmico Masculino Inferior –*Zeir Anpin*–, otorga la gota sagrada depositándola en el Aspecto Cósmico Femenino Inferior –*Maljut*–, y entonces, **las llaves,** que son las emanaciones cósmicas denominadas *Iesod* de ellos, **irradian luminosidad.** Y esto ocurre de este modo: la emanación cósmica –sefirá– de-

67a

nominada *Iesod* del Aspecto Cósmico Femenino eleva hacia arriba las aguas femeninas, y la emanación cósmica –sefirá– denominada *Iesod* del Aspecto Cósmico Masculino Inferior –*Zeir Anpin*–, hace descender las aguas masculinas. Y a través de la unión del Aspecto Cósmico Masculino Inferior –*Zeir Anpin*–, con el Aspecto Cósmico Femenino Inferior –*Maljut*–, rostro con rostro, irradian luminosidad todos los cuerpos cósmicos denominados *Partzufim*. Es decir, el rostro del ente cósmico oculto denominado *Arij Anpin*, irradia luminosidad en los rostros del Aspecto Cósmico Masculino Supremo –*Aba*– y el Aspecto Cósmico Femenino Supremo –*Ima*–, y también en los rostros del Aspecto Cósmico Masculino Inferior –*Zeir Anpin*–, y el Aspecto Cósmico Femenino Inferior –*Maljut*–. Y los rostros del Aspecto Cósmico Masculino Supremo –*Aba*– y el Aspecto Cósmico Femenino Supremo –*Ima*– irradian luminosidad en los rostros del Aspecto Cósmico Masculino Inferior –*Zeir Anpin*–, y el Aspecto Cósmico Femenino Inferior –*Maljut*–; y el rostro del Aspecto Cósmico Masculino Inferior –*Zeir Anpin*–, irradia luminosidad en el Aspecto Cósmico Femenino.

Entonces, todos caen sobre sus rostros. Es decir, cuando llega el momento de la unión, todos los ángeles del Aspecto Cósmico Femenino Inferior –*Maljut*–, y todas las almas de los justos, caen sobre sus rostros, debido a que está prohibido observar cuando el Rey se une con la reina; y este es el misterio de la caída del rostro –*nefilat hapaim*– que se realiza todos los días. **Y se conmueven y dicen: bendito sea el Nombre de Gloria de su reinado por siempre jamás.**

Además, Rabí Shimón dijo que **una voz** suprema se proyecta del Aspecto Cósmico Masculino Inferior –*Zeir Anpin*–, que se denomina Voz, **y se vincula con** la boca de **el** sumo **sacerdote,** a través del poder del Nombre inefable de El Santo, Bendito Sea, que mencionó en sus confesiones. Y después de que los sacerdotes y los del pueblo que estaban en el Atrio pronunciaban la declaración: «Bendito sea el Nombre de Gloria de su reinado por siempre jamás», **él,** el sumo sacerdote **les respondía, y decía: ¡Seréis purificados!** Es decir, todos recibiréis la abundancia de purificación proveniente de la unión suprema. Y a la declaración: **¡Seréis purificados!, no la pronunciaban**

los otros sacerdotes y tampoco **los del pueblo, sólo el sumo sacerdote cuando se vinculaba con él esa voz.**

Hemos estudiado: está escrito: «Pues en este día él procurará expiación para vosotros, para purificaros; **de todos vuestros pecados ante El Eterno** seréis purificados» (Levítico 16:30). ¿Qué misterio íntimo encierra esta declaración? Pues, **dado que está escrito: «de todos vuestros pecados»,** todo está incluido; siendo así, **¿por qué** está escrito a continuación: **«ante El Eterno** seréis purificados»? ¿Qué agrega esta inclusión? La respuesta no es **sino ésta: dijo Rabí Itzjak:** está escrito: «ante El Eterno seréis purificados», para enseñar: que los Hijos de Israel recibirán la purificación de la emanación cósmica –sefirá– denominada *Biná*, que está ante y arriba del Aspecto Cósmico Masculino Inferior –*Zeir Anpin*–, que se denomina el Eterno. A esto se refiere lo que está escrito: **«ante El Eterno», concretamente.**

Lo mencionado, ¿de dónde se aprende? **Como fue estudiado: desde la Luna Nueva,** es decir, Rosh Hashaná, **los libros están abiertos, y** los jueces de todos los mundos **juzgan los juicios** de los intermedios que se rectificaron y volvieron al camino correcto entre los días comprendidos entre Rosh Hashaná y el Día del Perdón. Pues **en cada día y día** de los diez días de arrepentimiento –entre Rosh Hashaná y el Día del Perdón–, **les es otorgado a los tribunales** el poder **para abrir el juicio** y juzgar el mundo según lo que agregó el intermedio con su rectificación, o en su defecto, con sus pecados cometidos. Esto es así **hasta ese día que se denomina nueve del mes,** que es la víspera del Día del Perdón, y acerca del mismo está escrito: «El Eterno habló a Moshé (Moisés), diciendo: pero el día diez de este séptimo mes es el Día de la Expiación; habrá una santa convocación para vosotros y afligiréis vuestras almas [...] Toda labor no haréis; es un decreto eterno a través de vuestras generaciones, en todos vuestros lugares de residencia. Es un día de absoluto descanso para vosotros y afligiréis vuestras almas; el nueve del mes al anochecer, desde un anochecer al otro anochecer, descansaréis en vuestro día de descanso» (Levítico 32:26-32). **En ese día ascienden todos los juicios** de todos los tribunales **al Amo del juicio,** que es la emanación cósmica

67a

–sefirá– denominada *Biná*, o sea, el lugar cósmico de donde se despiertan los juicios. **Y se dispone el Trono supremo de misericordia para el Rey sagrado,** que es la emanación cósmica –sefirá– denominada *Biná*. Es decir, preparan a la emanación cósmica –sefirá– denominada *Jesed*, la emanación cósmica –sefirá– denominada *Guevurá*, y la emanación cósmica –sefirá– denominada *Tiferet*, del Aspecto Cósmico Masculino Inferior –*Zeir Anpin*–, para que sean Trono de la emanación cósmica –sefirá– denominada *Biná*. **En ese día,** la víspera del Día del Perdón, **los** Hijos **de Israel deben alegrarse en lo bajo ante el Amo de ellos, pues en el futuro, el día posterior,** el Día del Perdón, **se sentará por ellos en el Trono sagrado de misericordia. En el Trono de la indulgencia.** Por eso debemos alegrarnos, porque hemos de estar seguros de que El Santo, Bendito Sea, será indulgente con nosotros y perdonará nuestras faltas, y nos purificará con la medida de la bondad y con la medida de la misericordia.

Y esto es así porque en el Día del Perdón **todos esos libros están abiertos ante Él, y están escritos ante él todos los pecados** de los Hijos de Israel. Y **Él los hace merecedores y purifica de todo,** es decir, todas las impurezas. **A esto se refiere lo que está escrito:** «Pues en este día él procurará expiación para vosotros, para purificaros; **de todos vuestros pecados ante El Eterno seréis purificados**» (Levítico 16:30). **«Ante El Eterno», concretamente.** Es decir, a través de la emanación cósmica –sefirá– denominada *Biná* que está ante y sobre el Aspecto Cósmico Masculino Inferior –*Zeir Anpin*–, que se denomina El Eterno. Ya que de ese ente cósmico se proyecta la purificación.

Y esos sacerdotes y los del pueblo **que** estaban en el Atrio y **pronunciaban** por propia voluntad junto con el sumo sacerdote **el versículo:** «Pues en este día él procurará expiación para vosotros, para purificaros; de todos vuestros pecados ante El Eterno [...]», **decían hasta aquí, y no más.** Y esto era así **porque ningún otro tiene permitido decir: «seréis purificados», sino** únicamente **el sumo sacerdote que realiza el servicio. Y vinculaba el Nombre sagrado con su boca. Y cuando vinculaba** el Nombre sagrado **y se bendecía con su boca, esa voz** del Aspecto Cósmico Masculino Inferior –*Zeir Anpin*–, **descendía**

y lo golpeaba, despertándolo. **Y** a través de eso **irradiaba la palabra en la boca del sacerdote, y decía: «seréis purificados».**

Después **realizaba el servicio** que debía realizar a continuación, **y se bendecían todos esos** entes **supremos que quedaron** sin la abundancia de las bendiciones. **Y después sumergía su cuerpo y santificaba sus manos para entrar a otro servicio sagrado, antes de concentrarse para entrar al otro lugar, más supremo y sagrado que todos,** el lugar santísimo denominado *Kodesh Hakodashim*. Entonces **tres filas lo rodeaban** al sumo sacerdote, **sus hermanos sacerdotes, los levitas, y de todos los demás del pueblo** que se encontraban en el Atrio. Y ellos correspondían con las tres alineaciones cósmicas: la de la emanación cósmica –sefirá– denominada *Jesed*, la de la emanación cósmica –sefirá– denominada *Guevurá*, y la de la emanación cósmica –sefirá– denominada *Tiferet*. **Todos bendecían ante él,** es decir, todos lo bendecían para que entrara al lugar santísimo en paz, y saliera en paz. **Y** todos alzaban y **enderezaban sus manos por él en plegaria,** o sea, oraban por él. **Y un nudo de** una cadena de **oro estaba colgado en sus pies,** por si moría en el interior del Lugar santísimo del Templo Sagrado, denominado *Kodesh Hakodashim*, ya que si eso sucedía, lo sacaban con la cadena. Y esto era así porque estaba prohibido para todas las demás personas entrar al Lugar santísimo del Templo Sagrado, denominado *Kodesh Hakodashim*, con excepción del sumo sacerdote en el Día del Perdón.

Después **caminaba dando tres pasos, y** hasta el *Heijal* lo acompañaban los otros sacerdotes, pero **allí se detenían** todos los sacerdotes que lo acompañaban, **y no iban tras él. Daba otros tres pasos** en el *Heijal*, y se concentraba en ascender por tres mundos: el Mundo de la Acción –*Asiá*–, el Mundo de la Formación –*Ietzirá*–, y el Mundo de la Creación –*Briá*–, hasta el Mundo de la Emanación –*Atzilut*–. La Presencia Divina –*Shejiná*–, que está **grabada en el corazón** de El Santo, Bendito Sea, venía, y **se adelantaba** para ir **a su lugar,** sobre los querubines, para adelantársele. **Daba** otros **tres pasos** en el *Heijal*, y se introducía otros tres niveles en el Mundo de la Emanación –*Atzilut*– a través de su concentración. Entonces, **cerraba sus ojos** para no tener provecho de la irradiación de luminosidad de la Presencia Divina –*Shejiná*–, **y se vinculaba con lo Alto,** con el Aspecto Cósmico Masculino Inferior –*Zeir Anpin*–, y el Aspecto Cósmico Femenino Inferior –*Maljut*–, del Mundo de la Emanación –*Atzilut*–.

Entraba al lugar que entraba, es decir, al Lugar santísimo del Templo Sagrado, denominado *Kodesh Hakodashim*, y allí **oía la voz de las alas de los querubines que entonaban cántico** a El Santo, Bendito Sea. **Y** percibía que ellos **golpeaban con sus alas extendidas hacia arriba.**

Cuando el sacerdote **ofrecía el incienso se silenciaba la voz de las alas** de los querubines, **y si el sacerdote era merecedor,** el Aspecto Cósmico Masculino Inferior –*Zeir Anpin*–, y el Aspecto Cósmico Femenino Inferior –*Maljut*–, **se unían en silencio** y se vinculaban uno con el otro. **Pues en lo Alto** el Aspecto Cósmico Masculino Inferior –*Zeir Anpin*–, y el Aspecto Cósmico Femenino Inferior –*Maljut*– **se hallaban con** unión intima y **alegría** a raíz del vínculo.

Además hay otro misterio esencial en los tres pasos que daba el sumo sacerdote tres veces. La primera vez que realizaba este procedimiento se concentraba en ascender al Aspecto Cósmico Femenino Inferior –*Maljut*–, con la emanación cósmica –sefirá– denominada *Netzaj*, la emanación cósmica –sefirá– denominada *Hod*, y la emanación cósmica –sefirá– denominada *Iesod*, del Aspecto Cósmico Masculino Inferior –*Zeir Anpin*–. La segunda vez que realizaba este procedimiento se concentraba en ascender al Aspecto Cósmico Femenino Inferior –*Maljut*–, con la emanación cósmica –sefirá– denominada *Jesed*, la emanación cósmica –sefirá– denominada *Guevurá*, y la emanación cósmica –sefirá– denominada *Tiferet*, del Aspecto Cósmico Masculino Inferior –*Zeir Anpin*–. Y la tercera vez que realizaba este procedimiento se concentraba en ascender al Aspecto Cósmico Femenino Inferior –*Maljut*–, con la emanación cósmica –sefirá– denominada *Jojmá*, la emanación cósmica –sefirá– denominada *Biná*, y la emanación cósmica –sefirá– denominada *Daat*, del Aspecto Cósmico Masculino Inferior –*Zeir Anpin*–.

Lo mencionado está relacionado con la elevación de lo Alto, pero **también aquí,** en lo bajo, en el Lugar santísimo del Templo Sagrado, denominado *Kodesh Hakodashim,* **en ese momento surgía una irra-**

diación de luminosidad de voluntad suprema de la frente, asociada con la voluntad del ente cósmico oculto denominado *Arij Anpin*, que **se perfumaba a través de las fragancias de los montes del** *afarsemón* **puro de lo Alto,** es decir, de la irradiación de luminosidad de los trece atributos de misericordia que se proyectaba a través del Aspecto Cósmico Femenino Supremo –*Ima*–, que se denomina «*afarsemón* puro». Y la fragancia **se propagaba por todo ese lugar,** es decir, llenaba el espacio del Lugar santísimo del Templo Sagrado, el *Kodesh Hakodashim*. Y la fragancia **se introducía en los dos orificios de la nariz** del sumo sacerdote, **y su corazón se asentaba.** Y a través de esto se anunciaba que su servicio había sido aceptado. **Y entonces todo estaba en silencio, y no había allí entrada para acusar.**

El sacerdote abría su boca en plegaria con voluntad y alegría, y recitaba su plegaria breve junto al velo denominado *Parojet* (*véase* Talmud, tratado de Ioma 53b). **Después de culminar** su plegaria, **los querubines enderezaban sus alas y entonaban cánticos** a El Santo, Bendito Sea, **como al comienzo. Entonces el sacerdote sabía que era** un momento de buena **voluntad, y que era un momento de alegría para todos, y los del pueblo sabían que su plegaria fue aceptada, como está escrito: «Si vuestros pecados fueren como la grana, serán emblanquecidos como la nieve;** si fueren rojos como el carmesí, vendrán a ser como blanca lana» (Isaías 1:18). **Y después,** el sumo sacerdote **se volvía hacia atrás, y recitaba su plegaria.** Es decir, otra plegaria además de la plegaria breve que había recitado junto al velo denominado *Parojet*.

Bienaventurada la parte del sacerdote, pues a través de él hay en ese día, el Día del Perdón, alegría doble, **alegría sobre alegría, en lo Alto, y en lo bajo. En relación con ese momento está escrito: «Bienaventurado el pueblo que tiene esto; bienaventurado el pueblo cuyo Dios es El Eterno»** (Salmos 144:15).

Está escrito: «El Eterno habló a Moshé (Moisés), diciendo: pero el día diez de este séptimo mes es el Día de la Expiación; **habrá una santa convocación para vosotros y afligiréis vuestras almas [...]**» (Levítico 32:26-27). **Rabí Jía abrió** su disertación acerca de los misterios de la Torá **y para explicarla dijo** este versículo: **«Mi alma te desea en la noche,** también, mientras mi espíritu esté dentro de mí, madrugaré a buscarte; pues dado que hay juicios tuyos en la Tierra, los moradores del mundo aprenden justicia» (Isaías 26:9). Lo que está escrito: **«Mi alma te desea en la noche»,** manifiesta lo que el rey David dice a El Santo, Bendito Sea; pero esto es difícil de entender, pues como en el texto original hebreo está escrito textualmente: «Mi alma, te deseaba en la noche», pareciera como que el rey David le dijera a su alma: «mi alma, te deseo en la noche». **Debería** estar escrito textualmente: **«Mi alma te desea en la noche». ¿Qué** significa: **«Mi alma, te deseaba en la noche»,** donde pareciera que el rey David dijera a su alma que la deseaba? Y lo mismo ocurre con lo que está escrito a continuación: **«también, mientras mi espíritu esté dentro de mí, madrugaré** –*ashajareka*– **a buscarte».** Pareciera como si David dijera a su propio espíritu que madrugará para buscarlo. **Debería** decir: «también, mientras mi espíritu esté dentro de mí, **madrugará** –*ieshajareka*– a buscarte». ¿Cómo se explica?

La respuesta no es **sino ésta: así hemos estudiado: El Santo, Bendito Sea, es el alma y el espíritu de todos** los Hijos de Israel, y en el versículo se denomina a El Santo, Bendito Sea, mi alma, y mi espíritu, **y los Hijos de Israel dicen** a El Santo, Bendito Sea: **mi alma y mi espíritu eres Tú. Por eso, deseo apegarme a ti** en la noche, es decir, la medida del Aspecto Cósmico Femenino Inferior –*Maljut*–, **y en la madrugada,** es decir, la medida del Aspecto Cósmico Masculino Inferior –*Zeir Anpin*–, **para hallar tu** gracia **voluntad** con el servicio del día.

Dijo Rabí Iosei dijo otra explicación: **cuando la persona duerme en su cama, su alma sale, asciende y testifica de él,** la persona, **sobre todo lo que hizo durante todo el día.** Por eso **el cuerpo dijo al alma: «Mi alma, te desea en la noche»,** es decir: cuando tú alma mía te apartas de mí durante el sueño, yo te deseo para que vuelvas a mí **(67b)**, y asimismo dice a su espíritu: **«también, mientras mi espíritu esté dentro de mí, madrugaré** a buscarte». Es decir, cuando tú espíritu mío sales en medio del sueño, madrugaré por ti, para que vuelvas a mí.

Otro modo de interpretar el **asunto:** está escrito: «Mi alma te desea en la noche, también, mientras mi espíritu esté dentro de mí, madrugaré a buscarte; pues dado que hay juicios tuyos en la Tierra, los moradores del mundo aprenden justicia» (Isaías 26:9). Lo que está escrito: **«Mi alma te desea», se refiere a la Congregación de Israel** –*Kneset Israel*–, es decir, la Presencia Divina –*Shejiná*–, que está con los Hijos de Israel en el exilio, y **dijo ante El Santo, Bendito Sea: «Mi alma, te desea en la noche».** Es decir, después de la expresión «Mi alma», se interrumpe el asunto haciéndose una pausa, y ésta es la explicación: **mientras yo estoy en el exilio entre las naciones,** lo cual se asemeja a la noche, **y mi alma de sació de todas las humillaciones vinculadas con las naciones,** aún así **«te deseo», para volver a mi lugar,** la Tierra de Israel, cuando se produzca la Redención final. Y lo que está escrito: **«mientras mi espíritu esté dentro de mí, madrugaré** a buscarte», **es decir, aunque sea que ellos,** los de las naciones, **someten a mis hijos con todo** tipo de **sometimiento,** aún así, **el espíritu de santidad no se aparta de mí,** pues no me contaminé con pecados en el exilio, **para buscarte y cumplir tus preceptos.**

Dijo Rabí Itzjak: los Hijos **de Israel dijeron ante El Santo, Bendito Sea: mientras mi alma está dentro de mí,** antes de dormir, **«te deseo en la noche». ¿Por qué razón** se debe desear a El Santo, Bendito Sea, precisamente **en la noche?** La respuesta no es **sino ésta: porque esa alma en ese momento debe anhelarte,** y eso es necesario en ese momento porque el alma asciende a lo Alto. **«También, mientras mi espíritu esté dentro de mí, madrugaré a buscarte»,** es decir: **cuando se despierta en mí el espíritu de santidad,** o sea, cuando vuelve a mí en la mañana, **madrugaré y me despertaré para hacer tu voluntad.**

A continuación está escrito en el versículo: **«pues dado que hay juicios tuyos en la Tierra»,** es decir, cuando el juicio –*mishpat*– vinculado con el Aspecto Cósmico Masculino Inferior –*Zeir Anpin*–, desciende a la Tierra, que es el Aspecto Cósmico Femenino Inferior –*Maljut*–, para perfumar los juicios –*dinim*– del mundo que se despertaron a través suyo, **entonces, «los moradores del mundo aprenden justicia». Es decir,** las personas **pueden soportar el juicio de la justicia** –*tzedek*–, **y las** personas **del mundo no son exterminadas por sus**

juicios. Pues el Aspecto Cósmico Femenino Inferior –*Maljut*– se denomina *Tzedek* cuando hay en él despertar de los juicios; y cuando los mismos se perfuman y endulzan a través del Aspecto Cósmico Masculino Inferior –*Zeir Anpin*–, entonces los moradores del mundo pueden soportar sus juicios. Ahora bien, **¿cuándo «los moradores del mundo aprenden justicia».** Es decir, ¿cuándo ellos pueden soportar los juicios del Aspecto Cósmico Femenino Inferior –*Maljut*– que se denomina *Tzedek*? La respuesta no es sino ésta: **cuando «hay juicios** –*mishpateja*– **tuyos en la Tierra».** Es decir, cuando el Aspecto Cósmico Masculino Inferior –*Zeir Anpin*–, denominado *Mishpat* desciende a la Tierra para endulzar el mundo.

Rabí Jizkia dijo otra explicación: **«Mi alma te desea en la noche», se refiere a la Congregación de Israel** –*Kneset Israel*–, o sea, el Aspecto Cósmico Femenino Inferior –*Maljut*–, que está vinculada con el misterio del alma, y los Hijos de Israel le dicen: mi alma, te deseo a ti en la noche, cuando ejerces dominio; **«mientras mi espíritu esté dentro de mí, madrugaré a buscarte», se refiere a El Santo, Bendito Sea,** que está vinculado con el misterio del espíritu –*ruaj*–, y los Hijos de Israel le dicen: te buscaré en la madrugada, cuando ejerces dominio.

Rabí Aba estaba sentado ante Rabí Simón, Rabí Shimón se levantó en la mitad de la noche para ocuparse de la Torá. Y se levantaron Rabí Elazar y Rabí Aba para estudiar **con él. Rabí Shimón abrió** su disertación y para explicarla **dijo** este versículo: **«Como la gacela brama por las corrientes de las aguas, así clama por ti, Dios, mi alma»** (Salmos 42:2). **Este versículo ya fue** estudiado y **establecido por los compañeros,** pero ahora lo explicaremos de un modo diferente. Y Rabí Shimón abrió con una alabanza de los Hijos de Israel: **bienaventurados los** Hijos **de Israel de** entre **todos los pueblos, pues El Santo, Bendito Sea, les ha dado la sagrada Torá, y les hizo heredar almas sagradas** provenientes **de un lugar sagrado,** el lugar del Aspecto Cósmico Masculino Inferior –*Zeir Anpin*–, y el Aspecto Cósmico Femenino Inferior –*Maljut*–, del Mundo de la Emanación –*Atzilut*–, **para cumplir sus preceptos, y deleitarse con la Torá. Pues todo el que se deleita con la Torá, no teme**

de nada, ningún daño ni sufrimiento, ni aflicción, ni acusación, **como está escrito: «Si tu Torá no hubiese sido mi deleite** –*shashuai*–, **ya hubiera perecido en mi aflicción»** (Salmos 119:62).

¿Quién es ese deleite? La Torá. Pues la Torá se denomina deleite, como está escrito: «He sido el deleite día tras día» (Proverbios 8:30). Es decir, la Torá declara: he sido el deleite de El Santo, Bendito Sea, todos los días. **Y a esto se refiere lo que hemos estudiado: El Santo, Bendito Sea, viene a deleitarse con los justos en el Jardín del Edén.** Pues la Presencia Divina –*Shejiná*–, desciende después de la medianoche del Mundo de la Emanación –*Atzilut*– al Jardín del Edén del Mundo de la Creación –*Briá*–, para deleitarse con la Torá de los justos. O sea, con las aguas femeninas que ellos hacen ascender con su estudio de la Torá. ¿**Y cuál es** sentido de **el deleite? Para alegrarse con** el estudio de **ellos.**

Como hemos estudiado: bienaventurados los justos, pues está escrito acerca de ellos: «Entonces te deleitarás en –*al*– **El Eterno»** (Isaías 58:14). La expresión «*al*», significa literalmente «sobre». Es decir, es como si estuviera escrito: «Entonces te deleitarás sobre El Eterno». **Para deleitarse con la irrigación de ese arroyo,** es decir, la irradiación de luminosidad de la emanación cósmica –*sefirá*– denominada *Iesod*, de la emanación cósmica –*sefirá*– denominada *Biná*, que se encuentra arriba del Aspecto Cósmico Masculino Inferior –*Zeir Anpin*–, que se denomina El Eterno. O sea, sobre El Eterno.

Esa irradiación de luminosidad es un deleite asombroso, **como está dicho: «y saciará con resplandor tu alma»** (Ibíd.). es decir, con la abundancia de las irradiaciones de luminosidad resplandecientes que se proyectan de la emanación cósmica –*sefirá*– denominada *Biná*, o sea, el Aspecto Cósmico Femenino Supremo –*Ima*–, a través de las aguas femeninas que los justos hacen ascender con su estudio de la Torá. **Y es como si El Santo, Bendito Sea,** que en este caso se refiere a la Presencia Divina –*Shejiná*–, **se deleitará con ellos,** a través **de esa irrigación del arroyo con que se deleitan los justos,** o sea, la irradiación de luminosidad de la emanación cósmica –*sefirá*– denominada *Biná*. **Y por eso** El Santo, Bendito Sea, **viene para deleitarse**

con los justos en el Jardín del Edén. **Y todo el que se esfuerza en la Torá merece deleitarse con (68a) los justos** en el Jardín del Edén, **de esa irrigación del arroyo,** o sea, la irradiación de luminosidad de la emanación cósmica –sefirá– denominada *Biná*.

REIA MEIMNA

Dijo Reia Meimna, o sea, el alma de nuestro maestro Moshé, que habló con las almas de los justos que vinieron al Jardín del Edén para escuchar las palabras de Torá que él pronunciaría: **en ese tiempo** anterior a la revelación del Mesías hijo de David, y el Mesías hijo de José, **esos poseedores de estudio de la Mishná,** que son los sabios que se ocupan de la parte llana de la Torá, denominada *pshat*, y asimismo **esos poseedores de estudio de la sabiduría suprema, que son los** sabios que se ocupan de la cábala y los misterios de la Torá, **el momento será apretado** y difícil **para ellos,** a raíz de las aflicciones y la pobreza que habrá en ese tiempo en el mundo. **Y a esto se refiere** lo que dijo el rey David: «**Como la gacela brama por las corrientes de las aguas,** así clama por ti, Dios, mi alma» (Salmos 42:2). Es decir, la Presencia Divina –*Shejiná*–, que se denomina Gacela, cuando está asociada con el misterio de los juicios severos, brama por las corrientes de las aguas, o sea, los sabios estudiosos de la Torá, **que sacan** y hacen correr y fluir **el agua de la Torá, para la** rectificación de la **Presencia Divina** –*Shejiná*–.

Y debe considerarse que **no hay Torá sino la columna central,** que es el Aspecto Cósmico Masculino Inferior –*Zeir Anpin*–, que se denomina Torá escrita. Ya que de él se proyecta la abundancia para la rectificación de la Presencia Divina –*Shejiná*–. Y la Presencia Divina –*Shejiná*– brama, pues en ese tiempo, **esos que hacen correr el agua** de la Torá, **estarán** inmersos **en aflicción, angustia, y pobreza. Y éstas son las contracciones de la parturienta, que es la Presencia Divina** –*Shejiná*–. Pues ella está preparada para dar a luz las dos almas de los dos Mesías, **como está escrito acerca de ella: «y se**

alegrará la que te dio a luz» (Proverbios 23:25). Ya que después del alumbramiento de los dos Mesías, la Presencia Divina –*Shejiná*– se alegrará. **Y con esas contracciones** y los dolores y padecimiento que afectan a los justos estudiosos de la Torá, la Presencia Divina –*Shejiná*– estará inmersa **en aflicción con ellos.**

Y con esas contracciones con que la Presencia Divina –*Shejiná*– **clama** emite setenta voces desgarradoras por el sufrimiento de los justos, y con ellas **despierta** las siete emanaciones cósmicas –sefirot– del Aspecto Cósmico Masculino Inferior –*Zeir Anpin*–, **de lo Alto,** y como cada emanación cósmica –sefirá– incluye diez grados, por tanto son **setenta.** Y la Presencia Divina –*Shejiná*– clama **hasta que se despierta la voz de ella** y llega **hasta El Eterno,** o sea, el Aspecto Cósmico Masculino Inferior –*Zeir Anpin*–. **E inmediatamente** cuando se aproxime el tiempo de la Redención, se cumplirá lo que está escrito: «**La voz de El Eterno estremece** –*iejolel*– **las gacelas**» (Salmos 29:9). La expresión *iejolel* significa también sufrir contracciones (*véase* Malbim Ibíd.).

Lo que está escrito: «La voz de El Eterno», se refiere al Aspecto Cósmico Masculino Inferior –*Zeir Anpin*–, y lo que está escrito a continuación: «estremece –*iejolel*– las gacelas», **se refiere a los sabios estudiosos de la Mishná,** que son los sabios que se ocupan de la parte llana de la Torá, denominada *pshat*, los cuales se denominan «gacelas –*aialot*–», y están asociados con el misterio de lo que está escrito: «**Vírgenes irán en pos de ella, compañeras suyas** serán traídas a ti» (Salmos 45:15). O sea, ellos son los que están cerca de la Presencia Divina –*Shejiná*–, y por eso se denominan gacelas, como la Presencia Divina –*Shejiná*–, que se denomina Gacela. Y **todos ellos sufrirán «contracciones como una parturienta»** (Salmos 48:5), **concretamente.** Pues entonces las contracciones se fortificarán e intensificarán mucho. Y todo el que se consagre más, sus aflicciones serán más duras e intensas. Y este dolor semejante al de las contracciones que afectará a los justos será **con apremio, ya que el momento los apremiará, con varias mordidas del Mal Instinto, que es la Serpiente, que los muerde con** distintos tipo de **apremios** y flagelos.

En ese tiempo, la Presencia Divina –*Shejiná*– **se abre para engendrar al** alma del **Mesías,** o sea, para sacarla del Jardín del Edén,

68a

y traerla a este mundo. Esto, **por** el mérito de **las contracciones** –los padecimientos y el dolor–, **y el apremio de los justos** cuyas almas provienen de la emanación cósmica –sefirá– denominada *Iesod*, **y los poseedores de buenas cualidades** cuyas almas provienen de la emanación cósmica –sefirá– denominada *Netzaj*, y la emanación cósmica –sefirá– denominada *Hod*, **y los poseedores de los secretos de la Torá** cuyas almas provienen de la emanación cósmica –sefirá– denominada *Tiferet*, que proyectan los secretos de la Torá de la emanación cósmica –sefirá– denominada *Tiferet* a través de la emanación cósmica –sefirá– denominada *Iesod*, a la emanación cósmica –sefirá– denominada *Maljut*. Y ellos **son poseedores de vergüenza y humildad** por el flanco de la emanación cósmica –sefirá– denominada *Jojmá* y la emanación cósmica –sefirá– denominada *Biná*, **y son poseedores de temor y amor** por el flanco de la emanación cósmica –sefirá– denominada *Jesed*, y la emanación cósmica –sefirá– denominada *Guevurá*, **y son poseedores de bondad** concretamente.

Además, los justos son hombres destacados y ejemplares en todos los aspectos, como está escrito: «Y elegirás entre todo el pueblo **hombres con recursos** *–anshei jail–*, **personas temerosas de Dios, hombres de verdad, personas que odien el soborno,** y los designarás líderes de miles, líderes de cientos, líderes de cincuenta personas y líderes de diez personas» (Éxodo 18:21). Lo que está escrito: «hombres con recursos *–anshei jail–*», se refiere a la conexión esencial con la letra *iud* del Tetragrama, asociada con el misterio de la emanación cósmica –sefirá– denominada *Jesed*. Lo que está escrito: «personas temerosas de Dios», se refiere a la conexión esencial con la primera letra *he* del Tetragrama, asociada con el misterio de la emanación cósmica –sefirá– denominada *Guevurá*. Lo que está escrito: «hombres de verdad», se refiere a la conexión esencial con la letra *vav* del Tetragrama, asociada con el misterio de la emanación cósmica –sefirá– denominada *Tiferet*. Lo que está escrito: «personas que odien el soborno», se refiere a la conexión esencial con la segunda letra *he* del Tetragrama, asociada con el misterio de la emanación cósmica –sefirá– denominada *Maljut*, **pues el momento los apremiará,** ya que estarán inmersos en medio de aflicción y pobreza. **Y esto ya** fue estudiado y **establecido por los sabios poseedores de estudio de la Mishná** (*véase* Talmud, tratado de Sanhedrín 97a). Pues ellos enseñaron: **la generación en que el hijo de David vendrá, los hombres de recursos** –*anshei jail*–, **deambularán de ciudad en ciudad, y no los agradecerán. Y a los temerosos del pecado,** que son los poseedores de temor por el flanco de la emanación cósmica –sefirá– denominada *Guevurá*, **los despreciarán. Y la sabiduría de los escribas desecharán,** que son los poseedores de temor por el flanco de la emanación cósmica –sefirá– denominada *Tiferet*. **Y la verdad se perderá** de ellos. **y la vid dará su fruto, pero el vino será caro.** La vid alude a la emanación cósmica –sefirá– denominada *Maljut* (asociada con el misterio del Aspecto Cósmico Femenino Inferior –*Maljut*–), y el vino se venderá a un precio elevado, porque la abundancia no se proyecta a través de la emanación cósmica –sefirá– denominada *Biná* (asociada con el misterio del Aspecto Cósmico Femenino Supremo –*Ima*–). Y este ente cósmico se vincula con el misterio del «vino guardado».

Y en cuanto a **esas voces que emite** la Presencia Divina –*Shejiná*–, dando bramidos por el sufrimiento que padecen los sabios estudiosos de la Torá, **que son setenta** –voces–, **corresponden con las setenta palabras (68a)** del Salmo que declara: **«El Eterno te responda en el día de aflicción»** (Salmos 20:2). Y esto ocurrirá setenta años antes de la Redención. Entonces **se abre su matriz que** era como una *letra mem* cerrada, y cuando se abre **es** como una *letra bet*, indicando que **está incluida de dos casas,** es decir, dos Templos Sagrados, **para dar a luz dos Mesías.** Pues los dos Mesías corresponden con el misterio de la Aspecto Cósmico Femenino Supremo –*Ima*– y el Aspecto Cósmico Femenino Inferior –*Maljut*–, los cuales están asociados con el misterio de los dos Templos Sagrados. Ya que el primer Templo Sagrado está asociado con el misterio de la primera letra *he* del Tetragrama, que se vincula con el grado de Lea, de la cual proviene el Mesías hijo de David; pues Lea era la madre de Judá, y de esa tribu surgió David. Y el segundo Templo Sagrado está asociado con el misterio de la última letra *he* del Tetragrama, que se vincula con el grado de Raquel, de la cual proviene el Mesías hijo de José; pues Raquel era la madre de José.

68a

Y entonces **coloca su cabeza entre sus rodillas, pues la cabeza de ella es** el ente que se vincula con el misterio de **la columna central,** o sea, la emanación cósmica –sefirá– denominada *Tiferet* del Aspecto Cósmico Masculino Inferior –*Zeir Anpin*–. **Y los dos muslos de ella** se vinculan con el misterio de la emanación cósmica –sefirá– denominada **Netzaj**, y la emanación cósmica –sefirá– denominada **Hod**, del Aspecto Cósmico Masculino Inferior –*Zeir Anpin*–. Y esos entes están asociados con el misterio de **dos** grados de **profetas,** o sea, los primeros profetas y los últimos profetas. **De allí engendra dos Mesías.** Es decir, a través de la emanación cósmica –sefirá– denominada *Tiferet*, por medio de la emanación cósmica –sefirá– denominada *Netzaj*, y la emanación cósmica –sefirá– denominada *Hod*, engendrará a los dos Mesías. **En ese tiempo** se cumplirá lo que está escrito: «**Y desviste los bosques**» (Salmos 29:9). Y a través de eso **será eliminada la Serpiente** del mundo. O sea, será eliminado el ente maligno cuyo nombre comienza con las letras *samej–mem*. Y entonces se anularán todos los entes impuros denominados *jitzonim*.

Final Reia Meimna

Hemos estudiado: está escrito: «**Como la gacela brama por las corrientes de las aguas,** así clama por ti, Dios, mi alma» (Salmos 42:2). **Se refiere a la Congregación de Israel** –*Kneset Israel*–, o sea, el Aspecto Cósmico Femenino Inferior –*Maljut*–, que se denomina Gacela, **como está dicho: «Fortaleza** –*ejalutí*– **mía, apresúrate a ayudarme**» (Salmos 22:2). La expresión *ejalutí* indica fortaleza, y es porque el Aspecto Cósmico Femenino Inferior –*Maljut*– es la fortaleza de los Hijos de Israel, el ente cósmico que los fortalece.

A continuación está escrito en el versículo: «**brama por las corrientes de las aguas**». Pues **ciertamente** que el Aspecto Cósmico Femenino Inferior –*Maljut*– desea recibir **irrigación** y abundancia **del irrigado** del agua que se proyecta **de la fuente del arroyo,** que es la emanación cósmica –sefirá– denominada *Iesod* del Aspecto Cósmico Femenino Supremo –*Ima*–, **a través del justo,** que es la emanación cósmica –sefirá– denominada *Iesod* del Aspecto Cósmico Masculino Inferior –*Zeir Anpin*–. Y la explicación del misterio de este asunto es ésta: la expresión **«brama»**, en el original hebreo está escrita a través de la locución *taarog*–, que significa irrigación, **como está dicho: «las parcelas** –*arugot*– **de aromas»** (Cantar de los Cantares 6:12). Es decir, el Aspecto Cósmico Femenino Inferior –*Maljut*– se vuelve como esa parcela que absorbe sus aguas. Y el rey David dijo acerca del Aspecto Cósmico Femenino Inferior –*Maljut*–: «Como la gacela brama por las corrientes de las aguas, **así clama** –*taarog*– **por ti, Dios, mi alma»** (Salmos 42:2). O sea, **para ser irrigado de ti, en este mundo y en el Mundo Venidero.** Es decir: David dijo: yo quiero recibir mi irrigación y abundancia de ti en este mundo, a través del estudio de la Torá, y a través de eso recibiré abundancia de ti también en el Mundo Venidero, en el Jardín del Edén, de la abundancia que tú recibes de la emanación cósmica –sefirá– denominada *Iesod* del Aspecto Cósmico Femenino Supremo –*Ima*–.

Ahora bien, hemos dicho que lo que está escrito: «por las corrientes de las aguas» (Salmos 42:2), se refiere a las fuentes de abundancia, y en relación con esa enseñanza surge una pregunta: **«las fuentes del arroyo», ¿a quiénes se refiere?** Pues la expresión fuentes está en plural, indicando más de una. La respuesta no es sino ésta: **una** es la **fuente de lo Alto,** o sea, la emanación cósmica –sefirá– denominada *Iesod* del Aspecto Cósmico Femenino Supremo –*Ima*–, **como está escrito: «Del Edén surge un río que riega el jardín,** y de allí se divide y se transforma en cuatro cursos de agua» (Génesis 2:10). Lo que está escrito: «Del Edén surge un río», se refiere a la abundancia de la emanación cósmica –sefirá– denominada *Iesod* del Aspecto Cósmico Femenino Supremo –*Ima*–, que surge del Aspecto Cósmico Masculino Supremo –*Aba*–. Y lo que está escrito: «que riega el jardín», la explicación es ésta: para irrigar al Aspecto Cósmico Femenino Inferior –*Maljut*– que se denomina Jardín. **Y de allí se proyecta y sale, y riega el Jardín.** Es decir, de la emanación cósmica –sefirá– denominada *Iesod* del Aspecto Cósmico Femenino Supremo –*Ima*– sale y se proyecta la abundancia que irriga y nutre al Aspecto Cósmico Femenino Inferior –*Maljut*–.

68a

Ahora bien, ¿cómo llega la abundancia al Aspecto Cósmico Femenino Inferior –*Maljut*–? La respuesta no es sino ésta: **y todos esos arroyos** asociados con el misterio de la emanación cósmica –sefirá– denominada *Jesed*, la emanación cósmica –sefirá– denominada *Guevurá*, y la emanación cósmica –sefirá– denominada *Tiferet*, del Aspecto Cósmico Masculino Inferior –*Zeir Anpin*–, que reciben primero la abundancia de la emanación cósmica –sefirá– denominada *Iesod* del Aspecto Cósmico Femenino Supremo –*Ima*–, **se proyectan y salen y se reúnen en dos fuentes, que se denominan** emanación cósmica –sefirá– denominada *Netzaj* y emanación cósmica –sefirá– denominada **Hod**, del Aspecto Cósmico Masculino Inferior –*Zeir Anpin*–. Y allí la abundancia se termina de acondicionar y preparar. **Y ellos se denominan: «corrientes de las aguas», con ese grado del justo.** Es decir, sacan la abundancia de sus aguas y las proyectan a ese grado que se denomina Justo, que es la emanación cósmica –sefirá– denominada *Iesod* del Aspecto Cósmico Masculino Inferior –*Zeir Anpin*–. **Pues de él se proyecta y sale** la abundancia **y riega el Jardín,** que es el Aspecto Cósmico Femenino Inferior –*Maljut*–.

Ahora bien, en el versículo que declara: «Como la gacela brama por las corrientes de las aguas [...]», no se menciona la emanación cósmica –sefirá– denominada *Iesod*, sino solamente la emanación cósmica –sefirá– denominada *Netzaj* y la emanación cósmica –sefirá– denominada *Hod*, y también el Aspecto Cósmico Femenino Inferior –*Maljut*–. Pero dado que el Aspecto Cósmico Femenino Inferior –*Maljut*– es mencionado y aludido a través de la expresión Gacela –*aial*–, se considera como si también es mencionada la emanación cósmica –sefirá– denominada *Iesod*, que se denomina *tzvi*, y la razón de esta aseveración es porque *aial* y *tzvi* se encuentran juntos en un versículo. **Por esa razón hallamos al *aial* y al *tzvi* que se encuentran juntos** en un versículo, como está escrito: «El carnero –*aial*–, el ciervo –*tzvi*– y el corzo, la cabra montés, el antílope, el búfalo y la gamuza» (Deuteronomio 12:5). Considérese que *aial* se refiere al Aspecto Cósmico Femenino Inferior –*Maljut*–, y *tzvi* se refiere a la emanación cósmica –sefirá– denominada *Iesod*. O sea, **Tzedek** –la justicia– **y Tzadik** –el justo–, en alusión en alusión a la emanación cósmica –sefirá– denominada *Iesod*, y el Aspecto Cósmico Femenino Inferior –*Maljut*–.

Hemos estudiado: está escrito: **«La voz de El Eterno estremece** *–iejolel–* **las gacelas»** (Salmos 29:9). Obsérvese el término **«gacelas** *–aialot–***», está escrito** en forma **carente,** pues le falta la letra *vav*, pudiéndose leer: *aielet*. **Y se refiere a la gacela** *–aielet–* **del campo,** que es el Aspecto Cósmico Femenino Inferior –*Maljut*–.Y la palabra *iejolel* significa también creación (tal como lo revela el exegeta Rashi). Por lo tanto esta cita revela que el Aspecto Cósmico Masculino Inferior –*Zeir Anpin*–, que se denomina «voz», y está asociado con el misterio del Tetragrama, creó y acondicionó al Aspecto Cósmico Femenino Inferior –*Maljut*–, que se denomina Gacela del Campo.

Otro modo de interpretar el **asunto:** está escrito: «La voz de El Eterno estremece *–iejolel–* las gacelas» (Salmos 29:9). La expresión: estremece las gacelas *–iejolel aialot–*», se refiere a **las gacelas del campo,** o sea, los ángeles del Aspecto Cósmico Femenino Inferior –*Maljut*–, que se denomina Campo. Y esos ángeles son los setenta ministros poderosos que rodean al Aspecto Cósmico Femenino Inferior –*Maljut*– para protegerla, y evitar que los entes impuros denominados *jitzonim* se nutran de ella.Y esos ángeles están asociados con el misterio del rigor y el juicio, lo cual está indicado en la expresión *aialot*, que significa «poder». **Como hemos estudiado: en la mitad de la noche, cuando El Santo, Bendito Sea, entra al Jardín del Edén para deleitarse con** las almas de **los justos, esa voz,** que es la irradiación de luminosidad del Aspecto Cósmico Masculino Inferior –*Zeir Anpin*–, que se denomina El Tetragrama, **sale y causa dolor a todos esos** *aialot* **que rodean el Trono sagrado de Gloria.** Es decir, somete a todos los ángeles del juicio que rodean el Trono sagrado de Gloria, que es el Aspecto Cósmico Femenino Inferior –*Maljut*–. **A esto se refiere lo que está escrito:** «He aquí la cama de él, de Quien la paz es de Él *–shelishlomó–*, **hay sesenta valientes alrededor de ella,** de los valientes de Israel. Todos ellos aferraban espadas, diestros en la guerra; cada hombre con su espada sobre su muslo, por el temor de las noches» (Cantar de los Cantares 3:7-8). Se refiere a los ángeles valientes y poderosos que le fueron dados al Aspecto Cósmico Femenino Inferior –*Maljut*–, del Aspecto Cósmico Masculino Inferior –*Zeir Anpin*–, que se denomina Israel.

Otro modo de interpretar el **asunto:** está escrito: «La voz de El Eterno estremece las gacelas» (Salmos 29:9). La expresión: «estremece –*iejolel*–», como ya hemos dicho previamente, indica creación. Por tanto, la expresión: **estremece las gacelas** –*iejolel aialot*–», se interpreta en relación con esa acepción, **como está dicho: «Su mano creó** –*jolelá*– **la serpiente tortuosa»** (Job 26:13).

Además está escrito: «**Y desviste** –*iejesof*– **los bosques** –*iearot*–» (Salmos 29:9). La expresión *iejesof* indica revelación, dejar al descubierto. Y la explicación es que El Santo, Bendito Sea, desvestirá los árboles de los bosques. Pero según los misterio de la cábala, ésta es la explicación, **como está dicho:** «Pero Jonatán no había oído cuando su padre había juramentado al pueblo, y alargó la punta de una vara que traía en su mano, y la sumergió **en una *iaarat* de miel,** y llevó su mano a la boca» (I Samuel 14:27). La expresión *iaarat* se refiere a la caña en cuyo interior crece un producto dulce como la miel. Resulta que la expresión *iaar* está vinculada con la dulzura. **Y está escrito:** «He venido a mi huerto, hermana mía, novia mía, he recogido mi mirra con mis fragancias; **he comido mi caña** –donde crece la miel –*iari*– **con mi miel,** he bebido mi vino con mi leche; comed, compañeros, bebed abundantemente, amados» (Cantar de los Cantares 5:1). Se aprecia que también aquí la expresión *iaar* está vinculada con la dulzura. Y según esta explicación, lo que está escrito: «La voz de El Eterno estremece –*iejolel*– las gacelas, y desviste –*iejesof*– los bosques –*iearot*–» (Salmos 29:9), la explicación es ésta: a través de la irradiación de luminosidad del Aspecto Cósmico Masculino Inferior –*Zeir Anpin*–, se revela el juicio endulzado, que endulza los juicios severos de los ángeles de juicio del Aspecto Cósmico Femenino Inferior –*Maljut*–. **Y ella los amamanta como una madre que amamanta a sus hijos.**

Rabí Aba le dijo a Rabí Simón: lo que está escrito: **«Mi alma te desea en la noche, también, mientras mi espíritu esté dentro de mí, madrugaré** a buscarte; pues dado que hay juicios tuyos en la Tierra, los moradores del mundo aprenden justicia» (Isaías 26:9), es difícil de entender. Pues la expresión **«te desea»,** en el original hebreo está escrita mediante la locución *ivitija*, o sea, en primera persona, y **debería** estar escrito **«te desea** *–ivtaj–***»,** en tercera persona. Pues él habla acerca de un tercero, que es su alma. Y lo mismo ocurre con lo que está escrito: **«madrugaré», debería** estar escrito **«madrugará».** Es decir: mi espíritu madrugará para buscarte.

Rabí Shimón **le dijo** a Rabí Aba: **esto ya fue** estudiado y **establecido** por los sabios, **como está dicho: «Pues en su mano está el alma de todo ser vivo, y el espíritu de todo el género humano»** (Job 12:10). Es decir, dado que nuestra alma y nuestro espíritu están en mano de El Santo, Bendito Sea, por esta razón llamamos a El Santo, Bendito Sea: mi alma, y mi espíritu.

Ven y **observa: el alma y el espíritu** de la persona **informan** a quién aluden; pues eluden al Aspecto Cósmico Masculino Inferior –*Zeir Anpin*–, y el Aspecto Cósmico Femenino Inferior –*Maljut*–, que se asocian **como uno en el mundo.** Por esta razón los Hijos de Israel llaman a El Santo, Bendito Sea: mi alma, y mi espíritu.

Otra explicación del versículo que declara: «Mi alma te desea en la noche, también, mientras mi espíritu esté dentro de mí, madrugaré a buscarte; pues dado que hay juicios tuyos en la Tierra, los moradores del mundo aprenden justicia» (Isaías 26:9). **Hemos estudiado: el servicio íntegro que la persona debe realizar a El Santo, Bendito Sea, es tal como hemos estudiado: «Amarás a El Eterno, tu Dios,** con todo tu corazón, con toda tu alma y con todos tus recursos» (Deuteronomio 6:5). Es decir, la persona **debe amar a El Santo, Bendito Sea, con amor del alma concretamente. Pues ese es el amor íntegro, el amor del alma y el espíritu.** O sea, tal **como** el alma y el espíritu **se apegaron en el cuerpo, y el cuerpo los ama, así debe apegarse la persona a El Santo, Bendito Sea, para amarlo. Con amor del alma y el espíritu, para apegarse a Él. A esto se refiere lo que está escrito: «Mi alma te desea en la noche», mi alma concretamente.** Y lo mismo ocurre con lo que está escrito: **«también, mientras mi espíritu esté dentro de mí, madrugaré».** O sea, así como mi espíritu se apega en mi interior, **así me apegaré a ti con gran amor.**

68a

Otra explicación: lo que está escrito: «Mi alma te desea **en la noche»,** enseña que **la persona debe levantarse cada noche** a la medianoche, **por amor a El Santo, Bendito Sea, y esforzarse en su servicio hasta que se despierta la mañana, y** actuando de este modo, **se proyectará sobre él una hebra de bondad.**

Pues hemos estudiado: bienaventurada la parte de esa persona que ama a El Santo, Bendito Sea, con este amor, levantándose a la medianoche para servirlo. **Y esos justos verdaderos que aman de ese modo a El Santo, Bendito Sea, el mundo existe por el mérito de ellos, y ellos ejercen dominio sobre todos los decretos severos en lo Alto y en lo bajo.** Y los anulan.

Hemos estudiado: aquel justo que se apega con su espíritu y con su alma en lo Alto con el Rey sagrado, con amor como es debido, ejerce dominio en la Tierra de lo bajo, y todo lo que decreta sobre el mundo se cumple. ¿De dónde lo sabemos? De Elías, como está escrito: «Entonces Elías tishbita, que era de los moradores de Guilad, dijo a Ajav: **vive El Eterno Dios de Israel, que me he puesto de pie ante Él, que no habrá rocío ni lluvia en estos años, sino por mi palabra»** (I Reyes 17:1). He aquí que él decretó. Y tal como él dijo, no descendieron ni rocío ni lluvia de los Cielos en esos años.

Ven y observa: cuando las almas sagradas descienden de lo Alto a lo bajo, a este mundo, **y los justos del mundo atraen las almas sagradas** a sus hijos **del Rey y la reina,** es decir, de la unión del Aspecto Cósmico Masculino Inferior –*Zeir Anpin*–, con el Aspecto Cósmico Femenino Inferior –*Maljut*–, hay **algunas** almas que cuando el alma desciende del Mundo de la Emanación –*Atzilut*–, **ella está ante el Rey y lo sirve, y es la voluntad del Rey observar en ella.** Pues es la voluntad de El Santo, Bendito Sea, que permanezca en el Mundo de la Creación –*Briá*– y lo sirva allí como los demás ángeles, y después de un tiempo determinado desciende a este mundo.

Tal como ya fue estudiado y **establecido por nosotros,** que desde los seis días de la creación, **cuando El Santo, Bendito Sea, insufló el espíritu en todas las legiones de los Cielos,** o sea, los ángeles de lo Alto y las almas sagradas, **todas las legiones fueron creadas y**

establecidas. A esto se refiere lo que está escrito: «Y con el aliento *–ruaj–* **de su boca todas las legiones»** (Salmos 33:6). Es decir, con el aliento *–ruaj–* de la boca de El Santo, Bendito Sea, **y de ellas,** esas legiones, hay quienes **permanecen** en lo Alto después de ser creadas, **hasta que El Santo, Bendito Sea, (68b) las hace descender a lo bajo,** cuando llega el tiempo de ellas de descender.

Y hemos estudiado: desde el momento en que fue creado el mundo, hay almas que **están ante El Santo, Bendito Sea, y lo sirven, y permanecen** en lo Alto después de ser creadas, **hasta que llega el tiempo de hacerlas descender a la Tierra. Y ellas,** esas almas, **ejercen dominio en lo Alto y en lo bajo. A esto se refiere lo que está escrito: «Vive El Eterno Dios de Israel, que me he puesto de pie ante Él»** (I Reyes 17:1). **No está escrito:** «Vive El Eterno Dios de Israel, **que estoy de pie ante Él»,** en presente, **sino:** «Vive El Eterno Dios de Israel, **que me he puesto de pie ante Él»,** en pretérito. Es decir, antes de venir al mundo estuve de pie ante Él y lo servía.

Después del deceso de Elías, su alma **volvió a su lugar, y ascendió a su compartimiento,** o sea, ascendió según el misterio de las aguas femeninas a la emanación cósmica –sefirá– denominada *Iesod* del Aspecto Cósmico Femenino Inferior *–Maljut–*. **Y las otras** almas, que son las almas de la mayoría de las personas, **no salen** y vuelven a su lugar **hasta que mueren** a través del Ángel de la Muerte. Y sólo después de que se rectifican ascienden a su lugar. Esto es así **porque antes de eso no se levantaron** para prestar servicio ante El Santo, Bendito Sea, **como esas otras** almas. Y no debe suponerse que esas almas que se levantaron para servir ante El Santo, Bendito Sea, no mueren. Pues no hay en toda la Biblia alguien que ascendiera vivo al Jardín del Edén con excepción de Elías y Janoj. ¿Y cómo puede ser que se manifieste que se presentan en cada generación y generación? La respuesta no es sino ésta: hay justos que se apartaron del mundo como quien vuela y se aparta, tal como enseñaron los sabios acerca de Jacob, que no murió, y éste es el grado de los demás justos, y hay muchos grados en relación con esto, uno por encima del otro. **Y por eso,** dado que el alma de Elías permaneció en lo Alto para servir a su Amo, por esta razón, **Elías se transformó en emisario y ángel en lo**

Alto; y esas son las almas que se apegan al Rey, El Santo, Bendito Sea, **más** que los ángeles de lo Alto.

Encontré en el libro de Adán, el primer hombre, que todos los espíritus sagrados en lo Alto, que son los ángeles celestiales, cumplen con la misión de El Santo, Bendito Sea, **y todos vienen de un lugar,** o de la emanación cósmica –sefirá– denominada *Tiferet*, o del Aspecto Cósmico Femenino Inferior –*Maljut*–. **Y las almas de los justos vienen de dos grados incluidos como uno,** es decir, de la unión del Aspecto Cósmico Masculino Inferior –*Zeir Anpin*–, y el Aspecto Cósmico Femenino Inferior –*Maljut*–, **y por eso ascienden más** que los ángeles. **Y el grado de ellos es más** elevado que el de los ángeles. **Y así es,** tal como está escrito en el libro de Adán, el primer hombre. **Y todas esas** almas de los justos **que estaban ocultas allí,** en el Mundo de la Creación –*Briá*–, antes de descender al mundo, después **descendieron** al mundo, **y ascendieron en vida de ellos, por ejemplo Janoj, que no fue hallada en** relación con **él la muerte** en la Torá. **Y este asunto fue estudiado** y establecido **por nosotros en relación con Janoj y Elías,** porque sólo ellos son mencionados en la Biblia que ascendieron vivos al Cielo.

Y hemos estudiado: ciento veinticinco mil grados hay en relación con las almas de los justos. Pues hay cinco mundos: Adan Kadmon, el Mundo de la Emanación –*Atzilut*–, el Mundo de la Creación –*Briá*–, el Mundo de la Formación –*Ietzirá*–, y el Mundo de la Acción –*Asiá*–. Y en cada uno de ellos hay cinco cuerpos cósmicos denominados *Partzufim*, y en cada cuerpo cósmico denominado *Partzuf* hay cinco grados completos: el alma –*neshamá*–, el espíritu –*ruaj*–, y el esencia existencial –*nefesh*–, el grado de alma suprema denominado *jaia*, y el grado de alma suprema denominado *iejida*. Y la razón por la que los grados se multiplican por mil, se debe a que las almas vienen de la emanación cósmica –sefirá– denominada *Jesed* y la emanación cósmica –sefirá– denominada *Guevurá* de la emanación cósmica –sefirá– denominada *Daat* de cada cuerpo cósmico denominado Partzuf. Y cada emanación cósmica –sefirá– denominada *Jesed* y emanación cósmica –sefirá– denominada *Guevurá* está incluida de diez, y diez de diez, he aquí cien. Y de ese modo, asignando diez veces a cien, llegan a ciento veinticinco mil grados. Y un nacido de mujer cuyo fundamento está en el polvo –de la tierra– puede merecer recibir de todos esos grados. Y **todos ascendieron a la voluntad** de El Santo, Bendito Sea, **para ser creados antes de que creara el mundo.** Pues en aquel entonces no ascendieron aguas femeninas para provocar la unión suprema con el fin de sacar esas almas. Por lo tanto se depuraron y ascendieron y se rectificaron a través de la depuración de los reyes con la voluntad suprema. **Y El Santo, Bendito Sea, los presenta en este mundo en cada generación y generación.** Y a esto se refiere lo que fue enseñado: El Santo, Bendito Sea, vio que los justos eran pocos, por eso se levantó y los plantó en cada generación y generación (*véase* Talmud, tratado de Ioma 38b). Y esos justos que merecieron esas almas, no mueren a través del Ángel de la Muerte, sino a través de un Beso. **Y ascienden y vuelan del mundo,** y no hay quien les impida el ascenso. **Y se vinculan con el Lazo de la Vida** –*tzror hajaim*– eterno y espiritual que se genera después de la salida del alma de dentro del cuerpo. Es decir, ascienden según el misterio de las aguas femeninas a la emanación cósmica –sefirá– denominada *Iesod* del Aspecto Cósmico Femenino Inferior –*Maljut*– del Mundo de la Emanación –*Atzilut*–. **Y en el futuro El Santo, Bendito Sea, renovará el mundo con ellos. Acerca de ellos está escrito: «Porque como los Cielos nuevos y la nueva Tierra** que Yo hago estarán delante de mí, dice El Eterno, así permanecerá vuestra descendencia y vuestro nombre» (Isaías 66:22). Se refiere a las almas sagradas a través de las cuales El Santo, Bendito Sea, renovará el mundo.

Rabí Shimón abrió de nuevo su disertación y para explicarla dijo este versículo: «El Eterno habló a Moshé (Moisés), diciendo: pero el día diez de este séptimo mes es el Día de la Expiación; habrá una santa convocación para vosotros y **afligiréis a vuestras almas**» (Levítico 32:27). **Está dicho: «a vuestras almas»,** pues lo principal de la aflicción está vinculado con el alma, y no, con el cuerpo. Y la razón es **porque** en el Día del Perdón los Hijos de **Israel se encuentran ante el Rey sagrado** puros y **merecedores,** ya que a través de las aflicciones, el alma se apega a lo Alto, al lugar en el cual está enraizada,

68b

y se purifica, **y a través de eso, la voluntad de ellos será servir a El Santo, Bendito Sea, y apegarse a Él.** Pues a través del ayuno el alma deseará apartarse del materialismo y apegarse a El Santo, Bendito Sea; y el objetivo de la aflicción es **para que sean expiadas sus faltas.** Y debido a esto lo principal de la aflicción está vinculado con el alma.

Ahora se explica cómo lo principal de la aflicción está vinculado con el alma, y no, con el cuerpo: **y por eso, aquel que come y bebe en el día noveno,** o sea, en la víspera del Día del Perdón, **y deleita su alma con comida y bebida, se encuentra con que en el día décimo,** o sea, el Día del Perdón, **aflige su alma en dos partes,** es decir, por duplicado, **y resulta como si hubiese ayunado el** día **noveno y el décimo.**

Ahora bien, el cuerpo también sufre a raíz del ayuno, y a esto se refiere lo que está escrito: «**a** *–et–* **vuestras almas**». La expresión «a –et–», fue incluida en el texto bíblico para incrementar e **incluir todo, el cuerpo y el alma.** Pues ambos sufren y son expiados, y esto es semejante al pecado, que es realizado por ambos en conjunto (*véase* Talmud, tratado de Sanhedrín 91b). **Y** a raíz de eso **se subyugarán en ese día, para que** a través de eso **sean expiadas las faltas de ellos.**

Hemos estudiado: está escrito: «**Pues en este día él procurará expiación para vosotros,** para purificaros; de todos vuestros pecados ante El Eterno seréis purificados (Levítico 16:30). Se aprecia que está escrito: «**en este día**», con una *letra bet* al comienzo, y **debería** decir: «**este día**», con una letra *he* al comienzo. Pues la esencia del día expía. ¿Cómo se explica? La respuesta no es **sino ésta: «en este día», precisamente,** y está escrito con una *letra bet* al comienzo, para enseñar **que en él,** en este día asociado con el misterio de la emanación cósmica –sefirá– denominada *Biná*, **se revela** el agua purificadora del ente cósmico oculto denominado **el Anciano sagrado** –*Atika kadisha*–, investido en el ente cósmico oculto denominado *Arij Anpin*. Y esas aguas supremas purifican todas las manchas de los pecados. Y esto es así **para expiar las faltas de todos** los Hijos de Israel. Y a través de la expresión: «en este día», se alude a la irradiación de luminosidad que se manifiesta y revela en este día, la cual os purificará de vuestros pecados, como está escrito: «procurará expiación para vosotros, para purificaros».

Otro modo de interpretar el **asunto:** «El Eterno habló a Moshé (Moisés), diciendo: pero el día diez de este séptimo mes es el Día de la Expiación; habrá una santa convocación para vosotros y **afligiréis a vuestras almas**» (Levítico 32:27). La razón de la aflicción es para endulzar el rigor de los juicios que se proyectan de la emanación cósmica –sefirá– denominada *Biná* al Aspecto Cósmico Femenino Inferior –*Maljut*–, que se denomina Alma –*Nefesh*–. Y para explicarlo, **Rabí Aba abrió** su disertación **y** para explicarla **dijo** este versículo: **«Una pequeña ciudad, en la que había pocos hombres;** y llegó contra ella un gran rey, y la cercó alzando contra ella grandes bastiones. Y se encontraba en ella un hombre pobre y sabio, el cual salvó a la ciudad con su sabiduría; y ningún individuo se acordaba de aquel hombre pobre» (Eclesiastés 9:14-15). Lo que está escrito: **«Una pequeña ciudad», he aquí que eso ya fue** estudiado y **establecido** por los sabios, en relación con el hombre y su inclinación al bien y su inclinación al mal (*véase* Talmud, tratado de Nedarim 32b). **Pero** ahora lo explicaremos de modo diferente: **«Una pequeña ciudad»,** la explicación es tal **como está dicho: «Tenemos una ciudad fuerte; Dios puso salvación en las murallas y los muros de contención»** (Isaías 26:1). Se refiere al Aspecto Cósmico Femenino Inferior –*Maljut*–, que se denomina «ciudad fuerte», por los juicios que hay en ella. **Y está escrito: «y no entraré en la ciudad»** (Oseas 11:9). Es decir: y no entraré en Jerusalén, que está vinculada con el misterio del Aspecto Cósmico Femenino Inferior –*Maljut*–.

Ahora bien, ¿por qué el Aspecto Cósmico Femenino Inferior –*Maljut*– se denomina **«pequeña ciudad»?** La respuesta no es sino ésta: **porque es pequeña,** en relación con las dimensiones de los demás cuerpos cósmicos denominados *Partzufim* que están arriba. **Y ella es la última de todos,** es decir, el Aspecto Cósmico Femenino Inferior –*Maljut*– es el último cuerpo cósmico denominado *Partzuf* de todos los cuerpos cósmicos denominados *Partzufim* del Mundo de la Emanación –*Atzilut*–. Es el ente **inferior de todos,** pues descendió al Mundo de la Creación –*Briá*–. Y por eso **las murallas de ellas son grandes, fuertes y sagradas,** para protegerla de la adherencia de los entes impuros denominados *jitzonim*. Y fueron mencionados tres

68b

lenguajes –grandes, fuertes y sagradas–, en correspondencia con la emanación cósmica –sefirá– denominada *Jesed*, la emanación cósmica –sefirá– denominada *Guevurá*, y la emanación cósmica –sefirá– denominada *Tiferet*, del Aspecto Cósmico Masculino Inferior –*Zeir Anpin*–, cuyas irradiaciones de luminosidad rodean al Aspecto Cósmico Femenino Inferior –*Maljut*–, y la protegen de la adherencia de los entes impuros denominados *jitzonim* como una muralla. Por eso **se denomina: Ciudad Sagrada,** porque está apartada de los entes impuros denominados *jitzonim*.

A continuación está escrito en el versículo: «**en la que había pocos hombres».** Y se refiere a los justos. Es decir: **los justos que se santifican a sí mismos hasta que merecen ascender a su interior,** al interior de Aspecto Cósmico Femenino Inferior –*Maljut*–, **y morar en ella,** es decir, estar apegados a la Presencia Divina –*Shejiná*–, **son pocos. Como está dicho: «¿Quién subirá al Monte de El Eterno** –el Templo Sagrado–? **¿Y quién estará en su lugar santo** –Jerusalén, la ciudad santa–? El limpio de manos y puro –*bar*– de corazón; el que no ha dispuesto su alma –*nafsho*– a vanidades, ni jurado con engaño» (Salmos 24:3-5). Pues hay personas que realizan un precepto grande y ascienden para apegarse a la Presencia Divina –*Shejiná*– momentáneamente, pero sus acciones previas los apartan de allí. **Y a esto se refiere** lo que está escrito: «**en la que había pocos hombres».** Es decir, son pocos los hombres que permanecen apegados a la Presencia Divina –*Shejiná*–, que es el Aspecto Cósmico Femenino Inferior –*Maljut*–.

A continuación está escrito en el versículo: «**y llegó contra ella un gran rey». Se refiere a El Santo, Bendito Sea,** que es el Aspecto Cósmico Masculino Inferior –*Zeir Anpin*–, el cual llegó **para unirse** con el Aspecto Cósmico Femenino Inferior –*Maljut*–, que está asociada con el misterio de una ciudad pequeña, **para morar en ella,** en su interior, y otorgarle influencia.

A continuación está escrito: «**y la cercó».** La explicación es tal **como está dicho: «Yo seré para ella, dijo El Eterno, una muralla de fuego en derredor»** (Zacarías 2:9).

A continuación está escrito en el versículo: «**alzando contra ella grandes bastiones».** Es decir, enseña **que edificó sus murallas gran-**

des, del flanco de la emanación cósmica –sefirá– denominada *Jesed*, **y fuertes,** del flanco de la emanación cósmica –sefirá– denominada *Guevurá*. Resulta que la emanación cósmica –sefirá– denominada *Jesed*, y la emanación cósmica –sefirá– denominada *Guevurá*, protegen al Aspecto Cósmico Femenino Inferior –*Maljut*– de la adherencia de los entes impuros denominados *jitzonim*, como una muralla que protege a la ciudad del enemigo. **Y ellas son bellas y hermosas** a raíz de la emanación cósmica –sefirá– denominada *Jesed*, y la emanación cósmica –sefirá– denominada *Guevurá*, de la emanación cósmica –sefirá– denominada *Tiferet*, que la vuelven bella y hermosa. Y son **sagradas** del flanco de la propia emanación cósmica –sefirá– denominada *Tiferet*, que les emite irradiación de luminosidad y las santifica. Por eso el Aspecto Cósmico Femenino Inferior –*Maljut*– **se denomina Ciudad Sagrada,** por el flanco de la irradiación de luminosidad de la emanación cósmica –sefirá– denominada *Tiferet*.

Ahora se explica cómo fue edificada: **y toda la gloria del Rey la introdujo en su interior, y por eso,** El Santo, Bendito Sea, que es el Aspecto Cósmico Masculino Inferior –*Zeir Anpin*–, se une con ella y le concede todos estos honores, pues **sólo ella está incluida con todas las coronas del Rey.** Pues todas las emanaciones cósmicas del Aspecto Cósmico Masculino Inferior –*Zeir Anpin*–, se completan a través de ella. **Por eso está escrito: «en la que había pocos hombres».**

A continuación está escrito: **«Y se encontraba en ella un hombre pobre y sabio».** Es decir, halló un hombre sabio estudioso de la Torá, que merecía ascender al Aspecto Cósmico Femenino Inferior –*Maljut*– y permanecer en ella. **A esto se refiere lo que está escrito:** «¿Quién subirá al Monte de El Eterno –el Templo Sagrado–? ¿Y quién estará en su lugar santo –Jerusalén, la ciudad santa–? **El limpio de manos y puro** –*bar*– **de corazón»** (Salmos 24:3-4).

Ahora bien, respecto a lo que está escrito: «Y se encontraba en ella un hombre **pobre** –*misken*– y sabio», es algo que sorprende. ¿Por qué se denomina «pobre»? La respuesta no es sino ésta: **como está dicho:** «Designaron oficiales de tributo sobre él, para afligirlo con sus cargas, **y construyó ciudades de almacenamiento** –*miskenut*– **para el Faraón,** Pitom y Ramsés» (Éxodo 1:11). Es decir, la expresión misken significa «almacenar», porque él almacenó preceptos y actos de bondad, pues **se coronó con coronas fuertes, las coronas de la Torá, con las coronas de las ordenanzas de la Torá del Rey.** Resulta que a través de estudiar la Torá y realizar actos de bondad proyectó y atrajo la irradiación de luminosidad espiritual proveniente del Aspecto Cósmico Masculino Inferior –*Zeir Anpin*–, y el Aspecto Cósmico Femenino Inferior –*Maljut*– del Mundo de la Emanación –*Atzilut*–. Y con esa irradiación de luminosidad se corona y viste su alma, y también su cuerpo, y merece apegarse a la Presencia Divina –*Shejiná*–.

Ahora bien, respecto a lo que está escrito: **«Y sabio** –*jajam*–**»**, ¿por qué se denomina así? La respuesta no es sino ésta: **porque mereció** ser la carroza de **esa** manifestación de lo Alto, la Presencia Divina –*Shejiná*–, que se denomina *Jojmá*. Otra explicación: está escrito: **«y sabio** –*jajam*–**»**, ¿por qué se denomina sabio –*jajam*–»? **Porque es más sabio que todos, para observar** y meditar **en el servicio de su Amo, para merecer ascender a** lo Alto, y ser Carroza de **ella,** la Presencia Divina –*Shejiná*–, y **entrar en ella,** y permanecer unido con ella. **A esto se refiere lo que está escrito: «el cual salvó a la ciudad con su sabiduría».** Y la expresión **« el cual salvó** –*umilat*–**»**, indica salvación, tal **como** está escrito acerca de lo dicho por el rey David: **«Me he de salvar** –*emalet*–**, por favor, y veré a mis hermanos»** (I Samuel 20:29). Y está escrito: «Lot les dijo: «¡No, por favor, Señor mío! He aquí que tu sirviente halló gracia en Tus ojos y fue muy grande la bondad que hiciste conmigo para salvarme la vida; pero no puedo escapar a la montaña, no sea que el mal se apegue a mí y muera. Por favor: esta ciudad es cercana y es pequeña como para escapar. **Escaparé** –*imalet*– **ahí** ¿Acaso no es pequeña? Y viviré» (Génesis 19:18-20). Y así como en esos versículos esa expresión significa salvación, **también aquí,** lo que está escrito: **«el cual salvó** –*milat*– **a la ciudad con su sabiduría»,** tiene el mismo sentido. Es decir, él se salvó a raíz de su sabiduría junto con el Aspecto Cósmico Femenino Inferior –*Maljut*–, de la adherencia de los entes impuros denominados *jitzonim*.

A continuación está escrito: **«y ningún individuo** –*adam*– **se acordaba de aquel hombre** –*ish*– **pobre».** Lo que está escrito: «y ningún individuo –*adam*– se acordaba», se refiere a los preceptos de la Torá, que no se acordaban de ellos para cumplirlos, y lo mismo ocurría con **esforzarse en la Torá, como aquel hombre pobre, que se une con todo,** la Torá y los preceptos, **(69a) para merecer** estar vinculado **a ella,** la Presencia Divina –*Shejiná*–.

Está escrito: «**Entonces dije yo: mejor es la sabiduría que la fuerza**» (Eclesiastés 9:16). Es decir, es mejor dedicarse a la sabiduría de la Torá, y a través de eso la persona prevalecerá contra su mal instinto más que lo que podría prevalecer contra su mal instinto sin ocuparse de la Torá. **Pues en ese mundo,** el Mundo supremo, **no se otorga permiso de entrar con excepción de esos que son** justos **merecedores de verdad. Esos que se esfuerzan en la Torá día y noche, y se coronan con los preceptos de la Torá en este mundo.** Pues obrando así merecen atraer y proyectar de lo Alto la irradiación de luminosidad de la Torá y los preceptos para que su alma se corone con ellos y se vista con ellos para ascender al Jardín del Edén.

A continuación está escrito en el versículo: «**y la sabiduría del pobre sea menospreciada, y sus palabras no son escuchadas**» (Eclesiastés 9:16). ¿Por qué razón esto es así? **Porque las personas no observan en él** ni consideran lo que dice. **Y no quieren unirse a él ni atender sus palabras. Pues hemos estudiado: todo el que atiende las palabras de la Torá, bienaventurado es él en este mundo, y se considera como si hubiera recibido la Torá del Sinaí, e incluso de toda persona debe escuchar palabras de Torá,** incluso que sea inferior a él, como los sabios, de bendita memoria, han enseñado: el hijo de Zomá decía: ¿Quién es sabio? El que aprende de todo hombre, como está dicho: «De todos mis enseñadores he aprendido» (Salmos 119:99) (Mishná, tratado de Avot 4:1).

Y aquel que inclina su oído para escuchar y **recibir** las palabras de Torá, **otorga honor al Rey sagrado** que ordenó estudiar la Torá, **y otorga honor a la Torá,** y a través del estudio provoca la unión de El Santo, Bendito Sea, con la Presencia Divina –*Shejiná*–. **Acerca de él está escrito:** «Moshé (Moisés) y los sacerdotes, los levitas, hablaron a todo Israel, diciendo: estáte atento y oye, Israel: **este día te has transformado en un pueblo para El Eterno, tu Dios**» (Deuteronomio

69a

27:9). Es decir, es como si este día se renovara el acercamiento a El Santo, Bendito Sea.

Hemos estudiado: un día los compañeros iban por el camino **junto con Rabí Shimón. Rabí Shimón** les **dijo: nosotros vemos que todas las naciones, todas ellas son supremas,** es decir, están vinculadas con un grado supremo. Y los de las naciones que son exiliados de sus lugares, también están vinculados con un grado supremo. **Y los Hijos de Israel son inferiores a todos.** Pues en todo lugar donde son exiliados, los humillan y los desprecian. **¿Cuál es la razón?** La respuesta no es sino ésta: **porque el Rey,** que es El Santo, Bendito Sea, **envió a la reina,** que es la Presencia Divina –*Shejiná*–, lejos **de Él,** para que fuera con los Hijos de Israel al exilio y los protegiera y evitara que fueran exterminados en medio de las naciones. **Y trajo a la sierva en su lugar,** la cual es mala, y ella recibe la abundancia primero y la reparte a sus hijos, los de los pueblos idólatras, y al sobrante lo da a los Hijos de Israel, que están en el exilio bajo su potestad, **como está dicho: «Por tres asuntos la tierra se estremece»** (Proverbios 30:21). Y estos son: **«Por el siervo cuando reina [...] Y por la sierva cuando hereda a su señora».**

¿Quién es la sierva? Pues no debe suponerse que es el ángel cuyo nombre se escribe con las letras *Mem–Tet*, que sirve al Aspecto Cósmico Femenino Inferior –*Maljut*–, sino que **es la corona extraña** del Otro Lado –*Sitra Ajara*–, o sea, el Aspecto Cósmico Femenino Inferior –*Maljut*– de la corteza impura denominada *Klipá*, cuyo nombre se escribe con las letras *lamed, iud, lamed, iud, tav*. **Pues El Santo, Bendito Sea, mató al primogénito de ellos en Egipto.** Es decir, El Santo, Bendito Sea, anuló el poder de la cabeza de las cortezas impuras denominadas *klipot*, y quedaron como cuerpo sin cabeza. **Como está escrito:** «Todos los primogénitos de la tierra de Egipto morirán, desde el primogénito del Faraón que se sienta en su trono, **hasta el primogénito de la sirvienta que está detrás del molino,** y todos los primogénitos de los animales» (Éxodo 11:5). **«Detrás del molino» estaba en un comienzo,** es decir, bajo la emanación cósmica –*sefirá*– denominada *Netzaj*, y la emanación cósmica –*sefirá*– denominada

Hod, de Mundo de la Acción –*Asiá*–, que se denominan *Shejakim* –esta palabra significa moler–, ya que muelen maná para los justos en el Mundo Venidero. Y allí abajo recibía el sobrante que caía del molido del maná. **Y ahora esa sierva** recibe la abundancia directamente y entrega sólo el sobrante a los Hijos de Israel, por lo que se considera como que **hereda a su señora.**

Rabí Shimón lloró y dijo: un rey sin reina no se llama rey, y **un rey que se une a su sierva, que es la sirvienta de la reina,** menos aún, pues le da la abundancia apropiada para ser entregada a la reina. **¿Dónde está el honor de él?**

A continuación Rabí Shimón dijo: **y en el futuro una voz anunciará a la reina,** o sea, la Presencia Divina –*Shejiná*–, **y le dirá: «Alégrate mucho, hija de Tzión, da voces de júbilo, hija de Jerusalén; he aquí tu rey vendrá a ti, justo y salvador,** pobre, y cabalgando sobre un asno» (Zacarías 9:9). «Hija de Tzión», es un apodo de la Presencia Divina –*Shejiná*–, «Hija de Jerusalén», también es un apodo de la Presencia Divina –*Shejiná*–. «Tu rey», se refiere a El Santo, Bendito Sea, que es el Aspecto Cósmico Masculino Inferior –*Zeir Anpin*–. Y está escrito que Él vendrá a ti, justo y salvador. **Es decir, «Justo»,** se refiere a la emanación cósmica –sefirá– denominada *Iesod*; y salvador, **porque él mismo se salvará.** ¿Y por qué necesita salvación? **Porque hasta ahora montaba sobre un lugar que no era de él, un lugar extraño,** o sea, la sirvienta. **Y la nutría,** dándole abundancia, y ahora se salva porque la reina volvió a él. Es decir, la Presencia Divina –*Shejiná*–, volvió a El Santo, Bendito Sea, tal como se indica en la profecía citada.

Y a esto se refiere lo que está escrito: **«pobre, y cabalgando sobre un asno».** Lo que está escrito: **«pobre»,** se refiere a la emanación cósmica –sefirá– denominada *Iesod*, que es pobre en el exilio. Pues no hay unión ni abundancia que se proyecte a la emanación cósmica –sefirá– denominada *Iesod*, proveniente del Aspecto Cósmico Masculino Inferior –*Zeir Anpin*–, en el exilio. **Pues no es como al comienzo,** cuando el Templo Sagrado estaba en pie, y la emanación cósmica –sefirá– denominada *Iesod* tenía mucha riqueza a través de las irradiaciones de luminosidad y la abundancia que recibía de lo Alto. Y a

69a

continuación está escrito: **«y cabalgando sobre un asno»,** siendo la explicación **tal como ya fue** estudiado y **establecido por nosotros.** Pues ya hemos dicho que el asno alude a **las coronas inferiores de las naciones,** o sea, las emanaciones cósmicas –sefirot– sobre las cuales el Otro Lado –*Sitra Ajara*–, monta sobre ellas para ejercer influencia. **Pues El Santo, Bendito Sea, mató al primogénito de ellos en Egipto. A esto se refiere lo que está escrito:** «Todos los primogénitos de la tierra de Egipto morirán, [...] **y todos los primogénitos de los animales»** (Éxodo 11:5).

Y este asunto ya fue estudiado y **establecido por nosotros,** pues ya hemos dicho que **aparentemente un justo** –la emanación cósmica –sefirá– denominada *Iesod*– **y salvador, ciertamente** se salva **más que todos.** Ya que esa es la principal acción de la unión, aunque la salvación sea del Aspecto Cósmico Masculino Inferior –*Zeir Anpin*–, y el Aspecto Cósmico Femenino Inferior –*Maljut*–. **Pues hasta ahora el justo,** que es la emanación cósmica –sefirá– denominada *Iesod*, **estuvo sin justicia,** o sea, sin el Aspecto Cósmico Femenino Inferior –*Maljut*–. **Y ahora, que** el justo y la justicia **se unieron como uno, el justo es salvador** –se salva–, **pues no está con el Otro Lado** –*Sitra Ajara*–. Es decir, ya no necesitará otorgar abundancia al Otro Lado –*Sitra Ajara*–.

Hemos estudiado: «El justo se ha perdido, y no hay hombre que le preste atención» (Isaías 57:1). **Este versículo es difícil** de entender. Pues lo que está escrito: **«El justo se ha perdido»,** indica que el justo perdió algo, ya que en el original hebreo está escrito literalmente: «el justo perdió –*avad*–», y **debería** estar está escrito: «El justo **se ha perdido** –*neevad*–». **¿Qué** significa **«perdió** –*avad*–»? La respuesta no es **sino ésta:** el justo, que es la emanación cósmica –sefirá– denominada *Iesod* **perdió** algo **concretamente. ¿qué perdió? Perdió a la matronita,** es decir, la unión con el Aspecto Cósmico Femenino Inferior –*Maljut*–. Pues el Aspecto Cósmico Femenino Inferior –*Maljut*– fue al exilio con los Hijos de Israel. **Y** la emanación cósmica –sefirá– denominada *Iesod* **se unió a otro lugar que se denomina sirvienta,** pero él mismo –o sea, la emanación cósmica –sefirá– denominada *Iesod*–, no se perdió.

Rabí Itzjak le dijo a Rabí Simón: si está bien ante el maestro, deseo formular una pregunta. Pues según lo que habéis dicho aparentemente surge que la medida de la emanación cósmica –sefirá– denominada *Iesod* es lo principal, pues el rey sin reina no es considerado rey, y sobre esto se dijo que el justo se perdió. Y **a esto se refiere lo que hemos estudiado,** que el mundo se mantiene por el justo, **como está dicho: «El justo es el fundamento** *–Iesod–* **del mundo»** (Proverbios 10:25). Y si es así es difícil de entender **la opinión del** sabio **que dijo que sobre siete sostenes se mantiene el mundo,** que son las siete emanaciones cósmicas –sefirot– del Aspecto Cósmico Masculino Inferior –*Zeir Anpin*–. Y el mundo alude al Aspecto Cósmico Femenino Inferior –*Maljut*–. **Y según la opinión del** sabio **que dijo que sobre un sostén se mantiene el mundo.** Es decir, el Aspecto Cósmico Femenino Inferior –*Maljut*–, se sostiene sobre la emanación cósmica –sefirá– denominada *Iesod*. Y sobre este ente cósmico se dijo: «El justo es el fundamento *–Iesod–* del mundo» (Proverbios 10:25). Siendo así, **¿cómo se asientan las palabras** de estos sabios para que no se contradigan?

Rabí Shimón **le dijo** a Rabí Itzjak: **todo es un solo asunto, pues** las emanaciones cósmicas –sefirot– del Aspecto Cósmico Masculino Inferior –*Zeir Anpin*–, **son siete, y en ellas hay una columna que se denomina Justo,** y es la emanación cósmica –sefirá– denominada *Iesod*. **Y** todas **están sobre él,** y le otorgan influencia, ya que recibe de todos los seis flancos. **Y el mundo,** que es el Aspecto Cósmico Femenino Inferior –*Maljut*–, **se mantiene a través de él. Y cuando el mundo se mantiene a través de él,** se considera **como si se mantuviera a través de todas** las siete emanaciones cósmicas –sefirot–. Pues la emanación cósmica –sefirá– denominada *Iesod* las incluye a todas. **Y a esto se refiere lo que está escrito: «El justo es el fundamento** *–Iesod–* **del mundo»** (Proverbios 10:25). **Y he aquí que ya fue** estudiado y **establecido por nosotros este asunto en varios lugares.**

Y hemos estudiado: esa sirvienta en el futuro ejercerá dominio en la Tierra santa de lo bajo, y esto ocurrirá antes de la venida del Mesías, del mismo modo **como la matronita,** que es el Aspecto

69a

Cósmico Femenino Inferior –*Maljut*–, **ejercía dominio al comienzo, en tiempos en que el Templo Sagrado estaba en pie. Como está escrito: «*Tzedek* pernoctará en ella»** (Isaías 1:21). Y *Tzedek* se refiere al Aspecto Cósmico Femenino Inferior –*Maljut*–. **Y ahora** se ha de cumplir lo que está escrito: **«Y por la sierva cuando hereda a su señora», en todo.** Pues ella heredó a su señora, el Aspecto Cósmico Femenino Inferior –*Maljut*–, y ejerce dominio en toda la Tierra de Israel. **Y en el futuro El Santo, Bendito Sea, hará volver a la matronita a su lugar como al comienzo, y entonces, ¿de quién será la alegría? Di de aquí que la alegría será del Rey y la matronita. La alegría del Rey,** que es el Aspecto Cósmico Masculino Inferior –*Zeir Anpin*–, **por el regreso de ella,** la reina, **y se apartará de la sirvienta, tal como he dicho. Y la alegría de la matronita,** que es el Aspecto Cósmico Femenino Inferior –*Maljut*–, **porque volverá a unirse con el Rey,** el Aspecto Cósmico Masculino Inferior –*Zeir Anpin*–. **A esto se refiere lo que está escrito: «Alégrate mucho hija de Tzión [...]»** (Zacarías 9:9).

Ven y **observa: está escrito: «Esto quedará para vosotros como decreto eterno:** en el mes séptimo, el día diez del mes, afligiréis vuestras almas, y no haréis ninguna labor, ni el nativo ni el converso que reside entre vosotros. Pues en este día él procurará expiación para vosotros, para purificaros; de todos vuestros pecados ante El Eterno seréis purificados» (Levítico 16:29-30). La expresión. **«quedará para vosotros»,** es aparentemente innecesaria, pues era suficiente con que se escribiera: «en el mes séptimo [...]». ¿Y **qué** significa **esto que se dijo: «como decreto eterno** –*olam*–»? La respuesta no es sino ésta: **en todo lugar y lugar** que se menciona **decreto eterno** se refiere al misterio del Aspecto Cósmico Femenino Inferior –*Maljut*–; pues el Aspecto Cósmico Femenino Inferior –*Maljut*– **se denomina decreto del Rey,** que es El Santo, Bendito Sea. **Pues Él ingresa todos los decretos** y ordenanzas **en este lugar** del Aspecto Cósmico Femenino Inferior –*Maljut*–. Y la expresión «eterno –*olam*–», significa en este caso, oculto –*elem*–. Es decir, **los ocultó como aquel que oculta** lo que posee **en un almacén.** Y por eso el Aspecto Cósmico Femenino Inferior –*Maljut*– se denomina: **«decreto eterno** –*olam*–», porque **en**

este ente cósmico, **(69b)** El Santo, Bendito Sea, **marcó y grabó todas sus** posesiones **secretas y ocultas.** Y a través del Aspecto Cósmico Femenino Inferior –*Maljut*– descienden al mundo.

A continuación está escrito en el versículo: **«en el mes séptimo, el día diez del mes». El diez precisamente, como ya fue** estudiado y **establecido por nosotros.** Es decir, se refiere al Aspecto Cósmico Femenino Inferior –*Maljut*– que es poseedora de diez, ya que está incluida de diez veces diez, que equivale a cien. Y esto es así en el Día del Perdón, cuando el Aspecto Cósmico Femenino Inferior –*Maljut*– asciende al Aspecto Cósmico Femenino Supremo –*Ima*–, y recibe la irradiación de luminosidad de las diez emanaciones cósmicas –sefirot– de ella. Y como cada emanación cósmica –sefirá– incluye diez grados, he aquí cien grados.

A continuación está escrito: **«afligiréis vuestras almas». Ciertamente que es así,** que lo principal del ayuno y la aflicción del Día del Perdón está vinculado con el alma. **Y he aquí que ya hemos dicho** y estudiado: **«vuestras almas», precisamente. Pues del alma depende el asunto, y por eso se ha de comer y beber más en el día noveno que en otro día,** para que el alma se aflija más en el día décimo. Y esto es así **aunque sea que este asunto fue dicho de otro modo,** en relación con otra cosa; pues fue estudiado que a través de eso revelamos nuestra confianza de que El Santo, Bendito Sea, expiará todos nuestros pecados al día siguiente, en el Día del Perdón. **Y todo es correcto, y esto y esto es un mismo asunto. Y cada uno en su lugar, y así** es correcto, pues todas las razones son válidas y verdaderas.

Y hemos estudiado: en este día, el Día del Perdón, **todas las alegrías** que se proyectan de la emanación cósmica –sefirá– denominada *Biná*, o sea, el Aspecto Cósmico Femenino Supremo –*Ima*–, **y todas las irradiaciones de luminosidad** que se proyectan de la emanación cósmica –sefirá– denominada *Jojmá*, o sea, el Aspecto Cósmico Masculino Supremo –*Aba*–, **y todas las indulgencias** que se proyectan de la emanación cósmica –sefirá– denominada *Keter*, **de todos los mundos,** es decir, toda la abundancia que se proyecta a todos los mundos, **dependen del Aspecto Cósmico Femenino Supremo –***Ima*–. Pues en este ente cósmico se revelan las tres facultades cognitivas cósmicas

69b

–mojín–, y ella envía y proyecta la influencia de todas a lo bajo. **Pues todas las fuentes** de abundancia **se proyectan y salen de ella. Y entonces irradian luminosidad todas esas lámparas,** que son los seis flancos del Aspecto Cósmico Masculino Inferior *–Zeir Anpin–*. **Y emiten irradiación de luminosidad con alegría.** Y esa irradiación de luminosidad asociada a la alegría del Aspecto Cósmico Femenino Supremo *–Ima–*, está vinculada con el lugar donde se encuentra el origen del endulzado y perfumado de los juicios. Y esa irradiación de luminosidad se proyecta **hasta que se perfuman todos** los juicios. **Y entonces, todos esos juicios están con irradiación de luminosidad** y endulzados. Y consecuentemente **el juicio no se hace** en lo bajo. **Y a esto se refiere** lo que está escrito: **«afligiréis vuestras almas».** Y para comprenderlo apropiadamente debe considerarse que el juicio se proyecta del Aspecto Cósmico Femenino Supremo *–Ima–* al Aspecto Cósmico Femenino Inferior *–Maljut–* que se denomina Alma, y para afligir al juicio: «afligiréis vuestras almas». Y a través de eso se endulzan también los juicios del Aspecto Cósmico Femenino Inferior *–Maljut–* que se denomina Alma.

Rabí Aba le dijo a Rabí Simón: he **aquí que el maestro nos ha establecido** la explicación d**el cuerpo de la Mishná,** pues allí consta que los Hijos de **Israel no fueron exiliados de su Tierra hasta que renegaron de El Santo, Bendito Sea.** Y debemos aclarar aquí que en la sección Terumá (175b), consta este mismo estudio pero con este lenguaje: los Hijos de Israel no fueron exiliados de su Tierra hasta que renegaron de El Santo, Bendito Sea, y el reinado de la casa de David. O sea, se refiere al Aspecto Cósmico Masculino Inferior *–Zeir Anpin–*, y al Aspecto Cósmico Femenino Inferior *–Maljut–*; y según nuestra versión debemos decir que aquí El Santo, Bendito Sea, es un apodo que recae sobre ambos entes cósmicos. **Como está escrito: «No tenemos parte con David, ni heredad con el hijo de Ishai»** (II Samuel 20:1). David, alude al Aspecto Cósmico Femenino Inferior *–Maljut–*, pues el alma de David estaba enraizada en este ente cósmico. «El hijo de Ishai», alude al Aspecto Cósmico Masculino Inferior *–Zeir Anpin–*, que es hijo de la emanación cósmica *–sefirá–* denominada *Biná*, que es el

SEGUNDA PARTE: AJAREI MOT

69b

Aspecto Cósmico Femenino Supremo –*Ima*–, y se denomina Ishai, por los 310 –*shai*– mundos que hay en su emanación cósmica –*sefirá*– denominada *Iesod*. **Y he aquí que** lo que se desprende de aquí **ya ha sido dicho** y estudiado en la sección Terumá. Y ahora Rabí Aba le preguntó a Rabí Simón: he **hallado otro versículo en relación con esto,** este asunto, **como está escrito: «Ve tu casa David»** (I Reyes 12:16). Y si David se refiere al Aspecto Cósmico Femenino Inferior –*Maljut*–, ¿qué significa «tu casa»?

Rabí Shimón **le dijo** a Rabí Aba: **ciertamente que es así,** pues el Aspecto Cósmico Femenino Inferior –*Maljut*– se denomina también Casa de David, debido a que es la casa y el origen del alma del rey David, **como está escrito: «Venid, casa de Jacob, y caminaremos a la luz de El Eterno»** (Isaías 2:5). Es decir, se refiere al Aspecto Cósmico Femenino Inferior –*Maljut*–, que se denomina Casa de Jacob, debido a que es la casa del Aspecto Cósmico Masculino Inferior –*Zeir Anpin*–, que se denomina Jacob. **Como está dicho: «Y me gloriaré** –*afaer*– **con la casa de mi gloria** –*tifarti*–**»** (Isaías 60:7). Pues Jacob está enraizado en la emanación cósmica –*sefirá*– denominada *Tiferet*, y la casa de la emanación cósmica –*sefirá*– denominada *Tiferet* es el Aspecto Cósmico Femenino Inferior –*Maljut*–, y a ella gloriaré y enviaré de la irradiación de luminosidad de la emanación cósmica –*sefirá*– denominada *Tiferet*.

Y las almas de los justos que están vinculadas con el Aspecto Cósmico Femenino Inferior –*Maljut*– dicen: **«Venid y caminaremos a la luz de El Eterno».** Es decir, a la luz del Aspecto Cósmico Masculino Inferior –*Zeir Anpin*–, que se denomina El Eterno. Y se refiere a la proyección de la irradiación de luminosidad de las facultades cognitivas cósmicas –*mojín*–, que el Aspecto Cósmico Masculino Inferior –*Zeir Anpin*–, recibió del Aspecto Cósmico Femenino Supremo –*Ima*–, **como está escrito: «Del Edén surge un río que riega el jardín,** y de allí se divide y se transforma en cuatro cursos de agua» (Génesis 2:10). Es decir, la abundancia de las aguas de los *jasadim* del Aspecto Cósmico Femenino Supremo –*Ima*– que se denomina Río, sale del Aspecto Cósmico Masculino Supremo –*Aba*–, que se denomina Edén. Y el Aspecto Cósmico Masculino Inferior –*Zeir Anpin*–, recibe las aguas de los *jasadim*, para regar el jardín, que es el Aspecto Cósmico Femenino Inferior –*Maljut*–. **Y El Santo, Bendito Sea, plantó ese jardín para deleitarse en él con los justos, pues** los justos que lo merecen **allí moran.**

Hemos estudiado: está escrito: «Pero el día diez de este séptimo mes es el Día de la Expiación; habrá una santa convocación para vosotros **y afligiréis vuestras almas;** ofrendaréis una ofrenda de fuego a El Eterno» (Levítico 23:27). **Y está escrito: «Esto quedará para vosotros como decreto eterno: en el mes séptimo,** el día diez del mes, afligiréis vuestras almas, y no haréis ninguna labor, ni el nativo ni el converso que reside entre vosotros. Pues en este día él procurará expiación para vosotros, para purificaros; de todos vuestros pecados ante El Eterno seréis purificados» (Levítico 16:29-30). Y Rabí Aba le preguntó a Rabí Simón: **lo que está escrito: «pero** –*aj*– **el día diez», ¿por qué es necesario aquí?**

Rabí Shimón **le dijo** a Rabí Aba: la expresión **«pero** –*aj*–**»**, es un término que **viene a disminuir. Pues dado que está dicho:** «Es un día de absoluto descanso para vosotros **y afligiréis vuestras almas; el nueve del mes** al anochecer, desde un anochecer al otro anochecer, descansaréis en vuestro día de descanso» (Levítico 23:32), **se dijo: «pero** –*aj*– **el día diez** –*beasor*–**».** Para disminuir el noveno –o sea, se indica que no se ayuna en ese día–. Rabí Aba le preguntó a Rabí Simón: **«pero** –*aj*– **el día diez** –*asor*–**», debería decir,** sin la letra bet al comienzo de la palabra, si viene sólo para disminuir. Rabí Shimón le respondió a Rabí Aba: enseña un misterio importante, **que el asunto** de la expiación de los pecados **depende de** *asor***,** es decir, la emanación cósmica –sefirá– denominada Biná, que es el Aspecto Cósmico Femenino Supremo –Ima–.

Rabí Aba **le dijo** a Rabí Simón: **si es así,** que la expresión «pero –*aj*–», fue incluida sólo para disminuir el día noveno del ayuno, entonces, ¿cómo se explica lo que está escrito acerca de la víspera de Pesaj? Pues acerca de la víspera de Pesaj está escrito: «Durante siete días comeréis *matzot*, **pero** –*aj*– **el día primero de los días precedentes a los siete días anularéis la levadura de vuestros hogares;** pues todo el que coma alimentos leudados, ese alma será tronchada de Israel, desde el primer día hasta el séptimo día» (Éxodo 12:15). **Y hemos estudiado:** la expresión **«pero** *–aj–*» se **divide,** es decir, el día de la víspera de Pesaj se divide en dos partes, **la mitad** de ese día **está prohibido comer leudado,** o sea, desde el mediodía en adelante, **y la mitad** de ese día **está permitido comer leudado,** o sea, hasta el mediodía. Siendo así, **también aquí,** lo que está escrito: **«Pero** *–aj–* **el día diez de este** séptimo **mes** es el Día de la Expiación», **di que** indica que el Día del Perdón se divide en dos partes, **y la mitad de él está prohibido comer, y la mitad de él está permitido comer.**

Rabí Shimón **le dijo** a Rabí Aba: **también aquí** la división del día décimo **depende de** lo que está escrito: **«y afligiréis vuestras almas».** Pues no hay aflicción sino desde la mitad del día en adelante, que es después del tiempo de la comida en los días comunes, pero en la primera parte del día, aún no hay aflicción. **Y eso es correcto,** pues la expresión: **«Pero** *–aj–*», **divide** también: **«y afligiréis vuestras almas».** O sea, lo referente a la propia aflicción.

Dijo Rabí Elazar: está escrito: «Pues en este día él procurará expiación para vosotros, para purificaros; de todos vuestros pecados ante El Eterno seréis purificados» (Levítico 16:30). Y esta declaración es difícil de entender, pues **debería** decir: **«Procuraré expiación para vosotros».** Pues El Santo, Bendito Sea, que es el Aspecto Cósmico Masculino Inferior *–Zeir Anpin–*, es quién dice a los Hijos de Israel: «Procuraré expiación para vosotros». ¿Cómo se explica?

La respuesta no es **sino ésta**: **«él procurará expiación para vosotros»,** está escrito en tercera persona **para incluir al Jubileo,** es decir, para incluir también a la emanación cósmica –sefirá– denominada *Biná*, que es el Aspecto Cósmico Femenino Supremo *–Ima–*, y se denomina Jubileo. Pues este ente cósmico **proyecta de su fuente** aguas de misericordia **para irrigar en este día a todos los miembros,** o sea, los seis flancos del Aspecto Cósmico Masculino Inferior *–Zeir Anpin–*, es decir, el flanco del juicio de ellos, ya que están sedientos de las aguas de misericordia. Y también **para saciar todo,** es decir, el flanco de misericordia de ellos, y **para irrigar todo** con las aguas de abundancia a todos los entes de lo bajo. **Y a esto se refiere** lo que El Santo, Bendito Sea, dice a los Hijos de Israel: «Pues en este día él procurará expiación **para vosotros». Es decir, a causa de vosotros,** la emanación cósmica –sefirá– denominada *Biná* proyecta sus aguas de misericordia a los seis flancos del Aspecto Cósmico Masculino Inferior –*Zeir Anpin*–, para procurar expiación por vosotros, **para purificaros en este día, como está escrito: «ante El Eterno seréis purificados».** Es decir, seréis purificados a través de la emanación cósmica –sefirá– denominada *Biná*, que está ante el Aspecto Cósmico Masculino Inferior –*Zeir Anpin*–, y arriba suyo, y envía su abundancia a lo bajo, o sea, al Aspecto Cósmico Masculino Inferior –*Zeir Anpin*–. Y como es sabido, el Aspecto Cósmico Masculino Inferior –*Zeir Anpin*–, se vincula con el misterio del Nombre «El Eterno». **Y entonces, no ejercerá dominio sobre vosotros el juicio.** Resulta que según la opinión de Rabí Elazar, el rigor se transforma en misericordia, y los pecados no son recordados.

Dijo Rabí Iehuda: bienaventurados los Hijos de Israel, pues El Santo, Bendito Sea, los desea, o quiere purificarlos para que no se halle en ellos pecado, para que sean hijos de su Palacio, y moren en su Palacio, que es el Aspecto Cósmico Femenino Inferior –*Maljut*–. **Y respecto al tiempo futuro está escrito: «Esparciré sobre vosotros aguas puras, y seréis puros»** (Ezequiel 36:25).

Rabí Iehuda abrió su disertación **y** para explicarla **dijo** este versículo: **«Canto de las ascensiones; de lo profundo te he invocado, El Eterno»** (Salmos 130:1). Y en relación con este asunto **hemos estudiado: cuando El Santo, Bendito Sea, creó el mundo, quiso crear al hombre,** que es la finalidad de la creación. Entonces **se aconsejó con la Torá,** pues la finalidad de la creación del hombre tenía como objetivo que se ocupara de la Torá. Y la Torá **dijo ante El** Santo, Bendito Sea: **Tú quieres crear al hombre** con libre albedrío, pero **en el futuro pecará ante ti** involuntariamente, y **en el futuro causará irritación ante ti,** pecando deliberadamente. **Si le haces conforme a sus acciones, he aquí que el mundo no se podrá mantener ante ti,** pues, ¿quién saldrá merecedor ante ti en el juicio? **Con más razón ese hombre,** que es propenso a pecar. El Santo, Bendito Sea, **le dijo** a la Torá: **¿Acaso vanamente soy llamado: «Dios Compasivo**

y **Clemente, Lento para Enojarse y Generoso en benevolencia y verdad**» (Éxodo 34:6)? ¿Acaso no soy llamado así para que en el caso en que la persona peque y vuelva a Mí, le envíe la abundancia de clemencia de las trece cualidades de misericordia provenientes del ente cósmico oculto denominado *Arij Anpin*, y me comportaré con él con clemencia y expiaré sus faltas?

Rabí Iehuda siguió disertando y dijo: **antes de que El Santo, Bendito Sea, creara el mundo, creó el arrepentimiento.** Es decir, en el plano cósmico, antes de que El Santo, Bendito Sea, asociado con el misterio del Aspecto Cósmico Masculino Supremo –*Aba*–, creara al mundo, creó a la medida del arrepentimiento, que es el Aspecto Cósmico Femenino Supremo –*Ima*–. Entonces, el Aspecto Cósmico Masculino Supremo –*Aba*–, **le dijo al arrepentimiento,** que es el Aspecto Cósmico Femenino Supremo –*Ima*–: **Yo deseo crear al hombre en el mundo, con la condición de que si** los hombres **se arrepienten de sus pecados y vuelven a ti, estés dispuesta a dejar sus pecados y expiar por ellos.** Y El Santo, Bendito Sea, le dio poder para proyectar la abundancia de la fuente de la misericordia y emblanquecer las manchas causadas por el pecado, y rectificar las emanaciones cósmicas –sefirot–.

Y en todo momento y momento el arrepentimiento está preparado para las personas. Y cuando las personas se vuelven de sus pecados, ese arrepentimiento, que es el Aspecto Cósmico Femenino Supremo –*Ima*–, **se vuelve a El Santo, Bendito Sea,** que es el Aspecto Cósmico Masculino Supremo –*Aba*–, para unirse a Él. Y estos dos entes cósmicos proyectan la abundancia de la misericordia de la fuente de la misericordia vinculada con el misterio del ente cósmico oculto denominado *Arij Anpin*. **Y ella expía por todo. Y los juicios se someten, y todos se perfuman** y endulzan. **Y el hombre es purificado de sus pecados.**

Ahora bien, **¿cuándo es el hombre purificado de sus pecados? Cuando entra con ese arrepentimiento como es debido.** Es decir, cuando entra en la profundidad de la emanación cósmica –sefirá– denominada *Biná*, que es el Aspecto Cósmico Femenino Supremo –*Ima*–, y está vinculada con el arrepentimiento supremo. Por eso Rabí

Iehuda abrió su disertación con el versículo que declara: «Canto de las ascensiones; de lo profundo te he invocado, El Eterno».

Dijo Rabí Itzjak: está escrito: «Canto de las ascensiones; de lo profundo te he invocado, El Eterno» (Salmos 130:1). Está escrito precisamente: «las ascensiones», **porque volvió** –se arrepintió– **ante el Rey supremo, y recitó (70a) su plegaria de lo profundo de su corazón. A esto se refiere lo que está escrito: «de lo profundo te he invocado, El Eterno».** Es decir, de lo profundo del corazón.

Dijo Rabí Aba: lo que está escrito: **«de lo profundo te he invocado, El Eterno», se refiere al lugar oculto que hay en lo Alto, y es la profundidad del Manantial,** o sea, la emanación cósmica –sefirá– denominada *Iesod* del ente cósmico denominado *Biná*, que es el Aspecto Cósmico Femenino Supremo –*Ima*–. Y de allí se proyecta la fuerza y el poder de las aguas femeninas a la emanación cósmica –sefirá– denominada *Iesod* del Aspecto Cósmico Femenino Inferior –*Maljut*–, que se dneomina Manantial inferior. **Y de este** ente, de la emanación cósmica –sefirá– denominada *Iesod* del Aspecto Cósmico Femenino Supremo –*Ima*–, que culmina en el pecho del Aspecto Cósmico Masculino Inferior –*Zeir Anpin*–, **salen arroyos y manantiales.** Los arroyos están asociados con el misterio de las emanaciones de bondad –*jasadim*–, y los manantiales están asociados con el misterio de las emanaciones de rigor –*guevurot*–. Y se expanden a todo flanco de los seis flancos de Aspecto Cósmico Masculino Inferior –*Zeir Anpin*–. **Y esa profundidad de la profundidad se denomina Arrepentimiento.** Ya que allí asciende el poder del arrepentimiento supremo, ya que la emanación cósmica –sefirá– denominada *Iesod* del Aspecto Cósmico Masculino Supremo –*Aba*– se denomina Profundidad, y la emanación cósmica –sefirá– denominada *Iesod* del Aspecto Cósmico Femenino Supremo –*Ima*– se denomina Profundidad de Profundidad. **Y por eso, aquel que desea volver con arrepentimiento y purificarse de sus faltas, con esa Profundidad debe invocar a El Santo, Bendito Sea. A esto se refiere lo que está escrito: «de lo profundo te he invocado, El Eterno».** O sea, la profundidad de la profundidad. Y por eso debe orar para que su arrepentimiento ascienda hasta la emanación cósmica –sefirá– denominada *Iesod* del Aspecto Cósmico Femenino Supremo –*Ima*–.

Hemos estudiado: cuando el Templo Sagrado estaba en pie y **el hombre pecaba ante su Amo,** El Santo, Bendito Sea, **y ofrecía ofrenda sobre el Altar, y el sacerdote expiaba por él, y pedía por él,** para que sea expiada su falta, he aquí que a través del sacerdote **se despertaba la misericordia** para endulzar los juicios que se despertaron a causa del pecado. **Y los juicios se perfumaban** y endulzaban. Y entonces **el arrepentimiento,** que es la Aspecto Cósmico Femenino Supremo –*Ima*–, **vertía bendiciones en los manantiales que se proyectan y fluyen** de lo Alto, llevando la abundancia suprema al Aspecto Cósmico Masculino Inferior –*Zeir Anpin*–. **Y se bendecían todas las lámparas,** o sea, las emanaciones cósmicas –sefirot– del Aspecto Cósmico Masculino Inferior –*Zeir Anpin*–, **como uno.** Y a través de eso **la persona era purificada de sus faltas.**

Ven y **observa: El Santo, Bendito Sea, sacó** –creó– **diez** coronas denominadas *kitarin* y *itrin* **sagradas en lo Alto,** en el Mundo de la Emanación –*Atzilut*–. Y esas coronas denominadas *kitarin* están vinculadas con el misterio de diez sefirot supremas que son irradiaciones de luminosidad interiores; y esas coronas denominadas *itrin* sagradas están vinculadas con el misterio de irradiaciones de luminosidad circundantes. **Pues se corona con ellas y se viste con ellas;** es decir, se corona con las irradiaciones de luminosidad circundantes y se viste con las irradiaciones de luminosidad interiores. **Y ellas son Él y Él es ellas,** pues todo es uno, y se puede comparar con el alma que se inviste en el cuerpo, **como una llama que se aferra a la brasa.** Resulta que las irradiaciones de luminosidad de las sefirot están unidas a su origen, **y no hay allí separación.**

En correspondencia con ellas, las diez sefirot de santidad **hay en lo bajo,** en las cortezas impuras denominadas *klipot*, **diez coronas** –*kitirin*– **que no son santas. Y ellas están aferradas a la inmundicia de las uñas,** o sea, el sobrante de las *guevurot* de una **sefirá sagrada que se denomina *Jojmá*,** que es el Aspecto Cósmico Femenino Inferior –*Maljut*– de la santidad, que se vincula con el misterio de la *Jojmá* de lo bajo, **y por eso** las emanaciones cósmicas –sefirot– de las cortezas impuras denominadas *klipot* **se denominan *jojmot* exteriores.**

70a

Y hemos estudiado: esos diez tipos de *jojmot* de las cortezas impuras denominadas **klipot descendieron al mundo** cuando El Santo, Bendito Sea, creó el mundo, **y todas se absorbieron** y esparcieron **en Egipto, con excepción de una que se esparció por el mundo.** Tal como fue estudiado por los sabios talmudistas, diez medidas de brujerías descendieron al mundo, nueve tomaron los egipcios, y una todo el mundo (Talmud, tratado de Kidushin 49b). **Y todas ellas son tipos de brujerías, y de ellas supieron los egipcios brujerías, más que todos los moradores del mundo.**

Y cuando los egipcios quisieron reunir a los entes impuros denominados *jitzonim* **haciendo brujerías, salían al campo, a los montes altos, y ofrecían ofrendas** a dioses paganos –*seirim*–, e hicieron **pozos y excavaciones en la tierra. Y rodeaban con sangre el borde de los pozos. Y al resto de la sangre lo reunían en el interior de esos pozos. Y a la carne la colocaban sobre ella,** la sangre. **Y ofrecían ofrendas a esos tipos** de entes impuros **malos. Y esos tipos** de entes impuros **malos se reunían y se acercaban como uno, y aceptaban** la invocación **y actuaban conforme a** la intención de **ellos en ese monte.**

En tanto, los Hijos de **Israel** que **estaban en el exilio** egipcio, **se acercaban a ellos y aprendían de ellos** esos servicios extraños que realizaban. **Y erraban tras ellos. Y a esto se refiere lo que está escrito:** «El Eterno habló a Moshé (Moisés), diciendo: «Háblales a los Hijos de Israel y diles: Yo soy El Eterno, vuestro Dios. **No realicéis como las prácticas de la tierra de Egipto en la que habitasteis;** y no realicéis como las prácticas de la tierra de Canaán a la que os traigo allí, ni sigáis sus costumbres» (Levítico 18:2-3). **Y está escrito: «Ya no sacrificarán sus ofrendas a los demonios** –*seirim*– **tras los cuales ellos se descarrían;** éste será un decreto eterno para ellos y para sus generaciones» (Levítico 17:7).

Hemos estudiado: cuando les ofrendaban a los demonios –*seirim*– **en el campo, y les preparaban esa sangre, y ofrecían ofrendas, se reunían todos esos tipos** de entes **malos, y los veían como** si tuvieran aspecto de **chivos** –*seirim*–. **Todos llenos de pelos, y les revelaban todo lo que deseaban,** a partir de lo que habían oído de algún heraldo que pregonaba un decreto, o asuntos similares. Pero la mayoría mentía, pues esos entes están fundamentados sobre la mentira y aferrados a ella, y están habituados a mentir.

Ven y **observa** el misterio de la adherencia de los entes impuros denominados *jitzonim* a los pelos: acerca de **Itzjak, ¿qué está escrito de él?** Está escrito: «**Iaacov (Jacob) se acercó a su padre Itzjak (Isaac), quien lo palpó** y dijo: la voz es la voz de Iaacov (Jacob), pero las manos son las manos de Esav (Esaú)» (Génesis 27:22). Itzjak **dijo: eso no se quita sino con el rocío del Cielo.** Es decir, esas fuerzas de los entes impuros denominados *jitzonim* que se adhieren a los pelos no se quitan ni anulan sino a través del rocío del Cielo. O sea, a través del poder de la abundancia proveniente del Aspecto Cósmico Masculino Inferior –*Zeir Anpin*–. Pues el Aspecto Cósmico Masculino Inferior –*Zeir Anpin*–, está asociado con el misterio del Tetragrama, y las tres letras con que se escribe ese Nombre, o sea, las letras *iud*, *he*, y *vav*, en forma expandida, tienen el mismo valor numérico que la expresión «*tal*», que significa rocío. Pues el valor numérico de la letra *iud* expandida es 20, el valor numérico de la letra *he* expandida es 6, y el valor numérico de la letra *vav* expandida es 13, he aquí 39. Y ese valor numérico es el mismo que el de la expresión «*tal*», que se escribe con una letra *tet* cuyo valor numérico es 9, y una letra *lamed*, cuyo valor numérico es 30, en total 39. **Y ese rocío se proyecta sobre la Tierra.** O sea, sobre el Aspecto Cósmico Femenino Inferior –*Maljut*–. Por eso Itzjak bendijo a Jacob con el rocío, como está escrito: «Él se acercó y lo besó; olió el aroma de su ropa y lo bendijo. Dijo: mira, el aroma de mi hijo es como el aroma de un campo bendecido por El Eterno. Y que Dios te dé del rocío de los Cielos y de lo selecto de la tierra, y granos y vino en abundancia. Los pueblos te servirán, y los gobiernos se postrarán ante ti; sé amo de tus hermanos y los hijos de tu madre se postrarán ante ti; malditos sean los que te maldicen, y benditos sean los que te bendicen» (Génesis 27:27-29).

Dijo Rabí Iosei: está escrito: «Dijo: mira, el aroma de mi hijo es como el aroma de un campo bendecido por El Eterno. Y que Dios te dé del rocío de los Cielos **y de lo selecto de la tierra,** y granos y vino en abundancia» (Génesis 27:28). Esta declaración enseña que

lo bendijo con todo el Nombre completo de El Santo, Bendito Sea, incluso con la última letra *he*. O sea, lo bendijo también con la abundancia que se proyecta de lo Alto al Aspecto Cósmico Femenino Inferior –*Maljut*–. Y esa bendición incluía también la anulación del poder de los entes impuros denominados *jitzonim* y sus malas influencias. **¿Cuál es la razón** por la que lo bendijo también con la abundancia del Aspecto Cósmico Femenino Inferior –*Maljut*–? **Porque vio sus cabellos** y la adherencia de los entes impuros denominados *jitzonim*. Por eso **dijo** eso, para **que** esos entes impuros **sean quitados** de él. Y a esto se refiere lo que está escrito: «**de lo selecto de la tierra**». O sea, para eso se necesita la irradiación de luminosidad del Aspecto Cósmico Femenino Inferior –*Maljut*–, que se denomina Tierra. **Y no, la inmundicia de la Tierra.** Es decir, y no estando el Aspecto Cósmico Femenino Inferior –*Maljut*– vinculado con la inmundicia, lo cual está asociado con el misterio de la inmundicia de las uñas de la mujer que ella corta cuando se purifica ritualmente para unirse a su marido. **Pues esa inmundicia está** enraizada en el Aspecto Cósmico Femenino Inferior –*Maljut*–, o sea, **en la Tierra,** estando aferrada a los entes impuros denominados *jitzonim*. **Y cuando el rocío del Cielo,** que es la abundancia del Aspecto Cósmico Masculino Inferior –*Zeir Anpin*–, **y el producto de la tierra,** que es la abundancia del Aspecto Cósmico Femenino Inferior –*Maljut*–, **se unen, se** anula y **quita esa inmundicia** del Aspecto Cósmico Femenino Inferior –*Maljut*–. Y así el Aspecto Cósmico Femenino Inferior –*Maljut*– se purifica de la adherencia de los entes impuros denominados *jitzonim*, para realizar la unión con el Aspecto Cósmico Masculino Inferior –*Zeir Anpin*–.

Dijo Rabí Jía: la última emanación cósmica –*sefirá*– **de esas coronas** –*sefirot*– **inferiores que no son sagradas, es la que está escrito acerca de ella:** «No se hallará entre vosotros nadie que haga que su hijo o hija pase por el fuego, nadie que practique la magia, ningún astrólogo, nadie que lea presagios, ningún hechicero; ni ningún encantador de animales, nadie que consulte a Ov o Idoni, **o que consulte a los muertos**» (Deuteronomio 18:10-11). Es decir, se refiere al Aspecto Cósmico Femenino Inferior –*Maljut*– de la corteza impura denominada *klipa*. **Y ese es el décimo** tipo de brujería **de todos**

los diez tipos de brujerías (mencionados en la sección Vaishlaj 167a). **Como hemos estudiado: dijo Rabí Itzjak, dijo Rabí Iehuda: las almas** –*nefashot*– **de los malvados son los dañadores del mundo.** Y ellos, esos dañadores denominados *mazikim*, están bajo el poder de la décima corteza impura denominada *klipa*, y por eso, a través de esos entes pueden consultar a los muertos.

Rabí Iosei le dijo a Rabí Jía: **si es así,** que las almas –*nefashot*– de los malvados se transforman en los dañadores –*mazikim*– del mundo, **es mejor para ellos, los malvados, deambular por todo el mundo. ¿Dónde está el castigo del Infierno? ¿Dónde está ese mal preparado para ellos en ese mundo,** el mundo supremo?

Rabí Jía le dijo a Rabí Iosei: **así hemos estudiado, y he aquí que ya** fue estudiado y **establecido por nosotros que las almas de los malvados, cuando salen del mundo, numerosos ángeles dañinos poseedores de facultad de juicio están preparados para recibirlos, y llevarlos al Infierno. Y los hacen entrar en el Infierno con tres juicios cada día. Después se unen con los ángeles dañinos y van y deambulan por el mundo. Y les hacen probar a** –las almas de– **esos malvados que el arrepentimiento se ha cerrado ante ellos.** Es decir, les muestran que los portales del arrepentimiento se han cerrado ante ellos. **Después las devuelven** –a las almas de los malvados– **al infierno, y son juzgadas allí,** según lo que merecen. **Y así** les hacen **cada día** a las almas de los malvados.

Después de que los ángeles dañinos **van con ellas,** las almas de los malvados **y deambulan con ellas por el mundo, las devuelven a sus sepulcros. Y allí ven los gusanos del cuerpo, que agujerean su carne, y hacen duelo por ellos,** por sus cuerpos.

Y esos brujos iban al cementerio, y realizaban brujerías, y hacían una imagen de persona de madera, **y ofrendaban ante ella un chivo** –*seir*–. **Después hacían entrar a ese chivo** (70b) **en ese sepulcro** de esa persona malvada, **y dirigían la imagen a los cuatro puntos cardinales. Y la introducían por los cuatro extremos del sepulcro. Entonces realizaban sus brujerías. Y se reunían esos grupos** de entes impuros denominados *jitzonim*, **y esos tipos de** demonios **malos. Y traían a esa alma** –*nefesh*– de ese malvado que estaba enterrado en esa tumba, **y entraba en esa tumba, y** se investía en esos huesos, **y hablaba con ellos,** los que realizaban las brujerías.

Dijo Rabí Itzjak: bienaventurados los justos en este mundo, y en el Mundo Venidero, pues todos son santos. El cuerpo de ellos es santo, y el alma de ellos es santa. Por eso los brujos no pueden utilizar sus cuerpos para hacer brujerías, y sus almas sagradas no son entregadas a los entes impuros denominados *jitzonim*, tal como ocurre con las almas de los malvados. **El espíritu de ellos es sagrada,** e inmediatamente después de que mueren, sus espíritus ascienden al Jardín del Edén de lo bajo. **Y el alma** –*neshamá*– **de ellos es santísima** –*Kodesh Kodashim*–, **e inmediatamente** después de que mueren, sus almas –*neshamot*– ascienden al Jardín del Edén de lo Alto. **Esos tres grados** –mencionados de almas–, **son similares a** los cuerpos cósmicos denominados *Partzufim* **de lo Alto.** Pues el grado de alma denominado *nefesh* está asociado con el misterio del Aspecto Cósmico Femenino Inferior –*Maljut*–; el grado de alma denominado *ruaj* está asociado con el misterio del Aspecto Cósmico Masculino Inferior –*Zeir Anpin*–; y el grado de alma denominado *neshamá* está asociado con el misterio del *Biná*, o sea, el Aspecto Cósmico Femenino Supremo –*Ima*–. **Pues hemos estudiado: dijo Rabí Iehuda: está escrito: «La tierra produzca seres vivos** –*nefesh jaia*–**»** (Génesis 1:24). **Esta es el alma** –*nefesh*– sagrada **de Adán, el primer hombre,** que produjo el Aspecto Cósmico Femenino Inferior –*Maljut*– del Mundo de la Emanación –*Atzilut*–, que se denomina Tierra, y la otorgó a Adán, el primer hombre. He aquí que el grado de alma denominado *nefesh* está asociado con el misterio del Aspecto Cósmico Femenino Inferior –*Maljut*–.

Ven y observa: **hay tres grados que se unen como uno: esencia existencial** –*nefesh*–**, espíritu** –*ruaj*–**, y alma** –*neshamá*–**. Y el más supremo de** todos **ellos es el alma** –*neshamá*–. Tal **como dijo Rabí Iosei: en todas las personas hay esencia existencial** –*nefesh*–**, y hay esencia existencial suprema** –*nefesh ilaa*–**, más que la esencia existencial** –*nefesh*– común. Es decir, hay esencias existenciales de distinto grado, unas más elevadas que otras. Pues hay esencia existencial –*nefesh*– proveniente del Mundo de la Acción –*Asiá*–, hay esencia existencial –*nefesh*– proveniente del Mundo de la Formación –*Ietzirá*–, hay esencia existencial –*nefesh*– proveniente del Mundo de la Creación –*Briá*–, y hay esencia existencial –*nefesh*– proveniente del Mundo de la Emanación –*Atzilut*–. Y esta graduación existe en todos los niveles de almas: la esencia existencial –*nefesh*–, el espíritu –*ruaj*–, el alma –*neshamá*–, el grado de alma supremo denominado *jaia*, y el grado de alma supremo denominado *iejida*.

Si la persona mereció esa esencia existencial –*nefesh*– **del Aspecto Cósmico Femenino Inferior** –*Maljut*–, **vierten sobre él una corona que se denomina espíritu** –*ruaj*–, del Aspecto Cósmico Masculino Inferior –*Zeir Anpin*–. **A esto se refiere lo que está escrito: «Hasta que sea vertido sobre nosotros el espíritu de lo Alto»** (Isaías 32:15). He aquí se indica en el versículo que hay personas sobre las cuales se derrama el espíritu de lo Alto, asociado con el misterio del Aspecto Cósmico Masculino Inferior –*Zeir Anpin*–. **Entonces la persona se despierta con otro despertar, supremo, para observar los protocolos del Rey sagrado,** es decir, lo referente al Aspecto Cósmico Masculino Inferior –*Zeir Anpin*–, y sumar conocimiento al conocimiento que posee.

Si la persona mereció ese espíritu –*ruaj*– del Aspecto Cósmico Femenino Inferior –*Maljut*–, **lo coronan con una corona sagrada suprema que incluye todo, la cual se denomina *neshamá*,** de *Biná*, o sea, el Aspecto Cósmico Femenino Supremo –*Ima*–, **la cual se denomina alma Divina.** Esto es así por la *Biná*, que se denomina Dios, y también el vestido del grado de alma denominado *neshamá* se denomina Dios. Y la persona merece los grados de los niveles de alma supremos según sus méritos. Pues al comienzo, la persona a través de sus buenas acciones se hace merecedora de la esencia existencial –*nefesh*–, el espíritu –*ruaj*–, y el alma –*neshamá*– del Mundo de la Acción –*Asiá*–. Después, si lo merece, se hace merecedora de la esencia existencial –*nefesh*–, el espíritu –*ruaj*–, y el alma –*neshamá*– del Mundo de la Formación –*Ietzirá*–; y si reúne los méritos necesarios, sigue recibiendo grados de alma cada vez más supremos.

Y hemos estudiado en los misterios de los misterios del libro Eclesiastés del rey Salomón el misterio de este versículo, en el

70b

cual está escrito: «Y yo alabo a los muertos que ya han muerto» (Eclesiastés 4:2). **Dado que está escrito: «Y yo alabo a los muertos», ¿por qué** se agregó la declaración: **«que ya han muerto»?** La respuesta no es **sino ésta**: se refiere a los hombres justos, los cuales **ya han muerto en este mundo al servicio del Amo de ellos,** dando todo de ellos y entregando su alma para servirlo.

Y allí, en ese mismo libro, **está escrito: El Santo, Bendito Sea, hizo tres habitáculos para** los grados de las almas de **los justos. Uno, para las esencias existenciales** *–nefashot–*, **de esos justos que** las esencias existenciales *–nefashot–* de ellos **no se apartaron de este mundo, y se encuentran en este mundo.** Pues la esencia existencial *–nefesh–* permanece siempre en el sepulcro, hasta la resurrección; y el espíritu *–ruaj–*, del Mundo de la Formación *–Ietzirá–*, asciende al Jardín del Edén de la Tierra, en el Mundo de la Acción *–Asiá–*. Y el alma *–neshamá–* del Mundo de la Creación *–Briá–*, asciende al Jardín del Edén supremo, en el Mundo de la Creación *–Briá–*. Y la esencia existencial *–nefesh–*, el espíritu *–ruaj–*, el alma *–neshamá–*, el grado de alma supremo denominado *jaia*, y el grado de alma supremo denominado *iejida*, del Mundo de la Emanación *–Atzilut–*, ascienden a su lugar supremo donde están enraizados, o sea, al Aspecto Cósmico Masculino Supremo *–Aba–* y al Aspecto Cósmico Femenino Supremo *–Ima–*, y al Aspecto Cósmico Masculino Inferior *–Zeir Anpin–*, y el Aspecto Cósmico Femenino Inferior *–Maljut–*, del Mundo de la Emanación *–Atzilut–*. **Y cuando el mundo necesita misericordia, y las personas están** inmersas **en aflicción, ellas,** las esencias existenciales *–nefashot–*, de los justos que están sobre los sepulcros, **rezan por ellas** –esas personas–. **Y van e informan del asunto a los que duermen en Jebrón,** o sea, los patriarcas. **Y ellos se despiertan y entran al Jardín del Edén, donde los espíritus de los justos se invisten con sus coronas de luz. Y se aconsejan con ellos, y ellos decretan decretos** buenos para anular los malos decretos. **Y El Santo, Bendito Sea, hace la voluntad de ellos, y repara en el mundo,** haciendo misericordia.

Y esas esencias existenciales *–nefashot–*, **de los justos se encuentran en este mundo para proteger a los vivos. Y este** grado se denomina esencia existencial –*nefesh*–. **Y este** grado que se denomina esencia existencial –*nefesh*– **no se aparta del mundo, y se encuentra en este mundo para observar y saber, y proteger a la generación.** Y a esto se refiere lo que dijeron los compañeros en el Talmud, tratado de Berajot (18b), **que los muertos saben de las aflicciones del mundo, y del castigo de los malvados que están en la Tierra es con esa** esencia existencial –*nefesh*–, **como está escrito: «Y esa alma** –*nefesh*– **será tronchada de su pueblo»** (Génesis 17:14).

Y el segundo compartimiento es el Jardín del Edén de la Tierra. En él El Santo, Bendito Sea, hizo compartimientos supremos distinguidos, similar a este mundo, o sea, con ciertos grados de materialismo similar a este mundo, **y similar al mundo supremo,** o sea, con grados de espiritualidad, pues está vinculado con el Jardín del Edén supremo, que es totalmente espiritual. **Y** los **palacios** son también **de dos formas,** como los compartimientos, **los cuales son innumerables. Y hay allí,** en el Jardín del Edén, **árboles y vegetales y aromas que ascienden cada día. Y en ese lugar mora ese** grado de alma **que se denomina espíritu** –*ruaj*– **de los justos. Y** allí **está el compartimiento en el que mora ese** grado de alma que se denomina **espíritu** –*ruaj*–. **Y cada espíritu y espíritu se viste con una vestimenta distinguida, semejante a este mundo, y semejante a ese mundo supremo.** Pues el espíritu es espiritual, dado que viene del Mundo de la Formación –*Ietzirá*–, pero debido a su cercanía al alma –*nefesh*–, y el alma –*nefesh*– al cuerpo, se manifiesta e él la forma del cuerpo semejante a este mundo.

El tercer compartimiento es el compartimiento supremo sagrado que se denomina Lazo de la Vida –*tzror hajaim*–, por el Aspecto Cósmico Femenino Inferior –*Maljut*– del Mundo de la Emanación –*Atzilut*–, que se denomina Lazo de la Vida –*tzror hajaim*–, y desciende allí. Y éste es el Jardín del Edén supremo del Mundo de la Creación –*Briá*–, **que allí se deleita ese grado supremo sagrado que se denomina** *neshamá*. **Y este** grado de alma denominado *neshamá* **se une para deleitarse con el deleite supremo,** o sea, la irradiación de luminosidad proveniente del ente cósmico denominado *Biná*, que es el Aspecto Cósmico Femenino Supremo –*Ima*–. **Y a esto se refiere**

70b

lo que está escrito: «Entonces te deleitarás en –*al*– **El Eterno; y Yo te haré subir** sobre las alturas de la tierra, y te daré a comer la heredad de Jacob tu padre; porque la boca de El Eterno lo ha manifestado» (Isaías 58:14). La expresión «*al*», significa literalmente «sobre». Es decir, es como si estuviera escrito: «Entonces te deleitarás sobre El Eterno», o sea, sobre el Aspecto Cósmico Masculino Inferior –*Zeir Anpin*–. Y lo que está escrito a continuación: «yYo te haré subir sobre las alturas de la tierra», alude al misterio del Jardín del Edén supremo.

Y hemos estudiado: cuando el mundo necesita misericordia y esos justos merecedores están allí, **y esa alma** –*nefesh*– **de ellos que se encuentra en el mundo para proteger al mundo,** protege a los moradores del mundo, ocurre que **el alma** –*nefesh*– **asciende y va y deambula por el mundo, e informa al espíritu** que se encuentra en el Jardín del Edén inferior. **Y el espíritu asciende** del Jardín del Edén inferior al Jardín del Edén supremo, y **se corona** con la vestimenta suprema apropiada para el Jardín del Edén supremo, e **informa al alma** –*neshamá*–. **Y el alma** –*neshamá*– informa **a El Santo, Bendito Sea. Y entonces, El Santo, Bendito Sea, repara en el mundo,** y se apiada de sus moradores. **Entonces** la noticia de la anulación del decreto **desciende de lo Alto a lo bajo,** de este modo: **el** grado de **alma** –*neshamá*– **informa al espíritu, y el espíritu informa al alma** –*nefesh*–.

Y en cada Shabat y Shabat, y Luna Nueva, todos los grados: la esencia existencial –*nefesh*–, el espíritu –*ruaj*–, y el alma –*neshamá*–, **se unen y se coronan como uno, hasta que se unen para venir a prosternarse ante el Rey supremo. Y después vuelven a sus lugares. A esto se refiere lo que está escrito: «Y de mes en mes, y de Shabat en Shabat, vendrán todos a prosternarse delante de mí, dijo El Eterno»** (Isaías 66:23).

Y cuando el mundo necesita misericordia, y los vivos van a los sepulcros de los justos **e informan a las almas** –*nefashot*– **de los justos** que están en los sepulcros, **y lloran sobre sus sepulcros, esos** justos vivos **que son apropiados para informarles** a las almas –*nefashot*– de los justos que están en los sepulcros les informan del asunto. ¿Y **cuál es la razón** por la cual deben ser apropiados para eso? La respuesta no es sino ésta: **porque ellos disponen la volun-**

tad de ellos para unirse alma –*nefesh*– con alma –*nefesh*–. Es decir, disponen la voluntad de ellos para unir el alma de ellos con el alma de los justos. **(71a) Entonces se despiertan las almas** –*nefashot*– **de los justos, y se reúnen y van y deambulan hasta que llegan a los que duermen en Jebrón,** o sea, los patriarcas sagrados. **Y les informan acerca de la aflicción del mundo. Y todos ascienden** y entran **por esa entrada del Jardín del Edén e informan al espíritu. Y esos espíritus que se coronan en el Jardín del Edén,** y se visten con vestimentas gloriosas y distinguidas, son ayudados por **ángeles supremos, que andan entre ellos,** y se convierten en ca*rruaj*e para ascenderlos al Jardín del Edén supremo. **Y todos informan al alma** –*neshamá*– que se encuentra en el Jardín del Edén supremo. **Y el alma** –*neshamá*– **informa a El Santo, Bendito Sea. Y todos piden clemencia por los vivos. Y El Santo, Bendito Sea, se apiada del mundo por ellos. Y a esto se refiere lo que dijo Salomón: «Y yo alabo a los muertos que ya han muerto»** (Eclesiastés 4:2). Porque ellos oran por las personas vivas que moran en el mundo inferior.

Dijo Rabí Jía: yo me sorprendo si aún **hay quien sabe informar a** las almas –*nefashot*– de **los muertos** acerca de la aflicción que hay en el mundo, **con excepción de nosotros,** que conocemos el asunto del apego de alma –*nefesh*– con alma –*nefesh*–.

Dijo Rabí Raba: a veces, los justos que se afligen y los Hijos de Israel **les informan de la aflicción.** Y a veces **la Torá les informa. Pues cuando no hay quien sepa esto,** el asunto del apego de alma –*nefesh*– con alma –*nefesh*–, **se saca la Torá llevándola a proximidades del cementerio,** sin introducirla entre los sepulcros, **y ellas,** las almas –*nefashot*– de los justos, **se despiertan por** el honor de **la Torá,** y consideran **por qué fue exiliada a este lugar. Entonces,** el ángel cuyo nombre se escribe con las letras hebreas *dalet–vav–mem–he,* que está a cargo de los sepulcros, **les informa** de la aflicción del mundo, siendo esa la razón por la que sacaron el rollo de la Torá, para informarles del asunto, y que pidan clemencia.

Dijo Rabí Iosei: y las almas –*nefashot*– **saben que el mundo está inmerso en aflicción, y los vivos no son apropiados** para anular el decreto, **y no les saben informar** de eso. **En ese momento to-**

71a

dos claman por el honor de **la Torá que fue humillada a través de ser exiliada a ese lugar. Si las personas se arrepienten** y rectifican, **y lloran con corazón íntegro, y vuelven ante El Santo, Bendito Sea, todas** las almas –*nefashot*– de los justos **se reúnen y solicitan misericordia, e informan a los que duermen en Jebrón,** o sea, los patriarcas. **Y** entonces, las almas –*nefashot*– de los justos y las almas de los patriarcas **entran al Jardín del Edén, e informan a los espíritus que hay allí,** tal como hemos dicho anteriormente

Y si esos moradores del mundo **no** se rectifican y **vuelven** a El Santo, Bendito Sea, **con corazón íntegro para solicitar y llorar por la aflicción del mundo, ¡ay de ellos! Pues todos** –todas las almas– **se reunieron vanamente. Dicen: ¿quién provocó que la sagrada Torá sea exiliada a causa de ellos sin arrepentimiento? Y todos vienen a recordar sus pecados. Por eso, no han de ir allí,** a los sepulcros de los justos **sin arrepentimiento y sin ayuno para pedir clemencia ante ellos,** o sea, ante sus almas.

Dijo Rabí Aba: no han de ir a los sepulcros de los justos **sin** arrepentimiento completo y sin **tres ayunos** para pedir clemencia ante ellos. **Dijo Rabí Iosei:** es suficiente **incluso con uno,** o sea, un ayuno, **y** el mismo debe ser realizado **en ese día. Y sólo cuando el mundo está inmerso en un gran sufrimiento. Entonces, todos,** o sea, todas las almas –*nefashot*– de los justos, **se unen como uno para pedir clemencia por el mundo.**

Hemos estudiado: dijo Rabí Iehuda: un día Rabí Jizkia y Rabí Ieisa iban por el camino, y se toparon con la aldea **Gush Jalav que estaba asolada. Se sentaron cerca del cementerio, y Rabí Ieisa tenía en su mano pergaminos de un rollo de la Torá que se había roto. Mientras estaban sentados se estremeció un sepulcro ante ellos, y** el muerto que estaba enterrado allí **gritó: ¡Ay, ay, pues el mundo está** inmerso **en aflicción, pues el rollo de la Torá ha sido exiliado aquí! ¡Ay de los vivos que vinieron a burlarse de nosotros, y a humillarnos con su rollo de la Torá!** Entonces, inmediatamente **Rabí Jizkia y Rabí Ieisa se estremecieron.**

Dijo Rabí Jizkia al muerto que estaba enterrado allí: **¿quién eres tú?** Y el fallecido **le dijo: soy un muerto** (y estoy enterrado aquí desde hace mucho tiempo, ¿qué importancia tiene quién soy y cuál es mi nombre?). **Y he aquí que me desperté por el** honor del **rollo de la Torá. Pues una vez el mundo estaba** inmerso **en aflicción, y vinieron aquí** hombres **vivos para despertarnos con el rollo de la Torá. Y yo y mis compañeros nos adelantamos para informar a los que duermen en Jebrón. Y cuando se unieron en el Jardín del Edén con los espíritus de los justos, fue hallado que ese rollo de la Torá que trajeron ante nosotros era inválido ante ellos. Y con eso se miente en el Nombre del Rey,** ya que toda la Torá es un solo Nombre sagrado. **Pues había una** letra *vav* **adicional en** la palabra *divshosaat* **de este versículo:** «Y entre los animales, podrás comer todos los animales **que tienen pezuña** –*divshosaat*– **partida, que está completamente separada en dos pezuñas,** que rumia» (Deuteronomio 14:6). Y según la tradición ancestral, esa letra *vav* de la palabra *divshosaat* no debe estar escrita. **Y** los espíritus que estaban en el Jardín del Edén **dijeron: dado que mintieron con el Nombre sagrado,** o sea, el rollo de la Torá, que como dijimos, es un Nombre sagrado de El Santo, Bendito Sea, esos que vinieron ante nosotros para avisarnos del exilio del rollo de la Torá –por la aflicción del mundo–, **no volverán a sus lugares,** o sea, junto a las otras almas. **Y a raíz de eso, me desplazaron a mí y a mis compañeros de la Academia** de estudios de lo Alto, denominada Metivta.

Esto fue así **hasta que un anciano que estaba entre ellos fue y trajo el libro de Rav Amnuna el anciano, y entonces se despertó Rabí Elazar el hijo de Rabí Simón, que estaba enterrado con nosotros. Y fue al Jardín del Edén y pidió** clemencia **por ellos. Y el mundo se curó** de la aflicción, **y entonces nos permitieron** volver a la Academia de estudios de lo Alto, denominada Metivta.

Y desde ese día en que ascendieron a Rabí Elazar de ese sepulcro que estaba en la aldea Gush Jalav, **y fue** enterrado **junto a su padre** en Meirón, **no hay quien se despierte para levantarse ante los que duermen en Jebrón. Pues temí que desde ese día en que me desplazaron a mí y a mis compañeros** de la Academia de estudios de lo Alto, denominada Metivta. **Y ahora habéis venido a nosotros** y traéis **un rollo de la Torá con vosotros, y dije: he aquí que el**

mundo está inmerso en aflicción. Y por eso me estremecí, pues dije: ¿quién se adelantará para informar a esos justos verdaderos que duermen en Jebrón?

Rabí Ieisa se escabulló y se fue **con el vínculo** de los pergaminos **del rollo de la Torá. Rabí Jzkia le dijo** al muerto: **Dios libre; el mundo no está** inmerso **en aflicción, y nosotros no hemos venido por eso.**

Rabí Jizkia y Rabí Ieisa se marcharon. Dijeron: ciertamente cuando no hay justos en el mundo, el mundo no se mantiene sino por el mérito de los justos **muertos.**

Dijo Rabí Ieisa a Rabí Jizkia: **cuando el mundo necesita lluvia, ¿por qué vamos** a orar **junto a los muertos? Y he aquí que está escrito (71b):** «No se hallará entre vosotros nadie que haga que su hijo o hija pase por el fuego, nadie que practique la magia, ningún astrólogo, nadie que lea presagios, ningún hechicero; ni ningún encantador de animales, nadie que consulte a Ov o Idoni, **o que consulte a los muertos**» (Deuteronomio 18:10-11). **Y** según lo que surge de aquí **está prohibido** pedir clemencia de los muertos. ¿Cómo se explica?

Rabí Jizkia **le dijo** a Rabí Ieisa: se ve de tu pregunta que **hasta aquí no has visto el ala del pájaro del Edén.** Es decir: se ve de tu pregunta que no has estudiado de Rabí Simón, cuya alma viene del ala del ente cósmico denominado *Biná*, o sea, el Aspecto Cósmico Femenino Supremo –*Ima*–, que se denomina Pájaro del ente cósmico denominado *Jojmá*, o sea, el Aspecto Cósmico Masculino Supremo –*Aba*–, que se denomina Edén. Pues Rabí Shimón explicó que lo que está escrito: **«o que consulte a los muertos»**, se refiere específicamente **«a los muertos», o sea, aquellos pecadores del mundo de las naciones, que se encuentran siempre** como **muertos.** Pues los malvados en vida son denominados muertos. **Pero** los Hijos de **Israel, que son justos verdaderos, Salomón declaró acerca de ellos:** «Y yo alabo a los muertos que ya han muerto» (Eclesiastés 4:2). Lo que está escrito: «que ya han muerto», se refiere a que murieron **en otro tiempo, y no ahora.** O sea, **«que ya han muerto»,** porque en sus vidas se mataron a sí mismos por la Torá y el servicio a El Santo, Bendito Sea, y no tuvieron provecho de los placeres y deleites del mundo terrenal. **Y** a raíz de eso **ahora,** después de morir, **ellos son** considerados **vivos.**

Y además, porque las demás naciones, cuando vienen a sus muertos, vienen con brujerías para despertar sobre ellos fuerzas malas. Y cuando los Hijos **de Israel vienen a sus muertos, vienen con mucho arrepentimiento ante El Santo, Bendito Sea, con quebranto de corazón, con ayuno ante Él. Y todo para que las almas sagradas pidan por ellos clemencia ante El Santo, Bendito Sea. Y El Santo, Bendito Sea, repara en el mundo** con misericordia **por ellos.**

Y a esto se refiere lo que hemos estudiado: aunque sea que el justo se libera de este mundo, al morir, **no se aparta ni se pierde de todos los mundos. Pues él está en todos los mundos más que en su vida. Pues en su vida está en este mundo solamente, y después** de morir, **se encuentra en tres mundos.** Pues la esencia existencial –*nefesh*– está sobre los huesos en el sepulcro; y el espíritu –*ruaj*–, se encuentra en el Jardín del Edén de la Tierra; y el alma –*neshamá*–, se encuentra en el Jardín del Edén supremo. **Y está en todos estos mundos, como está escrito:** «A más de la fragancia de tus buenos óleos, tu nombre es como óleo esparcido; por eso **las doncellas** –*alamot*– **te aman**» (Cantar de los Cantares 1:3). **No leas** la expresión «*alamot*» con esa vocalización, **sino** de este modo: ***olamot,*** que significa «mundos». Se aluda a los justos que se encuentran en los tres mundos, y ellos te aman. **Bienaventurada la parte de ellos.**

Hemos estudiado: está escrito: «Y el alma de mi señor esté atada al vínculo de la vida» (I Samuel 25:29). Se aprecia que está escrito: **«Y el alma** –*nefesh*– **de mi señor estaba** atada», pero **debería** decir: **«Y el alma** –*nishmat*– **de mi señor estaba** atada». Pues sólo el grado de alma denominado *neshamá* asciende según el misterio de las aguas femeninas a la emanación cósmica –*sefirá*– denominada *Iesod,* del Aspecto Cósmico Femenino Inferior –*Maljut*–, que se denomina Vínculo de la Vida. Y el grado de alma denominado *nefesh* permanece en este mundo. ¿Cómo se explica esta aparente contradicción?

La respuesta no es **sino ésta:** tal **como hemos dicho, que es bienaventurada la parte de los justos. Pues** en ellos **todos** los grados de alma **se vinculan éste con éste.** Es decir: **esencia existencial** –*ne-*

71b

fesh– con **espíritu** *–ruaj–*, **y espíritu** *–ruaj–* **con alma** *–neshamá–*, **y alma** *–neshamá–* **con El Santo, Bendito Sea.** Y a través de esto **resulta que la esencia existencial** *–nefesh–* **se vincula con el Vínculo de la Vida.** Pues también la esencia existencial *–nefesh–* asciende con el alma *–neshamá–* a la emanación cósmica *–sefirá–* denominada *Iesod*, del Aspecto Cósmico Femenino Inferior *–Maljut–*.

Dijo Rabí Elazar: eso que dijeron los compañeros: el exilio del rollo de la Torá incluso de una sinagoga a otra sinagoga está prohibido (*véase* Talmud, tratado de Taanit 16a), **y con más razón** que está prohibido sacarlo **a la calle** de la ciudad. Siendo así, **¿por qué** vemos que se saca el rollo de la Torá **a la calle? Dijo Rabí Iehuda: tal como hemos dicho: para que** las almas de los justos **se despierten por** el exilio de **él,** el rollo de la Torá, **y pidan clemencia por el mundo.**

Dijo Rabí Aba: cuando se exilió la Presencia Divina *–Shejiná–,* **también fue** exiliada **así, de lugar en lugar,** tal como enseñaron los sabios talmudistas, que la Presencia Divina *–Shejiná–* realizó diez viajes (*véase* Talmud, tratado de Rosh Hashaná 31a), **hasta que dijo: ¡Quién me diese estar en el desierto, un albergue de caminantes!** (Jeremías 9:1). Es decir: ¡Quién me diese estar en el desierto, que es un albergue de los caminantes! **También aquí,** con relación al rollo de la Torá, **en un comienzo** fue exiliado **de sinagoga a sinagoga, después, a la calle** de la ciudad, **después al desierto, un albergue de caminantes,** o sea, fue llevada al cementerio que es un albergue de caminantes, o sea, los que se van de este mundo al otro mundo, el Mundo Venidero.

Dijo Rabí Iehuda: los moradores de Babilonia temen por la humillación **y lo no llevan siquiera de** una **sinagoga a** otra **sinagoga.** Y no sólo eso, sino que también temían de las letras del rollo de la Torá, por si faltara una, o sobrara una, al no ser completamente expertos en eso. Y debido a eso, podría ocurrir que sacaran un rollo de la Torá inválido, y fueran castigados por ello. Y si temían de todo eso, **con más razón esto,** no sacaban un rollo de la Torá a la calle o al cementerio.

Hemos estudiado: Rabí Shimón les dijo a los compañeros: en mis días los moradores del mundo no necesitaron eso, llevar el rollo de la Torá a la calle, o al cementerio. Y la razón era porque Rabí

Shimón endulzaba los juicios, y todo el mundo era alcanzado por la misericordia.

Rabí Iosei le dijo a Rabí Shimón: los justos protegen al mundo estando con vida, y en sus muertes más que estando con vida. A esto se refiere lo que está escrito: **«Porque yo escudaré a esta ciudad para salvarla, en aras de mí mismo, y en aras de David mi siervo»** (Isaías 37:35). Esto ocurrió en tiempos de rey Jizkiahu, que vivió mucho tiempo después de que el rey David muriera. Y se ve de la declaración del versículo que el mérito de David sirvió para salvar a los Hijos de Israel que moraban en Jerusalén del enemigo. **Y estando él con vida no está escrito** que el mérito de David sirvió para salvar a los Hijos de Israel que moraban en Jerusalén del enemigo.

Dijo Rabí Iehuda: ¿qué diferencia hay aquí, en esta cita? **Como está escrito: «Por mí y por mi siervo David»** (Salmos 102:22). **Pues** aparentemente El Santo, Bendito Sea, **equipara esto,** su honor, **a esto,** el honor de David. Y eso es difícil de entender, pues, ¿cómo se puede comparar?

La respuesta no es **sino ésta**: la razón es **porque David mereció vincularse con el Carruaje sagrado de los patriarcas.** Es decir, se transformó en el cuarto sostén del Carruaje sagrado. O sea, se vinculó con el misterio de la emanación cósmica –sefirá– denominada *Maljut*, que es la cuarta de estas tres sefirot: la emanación cósmica –sefirá– denominada *Jesed*, la emanación cósmica –sefirá– denominada *Guevurá*, y la emanación cósmica –sefirá– denominada *Tiferet*, del Aspecto Cósmico Masculino Inferior –*Zeir Anpin*–. Y esas tres sefirot se denominan Patriarcas. **Y por eso todo es uno.** Es decir, El Santo, Bendito Sea, que está asociado con el misterio del Aspecto Cósmico Masculino Inferior –*Zeir Anpin*–, y David, que está asociado con el misterio del Aspecto Cósmico Femenino Inferior –*Maljut*–. Todos esos entes cósmicos conforman un mismo grado, y en conjunto se transforman en un Carruaje para la emanación cósmica –sefirá– denominada *Biná*, (o sea, el Aspecto Cósmico Femenino Supremo –*Ima*–). **Bendito sea Él por siempre jamás.**

Está escrito: «El Eterno habló a Moshé (Moisés), diciendo: «Háblales a los Hijos de Israel y diles: Yo soy El Eterno, vuestro Dios. **No rea-**

licéis como las prácticas de la tierra de Egipto en la que habitasteis; y no realicéis como las prácticas de la tierra de Canaán a la que os traigo allí, ni sigáis sus costumbres» (Levítico 18:2-3). **Rabí Itzjak abrió** su disertación acerca de este asunto, **y** para explicarlo **dijo** este versículo: **«Para contar en Tzión el Nombre de El Eterno, y su alabanza en Jerusalén»** (Salmos 102:22). Y para explicarlo, el sabio dijo a modo de introducción: **hemos estudiado allí** (este estudio consta en el folio 75a): **el Nombre sagrado es cerrado y revelado.** Pues el Tetragrama, tal como se escribe, es cerrado y oculto, y el Nombre El Señor, o sea, el Tetragrama tal como se lo lee, es abierto. Y la razón se debe a que el Tetragrama tal como se escribe, está oculto e investido en el Nombre El Señor. Y a esto se refiere lo que está escrito: «Y El Eterno en su sagrado Palacio –*heijal*–» (Habacuc 2:20). Y la relación existe porque el valor numérico de la expresión *heijal* es 65, el mismo que el del Nombre El Señor. **Y** lo mismo ocurre con **la Torá, que es un Nombre sagrado supremo cerrado y abierto.** Ya que está enraizada en el Aspecto Cósmico Masculino Inferior –*Zeir Anpin*–, que se vincula con el misterio del Tetragrama, por lo que es concretamente como el Nombre de El Santo, Bendito Sea. O sea, así como el Nombre de El Santo, Bendito Sea, es cerrado y abierto, lo mismo sucede con la Torá, que tiene una parte oculta, denominada *sod*, y una parte revelada, denominada *pshat*. **Y** esto es así en la Torá tanto en forma general como particular, pues **todo versículo de la Torá y toda sección de la Torá es cerrada y abierta,** ya que hay una enseñanza revelada, según el sentido llano, y una oculta.

¿Y cómo sabemos que todo versículo de la Torá y toda sección de la Torá es cerrada y abierta, ya que hay una enseñanza revelada, según el sentido llano, y una oculta? **Pues hemos estudiado: dijo Rabí Iehuda: por la insolencia de una justa salieron muchas bondades para el mundo. ¿Y quién es ella? Tamar,** la mujer de Iehuda, **como está escrito:** «Y a Tamar le dijeron lo siguiente: he aquí que tu suegro llega a Timná a esquilar sus rebaños. Entonces se quitó la ropa de su viudez y se cubrió con un velo, y se tapó el rostro; luego **se sentó en el cruce de caminos** –*petaj einaim*– que se halla en el camino que conduce a Timná, pues vio que Shelá había crecido y ella no le había sido dada

SEGUNDA PARTE: AJAREI MOT

por mujer a él» (Génesis 38:13-14). Y de la simiente de ella salió la cadena del reinado de David, es decir, la sucesión de reyes a partir de David, y también el Mesías, que será descendiente de David. Esto se aprende según el sentido llano del versículo, ya que la declaración «se sentó en el cruce de caminos», indica que lo hizo como una meretriz, o sea, un acto de insolencia.

Dijo Rabí Aba: esta sección prueba que la Torá es cerrada y abierta, o sea, que hay una enseñanza revelada, según el sentido llano, y una oculta. Pues todo lo dicho acerca de Tamar encierra misterios profundos. **Y he observado** y meditado **en toda la Torá y no hallé un lugar que se llame Cruce de Caminos** –*Petaj Einaim*–. Por tanto no es esta **sino** una declaración que revela que **todo es oculto y secreto de secretos.**

Y hemos estudiado: ¿qué vio esta justa para hacer eso? La respuesta no es **sino ésta: ella sabía** por haberlo aprendido **en la casa de su suegro,** Iehuda, **los caminos de El Santo, Bendito Sea.** Así pues, aprendió **cómo** El Santo, Bendito Sea, **conduce este mundo,** o sea, cómo actúa **con las personas.** Es decir, en casa de su suegro aprendió el misterio de las reencarnaciones, y sabía de la caída de las almas de Er y Onán, con quienes ella se había casado anteriormente y murieron, como está escrito: «Iehuda (Judá) tomó una mujer para su hijo Er, su primogénito; se llamaba Tamar. Pero Er, primogénito de Iehuda (Judá), era malvado a los ojos de El Eterno, y El Eterno hizo que muriera. Iehuda (Judá) le dijo a Onán: allégate a la mujer de tu hermano y haz con ella un casamiento de levirato, y así establecerás simiente para tu hermano. Mas Onán sabía que la simiente no sería suya; y por eso, cada vez que se allegaba a la mujer de su hermano, dejaba que cayera desperdiciada al suelo, para no darle descendencia a su hermano. Lo que hacía era malvado a los ojos de El Eterno, y Él hizo que también él muriera» (Génesis 38:6-10). Y Tamar sabía que aquel que murió sin hijos, El Santo, Bendito Sea, le dispone su rectificación a través del misterio del matrimonio de levirato. Y ella sabía que su rectificación se habría de realizar a través de Iehuda y ella. **Y dado que ella sabía** todo esto, **El Santo, Bendito Sea, estableció el asunto a través de ella.** O sea, que ella misma provocara que Iehuda se allegara a ella, para que a través de la unión de ellos se rectificaran las almas de Er y Onán.

Y esto que hemos mencionado **va tal como hemos estudiado** en el tratado talmúdico de Sanhedrín (107a): **Bat Sheva,** la mujer del rey David **estaba preparada desde los seis días de la creación para ser la madre de**l rey **Salomón.** Y era imposible que Salomón saliera de otro lugar que no fuera ella. Pues Bat Sheva estaba asociada con el misterio del *Maljut,* y Salomón fue el rey de Israel. **También aquí,** en el caso mencionado, **Tamar estaba preparada para eso,** ser la mujer de Iehuda, **desde el día en que fue creado el mundo.** Y salieron de ellos Peretz y Zeraj, que rectificaron las almas de Er y Onán. A esto se refiere lo que está escrito: «Y sucedió que cuando llegó el momento en que dio a luz que, he aquí que había gemelos en su vientre. Y sucedió que cuando estaba dando a luz, uno sacó la mano; la partera tomó un hilo carmesí y se lo ató en su mano, diciendo: éste salió primero. Y sucedió que cuando retiró su mano, y he aquí que salió su hermano. Y ella dijo: ¡Con qué fuerza te impusiste! –*paratzta*–. Y lo llamó Peretz. Luego salió su hermano, sobre cuya mano estaba el hilo carmesí; y lo llamó Zeraj» (Ibíd. 27:30). Y El Santo, Bendito Sea, dispuso que la rectificación se realizar de ese modo.

Respecto a lo que está escrito: **«se sentó en el cruce de caminos** –*petaj einaim*–», ¿qué alude? **¿Quién** es el cuerpo cósmico denominado –*ish*– denominado **«cruce de caminos** –*petaj einaim*–»? La respuesta no es sino ésta: se refiere al Aspecto Cósmico Femenino Inferior –*Maljut*–, **como está dicho:** «El Eterno se le apareció –a Abraham– en la planicie de Mamre mientras **estaba sentado en la entrada** –*petaj*– **de la tienda,** en pleno calor del día» (Génesis 18:1). Es decir, Abraham que estaba asociado con el misterio de la emanación cósmica –*sefirá*– denominada *Jesed*, estaba sentado y posado sobre el Aspecto Cósmico Femenino Inferior –*Maljut*– que se denomina «entrada –*petaj*– de la tienda». **Y está escrito:** «El Eterno pasará para golpear mortalmente a Egipto y Él verá la sangre que está en el dintel y en las dos jambas; **y El Eterno se apiadará ante la entrada** –*petaj*– y no permitirá que el destruidor entre a vuestros hogares para golpear mortalmente» (Éxodo 12:23). Es decir, El Santo, Bendito Sea, hizo posar el Nombre El Eterno, asociado con el misterio de la emanación cósmica –sefirá– denominada *Jesed*, sobre el Aspecto Cósmico Femenino Inferior –*Maljut*–, que se denomina Petaj. **Y está escrito: «Abridme** –*patju*– **los portales de Tzedek»** (Salmos 118:19). Y *Tzedek* se refiere al Aspecto Cósmico Femenino Inferior –*Maljut*–, que se denomina entrada –*petaj*–, pues a través de ella entran y ascienden a las demás sefirot.

Además, lo que está escrito: «cruce de caminos –*petaj einaim*–», encierra otro misterio esencial. Pues la expresión *einaim*, que alude al Aspecto Cósmico Femenino Inferior –*Maljut*–, significa literalmente «ojos». Y la razón **se debe a que todos los ojos del mundo (72a) esperan en esa entrada.** Es decir, todas las personas esperan recibir la abundancia y el sustento a través del Aspecto Cósmico Femenino Inferior –*Maljut*–.

Asimismo, a continuación está escrito en el versículo: «Entonces se quitó la ropa de su viudez y se cubrió con un velo, y se tapó el rostro; luego se sentó en el cruce de caminos –*petaj einaim*– **que se halla en el camino que conduce a Timná,** pues vio que Shelá había crecido y ella no le había sido dada por mujer a él» (Génesis 38:14). **¿Qué** significa **Timná** y qué misterio encierra? La respuesta no es sino ésta: **como está dicho:** «Boca a boca hablo Yo con él, en una visión clara y no con acertijos; **la imagen** –*temunat*– **de El Eterno contempla** él; ¿por qué no temisteis hablar sobre Mi servidor, Moshé (Moisés)?» (Números 12:8). Es decir, Moshé percibió la imagen –*temunat*– de El Eterno, que es el Aspecto Cósmico Masculino Inferior –*Zeir Anpin*–. Y también aquí, lo referente al cruce de caminos –*petaj einaim*–, que alude al misterio del Aspecto Cósmico Femenino Inferior –*Maljut*–, indica el misterio de ascender a través de ella al Aspecto Cósmico Masculino Inferior –*Zeir Anpin*–, que se denomina: «la imagen –*temunat*– de El Eterno».

Y asimismo ya hemos estudiado y **establecido** que **Tamar estableció** y concretó **un asunto en lo bajo,** ya que se concentró en atraer y rectificar las almas de Er y Onán, y a través de eso **florecieron de ella flores,** que son Peretz y Zeraj, que fueron justos íntegros, **y brotaron brotes,** es decir, surgieron ramas de la santidad de las cuales se proyectó el reinado de la casa de David y el rey Mesías. Y esto fue así **según el misterio de la fe,** o sea, según el misterio del Aspecto Cósmico Femenino Inferior –*Maljut*–, que se denomina Fe. Pues el reinado de la casa de David está enraizado en el Aspecto Cósmico Femenino Inferior –*Maljut*–.

Ahora bien, no debe suponerse que Iehuda cometiera un pecado con ese suceso, es decir, cuando se allegó a Tamar. Pues está escrito: **«Judá aún gobierna con Dios, y es fiel con los santos»** (Oseas 12:1). Es decir, Iehuda era fiel con los santos, pues una mujer de levirato se adquiere incluso sin intención.

A continuación se estudiará un misterio relacionado con Iehuda y Tamar en relación con su vínculo con los entes cósmicos supremos. Así se estudia en esta ocasión que Iehuda estaba asociado con el misterio del Aspecto Cósmico Masculino Inferior –*Zeir Anpin*–, en relación con Tamar, que estaba asociada con el misterio del Aspecto Cósmico Femenino Inferior –*Maljut*–. Pero en otros lugares, donde no se estudia esta relación, se enseñó que Iehuda estaba vinculado con el misterio del Aspecto Cósmico Femenino Inferior –*Maljut*–. Y esta es la enseñanza a partir de lo mencionado:

Está escrito: **«Cuando Iehuda (Judá) la vio, pensó que era una meretriz,** pues se había cubierto su rostro» (Génesis 38:15). Es decir, Iehuda estaba asociado con el misterio del Aspecto Cósmico Masculino Inferior –*Zeir Anpin*–, y vio al Aspecto Cósmico Femenino Inferior –*Maljut*–, que se denomina Tamar, que estaba colmada de juicios. Y entonces la consideró una meretriz, pues vio que la meretriz impura que es el ente cósmico cuyo nombre se escribe con las letras *lamed–tav–lamed–iud–tav*, estaba aferrada al Aspecto Cósmico Femenino Inferior –*Maljut*–, y se nutría de sus juicios. **Como está dicho: «Así es el camino de la mujer adúltera,** come, y limpia su boca, y dice: ¡No he hecho maldad!» (Proverbios 30:20). Es decir, así es el camino de la meretriz impura con los pecados de los entes de lo bajo, adherirse a los flancos de la santidad y nutrirse de los Nombres *Elokim*, de la emanación cósmica –*sefirá*– denominada *Iesod* del Aspecto Cósmico Femenino de la santidad. Por eso consideró también al Aspecto Cósmico Femenino Inferior −*Maljut*− con el grado de mujer meretriz.

Esto fue así: **«pues se había cubierto su rostro»,** de las personas, y sabían del fortalecimiento de los juicios de ella. **Y ya fue** estudiado y **establecido por nosotros,** que lo que está escrito: **«pues se había cubierto su rostro»,** la explicación es tal **como está dicho** a continuación en el versículo citado: **«come, y limpia su boca».** Pues comió los juicios y se llenó de ellos, y ocultó los juicios de las personas. **Y ella quema el mundo con su llama** del rigor de sus juicios.

A continuación está escrito: **«Y dice: ¡No he hecho maldad!»** (Proverbios 30:20). Pues los pecados de los entes de lo bajo provocaron la fortificación de los juicios del Aspecto Cósmico Femenino Inferior −*Maljut*−. Ahora bien, **¿cuál es la razón** por la cual las personas no saben esto, y no se cuidan de los juicios del Aspecto Cósmico Femenino Inferior −*Maljut*−? La respuesta no es sino ésta: **«pues cubrió su rostro».** Es decir, el Aspecto Cósmico Femenino Inferior −*Maljut*−, se oculta de las personas, **y no hay quien sepa sus caminos para salvarse de** los juicios de **ella.**

Después está escrito: **«Se desvió del camino hacia ella,** y le dijo: ¡Ven, por favor, y me allegaré a ti! Pues no sabía que se trataba de su nuera» (Génesis 38:16). Se desvió **del camino concretamente.** Es decir, se refiere a la emanación cósmica −*sefirá*− denominada *Iesod*, que se denomina Camino. Y la explicación es ésta: el Aspecto Cósmico Masculino Inferior −*Zeir Anpin*−, desvió al Aspecto Cósmico Femenino Inferior −*Maljut*−, e irradió luminosidad en dirección de ella, para que venga ante él, y se una con ella rostro con rostro a través de la emanación cósmica −*sefirá*− denominada *Iesod*. Esto, **para unir la** emanación cósmica −*sefirá*− denominada *Jesed*, que está asociada a la tonalidad **blanca, con la** emanación cósmica −*sefirá*− denominada *Guevurá*, que está asociada con la tonalidad **roja.** Y esto tenía por finalidad endulzar el rigor de los juicios del Aspecto Cósmico Femenino Inferior −*Maljut*−.

A continuación está escrito: **«y le dijo: ¡Ven** −*havá*−, **por favor, y me allegaré a ti!** (Génesis 38:16). **Y ya fue** estudiado y **establecido por nosotros,** que **en todo lugar** en donde consta la declaración:

72a

«**ven** –*havá*–», se refiere a una invitación de preparación. Es decir, el Aspecto Cósmico Masculino Inferior –*Zeir Anpin*–, le dijo al Aspecto Cósmico Femenino Inferior –*Maljut*–: «Prepárate a ti misma para purificarte de la adherencia de los entes impuros denominados *jitzonim*; y prepárate a ti misma para recibir las emanaciones de bondad, que son los atavíos de la unión íntima». Y esto, aunque aún el Aspecto Cósmico Femenino Inferior –*Maljut*– estaba asociada al grado del rigor de los juicios, de todos modos, con la invitación del Aspecto Cósmico Masculino Inferior –*Zeir Anpin*–, para la unión íntima, sus juicios comenzaban a endulzarse.

Después está escrito: «**Pues no sabía que se trataba de su nuera** –*kalató*–» (Génesis 38:16). Es decir, no se notaba **que era el ente de exterminio** –*kalató*– **del mundo,** pues con sus juicios, el Aspecto Cósmico Femenino Inferior –*Maljut*– era capaz de exterminar el mundo. **Y la interpretación que le damos** a la declaración: «nuera –*kala*–», está relacionada con el exterminio, *kilaion*, pues **es el** ente de **exterminio del mundo,** ya que el Aspecto Cósmico Femenino Inferior –*Maljut*–, con sus juicios severos sin ser endulzados, es capaz de exterminar el mundo.

Ahora bien, **¿cuál es la razón por la que no sabe?** Es decir, ¿por qué el Aspecto Cósmico Femenino Inferior –*Maljut*–, no sabe que tiene juicios tan poderosos con los que puede exterminar el mundo? La respuesta no es sino ésta: **porque** el Aspecto Cósmico Femenino Inferior –*Maljut*– **ya se preparó a sí misma con la irradiación de luminosidad para recibir de él,** el Aspecto Cósmico Masculino Inferior –*Zeir Anpin*–, las irradiaciones de bondad, y con eso sus juicios ya han comenzado a endulzarse. **Y ya está preparada para que sus juicios sean endulzados, y apiadarse del mundo.** Por eso, aunque ciertamente hay juicios en el Aspecto Cósmico Femenino Inferior –*Maljut*–, los mismos no son demasiado evidentes.

Otro modo de interpretar el **asunto:** está escrito: «Pues no sabía **que se trataba de su nuera** –*kalató*–» (Génesis 38:16). **Se refiere a su *kalá* concretamente.** Y *kalá* significa literalmente novia. Y la razón es porque el Aspecto Cósmico Femenino Inferior –*Maljut*–, ama permanentemente al Aspecto Cósmico Masculino Inferior –*Zeir An-*

pin–, como una novia a su prometido. Y por eso no se preocupó por sus juicios, **como está escrito** acerca del Aspecto Cósmico Masculino Inferior –*Zeir Anpin*–, que le dice al Aspecto Cósmico Femenino Inferior –*Maljut*–: **«Ven conmigo desde el Líbano, novia** –*kala*– **mía»** (Cantar de los Cantares 4:8). La expresión: «Líbano», se refiere al Aspecto Cósmico Masculino Supremo –*Aba*–. Es decir, el Aspecto Cósmico Masculino Inferior –*Zeir Anpin*–, le dice al Aspecto Cósmico Femenino Inferior –*Maljut*–: tú estás enraizada (*neetzelet*) en el Aspecto Cósmico Masculino Supremo –*Aba*–, y por eso eres mi amada siempre como una novia.

A continuación está escrito: **«Y ella dijo: ¿Qué me darás si te allegas a mí?».** Es decir, **ahora la novia solicita sus atavíos** para necesidad de la unión íntima. Y a esto se refiere lo que está escrito: ¿Qué me darás? Es decir, ¿qué tipo de atavíos me darás para que los entes impuros denominados *jitzonim* se aparten de mí, y mis juicios se endulcen para poder unirme a ti?

A continuación está escrito: **«Él dijo: Te enviaré un cabrito del rebaño».** Es decir, el Aspecto Cósmico Masculino Inferior –*Zeir Anpin*–, le dijo al Aspecto Cósmico Femenino Inferior –*Maljut*–: enviaré y expulsaré al macho cabrío, que es el ente maligno cuyo nombre comienza con las letras *samej–mem* del rebaño, que son las legiones del Aspecto Cósmico Femenino Inferior –*Maljut*–, y a través de eso se endulzarán tus juicios, y podrás unirte a mí.

Se parece **al caso de un rey que tenía un hijo de una familia, y él andaba** libremente **por el palacio. Y el rey se quiso casar con una distinguida doncella, y traerla a su palacio.** Y cuando la distinguida doncella vino, vio al hijo de la sirvienta, y **dijo: ¿quién ha otorgado** permiso **a este** hijo de sirvienta para **andar** libremente **por el palacio del rey? El rey le dijo: de aquí en adelante enviaré y expulsaré a este hijo de la sirvienta de mi palacio.**

Así es también aquí, pues lo que está escrito: **«Él dijo: Te enviaré un cabrito del rebaño»,** se refiere a lo que dijo el Aspecto Cósmico Masculino Inferior –*Zeir Anpin*–: enviaré y expulsaré al macho cabrío, que es el ente maligno cuyo nombre comienza con las letras *samej–mem* del rebaño, que son las legiones del Aspecto Cósmico Fe-

72a

menino Inferior –*Maljut*–. **Y** esto **ya fue** estudiado y **establecido por nosotros,** a partir de la declaración: **«No cocinéis al cabrito en la leche** de su madre» (Éxodo 23:19). Pues el cabrito alude al el ente maligno cuyo nombre comienza con las letras *samej–mem*. **Y asimismo expulsaré a todos los** entes impuros denominados *jitzonim* que vienen **del flanco del primogénito de animal,** que es el ente maligno cuyo nombre comienza con las letras *samej–mem*. **Y por eso no está escrito: «Te daré** un cabrito del rebaño», **sino** que está escrito: **«Te enviaré** un cabrito del rebaño». Pues **lo enviaré y lo expulsaré para que no esté en mi palacio.**

A continuación se describe el pedido del Aspecto Cósmico Femenino Inferior –*Maljut*–, que se dirigió al Rey, El Santo, Bendito Sea, y le pidió señales de bendición con el fin de deshacerse de los entes impuros denominados *jitzonim* que se adhieren a ella. Y a esto se refiere el misterio de lo que está escrito: **«Y ella dijo: "siempre y cuando dejes una prenda hasta que lo envíes"»** (Génesis 38:17). **Éstas eran las señales de la matronita,** o sea, el Aspecto Cósmico Femenino Inferior –*Maljut*–, **con las que se bendice del Rey a través de la unión.**

Y a continuación está escrito: **«Y él dijo: "¿Qué prenda te puedo dar?"»** (Génesis 38:18). Y el Aspecto Cósmico Femenino Inferior –*Maljut*– le respondió inmediatamente, como está escrito: **«Y ella dijo: "tu sello, tu manto y tu bastón que tienes en tu mano»;** y él se los dio y se allegó a ella, y ella concibió de él (Ibíd.). **Esos** tres elementos solicitados por el Aspecto Cósmico Femenino Inferior –*Maljut*– **son vínculos supremos,** que unen al Aspecto Cósmico Femenino Inferior –*Maljut*– con el Aspecto Cósmico Masculino Inferior –*Zeir Anpin*–. Y esos elementos son asimismo **los atavíos de la novia, para bendecirse** con ellos **de estas tres** emanaciones cósmicas –*sefirá*–: la emanación cósmica –*sefirá*– denominada **Netzaj,** la emanación cósmica –*sefirá*– denominada **Hod,** y la emanación cósmica –*sefirá*– denominada **Iesod.** Pues «tu sello», alude a la abundancia suprema proveniente de la emanación cósmica –*sefirá*– denominada *Iesod*, «tu manto» alude a la abundancia suprema proveniente de la emanación cósmica –*sefirá*– denominada *Netzaj*, y «tu bastón» alude a la abundancia suprema proveniente de la emanación cósmica –sefirá– denominada *Hod*. **Y toda** la abundancia de la emanación cósmica –sefirá– denominada *Jesed*, la emanación cósmica –sefirá– denominada *Guevurá*, y la emanación cósmica –sefirá– denominada *Tiferet*, **se encuentra en estas tres** emanaciones cósmicas –sefirot–: la emanación cósmica –sefirá– denominada *Netzaj*, la emanación cósmica –sefirá– denominada *Hod*, y la emanación cósmica –sefirá– denominada *Iesod*. **Y la novia**, que es el Aspecto Cósmico Femenino Inferior –*Maljut*–, no recibe en la abundancia de la emanación cósmica –sefirá– denominada *Jesed*, la emanación cósmica –sefirá– denominada *Guevurá*, y la emanación cósmica –sefirá– denominada *Tiferet*, en forma directa, sino que **se bendice** con esas bendiciones provenientes de esas tres emanaciones cósmicas –sefirot– a través **de** la emanación cósmica –sefirá– denominada ***Netzaj***, la emanación cósmica –sefirá– denominada *Hod*, y la emanación cósmica –sefirá– denominada **Iesod**. Entonces ocurrió lo que se declara a continuación en el versículo, que **inmediatamente «y él se los dio y se allegó a ella, y ella concibió de él»** (Ibíd.). Es decir, el Aspecto Cósmico Masculino Inferior –*Zeir Anpin*–, le dio al Aspecto Cósmico Femenino Inferior –*Maljut*– las bendiciones, y ella se atavió con las mismas, y él se allegó a ella según el misterio de la unión íntima suprema, y ella concibió de él, las almas de Peretz y Zeraj (Ibíd.).

Después está escrito: **«Y sucedió que al cabo de aproximadamente tres meses,** le dijeron a Iehuda (Judá), diciendo: tu nuera Tamar se ha prostituido y también he ha aquí que ha concebido en su prostitución» (Génesis 38:18). **¿Qué** significa «al cabo **de aproximadamente tres** –*kemishalosh*– **meses»?** Pues la expresión *mishalosh* significa literalmente «de tres». Es decir, no se dijo: «aproximadamente tres meses –*keshalosh*–», o sea, «como tres», sino *kemishalosh*, agregándose la preposición «de». Y si se hubiese dicho *keshalosh*, la explicación sería aproximadamente tres meses, o sea, una indicación de que no estaban completos. Es decir: la mayoría del primer mes, la mayoría del tercer mes, y el segundo mes completo, tal como explicó el exegeta Rashi. Pero se dijo *kemishalosh*, que indica **después de tres meses**. O sea, después de que transcurrieran tres meses completos y comenzara el cuarto mes. **Y hemos** estudiado y **establecido que se necesitan tres meses completos para reconocer al feto. Y aquí está escrito: «al cabo de tres** –*kemishalosh*– **meses»,** indicándose que ya se completaron los tres primeros meses: Nisán, Yiar, y Siván, que son los meses de misericordia, **y comenzó el cuarto mes,** o sea, Tamuz, **en el cual se despiertan los juicios en el mundo a raíz de los pecados de las personas. Y ella,** el Aspecto Cósmico Femenino Inferior –*Maljut*–, **se nutre** de los juicios **del Otro Lado** –*Sitra Ajara*–.

Y **entonces,** los juicios se despertaron, como está escrito a continuación: **«le dijeron a Iehuda (Judá), diciendo: "Tu nuera** –*kala*– **Tamar se ha prostituido** y también he ha aquí que ha concebido en su prostitución" (Ibíd.). La expresión *kala* significa también «novia». Y ésta es la explicación: lo que está escrito: «le dijeron a Iehuda (Judá), diciendo», se refiere al Aspecto Cósmico Masculino Inferior –*Zeir Anpin*–. Y lo que está escrito a continuación: «tu nuera –*kala*–», indica que **he aquí que la novia** sagrada **se encuentra** unida **con el Otro Lado** –*Sitra Ajara*–. Entonces, ¿qué está escrito? Está escrito: «Dijo Iehuda (Judá): ¡**Sacadla!**» (Génesis 38:24). Es decir: el Aspecto Cósmico Masculino Inferior –*Zeir Anpin*–, dijo: sacadla –al Aspecto Cósmico Femenino Inferior –*Maljut*–, al exilio en el mes quinto, Av, junto con sus hijos –los Hijos de Israel– que –con sus pecados– le provocaron todo esto, **como está escrito:** «Cómo enturbió El Señor en su furor a la hija de Tzión; **derribó del Cielo a la Tierra la gloria** –*Tiferet*– **de Israel,** y no se acordó del estrado de sus pies en el día de su furor» (Lamentaciones 2:1). Es decir, el *Tiferet*, asociado con el misterio del aspecto masculino inferior –*Zeir Anpín*–, arrojó y alejó de él a la Tierra, o sea, el aspecto femenino inferior –*Maljut*–, por el pecado de los entes inferiores. Y a continuación está escrito en el versículo: **«¡y que la quemen!»** (Génesis 38:24). Y ésta es la explicación: que sea quemada **en el exilio con la llama del mediodía,** es decir, con decretos duros y severos.

A continuación, ¿**qué está escrito?** Está escrito: **«Mientras la sacaban»** (Génesis 38:25). **Pues fue llevada al exilio** junto con los Hijos de Israel. Entonces, **«ella envió** un mensaje **a su suegro, diciendo: "Del hombre a quien pertenecen todas estas cosas** estoy grávida"; y ella dijo: "Identifica, por favor, de quién son este sello, este manto y este bastón"» (Génesis 38:25). Se observa que **no está escrito: «Del hombre de quién son de él** *–mimenu–* **todas estas cosas».** Pues si fuese así, indicaría que el Aspecto Cósmico Masculino Inferior –*Zeir Anpin*–, dio al Aspecto Cósmico Femenino Inferior –*Maljut*– las cinco *guevurot* que le corresponden a través de él; y no son de él precisamente; **sino** que está escrito: **«Del hombre a quien pertenecen todas estas cosas».** Es decir: **de él son estas señales.** Y de ellas **«estoy grávida».** O sea, el Aspecto Cósmico Femenino Inferior –*Maljut*– declara: de estas señales estoy preñada y llena de juicios y rigor –*guevurot*–, y ellas provocaron en mí la adherencia de los entes impuros denominados *jitzonim*, y el exilio.

A continuación está escrito: «y ella dijo: "identifica, por favor, de quién son este sello, este manto y este bastón"» (Ibíd.). Y entonces, **inmediatamente: «Iehuda (Judá) reconoció, y dijo: "Ella tiene razón** –*tzadka*–; es de mí –*mimeni*–, ya que no le di a mi hijo Shelá", y ya no tuvo más intimidad con ella» (Génesis 38:26). Es decir, el Aspecto Cósmico Masculino Inferior –*Zeir Anpin*–, reconoció la veracidad de las palabras del Aspecto Cósmico Masculino Inferior –*Zeir Anpin*–, y dijo: «Ella tiene razón –*tzadka*–». Es decir, ella recibió de mí las cinco *guevurot* –emanaciones de rigor–, y por eso desde ahora me uniré a ella y le daré cinco *jasadim* –emanaciones de bondad–, y a través de eso se endulzarán todos los juicios que hay en ella. Entonces se anulará de ella la adherencia de los entes impuros denominados *jitzonim*, y por consiguiente, saldrá del exilio. Es decir, **«ella tiene razón** –*tzadka*–**», ciertamente, y el nombre** aludido en la expresión *tzadka* **provoca** que salga del exilio, como está escrito: «Tzión será rescatada con juicio –*tzedek*–, y los que vuelven a ella con justicia –*tzedaka*–» (Isaías 1:27).

Ahora bien, **¿quién le provoca este nombre? Volvió y dijo: «es de mí** –*mimeni*–**»,** o sea, del Aspecto Cósmico Masculino Inferior –*Zeir Anpin*–. Pues antes de la unión el Aspecto Cósmico Femenino Inferior –*Maljut*– se denomina «juicio –*tzedek*–», ya que está asociada con el misterio del juicio. Y después de la unión el Aspecto Cósmico Femenino Inferior –*Maljut*– se denomina «justicia –*tzedaka*–», pues

72a

recibe los cinco *jasadim* –emanaciones de bondad–, **como está escrito: «Porque El Eterno es justo** –*Tzadik*–, **y ama la justicia** –*tzedaka*–; **el** –hombre– **recto verá su rostro»** (Salmos 11:7).

Lo que está escrito: «Porque El Eterno es justo –*Tzadik*–», se refiere al Aspecto Cósmico Masculino Inferior –*Zeir Anpin*–, que se denomina *Tzadik* por la emanación cósmica –sefirá– denominada *Iesod* que hay en él. «Y ama la justicia –*tzedaka*–», dando los cinco *jasadim* al Aspecto Cósmico Femenino Inferior –*Maljut*– para que se denomine *Tzedaka*. Y esto es así cuando «el recto verá su rostro», es decir, cuando el Aspecto Cósmico Masculino Inferior –*Zeir Anpin*–, y el Aspecto Cósmico Femenino Inferior –*Maljut*– estén unidos y frente a frente, rostro con rostro.

Respecto a la locución **tzadka,** mencionada en el versículo que declara: «ella tiene razón –*tzadka*–», es un acrónimo formado por las expresiones **«tzadak h».** Es decir, el Aspecto Cósmico Femenino Inferior –*Maljut*–, aludido en la última letra *he* del Tetragrama, estaba asociada con el misterio de los juicios de *Tzedek*, y a través de los cinco *jasadim* que recibió del Aspecto Cósmico Masculino Inferior –*Zeir Anpin*–, se transformó en *Tzdaka*. O sea: **«de mí** –*mimeni*– **tomó** la esencia de **este nombre** –*tzedek*–». Pues el Aspecto Cósmico Masculino Inferior –*Zeir Anpin*–, se denomina *Tzadik* con una letra *iud*, y el Aspecto Cósmico Femenino Inferior –*Maljut*–, se denomina *Tzedek*, sin una letra *iud*. Además, el Aspecto Cósmico Masculino Inferior –*Zeir Anpin*–, declara: **«de mí heredó** la letra *he* adicional a través de los cinco *jasadim* que recibió de mí. Y **«de mí se encuentra** y existe toda la esencia y la estructura del Aspecto Cósmico Femenino Inferior –*Maljut*–».

Rabí Iosei le dijo a Rabí Itzjak: **¿cuál es la razón por la que en un lugar está escrito «su suegro», y en otro lugar está escrito «Iehuda»?** Pues está escrito: «Mientras la sacaban, ella envió un mensaje a su suegro, diciendo: "Del hombre a quien pertenecen todas estas cosas estoy grávida"; y ella dijo: "Identifica, por favor, de quién son este sello, este manto y este bastón"» (Génesis 38:25). Y en otro lugar está escrito: «Cuando Iehuda (Judá) la vio, pensó que era una prostituta, pues se había cubierto su rostro» (Génesis 38:15).

Rabí Itzjak **le dijo** a Rabí Iosei: **todo está vinculado esto con esto.** Pues lo mencionado en esta sección de la Torá se refiere a los cuerpos cósmicos denominados *Partzufim* supremos. Por tanto, lo que está escrito: **«su suegro», depende de un lugar supremo,** es decir, el Aspecto Cósmico Masculino Supremo –*Aba*–. Ya que Tamar, que está asociada con el misterio del Aspecto Cósmico Femenino Inferior –*Maljut*– es su nuera –*kala*–. Por eso en el versículo se lo denomina «su suegro». Y en el lugar en que está escrito Iehuda, se refiere al Aspecto Cósmico Masculino Inferior –*Zeir Anpin*–, su prometido.

Dijo Rabí Elazar: esta sección ya fue estudiada y **establecida por nosotros de varios modos según el misterio supremo.** Pues **cuando observamos en las palabras** de la sección y meditamos en ellas, ya hemos dicho que **de ella se entienden los misterios de los caminos de El Santo, Bendito Sea.** Es decir, analizando esa sección se comprenden los misterios de las reencarnaciones, y el casamiento de levirato.

Y también se aprende de esta sección lo referente al entendimiento de **Sus leyes en todo lugar.** Es decir, se comprende cómo se juzga a las almas en lo Alto, y el proceso que tiene lugar con ellas, hasta que se rectifican apropiadamente. **Y** esto se relaciona con el misterio de lo ocurrido con Tamar y Iehuda, pues **ella,** Tamar, **sabía** que sólo a través de Iehuda y ella era posible rectificar las almas de Er y Onan. **Y por esa razón ella misma se adelantó** para cumplir el precepto vinculado con **este asunto,** y despertó a Iehuda para que la tomara como esposa a través de casamiento de levirato. E hizo esto **para completar los caminos de El Santo, Bendito Sea,** rectificando las almas de Er y Onan, **para que salieran de ella reyes gobernantes, que en el futuro ejercieran dominio en el mundo. Y Rut** también **actuó de este modo.** Pues Rut sabía a través de su espíritu de santidad que las almas de Majlon y Jilion no se podrían rectificar por otro medio, sólo a través de Boaz y ella. Por eso se dirigió a Boaz, y lo despertó para que la tomara en casamiento de levirato.

Dijo Rabí Aba: esta sección se vincula con el misterio de la sabiduría de la Torá, y todo está cerrado y revelado. Ya que ningún versículo sale de su sentido llano, pero a su vez, cada versículo encierra profundos misterios ocultos en forma encubierta que se descubren estudiándolo el asunto en forma profunda. **Y toda la Torá se encuentra** dispuesta **de este modo.** Es decir, tiene un sentido llano, y misterios profundos insinuados. **Y no hay ninguna palabra en la Torá en la que no esté grabado el Nombre sagrado supremo oculto y revelado. (72b) Por eso, los secretos de la Torá son heredados** y aprehendidos solamente **por los** hombres justos, **sagrados supremos. Y lo revelado** de la Torá es aprehendido **por las demás personas del mundo.**

Similar a esto está escrito: «Para que contar en Tzión el Nombre de El Eterno, y su alabanza en Jerusalén» (Salmos 102:22). **Pues en Tzión,** o sea, **el Templo Sagrado, está permitido mencionar el Nombre sagrado** de El Santo, Bendito Sea, **apropiadamente,** como se escribe y como se pronuncia, con su vocalización completa. **Y fuera** del Templo Sagrado se permite referirse a El Santo, Bendito Sea, sólo **por sus apodos.** Es decir, por ejemplo, el Nombre con que se denomina a El Santo, Bendito Sea, que se escribe con las letras *alef–dalet–nun–iud*, y se traduce como «El Señor». Y a esto se refiere lo que está escrito: «y su alabanza», que se vincula con el misterio del Aspecto Cósmico Femenino Inferior –*Maljut*–, asociada al grado del Nombre –apodo– El Señor. Y lo que está escrito: «en Jerusalén», se refiere a fuera del Templo Sagrado. **Y por eso todo está cerrado y abierto.** Pues el Nombre de El Santo, Bendito Sea, el Tetragrama, está cerrado, ya que está prohibido mencionarlo conforme a la forma en que se escribe, y está abierto y revelado porque se lo puede mencionar a través del Nombre El Señor.

Hemos estudiado: todo el que disminuye una letra de la Torá, o incrementa una letra a la Torá, es como si mintiera por el Nombre sagrado supremo del Rey. Pues toda la Torá es un Nombre grande y sagrado de El Santo, Bendito Sea, y disminuyendo o agregando una letra, se daña la perfección de ese Nombre sagrado.

Dijo Rabí Itzjak: el servicio idolátrico **de Egipto,** acerca del cual está dicho: «No realicéis como las prácticas de la tierra de Egipto en la que habitasteis» (Levítico 18:3), **lo hacían** dedicándolo **a la sirvienta,** que es el Aspecto Cósmico Femenino de la corteza impura denominada *Klipá*, cuyo nombre se escribe con las letras hebreas *lamed–iud–lamed–iud–tav*, **tal como ya fue** estudiado y **establecido por nosotros. El servicio** idolátrico **de Canaán,** acerca del cual está dicho: «y no realicéis como las prácticas de la tierra de Canaán a la que os traigo allí, ni sigáis sus costumbres» (Ibíd.), **lo hacían** dedicándolo **a ese que se denomina Shvi, que está en el habitáculo del pozo,** que es el ente maligno cuyo nombre comienza con las letras *samej–mem*, o sea, el Aspecto Cósmico Masculino de la corteza impura denominada *Klipá*, y está en el agujero del Gran Abismo, y a esto se refiere lo que está escrito: «en el habitáculo del pozo». **Y a esto se refiere lo que está escrito: «Maldito es Canaán; esclavo de esclavos será para sus hermanos»** (Génesis 9:25). Pues ellos adoraban al Aspecto Cósmico Masculino de la corteza impura denominada *Klipá*, que se asocia al grado de esclavo. **Por eso todos afrentaban las palabras sagradas,** mezclando poderes diversos. Por ejemplo Bilam, que se allegó a su asna y de ese modo mezcló el poder del hombre con el de un asna. A esto se refiere lo que está escrito: «Bilam le dijo a la asna: ¡Pues te burlaste de mí! ¡Si tan sólo tuviera ahora una espada en mi mano, te hubiese matado! La asna le dijo a Bilam: ¿Acaso no soy tu asna sobre la que cabalgaste toda tu vida hasta este día? ¿Acostumbro hacerte tal cosa?» (Números 22:29-30). Se observa que Bilam se allegaba a la asna. Y como este caso, muchos otros. **Y realizaban servicio** idolátrico **con todo** tipo de cosas. **A esto se refiere** lo que está escrito: «No realicéis **como las prácticas de la tierra de Egipto en la que habitasteis;** y no realicéis como las prácticas de la tierra de Canaán a la que os traigo allí, ni sigáis sus costumbres» (Levítico 18:3).

Dijo Rabí Iehuda: pues realizaban malas prácticas para impurificar la tierra. Ya que hacían brujerías, nigromancia, hechizos, relaciones repudiables, y dejaban a los muertos sobre la tierra, sin darles sepultura. Y a través de eso atraían los poderes de la impureza y malos espíritus a la tierra, para que ejercieran dominio, **como está dicho:** «Su cuerpo no permanecerá en el árbol toda la noche, sino que ciertamente lo enterrarás ese día, pues la persona en este estado es como si la maldición de Dios está colgada, **y no impurificarás tu Tierra,** que te da El Eterno, tu Dios, como herencia» (Deuteronomio 21:23). **Y**

está escrito: «No te impurifiques por medio de ninguna de estas cosas; pues a través de todas ellas se impurificaron las naciones que yo expulso de ante vosotros; y se impurificará la tierra y Yo recordaré su pecado y la tierra vomitará a sus habitantes. Pero vosotros salvaguardaréis Mis decretos y Mis juicios, y no cometeréis ninguna de estas abominaciones, ni el nativo ni el converso que habita entre vosotros. Pues los habitantes de la tierra antes de vosotros cometieron todas estas abominaciones **y la tierra se impurificó**» (Levítico 18:24-27).

Está escrito: «**No realicéis como las prácticas de la tierra de Egipto en la que habitasteis;** y no realicéis como las prácticas de la tierra de Canaán a la que os traigo, ni sigáis sus costumbres» (Levítico 18:3). **Rabí Jía abrió** su disertación sobre este asunto **y** para explicarlo **dijo** este versículo: «**Para aferrar los confines de la tierra,** y para que los malvados sean sacudidos de ella» (Job 38:13). Es decir: Yo en el futuro aferraré los confines de la tierra, y sacudiré de ella a los malvados. Y en relación con esto **hemos estudiado: en el futuro El Santo, Bendito Sea, purificará la Tierra** de Israel **de todas las impurezas de las naciones con que la impurificaron** a través de realizar en ella prácticas idólatras, y atrayendo a ella malos espíritus para que ejerzan dominio. El Santo, Bendito Sea, hará esto **como quien coge su manto y** lo **sacude** para quitar **la suciedad que hay en él. Y** entonces, **todos esos** malvados **que fueron enterrados en la Tierra santa serán expulsados por El** Santo, Bendito Sea, **fuera. Y** en el futuro El Santo, Bendito Sea, **purificará la Tierra santa del Otro Lado** –*Sitra Ajara*–. Es decir, purificará al Aspecto Cósmico Femenino Inferior –*Maljut*– de la santidad, que se denomina Tierra de la adherencia de los entes del Otro Lado –*Sitra Ajara*–, pues **es como si fuera que ella sustentara a los demás ministros de las naciones, y** a través de la adherencia, **recibía la impureza de ellos, y necesitaba conducirlos, y en el futuro,** con la venida del Mesías, El Santo, Bendito Sea, **la purificará, y quitará de ella** la adherencia de los ministros de las naciones y los entes impuros del Otro Lado –*Sitra Ajara*–, arrojándolos fuera.

Rabí Shimón purificaba las ferias de Tiberiades de la impureza de cadáver. **Y todo** lugar **en el que había un cadáver, lo quitaba** de allí, **y purificaba la tierra,** para que los sacerdotes pudiesen pasar por allí (*véase* Talmud, tratado de Shabat 34a; Talmud, de Jerusalén, tratado de Shviit 9:1).

Hemos estudiado: está escrito: «Y os traje a tierra de abundancia, para que comieseis su fruto y su bien; **y vinisteis e impurificasteis mi tierra,** e hicisteis abominable mi heredad» (Jeremías 2:7). **Dijo Rabí Iehuda: bienaventurada la parte de aquel que en vida mereció fijar su morada en la Tierra santa, pues todo el que lo merece, merece proyectar del rocío de los Cielos de lo Alto que desciende a la Tierra.** Y eso está relacionado con el misterio del Tetragrama con sus tres primeras letras desarrolladas, que suman 39, el mismo valor numérico de «*tal*», que significa rocío, que se proyecta del Aspecto Cósmico Masculino Inferior –*Zeir Anpin*–, que se denomina Cielos, al Aspecto Cósmico Femenino Inferior –*Maljut*–, que se vincula con el misterio de la última letra *he* del Tetragrama, y se denomina Tierra. **Y todo el que merece en vida vincularse con esa Tierra sagrada, merecerá vincularse después** de su muerte **con la Tierra sagrada suprema,** que es el Aspecto Cósmico Femenino Inferior –*Maljut*–. Es decir, su alma ascenderá según el misterio de las aguas femeninas a la emanación cósmica –sefirá– denominada *Iesod* del Aspecto Cósmico Femenino.

Y todo el que no merece en vida venir a la Tierra sagrada, la Tierra de Israel, y después de su muerte **lo traen para enterrarlo allí, acerca de él está escrito: «e hicisteis abominable mi heredad»** (Jeremías 2:7). Pues **su espíritu salió en otro dominio extraño, y a su cuerpo lo traen bajo el dominio de la Tierra santa, y es como si hubiese hecho a lo sagrado mundano,** ya que su alma sagrada salió en un lugar mundano, **y a lo mundano,** su cuerpo, lo trajeron para enterrarlo en un lugar **sagrado,** la Tierra santa.

Y todo el que merece que su alma salga en la Tierra santa, se expían sus faltas, y merece que su alma ascienda para **unirla bajo las alas de la Presencia Divina** –*Shejiná*–, o sea, la emanación cósmica –sefirá– denominada *Iesod* del Aspecto Cósmico Femenino Inferior –*Maljut*–, **como está escrito:** «Oh naciones, cantad las alabanzas de Su pueblo, pues Él vengará la sangre de Sus servidores, Él traerá

72b

justo castigo a Sus enemigos; **y Él conciliará Su Tierra y Su pueblo»** (Deuteronomio 32:43). Pues la Tierra de Israel expía por Su pueblo.

Y no sólo eso, sino que si merece en vida vivir muchos años en la Tierra de Israel, **merece proyectar a él el espíritu de santidad continuamente. Y todo el que reside en otro dominio,** la Tierra de Israel, **proyecta a él otro espíritu, extraño,** del Otro Lado –*Sitra Ajara*–.

Hemos estudiado: cuando Rav Amnuna el anciano ascendió allí, a la Tierra de Israel, **había con él doce discípulos de la academia de él,** que lo acompañaban. **Les dijo: si yo voy por este camino,** a la Tierra de Israel, **no lo hago por mí,** para completarme allí, pues también fuera de la Tierra de Israel he estudiado mucha Torá, **sino** que yo voy a la Tierra de Israel, **para devolver el depósito a su Amo.** Es decir, para morir allí y devolver el alma, que es el depósito de El Santo, Bendito Sea, en la Tierra de Israel.

Hemos estudiado: todos los que no merecieron esto, venir a la Tierra de Israel, **en vida,** y mueren fuera de la Tierra de Israel, **devuelven el depósito de su Amo,** El Santo, Bendito Sea, **a otro.** Es decir, entregan su alma a los ministros de las naciones, que ejercen dominio allí, y el alma entrará a través de ellos al Palacio del Rey.

Dijo Rabí Itzjak: dado que la Tierra de Israel es sagrada, **por lo tanto, todo el que hace** –invoca– **allí de esos tipos de poderes malos,** como brujerías, hechizos, nigromancias, etc., **o** atrae con sus pecados a **otro dominio a la Tierra,** es decir, atrae al poder del Otro Lado –*Sitra Ajara*– a la Tierra de Israel, entonces, **la Tierra se impurifica.** A esto se refiere lo que está escrito: «No realicéis como las prácticas de la tierra de Egipto en la que habitasteis; y no realicéis como las prácticas de la tierra de Canaán a la que os traigo allí, ni sigáis sus costumbres» (Levítico 18:3). Pues si hacéis eso, la Tierra de Israel se impurificará. ¡Ay del cuerpo **de ese hombre! ¡Ay de su alma!** Pues **después** de muerto **la Tierra santa no lo recibe** a su cuerpo, incluso en el caso en que muriera en ella. Y la Presencia Divina –*Shejiná*– no recibirá a su alma. **Acerca de él está escrito: «Sean acabados de la Tierra los pecadores»** (Salmos 104:35), **en este mundo y en el Mundo venidero. «Y los impíos dejen de existir»** (Ibíd.), **en el la resurrección,** pues no se levantarán. **A esto se refiere** lo que está escrito: «**Bendice alma mía a El Eterno; alabad a Dios**». Es decir, en relación con los que merecen levantarse en la época de la resurrección de los muertos.

Está escrito: «**Cumplid con Mis leyes y salvaguardad Mis decretos para seguirlos;** Yo soy El Eterno, vuestro Dios» (Levítico 18:4). **Rabí Aba** abrió su disertación sobre este asunto diciendo: **¡Bienaventurada la parte** de los **Hijos de Israel! Pues El Santo, Bendito Sea, los eligió de** entre **todas las naciones, y en aras de su amor por ellos, les dio leyes de verdad,** y **plantó en ellos el Árbol de la Vida,** o sea, la Torá asociada con el misterio de la emanación cósmica –sefirá– denominada *Tiferet*; e **hizo posar su Presencia Divina** –*Shejiná*– **entre ellos. ¿Cuál es la razón** de todo esto? **Porque** los Hijos **de Israel están grabados con la marca sagrada,** o sea, la señal del pacto de la circuncisión, que ellos realizan **en su carne, y** a través de eso **muestran que son de Él,** por el flanco de la emanación cósmica –sefirá– denominada *Tiferet*, y que son **hijos de su Palacio** por el flanco de la emanación cósmica –sefirá– denominada *Maljut*. Pues la emanación cósmica –sefirá– denominada *Iesod* del Aspecto Cósmico Masculino Inferior –*Zeir Anpin*–, donde está aferrado el misterio del precepto de la circuncisión, incluye a la emanación cósmica –sefirá– denominada *Tiferet* y a la emanación cósmica –sefirá– denominada *Maljut*. Por eso, por medio de la señal del pacto de la circuncisión merecen a la emanación cósmica –sefirá– denominada *Tiferet* y a la emanación cósmica –sefirá– denominada *Maljut*, que están asociados con el misterio de las leyes y los decretos.

Y debido a eso, todos los que no están grabados con la marca sagrada (73a) en su carne, es decir, no están circuncidados, **no son de El** Santo, Bendito Sea. **Y se nota en todos ellos, que vienen del flanco de la impureza, y está prohibido unirse con ellos. Y está prohibido hablar con ellos de los secretos de El Santo, Bendito Sea, e informarles los asuntos** simples **de la Torá. Pues toda la Torá es un Nombre de El Santo, Bendito Sea, y cada letra de la Torá se vincula con el Nombre sagrado. Y a todo el que no se graba con la marca sagrada en su carne, está prohibido infor-**

73a

marle asuntos de la Torá, y con más razón esforzarse con ellos y explicarles la profundidad los asuntos de la Torá. Pues a través de eso saca las letras de la Torá fuera de la santidad y otorga influencia a las cortezas impuras denominadas *klipot*.

Rabí Shimón abrió su disertación y para explicarla dijo este versículo: «El Eterno les dijo a Moshé (Moisés) y a Aarón: **éste es el decreto** de la ofrenda **de Pesaj: ninguna persona foránea puede comer de ella**» (Éxodo 12:43). **Y está escrito: «Todo esclavo de hombre,** que haya sido comprado con dinero, lo circuncidaréis; luego podrá comer de ella» (Éxodo 12:44). **Y está escrito: «El residente temporal y el empleado no podrán comer de ella»** (Éxodo 12:45). **Y así como el sacrificio de Pesaj, que es** sólo **carne para comer, dado que alude a un asunto sagrado,** el Aspecto Cósmico Femenino Inferior –*Maljut*–, **está prohibido** para todos los mencionados en los versículos anteriores **comer de él, y está prohibido darles para que coman hasta que se circunciden, la Torá, que es santidad de santidades de** los Hijos de Israel **sagrados,** y es **un Nombre supremo de El Santo, Bendito Sea, ¡cuánto más y más!**

Rabí Elazar le preguntó a Rabí Simón, su padre, le dijo: he aquí que hemos estudiado: está prohibido enseñar Torá a un gentil; y bien se han despertado los compañeros en Babilonia, y dijeron: **como está escrito:** «Dice sus palabras a Jacob, y sus decretos y juicios a Israel. **No ha hecho así con ninguna otra de las naciones;** y en cuanto a sus juicios, no los conocieron; alabad a Dios» (Salmos 147:20). Por tanto, surge que está prohibido enseñar Torá a las naciones, **pero** deseo formular una pregunta: **dado que se dijo: «Dice sus palabras a Jacob», ¿por qué** se volvió a decir: **«y sus decretos y juicios a Israel»?** Pues sus palabras incluyen sus decretos y juicios. ¿Cómo se explica esta aparente redundancia?

Rabí Shimón **le dijo: Elazar,** hijo mío, **ven** y **observa: bienaventurados ellos, los** Hijos **de Israel, pues a esa parte suprema y sagrada,** la Torá, El Santo, Bendito Sea, **la plantó en ellos, como está escrito: «Porque os he dado una buena enseñanza:** Mi Torá, no la abandonéis» (Proverbios 4:2). La declaración: «os he dado», enseña que os la he dado **a vosotros, y no, a las naciones.**

Y dado que la Torá es un tesoro supremo valioso, el **Nombre de El** Santo, Bendito Sea, **concretamente,** por eso, **la Torá es en su totalidad cerrada y abierta con el misterio de su Nombre. Y por eso los Hijos de Israel están** vinculados también **con esos dos grados, cerrado y abierto,** tal como explicaremos a continuación.

Como hemos estudiado: hay tres grados que se vinculan éste con éste: El Santo, Bendito Sea, la Torá, e Israel. Pues El Santo, Bendito Sea, dio la Torá para dar mérito a los Hijos de Israel. **Y cada uno** de estos tres grados, se manifiesta **grado sobre grado, cerrado y abierto. Pues El Santo, Bendito Sea,** se manifiesta **grado sobre grado, cerrado y abierto;** grado cerrado, se refiere al Aspecto Cósmico Masculino Inferior –*Zeir Anpin*–, y grado abierto, se refiere al Aspecto Cósmico Femenino Inferior –*Maljut*–, pues el Aspecto Cósmico Masculino Inferior –*Zeir Anpin*–, se inviste en el Aspecto Cósmico Femenino Inferior –*Maljut*–. **La Torá es también así,** se manifiesta grado sobre grado, **cerrado y abierto;** pues tiene una parte oculta, y una parte revelada. **Israel también es así,** pues se manifiesta **grado sobre grado. A esto se refiere lo que está escrito: «Dice sus palabras a Jacob, y sus decretos y juicios a Israel». Son dos grados, Jacob e Israel. Uno revelado, y uno cerrado.**

¿A qué se refiere precisamente esa declaración? La respuesta no es **sino ésta: todo el que se circuncida y se marca con el Nombre sagrado, le dan parte con las palabras reveladas de la Torá. Es decir, le informan con iniciales y comienzos de capítulos.** O sea, le enseñan resúmenes de las leyes básicas que necesita saber inmediatamente. Y después, **disponen sobre él las severidades de los preceptos dela Torá, y no más.** Es decir, le enseñan los demás asuntos, pero siempre según su sentido llano. Esto es así **hasta que asciende a otro grado,** y entonces le entregan también los misterios de la Torá.

A esto se refiere lo que está escrito: «Dice sus palabras a Jacob», se refiere a la parte revelada de la Torá, **pero «sus decretos y juicios a Israel», pues** el nombre Israel **está en un grado más elevado. Y está escrito: «Dios le dijo: tu nombre es Iaacov (Jacob); tu nombre no será Iaacov** (Jacob) **exclusivamente,** sino que Israel será tu nombre; así fue como lo llamó Israel» (Génesis 35:10). Es decir, el

73a

nombre Israel es más importante que el nombre Jacob. Y a esto se refiere lo que está escrito: **«Sus decretos y juicios a Israel»**. **Se refiere a los misterios de la Torá** vinculados con el secreto de la emanación cósmica –sefirá– denominada *Iesod*, **y las razones de** los decretos de **la Torá** vinculados con el secreto de la emanación cósmica –sefirá– denominada *Tiferet*, **y los misterios de la Torá** vinculados con el secreto de la emanación cósmica –sefirá– denominada *Biná*. **Pues no son apropiados para ser revelados sino a aquel que está en un grado más supremo, como es debido.**

Y si eso está prohibido para los Hijos de **Israel,** estudiar hasta que se circuncidan, **para las naciones, cuánto más y más. Y todo el que no se circuncida, y le entregan incluso una letra pequeña de la Torá, es como si destruyera el mundo, y mintiera en el Nombre de El Santo, Bendito Sea. Pues todo depende de esto,** el precepto de la circuncisión. **Y esto se vincula con esto,** es decir, la Torá se vincula con el pacto de la circuncisión, **como está escrito:** «Así ha dicho El Eterno: **si no permanece mi pacto con el día y la noche, si Yo no he puesto las leyes del Cielo y la Tierra»** (Jeremías 33:24).

Ven y **observa: está escrito: «Ésta es la Torá que Moshé (Moisés) colocó ante los Hijos de Israel»** (Deuteronomio 4:44). **«Ante los Hijos de Israel»,** colocó, **pero ante las demás naciones, no colocó. Por eso** está escrito: **«Háblales a los Hijos de Israel».** Y está escrito: «El Eterno habló a Moshé (Moisés), diciendo: **diles a los Hijos de Israel:** todo hombre de los Hijos de Israel y del converso que habite con Israel, que diere de su simiente a Molej, será condenado a muerte; la gente de la tierra lo apedreará» (Levítico 20:2). **Y así todos** los demás versículos en los que consta los Hijos de Israel, enseña que se prohíbe enseñar Torá a las naciones.

Que descansen en paz los padres del mundo, que son Hilel y Shamai, que así le dijeron a Onkelus, que le estaba prohibido estudiar la Torá hasta que se circuncidara. **Y así hicieron, pues no le informaron asunto de la Torá hasta que se circuncidó,** y se sumergió ritualmente para entrar bajo las alas de la Presencia Divina –*Shejiná*–.

Y ven y **observa: el primer asunto de la Torá que le dan al niño para estudiar es *alef–bet*. Éste es un asunto que los moradores del

SEGUNDA PARTE: AJAREI MOT

73a

mundo no pueden captar con sus mentes, es decir, no pueden captar el misterio de ese asunto, **y** tampoco pueden siquiera **ascenderlo a su voluntad** y pensamiento, **y con más razón pronunciarlo con sus bocas. E incluso los ángeles supremos,** o sea, los ángeles del Mundo de la Formación –*Ietzirá*–, **y los supremos de los supremos,** o sea, los ángeles del Mundo de la Creación –*Briá*–, **no pueden aprehenderlo, pues** las letras –de la Torá– **son** misterios **ocultos del Nombre sagrado** de El Santo, Bendito Sea.

Y mil cuatrocientos cinco decenas de miles de mundos, todos ellos dependen del espinillo superior **de** la letra *alef*. Pues el espinillo superior de la letra *Alef* está asociado con el misterio de la emanación cósmica –sefirá– denominada *Jojmá* remota, y de ella dependen diez emanaciones cósmicas –sefirot–. Y eso está indicado a modo de insinuación en las mil cuatrocientos cinco decenas de miles de mundos. Pues «mil –*elef*–», alude a la emanación cósmica –sefirá– denominada *Keter*; y «cuatrocientos», alude a la emanación cósmica –sefirá– denominada *Jojmá*, la emanación cósmica –sefirá– denominada *Biná*, la emanación cósmica –sefirá– denominada *Jesed*, y la emanación cósmica –sefirá– denominada *Guevurá*. Pues estas emanaciones cósmicas –sefirot– están vinculadas con las centenas, y no, a las unidades de mil, como la emanación cósmica –sefirá– denominada *Keter*. Y «cinco», alude a la emanación cósmica –sefirá– denominada *Tiferet*, la emanación cósmica –sefirá– denominada *Netzaj*, la emanación cósmica –sefirá– denominada *Hod*, la emanación cósmica –sefirá– denominada *Iesod*, y la emanación cósmica –sefirá– denominada *Maljut*. Ya que estas emanaciones cósmicas –sefirot– no ascienden como las otras, sino un ascenso leve; y se denominan mundos, debido a que cada emanación cósmica –sefirá– está asociada a mundos ilimitados, y los mismos están incluidos estos con estos.

Y setenta y dos Nombres sagrados están grabados en letras marcadas. Y esos Nombres El Eterno están indicados en los tres versículos que están escritos mediante 72 letras y se encuentran uno próximo al otro en el libro de Éxodo. Estos son los versículos: «El ángel de Dios que había estado yendo al frente del campamento de Israel se trasladó y fue tras ellos; y la columna de nube se trasladó de

73a

delante de ellos a detrás de ellos» (Éxodo 14:19). «Se colocó entre el campamento de Egipto y el campamento de Israel, y esa noche había nube y oscuridad; e iluminó la noche para el Pueblo de Israel, y nadie se acercó al otro durante toda la noche» (Éxodo 14:20). «Moisés extendió su mano sobre el mar y El Eterno movió el mar con un fuerte viento del este toda la noche, y desplazó el mar a tierra húmeda, y las aguas se partieron» (Éxodo 14:21). Cada uno de esos tres versículos, en el original hebreo, posee setenta y dos letras; y cada una de las palabras que se forma tras asociar la primera letra del primer versículo, más la última letra del versículo central, más la primera letra del último versículo, corresponde a uno de los Nombres de El Eterno. Y **con** la irradiación de **esos** Nombres **existen los entes supremos y los entes de lo bajo, los Cielos, y la Tierra, y el Trono de Gloria del Rey,** el cual está asociado con el misterio del Aspecto Cósmico Femenino Inferior –*Maljut*–. Todos **dependen de un flanco hasta un** –el otro– **flanco de la expansión de** *alef,* es decir, de la letra *vav*, que está en el medio de la letra *alef*, o sea, la línea oblicua que ve desde el espinillo superior, hasta el espinillo inferior, y representa la expansión de la letra *vav* dentro de la letra *alef.* Y esos **son** los entes cósmicos que irradian **la existencia de todos los mundos, y son el sostén de los** entes **supremos y los** entes **de lo bajo, según el misterio de la *Jojmá*.**

Y los treinta y dos **senderos ocultos** de la *Jojmá*, **y los ríos profundos,** que son los cincuenta portales del ente cósmico denominado *Biná,* **y las diez pronunciaciones,** que son las diez letras del Nombre expandido de El Santo, Bendito Sea, cuyo valor numérico es 45, y está vinculado con el misterio del Aspecto Cósmico Masculino Inferior –*Zeir Anpin*–, **todos salen de ese espinillo inferior que está debajo de la** letra *alef*.

De aquí en adelante comenzaron a proyectarse las irradiaciones de luminosidad de la letra *Alef* asociada con el misterio de la emanación cósmica –sefirá– denominada *Keter*, **hacia** la *letra bet,* asociada con el misterio de la emanación cósmica –sefirá– denominada *Jojmá*. Y así hasta llegar a la letra *tav*. **Y no hay número para considerar** y enumerar **las** irradiaciones de **sabiduría** –*Jojmá*– **que se grabaron**

aquí, en la *letra bet*. Pues la emanación cósmica –sefirá– denominada *Jojmá* es la raíz de todos los cuerpos cósmicos denominados *Partzufim* que están debajo de ella, y todos se concatenan a partir de ella. Y así es la concatenación de la totalidad de las veintidós letras, que se concatenan de ésta a ésta.

Por (73b) eso, dado que hay tantos misterios en las letras de la Torá, por esta razón, **la Torá es la** fuente de la **existencia de todos** los mundos, **y la fe de todos.** Pues todos los Hijos de Israel creen en la veracidad de la sagrada Torá, **para** a través del estudio, **establecer el vínculo de la fe de éste con éste, en forma apropiada.** Es decir, a través del estudio de la Torá, los Hijos de Israel merecen establecer el vínculo de la verdad vinculada con el misterio del Aspecto Cósmico Masculino Inferior *–Zeir Anpin–*, con la fe, vinculada con el misterio del Aspecto Cósmico Femenino Inferior *–Maljut–*.

Y aquel que se circuncida se vincula con ese vínculo de la fe, es decir, se vincula con el misterio del Aspecto Cósmico Masculino Inferior *–Zeir Anpin–*, y el Aspecto Cósmico Femenino Inferior *–Maljut–*. **Y aquel que no se circuncida y no se vincula con él,** el misterio del Aspecto Cósmico Masculino Inferior *–Zeir Anpin–*, y el Aspecto Cósmico Femenino Inferior *–Maljut–*, **acerca de él está escrito: «Y todo extraño no comerá de lo sagrado»** (Levítico 22:10). Es decir, no recibe ninguna abundancia sagrada del Aspecto Cósmico Masculino Inferior *–Zeir Anpin–*, y el Aspecto Cósmico Femenino Inferior *–Maljut–*. **Pues se despierta un espíritu de impureza que está junto a él,** dado que es incircunciso. **Y** si recibiera abundancia sagrada, **vendría a deleitarse con la santidad. Bendito El Misericordioso, que apartó a sus hijos,** los Hijos de **Israel, los cuales están grabados con la marca sagrada** de la circuncisión, **de ellos,** los idólatras, **y de la inmundicia de ellos. Acerca de ellos está escrito: «Te planté de vid escogida** –los patriarcas–, **toda ella simiente de verdad»** (Jeremías 2:21).

Rabí Shimón concluyó su enseñanza declarando: **y a esto se refiere** lo que está escrito acerca de la Torá: **«Otorga la verdad a Jacob»** (Miqueas 7:20). **Y no, a otro. Es decir, Torá de verdad a simiente de verdad.**

73b

Después de escuchar las palabras de Rabí Shimón, **vino Rabí Elazar,** su hijo, **y lo besó en sus manos,** por las enseñanzas de la Torá que le había revelado.

Dijo Rabí Jizkia: está escrito: «Pues El Eterno no dejará a su pueblo, por su gran **Nombre»** (I Samuel 12:22). **¿Por qué razón? «Por su** gran **Nombre».** Es decir, **porque todo se vincula esto con esto.** Es decir, El Santo, Bendito Sea, con los Hijos de Israel. **¿Y con qué se vinculan los Hijos de Israel con El Santo, Bendito Sea?** La respuesta no es sino ésta: **con esa marca sagrada que graban en su carne. Y a esto se refiere** lo que está escrito: **«El Eterno no dejará a su pueblo». ¿Por qué? Por su gran Nombre, que está grabado en ellos,** o sea, se refiere al pacto de la circuncisión.

Hemos estudiado: la Torá se denomina Pacto, como está escrito: «Tomó el Libro del Pacto y lo leyó a oídos del pueblo, y ellos dijeron: Todo lo que ha dicho El Eterno lo haremos y lo obedeceremos» (Éxodo 24:7). **Y El Santo, Bendito Sea, se denomina Pacto,** a través del grado de la emanación cósmica —sefirá— denominada *Iesod* de Él. **Y esa marca sagrada se denomina Pacto**, como está escrito: «Éste es Mi pacto que guardarán entre Mi y vosotros y tu futura descendencia: todo varón de entre vosotros será circuncidado» (Génesis 17:10). **Y por eso todo se vincula esto con esto.** O sea, El Santo, Bendito Sea, con los Hijos de Israel, a través del pacto de la circuncisión grabado en la carne de ellos. **Y no se separan éste de éste** jamás.

Rabí Ieisa le dijo a Rabí Jizkia: lo que has dicho, que **la Torá y** los Hijos de **Israel,** se denominan Pacto, **está bien,** es entendible, pues hay apoyo en los versículos, **pero El Santo, Bendito Sea, ¿de dónde sabemos que se denomina Pacto?**

Rabí Jizkia **le dijo** a Rabí Ieisa: **como está escrito: «Y les recordará su pacto»** (Salmos 106:45). Y se refiere a la emanación cósmica —sefirá— denominada *Iesod* del Aspecto Cósmico Masculino Inferior —*Zeir Anpin*—, que se denomina Pacto. **Y he aquí que se sabe** que el misterio de la emanación cósmica —sefirá— denominada *Iesod* del Aspecto Cósmico Masculino Inferior —*Zeir Anpin*—, se denomina Pacto. **Y he aquí que esto,** lo referente a este misterio, **ya ha sido dicho** por nosotros.

Y respecto a lo que está escrito: **«Pero vosotros salvaguardaréis Mis decretos** y Mis juicios, y no cometeréis ninguna de estas abominaciones, ni el nativo ni el converso que habita entre vosotros. Pues los habitantes de la tierra antes de vosotros cometieron todas estas abominaciones y la tierra se impurificó» (Levítico 18:27), también hemos de observar los misterios supremos que hay allí ocultos. Pues **«Mis decretos», se refiere a las normas del Rey** enraizadas en la emanación cósmica –sefirá– denominada *Iesod* del Aspecto Cósmico Masculino Inferior –*Zeir Anpin*–, que se denomina «Decreto». Y así como el *Iesod*, está oculto, y no se revela, (se refiere al pacto de la circuncisión), así ocurre con los decretos –*jukim*– del Rey, son ocultos, y no hay una razón aprehensible de los mismos. Y **«Mis juicios», son los decretos de la Torá,** enraizados en la emanación cósmica –sefirá– denominada *Tiferet*, que se denomina «Juicio». Y así como la emanación cósmica –sefirá– denominada *Tiferet* está asociada con el misterio del cuerpo, que es revelado, así ocurre con las razones de los juicios, que son reveladas.

Dijo Rabí Iehuda: todas esas normas que salen **del lugar que se denomina** *Tzedek*, o sea, el Aspecto Cósmico Femenino Inferior –*Maljut*–, **se denominan «Mis decretos».** Es decir, el Aspecto Cósmico Masculino Inferior –*Zeir Anpin*–, que está asociado con el misterio de la Torá escrita, los denomina «Mis decretos –*jukotai*–», en género femenino. **Y los mismos son un decreto del Rey** impartido sobre sus siervos, sin revelar la razón del decreto. Pues el decreto del Rey está vinculado con el Aspecto Cósmico Femenino Inferior –*Maljut*–, que es el Decreto de la emanación cósmica –sefirá– denominada *Tiferet*, que se denomina Rey. Pues los juicios, que comprenden toda ley y todo juicio, están enraizados en la emanación cósmica –sefirá– denominada *Tiferet*, y sobre la base de ellos los decretos se manifiestan en lo bajo, y se delinean en el Aspecto Cósmico Femenino Inferior –*Maljut*–, que se denomina *Tzedek*, y es un ente asociado al juicio. Por eso están asociados con el rigor del juicio en forma de decreto sin razón especificada. **Y en todo lugar en que** los decretos **se denominan Juicio** –*mishpat*–, o sea, en relación con el Aspecto Cósmico Masculino Inferior –*Zeir Anpin*–, **se denominan Juicio**

–din– **del Rey, que es el Rey sagrado,** o sea, el Aspecto Cósmico Femenino Supremo denominado *Biná*, donde está el origen de los juicios. Pues El Santo, Bendito Sea, asociado con el misterio del Aspecto Cósmico Femenino Supremo denominado *Biná*, **es el Rey que todo el mundo es de Él, pues es el Rey sagrado,** cuya ubicación se encuentra **en el lugar en que dos partes se aferran ésta a ésta,** o sea, el Aspecto Cósmico Masculino Inferior *–Zeir Anpin–*, y el Aspecto Cósmico Femenino Inferior *–Maljut–*, que se aferran éste con éste, y se unen éste con éste. **Y a esto se refiere lo que está escrito: «La justicia** *–Tzedek–* **y el juicio** *–Mishpat–* **son el asiento de tu Trono»** (Salmos 89:15). Es decir, el aspecto masculino inferior *–Zeir Anpín–*, y el aspecto femenino inferior *–Maljut–*, que se denominan Justicia y Juicio, son el asiento y el Trono del ente cósmico denominado *Biná*, que es el Trono del aspecto masculino superior *–Aba–*. **Y ellos,** el Aspecto Cósmico Masculino Inferior *–Zeir Anpin–*, y el Aspecto Cósmico Femenino Inferior *–Maljut–*, **son** entes asociados con el misterio del **juicio y** la **misericordia. Y a esto se refiere** lo que está escrito: «Pero vosotros salvaguardaréis **Mis decretos** *–jok–* **y Mis juicios** *–mishpat–*» (Levítico 18:24). O sea, en referencia al misterio del Aspecto Cósmico Masculino Inferior *–Zeir Anpin–*, y el Aspecto Cósmico Femenino Inferior *–Maljut–*.

Y a esto se refiere lo que está escrito: «Sus juicios y decretos para Israel» (Salmos 147:19). Precisamente **para Israel, y no, para las demás naciones.** O sea, El Santo, Bendito Sea, les comunicó Sus juicios y decretos precisamente a los Hijos de Israel, que son considerados los hijos del Aspecto Cósmico Masculino Inferior *–Zeir Anpin–*, y el Aspecto Cósmico Femenino Inferior *–Maljut–*.

Después, ¿qué está escrito? Está escrito: **«No hizo así a todo pueblo». Y hemos estudiado: aunque** el prosélito **se circuncidó pero no cumplió los preceptos de la Torá, es como un gentil para todo** asunto. **Y está prohibido enseñarle palabras de Torá. Y acerca de esto hemos estudiado:** está escrito: «Y cuando Me hagáis un **altar de piedras,** no las labraréis, pues habréis alzado vuestra espada sobre él, profanándolo» (Éxodo 20:22). Lo que está escrito: «altar de piedras», **se refiere a un altar de piedras concretamente.** Es decir, aquel que se circuncida es como si hubiera edificado un altar de piedras concretamente. Pero aquel que se circuncida **y no cumple los preceptos de la Torá, la dureza** –obstinación– **de su corazón está en su lugar, y la inmundicia no se aparta de él. Por eso, no ascendió en su mano** –no es válido– **el precepto** de la circuncisión, ni le sirve en absoluto. **Y a esto se refiere lo que está escrito: «pues habréis alzado vuestra espada sobre él, profanándolo».** Es decir, profanó la circuncisión al no cumplir los preceptos de la Torá.

A esto se refiere lo que está escrito: **«No hizo así a todo pueblo** –*goi*–**», sin especificar.** Pues viene a incluir al prosélito que se circuncidó pero no cumplió los preceptos de la Torá. En ese caso es considerado como un gentil –*goi*– en forma absoluta. **«Y sus juicios** –*mishpatim*–**, no les haréis conocer», por siempre jamás. E incluso un asunto pequeño, no se les otorga, con más razón, los misterios de la Torá, y las normas de la Torá. Y está escrito: «Pues la porción** –*jelek*– **de El Eterno es su pueblo; Iaacov (Jacob) es la medida de Su herencia»** (Deuteronomio 32:9). Resulta que sólo Jacob quedó como porción para El Santo, Bendito Sea. Y sobre ellos está dicho: **«Bienaventurado el pueblo que tiene esto; bienaventurado el pueblo cuyo Dios es El Eterno»** (Salmos 144:15).

Hemos estudiado: en relación con **las normas de los ángeles que irradian luminosidad, hay cuatro llaves.** O sea, los cuatro ángeles denominados *Argamán*, es decir, Uriel, Refael, Gabriel, Mijael, y Nuriel. Y estos ángeles son en realidad cuatro, pues Uriel con Nuriel están asociados con el misterio de la sefirá de *Jesed* –bondad–, y la sefirá de *Guevurá* –rigor–, del *Tiferet*. Es decir, pertenecen a un mismo origen. Y esos ángeles son considerados las llaves y los portales de la abundancia que se proyecta a lo bajo a través de ellos. **Ellos fueron dispuestos en los cuatro flancos del mundo:** Mijael en el flanco sur, Gabriel, en el flanco norte, Uriel, en el flanco este, y Refael, en el flanco oeste. Y fueron dispuestos **con la irradiación** de luminosidad **de ellos.** Es decir, no son materiales, para que se les fije un lugar, sino que esos son grados determinados para su conducción. **Resulta que** cada **uno** de los ángeles está dispuesto **en los cuatro flancos, y los cuatro en un flanco,** ya que cada ángel está incluido de los cuatro.

73b

Por eso, cada ángel tiene cuatro rostros orientados a los cuatro puntos cardinales. Y **ellos se graban en una orientación,** con la inclusión de estas tonalidades: **tonalidad *tejelet*, *argaman*, tinte carmesí, blanco, y rojo.** Pues cada tonalidad indica un tipo de acción que se realiza en lo bajo a través de esos ángeles. **Esta tonalidad entra en la tonalidad de su compañero**, es decir, en la otra tonalidad. Por ejemplo, la tonalidad *tejelet*, entra y se incluye en la tonalidad *argaman*, y la tonalidad *argaman*, entra y se incluye en la tonalidad *tejelet*. Y así todas las tonalidades. Es decir, todos los atributos acuerdan con la acción realizada por esos ángeles. **Y la** tonalidad particular **de él**, ese ángel, **está grabada en él,** y las demás son secundarias. O sea, considerando por ejemplo el caso de Mijael, que es un ángel vinculado básicamente con la tonalidad blanca, ese color es el principal en él, y los otros colores que están presentes en él son menos notorios.

Las cuatro cabezas de ángeles, cuando ascienden del Mundo de la Formación –*Ietzirá*–, para nutrirse del Mundo de la Creación –*Briá*–, que se nutre del Mundo de la Emanación –*Atzilut*–, **ascienden** juntos, **como uno, y** a raíz de esa unión se ven como fusionados, que **se unen en aspecto,** es decir, en un cuerpo cósmico denominado Partzuf. **Y** por esta razón se ve como si fuera que sólo **una cabeza asciende** al Mundo de la Creación –*Briá*–. Y debe considerarse que el ascenso de los ángeles se realiza **a través de la inmersión ritual con que se sumergen** en el río Dinur para purificarse.

Además, **dos gacelas** que son dos ángeles denominados *ofanim*, **están dispuestas en una medida.** Pues los dos ángeles denominados *ofanim* –ruedas– tienen una misma semejanza, como está escrito: «La apariencia de las ruedas y su obra era semejante al aspecto del crisólito, y las cuatro tenían una misma semejanza; su apariencia y su obra eran como rueda dentro de rueda» (Ezequiel 1:16). Es decir, dos ángeles denominados *ofanim* –ruedas– sirven a cada ángel. Y también esos ángeles denominados *ofanim* –ruedas– **ascienden de en medio de esa inmersión ritual** con que se sumergen en el río Dinur para purificarse. ¿De dónde lo sabemos? **Como está escrito: «Como rebaños de ovejas parejas** –determinadas e iguales en medida– **ascienden del baño»** (Cantar de los Cantares 2:4). Es decir, ascienden al Mundo de la Creación –*Briá*– desde esa inmersión ritual con que se sumergen en el río Dinur para purificarse.

En el portal de ellos, es decir, en el portal de esos ángeles asociados con el misterio del rigor y el juicio, irradia luminosidad el Aspecto Cósmico Femenino Inferior –*Maljut*–, que **su aspecto se asemeja a una piedra preciosa que incluye cuatro tonalidades.** Esas tonalidades son: blanco, rojo, verde –*iarok*–, y celeste –*tejelet*–. Y las mismas están asociadas con el misterio de la conducción de la emanación cósmica –sefirá– denominada *Jesed*, la emanación cósmica –sefirá– denominada *Guevurá*, la emanación cósmica –sefirá– denominada *Tiferet*, y la emanación cósmica –sefirá– denominada *Maljut*. Pero en relación con los ángeles todas esas emanaciones –vinculadas con las tonalidades– están asociadas con el misterio del grado del juicio. Y el Aspecto Cósmico Femenino Inferior –*Maljut*– irradia luminosidad en ellas para endulzarlas. Pues cuando los ángeles ascienden del Mundo de la Formación –*Ietzirá*– al Mundo de la Creación –*Briá*–, todos los pelos de ellos, asociados con el misterio de los juicios, se quitan –*mitmartim*– por el poder del Aspecto Cósmico Femenino Inferior –*Maljut*–.

Asimismo, **tienen cuatro alas que cubren sus cuerpos;** es decir, con dos cubren sus cuerpos y vuelan, y con dos cubren sus rostros. **Y tienen manos pequeñas debajo de sus alas,** como está escrito: «Debajo de sus alas, a sus cuatro lados, tenían manos de hombre; y sus rostros y sus alas por los cuatro lados» (Ezequiel 1:18). Esas dos manos están asociadas con el misterio de la emanación cósmica –sefirá– denominada *Jesed* y la emanación cósmica –sefirá– denominada *Guevurá*, que se denominan Manos, y descienden a lo bajo para recibir el arrepentimiento de los que se arrepienten. **Y los cinco de dedos** de la mano derecha **con los cinco de dedos** de la mano izquierda **están grabados** e incluidos estos con estos. Pues la izquierda se incluye con la derecha, y acuerda con ella para otorgar buen pago a los justos. Y la derecha se incluye con la izquierda y acuerda con ella para castigar a los malvados.

Esos ángeles **vuelan en lo Alto,** o sea, **por encima del Palacio de la Voluntad,** que es el Palacio del Aspecto Cósmico Femenino Inferior –*Maljut*– en su ascenso a su prometido. **Y** por eso, este Palacio

73b - 74a

tiene buen aspecto y buena apariencia, al igual que Raquel, asociada con el misterio del Aspecto Cósmico Femenino Inferior –*Maljut*–, que tenía buen aspecto y buena apariencia. Y sobre el Palacio de la Voluntad, se encuentra el Palacio del Lugar Santísimo denominado *Kodesh Hakodashim*, o sea, el lugar donde ascienden esos ángeles mencionados.

Además, debe saberse que en el Palacio de la Voluntad, hay **un muchacho joven,** es decir, el ángel cuyo nombre comienza con las letras hebreas *mem–tet*, el cual se denomina joven, y él **sale** de ese Palacio. Y en su mano tiene **una espada afilada,** la cual se transforma a veces en forma de ente de género masculino, cuando hace bondad, a veces en forma de ente de género femenino, cuando hace juicio. Y cuando hace juicio, esos entes de género femenino de la corteza impura denominada *Klipá* **llevan la** medida denominada *efá* **con la que miden** y pesan todas las acciones de los seres humanos, **entre el Cielo y la Tierra.** Y a esto se refiere el misterio de lo que está escrito: «Alcé mis ojos, y miré, y he aquí dos mujeres salían [...] y llevaban el *efá* entre la Tierra y los Cielos» (Zacarías 5:9). Es decir, descienden a lo bajo para seducir e inducir a pecar, y después ascienden a lo Alto para acusar. Y **a veces la llevan por todo el mundo.** Y esto es así cuando la mayoría de los del mundo pecaron, pues cuando eso ocurre, la medida del juicio se expande por todo el mundo, ya que el mundo es juzgado según la mayoría. **Y todas las mediciones** de las acciones de las personas **son medidas con esa** *efá*, **como está escrito:** «Tendréis balanzas correctas, **pesos** –*efá*– **correctos**, medidas secas correctas y medidas líquidas correctas; Yo soy El Eterno, vuestro Dios, Quien os sacó de la tierra de Egipto» (Levítico 19:36).

Hay **un aspecto de berilio,** es decir, el aspecto de una piedra preciosa que incluye dos aspectos: blanco y rojo, o sea, las tonalidades asociadas con el misterio del Aspecto Cósmico Femenino Inferior –*Maljut*–. Y ese aspecto de berilio **está sobre una espada,** asociada con el misterio del juicio de ella. **En la cabeza de esa espada, resplandece la tonalidad roja, del interior de la piedra de berilio.** Es decir, impulsa el juicio del interior de la misericordia, pues también la medida de la misericordia acuerda con el juicio. **(74a)** y ella está incluida de **dos flancos, de este lado,** de la bondad –asociada con el misterio de la emanación cósmica –sefirá– denominada *Jesed–*, **y de este lado,** del juicio –asociado con el misterio de la emanación cósmica –sefirá– denominada *Guevurá–*. Por eso, **se ve** la revelación de **esa espada grabada con marcas profundas,** para mostrar la profundidad del juicio que hay en ella. Y ella se ciñe con armas de guerra, como **un hombre poderoso.**

Además, el ángel cuyo nombre se escribe con las letras *mem–tet*, el cual es como **una escalera que está en trece mundos,** o sea, en el Mundo de la Formación *–Ietzirá–*, indicado en la letra *vav* del Tetragrama. Pues el valor numérico de la letra *vav* desarrollada es precisamente 13. Y ese valor alude a los trece mundos. Y si bien esa escalera está en el Mundo de la Formación *–Ietzirá–*, su cabeza está en el Mundo de la Creación *–Briá–*, y el Aspecto Cósmico Femenino Inferior *–Maljut–* del Mundo de la Emanación *–Atzilut–* se inviste en ella. Entonces es como una escalera que une el Mundo de la Formación *–Ietzirá–* con el Mundo de la Creación *–Briá–* y el Mundo de la Emanación *–Atzilut–*. Y el Aspecto Cósmico Femenino Inferior *–Maljut–*, que se inviste en el interior de la escalera, y está sobre ella, se considera como si estuviera **ceñida con esa espada** en su flanco izquierdo **para tomar venganza** de las naciones. **Y con él,** el Aspecto Cósmico Femenino Inferior *–Maljut–*, **hay otros sesenta ángeles valientes ceñidos para la guerra.** Y ellos están preparados y dispuestos para ejecutar el juicio, y concretar la venganza.

Todos ellos están instruidos para vencer en la batalla. A esto se refiere lo que está escrito: «Ciñe tu espada sobre el muslo, valiente, con tu gloria y con tu majestad» (Salmos 45:4). **Y está escrito: «**He aquí la cama de él, de Quien la paz es de Él *–shelishlomó–*, hay sesenta valientes alrededor de ella, de los valientes de Israel. **Todos ellos aferraban espadas, diestros en la guerra;** cada hombre con su espada sobre su muslo, por el temor de las noches» (Cantar de los Cantares 3:7-8). Y esos sesenta valientes se nutren de la emanación cósmica –sefirá– denominada *Guevurá* del Aspecto Cósmico Femenino Inferior *–Maljut–* para elevar irritación y tomar venganza de los que van en contra de la voluntad de El Santo, Bendito Sea. Y **sus**

74a

rostros se mudan de varios modos, para castigar a los malvados. Ya que el rostro de los ángeles dotados de facultad de juicio se modifica según la acción que realizan.

No hay quien los aprehenda, es decir, no hay quien sepa cómo anular el poder del juicio del Aspecto Cósmico Femenino Inferior –*Maljut*–, que es el ente del cual los juicios se proyectan a lo bajo, **con excepción de un gusano.** Es decir, con excepción del gusano denominado *shamir*, **que nada entre los peces del mar,** y tiene un gran poder, a tal punto **que todas las piedras por las que pasa sobre ellas, se quiebran.** Y ésta es la relación cabalística de esta enseñanza: la emanación cósmica –*sefirá*– denominada *Iesod*, que se denomina Gusano, cuando se une con el Aspecto Cósmico Femenino Inferior –*Maljut*–, anula sus juicios. Y la emanación cósmica –*sefirá*– denominada *Iesod* es la más pequeña de todas las emanaciones cósmicas –*sefirot*– que fueron creadas a partir del ente cósmico denominado *Biná*, que está asociado con el misterio del Gran Mar. Y cuando la emanación cósmica –*sefirá*– denominada *Iesod* pasa por sobre los juicios severos del Aspecto Cósmico Femenino Inferior –*Maljut*–, se quiebran y anulan completamente.

En ese tiempo, cuando los valientes se ciñen con espada para ejecutar el juicio en lo bajo, **la voz que sale de esos** poseedores de facultad de juicio **que ciñen espada,** tiene por finalidad avisar a los entes de lo bajo del decreto de lo Alto, para despertarlos y que se arrepientan, para que sus espadas no salgan como fuego ardiente. Y esa voz **quiebra dieciocho montes grandes,** los cuales están asociados con el misterio de los dieciocho mil mundos que se incluyen en el campamento de la Presencia Divina –*Shejiná*–. Pues a través de ellos pasa esta voz, para informar a los seres humanos de los decretos de Él. **Y no hay quien incline su oído.** Es decir, no hay quien revise sus acciones para arrepentirse de sus faltas y encaminarse por la senda correcta. Pues **todos los** moradores **del mundo tienen sus ojos cubiertos.** Y no ven las señales que vienen de lo Alto para despertarlos al arrepentimiento y la rectificación. Y **su corazón está cubierto,** y no prestan atención al ver personas que se desvían del servicio al Creador. Y **no hay quien repare, pues su estructura,** del Aspecto Cósmico Femenino Inferior –*Maljut*–, **se destruyó** a raíz de los pecados de ellos, **cuando realizan acciones inapropiadas** en el comienzo del desvío del servicio a El Santo, Bendito Sea. Y después, **se desvían del camino correcto,** y se arruinan completamente. Y entonces, la medida de la emanación cósmica –sefirá– denominada *Jesed*, del flanco de **la derecha se aparta** del Aspecto Cósmico Femenino Inferior –*Maljut*–. **Y** la medida de la emanación cósmica –sefirá– denominada *Guevurá*, del flanco de **la izquierda, ejerce dominio. Entonces hay impudicia** –*araiot*–, pues las cortezas impuras denominadas *klipot* se fortifican para destruir el mundo.

¡Ay de los malvados que provocan esto en el mundo! Pues ellos con sus pecados provocan la separación de las letras *vav* y *he* del Tetragrama, las cuales están vinculadas con el misterio del Aspecto Cósmico Masculino Inferior –*Zeir Anpin*–, y el Aspecto Cósmico Femenino Inferior –*Maljut*–. Y no sólo eso, sino que vinculan las letras *vav* y *he* a las letras *reish* y *ain* correspondientes a las cortezas impuras denominadas *klipot*, formándose la expresión *ervá* –impudicia a través de relaciones prohibidas–. Y dado que ellos no desean arrepentirse y rectificarse, el rigor del juicio cae sobre ellos hasta que mueren por sus pecados. **Pues no se bendice en lo Alto,** es decir, no se proyecta la abundancia de bendición el lo Alto, para bendecir a los cuerpos cósmicos denominados *Partzufim* supremos, **hasta que se exterminen estos** malvados **en lo bajo. A esto se refiere lo que está escrito: «Sean acabados de la Tierra los pecadores,** y los impíos dejen de existir; **bendice alma mía a El Eterno»** (Salmos 104:35). Pues entonces el Aspecto Cósmico Femenino Inferior –*Maljut*–, asociado con el misterio del alma de David, se une con el Nombre El Eterno, que está asociado con el misterio del Aspecto Cósmico Masculino Inferior –*Zeir Anpin*–, y entonces, se proyectan las irradiaciones de abundancia a los Hijos de Israel.

Está escrito: **«La desnudez de tu padre y la desnudez de tu madre no descubrirás;** ella es tu madre, no descubrirás su desnudez» (Levítico 18:7). **Rabí Jía abrió** su disertación y para explicarla dijo este versículo: **«Como manzano entre los árboles del bosque, así es mi amado entre los hijos;** bajo la sombra –de El Santo, Bendito

74a

Sea– me deleité y me senté, y su fruto fue dulce a mi paladar» (Cantar de los Cantares 2:3). **Este versículo ya fue** estudiado y **establecido por los sabios.** Ya que se enseñó que todos huyen del manzano, porque no da sombra, así huyeron los de las naciones de sobre El Santo, Bendito Sea, en la entrega de la Torá, pero yo bajo la sombra de Él me deleité y me senté. **Pero** ahora lo explicaremos de modo diferente. **Cuán preciada es la Congregación de Israel** –*Kneset Israel*–, es decir, la Presencia Divina –*Shejiná*–, ante El Santo, Bendito Sea, **pues ella lo alaba con esto,** el manzano.

Aquí se debe observar y meditar: **¿por qué lo alaba con un manzano, y no, con otra cosa?** Es decir, ¿por qué lo alaba con la manzana, y no, con otra fruta? **¿O** por qué no lo alaba con una fruta de diferente **tonalidad, o aroma, o sabor? Pero dado que está escrito** que lo alaba con un **manzano,** debemos decir que a través de eso **lo alaba con todo,** o sea, **tonalidades, aromas, y sabores.** Pues la manzana tiene bellas tonalidades, aroma agradable, y buen sabor. Y también hay en ese fruto poder curativo para todo.

Así como la manzana es medicina para todo asunto, **también El Santo, Bendito Sea, es medicina para todo** asunto, es decir, envía curación para toda enfermedad. Y lo hace a través del flanco de la emanación cósmica –*sefirá*– denominada *Tiferet*, donde se encuentra la fuente de la curación, y todos los enfermos se curan a través de Él.

Además, **así como la manzana posee** varias **tonalidades, tal como ya fue** estudiado y **establecido por nosotros,** que tiene tres tonalidades: blanco, rojo y verde, **también El Santo, Bendito Sea,** vinculado con el misterio del Aspecto Cósmico Masculino Inferior –*Zeir Anpin*–, **tiene** tres **tonalidades supremas:** blanco, rojo y verde. Y no debe suponerse que El Santo, Bendito Sea, tiene tonalidades físicas, pues está escrito: «Pero seréis muy cuidadosos con vuestras almas, pues no visteis ninguna imagen el día que El Eterno os habló en Jorev, en medio del fuego» (Deuteronomio 4:15). Sino, debe saberse que esas tonalidades supremas indican la conducción de los atributos de la emanación cósmica –*sefirá*– denominada *Jesed*, la emanación cósmica –*sefirá*– denominada *Guevurá*, y la emanación cósmica –*sefirá*– denominada *Tiferet*.

Además, **así como el manzano tiene aroma más fino que todos los demás árboles, también respecto a El Santo, Bendito Sea, está escrito acerca de Él: «Y su fragancia es como el Líbano»** (Oseas 14:7). Es decir, su aroma es fino, como el de los bosques del Líbano. Y esto se debe a que el Aspecto Cósmico Masculino Inferior –Zeir Anpin–, recibe abundancia fina proveniente de la *Jojmá*, o sea, el Aspecto Cósmico Masculino Supremo –*Aba*–.

Asimismo, **así como el sabor del manzano es dulce, también respecto a El Santo, Bendito Sea, está escrito acerca de Él: «fue dulce a mi paladar»** (Cantar de los Cantares 2:3). Y este misterio está asociado con el flanco de la emanación cósmica –sefirá– denominada *Jojmá* (Aspecto Cósmico Masculino Supremo –*Aba*–), que se denomina Paladar, y endulza los juicios de la emanación cósmica –sefirá– denominada *Biná* (Aspecto Cósmico Femenino Supremo –*Ima*–).

Y El Santo, Bendito Sea, alaba a la Congregación de Israel –*Kneset Israel*–, que es la Presencia Divina –*Shejiná*–, considerándola **como a una** hermosa **rosa. Y ya fue** estudiado y **establecido por nosotros este asunto,** pues ya hemos explicado **por qué** El Santo, Bendito Sea, dice que la Presencia Divina –*Shejiná*– es **como una rosa. Y** lo que surge de aquí **ya ha sido** explicado y **dicho** en el comienzo de la sección Bereshit.

Dijo Rabí Iehuda: cuando hay muchos justos en el mundo, la Congregación de Israel –*Kneset Israel*–, **hace ascender buenas fragancias.** Es decir, la Presencia Divina –*Shejiná*–, asciende aguas femeninas a través de las buenas acciones de los seres de lo bajo. **Y se bendice** con la irradiación de luminosidad de las facultades cognitivas cósmicas –*mojín*–, que recibe **del Rey sagrado,** el Aspecto Cósmico Masculino Inferior –*Zeir Anpin*–. **Y su rostro irradia luminosidad** a través de esas irradiaciones de luminosidad que recibió, y las transmite a los entes de lo bajo. Es semejante a lo que ocurre con la Luna, que recibe la irradiación de luminosidad del Sol, e ilumina a la Tierra y a todos los que moran en ella.

Pero **cuando hay muchos pecadores en el mundo, es como si la Congregación de Israel** –*Kneset Israel*–, **no hiciera ascender buenas fragancias. Y prueba de la amargura del Otro Lado** –*Sitra*

Ajara–, es decir, prueba de las *guevurot* de los juicios para influenciar en los entes impuros denominados *jitzonim* a través de los pecados de los Hijos de Israel. **A esto se refiere lo que está escrito:** «Como enturbió El Señor en su furor a la hija de Tzión; **derribó del Cielo a la Tierra la gloria** *–Tiferet–* **de Israel,** y no se acordó del estrado de sus pies en el día de su furor» (Lamentaciones 2:1). Es decir, el *Tiferet*, asociado con el misterio del aspecto masculino inferior *–Zeir Anpín–*, arrojó y alejó de él a la Tierra, o sea, el aspecto femenino inferior *–Maljut–*, por el pecado de los entes inferiores, y no se une con ella. **Y por esa causa su rostro está oscurecido,** pues no tiene abundancia para transmitir a los entes de lo bajo.

Dijo Rabí Iosei: cuando hay mucho justos en el mundo, al respecto **está escrito: «Su izquierda** –puso– **debajo de mi cabeza, y con su derecha me abrazó»** (Cantar de los Cantares 2:6). Pues entonces, esos justos provocan el abrazo y la unión del Aspecto Cósmico Masculino Inferior *–Zeir Anpin–*, con el Aspecto Cósmico Femenino Inferior *–Maljut–*, rostro con rostro, y la emanación cósmica *–sefirá–* denominada *Iesod* de cada uno de ellos está cubierta a través del Aspecto Cósmico Masculino Supremo *–Aba–* y el Aspecto Cósmico Femenino Supremo *–Ima–*. Y la entrada del Aspecto Cósmico Femenino Inferior *–Maljut–*, está cubierta con la emanación cósmica *–sefirá–* denominada *Iesod* del Aspecto Cósmico Masculino Inferior *–Zeir Anpin–*.

Y cuando hay mucho pecadores en el mundo, al respecto **está escrito: «Volvió atrás su derecha»** (Lamentaciones 2:3). Ya que no hay abrazo ni unión entre el Aspecto Cósmico Masculino Inferior *–Zeir Anpin–*, y el Aspecto Cósmico Femenino Inferior *–Maljut–*, y están revés con revés –dorso con dorso–. Y es como si la emanación cósmica *–sefirá–* denominada *Iesod* de cada uno de ellos estuviese descubierta.

Dijo Rabí Jizkia: ese asunto lo aprendemos **de aquí,** como está escrito: «El hombre revoltoso levanta contienda, y el quejoso –de lo que hacen las personas– aparta a los amigos» (Proverbios 16:28). Pues el pecador, que se denomina «quejoso *–nargan–*», separa al Aspecto Cósmico Masculino Inferior *–Zeir Anpin–*, del Aspecto Cósmico Femenino Inferior –*Maljut*–. O sea, separa la unión de ellos rostro con rostro. **A esto se refiere lo que está escrito: «La desnudez de tu padre y la desnudez de tu madre no descubrirás;** ella es tu madre, no descubrirás su desnudez» (Levítico 18:7). Es decir, no provoques con tus pecados la separación entre el Aspecto Cósmico Masculino Inferior –*Zeir Anpin*–, y el Aspecto Cósmico Femenino Inferior –*Maljut*–, pues a través de eso se descubrirá la emanación cósmica –sefirá– denominada *Iesod* de ellos. Y éste es un misterio cabalístico muy profundo, ya que lo que está escrito: «La desnudez [...] no descubrirás», alude al apartado de la emanación cósmica –sefirá– denominada *Netzaj*, la emanación cósmica –sefirá– denominada *Hod*, y la emanación cósmica –sefirá– denominada *Iesod*, del Aspecto Cósmico Masculino Supremo –*Aba*– y el Aspecto Cósmico Femenino Supremo –*Ima*–, con las facultades cognitivas cósmicas –*mojín*–, del Aspecto Cósmico Masculino Inferior –*Zeir Anpin*–. Y a través de eso, se descubre la emanación cósmica –sefirá– denominada *Iesod* del Aspecto Cósmico Masculino Supremo –*Aba*–, y la del Aspecto Cósmico Femenino Supremo –*Ima*–.

Rabí Elazar estaba sentado ante su padre, Rabí Simón, estudiando Torá. Rabí Elazar **le dijo: si hay un buen defensor en el mundo,** la alabanza **llega a la matronita,** es decir, al Aspecto Cósmico Femenino Inferior –*Maljut*–. **Y si hay acusación en el mundo,** el daño **llega a la matronita,** es decir, al Aspecto Cósmico Femenino Inferior –*Maljut*–. **¿Cuál es la razón?**

Rabí Shimón **le dijo:** se parece al caso de **un rey que tenía un hijo de la matronita,** es decir, la reina, y **todo el tiempo que ese hijo hace la voluntad del rey, el rey establece su residencia con la reina. Y cuando ese hijo no hace la voluntad del rey, el rey aparta su residencia de la reina.**

Así es con El Santo, Bendito Sea, y la la Congregación de Israel –*Kneset Israel*–, o sea, la Presencia Divina –*Shejiná*–. Todo el tiempo que los Hijos de Israel hacen la voluntad de El Santo, Bendito Sea, **El Santo, Bendito Sea, establece su residencia con la Congregación de Israel** –*Kneset Israel*–. **Y todo el tiempo que los Hijos de**

74a - 74b

Israel no hacen la voluntad de El Santo, Bendito Sea, El Santo, Bendito Sea, no establece su residencia con la Congregación de Israel –*Kneset Israel*–. ¿Cuál es la razón? Porque Israel es el hijo primogénito de El Santo, Bendito Sea, como está escrito: «Le dirás al Faraón: así dijo El Eterno, **Mi hijo primogénito es Israel**» (Éxodo 4:22). **Y la madre de ellos es la Congregación de Israel** –*Kneset Israel*–, o sea, la Presencia Divina –*Shejiná*–, **como está escrito: «No apartes la instrucción** –Torá– de tu madre» (Proverbios 1:8).

Ven y **observa: todo el tiempo que** los Hijos de **Israel están alejados del Palacio del Rey,** o sea, cuando están en el exilio, **es como si la matronita,** es decir, la Presencia Divina –*Shejiná*–, **se alejara con ellos,** yendo al exilio con los Hijos de Israel, y alejándose así del Rey, el Aspecto Cósmico Masculino Inferior –*Zeir Anpin*–. **¿Cuál es la razón? Porque la matronita no se adelantó a enseñar a su hijo buenas cualidades, golpeándolo** y castigándolo **para que fuese por el camino recto. Pues el rey no golpea a su hijo jamás, sino que deja todo en manos de la matronita, para que conduzca el Palacio, y castigue a su hijo y lo eduque para que se conduzca por un camino recto** y verdadero **ante el Rey.** Por eso, cuando el hijo no hace la voluntad de su padre, el Rey, él aparta su morada de la matronita, porque ella provocó eso.

(74b) y el misterio del asunto es, como está escrito: «Palabras del rey Lemuel; la profecía con que le enseñó su madre» (Proverbios 31:1). Es decir, Salomón se refirió aquí a las palabras de su madre, Bat Sheva, con que ella lo aleccionó, y las considera como si fuesen palabras de profecía de El Eterno (*véase* Metzudot). Pues esta declaración **se refiere a Bat Sheva,** que alude al Aspecto Cósmico Femenino Inferior –*Maljut*–. **Y he aquí que** lo que surge de aquí **ya ha sido** explicado y **dicho.**

Asimismo **está escrito: «Proverbios de Salomón: el hijo sabio alegra al padre, pero el hijo necio es angustia de su madre»** (Proverbios 10:1). Pues el hijo necio provoca la **«angustia de su madre», ciertamente,** y no, a otro.

Observa lo que está escrito: «el hijo sabio alegra al padre», es decir, **todo el tiempo que ese hijo va por el camino recto, y es sa-**

bio, entonces, **«alegra al padre», absolutamente.** Pues la expresión «padre», alude a todo lugar que es denominado así. Y **se refiere al Rey sagrado supremo,** o sea, el Aspecto Cósmico Masculino Supremo *–Aba–*. Y a esto se refiere lo que está escrito: **«alegra al padre», sin especificar.** Y la razón es para indicar que alegra a todo el que se denomina padre, y no, sólo al Aspecto Cósmico Masculino Inferior *–Zeir Anpin–*, que se denomina su padre, sino también al Aspecto Cósmico Masculino Supremo *–Aba–*.

Sin embargo, **si ese hijo se encuentra en un camino inadecuado, ¿qué está escrito?** Está escrito: **«pero el hijo necio es angustia de su madre»** (Proverbios 10:1). **«Angustia de su madre», ciertamente.** Y **se refiere a la Congregación de Israel** *–Kneset Israel–*, o sea, la Presencia Divina *–Shejiná–*. Pues sólo la madre se aflige si el hijo es necio o tonto, y no, el padre. Y no está escrito: «angustia de la madre», sin especificar, porque el daño no llega al Aspecto Cósmico Femenino Supremo *–Ima–*, que es la emanación cósmica *–sefirá–* denominada *Biná*. **Y el misterio del asunto es,** como **está escrito: «y por vuestras culpas fue expulsada vuestra madre»** (Isaías 50:1). Y se refiere a la Presencia Divina *–Shejiná–*, considerada la madre de los Hijos de Israel, que fue enviada al exilio con ellos, y no, el padre –el Aspecto Cósmico Masculino Inferior *–Zeir Anpin–*, porque ella no castigó a su hijo para que fuese por el camino recto.

Ven y **observa: no hay alegría ante El Santo, Bendito Sea, como** la alegría que hubo ante Él **el día en el que Salomón ascendió a la sabiduría** *–Jojmá–*, **y dijo el Cantar de los Cantares,** para despertar la unión entre el Aspecto Cósmico Masculino Inferior *–Zeir Anpin–*, y el Aspecto Cósmico Femenino Inferior *–Maljut–*. **Entonces irradió luminosidad el rostro de la matronita,** es decir, el Aspecto Cósmico Femenino Inferior *–Maljut–*, pues se atavió con el ascenso de las aguas femeninas de los de lo bajo. **Y el Rey vino para establecer su morada con ella. A esto se refiere lo que está escrito: «Y se incrementó la sabiduría de Salomón»** (I Reyes 5:10). **¿Qué** significa: **«Y se incrementó** *–vaterev–***»?** Alude a dos asuntos, su propio crecimiento, y la multiplicación. **Pues ascendió** la rectificación de **la belleza de la matronita,** que es el Aspecto Cósmico Femenino Inferior *–Maljut–*,

y se multiplicó por el grado de todos los demás grados, es decir, las diez emanaciones cósmicas –sefirot– completas. Y ascendió en sus grados por sobre todos los grados que poseía desde los seis días de la creación hasta ahora. Y la razón fue **porque el Rey estableció su morada con ella. Y todo esto, ¿por qué? Porque sacó al mundo este hijo sabio,** Salomón. Es decir, lo hizo salir al mundo y proyectó sobre él irradiaciones de la irradiación de la *Jojmá*.

Y cuando el Aspecto Cósmico Femenino Inferior –*Maljut*– **lo sacó a Salomón,** y proyectó sobre él irradiaciones de la irradiación de la *Jojmá*, ella **sacó** de la *Jojmá* de ella irradiaciones **para todo Israel, y todos** los Hijos de Israel **estaban** vinculados **con grados supremos, justos como Salomón, pues El Santo, Bendito Sea, se alegró con ellos, y ellos** se alegraron **con Él.** Por eso los que vivieron en esa época merecieron un dirigente espiritual destacado como él.

Y el día en que Salomón estableció y culminó **la Casa,** es decir, el Templo sagrado, **en lo bajo, la matronita,** que es el Aspecto Cósmico Femenino Inferior –*Maljut*–, **dispuso** y preparó **la Casa del Rey,** o sea, el Aspecto Cósmico Masculino Inferior –*Zeir Anpin*–, en lo Alto. **Y establecieron la morada de ellos juntos. Y el rostro del Rey irradiaba con alegría íntegra. Entonces, había alegría en todos** los mundos, **en lo Alto, y en lo bajo.**

Y todo eso, es decir, esa inmensa alegría, **¿por qué? Porque está escrito: «La profecía con que le enseñó su madre»** (Proverbios 31:1). Como ya hemos dicho anteriormente, Salomón se refirió aquí a las palabras de su madre, Bat Sheva, con que ella lo aleccionó, y las consideraba como si fuesen palabras de profecía de El Eterno. Y Bat Sheva, alude al Aspecto Cósmico Femenino Inferior –*Maljut*–. Es decir, el Aspecto Cósmico Femenino Inferior –*Maljut*–, **lo condujo** de modo apropiado **para** que hiciera **la voluntad del Rey** con integridad. Por eso lo principal de la alegría le llega a ella, el Aspecto Cósmico Femenino Inferior –*Maljut*–, porque lo condujo para que fuese por el camino recto, y no, su padre.

Y cuando ese hijo no se comporta según la voluntad del Rey, como hemos dicho, entonces, ella es considerada **el** fundamento y la razón del misterio del **descubrimiento de la desnudez para todos,**

es decir, **para todos los flancos. Pues el Rey,** que es el Aspecto Cósmico Masculino Inferior –*Zeir Anpin*–, **se aparta de la matronita,** que es el Aspecto Cósmico Femenino Inferior –*Maljut*–, **y la matronita se aleja de su Palacio. Y por eso ella es** considerada **el** fundamento y la razón del misterio del **descubrimiento de la desnudez para todos.**

¿Y acaso esto no es descubrimiento de la desnudez si el Rey se encuentra sin la matronita, y la matronita se encuentra sin el rey? Es decir, dado que se separó la unión del Aspecto Cósmico Masculino Inferior –*Zeir Anpin*–, con el Aspecto Cósmico Femenino Inferior –*Maljut*–, rostro con rostro, ellos vuelven a estar revés con revés. Y es como si descubrieran la emanación cósmica –sefirá– denominada *Iesod* de ellos. Y entonces, los entes impuros denominados *jitzonim* pueden nutrirse de ellos. Esto es así porque se unen las letras *reish–ain* de los entes impuros denominados *jitzonim*, con las letras *vav–he* del Aspecto Cósmico Masculino Inferior –*Zeir Anpin*–, y el Aspecto Cósmico Femenino Inferior –*Maljut*–. Y entonces, al establecerse el vínculo, los entes impuros denominados *jitzonim* pueden nutrirse del Aspecto Cósmico Masculino Inferior –*Zeir Anpin*–, y el Aspecto Cósmico Femenino Inferior –*Maljut*–. **Y a esto se refiere lo que está escrito: «La desnudez de tu padre y la desnudez de tu madre no descubrirás; ella es tu madre,** no descubrirás su desnudez» (Levítico 18:7). **«Ella es tu madre»,** ciertamente, **y mora contigo** en el exilio, para protegerte. **Por eso: la desnudez de ella no descubrirás.** Es decir, no provoques con tus acciones, que los entes impuros denominados *jitzonim* se adhieran al Aspecto Cósmico Femenino Inferior –*Maljut*–. Pues todo depende de ella.

Rabí Shimón golpeó sus manos una contra la otra **y lloró. Y dijo: ¡Ay** de mí **si hablo y revelo este misterio!** Pues hay en él un secreto de descubrimiento de la desnudez supremo, de lo Alto, y un asunto tocante a la destrucción del Templo Sagrado, y el sufrimiento de la Presencia Divina –*Shejiná*–. **¡Ay** de mí **si no hablo! Pues los compañeros se perderán** de saber **este asunto.**

Finalmente Rabí Shimón habló y dijo un versículo para explicarlo, como está escrito: **«¡Ah, El Señor, El Eterno! ¿Tú exterminarás**

del todo al remanente de Israel?» (Ezequiel 11:13). ¿Qué significa **«Ah»**? **¿Y cuál es** la explicación de la declaración: **«Tú exterminarás»**?

La respuesta no es **sino ésta**: éste es **el misterio del asunto: cuando la** letra *he* **inferior** del Tetragrama, que está asociada con el misterio del Aspecto Cósmico Femenino Inferior –*Maljut*–, **fue expulsada del Palacio del Rey,** que es el Aspecto Cósmico Masculino Inferior –*Zeir Anpin*–, y ella fue al exilio, es decir, cuando se produjo la ruptura de la unión del Aspecto Cósmico Masculino Inferior –*Zeir Anpin*–, y el Aspecto Cósmico Femenino Inferior –*Maljut*–, con la destrucción del Templo Sagrado, **otra** letra *he*, **suprema,** o sea, la asociada con el misterio del ente cósmico denominado *Biná*, que es el Aspecto Cósmico Femenino Supremo –*Ima*–, a causa del exilio del Aspecto Cósmico Femenino Inferior –*Maljut*–, se abstiene de recibir las bendiciones del Aspecto Cósmico Masculino Supremo –*Aba*–. **Y a esto se refiere lo que está escrito: «¡Ah** –*aha*–, **El Señor, El Eterno! Tú exterminarás».** Es decir, dado que el Nombre de El Santo, Bendito Sea, que se escribe con las letras *alef–he–iud–he*, está asociado con el misterio del Aspecto Cósmico Femenino Supremo –*Ima*–, y la letra *iud* del Nombre de El Santo, Bendito Sea, que se escribe con las letras *alef–he–iud–he*, está asociado con el misterio de la emanación cósmica –sefirá– denominada *Iesod* del Aspecto Cósmico Masculino Supremo –*Aba*–, que se encuentra con la emanación cósmica –sefirá– denominada *Iesod* del Aspecto Cósmico Femenino Supremo –*Ima*–, ya que él le otorga ella todas las bendiciones, y ahora, a causa del exilio de la Presencia Divina –*Shejiná*–, la emanación cósmica –sefirá– denominada *Iesod* del Aspecto Cósmico Masculino Supremo –*Aba*– se apartó del Aspecto Cósmico Femenino Supremo –*Ima*–, y quedaron sólo las letras *alef–he–he*, indicadas en la expresión «Ah –*aha*–», **dado que cuando ella,** el Aspecto Cósmico Femenino Supremo –*Ima*–, **se abstiene de** recibir **las bendiciones** del Aspecto Cósmico Masculino Supremo –*Aba*–, y no las transmite al Aspecto Cósmico Masculino Inferior –*Zeir Anpin*–, entonces, **otra** letra *he*, la del Aspecto Cósmico Femenino Inferior –*Maljut*–, **se impide** del **todo** de recibir las bendiciones. Y entonces, a raíz del impedimento del flujo de la abundancia, se produce extermino en todos los mundos. Y a esto se refiere lo que está escrito: «¡Ah –*aha*–, El Señor, El Eterno! Tú exterminarás». **¿Cuál es la razón? Porque las bendiciones no se encuentran sino en el lugar en que moran el** aspecto **masculino y el** aspecto **femenino.** Resulta que no es posible proyectar nueva abundancia sino a través de la unión de los cuerpos cósmicos denominados *Partzufim*. Y dado que la emanación cósmica –*sefirá*– denominada *Iesod* del Aspecto Cósmico Masculino Supremo –*Aba*– se apartó del Aspecto Cósmico Femenino Supremo –*Ima*–, y no hay unión entre ellos, por esta razón, la bendición no se encuentra siquiera con el Aspecto Cósmico Masculino Inferior –*Zeir Anpin*–.

Y a esto se refiere lo que está escrito: «El Eterno rugirá desde lo Alto –*marom*–, **y desde su santa morada dará su voz;** rugir rugirá por su casa» (Jeremías 25:30). Es decir, El Eterno, que es el Aspecto Cósmico Masculino Inferior –*Zeir Anpin*–, ruge porque se apartaron de Él, las facultades cognitivas cósmicas –*mojín*–, del Aspecto Cósmico Femenino Supremo –*Ima*–, que se denomina «lo Alto –*marom*–». Entonces, «desde su santa –*kodshó*– morada dará su voz», por las facultades cognitivas cósmicas –*mojín*–, del Aspecto Cósmico Masculino Supremo –*Aba*–, que se denomina *Kodesh*, que se apartaron de él. Y a raíz de eso: «rugir rugirá por su casa». **«Por su casa», concretamente, y se refiere a la matronita,** o sea, el Aspecto Cósmico Femenino Inferior –*Maljut*–, que es la morada del Aspecto Cósmico Masculino Inferior –*Zeir Anpin*–. Y ahora el Aspecto Cósmico Masculino Inferior –*Zeir Anpin*–, ruge porque se apartó de Él, y se fue al exilio. **¿Y qué dice** el Aspecto Cósmico Masculino Inferior –*Zeir Anpin*–, en su rugido? **¡Ay! ¡He destruido Mi Casa, y quemé Mi Casa!** Es decir, El Santo, Bendito Sea, se lamenta por haberse separado de la Presencia Divina –*Shejiná*–, y haberla enviado al exilio con los Hijos de Israel. **«Mi Casa», se refiere a la unión con la matronita.** Pues después de la destrucción del Templo Sagrado, se anuló la unión del Aspecto Cósmico Masculino Inferior –*Zeir Anpin*–, con el Aspecto Cósmico Femenino Inferior –*Maljut*–.

Y esto ciertamente es así, tal como está escrito: **«La desnudez de tu padre y la desnudez de tu madre no descubrirás;** ella es tu ma-

74b

dre, no descubrirás su desnudez» (Levítico 18:7). **Pues desde todos los flancos es descubrimiento de la desnudez.** Ya que no hay unión entre el Aspecto Cósmico Masculino Supremo –*Aba*– y el Aspecto Cósmico Femenino Supremo –*Ima*–, y tampoco entre el Aspecto Cósmico Masculino Inferior –*Zeir Anpin*–, y el Aspecto Cósmico Femenino Inferior –*Maljut*–. **Y a esto se refiere** lo que está escrito: **«Los Cielos vestidos de oscuridad, y cubiertos de arpillera»** (Isaías 50:3). «Cielos», se refiere al Aspecto Cósmico Masculino Inferior –*Zeir Anpin*–, que su luz se oscureció. **Pues el lugar de la heredad de las bendiciones,** o sea, la emanación cósmica –sefirá– denominada *Iesod* del Aspecto Cósmico Masculino Supremo –*Aba*–, y la emanación cósmica –sefirá– denominada *Iesod* del Aspecto Cósmico Femenino Supremo –*Ima*–, **que son los manantiales** y las fuentes **de los arroyos que se proyectan** al Aspecto Cósmico Masculino Inferior –*Zeir Anpin*–, **e irrigan apropiadamente** al Aspecto Cósmico Femenino Inferior –*Maljut*–, **se impidieron** con la destrucción del Templo Sagrado, y no llevan la bendición y la abundancia.

Hemos estudiado: cuando el Rey, que es el Aspecto Cósmico Masculino Inferior –*Zeir Anpin*–, **se apartó de la matronita,** o sea, el Aspecto Cósmico Femenino Inferior –*Maljut*–, **y las bendiciones no se encuentran, entonces** el Aspecto Cósmico Masculino Inferior –*Zeir Anpin*–, **se denomina** *vav–iud*. Esas letras forman la expresión «*vai* –ay–». Es decir: ¡Ay de mí por el sufrimiento que hay en el mundo!

¿Por qué el Aspecto Cósmico Masculino Inferior –*Zeir Anpin*–, se denomina *vav–iud*? **Como hemos estudiado: la cabeza de** la coronilla del *Iesod*, asociada con el misterio de la emanación cósmica –sefirá– denominada *Iesod,* está asociada con el misterio de la letra *iud*. **Pues el *Iesod*** mismo **es** un ente que está asociado con el misterio de la letra *vav* **pequeña, y El Santo, Bendito Sea,** vinculado con el misterio de la emanación cósmica –sefirá– denominada *Tiferet,* **es** un ente que está asociado con el misterio de la letra *vav* **grande y suprema. Y a esto se refiere lo que está escrito:** *vav*. Es decir, cuando se escribe la letra *vav* en forma completa, con su nombre expandido, se escriben dos letras vav. Por ejemplo, como está escrito: «y sus columnas serán veinte y sus zócalos veinte, de cobre; los ganchos –*vavei*– de las columnas y sus anillos de plata» (Éxodo 27:10). Y asimismo, cuando se pronuncia la letra *vav*, se oyen **dos *vavim* como uno.** Y las mismas corresponden con la emanación cósmica –sefirá– denominada *Tiferet* y la emanación cósmica –sefirá– denominada *Iesod*, que se consideran en un mismo grado. Pues se consideran uno según el misterio del cuerpo y el pacto. **Y la cabeza de** la coronilla del *Iesod,* asociada con el misterio de la emanación cósmica –sefirá– denominada *Iesod,* **es *iud*.**

Hemos estudiado: cuando el Rey, que es el Aspecto Cósmico Masculino Inferior –*Zeir Anpin*–, **se apartó de la matronita,** o sea, el Aspecto Cósmico Femenino Inferior –*Maljut*–, **y las bendiciones no se encuentran, entonces** el Aspecto Cósmico Masculino Inferior –*Zeir Anpin*–, **se denomina *vav*–*iud*.** Esas letras forman la expresión «*vai* –ay–». Es decir: ¡Ay de mí por el sufrimiento que hay en el mundo!

¿Por qué el Aspecto Cósmico Masculino Inferior –*Zeir Anpin*–, se denomina *vav*–*iud*? **Como hemos estudiado: la cabeza de** la coronilla del *Iesod*, asociada con el misterio de la emanación cósmica –sefirá– denominada *Iesod,* está asociada con el misterio de la letra *iud*. **Pues el *Iesod*** mismo **es** un ente que está asociado con el misterio de la letra *vav* **pequeña, y El Santo, Bendito Sea,** vinculado con el misterio de la emanación cósmica –sefirá– denominada *Tiferet*, **es** un ente que está asociado con el misterio de la letra *vav* **grande** y **suprema. Y a esto se refiere lo que está escrito:** *vav*. Es decir, cuando se escribe la letra *vav* en forma completa, con su nombre expandido, se escriben dos letras *vav*. Por ejemplo, como está escrito: «y sus columnas serán veinte y sus zócalos veinte, de cobre; los ganchos –*vavei*– de las columnas y sus anillos de plata» (Éxodo 27:10). Y asimismo, cuando se pronuncia la letra *vav*, se oyen **dos *vavim* como uno.** Y las mismas corresponden con la emanación cósmica –sefirá– denominada *Tiferet* y la emanación cósmica –sefirá– denominada *Iesod*, que se consideran en un mismo grado. Pues se consideran uno según el misterio del cuerpo y el pacto. **Y la cabeza de** la coronilla del *Iesod,* asociada con el misterio de la emanación cósmica –sefirá– denominada *Iesod,* **es *iud*.**

74b

Y cuando la matronita se aleja del Rey, es decir, cuando el Aspecto Cósmico Femenino Inferior –*Maljut*–, se aleja del Aspecto Cósmico Masculino Inferior –*Zeir Anpin*–, **y las bendiciones del Rey son impedidas;** ya que debido al alejamiento del Aspecto Cósmico Femenino Inferior –*Maljut*–, las bendiciones del Aspecto Cósmico Masculino Inferior –*Zeir Anpin*–, son retenidas en lo Alto, ya que no recibe las facultades cognitivas cósmicas –*mojín*–, del Aspecto Cósmico Femenino Supremo –*Ima*–, **y no hay unión a través de la cabeza de** la sefirá de *Iesod*, **entonces, la** letra *vav* **suprema** asociada con el misterio de la emanación cósmica –sefirá– denominada *Tiferet*, **toma la cabeza de** la sefirá de *Iesod*, **que es** la letra *iud*, y corresponde con el misterio de la coronilla del ente cósmico asociado a la sefirá de *Iesod*, **y la atrae** y la asciende **a ella.** Es decir, el orden de descenso de la gota de la irradiación de luminosidad de la emanación cósmica –sefirá– denominada *Jesed*, se revela a través del orificio del miembro cósmico –*amá*–, y a causa de los pecados de los seres inferiores, la emanación cósmica –sefirá– denominada *Tiferet* vuelve a atraer a lo Alto a esa gota. **Entonces,** ocurre lo indicado en la expresión *vav-iud*. **Es decir, ¡ay de todos, los de lo Alto, y los de lo bajo!** Pues dado que los entes de lo bajo no reciben la abundancia proveniente de lo Alto, tampoco la misma se proyecta a los entes de lo Alto.

Y en relación con esto hemos estudiado: desde el día en que Jerusalén fue destruida, que está asociada con el misterio de la Presencia Divina –*Shejiná*–, **las bendiciones no se encuentran en el mundo, y no hay día en el que no haya en él maldiciones. Pues las bendiciones son retenidas todos los días,** y no descienden.

Rabí Elazar **le dijo** a Rabí Simón: **si es así,** tal como has explicado acerca de las letras *vav* y *iud*, que forman la palabra «ay», y están asociadas a ese misterio vinculado con esa expresión, en ese caso deseo preguntar: en los Escritos sagrados se mencionan las expresiones escritas con las letras: *alef–vav–iud, he–vav–iud*. **¿Qué** significa la expresión escrita con las letras: *alef–vav–iud,* **o** *he–vav–iud*?

Rabí Shimón **le dijo: cuando el asunto aún depende del arrepentimiento, y no se arrepienten, entonces la** letra *he* **suprema,** asociada con el misterio del ente cósmico denominado *Biná* **las toma** a ambas letras y asciende hacia él. **Y de este asunto el misterio es éste: atrae a** la letra *vav* **y a** la letra *iud* **hacia él (75a), porque** los Hijos de Israel **no se arrepintieron** de sus pecados. Es decir, la emanación cósmica –sefirá– denominada *Tiferet* del Aspecto Cósmico Masculino Inferior –*Zeir Anpin*–, asociada con el misterio de la letra *vav* con la gota de la emanación cósmica –sefirá– denominada *Jesed* asociada con el misterio de la letra *iud*, asciende al Aspecto Cósmico Femenino Supremo –*Ima*–, asociado con el misterio de la primera letra *he* del Tetragrama, **y entonces se denomina** *he–vav–iud*.

Pues *alef–vav–iud* se denomina **cuando el Rey se aparta a lo Alto, a lo Alto.** Es decir, cuando la emanación cósmica –sefirá– denominada *Tiferet* del Aspecto Cósmico Masculino Inferior –*Zeir Anpin*–, asciende a la emanación cósmica –sefirá– denominada *Biná*, y después a la emanación cósmica –sefirá– denominada *Keter*, que corresponde con el ascenso de la letra *vav* a la letra *alef*. Y entonces, la gota de la emanación cósmica –sefirá– denominada *Jesed*, asociada con el misterio de la coronilla de la emanación cósmica –sefirá– denominada *Iesod*, o sea, la letra *iud*, también se aparta con la emanación cósmica –sefirá– denominada *Tiferet* del Aspecto Cósmico Masculino Inferior –*Zeir Anpin*–, y el afluente se seca. **Y entonces las personas gritan** por su aflicción que sufren, **y** El Santo, Bendito Sea, **no repara en ellos.**

Y ese ente cósmico **supremo oculto,** asociado con el misterio de la emanación cósmica –sefirá– denominada *Keter*, en el que se encuentra oculto el Nombre sagrado de El Santo, Bendito Sea, que se escribe con las letras *alef–he–iud–he*, **asciende a él a** la letra *vav* **y a** la letra *iud*, **para no recibir las plegarias de ellos,** los Hijos de Israel. **Entonces se denomina** *alef–vav–iud*. **Pues** *Alef* de la emanación cósmica –sefirá– denominada *Keter* **asciende a él, a** la letra *vav*, **y a** la letra *iud*. **Y entonces el arrepentimiento no se encuentra,** es decir, no es suficiente para revertir la situación. **Y por eso la letra** *he* vinculada con el misterio del Aspecto Cósmico Femenino Supremo –*Ima*– **se apartó de esas letras, porque** en esas circunstancias el asunto ya **no depende del arrepentimiento,** el cual está asociado con el misterio del Aspecto Cósmico Femenino Supremo –*Ima*–.

75a

Y Rabí Shimón concluyó la explicación diciendo: **ciertamente que cuando aumentan demasiado los pecados del mundo, y el arrepentimiento estaba pendiente en un comienzo,** sólo que los Hijos de Israel no quisieron arrepentirse, **entonces se apartó** la letra *he* del Aspecto Cósmico Femenino Supremo –*Ima*–, que es el ente cósmico asociado con el misterio del arrepentimiento. **Y** la letra *Alef* de la emanación cósmica –sefirá– denominada *Keter*, **ascendió a *vav* y *iud*, a él, y se denomina *alef–vav–he*.**

Y cuando se destruyó el Templo Sagrado, el rigor del juicio se multiplicó enormemente, **y el arrepentimiento,** o sea, el Aspecto Cósmico Femenino Supremo –*Ima*–, **se apartó,** y a partir de ese momento, el arrepentimiento no fue suficiente. **Entonces** los Hijos de Israel **clamaron y dijeron: «¡Ay** –*alef, lamed, iud*– **de nosotros que el día se ha ido,** que las sombras de la tarde se han extendido!» (Jeremías 6:4). ¿Qué significa: **«que el día se ha ido»? Se refiere al día supremo, que** es el Aspecto Cósmico Femenino Supremo –*Ima*–, **y se denomina Arrepentimiento, el cual se apartó y ocultó,** pues ascendió a la emanación cósmica –sefirá– denominada *Keter*, **y no se encuentra** en su lugar para recibir el arrepentimiento de los que desean rectificarse. **Pues es ese día sabido para extender la derecha con el fin de recibir a los malvados** arrepentidos. **Y ahora se fue del todo y no encuentra** más aquí. **Y por eso dijeron: «¡Ay** –*alef, lamed, iud*– de nosotros!», **y no,: «¡Ay** –*he, lamed, iud*– de nosotros!».** Pues el Aspecto Cósmico Femenino Supremo –*Ima*– ascendió a la emanación cósmica –sefirá– denominada *Keter*, vinculada con el misterio de la letra *alef*. Y respecto a lo que está escrito: **«que las sombras de la tarde se han extendido»,** se refiere a las fuerzas de las cortezas impuras denominadas *klipot*, y los ministros de las naciones, que se denominan «sombras de la tarde», y se extendieron en el mundo, **porque les fue dado poder a los** setenta **ministros encargados de las demás naciones, para ejercer dominio sobre ellos,** los Hijos de Israel.

Hemos estudiado: cuando se destruyó el Templo Sagrado, la letra *vav* **se apartó a lo Alto, a lo Alto.** Es decir, el interior del Aspecto Cósmico Masculino Inferior –*Zeir Anpin*–, que es la letra *vav* del

SEGUNDA PARTE: AJAREI MOT

75a

Tetragrama, ascendió a lo Alto, o sea, al Aspecto Cósmico Femenino Supremo –*Ima*–, a lo Alto, es decir, a la emanación cósmica –*sefirá*– denominada *Keter*. Y entonces **fue incendiado el Eijal,** y el Lugar santísimo del Templo Sagrado, denominado *Kodesh Hakodashim*. **Y el pueblo fue exiliado, y la matronita,** o sea, la Presencia Divina –*Shejiná*–, **fue echada** y fue con los Hijos de Israel al exilio, **y la Casa fue destruida** completamente. Es decir, el Templo Sagrado fue destruido completamente.

Después, cuando el Templo Sagrado fue destruido completamente, y la letra *vav*, es decir, el Aspecto Cósmico Masculino Inferior –*Zeir Anpin*–, **descendió a su lugar, reparó en su Casa, y he aquí que estaba destruida.** Entonces **solicitó a la matronita,** o sea, la Presencia Divina –*Shejiná*–, **y he aquí que se había apartado e ido** al exilio con los Hijos de Israel. **Vio a su Palacio** –*Eijal*–, **y he aquí que estaba quemado. Solicitó a su pueblo, y he aquí que había sido exiliado. Vio las bendiciones de los arroyos profundos que se proyectaban** y fluían, o sea, las facultades cognitivas cósmicas –*mojín*–, que se proyectaban del Aspecto Cósmico Femenino Supremo –*Ima*– al Aspecto Cósmico Masculino Inferior –*Zeir Anpin*–, **y he aquí que se habían contenido** y cesado de fluir. **A esto se refiere lo que está escrito: «Por tanto, El Señor, Dios de los ejércitos, llamó en este día a llanto y a panegírico, a raparse el cabello y a ceñirse con arpillera»** (Isaías 22:12). Esto fue por la aflicción de la Presencia Divina –*Shejiná*–, y la aflicción de los Hijos de Israel. **Y entonces, los Cielos se vistieron de oscuridad.** «Cielos», se refiere al Aspecto Cósmico Masculino Inferior –*Zeir Anpin*–, y «oscuridad», se refiere a los juicios severos.

Entonces la letra *vav* del Aspecto Cósmico Masculino Inferior –*Zeir Anpin*–, y la letra *he* del Aspecto Cósmico Femenino Inferior –*Maljut*–, **se proyectaron éste contra a éste,** pues se habían vuelto revés con revés, por la ausencia de las facultades cognitivas cósmicas –*mojín*–, del Aspecto Cósmico Femenino Supremo –*Ima*–, que no se proyectaban al Aspecto Cósmico Masculino Inferior –*Zeir Anpin*–. **Y la letra** *he* **suprema,** que es el ente cósmico denominado *Biná*, **hizo fluir su abundancia al Otro Lado** –*Sitra Ajara*–, o sea, a los setenta ministros

75a

de las naciones, con el fin de que el resto llegue a los Hijos de Israel, que estaban bajo su dominio. **Y** entonces **las bendiciones no se encontraban** en el mundo. **Pues el Aspecto Cósmico Masculino, y el Aspecto Cósmico Femenino, no se encontraban y no estaban juntos. Entonces,** el Aspecto Cósmico Masculino Inferior –*Zeir Anpin*–, comenzó a clamar por su Casa, la Presencia Divina –*Shejiná*–; y a esto se refiere el misterio de lo que está escrito: «El Eterno rugirá desde lo Alto –*marom*–, y desde su santa morada dará su voz; **rugir rugirá por su casa**» (Jeremías 25:30).

Rabí Shimón lloró y también **lloró Rabí Elazar.** Ambos lloraron por la aflicción de la Presencia Divina –*Shejiná*–, y por la aflicción de los Hijos de Israel. **Rabí Elazar dijo: el llanto está clavado en mi corazón por un lado,** por la aflicción de la Presencia Divina –*Shejiná*–, y sin embargo, en contraposición, **por otro lado hay alegría en mi corazón, pues he oído palabras que no oí hasta ahora. ¡Bienaventurada mi parte!**

Está escrito: **«La desnudez de la mujer de tu padre no descubrirás; es la desnudez de tu padre»** (Levítico 18:8). **¿Quién es** el ente cósmico aludido en la declaración: **«la mujer de tu padre»? Dijo Rabí Simón: he aquí que hemos estudiado: todas las palabras de la Torá son ocultas y reveladas.** Y del mismo modo **como el Nombre sagrado es oculto y revelado, la Torá, que es un Nombre sagrado, también es así, oculta y revelada.** Y **aquí,** en esta declaración, **todo** lo referente al sentido llano del versículo **está revelado** y **es sabido** por todos, sin embargo **lo oculto es tal como ya fue** estudiado y **establecido por nosotros.**

Y el misterio de **este versículo es éste:** está escrito: **«la mujer de tu padre».** Y **hemos estudiado: todo el tiempo que la matronita se encuentra con el Rey,** es decir, cuando el Aspecto Cósmico Femenino Inferior –*Maljut*– se encuentra con el Aspecto Cósmico Masculino Inferior –*Zeir Anpin*–, **y te nutre** y envía abundancia de bendiciones, **se denomina «tu madre». Ahora que se exilió contigo, y se alejó del Rey, se denomina: «la mujer de tu padre». Es la mujer del Rey sagrado, pues no fue echada de** ante la presencia de **él con** documento de divorcio, por tanto **es su mujer ciertamente. Como está escrito: «Así dijo El Eterno: ¿Cuál es de la carta de divorcio de vuestra madre, con la cual yo la envié?»** (Isaías 50:1). Se refiere a la Presencia Divina –*Shejiná*–, que no fue enviada al exilio con carta de divorcio, **sino que ciertamente es la mujer del Rey aunque sea que fue al exilio** con los Hijos de Israel.

Y por eso El Santo, Bendito Sea, **ordenó sobre ella dos veces: una, cuando está con el Rey, unida con él, y se denomina «tu madre», como está escrito: «La desnudez de tu padre y la desnudez de tu madre no descubrirás;** ella es tu madre, no descubrirás su desnudez» (Levítico 18:7). Es decir, no provoquéis con vuestro pecados que el Aspecto Cósmico Masculino Inferior –*Zeir Anpin*–, y el Aspecto Cósmico Femenino Inferior –*Maljut*–, se alejen éste de éste, **y sea echada por tus pecados, como está escrito: «Y por vuestras culpas fue expulsada vuestra madre»** (Isaías 50:1). Pues a raíz de los pecados cometidos por los Hijos de Israel, fue enviada al exilio con ellos.

Y una, cuando la Presencia Divina –*Shejiná*– **está en el exilio contigo, y fue exiliada del Palacio del Rey, y se denomina «mujer del Rey».** Ya que **aunque sea que se alejó de él, no provoquéis** con tus pecados **que sea apartada de en medio de ti, y ejerzan dominio sobre ti tus enemigos, y no pueda cuidarte en el exilio.**

A esto se refiere lo que está escrito: «La desnudez de la mujer de tu padre no descubrirás» (Levítico 18:8). ¿Por qué razón? Porque «es la desnudez de tu padre» (Ibíd.). Es decir, es la mujer del Aspecto Cósmico Masculino Inferior –*Zeir Anpin*–. Y a través de tus pecados, tú dañas al Aspecto Cósmico Femenino Inferior –*Maljut*–, y se denomina «descubrir la desnudez». Pues al hacer eso unes las letras *reish–ain* con las letras *vav–he* del Tetragrama. Esto es así **aunque sea que se alejó del Rey, pues el Rey repara en ella siempre, y debemos cuidarnos ante ella en extremo, y no pecar contra ella.**

Rabí Shimón abrió su disertación **y** para explicarla **dijo** este versículo: **«Pues El Eterno, tu Dios, anda en medio de tu campamento para rescatarte** y entregar a tus enemigos delante de ti; por eso tu campamento será sagrado, para que Él no vea ninguna cosa vergonzosa entre vosotros y Se aleje de detrás de ti» (Deuteronomio 23:15). Lo que está escrito: «**Pues El Eterno, tu Dios**», **se refiere a la Presencia Divina** –*Shejiná*–, **que está con** los Hijos de **Israel,** y atrae para ellos la abundancia y las bendiciones de lo Alto. **Y con más razón** cuando los Hijos de Israel están **en el exilio,** que la Presencia Divina –*Shejiná*– los protege, pues necesitan ser protegidos de las cortezas impuras denominadas *klipot*. Y la Presencia Divina –*Shejiná*– los cuida, **para protegerlos siempre de todos los flancos, y de las demás naciones, para que no exterminen a** los Hijos de Israel.

Pues hemos estudiado: los enemigos de Israel no pueden (75b) hacerles mal hasta que los Hijos de **Israel debilitan el poder de la Presencia Divina** –*Shejiná*– **ante los ministros encargados de las demás naciones. Entonces, los enemigos de Israel pueden con ellos, y ejercen dominio sobre ellos, y decretan sobre ellos numerosos malos decretos.**

Y cuando los Hijos de Israel **vuelven ante ella,** es decir, cuando se rectifican y corrigen el daño que hicieron a la Presencia Divina –*Shejiná*–, **ella quiebra la fuerza y el poder de todos esos ministros encargados** de las naciones. **Y quiebra la fuerza y el poder de los enemigos de** los Hijos de **Israel, y se cobra de ellos de todo** lo que hicieron. Pues aunque sea que los pecados de los Hijos de Israel provocaron eso, aún así los enemigos de ellos se alegraron con las aflicciones que les propinaban, y merecen ser castigados por eso.

Y a esto se refiere lo que está escrito: «Pues El Eterno, tu Dios, anda en medio de tu campamento para rescatarte y entregar a tus enemigos delante de ti; **por eso tu campamento será sagrado,** para que Él no vea ninguna cosa vergonzosa entre vosotros y Se aleje de detrás de ti» (Levítico 23:15). **Pues la persona debe** cuidarse de **no impurificarse con sus pecados, y no traspasar las palabras de la Torá. Ya que si hace así lo impurifican a él,** como está escrito: «No os volváis abominables por medio de ningún reptil; **no os impurifiquéis con ellos,** para que no seáis impuros por ellos» (Levítico 11:43). La expresión no os impurifiquéis está escrita a través de la locución venitmetem, pero **sin** la letra *alef,* indicándose bloqueo y obstrucción. Pues las cortezas impuras denominadas *klipot* con que se impurifican bloquearán y obstruirán su corazón. Y a través de eso la persona tropezará con varias prohibiciones sin darse cuenta.

Y hemos estudiado: hay **doscientos cuarenta y ocho miembros** –estructuras óseas– **en el cuerpo, y todos se impurifican cuando él se impurifica.** Y esto es así incluso cuando pecó con un solo miembro. **Es decir, cuando quiere impurificarse** cometiendo cualquier tipo de falta, inmediatamente se impurifica. Pues aquel que se impurifica un poco, inmediatamente la impureza salta sobre él con gran poder por la fuerza. **Y a esto se refiere** lo que está escrito: «**por eso tu campamento será sagrado**». ¿**Qué** significa: **tu campamento**»? **Se refiere a los miembros del cuerpo,** los cuales deben ser sagrados.

Además está escrito: «**para que Él no vea ninguna cosa vergonzosa entre vosotros** y Se aleje de detrás de ti» (Levítico 23:15). ¿**Qué** significa: «**ninguna cosa** –*davar*– **vergonzosa** –*ervat*–»? **Se refiere a la desnudez** –*erva*– **de esa cosa** –*davar*–, o sea, la Presencia Divina –*Shejiná*–, que se denomina así. Es decir: cuídate de no pecar para evitar la adherencia de los entes impuros denominados *jitzonim* a la Presencia Divina –*Shejiná*–. **Alude, tal como ya fue** estudiado y **establecido por nosotros en otro lugar, que si es así,** o sea, si se ve en ti una cosa –*davar*– vergonzosa, entonces, «**se volverá detrás de ti**», **ciertamente.** Pues hasta ahora la Presencia Divina –*Shejiná*– estaba frente a ti, y con temor dirigías tu rostro a ella, y ella te protegía, pero ahora que has volteado tu rostro de ella con tus pecados, y ella se volverá detrás de ti, se apartará de ti y no reparará en ti.

Y a esto se refiere el misterio de lo que está escrito: «**La desnudez de la mujer de tu padre no descubrirás**» (Levítico 18:8). Es decir, no descubras la desnudez de la Presencia Divina –*Shejiná*– con tus pecados, estando ella en el exilio contigo. ¿**Por qué razón? Porque está escrito: «es la desnudez de tu padre»** (Levítico 18:8). Es decir, el daño afecta también al Aspecto Cósmico Masculino Inferior –*Zeir Anpin*–, que se denomina «tu padre», **como ya fue** estudiado y **establecido por nosotros.**

Hemos estudiado: por tres cosas los **Hijos de Israel se demoran en el exilio: porque provocan humillación a la Presencia Divina** –*Shejiná*– **en el exilio. Y apartan sus rostros de la Presencia**

Divina –*Shejiná*–. **Y porque se impurifican ellos mismos ante la Presencia Divina** –*Shejiná*–. **Y a todos** estos asuntos mencionados **los explicamos en nuestro estudio** denominado Baraita.

Rabí Aba marchaba hacia Kaputkia, y estaba con él Rabí Iosei. Mientras caminaban vieron un hombre que venía hacia ellos, **y tenía una marca en su rostro. Dijo Rabí Aba: desviémonos de este camino, pues el rostro de este hombre testifica acerca de él.** Ya que esa marca que tenía en **el rostro indica que transgredió** las palabras **de la Torá,** pecando con un asunto tocante a la **prohibición de descubrir la desnudez, y por eso se grabó en su rostro.**

Rabí Iosei le dijo a Rabí Aba: **si a esa marca la tenía cuando era un niño pequeño, ¿qué prohibición de descubrir la desnudez puede hallarse en él?**

Rabí Aba **le dijo** a Rabí Iosei: **yo veo en su rostro que** esa marca **testifica acerca de él que transgredió las palabras de la Torá,** pecando con un asunto tocante a **la prohibición de descubrir la desnudez.**

Rabí Aba lo llamó y le dijo: dime una cosa, esa marca que tienes en el rostro, ¿qué es? Les dijo: os pido que no castiguéis más a este hombre, pues sus faltas le han provocado esto, y ya ha recibido su castigo.

Rabí Aba le dijo: ¿qué has hecho para que te ocurriera esto? El hombre **le dijo: un día yo y mi hermana íbamos por el camino, y paramos en una hostería, y me embriagué con vino. Y toda esa noche tomé a mi hermana. Por la mañana,** cuando **me levanté, y** he aquí que **el dueño de la hostería reñía con un hombre. Me metí entre ellos** para separar, **y me apresaron, éste de este lado, y éste de este lado,** y me golpearon. **Y se me produjo esta marca, que entraba hasta el cerebro,** y yo estaba al borde de la muerte. **Y me salvé de la muerte por un médico que había entre nosotros.**

Rabí Aba **le dijo: ¿quién era ese médico?** El hombre **le dijo: era Rabí Samlai.** Rabí Aba **le dijo: ¿qué curación te hizo?** El hombre **le dijo: una curación del alma.** Es decir, le indicó como arrepentirse por lo que había hecho y rectificarse en forma completa e íntegra.

SEGUNDA PARTE: AJAREI MOT

Y así, con la ayuda de El Santo, Bendito Sea, se salvó del peligro de muerte. El hombre siguió diciendo: **y desde ese día me arrepiento, y todos los días miro un aspecto** –se miraba ante un espejo–, **para ver si la marca se ha ido. Y lloro ante El Santo, Bendito Sea, pues es el Amo del mundo,** y sólo Él puede perdonarme y expiar **por mi falta. Y** con el líquido **de esas lágrimas yo lavo mi rostro.**

Rabí Aba **le dijo: si no** sospechara que **te abstendrás de** seguir con tu **arrepentimiento,** y llorar por tu pecado, **quitaría de tu rostro esa marca. Pero yo pronuncio sobre ti** lo que está escrito: **«Y es quitado tu pecado y perdonada tu transgresión»** (Isaías 6:7). El hombre **le dijo: dilo tres veces.** Rabí Aba **lo dijo tres veces** al versículo, **y la marca se quitó.**

Dijo Rabí Aba: ciertamente El Santo, Bendito Sea, se complace con tu arrepentimiento y **quiso quitar la marca de ti.** Por eso se quitó con algo simple, al pronunciar yo esos versículos. **Pues ciertamente que tú aún te hallas con arrepentimiento** completo.

El hombre **le dijo** a Rabí Aba: **prometo que desde hoy en adelante me ocuparé de la Torá día y noche.** Rabí Aba **le dijo: ¿cuál es tu nombre? Le dijo: Elazar.** Rabí Aba **le dijo: ciertamente «Elazar»,** es decir, El Poderoso ayudó. **ciertamente que el nombre** –que tienes– **provocó que tu Dios te ayudara y estuviera contigo. Rabí Aba lo envió y lo bendijo.**

En otra ocasión Rabí Aba caminaba junto a Rabí Simón. Entró a su ciudad de ese hombre arrepentido, **y lo halló sentado y disertando** sobre lo que está escrito: **«El hombre necio no sabe, y el insensato no entiende esto** –*zot*–**»** (Salmos 92:7). Lo que está escrito: **«El hombre necio no sabe»,** enseña: **cuántos mentecatos hay en el mundo, que no reparan** en meditar en lo que acontece en el mundo para comprender los caminos de El Santo, Bendito Sea, **y no saben** los caminos de El Santo, Bendito Sea, lo que les contaron sus padres acerca de lo que ocurrió con las generaciones precedentes. **Y ellos no observan** en la Torá **para saber los caminos de El Santo, Bendito Sea, para saber por qué existen en el mundo,** y para qué viven. **¿Quién les impide saber? Su necedad. Porque no se esfuerzan en**

la Torá. Pues si se esforzaran en la Torá, sabrían los caminos de El Santo, Bendito Sea. A esto se refiere lo que está escrito: «El hombre necio no sabe».

A continuación está escrito: **«y el insensato no entiende esto** –*zot*–**»** (Salmos 92:7). **Pues no observa y no conoce (76a) la conducción de *Zot*,** es decir, el Aspecto Cósmico Femenino Inferior –*Maljut*–, **en el mundo.** Pues el Aspecto Cósmico Femenino Inferior –*Maljut*– es el ente encargado de la conducción del mundo, **que juzga al mundo con sus juicios, y nosotros vemos los juicios de este** ente denominado *Zot*, **que llegan a los hombres justos, y no llegan a los malvados pecadores que transgreden las palabras de la Torá. Como está escrito: «Cuando brotan los impíos como la hierba,** y florecen todos los que hacen iniquidad» (Salmos 92:8). He aquí que los malvados prosperan en este mundo. **Pues ellos heredan este mundo en todos los flancos, y los juicios** y los castigos **no llegan a ellos en este mundo. Y si no fuera porque David informó en el final del versículo** el objetivo final, **no sabríamos** cuál es la razón de su éxito, **como está escrito: «para ser destruidos eternamente»** (Ibíd.). Resulta que la finalidad de su éxito y prosperidad es para pagarles en este mundo los pocos méritos que tienen, **para exterminarlos de ese mundo,** el Mundo venidero. **Y para que sean polvo debajo de los pies de los justos, como está escrito: «Hollaréis a los malvados, los cuales serán ceniza bajo las plantas de vuestros pies,** en el día en que Yo entre en acción, ha dicho El Eterno de los ejércitos» (Malaquías 3:21).

Nuevamente el hombre arrepentido **abrió** su enseñanza y para explicarla **dijo** este versículo: **«Que se levanta contra mí para testificar en mi rostro»** (Job 16:8). **¿A qué se refiere?** La respuesta no es **sino ésta: bienaventurada la parte de la persona que se ocupa de la Torá para saber los caminos de El Santo, Bendito Sea. Pues todo el que se ocupa de la Torá, es como si se ocupara de su Nombre concretamente.** Es decir, es considerado como si se ocupara del Nombre de El Santo, Bendito Sea, concretamente. **Así como el Nombre de El Santo, Bendito Sea, genera conducción** en el mundo, **también es así con la Torá.** Resulta que según el modo en que la persona se ocupa de la Torá, tanto en el estudio como en su cumplimiento, obtiene recíprocamente el tipo de conducción que merece, y también afecta a su entorno gracias a su mérito.

Ven y observa: aquel que transgrede las palabras de la Torá, la Torá asciende a lo Alto para testificar por las malas acciones de esa persona, **y** después **desciende y hace en él, en la persona** que cometió esas transgresiones, **marcas en su rostro, para que lo observen los de lo Alto y los de lo bajo.** Y para que las personas que conocen la ciencia de interpretación de los rasgos del rostro –*jojmat hapartzuf*–, sepan cuál fue su pecado. **Y todos vierten maldiciones sobre su cabeza.** Y a esto se refiere el misterio de lo que está escrito: «Que se levanta contra mí para testificar en mi rostro». Se refiere a las marcas hechas por la Torá en su rostro, por las faltas cometidas.

Y hemos estudiado: todos esos siete ángeles del sistema cósmico de la conducción del mundo que se denominan **ojos de El Eterno,** como está escrito: «Estos siete son los ojos de El Eterno, que recorren toda la tierra» (Zacarías 4:7), y tienen a su cargo millares de ángeles más, **los cuales viajan** cósmicamente **y deambulan por el mundo para saber los caminos de las personas, todos ellos alzan sus ojos, y observan en el rostro de esa persona. Y las ven** a esas marcas grabadas en su rostro a raíz de los pecados cometidos, **y todos abren contra él** diciendo: **«¡Ay, ay!». Es decir: ¡Ay de él, en este mundo, ay de él, en el Mundo venidero!** Y pregonan ante él: **apartaos de alrededor del hombre zutano, pues el testimonio está en su rostro, y el espíritu de impureza mora sobre él.**

Y todos esos días en que esa señal se encuentra en su rostro por testimonio de sus pecados, **si engendra un hijo, atrae hacia él un espíritu del flanco de la impureza.** Pues al estar él impuro, atrae a su hijo un alma dañada del Otro Lado –*Sitra Ajara*–. **Y esos** hijos que nacen de ese modo **son los malvados de la generación, insolentes** y desvergonzados, **que el Amo de ellos los abandona en este mundo,** y no los castiga, **para exterminarlos en el Mundo venidero.**

Hemos estudiado: ese justo que se esfuerza en la Torá día y noche, El Santo, Bendito Sea, le proyecta una hebra de bondad,

y se graba en su rostro. Así es también, pero a la inversa, **con quien transgredió las palabras de la Torá.** Ya que **le proyectan un espíritu de impureza, y se marca en su rostro, y de él huyen los de lo Alto y los de lo bajo. Y todos pregonan acerca de él: ¡Apartaos del derredor de Zutano, pues traspasó las palabras de la Torá, e incumplió las ordenanzas del Amo de él! ¡Ay de él, y ay de su alma!** Ese hombre atrae al espíritu de impureza que está con él, y lo hereda a su hijo. Y éste es el hombre **que El Santo, Bendito Sea, no tiene parte con él, y lo abandona** sin castigarlo en este mundo, **para exterminarlo en el Mundo venidero.**

Rabí Aba le dijo al disertante, o sea, al hombre arrepentido mencionado anteriormente: **¡Has dicho bien! Pero, ¿de dónde lo sabes?**

El hombre arrepentido le respondió: **así lo he aprendido** de mis maestros, **y también aprendí que a esa mala heredad** del espíritu de impureza, **la heredan todos sus hijos si no se arrepienten, pues no hay asunto que se levante contra el arrepentimiento. Y yo así he estudiado: que a esta medicina,** del arrepentimiento, **me la dieron una vez, cuando tenía una marca grabada en mi rostro,** la cual señalaba un pecado. **Y un día yo iba por el camino, y me encontré con un justo, y a través de él se quitó esa marca.**

Rabí Aba **le dijo: ¿cuál es tu nombre? Le dijo: Elazar, y yo me llamo** a mí mismo: **otro Elazar.** Y no, el Elazar que pecó.

Rabí Aba **le dijo** al hombre arrepentido: **Bendito El Eterno porque te he visto y he merecido verte con este** grado. **Bienaventurada tu parte en este mundo y en el Mundo venidero.** Y Rabí Aba **le dijo: yo soy el que** se encontró contigo en el camino y **la quitó de ti** a esa marca que tenías grabada en el rostro.

El hombre arrepentido **se prosternó ante él,** y lo llevó a su casa. **Dispuso ante él un pan, y carne de ternero nacido en tercer lugar,** es decir, después de otros dos, cuya carne es excelente y muy sabrosa.

Después de que comieron, ese hombre le dijo a Rabí Aba: **Rabí, dime una cosa: yo tengo una vaca roja, la madre de este ternero cuya carne hemos comido. Y un día, antes de que quedara preñada y alumbrara, fue tras ella para pastar en el desierto, y hasta que la conduje** allí, **pasó ante mí un hombre. Me dijo: ¿cuál es el**

nombre de esta vaca? Le dije: desde el día de su nacimiento no le he puesto nombre. El hombre **me dijo: llámala Bat Sheva, madre de Salomón, si mereces expiación. Y mientras yo volvía mi rostro para verlo,** el hombre desapareció y **no lo vi** más. **Y entonces me reí de ese asunto.**

Ese hombre que se le había aparecido era Elías, que se presentó para despertarlo al arrepentimiento. Y la razón por la que le dijo que llamara a su vaca Bat Sheva, madre de Salomón, era porque la vaca alude al Aspecto Cósmico Femenino Inferior –*Maljut*–, que se denomina Bat Sheva, que significa «hija de siete», es decir, «dotada de siete», pues incluye siete atributos cósmicos. Y es roja por el flanco del juicio, que ejercería dominio en el caso en que no se arrepintiera. Y además le dijo a través de esas palabras a modo de insinuación: ella estará contigo si te arrepientes y te rectificas apropiadamente. Y te beneficiará misericordiosamente con los siete atributos que posee. Y será para ti como madre respecto a su hijo, como si tú fueses Salomón. Pero el hombre no entendió lo que le dijo Elías.

A continuación dijo: **(76b) y ahora que he merecido** aprehender los misterios de **la Torá, me desperté para meditar en ese asunto, y desde el día en que Rabí Samlai se despidió de aquí, no había persona que nos iluminara en la Torá como él. Y yo temía decir un asunto de la Torá que no aprendí** de mis maestros. **Y ese asunto** que me dijo ese hombre, **observé en él,** y medité, y supe **que es un asunto de sabiduría, y no conozco su significado.**

Rabí Aba **le dijo: ciertamente es un asunto de sabiduría. Y es una insinuación suprema de lo Alto y lo bajo. Pero** para saber ese misterio **ven** y **observa:** la vaca que alude al Aspecto Cósmico Femenino Inferior –*Maljut*– **se denomina Bat Sheva concretamente según el misterio de la sabiduría,** porque recibe la influencia de las siete emanaciones cósmicas –sefirot–, del Aspecto Cósmico Masculino Inferior –*Zeir Anpin*–. **Por eso, está escrito** en la sección de la Torá que se refiere a la Vaca Roja, **en relación con ella todo con siete,** es decir, siete cosas con el número siete. O sea: **siete vacas, siete quemados, siete salpicados, siete lavados, siete impuros, siete puros, siete sacerdotes.** Ya que todos esos siete asuntos son mencionados

76b

en la sección siete veces. **Y Moshé y Aarón están en la cuenta** de los siete sacerdotes. **Pues he aquí que está escrito: «El Eterno les habló a Moshé (Moisés) y a Aarón, diciendo:** éste es el decreto de la Torá que El Eterno ha ordenado, diciendo: háblales a los Hijos de Israel y ellos tomarán para ti una vaca completamente roja, que no tiene defecto, y sobre la cual no se ha ceñido yugo» (Números 19:1-2). **Y bien dijo ese hombre que dijo Bat Sheva, y todo es un misterio de sabiduría.**

El hombre arrepentido **le dijo** a Rabí Aba: **bendito sea El Misericordioso, pues he oído este asunto. Bendito sea Él, pues me adelantó la paz** –el saludo– **primero,** enviándome a Elías, **para que mereciera esto.** Ya que Elías me dijo: llámala Bat Sheva, madre de Salomón, si mereces expiación. Y a través de eso me insinuó que si me arrepentía, merecería la expiación. **Como está escrito: «Paz, paz al que está lejos y al cercano, dijo El Eterno»** (Isaías 57:19). Pues **yo, cuando estaba lejos** de la santidad, **El Santo, Bendito Sea, me adelantó la paz para que** estuviera cerca y **fuera cercano** a Él. **Rabí Aba recitó acerca de él** el versículo que declara: **«Sea paz a ti, y paz a tu familia, y paz a todo cuanto tienes»** (I Samuel 25:6).

Está escrito: **«La desnudez de la hermana de tu padre no descubrirás;** es pariente de tu padre» (Levítico 18:12). **Rabí Jía abrió** su disertación sobre este asunto y para explicarlo **dijo** este versículo: **«El hombre que tomare a su hermana, la hija de su padre o la hija de su madre, y viere su desnudez** y ella viere la desnudez de él, es una ignominia y serán tronchados de la vista de los miembros de su pueblo; habrá descubierto la desnudez de su hermana, cargará con su iniquidad (Levítico 20:17). **Allí,** en el Talmud, tratado de Eiruvín (18b), **hemos estudiado: Adán,** el primer hombre, **se separó de su mujer ciento treinta años, y no engendraba.** Pues **desde que Caín mató a Abel, Adán no quería unirse a su mujer,** pues vio el comienzo de la muerte y lo que ello implicaba.

Dijo Rabí Iosei: desde que se decretó sobre él y sobre todo el mundo la muerte, o sea, desde el día en que pecó comiendo del Árbol de la sabiduría del bien y del mal, y fue expulsado del Jardín del

Edén, que fue cuando se sentenció la muerte sobre él, desde ese momento Adán no quería unirse a su mujer. Pues **dijo: ¿Por qué yo engendraré para espanto? Inmediatamente se apartó de su mujer.**

Y dos espíritus de género femenino venían y se unían con él por la noche, y engendraban de él. Esos espíritus eran el demonio de género femenino denominado *lamed–iud–lamed–iud–tav* y su hija, que se le aparecían a Adán en medio del sueño, y se unían a él para engendrar a partir de él. **Y esos que engendraron se convirtieron en los entes dañadores** –*mazikim*– **del mundo, y se denominan: «llagas de las personas»** (II Samuel 7:14) (*véase* exégesis de Rashi a II Samuel 7:14, Ialkut Shimoní 146). Es decir, ellos nacieron de Adán, y afectan con llaga impura a las personas. **Y ellos desvían a las personas** del camino recto, **y moran en la entrada de la casa, en pozos y letrinas.**

Y por eso, la persona que en la entrada de su casa se encuentra el Nombre sagrado de El Santo, Bendito Sea, que se escribe con las letras *shin–dalet–iud*, **con coronas supremas,** es decir, con los rasgos –*taguín*– especiales correspondientes a esas letras, entonces, **todos** los demonios **huyen y se alejan de él.** Pues el Nombre sagrado de El Santo, Bendito Sea, que se escribe con las letras *shin–dalet–iud*, está asociado con el misterio de la emanación cósmica –*sefirá*– denominada *Iesod*. Y esto es así porque ese Nombre está formado por las letras las letras *shin–dalet* y *iud*. *Shin–dalet* es el nombre con que se denomina a esos demonios, y la letra *iud*, corresponde con el misterio de la emanación cósmica –*sefirá*– denominada *Iesod*; por tanto, la emanación cósmica –*sefirá*– denominada *Iesod* ejerce dominio sobre los demonios, y estos se someten. **A esto se refiere lo que está escrito: «Y la llaga no se acercará a tu tienda»** (Salmos 91:10). ¿Qué significa: **«Y la llaga no se acercará? Se refiere a las llagas de las personas,** que están dispuestas para dañar a las personas.

Y hemos estudiado: cuando Adán descendió con la Forma suprema y la Imagen sagrada, y lo vieron los de lo Alto y los de lo bajo, todos se acercaron a él, y lo hicieron reinar sobre este mundo.

A continuación se estudiará acerca de los entes impuros denominados *jitzonim*, los cuales son básicamente de tres tipos, aunque también hay otras especies. El primer tipo *jitzonim* es el constituido por aquellos entes que fueron creados en el segundo día de la creación, cuando fue creado el Infierno –Gueinom–, y a ese tipo de demonios se los denomina: ángeles dañadores –*malajei javalá*–. El segundo tipo de entes impuros denominados *jitzonim* es el constituido por los demonios que fueron creados en la víspera del primer Shabat que hubo en el mundo, con la caída de la tarde. Y el tercer tipo de entes impuros denominados *jitzonim* es el que salió de Adán, el primer hombre. Y a continuación se estudiará un tipo diferente de demonios:

Después de que viniera la serpiente sobre Eva, y le introdujera la inmundicia, después engendró a Caín, a partir de esa inmundicia. Por eso, **desde allí surgieron todas las generaciones de pecadores del mundo. Y las moradas de los demonios y los espíritus, de allí surgen y de sus flancos. Y por eso, todos los demonios y espíritus, tienen la mitad de personas de lo bajo, y la mitad de ángeles de lo Alto.** Pues ellos nacieron a partir de la inmundicia de la serpiente, que es el ente maligno cuyo nombre comienza con las letras *samej–mem*, el cual es un ángel; y de la gota de Caín, que era una persona. Éste es el cuarto tipo de entes impuros denominados *jitzonim*.

Y cuando esos dos espíritus antes mencionados, es decir, el demonio de género femenino denominado *lamed–iud–lamed–iud–tav*, y su hija, **engendraron de Adán esos otros** espíritus, **todos resultaron** semejantes al último tipo mencionado, pues salieron **de ese modo, la mitad de los de lo bajo, y la mitad de los de lo Alto.**

En el Talmud se enseñó acerca de este asunto, que existe un tipo de demonios, denominados *Shedim*, que son un intermedio entre los humanos y los ángeles. Éstas son las similitudes que poseen con los ángeles: tienen alas como los ángeles celestiales, vuelan de un extremo del mundo al otro como los ángeles celestiales, saben lo que sucederá en el futuro como los ángeles celestiales. Pues escuchan lo que acontece detrás de la cortina denominada *pargod*, que separa la parte secreta en los Cielos, y así se enteran de las cosas que sucederán en el futuro. En estas tres cosas se asemejan a los seres humanos: comen y beben como los humanos; se reproducen como los humanos; fallecen como los humanos. (Talmud, tratado de Jaguigá 16a).

Después que los demonios dañadores **nacieron de Adán** a través de los dos espíritus de género femenino antes mencionados, Adán **engendró de esos espíritus hijas que se asemejaban en su aspecto a la belleza de los de lo Alto, y a la belleza de los de lo bajo. Y a esto se refiere lo que está escrito:** «Y ocurrió que cuando el hombre empezó a multiplicarse sobre la faz de la tierra y le nacieron hijas, **los hijos de los soberanos** –*bnei elohim*– **vieron que las hijas del hombre eran seductoras** y tomaron para sí mujeres, cada uno según su elección» (Génesis 6:1-2). Este es el quinto tipo de entes impuros denominados *jitzonim*. Son una mezcla de ángeles –*bnei elohim*–, y mujeres humanas. **Y todos erraban tras ellos.**

Y hay un ente de género **masculino que vino al mundo a través del espíritu del flanco de Caín, y lo llamaban Tuval Caín. Y un** ente de género **femenino salió con él,** es decir, nació con él. **Y las personas erraban tras ella,** a raíz de su hermosura, **y se llamaba** con un nombre que se escribe con las letras: *nun–ain–mem–he.* Como está escrito: «Y Tzila dio a luz a Tuval Caín, que forjaba instrumentos de cobre y hierro. Y la hermana de Tuval Caín era Naamá» (Génesis 4:22).

De ella salieron otros demonios y espíritus, y ellos están suspendidos en el aire, y allí moran. **Y ellos anuncian los asuntos** tocantes a los decretos promulgados en lo Alto, **a esos otros** demonios **que se encuentran en lo bajo.** Este es el sexto tipo de entes impuros denominados *jitzonim*. **Y este** ser, **Tuval Caín, sacó al mundo armas mortales.** A esto se refiere lo que está escrito: «Y Tzila dio a luz a Tuval Caín, que forjaba instrumentos de cobre y hierro».

Y esta que se llamaba con un nombre que se escribe con las letras: *nun–ain–mem–he,* **excita** a los hombres para tengan poluciones nocturnas, y se impurifiquen. **Y se apega** a esos hombres que son de **su flanco,** porque se impurificaron ellos mismos previamente. **Y hasta ahora ella existe. Y su morada está entre las olas del gran mar. Y sale** de allí **y sonríe a los hombres, y excita** a varios **de ellos en los sueños, con ese deseo de los hombres, y se apega a él. Y ella toma** el despertar de **la excitación, y no más,** es decir, no toma las gotas seminales físicas. **Y a través de esa excitación se embaraza, y saca**

otros tipos de demonios de género masculino **al mundo.** Éste es el séptimo tipo de entes impuros denominados *jitzonim*.

Y esos hijos, o sea, los demonios de género masculino **que engendra de las personas, se presentan** en sueños **a las mujeres humanas, y se embarazan de ellos, y engendran espíritus.** Y eso ocurre a través de la excitación, tal como con los varones, como hemos explicado anteriormente. Y esos espíritus no son demonios denominados *mazikim*, ni entes dañadores –*shedim*–, sino espíritus impuros de niños.

Y todos van al demonio **ancestral** de género femenino cuyo nombre se escribe con las letras hebreas: *lamed–iud–lamed–iud–tav*. **Y ella los cría, y ella los saca al mundo, y ella solicita (77a) a sus hijos** que le corresponden. Pues de esos espíritus que nacieron a partir de las poluciones nocturnas que hace salir en medio del sueño, a través de la excitación y el despertar generado por el ser cuyo nombre que se escribe con las letras: *nun–ain–mem–he*, ella los introduce en mujeres que esperan hijos. Y cuando el niño nace, y crece un poco, hay con ellos apego del demonio ancestral de género femenino cuyo nombre se escribe con las letras hebreas: *lamed–iud–lamed–iud–tav*, por el poder de esos espíritus. **Y ella ve a los hijos de las personas, y se apega a ellos para matarlos. Y aspira y se inviste en los espíritus de esos niños de las personas. Y ella anda con ese espíritu. Y se aparecen allí tres espíritus sagrados,** que están a cargo de salvar a los espíritus de los niños de las personas del demonio ancestral de género femenino cuyo nombre se escribe con las letras hebreas: *lamed–iud–lamed–iud–tav*, y del ser impuro cuyo nombre que se escribe con las letras: *nun–ain–mem–he*. **Y vuelan ante ella, y toman de ella a ese espíritu** de ese niño, **y lo colocan ante El Santo, Bendito Sea, y allí estudian** Torá **ante él.**

Por eso, en la Torá se advierte a las personas: «Pues Yo soy El Eterno, vuestro Dios: **os santificaréis y seréis santos,** pues Yo soy Santo; y no impurificaréis vuestras almas por medio de ningún ser que se arrastra por el suelo» (Levítico 11:44). Es decir, debéis comportaros con santidad durante el momento de unirse con vuestras mujeres, para que el demonio ancestral de género femenino cuyo nombre se escribe con las letras hebreas: *lamed–iud–lamed–iud–tav*, no ejerza dominio sobre vuestros hijos. **Pues si la persona se comporta con santidad, no temerá de ella. Pues entonces El Santo, Bendito Sea, dispone a esos tres ángeles sagrados mencionados, y protegen a ese niño. Y ella no le puede hacer daño.** A esto se refiere lo que está escrito: «**No te sobrevendrá mal, y la llaga no se acercará a tu tienda**» (Salmos 91:10). **¿Cuál es la razón por la que «no te sobrevendrá mal?** O sea, se refiere al demonio cuyo nombre se escribe con las letras hebreas: *lamed–iud–lamed–iud–tav*. «**Porque enviaré a ti a mis ángeles».** Y está escrito: «**Y lo ampararé porque me deseó**» (Salmos 91:14). Es decir, a través de desear a El Santo, Bendito Sea, la persona logra que Él lo salve a él, y también a sus hijos, de los entes impuros denominados *jitzonim*.

Pues si la persona no se encuentra vinculado **con la santidad,** o sea, no se santifica con que le es permitido, **y atrae un espíritu** para su simiente **del flanco de la impureza, entonces, ella,** la manifestación de la maldad, **viene y le sonríe a ese niño. Y si lo matara, se absorbería en ese espíritu** del niño, apegándose a él, **y no se apartaría de él jamás.**

Y si dijeras: esos otros espíritus que no se proyecta a ellos un espíritu del flanco de la impureza **que los mata, y se presentan ante él esos tres** ángeles **sagrados, y toman de ella,** la manifestación de la maldad, **ese espíritu, he aquí que** esos niños **no se encuentran** vinculados **con el flanco de la impureza.** Siendo así, **¿por qué ejerce dominio sobre ellos,** los cuerpos, **para matarlos?** ¡Los ángeles deberían proteger al niño para que no muera! ¿Cómo se explica?

La respuesta no es **sino ésta: esto es** así **cuando la persona no se santificó** en el momento de mantener relaciones maritales con su esposa para engendrar, **pero no tuvo la intención de impurificarse, y no se impurificó.** Por eso la manifestación de la maldad **puede ejercer dominio sobre su cuerpo,** del niño, para matarlo, **y no, sobre su espíritu.** Pues esos ángeles traen el espíritu del niño ante El Santo, Bendito Sea, como explicamos anteriormente.

Y a veces, ocurre que el ser impuro cuyo nombre que se escribe con las letras: *nun–ain–mem–he*, **sale al mundo para excitarse a tra-**

vés de los hombres. Y el hombre se encuentra con el miembro viril en estado de **erección** a raíz **del deseo** que se despertó **con ella.** Pues el hombre vio en medio del sueño una visión impura, y su miembro se endureció por esa causa. **Y cuando despertó de su sueño,** agarró a su mujer, **y se acostó con ella. Y la voluntad de él, estaba** vinculada aún **con ese deseo que tuvo en su sueño,** y de esa unión su esposa quedó preñada. **Entonces, ese hijo que nace, viene del flanco de**l ser impuro cuyo nombre que se escribe con las letras: *nun–ain–mem–he*. **Pues** ese hombre estaba excitado **con el deseo de ella** en el momento de gestar a su hijos con su mujer. Por eso, **cuando sale** el demonio de género femenino denominado *lamed–iud–lamed–iud–tav*, **y lo ve, sabe el asunto,** y comprende que ese niño proviene del flanco del ser impuro cuyo nombre que se escribe con las letras *nun–ain–mem–he*. **Y ella se une con él, y lo cría, como los demás hijos de**l ser impuro cuyo nombre que se escribe con las letras: *nun–ain–mem–he*. **Y está con él mucho tiempo, y no lo mata,** pues pertenece a su flanco.

Éste es el hombre que en cada renovación de la Luna sufre daño, es decir, un ataque de epilepsia. Y la manifestación de la maldad, **no renuncia de él jamás,** pues pertenece a su flanco. **Pues con la Luna y Luna,** es decir, cuando se renueva, **en el mundo,** en el novilunio, el demonio de género femenino denominado *lamed–iud–lamed–iud–tav*, **sale y recuerda a todos los niños que cría, y ríe con ellos, y entonces, ese hombre sufre daño en ese momento,** es decir, le sobreviene un ataque de epilepsia.

Bienaventurados esos justos que se santifican con la santidad del Rey. Acerca de ellos está escrito: «Y de mes en mes, y de Shabat en Shabat, vendrán todos a prosternarse delante de mí, dijo El Eterno» (Isaías 66:23).

Estas palabras las reveló el rey Salomón al descubrirlas **en el libro del rey** de los demonios, cuyo nombre es **Ashmedai, y hay en él mil cuatrocientos cinco tipos de impureza, con los que se impurifican las personas.** Y Salomón, ¿cómo lo supo? **Porque a esto se lo reveló Ashmedai al rey Salomón.**

Respecto a los mil cuatrocientos cinco tipos de impureza mencionados, surgen a partir de las emanaciones de rigor –*guevurot*–, asociadas con el misterio de las letras finales del alfabeto hebreo: *mem* final, *nun* final, *tzadi* final, *pe* final, *kaf* final, conocidas por la sigla *mantzepa"j*. Y el valor numérico simple de esas letras sumado es 280, pues el valor numérico simple de *mem* final es 40, el valor numérico simple de *nun* final es 50, el valor numérico simple de *tzadi* final es 90, el valor numérico simple de *pe* final es 80, y el valor numérico simple de *kaf* final es 20. O sea: 40 + 50 + 80 + 90 + 20 = 280. Y este valor, 280 se representa a través de las letras *pe–reish* (*pe* = 80, *reish* = 200), que forman la palabra «*par*». Y como esas letras están asociadas con el misterio de las emanaciones de rigor –*guevurot*–, por esta razón se las conoce como «*par guevurot*». Y debido a que las emanaciones de rigor –*guevurot*–, son 5, debe multiplicarse 280 por 5, dando por resultado 1400. Y el valor 5, que falta para completar la cifra mencionada: 1405, corresponde con la generalidad de las 5 emanaciones de rigor –*guevurot*–. Es decir, en total 1405.

¡Ay de las personas cuyos corazones están totalmente bloqueados, y sus ojos cubiertos, y no saben, porque no lo aprendieron de sus padres, **y no oyen** de los reprochadores, **y no reparan** en el asunto meditando ellos mismos sobre **cómo existen en el mundo! Y he aquí que hay consejo y medicina ante ellos, y no reparan** en ello. **Pues las personas no pueden salvarse** de los efectos de la impureza **sino con el consejo de la Torá, como está escrito: «Si hubiere entre vosotros un hombre que no estuviere puro a causa de un incidente nocturno,** saldrá fuera del campamento; no ingresará al campamento» (Deuteronomio 23:11). **«Que no estuviere puro», precisamente.** Y se refiere a los malos pensamientos del día, y a través de eso le sobrevino **«un incidente nocturno», precisamente.** Pues él mismo lo provocó. **Y ya fue** estudiado y **establecido por nosotros el asunto en relación con el consejo de la sagrada Torá. Pues así está escrito en la sagrada Torá: «Pues Yo soy El Eterno, vuestro Dios: os santificaréis y seréis santos,** pues Yo soy Santo; y no impurificaréis vuestras almas por medio de ningún ser que se arrastra por el suelo» (Levítico 11:44). Es decir, la pureza y la impureza no ejercen dominio en la persona en forma automática, sino conforme a su preparación con que se prepara para recibir a una u otra.

77a

A continuación se enseñará lo ocurrido con Adán después de la muerte de sus dos hijos, Caín y Abel. Pues en la Torá se narra que Caín mató a Abel, como está escrito: «Caín habló con su hermano Hevel (Abel); y ocurrió que cuando estaban en el campo Caín se levantó contra su hermano Hevel (Abel) y lo mató» (Génesis 4:8). Y tiempo más tarde murió también Abel, como está escrito: «Y Lemej les dijo a sus dos mujeres: «Ada y Tzila, oigan lo que les digo; mujeres de Lemej, presten oídos a mis palabras: ¿He asesinado a un hombre por mi herida y a un niño por mi golpe? Si Caín fue vengado en siete generaciones, ¡Lemej será vengado en setenta y siete!» Génesis 4:23-24). Y a continuación está escrito: «Adám (Adán) volvió a conocer a su mujer, y ella concibió un hijo y lo llamó Shet, pues dijo: "Dios me ha dado –shat– otro hijo en lugar de Hevel (Abel), pues Caín lo ha matado"» (Génesis 4:25). Con esta introducción puede entenderse la siguiente enseñanza:

Hemos estudiado: después de que murieran Caín y Abel, Adán volvió a unirse a su mujer, y se invistió en otro espíritu, de santidad, y engendró a Shet. De aquí surgieron las generaciones de justos en el mundo, y a raíz de eso, **El Santo, Bendito Sea, incrementó bondad en el mundo. Y con cada uno, nació una mujer con él.** Es decir, tanto en el caso de Caín, como Abel y Shet, con cada uno de ellos nació una hermana melliza. Y cada uno tomó a su hermana. Y todo era **para asentar el mundo similar a lo Alto.** Pues el Aspecto Cósmico Masculino Inferior –*Zeir Anpin*–, y el Aspecto Cósmico Femenino Inferior –*Maljut*–, están asociados con el misterio de un hermano y una hermana, que salieron del Aspecto Cósmico Femenino Supremo –*Ima*– juntos, y se unen según el misterio de la unión íntima.

Éste es el misterio del seccionado –*nesirá*–: cuando el Aspecto Cósmico Masculino Inferior –*Zeir Anpin*–, y el Aspecto Cósmico Femenino Inferior –*Maljut*–, estaban revés con revés, ambos estaban asociados al grado del rigor de los juicios. Y cuando llegó el momento en que se unieron rostro con rostro, se proyectó la emanación cósmica –*sefirá*– denominada *Jesed* del Aspecto Cósmico Femenino Supremo –*Ima*– al interior del Aspecto Cósmico Masculino Inferior –*Zeir An-*

pin–. Y a través de eso se seccionaron y se separaron los juicios de él, y fueron dados al Aspecto Cósmico Femenino, hasta que el Aspecto Cósmico Masculino Inferior –*Zeir Anpin*–, quedó totalmente integrado con *jasadim* y el Aspecto Cósmico Femenino, quedó totalmente integrada con juicios. Y entonces se volvieron para unirse rostro con rostro. A través de esta introducción podrá entenderse en cierto modo la explicación que mencionaremos a continuación.

Y ya fue estudiado y **establecido por los compañeros en las *mishnaiot* sin especificar,** en relación con **lo que está escrito: «El hombre que tomare a su hermana, la hija de su padre o la hija de su madre,** y viere su desnudez y ella viere la desnudez de él, es una ignominia –*jesed*– y serán tronchados de la vista de los miembros de su pueblo; habrá descubierto la desnudez de su hermana, cargará con su iniquidad (Levítico 20:17). Lo que está escrito: «el hombre», se refiere al Aspecto Cósmico Masculino Inferior –*Zeir Anpin*–. Y lo que está escrito a continuación: «que tomare a su hermana», se refiere a que quiere tomar su Aspecto Cósmico Femenino Inferior, que está asociado con el misterio de su hermana, para unirse con ella. Y lo que está escrito a continuación: «la hija de su padre o la hija de su madre», es decir, hija del Aspecto Cósmico Masculino Supremo –*Aba*–, o hija del Aspecto Cósmico Femenino Supremo –*Ima*–, pues ella se denomina hija de aquel que recibe su irradiación de luminosidad. «Es una ignominia –*jesed*–». La expresión *Jesed* debe entenderse en este caso literalmente, en alusión a la emanación cósmica –*sefirá*– denominada *Jesed*. Es decir, a través de la emanación cósmica –*sefirá*– denominada *Jesed* que se proyecta del Aspecto Cósmico Femenino Supremo –*Ima*– al Aspecto Cósmico Masculino Inferior –*Zeir Anpin*–, él puede unirse con ella. Y eso **es *Jesed* ciertamente,** para que puedan vincularse rostro con rostro, y engendrar las almas de Adán y Eva.

Y después de que le emanación cósmica –*sefirá*– denominada *Jesed* **se posó** en el Aspecto Cósmico Masculino Inferior –*Zeir Anpin*–, **salieron los tallos y las raíces de abajo hacia arriba.** Es decir, se refiere a las cinco *guevurot*, que son tallo y raíz de la estructura del Aspecto Cósmico Femenino Inferior –*Maljut*–, los cuales salieron y ascendieron según el misterio de la luz de retorno desde abajo, o sea,

77a

la emanación cósmica –sefirá– denominada *Iesod* del Aspecto Cósmico Masculino Inferior *–Zeir Anpin–*, del Mundo de la Emanación *–Atzilut–*, arriba, o sea, el pecho del Aspecto Cósmico Masculino Inferior *–Zeir Anpin–*, y desde allí fueron dados a través del orificio del pecho al Aspecto Cósmico Femenino Inferior *–Maljut–*, que estaba en su reverso, y fue engrandecida y edificada. **Y se dividieron las ramas,** es decir, se desarrollaron y expandieron los brazos y las piernas, y los demás miembros del Aspecto Cósmico Femenino. Es decir, fueron acondicionados sus seis flancos. **Y el cercano se alejó.** Es decir, el Aspecto Cósmico Femenino, que estaba cerca del Aspecto Cósmico Masculino Inferior *–Zeir Anpin–*, y apagada a él revés con revés, se alejó y se apartó de él. **Entoces, las ramas se multiplicaron.** Es decir, los seis flancos del Aspecto Cósmico Femenino Inferior *–Maljut–* se desarrollaron y crecieron hasta que fueron dispuestas también sus facultades cognitivas cósmicas *–mojín–*. Y ascendió y estaba en el mismo nivel que el Aspecto Cósmico Masculino Inferior *–Zeir Anpin–*. **Y entonces vino para unirse en un vínculo íntimo con el Árbol.** Es decir, el Aspecto Cósmico Femenino Inferior *–Maljut–* se unió al Aspecto Cósmico Masculino Inferior *–Zeir Anpin–*, rostro con rostro.

Lo mencionado fue así porque **esto era en un comienzo.** Es decir, antes de la entrega de la Torá estaba permitido para el hermano tomar a su hermana. Y **esto** es así también **con los** cuerpos cósmicos denominados ***Partzufim* ocultos,** del Mundo de la Emanación *–Atzilut–*. Pues en ese grado supremo, el Aspecto Cósmico Masculino Inferior *–Zeir Anpin–*, y el Aspecto Cósmico Femenino Inferior *–Maljut–*, se denomina hermanos, y se unen como uno. **A esto se refiere lo que está escrito: «Dije: el mundo es edificado por la bondad** –Jesed–**»** (Salmos 89:3). Pues a través de que el hermano tomó a la hermana, se edificó el mundo. **Pero de aquí en adelante,** es decir, desde la entrega de la Torá en adelante, **las personas que se hallaren con eso,** tomando a sus hermanas, acerca de ellos está dicho: «El hombre que tomare a su hermana, la hija de su padre o la hija de su madre, y viere su desnudez y ella viere la desnudez de él, es una ignominia y **serán tronchados de la vista de los miembros de su pueblo;** habrá descubierto la desnudez de su hermana, cargará con su iniquidad (Levítico 20:17). Es decir, recibirán el castigo de *karet*.

(77b) Hemos estudiado: está escrito: «**La desnudez de la hermana de tu padre** no descubrirás; es pariente de tu padre» (Levítico 18:12). Esta cita alude a los entes cósmico supremos, es decir, **como se reveló** esto en relación **con los secretos** de la Torá. Pues tu padre, se refiere al Aspecto Cósmico Masculino Supremo –*Aba*–, y la hermana de tu padre, se refiere al Aspecto Cósmico Femenino Supremo –*Ima*–, que otorga las facultades cognitivas cósmicas –*mojín*–, al Aspecto Cósmico Masculino Inferior –*Zeir Anpin*–, y al Aspecto Cósmico Femenino Inferior –*Maljut*–, a través del investido de la emanación cósmica –sefirá– denominada *Netzaj*, emanación cósmica –sefirá– denominada *Hod*, y emanación cósmica –sefirá– denominada *Iesod*, de ella. Y en la Torá se advierte a través de esta declaración que no se debe provocar con los pecados que la emanación cósmica –sefirá– denominada *Netzaj*, emanación cósmica –sefirá– denominada *Hod*, y emanación cósmica –sefirá– denominada *Iesod*, del Aspecto Cósmico Femenino Supremo –*Ima*–, se aparten del Aspecto Cósmico Masculino Inferior –*Zeir Anpin*–, y el Aspecto Cósmico Femenino Inferior –*Maljut*–. Pues si eso ocurre, se descubrirá la emanación cósmica –sefirá– denominada *Iesod* de ella, en lo Alto, que se denomina «descubrimiento de la desnudez».

A esto se refiere el misterio de lo que **está escrito: «Porque los caminos de El Eterno son rectos, y los justos andarán por ellos (...)»** (Oseas 14:10). Ya que ellos conocen los misterios de la Creación en forma precisa. **Bienaventurada la parte de los justos, pues conocen los caminos de El Santo, Bendito Sea, y andan por ellos, y se conocen por** andar en **ellos, bienaventurada la parte de ellos.**

Hemos estudiado: la letra *he* **suprema,** que es el Aspecto Cósmico Femenino Supremo –*Ima*–, **se embarazó con amor y aprecio. Pues** la letra *iud*, que es el Aspecto Cósmico Masculino Supremo –*Aba*–, **no se aparta de ella jamás. Ella,** el Aspecto Cósmico Femenino Supremo –*Ima*–, **se embarazó y sacó,** es decir, hizo nacer, **a** la letra *vav*, que es el Aspecto Cósmico Masculino Inferior –*Zeir Anpin*–.

77b

Después el Aspecto Cósmico Masculino Inferior –*Zeir Anpin*–, fue rectificado, y **estuvo ante ella,** tal como se aprecia en el Tetragrama, que la letra *vav* está ubicada antes que la primera letra *he*, **y** el Aspecto Cósmico Femenino Supremo –*Ima*– **lo amamanta,** al Aspecto Cósmico Masculino Inferior –*Zeir Anpin*–, según el misterio del amamantado –*ieniká*–.

Y esta letra *vav*, o sea, el Aspecto Cósmico Masculino Inferior –*Zeir Anpin*–, **cuando salió** del Aspecto Cósmico Femenino Supremo –*Ima*–, **su pareja salió con él,** o sea, el Aspecto Cósmico Femenino Inferior –*Maljut*–. Y de ese modo, el Aspecto Cósmico Masculino Inferior –*Zeir Anpin*–, y el Aspecto Cósmico Femenino Inferior –*Maljut*–, nacieron conforme al misterio de dos cuerpos cósmicos unidos uno al otro revés con revés.

Después, **vino** la emanación cósmica –*sefirá*– denominada *Jesed* del Aspecto Cósmico Femenino Supremo –*Ima*–, **y se despertó con respecto a él,** el Aspecto Cósmico Masculino Inferior –*Zeir Anpin*–, y se expandió en él, **y los separó** al Aspecto Cósmico Masculino Inferior –*Zeir Anpin*–, del Aspecto Cósmico Femenino Inferior –*Maljut*–. **Y salieron los tallos de abajo hacia arriba**. O sea, salieron las cinco *guevurot* del Aspecto Cósmico Femenino Supremo –*Ima*–, según el misterio de la luz de retorno, desde abajo, o sea, la emanación cósmica –*sefirá*– denominada *Iesod* del Aspecto Cósmico Masculino Inferior –*Zeir Anpin*–, arriba, o sea, el pecho del Aspecto Cósmico Masculino Inferior –*Zeir Anpin*–. **Y se expandieron** proyectaron **ramas,** o sea, los seis flancos, **y crecieron. Y se rectificó** la letra *he* **inferior,** que es la última letra del Tetragrama, asociada con el misterio del Aspecto Cósmico Femenino Inferior –*Maljut*–. **Y** el Aspecto Cósmico Femenino Inferior –*Maljut*– **se desarrolló con sus ramas, que crecieron a lo Alto, a lo Alto.** Es decir, fueron dispuestas también sus facultades cognitivas cósmicas –*mojín*–. **Hasta que se unió con el Árbol supremo,** que es el Aspecto Cósmico Masculino Inferior –*Zeir Anpin*–. **Y** entonces resultó que **se unieron *vav* con *he*,** o sea, el Aspecto Cósmico Masculino Inferior –*Zeir Anpin*–, con el Aspecto Cósmico Femenino Inferior –*Maljut*–. Y, **¿quién les provocó** esa unión? La respuesta no es sino ésta: **«es *Jesed*»**.

Y a esto se refiere el misterio de lo que está escrito: «El hombre que tomare a su hermana, la hija de su padre o la hija de su madre, y viere su desnudez y ella viere la desnudez de él, es una ignominia –jesed– y serán tronchados de la vista de los miembros de su pueblo; habrá descubierto la desnudez de su hermana, cargará con su iniquidad (Levítico 20:17).

Es decir, se refiere a la emanación cósmica –sefirá– denominada *Jesed* del Aspecto Cósmico Femenino Supremo –*Ima*–, que se expandió en el Aspecto Cósmico Masculino Inferior –*Zeir Anpin*–. Pues a través de eso el Aspecto Cósmico Femenino se separó de él, y fue a su encuentro frontalmente, rostro con rostro, para unirse con él. Por tanto, **«es *Jesed*», ciertamente, pues** le emanación cósmica –sefirá– denominada *Jesed* del Aspecto Cósmico Femenino Supremo –*Ima*–, **los unió como uno.**

Ahora bien, lo referente a la letra *iud* **con la letra *he* suprema,** no es igual, ya que **la unión de ellos no depende de** la emanación cósmica –sefirá– denominada *Jesed*. Es decir, la unión de la letra *iud* del Tetragrama, asociada con el misterio del Aspecto Cósmico Masculino Supremo –*Aba*–, y la primera letra *he* del Tetragrama, que alude al Aspecto Cósmico Femenino Supremo –*Ima*–, no depende de la emanación cósmica –sefirá– denominada *Jesed* como ocurre con la unión del Aspecto Cósmico Masculino Inferior –*Zeir Anpin*–, y el Aspecto Cósmico Femenino Inferior –*Maljut*–, **sino que la unión de ellos depende del *Mazal*, y del afecto de ellos.** Es decir, de la rectificación de ocho y la rectificación de trece, de la rectificación de la barba del ente cósmico oculto denominado *Arij Anpin*, que se denominan *Mazalot*. De eso dependen la unión y el afecto de ellos, pues el Aspecto Cósmico Masculino Supremo –*Aba*– recibe su vitalidad de la rectificación de ocho, y el Aspecto Cósmico Femenino Supremo –*Ima*– recibe su vitalidad de la rectificación de trece. Y a través de eso su unión es permanente, **pues no se separan jamás.**

Y éste es el orden de los vínculos de los cuerpos cósmicos denominados *Partzufim*: la letra *iud*, asociada con el misterio del Aspecto Cósmico Masculino Supremo –*Aba*–, **se vincula con** la letra *he*, asociada con el misterio del Aspecto Cósmico Femenino Supremo –*Ima*–.

77b

Y después, la letra *he* asociado con el misterio del Aspecto Cósmico Femenino Supremo –*Ima*–, **se vincula con** *vav* asociado con el misterio del Aspecto Cósmico Masculino Inferior –*Zeir Anpin*–, invistiéndose en él a través del misterio de las facultades cognitivas cósmicas –*mojín*–.

Después, la letra *vav*, asociada con el misterio del Aspecto Cósmico Masculino Inferior –*Zeir Anpin*–, **se vincula con** la segunda letra *he*, asociada con el misterio del Aspecto Cósmico Femenino Inferior –*Maljut*–. Y la segunda letra *he*, asociada con el misterio del Aspecto Cósmico Femenino Inferior –*Maljut*–, **se vincula con todos** los mundos. **Y** por tanto resulta que **todo está vinculado con un vínculo** íntimo, **y son un solo asunto.** Pues la Luz Infinita se proyecta por todos los cuerpos cósmicos denominados *Partzufim* a través de la concatenación mencionada, y los nutre de vitalidad a todos, invistiéndose en ellos. Y a raíz de eso **no se separan éste de éste jamás.**

Por esta razón, es **como si fuera que aquel que provoca separación** entre los cuerpos cósmicos denominados *Partzufim*, con sus pecados, causara que se separe el Aspecto Cósmico Masculino Inferior –*Zeir Anpin*–, del Aspecto Cósmico Femenino Inferior –*Maljut*–, y el Aspecto Cósmico Femenino Supremo –*Ima*– de Aspecto Cósmico Masculino Inferior –*Zeir Anpin*–, y el Aspecto Cósmico Masculino Supremo –*Aba*– del Aspecto Cósmico Femenino Supremo –*Ima*–, considerándose **como si destruyera el mundo.** Pues el mundo no puede existir sin la unión de los cuerpos cósmicos denominados *Partzufim*. **Y eso se denomina «descubrir la desnudez» de todos** los Cuerpos cósmicos denominados *Partzufim*. Pues al separarse éste de éste, es como si se descubriera la emanación cósmica –*sefirá*– denominada *Iesod* de ellos.

Y en el tiempo futuro, El Santo, Bendito Sea, hará volver a la Presencia Divina –*Shejiná*– **a su lugar,** y hará **que todos** los entes cósmicos de lo bajo, es decir, el Aspecto Cósmico Masculino Inferior –*Zeir Anpin*–, y el Aspecto Cósmico Femenino Inferior –*Maljut*– **estén unidos** y vinculados **como uno** con todos los cuerpos cósmicos denominados *Partzufim* supremos. ¿De dónde se aprende? **Como está escrito: «En aquel día El Eterno será uno, y su nombre uno»** (Zacarías 14:9). Es decir, se refiere al Aspecto Cósmico Masculino Inferior –*Zeir Anpin*–, y el Aspecto Cósmico Femenino Inferior –*Maljut*–. **Y si dijeras: ¿acaso ahora no es uno?** La respuesta no es sino ésta: **no.** No hay unión perfecta. **Pues ahora los malvados del mundo provocaron que** la unión del Aspecto Cósmico Masculino Inferior –*Zeir Anpin*–, con el Aspecto Cósmico Femenino Inferior –*Maljut*– **no sea** una unión perfecta, como **uno. Pues la matronita se alejó del Rey,** es decir, el Aspecto Cósmico Femenino Inferior –*Maljut*– se alejó del Aspecto Cósmico Masculino Inferior –*Zeir Anpin*–, **y no están juntos.**

Pues **el Aspecto Cósmico Femenino Supremo** –*Ima*–, o sea, el ente cósmico denominado *Biná*, **se alejó del Rey,** es decir, el Aspecto Cósmico Masculino Inferior –*Zeir Anpin*–, **y no lo nutre** apropiadamente. ¿Cuál es la razón? **Porque el Rey sin la matronita,** o sea, el Aspecto Cósmico Masculino Inferior –*Zeir Anpin*–, sin el Aspecto Cósmico Femenino Inferior –*Maljut*–, **no se corona con las coronas del Aspecto Cósmico Femenino Supremo** –*Ima*–. Es decir, no recibe las facultades cognitivas cósmicas –*mojín*–, del Aspecto Cósmico Femenino Supremo –*Ima*–, que se denominan «coronas», **como al comienzo, cuando estaba unido con la matronita. Pues** entonces el Aspecto Cósmico Femenino Supremo –*Ima*– **lo coronaba** al Aspecto Cósmico Masculino Inferior –*Zeir Anpin*–, **con varias coronas** de irradiaciones de luminosidad interior de grandeza –*gadlut*– e irradiaciones de luminosidad circundantes y protectoras de pequeñez –*katnut*–, y **con numerosas irradiaciones de luminosidad** asociadas con el misterio de las facultades cognitivas cósmicas –*mojín*–, interiores de grandeza –*gadlut*–. También lo coronaba **con coronas sagradas supremas**, que son irradiaciones de luminosidad circundantes y protectoras de grandeza –*gadlut*–. ¿De dónde se aprende? **Como está escrito: «Salid, hijas de Tzión, y ved al rey Salomón** con la corona con que lo coronó su madre en el día de su casamiento, y en el día de la alegría de su corazón» (Cantar de los Cantares 3:11). Se refiere a cuando el Aspecto Cósmico Masculino Inferior –*Zeir Anpin*–, **se une con la matronita,** que es el Aspecto Cósmico Femenino Inferior –*Maljut*–. Entonces, **lo coronó su madre suprema,** es decir, el Aspecto Cósmico Femenino Supremo –*Ima*–, **como es debido,** con todas las facultades cognitivas cósmicas –*mojín*–, mencionadas. **Y ahora que el Rey no está con la matronita, entonces, el Aspecto Cósmico Femenino Supremo** –*Ima*– **toma las coronas** de las facultades cognitivas cósmicas –*mojín*–, **y le impide** el flujo **de los surgentes de los ríos,** es decir, la abundancia de los seis flancos de pequeñez –*katnut*–. **Y** el Aspecto Cósmico Masculino Inferior –*Zeir Anpin*–, **no está** vinculado **con un vínculo** íntimo con el Aspecto Cósmico Femenino Supremo –*Ima*–, **y es como si** el Aspecto Cósmico Masculino Inferior –*Zeir Anpin*–, **no estuviera** vinculado íntegramente con lo Alto, como **uno.**

Y cuando la matronita vuelva al lugar de su Palacio, es decir, cuando el Aspecto Cósmico Femenino Inferior –*Maljut*– regrese al Palacio del Aspecto Cósmico Masculino Inferior –*Zeir Anpin*–, que es el Rey, **y el Rey se una a ella con un vínculo** íntimo, **entonces todo se vinculará como uno, sin separación.** Es decir, todos los cuerpos cósmicos denominados *Partzufim* estarán unidos, sin que hubiera separación entre ellos. **Y a esto se refiere lo que está escrito: «En aquel día El Eterno será uno, y su nombre uno»** (Zacarías 14:9). «En aquel día», se refiere a cuando la matronita vuelva al Palacio del Aspecto Cósmico Masculino Inferior –*Zeir Anpin*–, **entonces, todo estará unido como uno, sin separación. Y entonces** se cumplirá lo que está escrito: **«Y subirán salvadores al monte de Tzión para juzgar** al monte de Esaú; y el reino será de El Eterno» (Abdías 1:21).

Pues hemos estudiado: dijo Rabí Shimón la matronita no entrará con alegría al Palacio del Aspecto Cósmico Masculino Inferior –*Zeir Anpin*–, para unirse con él, **hasta que sea juzgado el reino de Esaú, y se tome venganza de él por haber provocado todo esto,** el gran exilio. **Después,** el Aspecto Cósmico Femenino Inferior –*Maljut*– **se unirá con el Rey, y habrá alegría completa. A esto se refiere lo que está escrito: «Y subirán salvadores al monte de Tzión para juzgar al monte de Esaú;** y el reino será de El Eterno» (Abdías 1:21). Es decir, **en un comienzo,** o sea, en primer lugar, juzgarán al monte de Esaú, **y después,** se cumplirá lo que está escrito: **«y el reino será de El Eterno».**

SEGUNDA PARTE: AJAREI MOT

Ahora bien, **¿quién es el** ente cósmico denominado el **reino? Se refiere a la matronita,** que es el Aspecto Cósmico Femenino Inferior –*Maljut*–. **A esto se refiere lo que está escrito: «y el reino será de El Eterno».** Es decir, el Aspecto Cósmico Femenino Inferior –*Maljut*– será de El Eterno, que es el Aspecto Cósmico Masculino Inferior –*Zeir Anpin*–, y se unirán como uno. **Y después de que** el Aspecto Cósmico Masculino Inferior –*Zeir Anpin*–, y el Aspecto Cósmico Femenino Inferior –*Maljut*–, **se unan como uno, ¿qué está escrito?** Está escrito: **«Y El Eterno será Rey sobre toda la Tierra; en aquel día El Eterno será uno, y Su nombre uno»** (Zacarías 14:9). Pues su Gloria se revelará en todo el mundo, pronto en nuestros días.

Está escrito: **«La desnudez del hermano de tu padre no descubrirás;** no te acerques a su mujer, es tu tía» (Levítico 18:14). **Rabí Iehuda estudió:** lo que está escrito: «el hermano de tu padre», **se refiere a Israel de lo bajo,** o sea, los justos que moran en el mundo y tienen alma denominada *neshamá*, y alma de alma denominada *neshamá* proveniente del Aspecto Cósmico Masculino Supremo –*Aba*– y el Aspecto Cósmico Femenino Supremo –*Ima*–, que son hermanos del Aspecto Cósmico Masculino Inferior –*Zeir Anpin*–, que es considerado tu padre cósmico, que engendró tu alma, y debes ser cuidadoso y precavido de no provocarles exilio cometiendo pecados vinculados con el descubrimiento de la desnudez, o sea, violando las reglas de las relaciones prohibidas.

Asimismo está escrito: «La desnudez de **la hermana de tu madre** no descubrirás; pues es pariente de tu madre» (Levítico 18:13). Lo que está escrito: «tu madre», se refiere a la Presencia Divina –*Shejiná*–, y su hermana, **se refiere a Jerusalén de lo bajo.** Y la Presencia Divina –*Shejiná*– se posa en ella. **Pues por esos pecados** de descubrir la desnudez, los Hijos de **Israel son exiliados entre las naciones, y se destruirá Jerusalén de lo bajo. Y en relación con esto hemos estudiado: éste es el amor de El Santo, Bendito Sea, con** los Hijos de **Israel, que los llamó hermanos.** O sea, a los justos mencionados previamente. **Como está dicho,** que El Santo, Bendito Sea, dice a los Hijos de Israel: **«En aras de mis hermanos y mis compañeros,**

hablaré por favor [...]» (Salmos 122:8). He aquí que los hermanos de tu padre son los justos de los Hijos de Israel.

Dijo Rabí Iehuda: está escrito: «En aras de mis hermanos y mis compañeros, hablaré por favor [...]» (Salmos 122:8). Y esto es algo que sorprende, pues **si** está escrito: **«mis hermanos»,** ¿**para qué** está escrito: **«mis compañeros»?** Y **si** está escrito: **«mis compañeros»,** ¿**para qué** está escrito: **«mis hermanos»?** La respuesta no es **sino ésta: hemos estudiado: aquel que nunca se aparta de su compañero se denomina compañero, como está dicho: «No abandones a tu compañero, ni al compañero de tu padre»** (Proverbios 27:10). Se observa que no está dicho: «ama a tu compañero», o «búscate un compañero», pues ya es su amigo, y está con él, pero no lo abandones jamás. **Y éste es el misterio del asunto: pues Rabí Shimón dijo: el Aspecto Cósmico Femenino Supremo** –*Ima*– **se denomina compañera** del Aspecto Cósmico Masculino Supremo –*Aba*–, **porque el amor del Aspecto Cósmico Masculino Supremo** –*Aba*– **no se aparta de ella (78a) jamás. Y la madre inferior,** o sea, el Aspecto Cósmico Femenino Inferior –*Maljut*–, **se denomina novia, y se denomina hermana, como ya fue** estudiado y **establecido por nosotros,** sobre la base de lo que está escrito: **«Tenemos una hermana pequeña»** (Cantar de los Cantares 8:8). Y alude al Aspecto Cósmico Femenino Inferior –*Maljut*–.

Y ésta es la explicación de nuestra Mishná sin especificar, o sea, esa enseñanza de la Mishná cuyo autor desconocemos. Pues con eso que dijimos, que el Aspecto Cósmico Masculino Supremo –*Aba*– y el Aspecto Cósmico Femenino Supremo –*Ima*–, no se separan jamás uno de lo otro, se entiende lo referente a la Mishná sin especificar. **Ya que está escrito aquí: «La desnudez de tu hermana, tanto de la hija de tu padre como de la hija de tu madre,** tanto si nació de alguien que puede permanecer en la casa, como si nació de alguien que debe permanecer fuera de ella, no descubrirás su desnudez» (Levítico 18:9). Ahora bien, **si habéis dicho: «hija de tu padre»,** he aquí que también es hija de tu madre. Por tanto, ¿**qué** significa: **«como de la hija de tu madre»?** Es decir, si el Aspecto Cósmico Masculino Supremo –*Aba*– y el Aspecto Cósmico Femenino Supremo –*Ima*– no se separan jamás, siendo así, el Aspecto Cósmico Femenino Inferior –*Maljut*–, que es la hija del Aspecto Cósmico Masculino Supremo –*Aba*–, he aquí que también es hija del Aspecto Cósmico Femenino Supremo –*Ima*–. ¿Cómo se explica? La respuesta no es **sino ésta**: en verdad el Aspecto Cósmico Femenino Inferior –*Maljut*– es hija del Aspecto Cósmico Masculino Supremo –*Aba*– e hija del Aspecto Cósmico Femenino Supremo –*Ima*–, pero **si** lo principal de su existencia **se encuentra,** es decir, proviene **del flanco del Aspecto Cósmico Masculino Supremo** –*Aba*–, indicándose así que lo principal de su influencia proviene de la emanación cósmica –sefirá– denominada *Jojmá*, entonces ella **se denomina *Jojmá*,** y **si** lo principal de su existencia **se encuentra,** es decir, proviene **del flanco del Aspecto Cósmico Femenino Supremo** –*Ima*–, indicándose así que lo principal de su influencia proviene de la emanación cósmica –sefirá– denominada *Biná*, entonces ella **se denomina *Biná*. De todos modos, tanto así, o así,** si su existencia **se encuentra,** es decir, proviene del Aspecto Cósmico Femenino Supremo –*Ima*–, o del Aspecto Cósmico Masculino Supremo –*Aba*–, ella proviene y está rectificada **a través de** ambos, **el Aspecto Cósmico Femenino Supremo** –*Ima*–, **y el Aspecto Cósmico Masculino Supremo** –*Aba*–, conjuntamente. **Pues** la letra *iud* del Aspecto Cósmico Masculino Supremo –*Aba*–, **no** se aparta ni **se separa de** la letra *he* del Aspecto Cósmico Femenino Supremo –*Ima*–, **jamás.**

Y éste es el misterio del asunto vinculado con lo que está escrito: «La desnudez de tu hermana, tanto de la hija de tu padre como de la hija de tu madre, **tanto si nació de alguien que puede permanecer en casa,** como si nació de alguien que debe permanecer fuera de ella, no descubrirás su desnudez» (Levítico 18:9). Lo que está escrito: «si nació de alguien que puede permanecer en casa», **se refiere al flanco del Aspecto Cósmico Masculino Supremo** –*Aba*–, **«o si nació de alguien que debe permanecer fuera de ella»,** se refiere al flanco **del Aspecto Cósmico Femenino Supremo** –*Ima*–.

Dijo Rabí Aba: está escrito: **«Con sabiduría** –*Jojmá*– **se edificará la casa»** (Proverbios 24:3). **¿Quién es la casa que se edifica con sabiduría** –*Jojmá*–? **Debes decir que se refiere al río que surge**

78a
del Edén, o sea, la emanación cósmica –sefirá– denominada *Biná*, que es la casa de la emanación cósmica –sefirá– denominada *Jojmá*. **Por eso** está escrito: **«tanto si nació de alguien que puede permanecer en casa».** Es decir, se refiere al Aspecto Cósmico Femenino Inferior *–Maljut–*, cuando nació a través de la emanación cósmica –sefirá– denominada *Biná*, y se ubicó detrás del Aspecto Cósmico Masculino Inferior *–Zeir Anpin–*. **«Como si nació de alguien que debe permanecer fuera de ella», cuando salió de** *vav* del Aspecto Cósmico Masculino Inferior *–Zeir Anpin–*, para ser un cuerpo cósmico denominado *–partsuf–* independiente. Es decir, después de que el Aspecto Cósmico Femenino Inferior *–Maljut–* fue separada de detrás del Aspecto Cósmico Masculino Inferior *–Zeir Anpin–*, y fue rectificada para estar rostro con rostro con el Aspecto Cósmico Masculino Inferior *–Zeir Anpin–*. **Como está escrito:** «Y el hombre dijo: ésta vez es **hueso de mis huesos y carne de mi carne:** ésta será llamada *Ishá* (mujer), pues del *Ish* (hombre) fue tomada» (Génesis 2:23). Esto era así cuando estaban pegados uno con el otro. **Y está escrito:** «El Eterno Dios causó un profundo estado de somnolencia en el hombre, y éste se durmió; **y Él tomó uno de sus costados** y cerró la carne en su lugar» (Génesis 2:21). Esto está vinculado con el misterio de la separación *–nesirá–*. Pues en ese momento el Aspecto Cósmico Femenino Inferior *–Maljut–* se separó del Aspecto Cósmico Masculino Inferior *–Zeir Anpin–*. **Y a esto se refiere** lo que está escrito: **«alguien que debe permanecer fuera de ella». Pues salió del lugar donde se encuentra el Aspecto Cósmico Masculino Inferior** *–Zeir Anpin–*, para ser un cuerpo cósmico denominado *–Partsuf–* independiente, **como ya ha sido** explicado y **dicho.**

Y acerca de esto dijo Rabí Iehuda que los Hijos de **Israel se denominan hermanos con respecto a El Santo, Bendito Sea,** o sea, el Aspecto Cósmico Masculino Inferior *–Zeir Anpin–*. Esto es así a partir del grado de alma denominada *neshamá*, y alma de alma denominada *neshamá* proveniente del Aspecto Cósmico Masculino Supremo *–Aba–* y el Aspecto Cósmico Femenino Supremo *–Ima–*, lo cual coincide con la forma en que fueron creados el Aspecto Cósmico Masculino Inferior –*Zeir Anpin*–, y el Aspecto Cósmico Masculino Inferior –*Zeir Anpin*–, que fueron creados a través del Aspecto Cósmico Masculino Supremo –*Aba*– y el Aspecto Cósmico Femenino Supremo –*Ima*–. **Pues no se aparta de Él el amor por ellos jamás.**

Y **Jerusalén de lo bajo se denomina «hermana de tu madre»,** en referencia al Aspecto Cósmico Femenino Inferior –*Maljut*–. **Como está escrito: «Jerusalén, edificada como ciudad unida a ella conjuntamente»** (Salmos 122:3). **¿Qué** significa: **«unida a ella conjuntamente»?** La respuesta no es sino ésta: **dado que el Rey se unió con ella,** es decir, dado que el Aspecto Cósmico Masculino Inferior –*Zeir Anpin*–, se unió con el Aspecto Cósmico Femenino Inferior –*Maljut*–, **a través de los seis flancos de él, con todos los seis flancos del Rey,** ya que todos los seis flancos del Aspecto Cósmico Masculino Inferior –*Zeir Anpin*–, ejercen influencia en el Aspecto Cósmico Femenino Inferior –*Maljut*–, **a través del grado del justo,** que es la emanación cósmica –sefirá– denominada *Iesod*, **y todas las coronas del Rey están incluidas en él.** Es decir, todas las emanaciones cósmicas –sefirot– del Aspecto Cósmico Masculino Inferior –*Zeir Anpin*–, también las tres primeras, que son las facultades cognitivas cósmicas –*mojín*–, están incluidas en la emanación cósmica –sefirá– denominada *Iesod*. **Y a esto se refiere** el misterio de lo que está escrito: **«unida a ella conjuntamente».** Pues el Aspecto Cósmico Masculino Inferior –*Zeir Anpin*–, se unió al Aspecto Cósmico Femenino Inferior –*Maljut*–, a través de la emanación cósmica –sefirá– denominada *Iesod*, para estar con ella conjuntamente. Y a esto se refiere lo que está escrito: «Jerusalén edificada», o sea, se refiere a Jerusalén de lo bajo, que es «como ciudad», es decir, el Aspecto Cósmico Femenino Inferior –*Maljut*–, «unida a ella», ya que se le unieron los seis flancos del aspe, «conjuntamente», a través de la emanación cósmica –sefirá– denominada *Iesod*.

Dijo Rabí Itzjak: está escrito a continuación en el libro de los Salmos: **«Pues allá subieron las tribus, las tribus de Dios** –*iud, he*– **son testimonio para Israel»** (Salmos 122:4). **¿Quién** es el ente cósmico vinculado con el origen de las almas de las **tribus?** La respuesta no es sino ésta: **esos doce límites.** O sea, los doce límites transversa-

78a

les de la emanación cósmica –sefirá– denominada *Tiferet* del Aspecto Cósmico Masculino Inferior *–Zeir Anpin–*, que es el lugar cósmico del cual salieron las almas de las doce tribus de Israel. **Pues** las mismas salieron y **se dividieron de ese Árbol,** la emanación cósmica –sefirá– denominada *Tiferet* del Aspecto Cósmico Masculino Inferior *–Zeir Anpin–*. Y ese Árbol es **grande** por el flanco de la emanación cósmica –sefirá– denominada *Jesed*, **y poderoso** por el flanco de la emanación cósmica –sefirá– denominada *Guevurá*, **que los heredó** a los de los doce límites, del flanco **del Aspecto Cósmico Masculino Supremo** *–Aba–* **y el Aspecto Cósmico Femenino Supremo** *–Ima–*. Pues ese es el origen y la raíz de las almas de las doce tribus de Israel. **A esto se refiere lo que está escrito: las tribus de Dios** *–iud, he–*». Pues su raíz está enraizada en el Aspecto Cósmico Masculino Supremo *–Aba–* y el Aspecto Cósmico Femenino Supremo *–Ima–*, que se denominan *iud, he–*. Es decir, **del bello testimonio con que testifica el hijo sagrado** del Aspecto Cósmico Masculino Supremo *–Aba–* y el Aspecto Cósmico Femenino Supremo *–Ima–*. Pues es bella la irradiación de luminosidad que surge del rostro del Aspecto Cósmico Masculino Inferior *–Zeir Anpin–*, que ilumina con el poder de las facultades cognitivas cósmicas *–mojín–*, que recibió del Aspecto Cósmico Masculino Supremo *–Aba–* y el Aspecto Cósmico Femenino Supremo *–Ima–*. Y ellas, esas irradiaciones, testifican acerca del Aspecto Cósmico Masculino Inferior *–Zeir Anpin–*, que es hijo del Aspecto Cósmico Masculino Supremo *–Aba–* y el Aspecto Cósmico Femenino Supremo *–Ima–*.

He aquí que ese es el origen de las almas de las tribus de Israel, **como está escrito: «Las tribus de Dios** *–iud, he–* **son testimonio para Israel»** (Salmos 122:4). **Y ellos son los ríos profundos,** o sea, las facultades cognitivas cósmicas *–mojín–*, **que se proyectan y fluyen de** los entes cósmicos supremos, el Aspecto Cósmico Masculino Supremo *–Aba–* y el Aspecto Cósmico Femenino Supremo *–Ima–*, que se denominan *iud, he.*

Y todo esto, ¿por qué? ¿Cuál es la finalidad de la proyección de las facultades cognitivas cósmicas *–mojín–* mencionadas? La respuesta no es sino ésta: **«para alabar el Nombre de El Eterno»** (Salmos 122:4). Es decir, para atraerlas y proyectarlas al Aspecto Cósmico Femenino Inferior –*Maljut*–, que se denomina Nombre de El Eterno. Y dado que el rey David estaba enraizado en el Aspecto Cósmico Femenino Inferior –*Maljut*–, por eso está escrito: **«Porque allá están dispuestos los asientos del juicio, los asientos de la casa de David»** (Salmos 122:5). **Para heredar al reino** –*Maljut*– **sagrado, y sus hijos, por las generaciones de las generaciones.** Pues todos se adhirieron al Aspecto Cósmico Femenino Inferior –*Maljut*–, y están enraizados en ella. **Y éste es el cántico que dijo David respecto al *Maljut* sagrado supremo.**

Dijo Rabí Jizkia: todo lo referente al descubrimiento de la desnudez **es** un asunto dispuesto **según el misterio supremo, para enseñar que aquel que daña en lo bajo, daña en lo Alto.** Para comprenderlo, observad lo que está escrito: **«La desnudez de tu nuera** –*kala*– **no descubrirás;** es la mujer de tu hijo, no descubrirás su desnudez» (Levítico 18:15). ¿Y cómo se deduce este misterio que surge del versículo? **Pues hemos estudiado** (en el Talmud, tratado de Ketuvot 62b): **el periodo** de cohabitación **de los sabios estudiosos de la Torá es de Shabat en Shabat. Porque ellos conocen el misterio del asunto.** Ya que ellos saben que en la noche del Shabat se unen los entes supremos, el Aspecto Cósmico Masculino Inferior –*Zeir Anpin*–, y el Aspecto Cósmico Femenino Inferior –*Maljut*–. Y de ellos se proyectan las almas sagradas de los hijos que nacen a los Hijos de Israel tras las relaciones maritales mantenidas en la noche del Shabat. **Y ellos dirigen sus corazones** apropiadamente, en nombre de los Cielos. **Y la voluntad de ellos está completa,** en el Nombre de El Eterno. **Y los hijos que les nacen se denominan hijos del Rey.** Pues las almas de ellos provienen de la unión del Rey con la matronita, o sea, el Aspecto Cósmico Masculino Inferior –*Zeir Anpin*–, y el Aspecto Cósmico Femenino Inferior –*Maljut*–, del Mundo de la Emanación –*Atzilut*–.

Y si esos sabios estudiosos de la Torá **dañan el asunto en lo bajo,** manteniendo relaciones maritales en los demás días de la semana, **es como si dañaran a esa novia** –*kala*– **de lo Alto,** o sea, el Aspecto Cósmico Femenino Inferior –*Maljut*–. **A esto se refiere lo que está escrito: «La desnudez de tu nuera** –*kala*– **no descubrirás;** es la mu-

78a

jer de tu hijo, no descubrirás su desnudez» (Levítico 18:15). Es decir, no dañes a la *kala* suprema, que es el Aspecto Cósmico Femenino Inferior –*Maljut*–.

Esto que hemos explicado **es a causa** de **los que conocen los senderos de la Torá,** ya que esa interpretación va con ellos, los conocedores de los secretos de la Torá. Pero para **el resto del pueblo,** la interpretación del versículo es ésta: **eso que se revela** según el sentido llano del versículo, **se refiere a la nuera concretamente,** como se declara «La desnudez de tu nuera –*kala*– no descubrirás; es la mujer de tu hijo, no descubrirás su desnudez». **Y por ese pecado, la Presencia Divina** –*Shejiná*– **se aparta de entre ellos,** los Hijos de Israel.

Hemos estudiado: el Nombre sagrado de El Santo, Bendito Sea, **fue grabado de modos sabidos, con las letras marcadas de las veintidós** letras de la Torá. Es decir, todas las veintidós letras del alfabeto se incluyeron en el Nombre de El Santo, Bendito Sea, de este modo: *iud* **con** *alef,* es decir, la letra *iud* proyectó irradiación de luminosidad hacia la letra *alef.* **Alef con *iud*,** es decir, la letra *Alef* volvió y proyectó irradiación de luminosidad hacia la letra *iud.* Y esto ocurrió con las veintidós letras del alfabeto.

Estas son las secuencias siguientes: *iud* **con** *bet,* es decir, la letra *iud* proyectó irradiación de luminosidad hacia la letra *bet.* **Bet con *iud*,** es decir, la *letra bet* volvió y proyectó irradiación de luminosidad hacia la letra *iud*. *iud* **con** *guimel,* es decir, la letra *iud* proyectó irradiación de luminosidad hacia la letra *guimel.* **Guimel con *iud*,** es decir, la letra *guimel* volvió y proyectó irradiación de luminosidad hacia la letra *iud*. *iud* **con** *dalet,* es decir, la letra *iud* proyectó irradiación de luminosidad hacia la letra *dalet.* **Dalet con *iud*,** es decir, la letra *dalet* volvió y proyectó irradiación de luminosidad hacia la letra *iud.* **Iud con *he*,** es decir, la letra *iud* proyectó irradiación de luminosidad hacia la letra *he*. **He con *iud*,** es decir, la letra *he* volvió y proyectó irradiación de luminosidad hacia la letra *iud*. Y así **todas** las demás letras, **se grabaron con** la letra *iud*, proyectándoles irradiaciones de luminosidad, y después esas letras volvieron y proyectaron irradiación de luminosidad a la letra *iud*.

78a

La letra *he* correspondiente al misterio de la emanación cósmica –sefirá– denominada *Biná* **está incluida con** la letra *iud*, correspondiente al misterio de la emanación cósmica –sefirá– denominada *Jojmá*. Pues **de ella salió,** es decir, la emanación cósmica –sefirá– denominada *Biná* salió de la emanación cósmica –sefirá– denominada *Jojmá*, asociada con el misterio de la letra *iud* del Tetragrama. **Entonces,** cuando fueron dispuestos y acondicionados los entes supremos, el Aspecto Cósmico Masculino Supremo –*Aba*– y el Aspecto Cósmico Femenino Supremo –*Ima*–, que están asociados con el misterio de las letras *iud–he* del Tetragrama, **coronaron a los patriarcas.** Es decir, coronaron a las facultades cognitivas cósmicas –*mojín*–, de la emanación cósmica –sefirá– denominada *Jojmá*, la emanación cósmica –sefirá– denominada *Biná*, y la emanación cósmica –sefirá– denominada *Daat*, del Aspecto Cósmico Masculino Inferior –*Zeir Anpin*–, que se constituyeron a partir de los recipientes de la emanación cósmica –sefirá– denominada *Jesed*, la emanación cósmica –sefirá– denominada *Guevurá*, y la emanación cósmica –sefirá– denominada *Tiferet*, que se denominan Patriarcas. Pues **se abrió** *he* de los cincuenta portales de la emanación cósmica –sefirá– denominada *Biná* **con los ríos** de las facultades cognitivas cósmicas –*mojín*–, **y coronó la cabeza de** la letra *vav* del Aspecto Cósmico Masculino Inferior –*Zeir Anpin*–, **pues allí moran los Patriarcas.** Es decir, los recipientes de la emanación cósmica –sefirá– denominada *Jesed*, la emanación cósmica –sefirá– denominada *Guevurá*, y la emanación cósmica –sefirá– denominada *Tiferet*, que se denominan Patriarcas, y se convirtieron en recipientes para las facultades cognitivas cósmicas –*mojín*–, de la emanación cósmica –sefirá– denominada *Jojmá*, la emanación cósmica –sefirá– denominada *Biná*, y la emanación cósmica –sefirá– denominada *Daat*. Y asimismo la letra *vav* del Aspecto Cósmico Masculino Inferior –*Zeir Anpin*–, **incluye seis letras,** desde la letra *alef* hasta la letra *vav*, que están asociadas con el misterio de los seis flancos de él. **Y a todos los incluyó** la letra *iud* asociada con el misterio de la emanación cósmica –sefirá– denominada *Jojmá*. Pues, «a todos los has hecho con *Jojmá*» (Salmos 104:24).

Además, lo referente a al asunto de la letra *iud*, asociada con el misterio de la emanación cósmica –sefirá– denominada *Jojmá*, que

78a

incluyó a todas las letras en su interior, fue así porque la letra *iud* de la emanación cósmica –sefirá– denominada *Jojmá* **se grabó con sus grabados, y ascendió para coronarse con otras doce letras.**

Esas doce letras con que se coronó la letra *iud*, son las doce letras simples asociadas con el misterio de la emanación cósmica –sefirá– denominada *Tiferet* del Aspecto Cósmico Masculino Inferior –*Zeir Anpin*–. Esas letras, que no tienen acentuación –*daguesh*–, son: *he, vav, zain, jet, tet, iud, lamed, nun, samej, ain, tzadi, kuf*.

Además, **de ella,** de la letra *iud*, asociada con el misterio de la emanación cósmica –sefirá– denominada *Jojmá*, **salieron diez pronunciaciones con sus grabados** asociadas con el misterio de las restantes diez letras del alfabeto: *alef, mem, shin, bet, guimel, dalet, caf, pe, reish, tav*. Estas letras están asociadas con el misterio de las diez emanaciones cósmicas –sefirot– del Aspecto Cósmico Masculino Inferior –*Zeir Anpin*–. Pues todas las veintidós letras estaban incluidas en la letra *iud* de la emanación cósmica –sefirá– denominada *Jojmá*, y con las diez emanaciones cósmicas –sefirot– del *ruaj* que ascendieron también a la letra *iud* de la emanación cósmica –sefirá– denominada *Jojmá*, se completaron los treinta y dos senderos. **Y todos los** treinta y dos **senderos** están vinculados **con el** misterio del **Sendero supremo.** Es decir, se incluyeron en la emanación cósmica –sefirá– denominada *Iesod* del Aspecto Cósmico Masculino Supremo –*Aba*–, que se denomina Sendero. Y este ente cósmico es **el más eminente de todos,** es decir, de todas las diez emanaciones cósmicas –sefirot–.

Entonces, después de que las facultades cognitivas cósmicas –*mojín*–, se proyectaron al Aspecto Cósmico Masculino Inferior –*Zeir Anpin*–, **otra** letra *he,* la asociada con el misterio del Aspecto Cósmico Femenino Inferior –*Maljut*–, **se incluyó de todos,** es decir, se incluyó con la irradiación de luminosidad de todas las facultades cognitivas cósmicas –*mojín*–. Pues ella **se grabó del flanco de la tensión,** para recibir sus irradiaciones de luminosidad del flanco de la emanación cósmica –sefirá– denominada *Iesod*, ya que a veces esta emanación cósmica –sefirá– está tensa, según el misterio del cumplimiento del pacto. **Y** la emanación cósmica –sefirá– denominada *Iesod* **está oculta abajo,** en el Aspecto Cósmico Femenino

Inferior –*Maljut*–, según el misterio de la unión íntima, para engendrar las almas de Israel.

A continuación se explicará lo referente a las facultades cognitivas cósmicas –*mojín*–, de la emanación cósmica –sefirá– denominada *Keter*, la emanación cósmica –sefirá– denominada *Jojmá*, y la emanación cósmica –sefirá– denominada *Biná*, del Aspecto Cósmico Masculino Inferior –*Zeir Anpin*–. Pues **todas ellas,** la emanación cósmica –sefirá– denominada *Keter*, la emanación cósmica –sefirá– denominada *Jojmá*, y la emanación cósmica –sefirá– denominada *Biná*, **se grabaron con cuarenta y dos letras.** Es decir, se grabaron para recibir a esas cuarenta y dos letras. O sea, las cuatro letras del Tetragrama, en su forma simple, asociado al grado de la emanación cósmica –sefirá– denominada *Keter*. Y las diez letras del Tetragrama con sus letras expandidas en un primer grado, según el completado de las letras asociado con el misterio de la letra *alef*, cuyo valor numérico es 45, que es un Nombre de El Santo, Bendito Sea, vinculado con la emanación cósmica –sefirá– denominada *Jojmá*. Y las veintidós letras que surgen del completado del completado de las letras del Tetragrama, que es un Nombre de El Santo, Bendito Sea, vinculado con la emanación cósmica –sefirá– denominada *Biná*. Y sumando las cuatro letras del Tetragrama, más las diez letras de su forma expandida, y las 28 letras de la expansión de su forma expandida, en total son 42 letras. **Y a todas las he explicado en nuestra Mishná, y todas asciendеn a la cabeza del Rey,** es decir, ascienden a sus facultades cognitivas cósmicas –*mojín*–, o sea, la emanación cósmica –sefirá– denominada *Keter*, la emanación cósmica –sefirá– denominada *Jojmá*, y la emanación cósmica –sefirá– denominada *Biná*, de la cabeza del Aspecto Cósmico Masculino Inferior –*Zeir Anpin*–.

Pues **siete Nombres completos** de las siete emanaciones cósmicas –sefirot– de grandeza –*gadlut*– del Aspecto Cósmico Masculino Inferior –*Zeir Anpin*–, **se dividen en setenta letras.** Y esas setenta letras están asociadas con el misterio de setenta Nombres de El Santo, Bendito Sea, de los setenta y dos Nombres de Él. Ya que si bien existen setenta y dos Nombres de El Santo, Bendito Sea, tal como hemos explicado en otros lugares, setenta de ellos son considerados más importantes, según el misterio de los setenta miembros del Sanhedrín.

A continuación observaremos la explicación: **esos setenta y dos Nombres** de El Santo, Bendito Sea, **ascendieron** e irradiaron luminosidad en el Aspecto Cósmico Masculino Inferior –*Zeir Anpin*–, que está vinculado **con** el misterio de la letra *vav* del Tetragrama. Y los mismos **están grabados en la sección: «Y ocurrió cuando el Faraón envió», en los versículos:** «Y el ángel de Dios que había estado yendo al frente del campamento de Israel **se trasladó** y fue tras ellos; y la columna de nube se trasladó de delante de ellos a detrás de ellos» (Éxodo 14:19). «**Y se colocó** entre el campamento de Egipto y el campamento de Israel, y esa noche había nube y oscuridad; e iluminó la noche para el Pueblo de Israel, y nadie se acercó al otro durante toda la noche» (Éxodo 14:20). «Y Moisés **extendió** su mano sobre el mar y El Eterno movió el mar con un fuerte viento del este toda la noche, y desplazó el mar a tierra húmeda, y las aguas se partieron» (Éxodo 14:21). Pues en ellos está escrito en forma oculta el asunto de **la Presencia Divina** –*Shejiná*– **cuando se desplaza,** como está escrito: «Y el ángel de Dios que había estado yendo al frente del campamento de Israel se trasladó», en referencia a la Presencia Divina –*Shejiná*–. **Y siete grabados se grabaron en él.** Pues los setenta y dos Nombres se dividieron en siete grupos en las siete emanaciones cósmicas –sefirot– del Aspecto Cósmico Masculino Inferior –*Zeir Anpin*–. Y **siete** grupos de los setenta y dos Nombres **se apartaron (78b) de él,** el Aspecto Cósmico Masculino Inferior –*Zeir Anpin*–, y penetraron en el Aspecto Cósmico Femenino Inferior –*Maljut*–.

Hemos estudiado: pues las letras correspondientes a tres veces las setenta y dos letras del Nombre de El Santo, Bendito Sea, que se dividen en la emanación cósmica –sefirá– denominada *Jesed*, la emanación cósmica –sefirá– denominada *Guevurá*, y la emanación cósmica –sefirá– denominada *Tiferet*, del Aspecto Cósmico Masculino Inferior –*Zeir Anpin*–, **se apartaron** y ascendieron **con los grabados sabidos.** Y de cada tres letras se formó un Nombre, hasta que se formaron setenta y dos Nombres que se dividieron en las siete emanaciones cósmicas –sefirot–, del Aspecto Cósmico Masculino Inferior

–*Zeir Anpin*–, y de allí se proyectaron al Aspecto Cósmico Femenino Inferior –*Maljut*–. **Y esos son senderos** y secretos **ocultos,** que no fueron entregados para ser aprehendidos, **con excepción de los justos de verdad, que son las columnas del mundo.**

Los sabios cabalistas explicaron que de las veintidós letras de la Torá se forman los recipientes de las diez emanaciones cósmicas –sefirot–. Y hay emanación cósmica –sefirá– que tiene una letra, y hay emanación cósmica –sefirá– que tiene dos letras. Y para explicar este asunto, **Rabí Shimón le dijo a Rabí Elazar: ven y observa: esas veintidós letras que están grabadas en la Torá, todas ellas se dividen en esas diez pronunciaciones** que están asociadas con el misterio de las diez emanaciones cósmicas –sefirot–, y se forman los cuerpos y los recipientes de las mismas. **Cada pronunciación y pronunciación de esas diez** pronunciaciones **que son las coronas del Rey,** es decir, cada emanación cósmica –sefirá– de las diez emanaciones cósmicas –sefirot– del Aspecto Cósmico Masculino Inferior –*Zeir Anpin*–, **todas ellas están grabadas con letras sabidas.** Pues cada emanación cósmica –sefirá– tiene letras sabidas que de ellas se forman el cuerpo y el recipiente de esa emanación cósmica –sefirá–.

Por eso, dado que hay recipientes y vestimentas para las irradiaciones de luminosidad de las emanaciones cósmicas –sefirot–, por esta razón, **el Nombre sagrado** de El Santo, Bendito Sea, asociado con el misterio del grado de la irradiación de luminosidad y el interior de las emanaciones cósmicas –sefirot–, **se oculta** e inviste **en otras letras** que constituyen el exterior. **Y cada pronunciación presta letras a la pronunciación que está encima de ella.** Es decir, cada emanación cósmica –sefirá–, presta sus letras, que son sus recipientes, a la emanación cósmica –sefirá– que está encima de ella. Pues a veces hay ascenso de secciones de las emanaciones cósmicas –sefirot– inferiores para necesidad de las facultades cognitivas cósmicas –*mojín*–, de grandeza. Pues entonces los recipientes inferiores ascienden y se transforman en recipientes para las irradiaciones de luminosidad supremas, **dado que se incluye ésta en ésta.** Es decir, la emanación cósmica –sefirá– inferior, se incluye en la emanación cósmica –sefirá– suprema.

Y por eso, grabamos y pronunciamos **al Nombre sagrado** de El Santo, Bendito Sea, **con otras letras.** Pues pronunciamos el Tetragrama con las letras *alef–dalet–nun–iud.* Y la razón es **porque ocultamos** e investimos **ésta en ésta, y ésta en ésta, hasta que se unen todas** las letras **como uno,** de este modo: *iud–alef–he–dalet–vav–nun–he–iud* o de esta otra forma, *alef–iud–dalet–he–nun–vav–iud–he.*

Y aquel que desea conocer los secretos de **las combinaciones de los Nombres sagrados** de El Santo, Bendito Sea, **ha de saber estas letras que están grabadas en cada corona** –emanación cósmica– **y corona,** y meditar en ellas. **Y entonces sabrá** esos misterios **y establecerá a todas** las emanaciones cósmicas –sefirot– como es debido.

Y he aquí que así **he grabado** y escrito **con todas esas letras marcadas y sabidas en** relación con **cada corona y corona,** es decir, cada emanación cósmica –sefirá– y emanación cósmica –sefirá, sobre la base **del libro supremo de Salomón. Y así ascendió en nuestras manos** conocer este asunto. **Y los compañeros las grabaron** y las escribieron, **y eso** que ellos hicieron **es bello** y correcto, **pues cada corona y corona presta a su compañera sus letras, tal como ya fue** estudiado y **establecido por nosotros. Y hay veces en que** eso **no es necesario,** es decir, en ciertas ocasiones, una emanación cósmica –sefirá– no necesita las letras de otra emanación cósmica –sefirá–, **sino las letras grabadas en ella** solamente. **Y todas son sabidas por los compañeros, y esto ya fue** estudiado y **establecido por nosotros.**

Bienaventurados los justos en este mundo, y en el mundo Venidero. Pues El Santo, Bendito Sea, desea su gloria y les revela secretos supremos de su Nombre sagrado, que no revela a los ángeles **supremos sagrados.**

Y por eso Moshé podía coronarse entre los ángeles celestiales **sagrados,** y estar entre ellos, y recibir la corona de gloria de la sagrada Torá. **Y todos ellos no podían acercarse a él, como fuego ardiente, y brasa encendida,** pues mencionó Nombres sagrados de El Santo, Bendito Sea, cuando ascendió a lo Alto y estuvo entre ellos. Y los ángeles desconocían esos secretos. **Pues si no fuera así,** es decir, si los ángeles conocieran esos secretos de los Nombres sagrados de El

Santo, Bendito Sea, que pronunció Moshé, **¿de dónde** sacaba fuerzas **Moshé para poder estar entre ellos y mantenerse?**

Por tanto, bienaventurada la parte de Moshé, pues cuando El Santo, Bendito Sea, comenzó a hablar con él desde el interior de la zarza, **quiso saber el Nombre sagrado** de El Santo, Bendito Sea, **oculto y revelado. Cada uno y uno apropiadamente.** Y a esto se refiere el misterio de lo que está escrito: «Moshé (Moisés) le dijo a Dios: «He aquí, cuando yo vaya a los Hijos de Israel y les diga:"El Dios de vuestros antepasados me ha enviado a vosotros" y ellos me digan:"¿Cuál es Su Nombre?", ¿qué les diré?» (Éxodo 3:13). Entonces El Santo, Bendito Sea, le reveló a Moshé todos sus Nombres y apodos, revelados y ocultos. **Y entonces se aprehendió y supo más que todos los moradores del mundo.**

Ven y observa: cuando Moshé ascendió en medio de la nube de gloria, entró entre los ángeles celestiales **sagrados, y se topó con él un ángel** envuelto **con una llamarada de fuego, con ojos ardientes, y alas encendidas. Y** ese ángel **lo quiso** tragar y **absorber en su interior. Y el nombre de ese ángel era Gabriel. Entonces Moshé recordó un Nombre sagrado** de El Santo, Bendito Sea, **que estaba grabado con doce letras.** Es decir, recordó un Nombre de El Santo, Bendito Sea, que se compone de las doce letras con que se escriben tres Nombres Suyos en forma entrelazada. Es decir, el Nombre de El Santo, Bendito Sea, que se escribe con las letras: *alef–he–iud–he*; el Nombre de El Santo, Bendito Sea, que se escribe con las letras: *he–vav–iud–he*; y el Nombre de El Santo, Bendito Sea, que se escribe con las letras: *alef–dalet–nun–iud*. **Y** ocurrió que ese ángel **se conmovió y emocionó,** y quedó en ese estado **hasta que Moshé ascendió entre ellos. Y así** hizo Moshé **con cada uno y uno** de los ángeles con que se topó en su ascenso a lo Alto, para recibir la Torá. **Bienaventurada su parte. Y este asunto ya fue** estudiado y **establecido por nosotros** en otro lugar (*véase* Zohar II, sección Beshalaj, 58a, volumen 10).

Está escrito: «**La desnudez de una mujer y su hija no descubrirás;** no tomarás la hija de su hijo ni la hija de su hija para descubrir su desnudez: son familiares cercanos, es una conjura depravada» (Leví-

78b

tico 18:17). **Hemos estudiado: ya fue** estudiado y **establecido estos asuntos de descubrir la desnudez** en relación **con los arreglos de la matronita,** o sea, el Aspecto Cósmico Femenino Inferior –*Maljut*–. Es decir, estos actos de descubrir la desnudez dañan los arreglos del Aspecto Cósmico Femenino Inferior –*Maljut*–, que son los mundos inferiores: el Mundo de la Creación –*Briá*–, el Mundo de la Formación –*Ietzirá*–, y el Mundo de la Acción –*Asiá*–. Esto es así **aunque** parte de **esos** actos de descubrir la desnudez dañan en lo bajo, o sea, en el Mundo de la Creación –*Briá*–, en el Mundo de la Formación –*Ietzirá*–, y en el Mundo de la Acción –*Asiá*–, **en** lugar **revelado, y** parte de esos actos de descubrir la desnudez dañan en lo Alto, o sea, en la esencia de las emanaciones cósmicas –sefirot–, **en** un lugar **oculto. Y allí,** en el Mundo de la Creación –*Briá*–, en el Mundo de la Formación –*Ietzirá*–, y en el Mundo de la Acción –*Asiá*–, dañan los actos de descubrir la desnudez **«la hija de su hijo y la hija de su hija».** Pues el hijo y la hija del ente cósmico denominado *Biná* son el Aspecto Cósmico Masculino Inferior –*Zeir Anpin*–, y el Aspecto Cósmico Femenino Inferior –*Maljut*–. Y las hijas de ellos son los mundos inferiores: el Mundo de la Creación –*Briá*–, el Mundo de la Formación –*Ietzirá*–, y el Mundo de la Acción –*Asiá*–. **Pues el mundo** éste **los necesita** para su conducción al Mundo de la Creación –*Briá*–, el Mundo de la Formación –*Ietzirá*–, y el Mundo de la Acción –*Asiá*–. Y esos mundos supremos fueron creados para necesidad de este mundo. Y aquel que los daña, obstruye los conductos supremos. **Y ellos son el asentamiento del mundo,** tal **como ya fue** estudiado y **establecido por nosotros** previamente. **Y aquel que descubre una desnudez** de las mencionadas, **¡ay de él, ay de su alma!** Es decir: ¡Ay de él!, o sea, su cuerpo, en este mundo, y, ¡ay de su alma!, en el Mundo Venidero. **Pues con esto,** el descubrimiento de la desnudez en este mundo, provoca **el descubrimiento de otra desnudez,** en lo Alto. Pues todos estos descubrimientos de la desnudez aluden a los cuerpos cósmicos denominados *Partzufim* supremos.

Y hemos estudiado: el último Mandamiento de los Diez Mandamientos que constan en la Torá declara: «No desearás la casa de tu prójimo; **no desearás la mujer de tu prójimo,** su sirviente, su

SEGUNDA PARTE: AJAREI MOT

78b

sirvienta, su toro, su asno, ni nada que le pertenezca a tu prójimo» (Éxodo 20:14). **Pues ésta es la generalidad de todos** los Mandamientos. **Y el que codicia otra mujer,** provoca un daño al Aspecto Cósmico Femenino Inferior –*Maljut*–, que corresponde con el décimo Mandamiento, y este ente cósmico está asociado con el misterio de «la mujer de tu prójimo». Y entonces, cometiendo esa falta, provoca que los entes impuros denominados *jitzonim* se adhieran al Aspecto Cósmico Femenino Inferior –*Maljut*–, considerándose **como si profanara toda la Torá.** Pues el precepto que determina: «no desearás la mujer de tu prójimo», está asociado con el misterio del Aspecto Cósmico Femenino Inferior –*Maljut*–, que incluye a todas las diez emanaciones cósmicas –*sefirot*–. **Pero no hay asunto que se mantenga frente al arrepentimiento. Y con más razón, si recibe su castigo como el rey David,** que fue ayudado desde los Cielos para limpiar y purificar su falta con flagelos.

Dijo Rabí Iosei, a Rabí Shimón: **hemos estudiado: todo el que pecó, y se apartó de ese pecado, el arrepentimiento le sirve más,** es decir, le resulta más beneficiosa y útil. **Y si no** se apartó de ese pecado, **el arrepentimiento no asciende en su mano, y no le sirve. Si es así, ¿cómo David no se apartó después de Bat Sheva?** Pues está escrito: «Y David envió por ella y la trajo a su casa; y fue ella su mujer, y le dio a luz un hijo; mas esto que David había hecho, fue desagradable ante los ojos de El Eterno» (II Samuel 11:27).

Rabí Shimón **le dijo** a Rabí Iosei: **Bat Sheva era de él, y de lo de él tomó.** Pues ella estaba preparada para ser su mujer, y además, cuando la tomó, ella estaba divorciada de su marido, ya que le había entregado un documento de divorcio antes de salir a la guerra. Ya que todo el que salía a la guerra de la casa de David, le entregaba un documento de divorcio a su mujer antes de partir. Y además, la tomó legalmente **pues su marido murió,** y no había ningún temor de que volviera a tomarla como esposa después de regresar de la guerra.

Pues hemos estudiado: Bat Sheva estaba preparada para David desde el día en que fue creado el mundo. ¿Y qué le impidió tomarla por esposa hasta ese momento? **Porque tomó a la hija del rey Saúl,** y no podía tomar otra mujer por esposa además de la hija del rey. **Y por eso, ese día** en que David tomó por esposa a Mijal, la hija del rey Saúl, **Uria la tomó** a Bat Sheva **con misericordia aunque sea que no era de él. Después vino David y la tomó. Y dado que David presionó el momento ante El Santo, Bendito Sea, matando a Uria** con la espada de los amonitas, ya que había grabada en ella una figura de una serpiente, que era el objeto de culto idólatra de los hijos de Amón, y a través de eso se fortificó el poder de la corteza impura denominada *Klipa*, sobre la santidad, y no lo mató juzgándolo en el tribunal, por rebelarse contra el reino, **y procedió así, fue considerado malo ante El** Santo, Bendito Sea, **y lo castigó a David.** Pero si hubiese esperado a que llegara el tiempo apropiado, Bat Sheva hubiese vuelto a él de todos modos. **Pues El Santo, Bendito Sea, quería devolverla a David, para establecer con él el reino sagrado supremo.** Pues Bat Sheva era Carroza del Aspecto Cósmico Femenino Inferior –*Maljut*–, que tiene siete –*bat sheva*– emanaciones cósmicas –*sefirot*–, sujetas a ella, y corresponde con la medida del rey David. **Y cuando David deseó, deseó lo de él.** Pues a raíz de su medida, o sea, su atributo vinculado con el Aspecto Cósmico Femenino Inferior –*Maljut*–, era apropiado para casarse con Bat Sheva.

Hemos estudiado: dijo Rabí Iosei: ¿qué está escrito en la sección del descubrimiento de la desnudez? Está escrito: **«Yo soy El Eterno». Enseña: Yo soy El Eterno, que en el futuro otorgaré buena recompensa a los justos en el futuro venidero,** por fortificarse contra el mal instinto, y cuidarse de no pecar. **Yo soy El Eterno, que en el futuro me cobraré de los malvados en el futuro venidero. Y a esos** hombres malvados **se refiere lo que está escrito: «los que pecan deliberadamente contra Mí»** (Isaías 66:24). Es decir, esos que pecan deliberadamente contra El Santo, Bendito Sea, y no desean arrepentirse y rectificarse.

Considérese que **está escrito: «Yo soy El Eterno»,** en la sección del descubrimiento de la desnudez, como se declara: «Ningún hombre se acercará a su familiar cercano para descubrir su desnudez; Yo soy El Eterno» (Levítico 18:6). **Y** en otro lugar **está escrito:** «Ve, ahora, que Yo, Yo soy Él, y no hay dios junto a Mí; **Yo hago morir y hago vivir,** Yo golpeo y Yo curo, y no hay quien rescate de Mi mano» (Deuteronomio 32:39). Es decir, en el primer versículo citado, está escrito el pronombre personal Yo, junto al Nombre El Eterno, que indica la medida de la misericordia. Y en segundo versículo citado, está escrito el pronombre personal Yo, junto a la declaración «hago morir», que indica la medida del rigor y el juicio. ¿Cómo se explica?

La respuesta no es sino ésta: **aunque sea (79a) que Yo** me comporto **con la medida de la misericordia** en el mundo, **los malvados me invierten,** haciéndome cambiar el modo de conducción, instándome **a** conducirme con **la medida del juicio. Como hemos estudiado: el Nombre completo es El Eterno Dios.** Pues El Eterno alude al Aspecto Cósmico Masculino Inferior –Zeir Anpin–, que indica la medida de la misericordia, y Dios, alude al Aspecto Cósmico Femenino Inferior –Maljut–, que indica la medida del juicio. Ya que el Aspecto Cósmico Femenino Inferior –Maljut– es el palacio del Aspecto Cósmico Masculino Inferior –Zeir Anpin–. Y a esto se refiere el Nombre completo, indicando que el palacio se ha llenado con el Aspecto Cósmico Masculino Inferior –Zeir Anpin–. Por tanto, si **merecieron** la medida de la misericordia prevalece, y el Aspecto Cósmico Femenino Inferior –Maljut–, secunda al Aspecto Cósmico Masculino Inferior –Zeir Anpin–, y ella está asociada a la medida de la misericordia, como él. Y entonces Yo **El Eterno** me comporto con ellos con la medida de la misericordia. **Y si no** merecieron, la medida del juicio prevalece, y el Nombre El Eterno secunda al Nombre **Dios** –Elokim–. Y entonces Yo me comporto con ellos con la medida del juicio.

Dijo Rabí Simón: los malvados provocan daño en lo Alto. ¿Qué daño? Como ya fue estudiado y **establecido por nosotros, daño concretamente,** pues atraen el juicio severo al Aspecto Cósmico Femenino Inferior –Maljut– a través de sus pecados. Y entonces, las cortezas impuras denominadas klipot se nutren más de lo debido de los restos de las guevurot, y ese es el daño que provocan. **Y lo que surge de aquí ya ha sido** explicado y **dicho.**

Hemos estudiado: está escrito: «No te acercarás a una mujer para descubrir su desnudez en su tiempo de separación impura» (Levítico 18:19). Para explicar este asunto se mencionará un estudio de

79a

Rabí Iehuda a modo de introducción: **Rabí Iehuda estudió: la generación en que Rabí Shimón moraba en ella, todos eran justos piadosos, todos eran temerosos del pecado,** y por eso **la Presencia Divina** –*Shejiná*– **moraba entre ellos. Pero eso no era así en las últimas generaciones. Por eso esos asuntos** vinculados con los secretos de la Torá, **estaban bien explicitados ante ellos, y no ocultos,** indicados a modo de insinuación. Sin embargo, **en las últimas generaciones no era así, y no podían revelar los asuntos vinculados con los secretos supremos.** Pues no eran expertos en ellos. **Y esos que sabían** parte de esos misterios, según el nivel de ellos, **tenían temor** de revelarlos. Pues temían cometer errores y ser castigados a raíz de eso.

Rabí Iehuda dijo además: **cuando Rabí Shimón dijo el misterio de este versículo:** «No te acercarás a una mujer para descubrir su desnudez en su tiempo de separación impura» (Levítico 18:19), **los ojos de todos los compañeros derramaban lágrimas.** Pues se compenetraron con el sufrimiento de la Presencia Divina –*Shejiná*– a raíz de las faltas de los pecadores. **Y todas las palabras que dijo** Rabí Shimón **estaban** abiertas y **reveladas ante sus ojos, como está escrito: «Boca a boca hablo Yo con él, en una visión clara y no con acertijos;** la imagen de El Eterno contempla él. ¿Por qué no temisteis hablar sobre Mi servidor, Moshé (Moisés)?» (Números 12:8). Y así ocurría con Rabí Shimón, decía palabras explícitas, y no hablaba a través de acertijos.

Pues un día Rabí Ieisa preguntó a los compañeros acerca de su acertijo, para que lo explicaran, **y dijo: un huevo de verdad, que** nació y **salió de un ave que estaba** colocada **en el fuego, y se partió en cuatro partes, de las cuales dos ascendieron** a lo Alto, **y una descendió** a lo bajo, **y una** parte **está echada sobre el gran Mar.** Y Rabí Ieisa preguntó a los compañeros: ¿cómo se explica este acertijo?

La respuesta correcta era ésta: un huevo de verdad, alude a las facultades cognitivas cósmicas –*mojín*–, del Aspecto Cósmico Masculino Inferior –*Zeir Anpin*–, que se denomina Verdad, que salió de un ave, se refiere a la emanación cósmica –*sefirá*– denominada *Iesod* del Aspecto Cósmico Femenino Supremo –*Ima*–, que se denomina Ave. Y esa palabra comparte valor numérico con Iosef, que está vinculado con la emanación cósmica –sefirá– denominada *Iesod*. Que estaba colocada en el fuego, alude al lugar donde estaba colocado, en la emanación cósmica –sefirá– denominada *Iesod* del Aspecto Cósmico Femenino Supremo –*Ima*–. Y se partió en cuatro partes, se refiere a los juicios del Aspecto Cósmico Femenino Supremo –*Ima*–, cuando salieron, se dividieron en cuatro facultades cognitivas cósmicas –*mojín*–: emanación cósmica –sefirá– denominada *Jojmá*, y emanación cósmica –sefirá– denominada *Biná*, emanación cósmica –sefirá– denominada *Jesed*, y emanación cósmica –sefirá– denominada *Guevurá*. De las cuales dos ascendieron a lo Alto, se refiere a la emanación cósmica –sefirá– denominada *Jojmá*, y la emanación cósmica –sefirá– denominada *Biná*, que ascienden y se sitúan en la cabeza del Aspecto Cósmico Masculino Inferior –*Zeir Anpin*–. Y una descendió a lo bajo, se refiere a los *jasadim* de la emanación cósmica –sefirá– denominada *Daat*, que descienden y se expanden en la emanación cósmica –sefirá– denominada *Jesed*, la emanación cósmica –sefirá– denominada *Guevurá*, y la emanación cósmica –sefirá– denominada *Tiferet*, y en la emanación cósmica –sefirá– denominada *Netzaj* y la emanación cósmica –sefirá– denominada *Hod*, del Aspecto Cósmico Masculino Inferior –*Zeir Anpin*–. Y una parte está echada sobre el gran Mar, se refiere a las *guevurot* de la emanación cósmica –sefirá– denominada *Daat*, que descienden al Aspecto Cósmico Femenino Inferior –*Maljut*–. Pues este ente cósmico está asociado con el misterio del gran Mar, y esas emanaciones cósmicas edifican el cuerpo cósmico denominado –*Partsuf*– de ella.

Rabí Aba le dijo a Rabí Iosei: **has elaborado** y dicho **ante Rabí Shimón** secretos sagrados como éste con un lenguaje metafórico, y a modo de acertijo, refiriéndote a **un asunto sagrado** como si fuera un asunto **mundano. Pues he aquí que está escrito: «Boca a boca hablo Yo con él,** en una visión clara y no con acertijos; la imagen de El Eterno contempla él. ¿Por qué no temisteis hablar sobre Mi servidor, Moshé (Moisés)?» (Números 12:8). Y ya que Rabí Simón estaba unido a la Presencia Divina –*Shejiná*–, los secretos eran dichos ante él reveladamente, sin temor. Y además, tú das lugar a equivocación a quién no entiende tus palabras, pues puede pensar que has dicho un asunto mundano y vano.

79a

Rabí Shimón le dijo a Rabí Ieisa: **antes de que se rompa el huevo,** es decir, antes de que os explique el misterio de las facultades cognitivas cósmicas –*mojín*–, del Aspecto Cósmico Masculino Inferior –*Zeir Anpin*–, **te apartarás del mundo.** Y así fue en la Idra de Rabí Shimón (*véase* Idra Raba sección Nasó, folio 144a, volumen 24).

Hemos estudiado: en los días de Rabí Shimón un hombre decía a su compañero: abre tu boca e iluminarán tus palabras (*véase* Talmud, tratado de Berajot 22a). Es decir: di los misterios explícitamente. **Después de que Rabí Shimón durmió** con sus ancestros, es decir, murió, los compañeros **decían** uno al otro: **«No dejes que tu boca haga pecar a tu carne»** (Eclesiastés 5:5). Es decir: no reveles los misterios para no ser castigado.

Hemos estudiado en una Baraita: **dijo Rabí Simón: si las personas del mundo observaran en lo que está escrito en la Torá,** es decir, en la cita bíblica que declara: «No te acercarás a una mujer para descubrir su desnudez en su tiempo de separación impura» (Levítico 18:19), **no vendrían para irritar ante el Amo de ellos,** y causar daño a la Presencia Divina –*Shejiná*–, que está con ellos.

Hemos estudiado: cuando se despiertan juicios severos, a causa de los pecados de los seres humanos, **para descender al mundo,** a esto se refiere el misterio de lo que está escrito: **«No te acercarás a una mujer** para descubrir su desnudez **en su tiempo de separación impura»** (Levítico 18:19). Es decir, no provoquéis la adherencia de los entes impuros denominados *jitzonim* al Aspecto Cósmico Femenino Inferior –*Maljut*– de la santidad. Por esta razón, **aquí,** en relación con este asunto, **está escrito: «El secreto de El Eterno es para sus temerosos»** (Salmos 25:14). Es decir, hay aquí un tipo de secreto que no es apropiado revelar a cualquiera, sino sólo a los temerosos de El Eterno. Y Rabí Shimón no lo reveló aquí. **Y en la Idra sagrada fue dicho** ese secreto. Pero Rabí Iehuda dijo: **aquí** yo **debo revelar** el secreto que Rabí Shimón dijo en la Idra, **pues de aquí surge,** de esta sección de la Torá, la del descubrimiento de la desnudez.

Pues hemos estudiado: cuando la serpiente poderosa de lo Alto, que es el ente maligno cuyo nombre comienza con las letras *sa-*

mej–mem, considerado el gran Acusador, **se despierta** para acusar **por los pecados** cometidos por los moradores **del mundo, se posa y se une con el Aspecto Cósmico** Femenino Inferior –*Maljut*– de la santidad. Ya que a través del despertar de los juicios, los entes de la impureza se incluyen con los entes de la santidad donde están enraizados, en la emanación cósmica –sefirá– denominada *Iesod* del Aspecto Cósmico Femenino Inferior –*Maljut*–. **E introduce inmundicia en ella** a través del nutrido de las cortezas impuras denominadas *klipot*, de ella. Y entonces el Aspecto Cósmico Masculino Inferior –*Zeir Anpin*–, **se separa de ella, porque se impurificó.** Y necesita protección para que no se dañe también la emanación cósmica –sefirá– denominada *Iesod* de él. Y el secreto del apartado del Aspecto Cósmico Masculino Inferior –*Zeir Anpin*–, del Aspecto Cósmico Femenino Inferior –*Maljut*–, está asociado con el misterio de lo que se declara: «Mi ira arderá contra él aquel día y los abandonaré; y ocultaré Mi rostro de ellos y ellos serán presa de sus enemigos, y les acosarán muchos males y aflicciones; ese día dirá:"¿Acaso no es porque mi Dios no está conmigo que me acontecen estos males?"» (Deuteronomio 31:17). Es decir, las emanaciones de la misericordia se ocultan, para que las cortezas impuras denominadas *klipot* no se nutran de él. Y entonces, a raíz del nutrido de las cortezas impuras denominadas *klipot* de ella, el Aspecto Cósmico Femenino Inferior –*Maljut*– **se denomina «impura». Y** por eso, **no es apropiado para el Aspecto** Cósmico **Masculino** Inferior –*Zeir Anpin*–, **acercarse a ella. Pues: ¡Ay** de todo el mundo **si él se impurifica con ella en ese tiempo en que ella está impura!** Es decir, si llegase a ocurrir que las cortezas impuras denominadas *klipot* se nutrieran también de la emanación cósmica –sefirá– denominada *Iesod* del Aspecto Cósmico Masculino Inferior –*Zeir Anpin*–.

Y hemos estudiado: ciento veinticinco tipos de impureza descendieron al mundo. Las mismas salieron de los restos de las ciento veinte combinaciones de las letras del Nombre de El Santo, Bendito Sea: *Elokim*, y las cinco letras originales de ese Nombre. **Pues se aferran del flanco de la serpiente poderosa,** o sea, el ente maligno cuyo nombre comienza con las letras *samej–mem*. **Y veintisiete grandes** poderosos **de ellos,** correspondientes con las veintisiete

79a

letras de la Torá. Pues en la emanación cósmica –sefirá– denominada *Iesod* de la santidad hay veintisiete letras, y en contraposición hay en la emanación cósmica –sefirá– denominada *Iesod* de la corteza impura denominada *klipa*, veintisiete fuerzas de la impureza. Y las mismas **se unen a las mujeres** de este mundo, **y se apegan a ellas** en el tiempo de su periodo catamenial. Por eso: **¡Ay de aquel que se acerca a ella en ese tiempo!** Es decir: ¡Ay de aquel que se acerca a la mujer en el tiempo de su periodo catamenial! **Pues aquel que se acerca a ella, muestra** y provoca **un daño en lo Alto,** en el Aspecto Cósmico Femenino Inferior –*Maljut*–, provocando que los entes impuros denominados *jitzonim* se nutran de ella. **Pues con este pecado** de allegarse a una mujer en el tiempo de su periodo catamenial, **se despierta la serpiente poderosa en lo Alto,** que es el ente maligno cuyo nombre comienza con las letras *samej–mem*, para acusar en lo Alto, a raíz del daño causado. **E introduce inmundicia en el lugar en que no se debe** introducir. O sea, en el Aspecto Cósmico Femenino Inferior –*Maljut*–. **Y se une con el Aspecto** Cósmico **Femenino** Inferior –*Maljut*–. **Y los pelos de él, el Aspecto** Cósmico **Masculino** Inferior –*Zeir Anpin*–, **aumentan.** Es decir, aumentan las fuerzas del juicio y la *Guevurá* poderosa, en la cabeza del Aspecto Cósmico Masculino Inferior –*Zeir Anpin*–. **Y el Aspecto** Cósmico **Femenino** Inferior –*Maljut*– **se impurifica, y sus pelos aumentan, y sus uñas crecen,** pues se adhieren los entes impuros denominados *jitzonim*. **Y entonces, los juicios comienzan a despertarse en el mundo,** pues los entes impuros denominados *jitzonim* ejercen dominio en el mundo inferior, **e impurifican todo. A esto se refiere lo que está escrito:** «Pero el hombre que quede impuro y no se purifique **si hubiere impurificado el Santuario de El Eterno,** esa persona será tronchada del medio de la congregación; porque el agua del rociado no fue arrojada sobre él y está impuro (Números 19:20). Es decir, **El Santuario de El Eterno,** o sea, el Aspecto Cósmico Femenino Inferior –*Maljut*–, **se impurifica por los pecados de las personas.**

Hemos estudiado: ¿A esto se refiere lo que está escrito?: «**Pondré odio entre tú y la mujer,** y entre tu descendencia y su descendencia. Él te golpeará la cabeza y tú le golpearás el talón» (Génesis

3:15). Para comprender el misterio aludido en esta cita, considérese que hay **veinticuatro tipos de impureza** que corresponden con los residuos de las *guevurot* que salen de las veinticuatro combinaciones del Nombre de El Santo, Bendito Sea, que se escribe con las letras *alef–dalet–nun–iud*. Pues siendo cuatro letras diferentes, ya que no se repite ninguna de ellas, a partir de las mismas se forman veinticuatro combinaciones. Y el ente maligno cuyo nombre comienza con las letras *samej–mem* tiene poder de adherencia a esas emanaciones y se nutre de ellas. Y a esas emanaciones de impureza **las introdujo la serpiente,** o sea, el ente maligno cuyo nombre comienza con las letras *samej–mem*, **en el Aspecto Cósmico Femenino** Inferior –*Maljut*– de la santidad, **cuando se unió con ella,** según el misterio de la inclusión previamente mencionada, **como la cuenta de «y odio** –*veeivá*–**»,** es decir, 24. Ya que el valor numérico de la expresión: «y odio –*veeivá*–», es 24. Pues la serpiente, que es el ente maligno cuyo nombre comienza con las letras *samej–mem* introdujo inmundicia en los veinte dedos de las manos y los pies, del Aspecto Cósmico Femenino, y el valor cuatro corresponde con la generalidad de las dos manos y los dos pies. Pues en ellos se adhiere la impureza.

Y debe considerarse que **veinticuatro juicios se despiertan en lo Alto,** en la frente del Aspecto Cósmico Masculino Inferior –*Zeir Anpin*–, que tiene veinticuatro tribunales. **Y** a raíz de eso se despiertan **veinticuatro** tipos de impureza **en lo bajo,** que se adhieren a la mujer de lo bajo en el tiempo de su periodo catamenial. **Y sus cabellos aumentan, y crecen sus uñas,** pues todo eso indica el despertar de los juicios. **Y entonces los juicios se despiertan en todos,** también en el Aspecto Cósmico Masculino Inferior –*Zeir Anpin*–, pues de ellos se nutren los entes impuros denominados *jitzonim*.

Y hemos estudiado: cuando la mujer desea purificarse de su impureza después del periodo catamenial, **debe cortar sus cabellos que aumentaron en sus días de impureza, y** también debe **cortar sus uñas. Y debe quitar toda** la suciedad y **la inmundicia de ellas,** limpiándolas bien

Pues hemos estudiado en los misterios que explican lo referente a los asuntos **de la impureza, que la inmundicia de las uñas**

despierta otra inmundicia, la de la serpiente impura. **Y por eso deben ser guardadas** bajo tierra después de cortadas. Y el que las arroja es considerado un malvado. **Y aquel que las elimina completamente,** quemándolas, se vincula con el misterio de la anulación de los juicios en forma completa, y se considera **como si hubiera despertado** la emanación cósmica –sefirá– denominada *Jesed* **en el mundo.**

Pues hemos estudiado acerca de la importancia de quemar las uñas: **no es apropiado para la persona otorgar memoria para los tipos malos** de entes impuros denominados *jitzonim*. **Pues hemos estudiado: mil cuatrocientos cinco tipos de** entes impuros denominados *jitzonim* **malos,** que salen de los restos de las *guevurot,* **se adhieren a esa inmundicia que introdujo la serpiente poderosa** en la mujer, **y todos se despiertan con esa inmundicia de las uñas. Y aquel que lo desea, puede hacer con ellas brujerías contra las personas, debido a esas** fuerzas malas **que se sujetan de ellas.** Por eso es apropiado quemar las uñas y eliminarlas del mundo.

Y aquel que las elimina (79b), quemándolas completamente, **se considera como si hubiera aumentado** *Jesed* **en el mundo. Y los juicios malos no se encuentran. Y ha de quitar esa inmundicia y cortar las uñas** que sobresalen de la carne y están **marcadas** con esa inmundicia.

Pues hemos estudiado: aquel que pisa con sus pies, o con sus zapatos, sobre ellas, las uñas, **puede sufrir daño. Y si a través de esto, el sobrante del sobrante de la inmundicia de**l Aspecto Cósmico Femenino Inferior –*Maljut*– de **lo Alto, ocurre así,** es decir, los entes impuros denominados *jitzonim* tienen tanto poder de adherencia, **una mujer** en su periodo catamenial, **que recibe** impureza, **porque se unió con la serpiente, e introdujo en ella impureza, cuánto más y más,** que hay en ella una gran adherencia de entes impuros denominados *jitzonim.* Y las uñas de ella contienen un alto grado de impureza, y deben ser cortadas. **¡Ay de los moradores del mundo que reciben de ella esa inmundicia!** A esto se refiere lo que está escrito: **«No te acercarás a una mujer** para descubrir su desnudez **en su tiempo de separación impura»** (Levítico 18:19).

Dijo Rabí Simón: El Santo, Bendito Sea, dijo: traed expiación por Mí en el principio de mes, es decir, la Luna Nueva, porque he empequeñecido a la Luna. Y la Luna está asociada con el misterio del Aspecto Cósmico Femenino Inferior –*Maljut*–, pues en el principio de mes, es decir, la Luna Nueva, es el tiempo de su renovación. Y es el momento de su purificación de su menguado, y de la adherencia de los entes impuros denominados *jitzonim*. Por eso se debe rectificar y endulzar el origen de los juicios en el ente cósmico denominado *Biná*. Pues los juicios se despiertan del ente cósmico denominado *Biná*. Y entonces, también las ramas se rectificarán. Y a esto se refiere el misterio de lo que dijo El Santo, Bendito Sea, que es el Aspecto Cósmico Masculino Inferior –*Zeir Anpin*–: «**por Mí** –*alai*–», **ciertamente.** La expresión *alai* significa literalmente «sobre mí». Es decir, con el fin de rectificar el origen de los juicios en el ente cósmico que está sobre Mí, o sea, sobre el Aspecto Cósmico Masculino Inferior –*Zeir Anpin*–, es decir, el ente cósmico denominado *Biná*. Y esto, **para anular y eliminar a esa serpiente,** es decir, para impedir que la serpiente, que es el ente maligno cuyo nombre comienza con las letras *samej–mem*, se nutra del Aspecto Cósmico Femenino Inferior –*Maljut*–. **Y así se endulce aquel que debe** ser endulzado, o sea, el Aspecto Cósmico Femenino Inferior –*Maljut*–, endulzando los juicios en su origen, en el ente cósmico denominado *Biná*.

Ahora bien, ¿de dónde sabemos que la expresión «**por Mí** –*alai*–», se refiere al el ente cósmico denominado *Biná*? **Como está escrito: «Había serafines sobre él»** (Isaías 6:2). Es decir, los serafines, del Mundo de la Creación –*Briá*–, que es el mundo asociado con el misterio del ente cósmico denominado *Biná*, estaban sobre el Mundo de la Formación –*Ietzirá*–, que es el mundo asociado con el misterio del Aspecto Cósmico Masculino Inferior –*Zeir Anpin*–. **Y a esto se refiere** el misterio de **lo que está escrito acerca de Koraj,** que era levita, y estaba enraizado en la emanación cósmica –*sefirá*– denominada *Guevurá* y el juicio: «Por lo tanto, tú y toda tu asamblea que se une **están en contra** –*al*– **de El Eterno;** y en cuanto a Aarón, ¿qué es él para que protestes en su contra?» (Números 16:11). La expresión «*al*», significa literalmente «sobre». Resulta que se unieron para despertar los juicios

79b

que están sobre el Aspecto Cósmico Masculino Inferior –*Zeir Anpin*–, que se denomina El Eterno; es decir, estaban aferrados al poder y el origen del juicio, sin endulzar, o sea, el ente cósmico denominado *Biná*. **Pues por ellos se despierta aquel que se despierta del flanco de ellos.** Es decir, el Otro Lado –*Sitra Ajara*–.

También aquí, en relación con el principio de mes, El Santo, Bendito Sea, dijo: «**traed expiación por Mí** –*alai*–». Es decir, **sobre Mí concretamente,** para endulzar el juicio en su origen, en el ente cósmico denominado *Biná*, que está sobre Mí, **para que se endulce y se anule** la adherencia de **la serpiente** del lugar al que se adhería, el Aspecto Cósmico Femenino Inferior –*Maljut*–, **y no se encuentre en el lugar donde se posaba.**

Y todo esto, ¿por qué? Es decir, ¿qué provocó que los entes impuros denominados *jitzonim* se adhieran tanto al Aspecto Cósmico Femenino Inferior –*Maljut*–? La respuesta no es sino ésta: eso ocurrió **porque disminuí a la Luna.** Y eso provocó el despertar de los juicios. **Y ejerció dominio sobre ella quién no debía** hacerlo, al serpiente. **Y a esto se refiere lo que está escrito: «No te acercarás a una mujer** para descubrir su desnudez **en su tiempo de separación impura»** (Levítico 18:19). Es decir, se refiere al Aspecto Cósmico Femenino Inferior –*Maljut*–, cuando está aferrada a ella la serpiente, que es el ente maligno cuyo nombre comienza con las letras *samej-mem*; no te acerques. Y dado que el Aspecto Cósmico Femenino Inferior –*Maljut*– no se une al Aspecto Cósmico Masculino Inferior –*Zeir Anpin*–, por eso se ofrece un macho cabrío expiatorio en el principio de mes. Pues a través de eso los juicios se endulzan en su origen, y la serpiente se somete y se aparta del Aspecto Cósmico Femenino Inferior –*Maljut*–, y ella se purifica en su renovación. Y entonces se produce la unión suprema del Aspecto Cósmico Masculino Inferior –*Zeir Anpin*–, y el Aspecto Cósmico Femenino Inferior –*Maljut*–.

Raí Iehuda culminó su disertación con estas palabras: **¡Bienaventurada la generación en la que Rabí Shimón, el hijo de Iojai, mora en medio de ella!** Pues su mérito, estando vivo, impide que las personas se equivoquen en los misterios de la Torá. **Bienaventurada la heredad** de Rabí Shimón, **tanto entre los entes supremos, y** tanto entre **los de lo bajo. Acerca de él está escrito: «Bienaventurada la Tierra cuyo rey es libre** *–ben jorim–*» (Eclesiastés 10:17). **¿Qué** significa: **«libre** *–ben jorim–*»? ¿Por qué se denomina así? **Porque alza su cabeza para revelar y explicar** los secretos de la Torá, **y no teme** de ningún acusador, **como ese** hombre **que es libre, y puede decir lo que quiere y no teme.**

¿Qué significa: «cuyo rey»? Se refiere a Rabí Shimón el hijo de Iojai, el ministro de la Torá, el ministro de la sabiduría. Pues cuando Rabí Aba y los compañeros veían a Rabí Shimón venir por el camino, **corrían tras de él y decían: «Iremos detrás de El Eterno, como el bramido del león»** (Oseas 11:10). Es decir: «Iremos detrás de Rabí Shimón, que revela los secretos de la Torá abiertamente, sin ningún temor, como el león que brama». Y el sabio mencionó este versículo porque Rabí Shimón era comparado a un león.

Dijo Rabí Shimón: está escrito: «Y de mes en mes, y de Shabat en Shabat, vendrán todos a prosternarse delante de mí, dijo El Eterno» (Isaías 66:23). **¿Por qué** en la Torá se **compara éste con éste,** el principio de mes con el Shabat? La respuesta no es **sino ésta: todo asciende en un grado.** Pues el mes está asociado al grado del Aspecto Cósmico Femenino Inferior *–Maljut–*, y el Shabat está asociado al grado del Aspecto Cósmico Masculino Inferior *–Zeir Anpin–*. **Y éste se une con éste.** Pues tanto en Shabat como en el principio de mes, hay unión del Aspecto Cósmico Masculino Inferior *–Zeir Anpin–*, y el Aspecto Cósmico Femenino Inferior *–Maljut–*. **Y la alegría de éste con éste no se encuentra sino cuando se revela** el ente cósmico oculto denominado **Atika Kadisha.** Es decir, no hay unión del Aspecto Cósmico Masculino Inferior *–Zeir Anpin–*, y el Aspecto Cósmico Femenino Inferior *–Maljut–*, sino cuando se proyecta la irradiación de luminosidad de la unión del Aspecto Cósmico Femenino Supremo *–Ima–*, y el ente cósmico oculto denominado *Arij Anpin*, y lo Alto, hasta la Luz Infinita. **Y entonces hay alegría** de unión **de todos** los cuerpos cósmicos denominados *Partzufim*.

Y hemos estudiado que el misterio del día de Shabat está asociado con el Aspecto Cósmico Masculino Inferior *–Zeir Anpin–*, pues está escrito: **«Salmo, cántico para el día de Shabat»** (Salmos 92:1). **Para**

79b
el día de Shabat concretamente. Pues es la alabanza de El Santo, Bendito Sea, que es el Aspecto Cósmico Masculino Inferior –*Zeir Anpin*–, respecto a la alabanza de la irradiación de luminosidad del ente cósmico oculto denominado *Arij Anpin*, que se le revela –al Aspecto Cósmico Masculino Inferior –*Zeir Anpin*–, en el día de Shabat. **Entonces se encuentra** presente el despertar de **la alegría** proveniente del flanco del ente cósmico denominado *Biná*. **Y un alma** proveniente de ella **se incrementa** a los Hijos de Israel, **pues se revela** el ente cósmico denominado **Atika,** y todo por el poder de la irradiación de luminosidad del ente cósmico oculto denominado *Arij Anpin*, que se revela en Shabat, **y** ese es el tiempo en que **se produce la unión** del Aspecto Cósmico Masculino Inferior –*Zeir Anpin*–, y el Aspecto Cósmico Femenino Inferior –*Maljut*–.

También es así con la renovación de la Luna, es decir, al comienzo del mes, pues hay una irradiación de luminosidad similar proporcionalmente a la irradiación de luminosidad del Shabat. **Pues la ilumina el Sol,** que es el Aspecto Cósmico Masculino Inferior –*Zeir Anpin*–, **con** el poder de **la alegría de la irradiación de luminosidad de Atika de lo Alto,** que se manifiesta a través del ente cósmico denominado *Biná*, después de recibirla del ente cósmico oculto denominado *Arij Anpin*. Y **por eso, ese sacrificio** expiatorio del principio de mes **es** un sacrificio que asciende **a lo Alto,** hasta el ente cósmico denominado *Biná*. Y endulza el origen de los juicios en ese ente cósmico. Y desde allí el endulzado se proyecta a la emanación cósmica –sefirá– denominada *Guevurá* del Aspecto Cósmico Masculino Inferior –*Zeir Anpin*–, **para que se endulce todo,** es decir, para que se endulcen todos los juicios. **Y** por consiguiente **exista alegría en el mundo. Y por eso,** El Santo, Bendito Sea, dijo: **traed expiación por Mí** –*alai*–. **Deduces el asunto de esta palabra: «por Mí** –*alai*–». Ya que de esa expresión se aprende que los Hijos de Israel traen expiación para endulzar los juicios enraizados en el ente cósmico denominado *Biná*.

Hemos estudiado: está escrito: «La ofrenda ígnea –*olá*– **de cada Shabat en su propio Shabat, además** –*al*– **de la ofrenda ígnea** –*olá*– **continua** y su libación» (Números 28:10). El Shabat está asociado con el misterio del Aspecto Cósmico Masculino Inferior –*Zeir Anpin*–, y la expresión «*al*» significa literalmente «sobre», y se refiere al ente cósmico que está sobre el Aspecto Cósmico Femenino Inferior –*Maljut*–, que se denomina: «ofrenda ígnea –*olá*– continua». Y enseña **que debe concentrarse con su corazón en lo Alto, en lo Alto, más que en los demás días.** pues en Shabat se produce un ascenso mayor que el de los demás días, que incluye a todos los cuerpos cósmicos denominados *Partzufim*, y a todos los mundos; y toda abundancia se proyecta a través del ente cósmico oculto denominado *Arij Anpin*. **Y a esto se refiere** el misterio de lo que está escrito: **«además** –*al*– **de la ofrenda ígnea** –*olá*– **continua», precisamente.** Pues debe concentrarse más arriba –*al*– que los demás días.

Hemos estudiado: está escrito acerca de Jana: «Y oro a –*al*– **El Eterno»** (I Samuel 1:10). **«***Al***», precisamente.** Es decir, se refiere a lo que está sobre El Eterno, que es el Aspecto Cósmico Masculino Inferior –*Zeir Anpin*–. **Pues los hijos dependen del *Mazal* sagrado** de la barba del ente cósmico oculto denominado *Arij Anpin*, que está sobre el Aspecto Cósmico Masculino Inferior –*Zeir Anpin*–, **como ya fue** estudiado y **establecido** por los sabios. Es decir, Jana –que era estéril– oró para que la abundancia de los hijos se proyectara en ella del *Mazal* supremo.

Y no tienes palabra en la Torá o incluso una letra pequeña en la Torá, que no aluda asuntos de **sabiduría suprema. Y dependen de ella enormes cantidades de misterios de sabiduría suprema. A esto se refiere lo que está escrito:**

«El extremo de su cabello rizado –*kevutzotav taltelim*–, negro como el cuervo» (Cantar de los Cantares 5:11). Y ya fue estudiado y establecido, que debe disertarse de cada *kotz* y *kotz*, numerosas –*tile tilim*– leyes (*véase* Talmud, tratado de Eiruvin 21b). **Y lo que surge de aquí ya ha sido** explicado y **dicho.**

Rabí Iosei halló a Rabí Aba que estaba sentado y leyendo este versículo con los signos de entonación correspondientes, **como está escrito: «Echa sobre** –*al*– **El Eterno tu carga, y Él te sustentará;** no dejará para siempre caído al justo» (Salmos 55:23). **«Sobre** –*al*–**», precisamente.** O sea, sobre el Nombre El Eterno, que es el Aspecto Cósmico Masculino Inferior –*Zeir Anpin*–. **Pues el sustento depen-**

de del *Mazal*, de la barba del ente cósmico oculto denominado *Arij Anpin*. Es decir, debe concentrarse en atraer la abundancia del sustento del ente cósmico oculto denominado *Arij Anpin*, que está sobre el Aspecto Cósmico Masculino Inferior –*Zeir Anpin*–.

Rabí Iehuda estaba leyendo este versículo con los signos de entonación correspondientes: **«Por** –*al*– **esto orará a ti todo piadoso en el tiempo en que pueda ser hallado»** (Salmos 32:6). **«Por** –*al*– **esto** –*zot*–**», ciertamente.** Es decir, debe concentrarse en que su plegaria ascienda a lo Alto, sobre el Aspecto Cósmico Femenino Inferior –*Maljut*–, que se denomina *Zot*. Es decir, al Aspecto Cósmico Masculino Inferior –*Zeir Anpin*–. **«En el tiempo en que pueda ser hallado»,** para hallar una mujer que sea su otra mitad, y le sea dada de *Zot*. **Y esto ya fue** estudiado y **establecido** por los sabios, quienes enseñaron que la expresión *Zot*, se refiere a la mujer.

Pero «en el tiempo en que pueda ser hallado», indica también otra cosa, **como está escrito: «Buscad a El Eterno cuando puede ser hallado, llamadlo cuando está cerca»** (Isaías 55:6). Y la intención es indicar que su plegaria ascienda al Aspecto Cósmico Masculino Inferior –*Zeir Anpin*–, que es el Nombre El Eterno, que está cerca de nosotros, encima del Aspecto Cósmico Femenino Inferior –*Maljut*–, que se denomina *Zot*. Pues hay veces en que el Aspecto Cósmico Masculino Inferior –*Zeir Anpin*–, no estará cerca de nosotros en lo bajo, entonces la plegaria ascenderá a *Zot*, que es el Aspecto Cósmico Femenino Inferior –*Maljut*–.

Otro modo de interpretar el **asunto:** está escrito: «Por –*al*– esto orará a ti todo piadoso en el tiempo **en que pueda ser hallado»** (Salmos 32:6). **Se refiere al momento en que los ríos,** que son las irradiaciones de luminosidad del Aspecto Cósmico Femenino Supremo –*Ima*–, **fluyen** de la emanación cósmica –*sefirá*– denominada *Iesod* **de ella, y se proyectan, y abastecen a los Patriarcas,** es decir, la emanación cósmica –*sefirá*– denominada *Jesed*, la emanación cósmica –*sefirá*– denominada *Guevurá*, y la emanación cósmica –*sefirá*– denominada *Tiferet*. Resulta que ellos reciben todo lo que necesitan para abastecerse, y a raíz de eso se abastecen también las emanaciones cósmicas –*sefirot*– inferiores: la emanación cósmica –*sefirá*– denominada *Netzaj*, la emanación cósmica –sefirá– denominada *Hod*, la emanación cósmica –sefirá– denominada *Iesod*, y la emanación cósmica –sefirá– denominada *Maljut*. Pues la emanación cósmica –sefirá– denominada *Jesed*, la emanación cósmica –sefirá– denominada *Guevurá*, y la emanación cósmica –sefirá– denominada *Tiferet*, después de recibir la abundancia proveniente de lo Alto, la envían a las emanaciones cósmicas –sefirot– mencionadas, y el Aspecto Cósmico Femenino Inferior –*Maljut*– tiene abastecimiento suficiente y nutre a los entes de lo bajo.

A continuación está escrito en el versículo: **«Ciertamente por la afluencia de las muchas aguas** éstas no llegarán a él». **¿Quién** es el ente aludido en la declaración: **«Ciertamente por la afluencia de las muchas aguas»**? La respuesta no es sino ésta: **se refiere a la profundidad de las fuentes y los ríos,** o sea, la esencia de la irradiación de luminosidad del ente cósmico denominado *Biná*. **¿Y quién se la merecerá? ¿Y quién merecerá el acercamiento y ascender allí? A esto se refiere lo que está escrito: «Ciertamente por la afluencia de las muchas aguas éstas no llegarán a él».** Pues no merecen recibir la esencia de la irradiación de luminosidad del ente cósmico denominado *Biná*. Y aquel que no lo merezca **no puede** aprehender ese misterio oculto y recóndito.

Dijo Rabí Itzjak: está escrito: «Una cosa he demandado a El Eterno, ésta buscaré; que esté yo en la Casa de El Eterno todos los días de mi vida, para contemplar la hermosura de El Eterno, y para visitar su Palacio» (Salmos 27:4). **Bienaventurados esos justos, pues numerosos tesoros supremos ocultos están guardados para ellos en ese mundo,** o sea, el mundo asociado con el misterio del ente cósmico denominado *Biná*. Pues en el futuro los justos merecerán aprehender la esencia de la irradiación de luminosidad del ente cósmico denominado *Biná*. **Pues El Santo, Bendito Sea, se alegra con ellos, con esos mundos,** pues el Aspecto Cósmico Masculino Inferior –*Zeir Anpin*–, se une al Aspecto Cósmico Femenino Inferior –*Maljut*– con el poder de la irradiación de luminosidad del ente cósmico denominado *Biná*, **como ya fue** estudiado y **establecido por nosotros.** Pues ya hemos estudiado que por eso oró el rey David, para merecer con-

79b
templar: **«la hermosura de El Eterno»,** que es la esencia de la irradiación de luminosidad del ente cósmico denominado *Biná*. **Y lo que surge de aquí ya ha sido** explicado y **dicho.**

Dijo Rabí Jizkia: de aquí aprendemos que en el futuro los justos merecerán aprehender la irradiación de luminosidad del ente cósmico denominado *Biná*, de lo que ella recibe del ente cósmico oculto denominado *Arij Anpin*, como está escrito: **«Nadie salvo Tú, Dios, ha visto lo que Tú harás** –*iaasé*– **por aquellos que lo han esperado»** (Isaías 64:3). La expresión «harás –*iaasé*–», en el original hebreo está escrita en tercera persona, debería decir: **«harás** –*taasé*–**».** ¿Cómo se explica? La respuesta no es **sino ésta: «harás** –*iaasé*–**», ciertamente.** Se refiere a un lenguaje que indica ocultación, es decir, alude a las irradiaciones de luminosidad del ente cósmico oculto denominado *Arij Anpin*, que se proyectan a través del ente cósmico denominado *Biná*, que los justos merecerán recibir de esa irradiación de luminosidad en el futuro. **O sea,** tal como El Santo, Bendito Sea, dijo al rey Ezequías: **«He aquí que añado** –*iosif*– **a tus días quince años»** (Isaías 38:5). Y también aquí vemos que la expresión «añado –*iosif*–», está en tercera persona, y debería estar en segunda persona, ya que El Santo, Bendito Sea, mismo le habló. ¿Cómo se explica? La respuesta no es sino ésta: se refiere al misterio del ente cósmico oculto denominado *Arij Anpin*, que aumentará tus días y te dará más vida. Pues la vida depende del *Mazal*. **Es decir,** tal como se dijo anteriormente: **«Echa sobre** –*al*– **El Eterno tu carga,** y Él te sustentará; no dejará para siempre caído al justo» (Salmos 55:23). Pues debe atraer la abundancia del sustento del *Mazal* del ente cósmico oculto denominado *Arij Anpin*. **Y está escrito: «Y ora a** –*al*– **El Eterno»** (I Samuel 1:10). Pues los hijos dependen del *Mazal* sagrado de la barba del ente cósmico oculto denominado *Arij Anpin*, que está sobre el Aspecto Cósmico Masculino Inferior –*Zeir Anpin*–, como ya fue estudiado y establecido por los sabios. Es decir, Jana –que era estéril– oró para que la abundancia de los hijos se proyectara en ella del *Mazal* supremo del ente cósmico oculto denominado *Arij Anpin*. **Y todo es uno.** Es decir, los hijos, la vida, y el sustento, son un solo asunto, ya que no dependen de los méritos sino del *Mazal* supremo del ente cósmico oculto denominado *Arij Anpin*.

Bienaventurada la parte de los justos en este mundo, pues reciben la abundancia del Aspecto Cósmico Femenino Inferior –*Maljut*–, **y en el Mundo (80a) venidero,** pues recibirán la abundancia del ente cósmico denominado *Biná*. **Acerca de ellos está escrito: «Y alégrense todos los que se amparan en Ti; alaben para siempre, porque tú los resguardas, en ti se regocijen los que aman tu Nombre»** (Salmos 5:12). Y ésta es la explicación: «Y alégrense todos los que se amparan en Ti», por la recepción de la abundancia del flanco del ente cósmico denominado *Biná*, que está vinculada con el misterio del mundo de la alegría. «Alaben para siempre», por el flanco de la irradiación de luminosidad del Aspecto Cósmico Femenino Inferior –*Maljut*–. «Porque tú los resguardas», los cubres como una cabaña –*sucá*–, a través del Aspecto Cósmico Femenino Supremo –*Ima*–. «En ti se regocijen los que aman tu Nombre», en el futuro. **Y está escrito: «Los justos alabarán tu Nombre; los rectos morarán en tu presencia»** (Salmos 140:14). Esto será por el poder de la irradiación de luminosidad del ente cósmico denominado *Biná*. **Y está escrito: «En ti confiarán los que conocen tu Nombre, ya que tú, El Eterno, no desamparaste a los que te buscaron»** (Salmos 9:11). Se refiere al futuro, cuando venga el rey Mesías, y se produzca la Redención Final.

Bendito El Eterno amén y amén

Reine El Eterno para siempre amén y amén

SECCIÓN KEDOSHIM

Está escrito: «El Eterno habló a Moshé (Moisés), diciendo: háblale a toda la asamblea de los Hijos de Israel y diles: santos seréis, pues Yo soy Santo, El Eterno, vuestro Dios» (Levítico 19:1-2). **Rabí Elazar abrió** su disertación y para explicarla **dijo** este versículo: **«No seáis como el caballo, o como la mula, sin entendimiento»** (Salmos 32:9). **Cuántas veces la Torá testifica** y advierte **a las personas** para que sean cuidadosas con sus acciones. **Cuántas veces alza su voz a todo flanco para despertarlos** al estudio de la Torá. **Y todos duermen con sueño en los agujeros** de sus ojos. **No observan y no reparan** en lo que ocurrirá con ellos en el futuro. **Con qué rostro se levantarán el día del juicio supremo, cuando el Rey supremo les reclame por la humillación de la Torá.** Ya que la Torá está humillada y avergonzada al no ocuparse de ella. **Pues ella clama ante ellos y ellos no vuelven su rostro a ella. Debido a que todos ellos están arruinados con todo** tipo de pecados. **Ya que no saben** ni dirigen sus corazones a **la fe del Rey supremo. ¡Ay de ellos** en este mundo! **¡Ay de sus almas** en el Mundo venidero!

Y no debe suponerse que no todo el mundo oye el pregón de la Torá. **Pues la Torá testifica acerca de ellos,** los seres humanos que la dejan a un lado, **y dice** a las personas: **«Aquel que es tonto, que venga aquí** –es decir: quién no tenga entendimiento, que se aparte y venga aquí–, al **falto de corazón** –insensato–, **le dice:** venid, comed

80a

mi pan, y bebed del vino que he mezclado» (Proverbios 9:4). La Torá lo llama para que se acerque al estudio de la Torá, pues cada uno de los Hijos de Israel tiene parte en ella, y el que no estudia es un pecador. ¿A **qué** se refiere la declaración: **«al falto de corazón»?** La respuesta no es sino ésta: se refiere **al que no tiene fe** en su corazón como es debido. Y debe considerarse que el Aspecto Cósmico Femenino Inferior –*Maljut*– se denomina Fe, y también Corazón. Y la razón se debe a que **aquel que no se esfuerza en la Torá no tiene una fe** perfecta, sino que actúa en forma rutinaria. **Y él,** ese hombre, **está dañado de todo,** pues le falta todo lo que debería tener.

A continuación está escrito en el versículo: **«le dice** *–ambra lo–*: Venid, comed mi pan, y bebed del vino que he mezclado». La expresión: «Le dice *–ambra lo–*», en el original hebreo está escrita en tercera persona, o sea se habla de alguien oculto. Y **debería** decir: **«le dice** *–ombra lo–*», en segunda persona. Pues la Torá llama al tonto y al falto de corazón –insensato–, para decirle: «Venid, comed mi pan, y bebed del vino que he mezclado». Pues lo que está escrito: «Aquel que es tonto, que venga aquí», son palabras de la sabiduría de la Torá, indicando que llama siempre al tonto y al falto de corazón para que venga aquí, y entonces le dice: «Venid, comed mi pan, y bebed del vino que he mezclado» (Proverbios 9:4). Resulta que la sabiduría prosigue sus palabras, **como está dicho: «Dice** *–ombra–* **a Dios: Roca mía,** ¿por qué te has olvidado de mí? (Salmos 42:10). Siendo así, **¿qué** significa lo que está escrito: **«Le dice** *–ambra–*», en tercera persona, o sea, en lenguaje oculto? La respuesta no es **sino ésta**: fue escrito así **para incluir y agregar la Torá de lo Alto,** que es el ente cósmico denominado *Biná*, y es un ente oculto. **Pues** también **ella,** el ente cósmico denominado *Biná*, **lo llama falto de corazón,** es decir, **dañado en su fe,** pues le falta fe.

Pues así hemos estudiado: todo el que no se esfuerza en la Torá, está prohibido acercarse a él y asociarse con él y hacer con él negocios. Y con más razón andar con él por el camino. Pues no tiene fe.

Hemos estudiado: todo hombre que marcha por el camino y no tiene con él palabras de Torá, se torna obligado por su alma.

Sección Kedoshim

Con más razón el que se une en el camino con alguien que no tiene fe, pues no considera el honor de su Amo, y el de él, pues no repara en su alma.

Dijo Rabí Iehuda: aquel que no repara en su alma estudiando la Torá para rectificarla y vincularla con su origen, **¿cómo puede atraer un alma apta para su hijo?** Pues si él no está vinculado con lo Alto, ¿cómo podrá atraer un alma sagrada para su hijo? **Y a esto se refiere lo que está escrito: «No seáis como el caballo, o como la mula, sin entendimiento»** (Salmos 32:9).

Bienaventurados esos justos que se esfuerzan en la Torá, y conocen los senderos de El Santo, Bendito Sea, y se santifican a ellos mismos en el momento de la procreación **con la santidad del Rey, y se encuentran con santidad en todo. Y por eso ellos atraen un espíritu de la santidad de lo Alto** para sus hijos, **y todos los hijos de ellos son justos de verdad. Y se los denomina: hijos del Rey,** y son **hijos sagrados.**

Ay de ellos, los malvados, pues todos ellos son insolentes, y sus acciones insolentes, ya que se comportan durante la procreación de un modo deshonroso sin sentir ningún tipo de vergüenza. **Por eso, heredan a sus hijos un alma insolente del flanco de la impureza, como está escrito:** «No os volváis abominables por medio de ningún reptil; **no os impurifiquéis con ellos,** para que no seáis impuros por ellos» (Levítico 11:43). Pues a aquel que **viene a impurificarse, lo impurifican.**

A continuación se explicará el sentido profundo del versículo que declara: **«No seáis como el caballo, o como la mula,** sin entendimiento» (Salmos 32:9). Es decir, cuando os unís para procrear, vuestra intención no debe estar dirigida al goce de los placeres mundanos, pues ese es el modo de comportarse de un caballo o una mula. **Pues ellos,** los caballos y las mulas, **son poseedores de** inclinación a la **prostitución, más que todos** los demás animales.

A continuación está escrito en el versículo: **«sin entendimiento». Pues las personas deben esforzarse en no ir por ese camino,** es decir, no se deben comportar como los animales. Y su intención no debe orientar a satisfacer los deseos del mal instinto. **Pues si es así,** que os comportais de un modo perverso en el momento de la procreación, os seréis castigados a través de los ángeles dañadores, que se denominan «perros insolentes –*azei nefesh*–».

Considérese que **aquí está escrito:** «No seáis como el caballo, o como la mula, **sin entendimiento**» (Salmos 32:9). **Y allí,** en otro versículo, **está escrito: «Y esos perros son insolentes y no conocen saciedad, y ellos, los pastores, no saben entender;** todos ellos siguen sus propios caminos, cada hombre a actúa por su lado» (Isaías 56:11). **Es decir, estarán preparados** contra ellos **esos** demonios **que se denominan «insolentes** –*azei nefesh*–». **¿Cuál es la razón? Porque «no saben entender».** Y dado que no saben entender, no se santifican en el momento de la procreación, sino que sacian sus deseos carnales como los caballos y las mulas.

En ese mismo versículo está escrito: **«y ellos, los pastores».** ¿Qué **(80b)** significa lo que está escrito: **«los pastores»,** y quiénes son ellos? **Ellos son esos demonios, y conducen a la persona al Infierno** –*Gueinom*–. Ellos, **«no conocen saciedad»,** como está dicho: «**La sanguijuela tiene dos hijas:** *Hav, Hav*» (Proverbios 30:15). «*Hav*», es una expresión que significa: ¡Dadme! Es decir, la sanguijuela siempre pide más: «¡Dadme, dadme –*Hav Hav*–!», y alude al Infierno que busca atraer a todas las criaturas a su interior. **Por eso,** dado que ellos dicen: **«*Hav, Hav*».** Es decir: «traed más malvados al Infierno». Pues **«no conocen saciedad»,** y el Infierno jamás se llena.

A continuación está escrito en el versículo: **«todos ellos siguen sus propios caminos, cada hombre a actúa** –*lebitzo*– **por su lado».** Esta declaración indica que cada uno de los demonios se dirige a su camino para traer más presa al Infierno, **pues ellos son espías del Infierno.**

¿Y todo esto, quién se lo provoca? La razón es, **porque no se santificaron en esa unión,** para procrear, **como es debido. Y a esto se refiere lo que está escrito: «Santos seréis, pues Yo soy Santo, El Eterno,** vuestro Dios» (Levítico 19:2). **El Santo, Bendito Sea, dijo: de todas las demás naciones no he elegido para que se apeguen a Mí, sino a Israel,** como está escrito: **«Pero vosotros que estáis apegados a El Eterno,** vuestro Dios, estáis todos vivos hoy» (Deute-

SECCIÓN KEDOSHIM

ronomio 4:4). **Vosotros, y no, las demás naciones. Por eso: «Santos seréis», precisamente.** Para que seáis aptos para apegaros a Mí.

Otro modo de interpretar el asunto: está escrito: **«Santos seréis, pues Yo soy Santo, El Eterno,** vuestro Dios» (Levítico 19:2). **Rabí Itzjak abrió** su disertación sobre este asunto **y** para explicarlo **dijo** este versículo: **«¡Ay de la tierra que hace sombra con las alas** –de los pájaros que se reúnen allí, por ser una tierra calurosa–!» (Isaías 18:1). **¿Y acaso porque es una tierra que hace sombra con las alas, hay allí delación y quebranto? Como está escrito: «¡Ay de la tierra!»,** y ese es un lenguaje que indica clamor y quebranto.

La respuesta no es **sino ésta: dijo Rabí Itzjak: cuando El Santo, Bendito Sea, creó el mundo, y quiso revelar lo profundo del interior de lo oculto,** es decir, quiso depurar las centellas sagradas que estaban atrapadas en las profundidades de las cortezas impuras denominadas *klipot*, o sea, en un lugar oscuro y oculto, **y** deseó revelar **la luz del interior de la oscuridad** de las cortezas impuras denominadas *klipot*, las irradiaciones de luminosidad de la santidad **se incluían** con la oscuridad de las cortezas impuras denominadas *klipot*, **ésta con ésta. Y por eso, del interior de la oscuridad** de las cortezas impuras denominadas *klipot*, se depuraron y **salió luz. Y del interior de lo oculto** de las cortezas impuras denominadas *klipot*, **se reveló lo** que había en el interior de ellas, muy **profundo. Y esto salió de esto,** y ese es el trabajo que deben realizar los Hijos de Israel en este mundo, revelar la luz del interior de las cortezas impuras denominadas *klipot*. **Y a través de eso, del bien** que se depuró, **sale** a través de una segunda depuración, **el mal** y los restos que quedaron allí. **Y del interior de la misericordia sale el juicio.** Es decir, después de la depuración se separa la santidad por un lado, y las cortezas impuras denominadas *klipot* por otro lado.

Y todo se incluyó y está mezclado **esto con esto.** Por eso, **el buen instinto** está mezclado **con el mal instinto,** y también **la derecha con la izquierda.** Y lo mismo ocurre con **Israel y las demás naciones.** También el **blanco con** el **negro. Y todo depende de uno,** es decir, de su raíz en lo Alto.

80b

Hemos estudiado: dijo Rabí Itzjak, dijo Rabí Iehuda: todo el mundo en general, como así **todos** sus detalles y particularidades, **no se ven** ni tienen existencia **sino por una corona,** que es el Aspecto Cósmico Femenino Inferior –*Maljut*–. Y la misma está **unida con sus vínculos** íntimos, el juicio y la misericordia, que está incluidos en ella como uno. Por eso, **cuando el mundo es juzgado, es juzgado con juicio que incluye misericordia. Y si no** fuese así, que la misericordia está incluida con el juicio, **el mundo no podría existir siquiera un instante. Y he aquí que este asunto ya fue** estudiado y **establecido por nosotros** en otro lugar (*véase* III Zohar 67b), **como está escrito:** «Mi alma te desea en la noche, también, mientras mi espíritu esté dentro de mí, madrugaré a buscarte; **pues dado que hay juicios tuyos en la Tierra, los moradores del mundo aprenden justicia**» (Isaías 26:9).

Y hemos estudiado: en el tiempo en que el juicio pende del mundo, y el Aspecto Cósmico Femenino Inferior –*Maljut*–, que se denomina **Justicia** –*Tzedek*–, **se corona con juicio,** porque recibe la proyección de las fuerzas del juicio provenientes de la emanación cósmica –sefirá– denominada *Guevurá*, del Aspecto Cósmico Masculino Inferior –*Zeir Anpin*–, en ese momento, **numerosos entes** cósmicos **poseedores de alas,** es decir, ángeles, **se despiertan frente al** Aspecto Cósmico Femenino Inferior –*Maljut*–, que es considerado el **señor del juicio severo, para ejercer dominio en el mundo.**

Esos entes cósmicos poseedores de alas, que son ángeles supremos, como hemos dicho, ¿por qué se despiertan en ese momento? La respuesta no es sino ésta: para recibir energía del poder de juicio del Aspecto Cósmico Femenino Inferior –*Maljut*–, y con el ejercicio de ese poder, ejecutar el juicio en el mundo. Entonces, cuando recibieron el poder del juicio del Aspecto Cósmico Femenino Inferior –*Maljut*–, esos ángeles **extienden sus alas de este lado y de este** otro **lado, para reparar en el mundo.** Pues a través de eso tienen la facultad y el poder para observar las acciones de los seres humanos, y verificar los pecados que cometen para después ejercer el juicio contra ellos.

Entonces, si los ángeles observan que los pecados predominan, en ese caso, esos entes cósmicos poseedores de alas **se despiertan para**

SECCIÓN KEDOSHIM

80b

extenderlas con el fin de absorber el poder d**el juicio severo** del señor de ellos, o sea, el Aspecto Cósmico Femenino Inferior –*Maljut*–.

Cuando eso ocurre, esos ángeles **deambulan por el mundo para hacer mal** y ejecutar el poder del juicio que recibieron del Aspecto Cósmico Femenino Inferior –*Maljut*–. Y **a esto se refiere** el misterio de **lo que está escrito: «¡Ay de la tierra que hace sombra con las alas!»** (Isaías 18:1). Lo que está escrito: «la tierra», alude al Aspecto Cósmico Femenino Inferior –*Maljut*–, tal como lo han enseñado los sabios cabalistas. Pues el Aspecto Cósmico Femenino Inferior –*Maljut*– es considerada la Tierra suprema. Y, de acuerdo con esta explicación, ¿a qué se refiere lo que está escrito: «¡Ay de la tierra!»? ¿Cuál es la pena aludida? A causa de la sombra de esos entes poseedores de alas, que solicitan al Aspecto Cósmico Femenino Inferior –*Maljut*– el ejercicio del juicio en el mundo. A esto se refiere lo que está escrito: «que hace sombra con las alas». Por esta razón, las personas que moran en el mundo deben procurar conservar la santidad y purificarse como es debido en sus acciones. Y a esto se refiere el misterio de lo que está escrito: «El Eterno habló a Moshé (Moisés), diciendo: háblale a toda la asamblea de los Hijos de Israel y diles: santos seréis, pues Yo soy Santo, El Eterno, vuestro Dios» (Levítico 19:1-2). Pues si los Hijos de Israel son santos, no hay acusación de los entes poseedores de alas, ni reclamo de juicio.

Dijo Rabí Iehuda: he visto a los moradores del mundo comportarse **con insolencia, con excepción de esos justos de verdad. Y a raíz de eso, es como si todo fuese así. Porque aquel que** decide abandonar el mal camino y **viene a purificarse,** del Cielo **lo ayudan** a hacerlo, y aquel que desea satisfacer sus deseos mundanos y tentaciones corporales, y **viene a impurificarse,** del Cielo **lo ayudan** a hacerlo, **como ya fue** estudiado y **establecido por nosotros,** tal como se enseñó en el Talmud, a partir del versículo que declara: «No os volváis abominables por medio de ningún reptil; **no os impurifiquéis con ellos,** para que no seáis impuros por ellos» (Levítico 11:43) (*véase* Talmud, tratado de Iomá 39a).

A continuación se explicará a partir de un estudio llevado a cabo tras un encuentro entre Rabí Iosei y Rabí Jía, acerca de la importan-

80b

cia de los sacrificios: **Rabí Iosei marchaba por el camino, y Rabí Jía se topó con él.** Entonces, Rabí Jía **le dijo** a Rabí Iosei: **eso que fue** estudiado y **establecido por los compañeros** en el tratado de Rosh Hashaná, ¿cómo se explica? Pues fue enseñado: «¿De dónde se deduce que un decreto acompañado por un juramento no puede ser tronchado? **Porque está dicho acerca de Eli: "Entonces yo he jurado en relación a la Casa de Eli, que el pecado de la casa de Eli nunca sería expiado a través de un sacrificio u ofrenda de Minjá"**»(I Samuel 3:14). Y se dedujo a partir de esa cita que si bien nunca sería expiado a través de un sacrificio u ofrenda de *Minjá*, existe una forma de hacerlo, pues: «Rava dijo: **a través de un sacrificio u ofrenda de *Minjá* no puede ser expiado** el pecado de la Casa de Eli, **pero puede ser expiado mediante el estudio de la Torá**» (Talmud, tratado de Rosh Hashaná 18a). Ahora bien, **¿cuál es la razón** por la que puede ser expiado mediante el estudio de la Torá? La respuesta no es sino ésta: **porque las palabras** del estudio **de la Torá ascienden sobre todos los sacrificios del mundo.** Es decir, las palabras del estudio de la Torá son consideradas por El Santo, Bendito Sea, más importantes que todos los sacrificios del mundo. ¿De dónde lo aprendemos? **Como ya fue** estudiado y **establecido** por los sabios en el Talmud, tratado de Menajot, a partir de un versículo. **Pues está escrito: «Ésta es la ley de la ofrenda ígnea –*olá*–, la ofrenda vegetal –*minjá*–, el sacrificio expiatorio –*jatat*–, y la ofrenda de culpa –*asham*–; y las ofrendas de consagración,** y la ofrenda de paz –*shlamim*–; que El Eterno ordenó a Moshé (Moisés) en el Monte de Sinaí, el día que Él ordenó a los Hijos de Israel que trajeran sus ofrendas ante El Eterno, en el Desierto de Sinaí» (Levítico 7:37-38). Se aprende de aquí que **la Torá equivale a todos los sacrificios del mundo.** ¿Y cuál es la razón? Porque el que ofrece una ofrenda ígnea –*olá*–, una ofrenda vegetal –*minjá*–, un sacrificio expiatorio –*jatat*–, una ofrenda de culpa –*asham*–, una ofrendas de consagración, o una ofrenda de paz –*shlamim*–; no puede lograr la rectificación por sí solo, y para hacerlo requiere indefectiblemente el servicio de un sacerdote, que con su concentración ofreciendo el sacrificio, une a los entes de lo Alto, es decir, el Aspecto Cósmico Femenino Inferior –*Maljut*– con el Aspecto

Cósmico Masculino Inferior –*Zeir Anpin*–. Sin embargo, alguien que estudia Torá en este mundo, y se concentra como es debido, él mismo genera la unión de los entes de lo Alto, es decir, el Aspecto Cósmico Femenino Inferior –*Maljut*– con el Aspecto Cósmico Masculino Inferior –*Zeir Anpin*–.

Rabí Iosei, después de escuchar atentamente la enseñanza de Rabí Jía, **le dijo: ciertamente que es así. Pues todo el que se esfuerza en la Torá, aunque sea que fue decretado sobre él un castigo de lo Alto,** ese estudio **es un sosiego para El** Santo, Bendito Sea, más grande **que el de todos los sacrificios y las ofrendas ígneas** del mundo. Y a raíz de eso, **ese castigo** que estaba decretado **se rompe.**

Y ven y observa: **la persona no se purifica jamás sino a través de las palabras** del estudio **de la Torá. Por eso, las palabras de la Torá no reciben impureza, porque ella,** la Torá, **está** dispuesta y preparada **para purificar a esos** hombres **impuros** que se han impurificado con sus pecados. **Y la curación está en la Torá, como está escrito: «Porque será medicina para tu cuerpo, y humectante para tus huesos»** (Proverbios 3:8). **Y la pureza se encuentra en la Torá, como está escrito: «El temor de El Eterno es puro, que permanece para siempre»** (Salmos 19:10). **¿Qué** significa la declaración: **«que permanece para siempre»?** La respuesta no es sino ésta: **que** ese hombre que estudia la Torá, concentrándose en el estudio como es debido, **está siempre** puro **con esa pureza** de la Torá, **y no se aparta de él jamás.**

Rabí Jía **le dijo** a Rabí Iosei: debe considerarse que **está escrito: «El temor de El Eterno** es puro, que permanece para siempre» (Salmos 19:10). Y es sabido que el Nombre de El Santo, Bendito Sea: El Eterno, está asociado con el misterio del Aspecto Cósmico Femenino Inferior –*Maljut*–, **y no,** al misterio de **la Torá.** Pues así han enseñado los sabios cabalistas, que el Nombre de El Santo, Bendito Sea: El Eterno, está asociado con el misterio del Aspecto Cósmico Femenino Inferior –*Maljut*–, y la Torá está asociada con el misterio de la emanación cósmica –sefirá– denominada *Tiferet*, vinculada con el Aspecto Cósmico Masculino Inferior –*Zeir Anpin*–. Por lo tanto, considerando estos fundamentos, no se puede probar a partir de ese versículo que la Torá purifica a la persona.

80b

Rabí Iosei **le dijo** a Rabí Jía: **ciertamente que es así,** pues la Torá también se denomina «el temor de El Eterno». ¿Por qué razón? **Porque la Torá viene del flanco de la** izquierda, que es el flanco de la emanación cósmica –sefirá– denominada *Guevurá*, que está asociado con el fuego, como fue enseñado: la Torá fue entregada con fuego negro del flanco de la izquierda, el de la emanación cósmica –sefirá– denominada *Guevurá*, escrita sobre fuego blanco del flanco de la derecha, el de la Emanación cósmica –sefirá– denominada *Jesed*. Esto fue así para incluir la derecha en la izquierda; y el flanco de la izquierda, el de la *Guevurá*, se volvió al flanco de la derecha, el del *Jesed*, incluyéndose en el mismo. Como está escrito: «Dijo: El Eterno vino de Sinaí, habiendo resplandecido ante ellos desde Seir, habiendo aparecido en el Monte Parán, y luego se acercó con parte de las sagradas miríadas, de Su diestra les entregó la llameante Torá –*esh dat*–» (Deuteronomio 33:2). La expresión *esh* significa literalmente fuego, y el término *dat* se refiere a la Torá (*véase* II Zohar 84a). Resulta pues, que la Torá también está asociada con el misterio del temor de El Eterno.

Rabí Jía **le dijo** a Rabí Iosei: ¿Cómo relacionas la Torá con el temor de El Eterno? **¿Y** acaso **de allí,** del flanco de la emanación cósmica –sefirá– denominada *Guevurá*, **sale** el temor de El Eterno? He aquí que el temor de El Eterno sale de la emanación cósmica –sefirá– denominada *Jojmá*, que tal como lo enseñaron los sabios cabalistas, se encuentra alienada en el flanco de la derecha. Y lo referente a la relación del temor de El Eterno con la emanación cósmica –sefirá– denominada *Jojmá* se aprende de aquí, **como está escrito: «El principio de la sabiduría** –*Jojmá*– **es el temor de El Eterno»** (Salmos 111:10). Resulta que no es posible decir que la Torá se denomina «temor de El Eterno» por la emanación cósmica –sefirá– denominada *Guevurá*, resultando que se refiere a la emanación cósmica –sefirá– denominada *Maljut*.

Rabí Jía reforzó su explicación citando otra fuente, dijo: **y está escrito: «El temor de El Eterno es puro,** que permanece para siempre» (Salmos 19:10). Y los sabios cabalistas han enseñado que la pureza no se asocia al misterio de la emanación cósmica –sefirá– denominada *Tiferet*, **y la Torá,** que sí está asociada con el misterio de la emanación

Sección Kedoshim

cósmica –sefirá– denominada *Tiferet*, **se denomina sagrada, como está escrito:** «El Eterno habló a Moshé (Moisés), diciendo: háblale a toda la asamblea de los Hijos de Israel y diles: Santos seréis, **pues Yo soy Santo, El Eterno,** vuestro Dios» (Levítico 19:1-2). **Y se refiere a la Torá, que es un Nombre sagrado supremo. Y por eso, (81a) aquel que se esfuerza en ella, se purifica.** Y después de limpiarse a través del Aspecto Cósmico Femenino Inferior –*Maljut*–, **se santifica** a través de la emanación cósmica –sefirá– denominada *Tiferet*, o sea, el poder del Aspecto Cósmico Masculino Inferior –*Zeir Anpin*–. ¿De dónde se aprende? **Como está escrito: «Santos seréis** –*tihiú*–, pues Yo soy Santo, El Eterno, vuestro Dios» (Levítico 19:1-2). Obsérvese que en el texto original hebreo **no está escrito: «**Santos **sois** –*ehiú*–**»**, en presente, sino que está escrito: «Santos **seréis** –*tihiú*–», en futuro. Es decir, después de purificaros. O sea, a través del estudio de la Torá con la debida concentración, haciéndolo en aras del Nombre de El Santo, Bendito Sea, y no, por otra razón: «Santos **seréis** –*tihiú*–», **ciertamente.**

Rabí Iosei **le dijo** a Rabí Jía: **es así,** como has dicho. Pues los sabios cabalistas han enseñado que primero la persona se purifica a través del flanco del Aspecto Cósmico Femenino Inferior –*Maljut*–, y después, se santifica a través del flanco de la emanación cósmica –sefirá– denominada *Tiferet*, vinculada con el misterio del Aspecto Cósmico Masculino Inferior –*Zeir Anpin*–. **Y hay un versículo que** lo avala, como **está escrito: «Seréis** –*tihiú*– **para mí un reino de ministros** –eruditos de la Torá–**, y una nación santa»** (Éxodo 19:6). ¿Cómo se obtiene la purificación indicada en el versículo? La respuesta no es sino ésta: a través del flanco del Aspecto Cósmico Femenino Inferior –*Maljut*–. A esto se refiere lo que está escrito: «Seréis –*tihiú*– para mí un reino de ministros –eruditos de la Torá–». ¿Y cómo se obtiene la santificación indicada en el versículo? La respuesta no es sino ésta: a través del flanco del Aspecto Cósmico Masculino Inferior –*Zeir Anpin*–. **Y está escrito** a continuación en el versículo: **«éstas son las palabras** que hablaréis a los Hijos de Israel». Enseña que los Hijos de Israel serán un reino de ministros, y una nación santa, a través del estudio y la pronunciación de las palabras de la Torá.

81a
Hemos estudiado: la santidad de la Torá es una santidad que asciende sobre todas las santidades. Y la santidad de la *Jojmá* suprema sagrada oculta, asciende sobre todas. Es decir, la santidad de la emanación cósmica —sefirá— denominada *Jojmá*, oculta, del Mundo de la Emanación —*Atzilut*—, asciende sobre la santidad de los entes cósmicos inferiores vinculados con la purificación y la santificación, o sea, asciende por encima de la santidad del Aspecto Cósmico Femenino Inferior —*Maljut*—, y por encima de la santidad del Aspecto Cósmico Masculino Inferior —*Zeir Anpin*—. ¿Cuál es la razón? Porque la emanación cósmica —sefirá— denominada *Jojmá*, asociada con el misterio del Aspecto Cósmico Masculino Supremo —*Aba*—, es la fuente de la santidad y el origen del Aspecto Cósmico Masculino Inferior —*Zeir Anpin*—, y el Aspecto Cósmico Femenino Inferior —*Maljut*—.

Rabí Jía le dijo a Rabí Iosei: no hay Torá sin sabiduría —*Jojmá*—. Pues el Aspecto Cósmico Masculino Inferior —*Zeir Anpin*—, y el Aspecto Cósmico Femenino Inferior —*Maljut*— no pueden existir sin la emanación cósmica —sefirá— denominada *Jojmá* (asociada con el misterio del Aspecto Cósmico Masculino Supremo —*Aba*—). **Y no hay sabiduría** —*Jojmá*— **sin Torá.** Pues la emanación cósmica —sefirá— denominada *Jojmá* es recóndita y oculta, y para revelar sus irradiaciones de luminosidad, necesita valerse de los entes cósmicos de lo bajo: el Aspecto Cósmico Masculino Inferior —*Zeir Anpin*—, y el Aspecto Cósmico Femenino Inferior —*Maljut*—. **Y todo es** una concatenación dispuesta **en un grado,** pues éste se vincula con éste, y éste se vincula con éste, para recibir y transmitir las irradiaciones de luminosidad de lo Alto, y la energía cósmica y la abundancia. **Pero la Torá está** asociada **con la *Jojmá* suprema.** Pues el Aspecto Cósmico Masculino Supremo —*Aba*— (asociado con el misterio de la emanación cósmica —sefirá— denominada *Jojmá*), es el origen del Aspecto Cósmico Masculino Inferior —*Zeir Anpin*—, y el Aspecto Cósmico Femenino Inferior —*Maljut*—, que están asociados con el misterio de la Torá escrita y la Torá oral. **Y en ella,** la emanación cósmica —sefirá— denominada *Jojmá*, **se** erige y **mantiene la Torá, y en ella se implantaron sus raíces en todos los flancos.** Pues al comienzo, el Aspecto Cósmico Masculino Inferior —*Zeir Anpin*—, y el Aspecto Cósmico Femenino Inferior —*Maljut*—, estaban plantados en la emanación cósmica –sefirá– denominada *Jojmá* (o sea, el Aspecto Cósmico Masculino Supremo –*Aba*–), y allí echaron raíces.

Mientras Rabí Jía y Rabí Iosei **iban** por el camino, **hallaron un hombre que entró en un huerto** que no era suyo, **montando sobre su caballo.** Y mientras cabalgaba por el medio del huerto, pisando y destruyendo los sembrados, **extendió su mano hacia una rama de un árbol,** y la arrancó. Y a esto se refiere el misterio de lo que se enseñó en el tratado de Avot: el hijo de Azai decía: has de correr por un precepto simple como por uno severo, y huye del pecado; pues una buena acción provoca una –nueva– buena acción, y un pecado provoca –un nuevo– pecado; pues el pago por una buena acción es –otra– buena acción, y el pago por un pecado es –otro– pecado (Mishná, tratado de Avot 4:2). Pues ese hombre cometió un pecado, el de pisar los sembrados con su caballo, y eso provocó que cometiera otro pecado, el de arrancar una rama de un árbol.

Después de contemplar ese suceso, **Rabí Iosei** le **dijo** a Rabí Jía: **a esto se refiere lo que está escrito:** «Pues Yo soy El Eterno, vuestro Dios: **os santificaréis y seréis santos,** pues Yo soy Santo; y no impurificaréis vuestras almas por medio de ningún ser que se arrastra por el suelo» (Levítico 11:44). Si **un hombre se santifica a sí mismo en lo bajo, lo santifican de lo Alto. A esto se refiere lo que está escrito: «seréis santos, pues Yo soy Santo».**

Rabí Aba estudió: esta sección es la generalidad de la Torá. Pues la sección Kedoshim incluye en forma breve y sintética la mayoría de los preceptos y las estructuras legales de la Torá (*véase* Rashi en Levítico 19:1, y *véase* Midrash Vaikrá Raba 24:5). **Y esta sección de la Torá es el sello de verdad del anillo** de El Santo, Bendito Sea. Pues el sello del anillo es el elemento con el que se firmaba en la antigüedad, y este misterio se vincula con el secreto del Aspecto Cósmico Masculino Inferior –*Zeir Anpin*–, vinculado con la Torá escrita, y el Aspecto Cósmico Femenino Inferior –*Maljut*– vinculado con la Torá oral. Ya que es imposible entender la Torá escrita sin la Torá oral. Y el Aspecto Cósmico Masculino Inferior –*Zeir Anpin*–, en el lenguaje cabalístico se denomina Sello, y el Aspecto Cósmico Femenino Inferior –*Maljut*– en el lenguaje cabalístico se denomina Anillo. O sea,

81a

una comparación similar a la que se menciona en el libro de Ezequiel, como está escrito: «Y sobre la expansión que había sobre sus cabezas se veía la semejanza de un Trono que tenía aspecto como de piedra de zafiro; y sobre la semejanza del Trono había arriba una semejanza que tenía apariencia de Hombre –*adam*– que estaba sobre él» (Ezequiel 1:26). El Trono alude al Aspecto Cósmico Femenino Inferior –*Maljut*–, y el Hombre alude al Aspecto Cósmico Masculino Inferior –*Zeir Anpin*–. Y en nuestro caso, siguiendo ese mismo modelo, en el cual el Aspecto Cósmico Femenino Inferior –*Maljut*– es la Carroza y el lugar de asentado del Aspecto Cósmico Masculino Inferior –*Zeir Anpin*–, el Anillo se vincula con el misterio del Aspecto Cósmico Femenino Inferior –*Maljut*–, y el Sello se vincula con el misterio del Aspecto Cósmico Masculino Inferior –*Zeir Anpin*–.

En esta sección, Kedoshim, **se manifestaron secretos supremos de la Torá en** los misterios aludidos en **los Diez Mandamientos, y decretos, y castigos, y ordenanzas supremas. Por lo tanto, cuando los compañeros llegaban a esta sección se alegraban** y deleitaban con los misterios supremos. Pues los Diez Mandamientos contienen secretos recónditos asociados con el misterio de la emanación cósmica –*sefirá*– denominada *Jojmá,* y los decretos contienen secretos recónditos asociados con el misterio de la emanación cósmica –*sefirá*– denominada *Tiferet,* del Aspecto Cósmico Femenino Supremo –*Ima*–, que es el ente cósmico denominado *Biná;* y los castigos, contienen secretos recónditos asociados con el misterio de la emanación cósmica –*sefirá*– denominada *Guevurá,* del Aspecto Cósmico Femenino Supremo –*Ima*–, que es el ente cósmico denominado *Biná;* y las ordenanzas supremas, contienen secretos recónditos asociados con el misterio de la emanación cósmica –*sefirá*– denominada *Jesed,* del Aspecto Cósmico Femenino Supremo –*Ima*–, que es el ente cósmico denominado *Biná.*

Dijo Rabí Aba: ¿Cuál el la razón por la que la sección de las relaciones prohibidas y la sección «Santos seréis», están próximas una a la otra en la Torá? La respuesta no es **sino ésta: así hemos estudiado: todo el que se cuida de esas relaciones prohibidas, fue hecho con santidad.** Es decir, sus progenitores lo engendraron con pureza. **Y cuánto más si** su progenitor **se santificó con la santidad de su Amo.** Es decir, si el progenitor se comportó con una santidad suprema, y se allegó a su esposa en la noche del Shabat, a la misma hora en que se unen en lo Alto los miembros de la pareja cósmica: el Aspecto Cósmico Masculino Inferior –*Zeir Anpin*–, y el Aspecto Cósmico Femenino Inferior –*Maljut*–, o sea, se allegó a su mujer a la medianoche, ciertamente atraerá para su hijo una alma sagrada proveniente de lo Alto. O sea, atraerá un alma generada a raíz de la unión del Aspecto Cósmico Masculino Inferior –*Zeir Anpin*–, y el Aspecto Cósmico Femenino Inferior –*Maljut*–, del Mundo supremo de la Emanación –*Atzilut*–. **Y los compañeros ya** se han despertado acerca de este asunto y **han indicado cuándo es el tiempo de todo hombre para santificarse** en el acto de la procreación.

Rabí Aba siguió explicando acerca de este tema, dijo: **ven** y **observa: aquel que desea santificarse con la voluntad de su Amo** en el momento del acto de la procreación, **no debe allegarse** a su mujer **sino a partir de la medianoche en adelante, o en la medianoche. Pues en ese momento El Santo, Bendito Sea, está en el Jardín del Edén, y la santidad suprema se despierta.** Por lo tanto, el poder de la santidad prevalece y el poder de los entes impuros denominados *jitzonim* se reduce, y no pueden ejercer dominio. Y a raíz de eso, la persona puede engendrar con santidad en ese momento. Pero si la persona no espera a la medianoche, y se allega a su mujer antes de ese momento, cuando ejercen dominio en el mundo los entes impuros del Otro Lado –*Sitra Ajara*–, denominados *jitzonim*, puede a traer para su hijo un alma del dominio de esos entes impuros. **Y debido a eso, esa hora,** la correspondiente a la medianoche, **es** propicia e ideal **para santificarse** en el momento del acto de la procreación, y concebir con santidad.

Rabí Aba aclaró a continuación que eso que dijo en forma general, acerca de esperar al momento de la medianoche para allegarse a sus mujeres, sin especificar ningún día de la semana, **es así respecto a los demás hombres.** Sin embargo, **los sabios estudiosos** de la Torá, **quienes conocen los caminos de la Torá, la mitad de la noche es el momento de ellos para levantarse y ocuparse de la Torá, para**

81a

unirse con la Congregación de Israel *–Kneset Israel–*, o sea, la Presencia Divina *–Shejiná–*. Y también, **para alabar el Nombre sagrado del Rey sagrado,** o sea, el Aspecto Cósmico Masculino Inferior *–Zeir Anpin–*. Pues tal como lo han explicado los sabios cabalistas, en la mitad de la noche, la Presencia Divina *–Shejiná–*, desciende para alabar al Aspecto Cósmico Masculino Inferior *–Zeir Anpin–*. Y es propicio que los sabios estudiosos de la Torá, se unan a la Presencia Divina *–Shejiná–*, abocándose en este tiempo al estudio de la Torá.

En la mitad de la **noche del Shabat, cuando hay** buena **voluntad en todo,** es decir en todos los mundos, y se produce la unión intima del Aspecto Cósmico Masculino Inferior *–Zeir Anpin–*, con el Aspecto Cósmico Femenino Inferior *–Maljut–*, a raíz de eso, el tiempo de **la unión de ellos es en ese momento.** Esto es así **para hallar la voluntad de El Santo, Bendito Sea,** o sea, el Aspecto Cósmico Masculino Inferior *–Zeir Anpin–*, **y la Congregación de Israel** *–Kneset Israel–*, o sea, la Presencia Divina *–Shejiná–*, que es el Aspecto Cósmico Femenino Inferior *–Maljut–*.

Resulta que así como en lo Alto se despierta la voluntad suprema de unión del Aspecto Cósmico Masculino Inferior *–Zeir Anpin–*, con el Aspecto Cósmico Femenino Inferior *–Maljut–*, del mismo modo se despierta en lo bajo la voluntad de los sabios estudiosos de la Torá para unirse a sus mujeres y procrear, tal **como ya ha sido** explicado y **dicho, como está escrito: «Vosotros sois hijos de El Eterno, vuestro Dios,** no os rasuraréis ni os haréis zonas calvas entre los ojos por una persona muerta» (Deuteronomio 14:1). Lo que está escrito: «El Eterno», alude al Aspecto Cósmico Masculino Inferior *–Zeir Anpin–*, y «vuestro Dios», alude al Aspecto Cósmico Femenino Inferior *–Maljut–*. Y se aprende que en la noche del Shabat se atraen almas supremas surgidas de la unión del Aspecto Cósmico Masculino Inferior *–Zeir Anpin–*, y el Aspecto Cósmico Femenino Inferior *–Maljut–*, del Mundo de la Emanación *–Atzilut–*. **Y esos** hijos **se denominan santos, como está escrito: «Santos seréis, pues Yo soy Santo, El Eterno,** vuestro Dios» (Levítico 19:2). **Y está escrito: «Será como árbol plantado junto a corrientes de aguas, que da su fruto en su**

tiempo, y su hoja no cae; y todo lo que hace, prosperará» (Salmos 1:3). Y los sabios talmudistas han explicado sobre la base de este versículo: se refiere a los que se allegan a sus mujeres de noche de Shabat en noche de Shabat (*véase* Talmud, tratado de Ketuvot 62b).

Otro modo de interpretar el asunto: está escrito: **«Santos seréis** *–tihiú–*, pues Yo soy Santo, El Eterno, vuestro Dios» (Levítico 19:1-2). **Rabí Aba abrió** su disertación acerca de este asunto **y** para explicarlo **dijo** este versículo: **«Y quién** –que otro pueblo de los que hay en el mundo– **es como tu pueblo Israel, una nación única en la Tierra»** (II Samuel 7:23). Pues El Santo, Bendito Sea, eligió a los Hijos de Israel de entre todos los pueblos de la Tierra, y no hay ninguno que se le asemeje. Para comprenderlo, **ven y observa: entre todos los pueblos del mundo El Santo, Bendito Sea, no los eligió a ellos, con excepción de Israel solamente.** Y El Santo, Bendito Sea, **los convirtió** a los Hijos de Israel, **en un pueblo único en el mundo, y los llamó «un pueblo», como el Nombre de Él,** que es uno, como está escrito: «Oye, Israel: El Eterno es nuestro Dios, El Eterno es Uno» (Deuteronomio 6:4). Y está escrito: «En aquel día El Eterno será uno, y su Nombre uno» (Zacarías 14:9). **Y** El Santo, Bendito Sea, **los coronó** a los Hijos de Israel, **con numerosas coronas** vinculadas con el mérito del estudio de la Torá. **Y** no sólo eso, sino que además El Santo, Bendito Sea, les otorgó **numerosos preceptos para coronarse con ellos.** Pues a través del cumplimento de los preceptos prescritos por El Santo, Bendito Sea, los Hijos de Israel atraen la energía proveniente de lo Alto, y la irradiación de luminosidad suprema asociada con el misterio de las facultades cognitivas cósmicas *–mojín–*, del Aspecto Cósmico Masculino Inferior *–Zeir Anpin–*, y el Aspecto Cósmico Femenino Inferior *–Maljut–*. Y esa energía suprema e irradiación de luminosidad, se transforma en coronas para los Hijos de Israel.

Y por eso, para que los Hijos de Israel alcancen grados supremos y se coronen con las coronas de lo Alto, El Santo, Bendito Sea, les dio el precepto de **la filacteria de la cabeza,** que se coloca frente al cerebro, y el precepto de **la filacteria del brazo,** que se coloca frente al corazón. Y los sabios cabalistas han enseñado que la filacteria de la cabeza, está vinculada con el género masculino, y el misterio del Aspecto Cósmico Masculino Inferior –*Zeir Anpin*–, y la filacteria del brazo, está vinculada con el género femenino y el misterio del Aspecto Cósmico Femenino Inferior –*Maljut*–. Por tanto, colocándose ambas filacterias, y haciéndolo con la debida concentración, los Hijos de Israel establecen un vínculo supremo, y se transforman en un canal adecuado para recibir la energía cósmica proveniente de lo Alto. Resulta pues, que El Santo, Bendito Sea, dio a los Hijos de Israel el precepto de las filacterias de la cabeza y el brazo, **para que la persona se corone similar a lo Alto,** con la irradiación de luminosidad proveniente de las facultades cognitivas cósmicas –*mojín*–, tal como ocurre con el Aspecto Cósmico Masculino Inferior –*Zeir Anpin*–, y el Aspecto Cósmico Femenino Inferior –*Maljut*–, en lo Alto. **Y** El Santo, Bendito Sea, dio a los Hijos de Israel este precepto de las filacterias **para que sean uno y estén integrados completamente, como uno, en todo,** incluyendo todas las secciones de su alma, así como sucede en lo Alto, donde todo es uno.

Y en ese momento en que la persona se corona con ellas, las filacterias de la cabeza y el brazo, **y se santifica con ellas, se convierte en un hombre completo, y se denomina «uno». Pues no se denomina «uno» sino cuando está completo.** Ya que para estar completo se necesita unir el aspecto masculino con el femenino, tal como en lo Alto, donde se une el Aspecto Cósmico Masculino Inferior –*Zeir Anpin*–, con el Aspecto Cósmico Femenino Inferior –*Maljut*–, y esa completitud se consigue en el mundo a través de la colocación de las filacterias con la debida concentración. Por eso se debe ser extremadamente cuidadoso con este precepto y no hablar absolutamente nada entre la colocación de la filacteria de la cabeza y la filacteria del brazo, para no interrumpir la unión, y la completitud de la integridad intrínseca. **Y aquel que arruina** esa unión, hablando entre la colocación de la filacteria de la cabeza y la filacteria del brazo **no se denomina «uno».** Y lo mismo ocurre con los demás preceptos con que se establece la unión suprema.

Y por eso, El Santo, Bendito Sea, se denomina Uno, con completitud absoluta, **de todo, con la completitud de los patriarcas,**

Sección Kedoshim

con la completitud de la Congregación de Israel –*Kneset Israel*–, **y por eso,** los **Hijos de Israel de lo bajo se denominan «uno». Pues cuando la persona se coloca las filacterias, y se cubre con el cobertor del precepto,** o sea, el manto de oraciones, **entonces, se corona con coronas sagradas similar a lo Alto, y se denomina «uno». Y por eso vendrá Uno, y se ocupará de uno.** Es decir, **El Santo, Bendito Sea, que es Uno, se ocupará de** los **Hijos de Israel, que se consideran «uno». Pues el Rey no se ocupa sino de aquel que es apropiado** y correcto **para Él.**

Y a esto se refiere lo que está escrito: «Y si Él a una –determina algo–, **¿quién lo hará volver atrás?»** (Job 23:13). La expresión «a una», en el original hebreo está escrita a través de la locución *beejad*, que literalmente significa: «en uno», y alude a un pueblo, Israel. Pues **El Santo, Bendito Sea, no se posa ni se encuentra sino en uno,** el pueblo de Israel.

Ahora bien, esto, ¿de dónde se aprende? De la expresión **«a una** –*beejad*–». Pues si se refiere a El Santo, Bendito Sea, **debería** estar escrito: **«uno** –*ejad*–». **Pero** está escrito *beejad*, que literalmente significa: «en uno», e indica que El Santo, Bendito Sea, se posa **en aquel que se rectificó con santidad suprema para ser uno. Entonces Él se posa en uno,** junto a los Hijos de Israel, **y no, en otro lugar.**

¿Y cuándo la persona se denomina «uno»? La respuesta no es sino ésta: **cuando se encuentra** completo, asociado lo **masculino y** lo **femenino, y se santifica con santidad suprema, y se concentra en santificarse.**

Y ven y **observa: cuando (81b) la persona se encuentra** completa, asociado lo **masculino y** lo **femenino, y se concentra en santificarse como es debido, entonces** ese hombre **está completo y se denomina uno, sin daño. Por eso, el hombre debe alegrar a su mujer en ese momento** de allegarse a ella, **para disponerla** y prepararla para que esté **con él con una** misma **voluntad,** como uno. **Y ambos se deben concentrar como uno en el asunto.**

Y cuando ambos se encuentran unidos **como uno, entonces todo es uno,** tanto **en** lo referente al **alma, y** tanto **en** lo referente al **cuerpo. En** lo referente al **alma,** ambos son considerados uno **para apegarse**

81b

éste con éste, con una sola **voluntad. Y en** lo referente al **cuerpo,** ambos son considerados uno **como hemos estudiado, porque un hombre que no está casado es como si estuviese dividido,** siendo como la mitad del cuerpo solamente. **Y cuando el hombre y la mujer se unen, entonces se convierten en un cuerpo, resultando que ellos son un alma y un cuerpo. Y la persona se denomina «uno».**

Entonces, cuando el hombre se transforma en uno uniéndose con su mujer como uno, **El Santo, Bendito Sea, se posa en «uno», y deposita un espíritu sagrado en ese «uno».** O sea, en el hijo que les nacerá. Y a esto se refiere el misterio de lo que está escrito: «Por tanto, el hombre dejará a su padre y su madre y se unirá a su mujer, y se transformarán en una sola carne» (Génesis 2:24). Y el exegeta Rashi explicó: «se refiere al hijo, que se formó a través de ambos». (Y *véase* Sforno Ibíd.). **Y ellos se denominan hijos de El Santo, Bendito Sea, como ya ha sido** explicado y **dicho. Y a esto se refiere** lo que está escrito: **«Santos seréis** –*tihiú*–**, pues Yo soy Santo, El Eterno,** vuestro Dios» (Levítico 19:2).

Bienaventurados ellos, los Hijos de **Israel, pues** El Santo, Bendito Sea, **no estableció este asunto** de denominarse santo, **en otro lugar, sino con Él concretamente.** Pues en verdad sólo El Santo, Bendito Sea, se denomina Santo, y los entes que hacen su voluntad en forma íntegra y completa se integran a esa santidad perfecta y exclusiva de Él.

Ahora bien, este presente de ser denominados santos como Él, fue dado a los Hijos de Israel únicamente. ¿De dónde se aprende? **Como está escrito:** «El Eterno habló a Moshé (Moisés), diciendo: háblale a toda la asamblea de los Hijos de Israel y diles: santos seréis, **pues Yo soy Santo, El Eterno,** vuestro Dios» (Levítico 19:1-2). Es decir, este precepto de ser santos como El Santo, Bendito Sea, fue dado a los Hijos de Israel, **para que se apeguen a Él y no, a otro. Y a esto se refiere** lo que está escrito: **«Santos seréis, pues Yo soy Santo, El Eterno, vuestro Dios».**

Está escrito: **«Cada hombre** –de vosotros–**, a vuestra madre y a vuestro padre temeréis,** y Mis Shabat observaréis, Yo soy El Eterno,

SECCIÓN KEDOSHIM

vuestro Dios» (Levítico 19:3). **He aquí que hemos estudiado: esta sección es la generalidad de la Torá.** Pues la sección Kedoshim incluye todo lo ordenado en los Diez Mandamientos, y en forma breve y sintética, la mayoría de los preceptos y las estructuras legales de la Torá.

Ahora bien, en los Diez Mandamientos que constan en la sección Itró, hallamos que se antepone el Mandamiento de guardar el Shabat al de temer padre y madre, como está escrito: «Recuerda el día de Shabat, para santificarlo. Seis días trabajarás y harás todo tu trabajo; mas el séptimo día es Shabat para El Eterno, tu Dios; no harás ninguna labor, tú, tu hijo, tu hija, tu esclavo, tu sirvienta, tu animal y tu converso dentro de tus puertas, pues en seis días El Eterno hizo los cielos y la tierra, el mar y todo lo que hay en ellos, y descansó el séptimo día. Por eso, El Eterno bendijo el día de Shabat y lo santificó. Honra a tu padre y tu madre, para que se prolonguen tus días sobre la tierra que El Eterno, tu Dios, te da (Éxodo 20:8-12). Y en esta sección, Kedoshim, se invierte el orden, como está escrito: «Cada hombre —de vosotros—, a vuestra madre y a vuestro padre temeréis, y Mis Shabat observaréis, Yo soy El Eterno, vuestro Dios» (Levítico 19:3). ¿Cuál es la razón por la que se invirtió el orden y **se compara el temor del padre y la madre a los** días de **Shabat?** ¿Qué enseña?

La respuesta no es **sino ésta: dijo Rabí Iosei: todo es uno,** un mismo asunto. Pues **aquel que teme de esto,** del padre y la madre, **cuida esto,** el Shabat.

Otra explicación: está escrito: **«Cada hombre** —de vosotros—, **a vuestra madre** y a vuestro padre temeréis». Se aprecia que en esta declaración **se antepone a la madre al padre en lo referente al temor.** Sin embargo, respecto al precepto de honrar padre y madre, el orden es diferente, ya que se antepone al padre a la madre, como está escrito: «Honra a tu padre y tu madre, para que se prolonguen tus días sobre la tierra que El Eterno, tu Dios, te da» (Éxodo 20:8-12). **¿Cuál es la razón? Como ya fue estudiado y establecido** por los sabios talmudistas, quienes en el tratado de Kidushín enseñaron que es manifiesto y sabido ante El Santo, Bendito Sea, que el hijo honra a su madre más que a su padre, por la atención que le brinda, y por esa causa, se antepuso el honor del padre al de la madre, para establecer

81b

el equilibrio, enseñando que se debe honrar también al padre, como a la madre. **Sin embargo,** respecto al asunto del temor por el padre y la madre, es distinto, pues **la progenitora no tiene tanto poder como el progenitor** para imponer temor a su hijo. Y eso es manifiesto y sabido por El Santo, Bendito Sea, que el hijo teme de su padre más que de su madre (*véase* Talmud, tratado de Kidushín 31a). Por eso, **se antepuso el temor de ella,** la madre a la del padre, para establecer el equilibrio, enseñando que el hijo debe temer también de la madre como del padre.

Dijo Rabí Itzjak: ¿qué está escrito previamente? Está escrito: «El Eterno habló a Moshé (Moisés), diciendo: háblale a toda la asamblea de los Hijos de Israel y diles: **santos seréis,** pues Yo soy Santo, El Eterno, vuestro Dios» (Levítico 19:1-2). Y los sabios enseñaron que se refiere al momento de la procreación. Es decir, el hombre se debe santificar en el momento de la procreación para engendrar con santidad y atraer un alma sagrada para su hijo. Y **si el hombre viene a santificarse con su mujer como uno** en el momento de la procreación, **¿de quién es mayor la alabanza vinculada con esa santidad?** ¿Del hombre o la mujer? ¿Cuál de ellos provoca mayor satisfacción a El Santo, Bendito Sea, con su santificación? La respuesta no es sino ésta: **habéis de decir: de la mujer.**

¿Por qué razón debe decirse que a través de la santificación de la mujer, se provoca mayor satisfacción a El Santo, Bendito Sea? La respuesta no es sino ésta: porque ella está más cercana a las cortezas impuras denominadas *klipot* que el hombre. Y el hombre está más alejado que ella de las cortezas impuras denominadas *klipot*, y por naturaleza innata, más cerca de la santidad. Por eso el trabajo de la mujer es mucho más difícil, ya que para santificarse debe sortear muchos más obstáculos que el hombre. Y a raíz de eso, la mujer con su esfuerzo provoca una gran santidad a su hijo, incluso más que el hombre. **Por eso,** en la Torá se declara: «**Cada hombre** –de vosotros–, **a vuestra madre y a vuestro padre temeréis**». Es decir, en lo referente al temor, se antepone a la madre al padre.

Dijo Rabí Iehuda: está escrito: «**Cada hombre** –de vosotros–, **a vuestra madre y a vuestro padre temeréis**». Se aprecia que en esta declaración se antepone a la madre al padre en lo referente al temor. ¿Cuál es la razón? **Esto** se parece a lo que se declara en el libro del Génesis, como está escrito: «Éstas son las crónicas de los Cielos y la tierra cuando fueron creados **el día que El Eterno Dios hizo Tierra y Cielos»** (Génesis 2:4). Se aprecia que en esta cita se antepone a la Tierra a los Cielos, **y en otro versículo se antepone a los Cielos a la Tierra,** como está escrito: «En el comienzo creó Dios a los Cielos y a la Tierra» (Génesis 1:1). ¿Cuál es la razón por la que en un versículo se antepone a la Tierra a los Cielos, y en otro, se antepone a los Cielos a la Tierra?

La respuesta no es **sino ésta**: se mencionó esa alternancia **con el fin de enseñar que ambos fueron hechos como uno.** Es decir, los Cielos y la Tierra fueron creados juntos, y no, uno antes que el otro. Y eso es así **también aquí,** en el caso del padre y la madre, **se antepone a la madre al padre** en un versículo, el que se refiere al temor, **y en otro lugar se antepone al padre a la madre** en el versículo que se refiere al honor. ¿Cuál es la razón de esta alternancia? **Con el fin de enseñar que ambos se esforzaron en él como uno.** Por esta razón, tanto el progenitor como la progenitora han de ser considerados iguales por el hijo, tanto en lo referente al temor, como en lo referente al honor.

Este asunto está aludido asimismo en el versículo en relación con los grados supremos, como está escrito: «Cada hombre –de vosotros–, a vuestra madre y a vuestro padre temeréis, **y Mis Shabat observaréis,** Yo soy El Eterno, vuestro Dios» (Levítico 19:3). Se aprecia que «Mis Shabat», está escrito en número plural. Y el mínimo del plural es 2. Por tanto se deduce que se alude a dos grados supremos del Shabat. ¿Cuáles son esos dos grados? Los sabios cabalistas han enseñado que se refiere al día del Shabat, y a la noche del Shabat. Y como es sabido, día del Shabat está asociado con el misterio del Aspecto Cósmico Masculino Inferior –*Zeir Anpin*–, y la noche del Shabat está asociada con el misterio del Aspecto Cósmico Femenino Inferior –*Maljut*–. Por tanto, se indica que ambos **son equivalentes, éste** es similar **a éste,** y éste a éste. **Y todos se pesan con un solo peso como uno.** Es decir, no hay diferencias entre ellos. Por eso ambos están incluidos

81b

en el versículo como uno, en una misma palabra: «Mis Shabat –*shabtotai*–».

Ahora bien, ¿de dónde sabemos que todos, es decir, el Aspecto Cósmico Masculino Inferior –*Zeir Anpin*–, y el Aspecto Cósmico Femenino Inferior –*Maljut*–, se pesan con un solo peso como uno, y son comparados con el padre y la madre biológicos de un hijo terrenal? **Como está escrito: «Observaréis el Shabat, pues es sagrado para vosotros;** los que lo profanen ciertamente morirán porque todo el que haga en él labor, esa alma será tronchada del medio de su pueblo» (Éxodo 31:14). **Y está escrito: «Recuerda el día de Shabat, para santificarlo»** (Éxodo 20:8). Se aprecia que en un versículo está escrito: «Observaréis», y en otro versículo está escrito: «Recuerda». ¿A qué se refieren esas declaraciones? **Uno** de los versículos, el que expresa «Recuerda», **se refiere al padre,** que es el Aspecto Cósmico Masculino Inferior –*Zeir Anpin*–, **y uno** de los versículos, el que expresa «Observaréis», **se refiere a la madre,** que es el Aspecto Cósmico Femenino Inferior –*Maljut*–. ¿De dónde se aprende esa relación? Los sabios cabalistas han enseñado que el Aspecto Cósmico Masculino Inferior –*Zeir Anpin*–, es el padre de las almas de los Hijos de Israel, y el Aspecto Cósmico Femenino Inferior –*Maljut*–, es la madre de las almas de los Hijos de Israel. Y a esto se refiere el misterio de lo que está escrito: «Vosotros sois hijos de El Eterno, vuestro Dios, no os rasuraréis ni os haréis zonas calvas entre los ojos por una persona muerta» (Deuteronomio 14:1). «El Eterno», se refiere al Aspecto Cósmico Masculino Inferior –*Zeir Anpin*–, y «vuestro Dios», se refiere al Aspecto Cósmico Femenino Inferior –*Maljut*–. He aquí que en este versículo se alude que el Aspecto Cósmico Masculino Inferior –*Zeir Anpin*–, y el Aspecto Cósmico Femenino Inferior –*Maljut*–, son los padres de las almas de los Hijos de Israel. Por lo tanto, a través de esto se entiende la relación mencionada previamente entre el temor del padre y la madre, y los Shabat.

Considérese que **está escrito aquí: «Cada hombre** –de vosotros–, **a vuestra madre y a vuestro padre temeréis,** y Mis Shabat observaréis, Yo soy El Eterno, vuestro Dios» (Levítico 19:3). Es decir, se aproxima el asunto del temor del padre y la madre, a la observancia de los

Sección Kedoshim

Shabat. **Y está escrito allí,** en otro versículo: **«Mis Shabat observaréis y Mi Santuario temeréis; Yo soy El Eterno»** (Levítico 26:2). Es decir, se aproxima el asunto del Santuario, a la observancia de los Shabat. ¿Cuál es la razón de esos paralelismos?

La respuesta no es sino ésta: todo está vinculado. Pues **¿qué** significa **«Mi Santuario»** en relación con los Shabat? **(82a)** La respuesta es ésta: **textualmente.** Pues así como se debe temer profanar el Shabat, del mismo modo debe temerse profanar la santidad del Santuario. Y lo mismo en relación con el padre y la madre.

Además, «Mi Santuario», alude a otros misterios. Pues se refiere a **aquellos que se santifican a sí mismos en ese momento.** Es decir, se refiere a los que se allegan a sus mujeres de noche de Shabat en noche de Shabat y se santifican debidamente en ese momento. Y a raíz de la comparación previamente mencionada, entre el Shabat, el Santuario —que según esta explicación alude a la santificación del padre y la madre en el momento de su allegamiento para engendrar—, y el temor del padre y la madre, surge que se indica aquí, que es un precepto para los hijos temer a sus progenitores biológicos, por haberse santificado apropiadamente en el momento de allegarse para procrear y engendrar con santidad. Y a esto se refiere el misterio de lo que está escrito: «y Mi Santuario temeréis».

Algo parecido a esto sucede con la declaración: «Matad a ancianos, jóvenes y vírgenes, niños y mujeres, hasta que no quede ninguno; pero a todo aquel sobre el cual hubiere señal, no os acercaréis, **y comenzaréis por Mi Santuario** —*mimikadashi*—; comenzaron, pues, desde los varones ancianos que estaban delante de la Casa —el Templo—» (Ezequiel 9:6). Es decir, se indica comenzar por los hombres que estuvieran cerca de Mi Santuario. Y los sabios talmudistas han enseñado: **no leáis** *mimikadashi*, con esa vocalización, que significa «de Mi Santuario», **sino** que ha de leerse con esta vocalización: *mimkudashai*, que significa «de los hombres santificados» (Talmud, tratado de Shabat 55a). Y dijo Rav Iosef: se refiere a los hombres que cumplieron la Torá en forma completa (Ibíd.). Por tanto resulta, que así como allí, en ese versículo, la explicación de *mimikadashi* es *mimkudashai*, que significa «de los hombres santificados», **también aquí,**

82a

en el versículo que declara: «y Mi Santuario temeréis» (Levítico 26:2), debe leerse con la vocalización de *mimkudashai*, que significa «de los hombres santificados». **Y se refiere al padre y la madre** biológicos, que se santificaron antes de allegarse para procrear con el fin de engendrar con pureza.

Otra explicación: está escrito: **«Cada hombre** –de vosotros–, **a vuestra madre y a vuestro padre temeréis,** y Mis Shabat observaréis, Yo soy El Eterno, vuestro Dios» (Levítico 19:3). **Rabí Shimón** abrió su disertación sobre este asunto y para explicarlo **dijo** este versículo: **«Pero vosotros que estáis apegados a El Eterno,** vuestro Dios, estáis todos vivos hoy» (Deuteronomio 4:4). **Bienaventurados ellos, los** Hijos **de Israel, pues se apegan a Él, a El Santo, Bendito Sea, y dado que se apegan a Él, a El Santo, Bendito Sea, todos se apegan éste con éste, como uno.** Pues dado que el padre y la madre biológicos se santifican antes de allegarse para procrear con el fin de engendrar con pureza, se apegan a El Santo, Bendito Sea, y provocan el apego del Aspecto Cósmico Masculino Inferior –Zeir Anpin–, y el Aspecto Cósmico Femenino Inferior –Maljut– en lo Alto. Y a raíz de eso, todos están unidos como uno.

Ven y observa: cuando el hombre se santifica en lo bajo, por ejemplo los compañeros, que se santifican a sí mismos al allegarse a sus mujeres **de Shabat en Shabat, cuando se produce la unión suprema** del Aspecto Cósmico Masculino Inferior –Zeir Anpin–, y el Aspecto Cósmico Femenino Inferior –Maljut–, **ya que en ese momento hay buena voluntad** de lo Alto, **entonces se unen todos como uno: el alma de Shabat, y el cuerpo que se preparó en Shabat.** Es decir, el alma engendrada por el Aspecto Cósmico Masculino Inferior –Zeir Anpin–, y el Aspecto Cósmico Femenino Inferior –Maljut–, que merecieron esos padres biológicos que se allegaron en la noche de Shabat con pureza, y el cuerpo de su hijo, que fue engendrado por ellos con pureza.

Y a esto se refiere lo que está escrito: «Cada hombre –de vosotros–, **a vuestra madre y a vuestro padre temeréis,** y Mis Shabat observaréis, Yo soy El Eterno, vuestro Dios» (Levítico 19:3). **Pues ellos están unidos con un vínculo** íntimo **a través del cuerpo en ese**

momento, la medianoche del Shabat, cuando el Aspecto Cósmico Femenino Inferior –*Maljut*– se une con el Aspecto Cósmico Masculino Inferior –*Zeir Anpin*–, para hacer salir las almas sagradas de los Hijos de Israel, y en ese momento los padres biológicos se preparan **para santificarse** en el momento de la relación marital, y engendrar con pureza, y atraer un alma sagrada de lo Alto, generada por la unión del Aspecto Cósmico Masculino Inferior –*Zeir Anpin*–, con el Aspecto Cósmico Femenino Inferior –*Maljut*–. Por esta razón, los hijos que les nacerán a esos padres biológicos que se santificaron en el momento de la procreación, deben expresar temor por ellos. A esto se refiere lo que está escrito: «Cada hombre –de vosotros–, a vuestra madre y a vuestro padre temeréis, y Mis Shabat observaréis, Yo soy El Eterno, vuestro Dios» (Levítico 19:3).

Ahora bien, se aprecia que a continuación de enunciarse el precepto de temer a la madre y al padre, se menciona lo referente a la observancia del Shabat, como está escrito: **«y Mis Shabat observaréis».** Y observamos que esa declaración está en plural, refiriéndose por tanto a al menos dos Shabat. Y ésta es la explicación: **se refiere al Shabat supremo,** que es el Aspecto Cósmico Masculino Inferior –*Zeir Anpin*–, **y el Shabat inferior,** que es el Aspecto Cósmico Femenino Inferior –*Maljut*–. **Pues ellos,** el Aspecto Cósmico Masculino Inferior –*Zeir Anpin*–, y el Aspecto Cósmico Femenino Inferior –*Maljut*–, que se consideran los padres de las almas que salen de lo Alto y descienden al mundo, **preparan el alma** y la introducen **en ese cuerpo** del hijo engendrado por el padre biológico y la madre biológica que se unieron para procrear con pureza. Y esa alma que proviene de lo Alto, salió **de esa unión suprema,** del Aspecto Cósmico Masculino Inferior –*Zeir Anpin*–, con el Aspecto Cósmico Femenino Inferior –*Maljut*–, que concretaron en la noche del Shabat. **Y a esto se refiere** el misterio de lo que está escrito: **«y Mis Shabat observaréis»,** en plural, refiriéndose por tanto a **dos** Shabat, que son los grados del Shabat vinculados con el Aspecto Cósmico Masculino Inferior –*Zeir Anpin*–, y el Aspecto Cósmico Femenino Inferior –*Maljut*–. **Y** a través de la purificación mencionada, **todos se unen éste con éste,** los entes supremos, con los entes de lo bajo. **Bienaventurada la parte de** los Hijos de **Israel.**

82a

Otro modo de interpretar el **asunto:** está escrito: «Cada hombre –de vosotros–, a vuestra madre y a vuestro padre temeréis, **y Mis Shabat observaréis,** Yo soy El Eterno, vuestro Dios» (Levítico 19:3). ¿Qué misterio íntimo encierra esta cita además de lo mencionado anteriormente? La respuesta no es sino ésta: esta declaración fue manifestada **para advertir a esos que esperan para unirse** a sus mujeres **de Shabat en Shabat,** que ese es el modo correcto de proceder para engendrar hijos sumisos, con un alma suprema, temerosos del padre y la madre.

Y lo concerniente a este asunto **ya fue** estudiado y **establecido por nosotros** a partir de un versículo del libro de Isaías, **como está escrito:** «Porque así dijo El Eterno **a los ministros** *–sarisim–*, **que guarden mis días de Shabat,** y escojan lo que Yo deseo, y se aferren a Mi pacto; les daré lugar en mi casa y dentro de mis murallas» (Isaías 56:4-5). **¿Quiénes son** los entes aludidos en la declaración: **«los ministros** *–sarisim–*»? La respuesta no es sino ésta: la expresión *sarisim* además de significar ministros, también significa esterilizados. Y **se refiere a los compañeros, que se esterilizan a sí mismos todos los demás días** de la semana, para **ocuparse de la Torá** en forma completamente dedicada. **Y ellos esperan de Shabat a Shabat** para unirse a sus mujeres. **A esto se refiere lo que está escrito: «que guarden** *–ishmerú–* **mis días de Shabat».** La expresión *ishmerú* significa además esperar. **Como está dicho:** «Tuvo otro sueño, y se lo narró a sus hermanos. Y dijo: he aquí que tuve otro sueño: he aquí que el sol, la luna, y once estrellas se inclinaban ante mí. Y se lo narró a su padre y a sus hermanos; su padre lo regañó, y le dijo: ¡¿Qué es este sueño que has soñado?! ¿Acaso yo y tu madre y tus hermanos habremos de inclinarnos en la tierra ante ti? Y sus hermanos le tuvieron envidia, **mas su padre guardó** *–shamar–* **el tema»** (Génesis 37:9-12). **Y a esto se refiere** el misterio de lo que está escrito: **«y Mis Shabat observaréis** *–tishmoru–*».

Otra explicación: está escrito: **«Cada hombre** –de vosotros–, **a vuestra madre y a vuestro padre temeréis,** y Mis Shabat observaréis, Yo soy El Eterno, vuestro Dios» (Levítico 19:3). Lo que está escrito: «Cada hombre –de vosotros–, a vuestra madre y a vuestro padre temeréis»,

SECCIÓN KEDOSHIM

se refiere al cuerpo, o sea a la madre biológica, y al padre biológico. Y lo que está escrito a continuación: **«y Mis Shabat observaréis», se refiere al alma**. O sea, a los padres del alma, que son el Aspecto Cósmico Masculino Inferior –Zeir Anpin–, y el Aspecto Cósmico Femenino Inferior –Maljut–. **Y todos se unen éste con éste. Bienaventurada la parte de** los Hijos de **Israel.**

REIA MEIMNA

(81b) Rabí Shimón abrió su disertación y para explicarla dijo este versículo: **«Cada hombre** –de vosotros–, **a vuestra madre y a vuestro padre temeréis, y Mis Shabat observaréis,** Yo soy El Eterno, vuestro Dios» (Levítico 19:3). En el versículo **se iguala éste a éste,** el temor del padre y la madre, al temor del Shabat. Y así como ambos preceptos fueron igualados en lo referente al temor, lo mismo ocurre con el honor, como fue enseñado: **el honor del padre y la madre, tiene el mismo peso que el honor del Shabat.**

Ahora bien, se aprecia que en relación **con el padre** en el versículo **se adelanta el honor de él.** Como está escrito: «Honra a tu padre y a tu madre, como te ordenó El Eterno, tu Dios, para que se prolonguen tus días y para que sea bueno para ti sobre la tierra que El Eterno, tu Dios, te da» (Deuteronomio 5:16). Y en relación con la madre en el versículo se adelanta el temor de ella. Como está escrito: «Cada hombre –de vosotros–, a vuestra madre y a vuestro padre temeréis, y Mis Shabat observaréis, Yo soy El Eterno, vuestro Dios» (Levítico 19:3). ¿Cuál es la razón? La respuesta no es sino ésta: el honor viene del flanco del Aspecto Cósmico Masculino Inferior –Zeir Anpin–, que está asociado con el misterio del padre de las almas, como fue enseñado por los sabios cabalistas. Y por eso en el versículo se adelantó el honor del padre al de la madre. Y el temor viene del flanco del Aspecto Cósmico Femenino Inferior –Maljut–, que está asociado con el misterio de la madre de las almas, como fue enseñado por los sabios cabalistas. Y por eso en el versículo se adelantó el temor de la madre al del

82a

padre. **Y a esto se refiere** el misterio de **lo que está dicho en el versículo** que manifiesta: «El hijo honor al padre, y el siervo a su señor; **y si Yo soy padre, ¿dónde está mi honra? Y si soy señor, ¿dónde está mi temor?** Dice El Eterno de los ejércitos (Malaquías 1:6).

A continuación se analiza la expresión «mi honor –*kevodi*–» mencionada en el versículo: el término *kevodi*, **asciende** a un valor numérico equivalente a 42 **con la cuenta de las diez pronunciaciones** del Génesis **y los 32** Nombres de El Santo, Bendito Sea: *Elokim*, mencionados en la obra de la creación. A esto se refiere lo el misterio de lo que fue enseñado: «Por medio de treinta y dos senderos maravillosos de sabiduría Dios, El Eterno de las Legiones, Dios de Israel, Dios vivo, Soberano del universo, Todopoderoso, Clemente y Misericordioso, Elevado y Exaltado, Morador de la eternidad, cuyo Nombre es santo y supremo, grabó y creó su universo con tres dimensiones: con texto, con número y con habla» (Sefer Ietzirá 1:1). Y a continuación se enseñó: «Estos senderos son: las diez emanaciones primordiales –*sefirot*– y las veintidós letras fundamentales» (Sefer Ietzirá 1:2). Y los sabios cabalistas han enseñado en relación con esto, que la letra *iud* de *kevodi*, tiene un valor numérico equivalente a 10, aludiendo al misterio de las diez pronunciaciones con las que fue creado el mundo, y esas diez pronunciaciones están directamente vinculadas con el misterio de la emanación cósmica –*sefirá*– denominada *Jojmá*, como está escrito: «El Eterno creó el mundo con sabiduría –*Jojmá*–» (Proverbios 3:19). Y en la emanación cósmica –*sefirá*– denominada *Jojmá* está el origen de las diez emanaciones cósmicas –*sefirot*–, según el misterio de las facultades cognitivas cósmicas –*mojín*–, de grandeza del Aspecto Cósmico Masculino Inferior –*Zeir Anpin*–. Y las 32 veces que consta el Nombre de El Santo, Bendito Sea: *Elokim* en la obra de la creación, aluden a los 32 senderos de la emanación cósmica –*sefirá*– denominada *Jojmá* antes mencionados. O sea, las veintidós letras de la Torá y las diez emanaciones cósmicas –*sefirot*–. (*véase* Etz Jaim 5:5). Y debemos distinguir entre el origen de las diez emanaciones cósmicas –*sefirot*– mencionado al comienzo, y las diez sefirot mencionadas aquí. Ya que las primeras se vinculan con el grado de espíritu –*ruaj*– y las segundas con el grado de alma existencial –*nefesh*–.

Y esas fuerzas mencionadas son otorgadas por el Aspecto Cósmico Masculino Supremo –*Aba*–, asociado íntimamente con e misterio de la *Jojmá*, al Aspecto Cósmico Femenino Supremo –*Ima*–, asociada íntimamente con el misterio de la *Biná*. Y el Aspecto Cósmico Femenino Supremo –*Ima*– las entrega al Aspecto Cósmico Masculino Inferior –*Zeir Anpin*–. Y debe considerarse que **en todo lugar: «Los sabios heredarán el honor** –*kavod*–**»** (Proverbios 3:35). La expresión *kavod* comparte raíz con la expresión *kevodí* antes mencionada. Pues ellos heredan el honor, o sea, los treinta y dos senderos del flanco de la emanación cósmica –sefirá– denominada *Jojmá*.

Y ya fue estudiado y **establecido por los sabios:** aquel que aprende de su compañero un capítulo, o una ley, o un versículo, o una palabra, o incluso una sola letra, debe comportarse con él honorablemente; pues así hallamos en David, rey de Israel, que no aprendió de Ajitofel sino solamente dos asuntos, y lo llamó su maestro, su señor, su íntimo, como está dicho: «Y tú, hombre, según mi estimación, mi señor, y mi maestro» (Salmos 55:14). ¿Y acaso no se aprende por deducción?: si David, el rey de Israel, que sólo aprendió de Ajitofel dos asuntos, y lo llamó su maestro, su señor y su íntimo, aquel que aprende de su compañero un capítulo, o una ley, o un versículo, o una palabra, o incluso una sola letra, cuanto más que debe comportarse honorablemente con él. **Y no hay honor sino en la Torá,** como está dicho: «Los sabios heredarán el honor» (Proverbios 3:35); y «Los íntegros heredarán el bien» (Proverbios 28:10); y no hay bien sino en la Torá, como está dicho: «Porque os he dado una buena enseñanza: Mi Torá, no la abandonéis» (Proverbios 4:2) (Mishná, tratado de Avot 6:3). La declaración: «Y no hay honor sino en la Torá», se refiere a la Torá escrita, asociada con el misterio del Aspecto Cósmico Masculino Inferior –*Zeir Anpin*–, como ya hemos dicho previamente. Y los sabios cabalistas han enseñado que el Aspecto Cósmico Masculino Inferior –*Zeir Anpin*–, recibe las facultades cognitivas cósmicas –*mojín*–, del Aspecto Cósmico Masculino Supremo –*Aba*– y el Aspecto Cósmico Femenino Supremo –*Ima*–. **Pues esos son los treinta y dos** Nombre de El Santo, Bendito Sea: ***Elokim***. O sea, treinta y dos del flanco del Aspecto Cósmico Masculino Supremo –*Aba*–, y *Elokim* del flanco del

82a

Aspecto Cósmico Femenino Supremo –*Ima*–. **Pues la Torá es el honor de él.** Y la razón se debe a que la Torá está asociada con el misterio del Aspecto Cósmico Masculino Inferior –*Zeir Anpin*–. Y los sabios cabalistas han enseñado que el *Zeir Anpin*, recibe el honor de la emanación cósmica –sefirá– denominada *Jojmá*. Resulta por tanto, que al tener Torá, también tiene honor.

Y esos sabios de la Torá, que son **los sabios** vinculados **con la sabiduría** –*Jojmá*– de la Torá, **heredan ese honor** que el Aspecto Cósmico Masculino Inferior –*Zeir Anpin*–, recibe de la emanación cósmica –sefirá– denominada *Jojmá*. **Y** esto **no** es así con **los simples** (*tipshin*). Ya que ellos no reciben el honor que el Aspecto Cósmico Masculino Inferior –*Zeir Anpin*–, recibe de la emanación cósmica –sefirá– denominada *Jojmá*. **Pues acerca de ellos está dicho:** «Los sabios heredarán el honor –*kavod*–; **mas los necios llevarán ignominia**» (Proverbios 3:35). Es decir, cada uno aparta la ignominia llevándola a su parte, y la ignominia es lo opuesto al honor.

Ahora bien, **¿y de dónde sabemos que aquel que no** se dedica a estudiar la Torá y no **sabe** los conocimientos vinculados **con la Torá se denomina necio?** La respuesta no es sino ésta: **como está escrito:** «**El hombre necio no sabe esto** –*zot*–, y el insensato no entiende esto –*zot*–» (Salmos 92:7). Y los sabios cabalistas han enseñado que la expresión *Zot* **no se refiere sino a la Torá, como está escrito: «Ésta es la Torá que Moshé (Moisés) colocó** ante los Hijos de Israel» (Deuteronomio 4:44).

Rabí Shimón se dirigió a Moshé, el fiel pastor, y le dijo: **fiel pastor** –reia meimna–: **dado que te has debilitado** y ya no revelas los secretos supremos de la Torá debido a que ha cesado el poder del despertar de los hombres justos que se abocan a la Torá en lo bajo, y todo depende del despertar de los entes de lo bajo, por esta razón **he abierto esa sección** de la Torá **para explicar estos preceptos, para que** ese despertar que surge de este estudio realizado en lo bajo, ascienda a lo Alto, y **te sea de ayuda,** aunque sea **un poco.** Y Rabí Shimón le dijo al fiel pastor, o sea, Moshé: por eso **fortalécete.**

Y Rabí Shimón le dijo la causa de su solicitud: **pues los campamentos** de las almas de los justos **de las academias** de lo Alto, vienen a ti para oír de ti lo que expliques de otro precepto que estudiaremos **después de** abrir **este precepto** que estamos abordando ahora. **Ya que ese** precepto que estudiaremos después **es el precepto de designar sobre ti un rey en lo Alto.** Es decir, en ese precepto se indica también recibir sobre ti el reinado de El Santo, Bendito Sea, o sea, se indica que has de convertirte en Carroza del Aspecto Cósmico Masculino Inferior –Zeir Anpin–. **Y** entonces, **El Santo, Bendito Sea, te establecerá para ser rey en** medio de **los de lo Alto y en** medio de **los de lo bajo, con su Imagen.** Es decir, El Santo, Bendito Sea, te establecerá para que seas rey como el Aspecto Cósmico Masculino Inferior –Zeir Anpin–. Y de ese modo podrás atraer la irradiación de luminosidad y la abundancia provenientes de lo Alto, del Aspecto Cósmico Femenino Supremo –Ima–, y proyectarla al Aspecto Cósmico Femenino Inferior –Maljut– en lo bajo.

Después Rabí Shimón le dijo al fiel pastor la razón de esto: **pues sobre los sabios de la academia está la Presencia Divina** –Shejiná– suprema, que es el Aspecto Cósmico Femenino Supremo –Ima–, y está asociada con el misterio de Lea, **y la** Presencia Divina –Shejiná– **inferior,** que es el Aspecto Cósmico Femenino Inferior –Maljut–, y está asociada con el misterio de Raquel. **Y El Santo, Bendito Sea, es rey en el centro, aferrado a los de lo Alto, y a los de lo bajo.** Es decir, el Aspecto Cósmico Masculino Inferior –Zeir Anpin–, que está vinculado con el misterio de El Santo, Bendito Sea, asociado también con el misterio de Jacob, y la letra *vav* del Tetragrama, en su reinado está aferrado a los de lo Alto, a través del Aspecto Cósmico Femenino Supremo –Ima–, y a los de lo bajo, a través del Aspecto Cósmico Femenino Inferior –Maljut–. **Así tú,** le dijo Rabí Shimón al fiel pastor, a través del misterio de tu alma, **estarás** vinculado **con su Imagen,** pues eres considerado hijo de Él, ya que tu alma está enraizada en lo Alto y vinculada con el misterio de la letra *vav* del Tetragrama. Por tanto, **levántate por la gloria del Rey,** y revela los misterios recónditos de la Torá vinculados con lo Alto.

Después de oír las palabras de Rabí Shimón, **el fiel pastor,** o sea, Moshé, **se levantó, y elevó sus manos a lo Alto** para orar a El Santo, Bendito Sea, con el fin de que lo ayude a revelar los secre-

82a

tos supremos de la Torá en forma correcta y verdadera, sin cometer errores.

Y esto fue lo que **dijo** en su plegaria: **sea Tu voluntad, causa de todas las causas, que asciendas ascenso tras ascenso hasta que no haya ascenso fuera de Ti, (82a) pues Tú estás sobre toda causa** y ascenso. A través de esta declaración, el fiel pastor se dirigió a El Santo, Bendito Sea, que se manifiesta en lo bajo a través de la concatenación de los grados que Él dispuso en el cosmos: el ente cósmico oculto denominado el Anciano de Días –*Atik Iomin*–, el ente cósmico oculto denominado *Arij Anpin*, el Aspecto Cósmico Masculino Supremo –*Aba*–, el Aspecto Cósmico Femenino Supremo –*Ima*–, el Aspecto Cósmico Masculino Inferior –*Zeir Anpin*–, y el Aspecto Cósmico Femenino Inferior –*Maljut*–. Y esos grados se manifiestan en los cuatro mundos supremos: el Mundo de la Emanación –*Atzilut*–, el Mundo de la Creación –*Briá*–, el Mundo de la Formación –*Ietzirá*–, y el Mundo de la Acción –*Asiá*–. Y el fiel pastor, Moshé, se dirigió a El Santo, Bendito Sea, en el nivel supremo, por sobre todos estos cuerpos cósmicos denominados *Partzufim*, llegando con su plegaria a lo Alto del Mundo de la Emanación –*Atzilut*–.

Así siguió la plegaria del fiel pastor: sea Tu voluntad atender mi plegaria **para darme fuerza** y poder **para hacer Tu voluntad en** la concatenación de **tus grados** a través de los cuales Tú proyectas tu irradiación de luminosidad en lo bajo, ocultándote e invistiéndote en ellos, y **ellos son: el Aspecto Cósmico Masculino Supremo** –*Aba*– **y el Aspecto Cósmico Femenino Supremo** –*Ima*–. **Y yo** estoy enraizado en el misterio de la emanación cósmica –*sefirá*– denominada *Daat*, que es una emanación surgida del ente cósmico oculto denominado *Arij Anpin*, que se oculta e inviste en el Aspecto Cósmico Masculino Supremo –*Aba*– y al Aspecto Cósmico Femenino Supremo –*Ima*–, por tanto **soy** considerado **el hijo de ellos**.

A continuación el fiel pastor dijo: **y en Tu unicidad, ambos** entes cósmicos **son uno**, ya que Tú te proyectas a lo bajo ocultándote e invistiéndote en el Aspecto Cósmico Masculino Supremo –*Aba*– y el Aspecto Cósmico Femenino Supremo –*Ima*–, como uno. **Y Tú has igualado el temor del padre al temor de la madre a Tú temor.**

Ésta es la explicación de lo dicho por el fiel pastor a El Santo, Bendito Sea: hizo esa petición sobre la base de lo que está escrito: «Cada hombre –de vosotros–, a vuestra madre y a vuestro padre temeréis, y Mis Shabat observaréis, Yo soy El Eterno, vuestro Dios» (Levítico 19:3). Y este versículo se refiere al padre y la madre biológicos, y asimismo a los padres del alma. Y tal como dijimos, Moshé, el fiel pastor, estaba enraizado en la emanación cósmica –sefirá– denominada *Daat*, que es una emanación surgida del ente cósmico oculto denominado *Arij Anpin*, que se oculta e inviste en el Aspecto Cósmico Masculino Supremo –*Aba*– y el Aspecto Cósmico Femenino Supremo –*Ima*–. Por tanto, el Aspecto Cósmico Masculino Supremo –*Aba*– y el Aspecto Cósmico Femenino Supremo –*Ima*– son considerados padres del alma de Moshé. Y lo que está escrito a continuación: «y Mis Shabat observaréis», además de estar asociado con el misterio del Aspecto Cósmico Masculino Supremo –*Aba*– y el Aspecto Cósmico Femenino Supremo –*Ima*–, como hemos explicado, también está asociado con el misterio del Shabat supremo general que contiene a todos los Shabat, o sea, el Shabat supremo vinculado con el flanco del ente cósmico oculto denominado *Arij Anpin*, que se oculta e inviste en el Aspecto Cósmico Masculino Supremo –*Aba*– y el Aspecto Cósmico Femenino Supremo –*Ima*–. Y como el versículo donde están indicados todos estos misterios se refiere al temor, como está escrito: «Cada hombre –de vosotros–, a vuestra madre y a vuestro padre temeréis [...]», he aquí se revela que también se debe temer de la manifestación suprema de El Santo, Bendito Sea, denominada: el ente cósmico oculto denominado *Arij Anpin*.

Y el fiel pastor, refiriéndose a este ente cósmico en el que se oculta e inviste El Santo, Bendito Sea, dijo: **dado que Tú,** a través de esta manifestación, **estás en el centro** cósmico, entre el Aspecto Cósmico Masculino Supremo –*Aba*– y el Aspecto Cósmico Femenino Supremo –*Ima*–.

A continuación el fiel pastor aclaró: y **Tú eres uno, y no, dos, sin asociación** de ningún tipo. O sea, sin ninguna pareja cósmica de género o grado femenino. Y esto es así **aunque ellos,** el Aspecto Cósmico Masculino Supremo –*Aba*–, y el Aspecto Cósmico Femenino

82a

Supremo –*Ima*–, **son uno en** relación con el misterio de la **asociación** integral y permanente **contigo.** Pues Tú les das a ellos fuerza y poder para unirse. **Pero Tú eres uno, sin asociación de ningún segundo, y por eso fue dicho acerca de Ti:** «Ve, ahora, que Yo, Yo soy Él, **y no hay dios junto a Mí;** Yo hago morir y hago vivir, Yo golpeo y Yo curo, y no hay quien rescate de Mi mano» (Deuteronomio 32:39). La expresión «dios», alude a una pareja cósmica de género o grado femenino. Resulta que en el versículo se revela que El Santo, Bendito Sea, es uno y único, sin asociación de ningún tipo.

El fiel pastor siguió orando a El Santo, Bendito Sea, traspasando todos los grados, hasta llegar al grado del ente cósmico oculto denominado *Arij Anpin*, en el Mundo de la Emanación –*Atzilut*–. Dijo: **dame poder para despertarme con tu gloria al comienzo, y después con la gloria de mi padre y mi madre de los Cielos.** Es decir, el fiel pastor pidió en primer lugar la proyección y la revelación de la irradiación proveniente del grado supremo de El Santo, Bendito Sea, denominado: *Arij Anpin*; y después la proyección de la irradiación proveniente de los grados denominados: el Aspecto Cósmico Masculino Supremo –*Aba*– y el Aspecto Cósmico Femenino Supremo –*Ima*–, considerados los padres de su alma.

¿Cuál es la razón? **Porque ya fue** estudiado y **establecido** por los sabios talmudistas **acerca de ellos** en el Talmud, tratado de Berajot (35b): **aquel que roba a su padre y a su madre y dice: «no hay pecado», es compañero del hombre dañador. Y ya fue** estudiado y **establecido por los sabios de la Mishná, que no hay en** la declaración **«su padre», sino** alusión a **El Santo, Bendito Sea.** Y tal como han enseñado los sabios cabalistas, ese denominativo supremo se refiere aquí al Aspecto Cósmico Masculino Supremo –*Aba*–. **Y no hay en** la declaración **«su madre», sino** alusión a **la Congregación de Israel** –*Kneset Israel*–. Y en el lenguaje cabalístico, tal como hemos dicho, se refiere al Aspecto Cósmico Femenino Supremo –*Ima*–.

Y el fiel pastor siguió orando y traspasando todos los niveles, hasta llegar al grado de El Santo, Bendito Sea, denominado el ente cósmico oculto denominado *Arij Anpin* del Mundo de la Emanación –*Atzilut*–: **y tu gloria es el Aspecto Cósmico Masculino Supremo** –*Aba*–.

Sección Kedoshim

El fiel pastor dijo esto porque El Santo, Bendito Sea, proyecta su manifestación en lo bajo a través del grado del ente cósmico oculto denominado *Arij Anpin*, invistiéndose en el Aspecto Cósmico Masculino Supremo –*Aba*–. Por eso dijo que la gloria de El Santo, Bendito Sea, en este caso proyectándose a través del grado denominado: el ente cósmico oculto denominado *Arij Anpin*, es el Aspecto Cósmico Masculino Supremo –*Aba*–, que representa el misterio de su vestimenta. Y el Aspecto Cósmico Masculino Supremo –*Aba*– se inviste en el Aspecto Cósmico Femenino Supremo –*Ima*–, siguiendo con la concatenación de la proyección suprema en medio del gran ocultamiento de los entes cósmicos de lo Alto, investidos éste dentro de éste.

Y el fiel pastor aclaró: pues esa gloria, el Aspecto Cósmico Masculino Supremo –*Aba*–, es la emanación cósmica –sefirá– denominada *Jojmá*. Ya que esta sefirá está vinculada con el misterio de la manifestación cósmica general del Mundo de la Emanación –*Atzilut*–. Pues el Aspecto Cósmico Masculino Supremo –*Aba*–, y el Aspecto Cósmico Femenino Supremo –*Ima*–, visten y cubren al ente cósmico oculto denominado *Arij Anpin*, desde la garganta hasta el pecho. **Pues** ese ente cósmico, el Aspecto Cósmico Masculino Supremo –*Aba*–, **incluye las diez emanaciones cósmicas** –sefirot– del Aspecto Cósmico Femenino Supremo –*Ima*–, que está **debajo de él en** el plano cósmico de **lo Alto** en el momento de la unión sagrada.

El fiel pastor dijo a continuación: **y ambos, son un asiento debajo de ti por gloria tuya.** Es decir, se refirió al grado supremo denominado ente cósmico oculto denominado *Arij Anpin*, que el Aspecto Cósmico Masculino Supremo –*Aba*– y el Aspecto Cósmico Femenino Supremo –*Ima*–, son un asiento debajo suyo, para gloria de él.

Y así han establecido los sabios, **que el pequeño honre al grande que está sobre él. Y el Aspecto Cósmico Masculino Supremo** –*Aba*–, **que es** el ente asociado con el misterio de la emanación cósmica –sefirá– denominada *Jojmá*, está dicho acerca de él: **«¿No tenemos todos un mismo padre?»** (Malaquías 2:10). Pues el Aspecto Cósmico Masculino Supremo –*Aba*– es considerado el padre de todos los entes que fueron creados a partir de él, hacia bajo. ¿De dónde se aprende? Como está escrito: «A todas las has hecho con sabiduría

82a

–Jojmá–» (Salmos 104:24). Por esta razón el Aspecto Cósmico Masculino Supremo *–Aba–* **ha de servir bajo de ti,** refiriéndose al ente cósmico oculto denominado *Arij Anpin*.

El fiel pastor dijo a continuación: **y tú has de ser corona suprema** *–Keter–* **sobre su cabeza.** Pues la cabeza del ente cósmico oculto denominado *Arij Anpin* se revela sobre las cabezas del Aspecto Cósmico Masculino Supremo *–Aba–* y el Aspecto Cósmico Femenino Supremo *–Ima–*, y es considerado corona para ellos. Por eso el fiel pastor se refirió al *Arij Anpin* de ese modo, diciendo que se ha de coronar del Aspecto Cósmico Masculino Supremo *–Aba–* y el Aspecto Cósmico Femenino Supremo *–Ima–*.

El fiel pastor después dijo siempre refiriéndose al ente cósmico oculto denominado *Arij Anpin*: **y no hay corona sobre ti, y no hay otro ente divino sobre ti.**

A continuación el fiel pastor se refirió al nivel que está debajo: **y el Aspecto Cósmico Femenino Supremo** *–Ima–* **debe servir al Aspecto Cósmico Masculino Supremo** *–Aba–*.

En este caso, el fiel pastor se refirió al grado supremo denominado el Aspecto Cósmico Femenino Supremo *–Ima–* de la generalidad del Mundo de la Emanación *–Atzilut–*, que en el lenguaje cabalístico comprende a estos entes cósmicos: el ente cósmico supremo denominado Israel el Anciano y el ente cósmico supremo denominado *Tebuná*. Y este grado supremo, denominado el Aspecto Cósmico Femenino Supremo *–Ima–*, debe servir al Aspecto Cósmico Masculino Supremo *–Aba–* del Mundo de la Emanación *–Atzilut–*, que en el lenguaje cabalístico comprende a estos entes cósmicos: el Aspecto Cósmico Masculino Supremo *–Aba–* de lo Alto y el Aspecto Cósmico Femenino Supremo *–Ima–* de lo Alto.

Y el fiel pastor dijo sobre esa base, que el grado supremo denominado el Aspecto Cósmico Femenino Supremo *–Ima–* de la generalidad del Mundo de la Emanación *–Atzilut–*, que en el lenguaje cabalístico comprende a estos entes cósmicos: el ente cósmico supremo denominado Israel el Anciano y el ente cósmico supremo denominado *Tebuná*, debe servir al Aspecto Cósmico Masculino Supremo *–Aba–* de la generalidad del Mundo de la Emanación *–Atzilut–* **porque**

está debajo de él. Y además, este ente cósmico, Ima de la generalidad del Mundo de la Emanación –*Atzilut*–, que incluye al ente cósmico supremo denominado Israel el Anciano y el ente cósmico supremo denominado *Tebuná*, **debe ser Trono debajo de él,** o sea, debajo del ente cósmico denominado Aba, que comprende al Aspecto Cósmico Masculino Supremo –*Aba*– y al Aspecto Cósmico Femenino Supremo –*Ima*– de lo Alto.

A continuación se estudiará acerca de los misterios de la creación: en el Génesis se menciona treinta y dos veces el Nombre de El Santo, Bendito Sea: *Elokim*. Y esas treinta y dos menciones encierran el misterio íntimo de la creación, ya que el mundo fue creado a través de treinta y dos senderos, asociados con el misterio de esos Nombres mencionados. Y los sabios cabalistas han explicado que existen treinta y dos senderos vinculados con el Aspecto Cósmico Masculino Supremo –*Aba*–, y treinta y dos senderos vinculados con el Aspecto Cósmico Femenino Supremo –*Ima*–. Y en la obra de la creación los treinta y dos senderos vinculados con el Aspecto Cósmico Masculino Supremo –*Aba*–, asociado con el misterio de la emanación cósmica –sefirá– denominada *Jojmá*, pronunciaban, y los treinta y dos senderos vinculados con el Aspecto Cósmico Femenino Supremo –*Ima*–, asociados con el misterio de la emanación cósmica –sefirá– denominada *Biná*, hacían. Y eso está aludido en el comienzo del Génesis, como está escrito: «Dijo Dios –*Elokim*–: ¡Que haya luz! Y hubo luz» (Génesis 1:3). Y está escrito: «Y Dios –*Elokim*– hizo las dos grandes luminarias, la luminaria mayor para que domine el día, y la luminaria menor para que domine la noche, y las estrellas» (Génesis 1:16). He aquí que en el texto bíblico se aluden los treinta y dos senderos vinculados con el Aspecto Cósmico Masculino Supremo –*Aba*–, o sea, la emanación cósmica –sefirá– denominada *Jojmá*, y treinta y dos senderos vinculados con el Aspecto Cósmico Femenino Supremo –*Ima*–, o sea, la emanación cósmica –sefirá– denominada *Biná*.

Resulta que todas las obras se proyectaron de la emanación cósmica –sefirá– denominada *Jojmá*, pero fueron hechas a través de la emanación cósmica –sefirá– denominada *Biná*. Y tal como enseñaron los sabios cabalistas ambos entes cósmicos se unen como uno, pues el

82a

Aspecto Cósmico Femenino Supremo –*Ima*–, asociado con el misterio de la emanación cósmica –sefirá– denominada *Biná*, viste y cubre al Aspecto Cósmico Masculino Supremo –*Aba*–, asociado con el misterio de la emanación cósmica –sefirá– denominada *Jojmá*. Y a esto se refiere el misterio de lo que está escrito: «A todas las has hecho con sabiduría –*Jojmá*–» (Salmos 104:24). Pues si bien es cierto que todas las cosas fueron hechas por la emanación cósmica –sefirá– denominada *Biná*, la emanación cósmica –sefirá– denominada *Jojmá* estaba investida en ella, y era el ente cósmico que daba las instrucciones.

Y de lo dicho resulta que **él,** el Aspecto Cósmico Masculino Supremo –*Aba*–, **dijo todas las pronunciaciones** con las cuales fue creado el mundo, **hasta** que se completaron los **treinta y dos** senderos de la emanación cósmica –sefirá– denominada *Jojmá*, que ese ente cósmico proyectó a través del Aspecto Cósmico Femenino Supremo –*Ima*–. Y a esto se refiere el misterio de las treinta y dos veces que está escrito el Nombre de El Santo, Bendito Sea: *Elokim*, en la obra de la creación. Pues a través de esos senderos fue realizada toda la obra de la creación.

A esto se refiere el misterio de lo que está escrito: **«Sea así», y, «Y así fue».** La expresión: «sea así», se refiere al Aspecto Cósmico Masculino Supremo –*Aba*–, que pronunciaba. Y la expresión: «y así fue», se refiere al Aspecto Cósmico Femenino Supremo –*Ima*–, que realizaba. O sea, el Aspecto Cósmico Masculino Supremo –*Aba*– realizaba a través del Aspecto Cósmico Femenino Supremo –*Ima*–. **Pues ella,** el Aspecto Cósmico Femenino Supremo –*Ima*–, **hizo lo que él decía,** el Aspecto Cósmico Masculino Supremo –*Aba*–, **inmediatamente. Y dado que ella hizo lo que él decía y ordenaba sin ninguna demora en absoluto, a través de los treinta y dos senderos** de la emanación cósmica –sefirá– denominada *Jojmá* que irradiaron luminosidad en los treinta y dos senderos de la emanación cósmica –sefirá– denominada *Biná*, **que con ellos se realizó toda la obra de la Creación,** por eso también el Aspecto Cósmico Femenino Supremo –*Ima*– **se denomina Gloria** –*Kavod*–. Pues el valor numérico de la expresión *Kavod* es igual a treinta y dos. Y a esto se refiere el misterio de lo que está escrito: **«Y en su Palacio todo dice gloria** –*Kavod*–**»** (Salmos 29:9). Es decir, en el Palacio del Aspecto Cósmico Masculino Supremo

–*Aba*–, que es el Aspecto Cósmico Femenino Supremo –*Ima*–, ambos, tanto el Aspecto Cósmico Masculino Supremo –*Aba*– como el Aspecto Cósmico Femenino Supremo –*Ima*–, se denominan *Kavod*.

Ahora bien, por el flanco del Aspecto Cósmico Femenino Supremo –*Ima*–, la Gloria –*Kavod*–, se manifiesta sólo un poco. Y a esto se refiere el misterio de lo que está escrito: **«Bendita la Gloria de El Eterno en su lugar»** (Ezequiel 3:12). Pero en relación con el Aspecto Cósmico Masculino Supremo –*Aba*–, se declara en la santificación de la plegaria adicional denominada *Musaf*: la Corona –*Keter*–, **¿dónde está el lugar de su Gloria para aprehenderlo?** Pues es oculto. Y la Gloria del Aspecto Cósmico Femenino Supremo –*Ima*–, aunque sea que es más revelada que la del Aspecto Cósmico Masculino Supremo –*Aba*–, de todos modos se oculta, y la Gloria que se revela ante nosotros es la proveniente del Aspecto Cósmico Masculino Inferior –*Zeir Anpin*–, y el Aspecto Cósmico Femenino Inferior –*Maljut*–.

Y la traducción aramea **de** la declaración: **«el honor de su padre», es «la gloria** –*iakar*– **de su padre».** Y la expresión *iakar* significa gloria, y también un objeto valioso. **Y a esto se refiere** el misterio de lo que está escrito: **«La Torá de El Eterno es íntegra»** (Salmos 19:8).

Existen trece reglas mediante las cuales la Torá es interpretada, siendo ésta una de ellas: «cuando un asunto estaba incluido en una generalidad, y salió de la generalidad para enseñar, se considera que no salió para enseñar respecto a él mismo, sino para enseñar respecto a toda la generalidad». Pues la Torá es una generalidad suprema que incluye innumerables preceptos para enseñar a los Hijos de Israel cómo deben comportarse en el mundo. Y aunque sea que sale de la Torá un mero cuento, ciertamente que no se viene a enseñar solamente lo referente acerca de ese cuento en forma literal, sino que es la intención revelar asuntos supremos y sublimes insinuados en el cuento. Y por tanto debe considerarse que no salió para enseñar respecto a él mismo, sino para enseñar respecto a toda la generalidad. Pues en toda la Torá hay asuntos recónditos y ocultos. Ya que ese cuento, o suceso, descrito en la Torá, aunque sale de la generalidad de la Torá, y lo principal de ella son las leyes y los decretos, no salió sólo para enseñar respecto a él mismo, sino que salió para enseñar respecto a toda la generalidad suprema de la Torá. Pues si esos cuentos o sucesos no hubiesen sido incluidos, sería posible decir que las leyes y los decretos tienen solamente una interpretación simple, y no secretos y misterios ocultos. Pero dado que fueron incluidos esos cuentos y los sucesos, que ciertamente tienen asuntos ocultos, se aprende que también las leyes y los decretos tienen una interpretación simple, y secretos y misterios ocultos.

Un ejemplo lo hallamos en el Arca de Noé, como está escrito: «Entonces las aguas se retiraron de la tierra, retrocediendo continuamente, y las aguas disminuyeron al cabo de ciento cincuenta días. Y en el séptimo mes, el día diecisiete del mes, el Arca se posó sobre las montañas de Ararat» (Génesis 8:3-4). Se observa que este versículo salió de la generalidad de los preceptos de la Torá, pues no enseña en forma directa ninguna ordenanza práctica, ningún precepto a cumplir, y aparentemente es una mera narración. Pues, ¿qué importancia tiene para nosotros si el Arca se posó en esta montaña o en esta otra? Pues ciertamente se habría de posar en algún lugar. Y debido a eso debemos reconocer que hay en este asunto muchos secretos ocultos. Por tanto decimos que: «salió para enseñar respecto a toda la generalidad». Es decir, salió para enseñar que en las leyes y los decretos de la Torá también hay ocultos misterios profundos.

Por lo tanto, bienaventurados los Hijos de Israel a quienes fue dada la Torá sublime y suprema, una Torá de verdad. Y aquel que dice que ese cuento fue incluido en la Torá para enseñar acerca del mismo solamente, que su espíritu salga de su cuerpo. Pues si fuese así, la sagrada Torá no sería sublime, suprema y majestuosa. Por tanto, ciertamente que la sagrada Torá es sublime, suprema, majestuosa, y es una Torá verdadera (*véase* III Zohar 149b).

Siguiendo esta revelación, es posible entender nuestro asunto en forma profunda, y comprender que en la declaración: «el honor de su padre», asociada con el misterio indicado en la declaración: «La Torá de El Eterno es íntegra», hay encerrados misterios supremos además del sentido llano. Y **acerca de ella se dijo: «Es más valiosa** –*iekará*– **que las perlas»** (Proverbios 3:15). Y tal como dijimos antes, la expresión *iakar*, se refiere al honor.

Sección Kedoshim

Y los Hijos de **Israel, denominados hijos** de El Santo, Bendito Sea, **incluyen** los grados de **hijo e hija.** Es decir, están asociados con el misterio del Aspecto Cósmico Masculino Inferior –*Zeir Anpin*–, y el Aspecto Cósmico Femenino Inferior –*Maljut*–. Pues el Aspecto Cósmico Masculino Inferior –*Zeir Anpin*–, y el Aspecto Cósmico Femenino Inferior –*Maljut*– se denominan el hijo y la hija del Aspecto Cósmico Masculino Supremo –*Aba*– y el Aspecto Cósmico Femenino Supremo –*Ima*–.

Ahora bien, ¿de qué flanco los Hijos de Israel son considerados hijos de El Santo, Bendito Sea? La respuesta no es sino ésta: **del flanco de** la emanación cósmica –sefirá– denominada *Tiferet* **y** la emanación cósmica –sefirá– denominada *Maljut.* Y tal como enseñaron los sabios cabalistas, *Tiferet* se refiere en forma genérica al Aspecto Cósmico Masculino Inferior –*Zeir Anpin*–, y *Maljut*, se refiere al Aspecto Cósmico Femenino Inferior –*Maljut*–. **Y ellos,** el Aspecto Cósmico Masculino Inferior –*Zeir Anpin*–, y el Aspecto Cósmico Femenino Inferior –*Maljut*–, tal como ya hemos dicho, **son considerados hijo e hija** del Aspecto Cósmico Masculino Supremo –*Aba*– y el Aspecto Cósmico Femenino Supremo –*Ima*–. Resulta pues, y relacionándolo con el precepto de honrar padre y madre, y asociándolo con el misterio vinculado con estos entes cósmicos mencionados, que el precepto de **honorar padre y madre consiste en hacer las ordenanzas de ellos. Y las ordenanzas de ellos son los preceptos activos.** Es decir, las ordenanzas del Aspecto Cósmico Masculino Supremo –*Aba*– y el Aspecto Cósmico Femenino Supremo –*Ima*–, están asociadas al cumplimiento de los preceptos activos. **Y ya fue** estudiado y **establecido por los sabios de la Mishná** (*véase* Talmud, tratado de Kidushin 31a), que **hay quien fue ordenado** cumplir un precepto **y hace** lo que se le ordenó, **y por eso ellos,** los Hijos de Israel dijeron: «Tomó el Libro del Pacto y lo leyó a oídos del pueblo, y ellos dijeron: "Todo lo que ha dicho El Eterno **lo haremos y lo obedeceremos**"» (Éxodo 24:7).

Y tal como explicamos, en toda manifestación bíblica hay misterios recónditos ocultos. Y los sabios cabalistas han enseñado que la declaración pronunciada por los Hijos de Israel: «lo haremos», está víncu-

82a

lada con el misterio del Aspecto Cósmico Masculino Inferior *–Zeir Anpin–*, y la declaración: «lo obedeceremos», está vinculada con el misterio del Aspecto Cósmico Femenino Inferior *–Maljut–*. Y no sólo eso, sino que además de este misterio relacionado con la acción, hay un misterio más profundo aludido en relación con el plano cognitivo. Y según esta enseñanza: la declaración pronunciada por los Hijos de Israel: «lo haremos», está vinculada con el misterio del Aspecto Cósmico Masculino Supremo *–Aba–*, y la declaración: «lo obedeceremos», está vinculada con el misterio del Aspecto Cósmico Femenino Supremo *–Ima–*.

Por lo tanto resulta que aquel que es denominado hijo de El Santo, Bendito Sea, cumple los preceptos en forma íntegra y simple, sin escudriñar qué hay detrás de los mismos, cumpliendo con la cita que declara: «Todo lo que ha dicho El Eterno lo haremos y lo obedeceremos». **Y ese es el honor del Padre y la Madre** supremos, o sea, el Aspecto Cósmico Masculino Supremo *–Aba–*, y el Aspecto Cósmico Femenino Supremo *–Ima–*, **que ordene a su hijo que haga así,** en referencia al Aspecto Cósmico Masculino Inferior *–Zeir Anpin–*. Es decir, le ha de ordenar que otorgue influencia al Aspecto Cósmico Femenino Inferior *–Maljut–*. **Y él lo hace inmediatamente sin demora.** Es decir, cuando el Aspecto Cósmico Masculino Inferior *–Zeir Anpin–*, recibe la abundancia del Aspecto Cósmico Masculino Supremo *–Aba–* y el Aspecto Cósmico Femenino Supremo *–Ima–*, la entrega inmediatamente al Aspecto Cósmico Femenino Inferior *–Maljut–*, sin ninguna demora.

Además, el fiel pastor oró concentrándose en el nivel supremo asociado con el misterio del ente cósmico oculto denominado *Arij Anpin*, diciendo: **y el ascenso de todos los ascensos** vinculado con el nivel supremo asociado con el misterio del ente cósmico oculto denominado *Arij Anpin*, **yo quiero esforzarme en** la aprehensión y rectificación de **tu gloria.** Deseo rectificar **los atributos del Aspecto Cósmico Masculino Supremo** *–Aba–* **y el Aspecto Cósmico Femenino Supremo** *–Ima–* **en tu honor.** Por tanto solicito: **ayúdame a ordenar todo en forma apropiada, y tú me ayudarás a ordenar todo en forma apropiada. Y a todos los dirigentes de las academias,**

Sección Kedoshim

en lo Alto y en lo bajo, y los campamentos de ángeles supremos e inferiores, para que se rectifiquen y ordenen por tu honor (en alusión al honor del ente cósmico oculto denominado *Arij Anpin*), **y por el honor del Aspecto Cósmico Masculino Supremo** –*Aba*– **y el Aspecto Cósmico Femenino Supremo** –*Ima*–, **para que sea asiento debajo de tus pies.** Es decir, para que el Aspecto Cósmico Femenino Supremo –*Ima*– sea asiento y Trono debajo de los pies del Aspecto Cósmico Masculino Supremo –*Aba*–, según el misterio de la unión intima.

Y el fiel pastor dijo en su oración: entonces, a raíz de esta rectificación suprema, **podremos cumplir los preceptos de Él, con toda sus ordenanzas** –los preceptos activos–, por el flanco del Aspecto Cósmico Masculino Supremo –*Aba*–. Y a través de eso nos podremos concentrar en proyectar y atraer la abundancia a través de él. **Y** podremos **temer de Él con** relación a **todas las ordenanzas pasivas** del flanco del Aspecto Cósmico Femenino Supremo –*Ima*–.

Y a esto se refiere (82b) el misterio de lo que está escrito: «**Cada hombre** –de vosotros–, **a vuestra madre y a vuestro padre temeréis**» (Levítico 19:3). **Y está** escrito **próximo a eso,** inmediatamente a continuación: «**y Mis Shabat observaréis,** Yo soy El Eterno, vuestro Dios». O sea, se refiere a los preceptos pasivos. Pues tanto el temor, como la observación –*shemirá*–, se refiere a los preceptos pasivos. **Y en otro versículo** está escrito: «**Y mis preceptos realizaréis**». A esto se refiere lo que está escrito: «Si siguiereis Mis decretos y observareis Mis preceptos y los realizareis» (Levítico 26:3). La expresión: «realizaréis», se refiere a los preceptos activos. Pues **por el flanco de los preceptos pasivos, que son** los preceptos vinculados con **el honor, se adelanta** –en el versículo a– **el padre** –*Aba*– **a la madre** –*Ima*–, como está escrito: «Honra a tu padre y tu madre, para que se prolonguen tus días sobre la tierra que El Eterno, tu Dios, te da» (Éxodo 20:12). **Y a esto se refiere** lo que está escrito en relación con el Nombre de El Santo, Bendito Sea, que se escribe con las letras *iud–he*. Esas letras aluden al Aspecto Cósmico Masculino Supremo –*Aba*– y al Aspecto Cósmico Femenino Supremo –*Ima*– (*véase* Zohar Rut al comienzo). Pues la letra *iud* está vinculada con el misterio del Aspecto

Cósmico Masculino Supremo –*Aba*–, y la letra *he* está vinculada con el misterio del Aspecto Cósmico Femenino Supremo –*Ima*–. Y tal como dijimos, el cumplimiento de los preceptos está asociado con el misterio del Aspecto Cósmico Masculino Supremo –*Aba*– y el Aspecto Cósmico Femenino Supremo –*Ima*–. Y dado que en el Nombre de El Santo, Bendito Sea, la letra *iud*, que alude al Aspecto Cósmico Masculino Supremo –*Aba*–, está escrita antes que la letra *he*, que alude al Aspecto Cósmico Femenino Supremo –*Ima*–, indica que a través del cumplimiento de los preceptos activos se proyecta la abundancia del ente cósmico oculto denominado *Arij Anpin* al Aspecto Cósmico Masculino Supremo –*Aba*–, asociado con el misterio de la letra *iud* del Tetragrama. Y de allí la abundancia se proyecta al Aspecto Cósmico Femenino Supremo –*Ima*–, asociada con el misterio de la letra *iud* del Tetragrama. En tanto que **por el flanco de los preceptos pasivos, se adelanta a la madre con respecto al padre.** Como está escrito: «Cada hombre –de vosotros–, a vuestra madre y a vuestro padre temeréis» (Levítico 19:3). Y a esto se refiere el misterio del Nombre *Elokim*, que se escribe con las letras hebreas *alef–lamed–he–iud–mem*. La letra *he* está antes que la letra *iud*. Pues a través de cuidarse de no transgredir los preceptos pasivos, se aparta a los entes impuros denominados *jitzonim* del Aspecto Cósmico Femenino Supremo –*Ima*–.

Y a esto se refiere el misterio de lo que está escrito: **«Es Gloria de Dios ocultar el asunto»** (Proverbios 25:2). ¿Qué significa aquí la expresión «es Gloria de Dios –*Elokim*–»? Se refiere al misterio asociado al flanco de las letras *iud* y *he* que constan en el Nombre de El Santo, Bendito Sea: *Elokim*, y lo que está escrito a continuación: «ocultar el asunto», indica que se debe ocultar esa santidad suprema para evitar la aproximación y la adherencia de los entes impuros denominados *jitzonim*. Y esto lo consiguen las personas que se ocupan de la Torá y los preceptos como es debido, ya que esa es la Gloria de Dios –*Elokim*–. Pero **aquellos que no se ocupan de** la Torá y los preceptos como es debido, o sea, no se ocupan de **esa Gloria** de Dios –*Elokim*–, ellos están conectados con los entes impuros denominados *jitzonim*. Por tanto, hay que cuidarse de esas personas que están vinculadas con los entes impuros denominados *jitzonim*, y se debe **«ocultar el**

asunto» de ellos. Y el asunto –*davar*–, se refiere a la Presencia Divina –*Shejiná*–, que está con los entes de lo bajo en medio del exilio. Resulta que en la cita bíblica mencionada se indica que hay que ocultar a la Presencia Divina –*Shejiná*– de ellos, los que están conectados con los entes impuros denominados *jitzonim*, para que no se revele ante ellos.

Y debe considerarse que **acerca de ellos está dicho: «Mas los necios llevarán ignominia»** (Proverbios 3:35). Es decir, cada uno de ellos aparta la ignominia llevándola a su parte, y la ignominia es lo opuesto al honor –*kavod*–. Por tanto se desprende de aquí que ellos llevan a su parte a las fuerzas del Otro Lado –*Sitra Ajara*–, y no, la irradiación de la Presencia Divina –*Shejiná*–. Y **estos son los iletrados, después que no se ocupan del honor** y la gloria **de la Torá. ¿Y cómo ellos dicen** en la plegaria: **«Padre nuestro que estás en los Cielos, oye nuestras voces, repara y apiádate de nosotros, y acepta nuestra plegaria»? he aquí que** El Santo, Bendito Sea, **les dirá:** «El hijo honra al padre, y el siervo a su señor; **y si Yo soy padre, ¿dónde está mi honra?** Y si soy señor, ¿dónde está mi temor? Dice El Eterno de los ejércitos (Malaquías 1:6).

Es decir, El Santo, Bendito Sea, les preguntará: **¿dónde está vuestro esfuerzo por Mi Torá y mis preceptos para cumplir Mis ordenanzas?** Pues ese es Mi honor. **Pues aquel que no conoce las ordenanzas de su amo, ¿cómo las cumplirá?** Es decir, aquel que no conoce los preceptos ordenados por El Santo, Bendito Sea, ¿cómo los podrá cumplir?

Esto que hemos dicho es así respecto a los iletrados que no estudian ni escuchan las palabras de los sabios, **con excepción de aquel que oyó de los sabios y hace** lo que aprendió de ellos, aunque no estudie directamente en forma personal. **Y éste** tipo de hombre **es el que recibió** sobre sí lo que está escrito en la Torá: «Todo lo que ha dicho El Eterno **lo haremos y lo obedeceremos»** (Éxodo 24:7). Pues así como los Hijos de Israel se comprometieron antes de recibir la Torá a cumplir con todo lo que les dijese El Santo, Bendito Sea, que les hablaba través de su siervo Moisés, estos iletrados obran de manera semejante, pues aceptan cumplir todo lo que les enseñen los sabios.

Y de todos modos, aquel que no recibe de su Amo, sino de su representante, es decir, no estudia Torá él mismo, sino que oye las enseñanzas impartidas por los sabios que estudian la Torá, y cumple con eso que aprendió de ellos, aún así, **hay** una gran **diferencia** entre ellos. **¿Y qué diferencia hay entre éste y éste? Pues he aquí que está escrito** en la Mishná: Moshé recibió la Torá del Sinai y la transmitió a Iehoshúa, e Iehoshúa a los ancianos, y los ancianos a los profetas, y los profetas la transmitieron a los hombres de la Gran Asamblea. Ellos dijeron tres asuntos: sed circunspectos en el juicio, estableced muchos alumnos y haced cerco a la Torá (Mishná, tratado de Avot 1:1). Es decir, primero **Moshé recibió la Torá del Sinai, y después, la transmitió a Iehoshúa.** Y Moshé, que es el fiel pastor, dijo: **yo la recibí,** a la Torá de El Santo, Bendito Sea, **y después la entregué a todos ellos.** Pero aquel que estudia directamente la Torá, y cumple con lo aprendido, se le considera como si él mismo hubiera recibido la Torá de El Santo, Bendito Sea, como ocurrió con el fiel pastor, Moshé. He aquí la gran diferencia entre aprender de un intermediario, y estudiar directamente la Torá.

Y así ocurre también con **aquel que recibe de otros** y cumple con lo aprendido, pero no estudia directamente la Torá, ya que tal como hemos dicho, no es lo mismo, y su acción es **como la recepción de** la luz de **la Luna y las estrellas,** que la reciben **del Sol, y con esa recepción** de luz, **ella,** la Luna, **se llena.**

Resulta que la Luna no tiene luz propia y su iluminación depende exclusivamente del Sol, y cuando éste no le irradia luz, la Luna se oscurece inmediatamente. Y a su vez, el Sol recibe la energía vivificante de El Santo, Bendito Sea. **Y aquel que recibe** de otro, **puede quitarse de él la proyección** de abundancia, simplemente suprimiéndose la fuente, o suspendiéndose ocasionalmente. Esto es así tal **como vemos en el Sol y la Luna que la luz de ellos se quita** y anula **en la noche** (o sea, desaparece). **Pues el Sol no ilumina sino de día,** y entonces, la iluminación de la Luna se anula ante la gran irradiación de luminosidad del Sol, y ésta no se ve. **Y la Luna** ilumina **sólo en la noche,** cuando la luz del Sol no se proyecta sobre todo. Y lo mismo ocurre con la abundancia del mundo, donde las personas reciben la proyección de la luminosidad y la abundancia de lo Alto gracias a los justos que hay en el mundo y se asemejan al Sol, y en ese tiempo en que ellos están en la Tierra no se nota ninguna carencia, pero cuando el justo abandona el mundo, se nota la carencia en el receptor.

Y si dijereis que la luz de la Luna en la noche es del Sol, pues aunque sea que éste **se pone, de todos modos irradia luminosidad en la Luna y las estrellas, considerad que nosotros vemos por otro lado en un eclipse de Luna y Sol, que la luz de ellos se quita y quedan como un cuerpo sin alma. Pues hay un Amo sobre ellos que oscurece la luz de ellos. Pero lo principal** y el origen **de la luz, es ese lugar que proyecta** continuamente, **sin interrupción en la irradiación de luminosidad de él,** o sea, se refiere a El Santo, Bendito Sea; **y no hay sobre Él otra deidad para interrumpir de Él su** emisión y proyección de **luz.**

El fiel pastor siguió orando a El Santo, Bendito Sea, proyectándose al grado supremo vinculado con el nivel del ente cósmico oculto denominado *Arij Anpin,* y dijo: **y el** grado asociado al nivel supremo del **ascenso de** todos **los ascensos, después de que Tú** irradias luminosidad en todo el Mundo de la Emanación –*Atzilut*–, está **allí.** Por tanto, **no hay interrupción en la proyección de la irradiación de luminosidad de la Torá** que se proyecta a lo bajo a través de la emanación cósmica –sefirá– denominada *Tiferet* del Aspecto Cósmico Masculino Inferior –*Zeir Anpin*–, que está asociado con el misterio de la Torá escrita. Por eso, aquel que está vinculado con ese grado, recibirá continuamente esa irradiación de luminosidad de la Torá, sin interrupción; y esa irradiación de luminosidad no se debilitará en él jamás.

Por esta razón, el fiel pastor siguió orando a El Santo, Bendito Sea, proyectándose al grado supremo vinculado con el nivel del ente cósmico oculto denominado *Arij Anpin,* y dijo: **sea tu voluntad que no se mueva de mi Padre y de mi Madre, y de sus hijos.**

Ésta es la explicación: Moshé, o sea, el fiel pastor, que estaba enraizado en el misterio del grado vinculado con la emanación cósmica –sefirá– denominada *Daat,* considerada el hijo del Aspecto Cósmico Masculino Supremo –*Aba*– y el Aspecto Cósmico Femenino Supremo

82b

–Ima–, o sea el Padre y la Madre cósmicos, pidió a El Santo, Bendito Sea, que no se moviera la proyección de irradiación de luminosidad y abundancia del Aspecto Cósmico Masculino Supremo *–Aba–* y el Aspecto Cósmico Femenino Supremo *–Ima–*, y tampoco de sus hijos cósmicos, el Aspecto Cósmico Masculino Inferior *–Zeir Anpin–*, y el Aspecto Cósmico Femenino Inferior *–Maljut–*. Y el fiel pastor incluyó en esta petición a los Hijos de Israel, que son considerados los hijos del Aspecto Cósmico Masculino Inferior *–Zeir Anpin–*, y el Aspecto Cósmico Femenino Inferior *–Maljut–*. Por lo tanto, el fiel pastor pidió a El Santo, Bendito Sea, que siempre se proyecte su irradiación de luminosidad en lo bajo.

Y así corre también con quien se mata a sí mismo por la Torá que es el honor de El Santo, Bendito Sea, como está escrito: «Es más valiosa *–iekará–* que las perlas» (Proverbios 3:15). Y tal como dijimos, la expresión *iakar*, se refiere al honor. Es decir, se refiere metafóricamente a aquella persona que se esfuerza en la Torá y profundiza en el estudio hasta llegar a la raíz de toda ley. Entonces, la Torá **se mantiene en él, y no se interrumpe de él. Pero esto no es así en aquel que no se esfuerza en ella** como es debido, **sino** que simplemente oye las enseñanzas de los sabios y las cumple, ya que en ese caso, **aunque cumple con las ordenanzas de los sabios, él es un sirviente de ellos, y es considerado** de acuerdo con el nivel de **siervo, y no,** de acuerdo con el nivel de **hijo.** Pues él no sabe ni conoce las enseñanzas de la Torá con profundidad, sino que simplemente oye a los sabios, y se apoya en sus enseñanzas. Y se compara a un siervo que oye las ordenanzas del rey a través del hijo del rey, y cumple con la voluntad del rey. **Pero si** de todos modos **es un siervo fiel, su amo lo pone para que gobierne sobre todo lo de él.** Y a esto se refiere el misterio de lo que está escrito: «Y dijo Abram: "Señor mío, El Eterno: ¿Qué puedes darme, si yo no tengo hijos y el encargado de mi casa es Eliezer, el damasceno?"» (Génesis 15:2). Y a continuación está escrito: «Dijo Abram: "He aquí que no me has dado simiente; y mi encargado me hereda"» (Génesis 15:3).

Pero aquel que no se esfuerza en la Torá y no sirve a los sabios para oír de ellos las enseñanzas para cumplir con los preceptos según el grado vinculado con lo que está escrito en la Torá: «Todo lo que ha dicho El Eterno **lo haremos y lo obedeceremos**» (Éxodo 24:7), **sino que se arruina y transgrede los preceptos pasivos, es considerado como los de los pueblos del mundo.** Es considerado **hijo del** ente maligno cuyo nombre comienza con las letras *samej–mem* **y la serpiente,** que es el ente maligno de género femenino cuyo nombre se escribe con las letras hebreas *lamed–iud–lamed–iud–tav*. Y es de los **que está escrito acerca de ellos: «Mas los necios llevarán ignominia»** (Proverbios 3:35). Es decir, cada uno de ellos aparta la ignominia llevándola a su parte, y la ignominia es lo opuesto al honor –*kavod*–, o sea, llevan a su parte a las fuerzas del Otro Lado –*Sitra Ajara*–, y no, la irradiación de la Presencia Divina –*Shejiná*–. Y esto, ¿por qué? **Porque no quisieron recibir la Torá. Pues todo el que no tiene Torá, no tiene honor, ya que está dicho acerca de ellos: «Los sabios heredarán el honor** –*kavod*–**»** (Proverbios 3:35).

El fiel pastor siguió hablando, y dijo: **y aún así, sabed, dirigentes de las academias, que no todo honor es igual. Pues el hijo honra al padre, y el siervo a su amo** (Malaquías 1:6). Sin embargo, el honor de uno y otro es muy diferente. Pues **el hijo** honra al padre **sin condición de recibir recompensa, pero está obligado a honrar padre y madre** por prescripción de la Torá, **y si no quiere cumplir con las ordenanzas de ellos, el padre y la madre lo obligarán** y lo castigarán, **hasta que lo haga por la fuerza. Y si es un hijo mayor,** que el padre y la madre no lo pueden obligar a cumplir sus ordenanzas, en ese caso **los** miembros **del tribunal lo obligan. Pues si** el hijo **no quiere obedecer** a sus padres, **¿qué está escrito acerca de él?** Está escrito: «Si un hombre tuviere un hijo díscolo y rebelde, que no obedece la voz de su padre ni la voz de su madre, y ellos lo disciplinan, mas él no les obedece; entonces su padre y su madre lo tomarán y lo sacarán a los ancianos de su ciudad y a al portal del Tribunal de su lugar. Ellos les dirán a los ancianos de la ciudad: **"Este hijo nuestro es díscolo y rebelde; no obedece nuestra voz; es un glotón y un bebedor"**» (Deuteronomio 21:18-20). **Y se lo juzga con** el castigo de **lapidación,** como está escrito: «Todos los hombres de su ciudad lo apedrearán y morirá; y eliminarás el mal de vuestro medio; y todo el pueblo de Israel oirá y temerá» (Deuteronomio 21:21).

Y lo mencionado tiene también una connotación cabalística, pues como fue enseñado por los sabios conocedores de los misterios de la Torá, cada declaración de la Torá encierra en su interior misterios recónditos e insondables. Y en este caso se alude a la persona que está vinculada con el grado de «hijo», es decir, alguien cuya alma está enraizada en el Mundo de la Emanación –*Atzilut*–. Y una persona así, cuando peca, debe rectificarse en una reencarnación. Por eso es ajusticiado a través de los miembros del tribunal, para que muera y reencarne inmediatamente para que pueda rectificarse apropiadamente.

Sin embargo el siervo, que sirve a su amo **con la condición de recibir recompensa, si no cumple con la voluntad de su amo, el amo lo echa de su casa, y toma otro** siervo. **Aunque no podría haber hecho con su hijo, sino: o cumple su ordenanza, o es matado** a través del tribunal, tal como hemos mencionado previamente.

Y lo aquí mencionado tiene también una connotación cabalística, ya que el siervo alude a una persona cuya alma está enraizada en el Mundo de la Formación –*Ietzirá*–, que está debajo del Mundo de la Emanación –*Atzilut*–. Y una persona así, cuando peca, y el amo lo expulsa arrojándolo al Otro Lado –*Sitra Ajara*–. Y el Amo toma otro en su lugar, es decir, El Santo, Bendito Sea, toma otra alma para cubrir su lugar.

La Lámpara sagrada, Rabí Shimón, **le dijo** al fiel pastor, Moshé: **¿quién provocó que** el hijo **no cumpla con las ordenanzas de su padre, siendo su hijo?**

Es decir, según los misterios de la cábala, se alude a la persona asociada al grado de «hijo», o sea, una persona cuya alma está enraizada en el Mundo de la Emanación –*Atzilut*–. Y si es así, ¿cómo es posible que pecara contra El Santo, Bendito Sea?

Dijo el fiel pastor: ciertamente la mezcla del mal.

Esta declaración también tiene una connotación cabalística, y se refiere al misterio de la metempsicosis. O sea, el proceso que siguen ciertas almas después de la muerte, que migran a otros cuerpos para rectificarse. Y en este caso, un alma de un malvado migró al cuerpo

SECCIÓN KEDOSHIM

que contenía un alma de un justo, mezclándose con ella para purificarse y rectificarse. Pero en ciertas ocasiones ocurre que las malas tendencias del alma del malvado prevalecen y hacen pecar al justo. Y este misterio se alude en la cita bíblica que declara: «También subió con ellos una mixtura de gente –*erev rav*– y ovejas y ganado vacuno, muchísimo ganado» (Éxodo 12:38). Dijo Rabí Iehuda: ¿cuál es la diferencia respecto a cuando los Hijos de Israel estuvieron en Egipto? Pues está escrito: «Luego, Moshé (Moisés) y Aarón vinieron y le dijeron al Faraón: «Así dijo El Eterno, el Dios de Israel: "Envía a Mi pueblo, para que puedan celebrar para Mí en el desierto"» (Éxodo 5:1). Y está escrito: «Pues si te niegas a enviar a Mi pueblo, he aquí que mañana traeré langostas dentro de tus fronteras» (Éxodo 10:4). Y también está escrito: «Le dirás al Faraón: así dijo El Eterno, Mi hijo primogénito es Israel» (Éxodo 4:22). Todos estos son lenguajes de aprecio y afecto. Y en aquel tiempo aún no estaban circuncidados y no estaban vinculados con El Santo, Bendito Sea como corresponde. Y aquí, cuando salieron de Egipto, estaban circuncidados y habían hecho el sacrificio de Pesaj, y estaban vinculados con El Santo, Bendito Sea como corresponde, y sin embargo los llama simplemente: «el pueblo», y no «Mi pueblo». ¡Es algo que sorprende! Se responde: no fue sino por esa mixtura de gente que se unieron a ellos, y se mezclaron con ellos; por eso los llama simplemente: «el pueblo», y no «Mi pueblo». Pues esta expresión señala un grupo de mucha gente común que están juntos. Como está dicho: «El Eterno atacó al pueblo con una plaga, a causa del becerro que habían hecho, que había hecho Aarón» (Éxodo 32:35). Y además está escrito: «El pueblo vio que Moshé (Moisés) se había demorado en bajar de la montaña y se reunió el pueblo en torno a Aarón y le dijeron: levántate, haznos dioses que vayan delante de nosotros, pues no sabemos qué es lo que le ha ocurrido a este hombre Moshé (Moisés) que nos hizo ascender de la tierra de Egipto» (Éxodo 32:1). Y asimismo está escrito en este mismo versículo: «El pueblo vio que Moshé (Moisés) se había demorado en bajar de la montaña» (Ibíd.). Y lo mismo en todo lugar en el que está escrito: «el pueblo», se refiere a la mixtura de gente denominada *erev rav* (*véase* II Zohar 45b).

82b

Y este misterio provocó que los Hijos **de Israel pecaran contra el Padre de ellos que se encuentra en el Cielo. Y a esto se refiere el misterio** de lo que está escrito: «**Y se mezclaron con los pueblos**» (Salmos 106:35). Esta declaración indica que los Hijos de Israel se mezclaron con la impureza de los pueblos idólatras. **Y eso provocó la muerte de** muchos de **los** Hijos **de Israel, y el Templo Sagrado fue destruido.**

Y por eso los sabios han enseñado: **no se aceptarán conversos en los días del Mesías.** Y entonces se cumplirá lo que está escrito: «**El Eterno solo los guió, y ningún otro poder había con el pueblo**» (Deuteronomio 32:12). Y los sabios cabalistas han revelado que esta declaración se refiere a la condición suprema que alcanzarán los Hijos de Israel en ese tiempo, cuando venga el Mesías y redima a los Hijos de Israel del exilio. Ya que tendrán un alma del Mundo de la Emanación –Atzilut–, y serán guiados por ella, sin ninguna metempsicosis, es decir, sin la asociación de ninguna alma de un malvado con su alma sagrada del Mundo de la Emanación –Atzilut–.

El fiel pastor, o sea, Moshé, siguió hablando, y dijo: **pues los** Hijos **de Israel,** que son considerados los hijos de El Omnipresente, como está escrito: «Así dijo El Eterno, Mi hijo primogénito es Israel» (Éxodo 4:22), **son** seres humanos cuya alma está vinculada con el misterio **del Árbol de la Vida.**

Los sabios cabalistas explicaron que eso es así porque las almas de los Hijos de Israel provienen de la unión del Aspecto Cósmico Masculino Inferior –Zeir Anpin–, con el Aspecto Cósmico Femenino Inferior –Maljut–, del Mundo de la Emanación –Atzilut–. Pero las almas de los siervos provienen del Árbol del Conocimiento del Bien y del Mal. Y a esto se refiere el misterio de lo que está escrito: «El Eterno Dios tomó al hombre y lo colocó en el Jardín del Edén, para que lo trabajara y lo cuidara. Y El Eterno Dios le ordenó al hombre, diciendo: "De todo árbol del jardín podrás comer; pero del Árbol del Conocimiento del Bien y del Mal, no comerás; pues el día que de él comas, ciertamente morirás"» (Génesis 2:15-17).

Por esa razón hay siervo bueno y siervo malo. El siervo bueno, que escucha las palabras de los sabios, y las cumple, **pertenece al**

flanco del ángel cuyo nombre se escribe con las letras hebreas *mem–tet–tet–reish–vav–nun*, **que es un buen siervo, un siervo fiel a su Amo. Y el siervo malo** pertenece al flanco del ente maligno cuyo nombre se escribe con las letras hebreas *samej–mem–alef–lamed*.

Aquel que es –una persona cuya alma está vinculada con el misterio– **del Árbol de la Vida, es hijo del Mundo venidero.** O sea, se refiere al ente cósmico denominado *Biná*, que es el Aspecto Cósmico Femenino Supremo –*Ima*–, y se vincula con el misterio del Mundo venidero. Es decir, es **hijo del flanco de Be–n I–h, Biná.**

Y ésta es la explicación: *Biná* se escribe con estas cuatro letras hebreas: *bet–iud–nun–he*. Las letras *bet* y *nun* forman la expresión *ben* que significa hijo. Y las letras *iud* y *he* son las dos primeras letras del Tetragrama, asociadas con el misterio del Aspecto Cósmico Masculino Supremo –*Aba*– y el Aspecto Cósmico Femenino Supremo –*Ima*–. Es decir, aquel que es –una persona cuya alma está vinculada con el misterio– del Árbol de la Vida, está considerado hijo del flanco del ente cósmico denominado *Biná*, y recibe un grado de alma denominado *neshamá*–, y un grado de alma denominado *jaia*, del Aspecto Cósmico Masculino Supremo –*Aba*– y el Aspecto Cósmico Femenino Supremo –*Ima*–, que están asociados con el misterio de las letras *iud* y *he*, y recibe un espíritu –*ruaj*–, proveniente del Aspecto Cósmico Masculino Inferior –*Zeir Anpin*–, que está asociado con el misterio de la letra *vav* del Tetragrama. **Y** esta persona **heredó el reino** asociado con el misterio del grado de alma denominado esencia existencial –*nefesh*–, del Aspecto Cósmico Femenino Inferior –*Maljut*– del Mundo de la Emanación –*Atzilut*–, vinculado **con la** letra *he* del Tetragrama.

Ahora se esclarece: **¿Y como lo heredó** al grado de alma denominado esencia existencial –*nefesh*–, del Aspecto Cósmico Femenino Inferior –*Maljut*– del Mundo de la Emanación –*Atzilut*–, vinculado con la letra *he* del Tetragrama? La respuesta no es sino ésta: lo hereda **si cumplió las ordenanzas del padre y la madre.** Y los sabios cabalistas han enseñado que aquí el padre se refiere al Aspecto Cósmico Masculino Inferior –*Zeir Anpin*–, y la madre se refiere al Aspecto Cósmico Femenino Inferior –*Maljut*–. Y como el *Zeir Anpin* está asociado con el misterio de los preceptos activos, y *Maljut* está asociado con

82b

el misterio de los preceptos pasivos, resulta que esta persona heredó ese grado de alma por cumplir los preceptos activos y los preceptos pasivos de la Torá. **Y esto se debe a que el reino** –*Maljut*– **se denomina una ordenanza del Rey. Y acerca de él está dicho: «¿Por qué tú pasas por la ordenanza del rey?»** (Ester 3:3). **Por eso ella,** el Aspecto Cósmico Femenino Inferior –*Maljut*–, **se denomina una ordenanza** del Rey. **Y ella está a cargo de** ordenar lo referente al cumplimiento de **las ordenanzas del Rey** por el flanco de la emanación cósmica –sefirá– denominada *Tiferet*, o sea, **los preceptos activos, y los preceptos pasivos,** por el flanco del Aspecto Cósmico Femenino Inferior –*Maljut*– mismo.

El precepto activo **de la Torá es** una ordenanza asociada con el misterio de la emanación cósmica –sefirá– denominada *Tiferet* del Mundo de la Emanación –*Atzilut*–. **Y aquí,** en el mundo supremo, que es el Mundo de la Emanación –*Atzilut*–, **no hay allí,** en los entes cósmicos inferiores, es decir, el Aspecto Cósmico Masculino Inferior –*Zeir Anpin*–, y el Aspecto Cósmico Femenino Inferior –*Maljut*–, **separación.** ¿Cuándo? **Si** el hijo sagrado tiene un alma suprema vinculada con el grado de la emanación cósmica –sefirá– denominada *Tiferet*, del Mundo de la Emanación –*Atzilut*–, que se denomina **El Santo, Bendito Sea.**

¿Cuál es la razón de lo mencionado? **Porque ella,** la emanación cósmica –sefirá– denominada *Tiferet*, **es** un ente cósmico que está asociado a la medida de la **verdad,** y por esta razón se posa en un lugar donde reinan la santidad y la verdad. En cambio la mentira no puede adherirse a esa alma sagrada suprema, pues la mentira carece de capacidad de adherencia a un ente vinculada con el Mundo de la Emanación –*Atzilut*–. Y como dijimos, el alma de ese hijo sagrado está vinculada con el grado de la emanación cósmica –sefirá– denominada *Tiferet*, del Mundo de la Emanación –*Atzilut*–; por eso se une a esa alma únicamente la verdad. Y no sólo eso, sino que además, la manifestación de la Presencia Divina –*Shejiná*–, asociada a **su Torá** se adhiere **allí,** a ese justo. Pues la Presencia Divina –*Shejiná*–, está asociada con el misterio del Aspecto Cósmico Femenino Inferior –*Maljut*–, tal como enseñaron los sabios cabalistas. Y el Aspecto Cósmico Femenino Inferior –*Maljut*– **es** un ente que se denomina **Torá de verdad,** como está escrito: «La Torá de verdad estuvo en su boca» (Malaquías 2:6).

Ahora bien, esto que hemos dicho aquí aparentemente se contradice con lo que hemos mencionado anteriormente. Pues antes dijimos que la emanación cósmica –sefirá– denominada *Tiferet* está asociada con el misterio de la Torá, y el Aspecto Cósmico Femenino Inferior –*Maljut*–, que es la Presencia Divina –*Shejiná*–, es el precepto. Y ahora hemos dicho que la emanación cósmica –sefirá– denominada *Tiferet* está asociada con el misterio de la verdad, y el Aspecto Cósmico Femenino Inferior –*Maljut*– es el ente asociado a la Torá de verdad. ¿Cómo se explica esta aparente contradicción?

La respuesta no es sino ésta: están asociados al Aspecto Cósmico Femenino Inferior –*Maljut*– ambos grados. Pues **ella,** el Aspecto Cósmico Femenino Inferior –*Maljut*–, **es su Torá y su precepto,** de la emanación cósmica –sefirá– denominada *Tiferet* del Aspecto Cósmico Masculino Inferior –*Zeir Anpin*–, pues el Aspecto Cósmico Femenino Inferior –*Maljut*– enseña todo lo que hay en la emanación cósmica –sefirá– denominada *Tiferet*, del Aspecto Cósmico Masculino Inferior –*Zeir Anpin*–.

Y esto es tal **como** lo que **ocurre con** la emanación cósmica –sefirá– denominada **Biná,** que es la emanación cósmica –sefirá– asociada en forma genérica al misterio del Aspecto Cósmico Femenino Supremo –*Ima*–. Pues la emanación cósmica –sefirá– denominada *Biná* **es** considerada **la Torá y el precepto de** la emanación cósmica –sefirá– denominada *Jojmá,* asociada en forma genérica con el misterio del Aspecto Cósmico Masculino Supremo –*Aba*–.

Y los sabios cabalistas han enseñado que el Aspecto Cósmico Femenino Supremo –*Ima*–, o sea, el ente vinculado con el misterio de la emanación cósmica –sefirá– denominada *Biná*, incluye en su interior una parte de la emanación cósmica –sefirá– denominada *Jojmá*, que es la Torá, ya que la manifestación del Aspecto Cósmico Masculino Supremo –*Aba*– se inviste en el Aspecto Cósmico Femenino Supremo –*Ima*–, y además, la emanación cósmica –sefirá– denominada *Biná*, asociado con el misterio del Aspecto Cósmico Femenino Supremo –*Ima*–, incluye su parte, que es el precepto. Y en este ente cósmico se encuentra el origen del Aspecto Cósmico Masculino Inferior –*Zeir Anpin*–, y el Aspecto Cósmico Femenino Inferior –*Maljut*–.

Ya que debe considerarse que **hay** también **una Torá del Mundo de la Creación** –*Briá*–. Y la misma está asociada con el misterio del Aspecto Cósmico Masculino Inferior –*Zeir Anpin*–, del Mundo de la Creación –*Briá*–. Y asimismo hay una emanación cósmica –sefirá– denominada *Jojmá*, vinculada con el misterio del Aspecto Cósmico Masculino Supremo –*Aba*–, del Mundo de la Creación –*Briá*–, y hay una emanación cósmica –sefirá– denominada *Biná*, vinculada con el misterio del Aspecto Cósmico Femenino Supremo –*Ima*–, del Mundo de la Creación –*Briá*–. **Y así ocurre con todas las medidas.** Pues todas las emanaciones cósmicas –sefirot–, que se denominan medidas, se proyectan también al Mundo de la Creación –*Briá*–, y están presentes allí. Resulta que en el Mundo de la Creación –*Briá*– está presente la emanación cósmica –sefirá– denominada Emanación cósmica –sefirá– denominada *Jesed*, la emanación cósmica –sefirá– denominada *Guevurá*, la emanación cósmica –sefirá– denominada *Tiferet*, y todas las demás.

Con esto, aquel que tiene una alma proveniente del Mundo de la Creación –*Briá*–, y no, del Mundo de la Emanación –*Atzilut*–, **ese hijo con la Torá** que estudia, **puede estar sin precepto, y** lo mismo al revés, **precepto sin Torá, con separación.** ¿Cuál es la razón? Porque el ente cósmico maligno del Mundo de la Creación –*Briá*–, o sea, el ente maligno cuyo nombre comienza con las letras *samej–mem*, tiene capacidad de adherencia y puede prevalecer allí.

Esto que hemos dicho es con respecto a aquel que tiene un alma del Mundo de la Creación –*Briá*– solamente, y no, del Mundo de la Emanación –*Atzilut*–. **Y** a partir **de aquí,** es decir, del Mundo de la Creación –*Briá*– hacia abajo, aquel que tiene un alma proveniente de allí **(83a)**, puede salir de él **un hijo díscolo y rebelde.** Y a esto se refiere el misterio de lo que está escrito: «Si un hombre tuviere un hijo díscolo y rebelde, que no obedece la voz de su padre ni la voz de su madre, y ellos lo disciplinan, mas él no les obedece» (Deuteronomio 21:18). Y la razón del nacimiento de un hijo con estas características es, tal como dijimos, porque el Mundo de la Creación –*Briá*– es un mundo donde hay separación, y las fuerzas del Otro Lado –*Sitra Ajara*–, se adhieren allí.

Sin embargo, del flanco del Mundo de la Emanación –*Atzilut*–, **no hay allí separación. Y así** ocurre también con aquel que tiene un alma que proviene **de allí, el pecado no viene a través de él,** o sea, a través de su alma. **Y no hay en ella castigo.** Pues el alma proveniente del Mundo de la Emanación –*Atzilut*– no es castigada en el Infierno –*Gueinom*–. **Y** hay en relación con esta alma suprema **tampoco recompensa,** pues se adhiere a su origen, siendo esa una gran recompensa para ella. Y hay en relación con esta alma suprema **tampoco hay muerte** como en los demás casos, a través del Ángel de la Muerte, sino a través de un ángel sagrado. Pues esta alma está vinculada con el Árbol de la Vida, y allí no ejerce dominio la muerte.

Y por eso, dado que no hay recompensa para el alma proveniente del Mundo de la Emanación –*Atzilut*–, **debido a que esta Torá** del Mundo de la Emanación –*Atzilut*–, está vinculada con el misterio del **Árbol de la Vida,** aquel que está apegado a ese lugar tiene una vida eterna. Y a esto se refiere el misterio de lo que está escrito: «Y dijo El Eterno Dios: he aquí que el hombre se ha vuelto similar a nosotros, que conoce el bien y el mal; ahora, ¡que no extienda la mano y tome también del Árbol de la Vida, y coma y viva por siempre!» (Génesis 3:22). Por tanto, el alma proveniente del Mundo de la Emanación –*Atzilut*–, desea adherirse al Árbol de la Vida, y su alcance es para ella el **pago del Mundo venidero.** Ya que irradia allí el poder de la irradiación de luminosidad del Aspecto Cósmico Femenino Supremo –*Ima*–, asociado con el misterio de la emanación cósmica –sefirá– denominada *Biná*. Y ese es un deleite supremo para el alma.

Y ese árbol del Mundo de la Emanación –*Atzilut*– **se denomina Árbol de la Vida,** por el flanco de la emanación cósmica –sefirá– denominada *Jojmá*, asociada con el misterio del Aspecto Cósmico Masculino Supremo –*Aba*–, **y se denomina Mundo venidero,** por el flanco de la emanación cósmica –sefirá– denominada *Biná*, asociada con el misterio del Aspecto Cósmico Femenino Supremo –*Ima*–. **Y** eso **no se denomina** ni se considera **para ella,** el alma, la recepción de **recompensa.** Pues ese concepto se aplica a un siervo, y no,

83a

al hijo del rey que está en el Palacio. Y esto es así **porque él,** ese que tiene un alma proveniente del Mundo de la Emanación *–Atzilut–,* **es** considerado **hijo allí.** Por eso **no se esfuerza en la Torá para recibir recompensa, no en cuanto a la acción** del cumplimiento de los preceptos, **ni en el habla** relacionado con los preceptos vinculados con la facultad del habla, **ni en el pensamiento,** relacionado con los preceptos vinculados con la facultad del pensamiento. Pues hay preceptos relacionados con la acción, por ejemplo, la ordenanza de descargar de sobre el animal su carga, cuando se hallare agotado tras marchar por el camino con la carga a cuestas. Como fue dicho: «Si ves el asno de alguien a quien odias, doblado por su carga, ¿acaso te negarás a ayudarlo? Ciertamente lo ayudarás» (Éxodo 23:5). Otros preceptos están relacionados con la facultad del habla, por ejemplo, la ordenanza de reprender al pecador, o a aquel que se dispusiese a pecar, ya que debe evitarse que peque mediante palabras de reproche, como está dicho: «Ciertamente reprenderéis a vuestro prójimo y no cargaréis con un pecado por su causa» (Levítico 19:17). Y otros preceptos están vinculados con la facultad del pensamiento, por ejemplo la ordenanza de amarse los unos a los otros, como uno se ama a sí mismo, como está dicho: «Amaréis a vuestro prójimo como a vosotros mismos» (Levítico 19:18). Y esta alma no cumple estos preceptos ni estudia para recibir recompensa, sino que anhela unirse al Árbol de la Vida, donde está enraizada, y esa es la mayor recompensa que existe para ella, una recompensa verdadera e íntegra.

Después de oír la explicación del fiel pastor, o sea, Moshé, **vino la Lámpara sagrada,** o sea, Rabí Shimón, **para besar su mano.** Y Rabí Shimón le **dijo: ciertamente que tú eres hijo de allí, con la imagen del hijo primogénito de él,** en referencia a lo más selecto del Mundo de la Emanación *–Atzilut–.* Esto es, la emanación cósmica *–sefirá–* denominada *Tiferet,* **que es el hijo primogénito del Aspecto Cósmico Masculino Supremo *–Aba–,* y el Aspecto Cósmico Femenino Supremo *–Ima–.* Y la** irradiación de luminosidad **del** Mundo de la Emanación denominado *Atzilut* que se proyecta a través de tu alma fluye continuamente, **sin interrupción.** Pues tu alma permanece unida a su origen supremo, y por eso la irradiación

Sección Kedoshim

de luminosidad no deja de proyectarse e irradiar. Tú tienes un alma selecta del Mundo de la Emanación –*Atzilut*– y **no te precedió otro hijo,** ya que tu alma es la misma alma de Abel y Shet, que está enraizada en la emanación cósmica –sefirá– denominada *Tiferet* del Mundo de la Emanación –*Atzilut*–. Y tu alma está vinculada con un grado más rectificado incluso con respecto al grado de las almas de Adán y Eva, cuyas almas estaban enraizadas en la emanación cósmica –sefirá– denominada *Jojmá* y la emanación cósmica –sefirá– denominada *Biná* del Mundo de la Emanación –*Atzilut*–. O sea, las almas de ellos estaban vinculadas con grados de las facultades cognitivas cósmicas –*mojín*–, y la tuya, con la emanación cósmica –sefirá– denominada *Tiferet*, que es una emanación que superó la etapa del pensamiento. Por lo tanto, tu alma no fue precedida por otra **no en** relación con la facultad del **pensamiento, no en** relación con la facultad del **habla, y no en** relación con **la** facultad de la **acción.**

El fiel pastor le **dijo** a la Lámpara sagrada, es decir, el alma de Moshé le dijo a Rabí Shimón: **tú, y los compañeros, y los dirigentes de las academias presentes aquí, vosotros sois mis hermanos sin ninguna interrupción, y sin mezcla.**

A través de esa declaración el fiel pastor le comunicó a la Lámpara sagrada que él, Rabí Shimón, como así los compañeros, y los dirigentes de las academias que estaban presentes, son hermanos de Moshé en cuanto al alma, sin que hubiera ninguna interrupción ni diferencia en cuanto al lugar cósmico de origen de sus almas. Ya que las almas de todos ellos estaban enraizadas en el Mundo de la Emanación –*Atzilut*–. Y sólo había diferencia en cuanto a las emanaciones cósmicas –sefirot– de ese mundo supremo, el Mundo de la Emanación –*Atzilut*–. Ya que el alma de Moshé estaba enraizada en la emanación cósmica –sefirá– denominada *Tiferet* del Mundo de la Emanación –*Atzilut*–, y las almas de Rabí Shimón, los compañeros, y los dirigentes de las academias que estaban presentes, estaban enraizadas en la emanación cósmica –sefirá– denominada *Iesod* del Mundo de la Emanación –*Atzilut*–. Y tal como han explicado los sabios cabalistas, la emanación cósmica –sefirá– denominada *Tiferet* está asociada con el misterio del cuerpo, y la emanación cósmica –sefirá– denominada

83a

Iesod está asociada con el misterio del pacto de la circuncisión, y el cuerpo y el pacto son considerados uno. Por lo tanto no había ninguna diferencia ni interrupción en el origen del alma de ellos. Y como las almas de todos provenían del Mundo de la Emanación –*Atzilut*–, tampoco había en ellos ninguna mezcla del Otro Lado –*Sitra Ajara*–.

Cuando Rabí Shimón, los compañeros, y los dirigentes de las academias que estaban presentes, oyeron esas palabras mencionadas por el fiel pastor, **se besaron todos éste con éste, y reconocieron** el vínculo de hermandad de ellos a través de las almas **con alegría, y lloraron** a raíz de la alegría con que se alegraron por esa noticia.

Rabí Shimón abrió su disertación **y dijo: con todo eso,** aunque todos seamos hermanos a través de nuestras almas, que están enraizadas en el Mundo de la Emanación –*Atzilut*–, no obstante, **al hijo primogénito,** o sea Moshé, **todos los hermanos están obligados a honrarlo. Pues he aquí que está escrito: «Honra a** –*et*– **tu padre y a tu madre,** para que se prolonguen tus días sobre la tierra que El Eterno, tu Dios, te da» (Éxodo 20:12). **Y ya fue** estudiado y **establecido por los sabios** que la preposición **«a** –*et*–**»,** fue incluida en el texto bíblico **para incrementar tu hermano mayor** (*véase* Talmud, tratado de Ketuvot 103a). Según esta deducción, los hermanos menores están obligados a honrar al hermano mayor.

Ahora bien, es sabido que cada declaración de la Torá contiene profundos misterios ocultos, como fue enseñado: ven y observa: respecto a un rey de carne y hueso, no es honorable para él, hablar de cosas simples, y con más razón escribirlas. ¡Y cuánto más El Santo, Bendito Sea! Siendo así, ¿cabe suponer que el Rey supremo, El Santo, Bendito Sea, no tenía palabras sagradas para escribir y componer con ellas la Torá? Siendo así, ¿por qué se observan también asuntos simples? La respuesta no es sino ésta: El Santo, Bendito Sea, reunió todo tipo de asuntos simples, tales como el suceso de Esaú, el suceso de Hagar, las palabras de Labán a Jacob, las palabras del suceso del burro de Bilam, las palabras del suceso de Balak, las palabras del suceso de Zimrí, y las reunió, y también a todas las demás narraciones escritas en la Torá. E hizo con ellas la Torá. Y si es así, ¿por qué se denomina a la Torá: «Torá de verdad» (Malaquías 2:6), y, «La Torá de El Eterno es

Sección Kedoshim

íntegra» (Salmos 19:8), y, «El Testimonio fiel de El Eterno»? Esas son las palabras de la Torá. ¿Y por qué fueron incluidas las narraciones? La respuesta no es sino ésta: ciertamente que la Torá es sagrada y suprema, una Torá de íntegra, como está escrito: «La Torá de El Eterno es íntegra» (Salmos 19:8). Y cada palabra y palabra fue incluida para señalar asuntos supremos. Pues esas palabras de esa narración no fueron incluidas para referirse a la narración textual solamente, sino para referirse a toda la generalidad de la Torá, que contiene en su totalidad profundos secretos ocultos, como ya fue estudiado por los sabios cabalistas (*véase* III Zohar 149a). Y en el versículo que declara: «Honra a *–et–* tu padre y a tu madre, para que se prolonguen tus días sobre la tierra que El Eterno, tu Dios, te da» (Éxodo 20:12), del que se deduce que la preposición «a *–et–*», fue incluida en el texto bíblico para incrementar tu hermano mayor, es decir, que los hermanos menores están obligados a honrar al hermano mayor, también hay encerrados misterios ocultos. Y los sabios cabalistas han enseñado sobre esta base que en la Torá se incluyó al hermano mayor con el padre en el mismo versículo, para enseñar que el alma del hermano mayor es como la raíz de las almas de los demás hermanos más pequeños que él.

A esto se refiere lo dicho por Rabí Shimón: con todo eso, aunque todos seamos hermanos a través de nuestras almas, que están enraizadas en el Mundo de la Emanación *–Atzilut–*, no obstante, al hijo primogénito, o sea Moshé, todos los hermanos están obligados a honrarlo. Ya que consideró a Moshé el hermano mayor de todos ellos en cuanto al origen de las almas. Y Rabí Shimón dijo a Moshé: por eso todos estamos obligados a honrarte. **Y tú eres la raíz de todas las almas incluso de todo flanco,** tanto el grado de siervo, tanto el grado de hijo.

A continuación Rabí Shimón presentó una prueba de la Torá para demostrar que Moshé era el primogénito. Dijo: **consta explícitamente acerca de ti en la Torá:** «Entonces dije en mi corazón: como sucederá al necio, me sucederá también a mí. ¿Para qué, pues, he trabajado hasta ahora por hacerme más sabio? Y dije en mi corazón, que **también esto** *–beshagam–* **es vanidad** *–hevel–*» (Eclesiastés 2:15). La expresión *beshagam* alude a Moshé, pues se escribe con las letras he-

83a

breas *bet*, *shin*, *guimel*, y *mem*, que sumadas tienen un valor numérico igual a 345. Y el nombre de Moshé se escribe con las letras hebreas *mem*, *shin*, *he*, que sumadas también tienen un valor numérico igual a 345. Resulta que el nombre Moshé está aludido en la expresión: «también esto –*beshagam*–». Y la expresión *hevel*, tiene las mismas letras que el nombre de Abel, que en hebreo es Hevel. Y tal como explicaron los sabios cabalistas, Moshé tenía el alma de Abel. **Y Adán, el primer hombre, no tenía un hijo anterior a él.** Y lo que está escrito: «El hombre conoció a su mujer Javá (Eva) y ella concibió y dio a luz a Caín, y dijo: "He adquirido –*kaniti*– un hombre con El Eterno". Y también dio a luz a su hermano Hevel (Abel). Hevel (Abel) fue pastor de ovejas y Caín fue labrador» (Génesis 4:1-2), indica que Eva concibió y dio a luz a Caín antes que a Abel, pero los sabios cabalistas han explicado que ese hijo, Caín, provenía del flanco de la serpiente, y Abel provenía del flanco de Adán (*véase* Pirkei de Rabí Eliezer).

Rabí Shimón continuó diciendo: **y ya fue** estudiado y **establecido por los sabios:** lo que está escrito: **«también esto** –*beshagam*–**»** (Eclesiastés 2:15), **se refiere a Moshé, que era el hijo del rey** (Talmud, tratado de Julín 139b). Y **en todo lugar tú eres el primogénito.** Es decir, tanto cuando tu alma estuvo en el cuerpo de Abel, tanto cuando tu alma estuvo en el cuerpo de Moshé. Pues **del flanco del Árbol del Bien y el Mal, tú eres** y vienes del lado del **bien.** Ya que el Árbol del Bien y el Mal está asociado con el misterio de Caín y Abel, y tú alma pertenece al flanco del bien, que siempre prevalece sobre el mal. **A esto se refiere lo que está escrito: «Dios vio que la luz era buena,** y Dios separó la luz de la oscuridad» (Génesis 1:4).

Este versículo también encierra numerosos secretos, tal como hemos dicho anteriormente acerca de toda la Torá. Y en relación con esta declaración, los sabios cabalistas explicaron que lo que está escrito: «Dios vio que la luz era buena», se refiere a la emanación cósmica –*sefirá*– denominada *Tiferet*, o sea, el lugar de origen del alma de Moshé. Pues en esa emanación cósmica –*sefirá*– estaba enraizada el alma de Moshé, y respecto al alma de Moshé se dijo que es denominada «luz», y «buena». Y a esto se refiere el misterio de lo que está escrito en relación con el nacimiento de Moshé: «La mujer concibió

SECCIÓN KEDOSHIM

y dio a luz a un hijo; **ella vio que era bueno** y lo escondió durante tres meses» (Éxodo 2:2). He aquí que el alma de Moshé provenía del flanco del bien del Árbol de la sabiduría del Bien y del Mal. **Y de allí,** de ese flanco del Árbol de la sabiduría del Bien y del Mal, **El Santo, Bendito Sea, te llamó «siervo fiel».**

Rabí Shimón siguió diciendo: **después ascendiste para ser rey. A esto se refiere lo que está escrito: «Él se hizo Rey sobre Ieshurun,** cuando se reunieron los números de la nación, las tribus de Israel en unidad» (Deuteronomio 33:5).

Los sabios cabalistas también explicaron este misterio. Dijeron: se aprecia a partir del versículo citado que Moshé se convirtió en rey de todos los Hijos de Israel. Y esto, ¿cómo ocurrió? La respuesta es ésta: ascendió progresivamente. Primeramente se hizo merecedor de una esencia existencial –*nefesh*–, y un espíritu –*ruaj*–, del Mundo de la Acción –*Asiá*–, y también se hizo merecedor de una esencia existencial –*nefesh*–, y un espíritu –*ruaj*–, del Mundo de la Formación –*Ietzirá*–. Y después ascendió más arriba para recibir un alma –*neshamá*–, procedente del grado de la emanación cósmica –sefirá– denominada *Maljut* del Mundo de la Creación –*Briá*–. Y así, con ese grado supremo alcanzado, se convirtió en rey al sacar a los Hijos de Israel de Egipto.

A continuación Rabí Shimón describió el siguiente ascenso del alma de Moshé: **después** te convertiste en **hijo de casa en lo Alto.** Y a esto se refiere el misterio de lo que está escrito: «Pero no es así con Mi servidor Moshé (Moisés); en toda Mi casa él es el fiel» (Números 12:7). Pues recibió un grado de alma –*neshamá*– proveniente del flanco de la emanación cósmica –sefirá– denominada *Biná* del Mundo de la Creación –*Briá*–. Y entonces se hizo merecedor del grado de la profecía, que está vinculada con ese lugar cósmico. Fue pues **rey por el flanco de** la emanación cósmica –sefirá– denominada **Maljut del Mundo de la Creación** –*Briá*–. **E hijo de casa, por el flanco de** la emanación cósmica –sefirá– denominada **Biná del Mundo de la Creación** –*Briá*–.

Y ahora, –le dijo Rabí Shimón al alma de Moshé–, **tú eres rey por el flanco del Árbol de la Vida a través del** misterio del **Aspecto Cósmico Femenino Inferior** –*Maljut*– **del Mundo de la Emana-**

83a

ción –*Atzilut*–. Pues Moshé enseñó la Torá a los Hijos de Israel con dedicación absoluta, y también el cumplimiento de los preceptos, y a raíz de eso mereció una esencia existencial –*nefesh*– proveniente del flanco del Aspecto Cósmico Femenino Inferior –*Maljut*– del Mundo de la Emanación –*Atzilut*–.

Después Moshé mereció ser **hijo de casa, por el flanco de** el Nombre de El Santo, Bendito Sea, denominado **be–n iud–he**. Y ese Nombre de El Santo, Bendito Sea, está asociado con el grado de la emanación cósmica –*sefirá*– denominada **Tiferet del Mundo de la Emanación** –*Atzilut*–. Y a través de ese grado Moshé mereció un espíritu –*ruaj*–, del Mundo de la Emanación –*Atzilut*–. Por eso Rabí Shimón le dijo: **¡Bienaventurada tu parte!**

La Lámpara sagrada, o sea, Rabí Shimón, siguió refiriéndose al alma de Moshé: **¿y quién te provocó todo eso?** Es decir: ¿cuál fue el medio que te permitió merecer todos esos beneficios? La respuesta no es sino ésta: **por tu esfuerzo en la Torá y el precepto para unir a El Santo, Bendito Sea, con su Presencia Divina** –*Shejiná*–, que es el Aspecto Cósmico Femenino Inferior –*Maljut*–. Y esto, **para hacer reinar a la reina en su lugar.** Es decir, para hacer reinar al Aspecto Cósmico Femenino Inferior –*Maljut*– en el Mundo de la Creación – *Briá*–, que es el Trono de gloria de ella. Y a esto se refiere el misterio de lo que está escrito: «Y sobre la expansión que había sobre sus cabezas se veía la semejanza de un Trono que tenía aspecto como de piedra de zafiro; y sobre la semejanza del Trono había arriba una semejanza que tenía apariencia de Hombre –*adam*– que estaba sobre él» (Ezequiel 1:26). **Y** además, Moshé se esforzó en la Torá y los preceptos con dedicación absoluta, e instruyó a los Hijos de Israel, para hacer reinar al Aspecto Cósmico Femenino Inferior –*Maljut*– **sobre** todos **sus campamentos en lo Alto,** que se encuentran en los Palacios del Mundo de la Formación –*Ietzirá*–, **y sobre** los Hijos de **Israel** que se encuentran **en lo bajo,** en el mundo inferior denominado: Mundo de la Acción –*Asiá*–.

Rabí Shimón le dijo a continuación al alma de Moshé: **y por ti,** por tu esfuerzo y tus logros, **todos ellos,** los Hijos de Israel, **heredan almas del Mundo de la Emanación** –*Atzilut*– **de él.** Y a esto se refiere el misterio de lo que está escrito: «La plata del censo de la comunidad eran cien talentos, mil setecientos setenta y cinco siclos, del siclo sagrado. Una *beka* por cabeza, un medio–siclo del siclo sagrado por todo el que haya pasado por los que toman el censo, a partir de veinte años en adelante, para los seiscientos tres mil quinientos cincuenta. Los cien talentos de plata fueron para moldear los zócalos sagrados y los zócalos de la Partición; cien zócalos por cien talentos, un talento por zócalo. Y de los mil setecientos setenta y cinco hizo ganchos para las columnas, cubrió sus partes superiores y las conectó (Éxodo 38:25-28). Los cien talentos de plata, que contenían 600.000 mitades de siclos que habían sido donados, y fueron utilizados para moldear los zócalos sagrados y los zócalos de la Partición, aluden a las 600.000 almas que atrajo Moshé del Mundo de la Emanación –*Atzilut*– para los Hijos de Israel. Y los mil setecientos setenta y cinco siclos restantes con los que hizo ganchos, aluden a los miembros de la mixtura de gente que se había agregado al pueblo. **Y** por eso, dado que las almas de los Hijos de Israel provienen del Mundo de la Emanación –*Atzilut*–, **se denominan hijos de Él,** o sea, hijos de El Santo, Bendito Sea, del flanco **del Nombre El Eterno del Mundo de la Emanación** –*Atzilut*–. O sea, del Aspecto Cósmico Masculino Inferior –*Zeir Anpin*–, del Mundo de la Emanación –*Atzilut*–, que es denominado El Eterno, y también, El Santo, Bendito Sea. Y esto es así **porque no hay allí separación** entre El Santo, Bendito Sea, y el Aspecto Cósmico Femenino Inferior –*Maljut*–.

Pues al comienzo se dijo de ellos que eran hijos de El Santo, Bendito Sea, y su Presencia Divina –*Shejiná*–, **por el flanco de**l Nombre **El Eterno del Mundo de la Creación** –*Briá*–. **Como está dicho acerca de él:** «Todos los llamados en Mi nombre; para mi Gloria **los he creado, los formé y los hice**» (Isaías 43:7). Lo que está escrito: «los he creado», se refiere al misterio del Nombre El Eterno del Mundo de la Creación –*Briá*–. Lo que está escrito: «los formé», se refiere al misterio del Nombre El Eterno del Mundo de la Formación –*Ietzirá*–. Y lo que está escrito: «los hice», se refiere al misterio del Nombre El Eterno del Mundo de la Acción –*Asiá*–. **Pero ahora son hijos de El Eterno del Mundo de la Emanación** –*Atzilut*–.

83a

Y Rabí Shimón le dijo al fiel pastor: **así se cumplió en ti el precepto otorgado a todos los** Hijos **de Israel de establecer sobre ellos un rey. A esto se refiere lo que está escrito: «Ciertamente pondrás sobre ti un rey** al que ha de elegir El Eterno, tu Dios; de entre tus hermanos pondrás un rey sobre ti; no puedes poner por sobre ti un extranjero, alguien que no es tu hermano» (Deuteronomio 17:15).

Rabí Shimón le dijo también al alma de Moshé: asimismo se cumplió en ti la declaración: **«El se hizo Rey sobre Ieshurun,** cuando se reunieron los números de la nación, las tribus de Israel en unidad» (Deuteronomio 33:5). **Como al comienzo.** Es decir, Rabí Shimón le dijo al alma de Moshé que así como al comienzo fue el primer rey de los Hijos de Israel de la historia, cuando los sacó de Egipto, así ocurrirá después de tu partida de este mundo, reinarás en el mundo de las almas. **Y todos ellos,** los Hijos de Israel, **se conducen tras de ti.** Pues el alma de Moshé irradia luminosidad a todas las almas de los Hijos de Israel. Esto es **como los miembros** del cuerpo, **que todos se conducen con el** poder de **movimiento del alma, que se expande a cada miembro** del organismo, y les otorga facultad de movimiento. Del mismo modo ocurre con el alma de Moshé y las almas de todos los Hijos de Israel.

A continuación, Rabí Shimón le dijo al alma de Moshé: **porque tú serás coronado con la Corona suprema.**

A través de esta declaración, Rabí Shimón le indicó al alma de Moshé, que recibiría la energía y la abundancia proveniente de la irradiación de luminosidad de la emanación cósmica –sefirá– denominada *Keter*, que es la Corona suprema. Y esa irradiación de luminosidad será recibida por él a través del concatenado de los cuerpos cósmicos denominados *Partzufim*, que se vinculan estos con estos, e invisten estos en estos, para proyectar la energía de lo Alto. Y así sería proyectada a los Hijos de Israel a través de Moshé.

A continuación, Rabí Shimón le dijo al alma de Moshé la razón: **pues ella,** esa corona, **es** el ente vinculado con el ascenso de los ascensos, **la causa de las causas,** ya que **es** una **corona** que está **sobre todos** los cuerpos cósmicos denominados *Partzufim* que proyectan la energía de lo Alto a lo bajo. Ya que a través de la emanación cósmica

Sección Kedoshim

–sefirá– denominada *Keter* se proyecta la Luz Infinita, que es la causa de las causas. Y ella, la Luz Infinita, está **oculta y guardada** en el interior de la emanación cósmica –sefirá– denominada *Keter*. **Y de ella se proyecta a todas las emanaciones cósmicas** –sefirot–, otorgándoles energía cósmica vivificante.

Entonces Rabí Shimón explicó este misterio: **y la Luz Infinita las ordena, para que esta sea grande, y esta pequeña, y esta intermedia.** Y esas propiedades están asociadas con los misterios de la ubicación y las facultades de las emanaciones cósmicas –sefirot–. Ya que las hay ubicadas en la alineación de la derecha, asociadas a bondad, y las hay asociadas con la alineación de la izquierda, vinculadas con el rigor, y otras están asociadas con la alineación central, vinculadas con la misericordia y el equilibrio. Y esas facultades están vinculadas con las denominaciones: grande, pequeña, e intermedia. **Y él,** ese ente cósmico supremo oculto en la emanación cósmica –sefirá– denominada *Keter*, o sea, la Luz Infinita, **las ilumina** a las emanaciones cósmicas –sefirot–, irradiándoles luminosidad, **y las vincula y une.**

Entonces Rabí Shimón le dijo al fiel pastor: **así tú, serás el conductor de los Hijos de Israel,** a quienes conducirás a través de la irradiación de luminosidad de tu alma que destella en las almas de los Hijos de Israel **con todas las buenas cualidades de El** Santo, Bendito Sea. Pues a través de esa irradiación de luminosidad los Hijos de Israel logran captar los secretos recónditos de los misterios de la Torá.

Además, Rabí Shimón le dijo al fiel pastor: **y ordenarás cada a uno** de los Hijos de Israel **según lo que es apropiado para él.** Y a esto se refiere el misterio de lo que está escrito: «Y estos son los nombres de los Hijos de Israel que vinieron a Egipto; con Iaacov (Jacob), vino cada hombre con su casa. Reuben (Rubén), Shimon (Simeón), Levi, y Iehuda (Judá); Isajar (Isacar), Zebulun (Zabulón), y Biniamin (Benjamín); Dan, Naftali (Neftalí); Gad y Asher (Aser)» (Éxodo 1:1-4). Es decir, **el primogénito según su primogenitura, y el menor según su minoridad, y el intermedio según su grado** (*véase* el comentario de Najmánides a Génesis 46:18). Es decir, se enumera a cada uno según su grado, y esto sigue un paralelismo con el orden de las emanaciones cósmicas –sefirot–, las cuales están dispuestas en tres

83a

alineaciones: derecha, izquierda, y central. Es decir, así como hay un orden especifico en las emanaciones cósmicas –sefirot–, que están divididas en tres alineaciones diferentes, del mismo modo ocurre con los Hijos de Israel, hay tres tipos asociados a tres grados diferentes. **Y tú los vincularás con un solo vínculo con el Padre de ellos en los Cielos, para que estén todos** unidos **a través de un lenguaje claro,** con amor y hermandad. Esto, **para bendecir a El Santo, Bendito Sea, y santificarlo, y unificarlo, con tu grado, con tu pensamiento, y con tu capacidad de aprehensión suprema** –*Atzilut*–. **Para que se cumpla en ti** lo que está escrito: «Yo descenderé y hablaré contigo allí, **y aumentaré** –*hitzalti*– **un poco del espíritu que hay sobre ti y lo colocaré sobre ellos,** y ellos soportarán la carga del pueblo contigo y no la soportarás tú solo» (Números 11:17).

Los sabios cabalistas han explicado este asunto en relación con el misterio de las energías de las emanaciones cósmicas –sefirot–. Por lo tanto, según esas explicaciones, éstas son las correspondencias: lo que se dijo: para bendecir a El Santo, Bendito Sea, a través del flanco de la emanación cósmica –sefirá– denominada *Jesed*. Pues la bendición está vinculada con el misterio de la alineación correspondiente a la emanación cósmica –sefirá– denominada *Jesed*. Para santificarlo, a través del flanco de la emanación cósmica –sefirá– denominada *Guevurá*. Y para unificarlo, a través del flanco de la emanación cósmica –sefirá– denominada *Tiferet*. Y eso, con el poder de los atributos supremos de Moshé, o sea, con su grado, asociado con el misterio de la emanación cósmica –sefirá– denominada *Daat*. Con su pensamiento, asociado con el misterio de la emanación cósmica –sefirá– denominada *Biná*, y con su capacidad de aprehensión suprema –*Atzilut*–, asociada con el misterio de la emanación cósmica –sefirá– denominada *Jojmá*.

Se aprecia que los Hijos de Israel captan ellos mismos la energía proveniente de *Jesed*, *Guevurá* y *Tiferet*, que provienen del Aspecto Cósmico Masculino Inferior –*Zeir Anpin*–. Ya que el cuerpo cósmico denominado –*ish*– del *Zeir Anpin*, comprende estas emanaciones cósmicas –sefirot–: la emanación cósmica –sefirá– denominada *Jesed*, la emanación cósmica –sefirá– denominada *Guevurá*, la emanación cósmica –sefirá– denominada *Tiferet*, la emanación cósmica –sefirá–

denominada *Netzaj*, la emanación cósmica –sefirá– denominada *Hod*, y la emanación cósmica –sefirá– denominada *Iesod*. Pero a los atributos supremos asociados con el misterio de las facultades cognitivas cósmicas –*mojín*–, los Hijos de Israel los captan a través del alma de Moshé. Y esas facultades cognitivas cósmicas –*mojín*–, que captan través de él son éstas: la emanación cósmica –sefirá– denominada *Jojmá*, la emanación cósmica –sefirá– denominada *Biná*, y la emanación cósmica –sefirá– denominada *Daat*. Y a esto se refiere el misterio de lo que está escrito: «Yo descenderé y hablaré contigo allí, y aumentaré –*hitzalti*– un poco del espíritu que hay sobre ti y lo colocaré sobre ellos, y ellos soportarán la carga del pueblo contigo y no la soportarás tú solo» (Números 11:17). Es decir, se alude al paso de una irradiación de luminosidad, la de Moshé, a ellos, los Hijos de Israel. Esto se parece al paradigma de una vela, a partir de la cual se encienden innumerables velas, sin que el fuego de la primera disminuya.

Y Rabí Shimón le dijo al fiel pastor: **¡Levántate y despiértate para explicar el precepto de eliminar la simiente de Amalek!** O sea, Rabí Shimón le solicitó al alma de Moshé que explicara el misterio de lo que está escrito: «Recuerda lo que te hizo Amalek, en el camino, cuando salían de Egipto, que te acometió en el camino y atacó a aquellos de vosotros que iban atrás, a todos los débiles de la retaguardia, cuando estabas desfalleciente y exhausto, y no temió a Dios. Ocurrirá que cuando El Eterno, tu Dios, te dé descanso de todos tus enemigos que te rodean en la Tierra que te da como herencia El Eterno, tu Dios, para poseerla, borrarás la memoria de Amalek de bajo de los Cielos, ¡no te olvidarás!» (Deuteronomio 25:17-19).

Y el fiel pastor explicó esos misterios (*véase* III 281b, sección Ki Tetzé).

PRECEPTO XXIII

Está escrito: **«Cada hombre** –de vosotros–, **a vuestra madre y a vuestro padre temeréis,** y Mis Shabat observaréis, Yo soy El Eterno, vuestro Dios» (Levítico 19:3). **Este precepto ordena honrar al padre y a la madre. Pues la persona debe temer a su padre y a su madre para honrarlos.** Por tanto, ¡cuánto debe la persona honrar a El Santo, Bendito Sea, por el flanco de su espíritu que le ha dado y colocado **en su interior, y temerle. Así,** recíprocamente, la persona **debe honrar a su padre y a su madre por el flanco de su cuerpo,** que ellos le dieron al unirse para procrear, **y temerles. Pues ellos se asocian a El Santo, Bendito Sea, y hacen para él el cuerpo. Y dado que ellos son socios en la obra, deben ser socios también en el temor y el honor.**

Algo parecido a esto lo hallamos en lo Alto, tres socios con respecto al misterio de la creación **de Adán,** el primer hombre. Pues **aunque el cuerpo de Adán, el primer hombre, era de polvo** de la tierra, **no estaba formado con el polvo de aquí, sino del polvo del Templo Sagrado de lo Alto.** Y a esto se refiere el misterio de lo que está escrito: «Y El Eterno Dios formó al hombre de polvo de la tierra y le exhaló en sus fosas nasales el alma de vida; y el hombre se transformó en un ser vivo» (Génesis 2:7). Esta declaración no se refiere al mundo éste, vinculado con el misterio del Mundo de la Acción –*Asiá*–, sino que se refiere al Mundo de la Formación –*Ietzirá*–. Y debe considerarse que en el tiempo anterior al pecado de Adán, el primer hombre, el Mundo de la Formación –*Ietzirá*– estaba en un grado superior en lo Alto, en el lugar en que ahora se encuentra el Mundo de la Creación –*Briá*–. Pues **el Aspecto Cósmico Masculino Supremo –*Aba*– y el Aspecto Cósmico Femenino Supremo –*Ima*–,** que son el Aspecto Cósmico Masculino Inferior –*Zeir Anpin*–, y el Aspecto Cósmico Femenino Inferior –*Maljut*–, del Mundo de la Formación –*Ietzirá*–, **estaban** unidos en la formación del cuerpo de Adán, el primer hombre. **Y el Rey supremo se asoció con ellos.** Es decir, el Aspecto Cósmico Masculino Inferior –*Zeir Anpin*–, del Mundo de la Emanación –*Atzilut*–, se unió al Aspecto Cósmico Femenino Inferior –*Maljut*–, se asoció con ellos. Pues ascendieron a los palacios del Aspecto Cósmico Masculino Supremo –*Aba*– y el Aspecto Cósmico Femenino Supremo –*Ima*– del Mundo de la Emanación –*Atzilut*–, y allí se unieron rostro con rostro, o sea frente a frente, y no revés con revés, y engendraron las almas de Adán y Eva. **Y envió a él espíritu de vida,** tal como está escrito: «Y El Eterno Dios formó al hombre de polvo de la tierra y le exhaló en sus fosas nasales el alma de vida; y el hombre se transformó en un ser vivo» (Génesis 2:7), **y** entonces Adán, el primer hombre, **fue creado** en el mundo éste.

Y algo parecido a esto se halla todo en lo Alto y en lo bajo. Pues hay tres socios en el hombre de lo bajo, **y por eso la persona debe temer a El Santo, Bendito Sea, y temer a su padre y a su madre** biológicos.

En los misterios de la Torá hemos estudiado que **Adán, el primer hombre, no tenía nada de este mundo, sino que un justo,** o sea, la emanación cósmica –sefirá– denominada *Iesod* del Aspecto Cósmico Masculino Inferior –*Zeir Anpin*–, que se denomina Justo, **se unió con su Aspecto** Cósmico **Femenino** Inferior –*Maljut*–, del Mundo de la Formación –*Ietzirá*–, **y se formó de esa unión un cuerpo,** o sea, el cuerpo de Adán, el primer hombre. Y ese era un cuerpo excelso, ya **que la irradiación de luminosidad de él era más intensa que la de** las irradiaciones de luminosidad de **todos esos ángeles enviados** para cumplir misiones sagradas **en lo Alto,** el Mundo de la Formación –*Ietzirá*–. Pues como ya hemos dicho, el cuerpo cósmico de Adán, el primer hombre, fue formado con el polvo de la tierra espiritual del Mundo de la Formación –*Ietzirá*–. Y tal como también dijimos, ese mundo en ese entonces estaba en un nivel supremo, donde ahora se encuentra el Mundo de la Creación –*Briá*–, que es el mundo próximo al Mundo de la Emanación –*Atzilut*–. **Y cuando ese cuerpo fue creado, el Rey sagrado envió a ese justo, veintidós letras.** Es decir, el Aspecto Cósmico Masculino Inferior –*Zeir Anpin*– del Mundo de la Emanación –*Atzilut*–, que es considerado el Rey del Mundo de la Emanación –*Atzilut*–, envió veintidós letras a la emanación cósmica –sefirá– denominada *Iesod* del Mundo de la Formación –*Ietzirá*–. Y el material cósmico de la formación de Adán, el primer hombre, está integrado con las veintidós letras de la Torá, que conectan el alma con el cuerpo en su interior. **Y** el Aspecto Cósmico Masculino Inferior –*Zeir Anpin*–, **se asoció con ellos,** el Aspecto Cósmico Masculino Inferior –*Zeir Anpin*–, y el Aspecto Cósmico Femenino Inferior –*Mal*-

jut–, del Mundo de la Formación *–Ietzirá–*, **y** así surgió la formación del cuerpo de Adán, el primer hombre, y **salió al mundo.**

Dado que Adán, el primer hombre, **salió al mundo, lo vieron el Sol y la Luna** de este mundo, **y se ocultó (83b) su luminosidad.** Pues la irradiación de luminosidad de Adán, el primer hombre, era tan intensa, que anuló la luz del Sol y la Luna, y se parecían a la luz de una vela encendida en pleno día, que el Sol la anula casi por completo. **Pues las prominencias de los talones de los pies** de Adán, el primer hombre, **oscurecían la luminosidad de ellos. ¿Cuál es la razón? Porque** el cuerpo de Adán, el primer hombre, **salió de la obra** de la unión **del Sol y la Luna supremos.** Pues el Aspecto Cósmico Masculino Inferior *–Zeir Anpin–*, del Mundo de la Formación *–Ietzirá–*, está asociado con el misterio del Sol supremo, y el Aspecto Cósmico Femenino Inferior *–Maljut–* del Mundo de la Formación *–Ietzirá–*, está asociado con el misterio de la Luna suprema. Siendo ellos el Aspecto Cósmico Masculino Inferior *–Zeir Anpin–*, y el Aspecto Cósmico Femenino Inferior *–Maljut–* del Mundo de la Formación *–Ietzirá–*.

Antes bien, **dado que** Adán **pecó** comiendo del árbol que El Eterno le había prohibido, **se oscureció la irradiación de luminosidad suprema** que irradiaba en él, **y** el tamaño de su cuerpo **fue empequeñecido.** Y a esto se refiere el misterio de lo que está escrito: «El Eterno Dios tomó al hombre y lo colocó en el Jardín del Edén, para que lo trabajara y lo cuidara. Y El Eterno Dios le ordenó al hombre, diciendo: «De todo árbol del jardín podrás comer; pero del Árbol del Conocimiento del Bien y del Mal, no comerás; pues el día que de él comas, ciertamente morirás» (Génesis 2:15-17). Y está escrito: «Y la mujer percibió que el árbol era bueno como alimento, y que era un deleite para los ojos, y que el árbol era deseable como un medio para alcanzar la sabiduría, y ella tomó de su fruto y comió; y también le dio a su marido junto a ella y él comió» (Génesis 3:6). El Árbol del Conocimiento del Bien y del Mal, está vinculado con el grado del Mundo de la Acción *–Asiá–*, y cuando Adán pecó comiendo de él, provocó un daño a todos los mundos, y todos descendieron de sus grados con los que estaban vinculados. Y a raíz de ese daño provocado, y ese descenso, se apartaron de Adán el alma –*neshamá*–, el espíritu –*ruaj*–, y la esencia existencial –*nefesh*–, del Mundo de la Emanación –*Atzilut*–, y entonces se disminuyó su estatura corporal cósmica que llegaba hasta el Mundo de la Creación –*Briá*–.

Y cuando eso ocurrió, Adán **necesitó otro cuerpo, con piel y carne** terrenales, de este mundo terrenal, **como está escrito: «Y El Eterno Dios hizo para Adam (Adán) y para su esposa vestimentas de piel, y los vistió»** (Génesis 3:21). Este cuerpo que El Eterno Dios hizo para Adán y para su esposa no era como el primero, asociado a un grado espiritual supremo, sino que era un cuerpo terrenal que disfrutaba de los deleites terrenales existentes en este mundo.

Pues **como ese acto de unión que realizó ese Justo con su aspecto femenino, no hubo como él antes de eso, y** tampoco habrá **después de eso.** Es decir, tal como ese acto de unión y allegamiento realizado por la emanación cósmica –*sefirá*– denominada *Iesod* del Aspecto Cósmico Masculino Inferior –*Zeir Anpin*–, del Mundo de la Formación –*Ietzirá*–, cuando se unió con su Aspecto Cósmico Femenino para engendrar el cuerpo de Adán, el primer hombre, es algo que no existió antes de eso, ni existirá después.

Ahora bien, ¿cuál es la razón por la cual el engendrado del cuerpo de Adán, el primer hombre, requería la unión de entes cósmicos tan supremos? La respuesta no es sino ésta: **porque aún no había salido el experto para depurar.** Es decir, aún no había sido engendrado Adán, el primer hombre, para depurar lo que debía ser depurado en el mundo, quitando lo que debía ser quitado, y dejándolo purificado, tal como se purifica al oro cuando se lo coloca en el crisol, o como se purifica a la plata. Y esa acción de depuración genera aguas femeninas que ascienden a lo Alto y propician la unión suprema de los entes cósmicos de lo Alto. Por eso, para originar el cuerpo cósmico de Adán se requirió la unión de la emanación cósmica –*sefirá*– denominada *Iesod* del Aspecto Cósmico Masculino Inferior –*Zeir Anpin*–, del Mundo de la Formación –*Ietzirá*–, con su Aspecto Cósmico Femenino.

Y respecto a lo dicho, que no había quien ascendiera aguas femeninas, fue así **hasta que vino Janoj,** quien mereció el alma –*neshamá*–, el espíritu –*ruaj*–, y la esencia existencial –*nefesh*–, de Adán, el primer

83b

hombre. **Y El Santo, Bendito Sea, lo tomó de la Tierra,** y depuró su cuerpo. Y El Santo, Bendito Sea, **quitó de él el sobrante y el residuo de la plata.** Y los sabios cabalistas revelaron que se alude aquí al quitado de la inmundicia que había introducido la serpiente en Eva. Es decir, El Santo, Bendito Sea, purificó el cuerpo de Janoj y se liberó de esa inmundicia. **Y así** ocurre **con todos los justos de la Tierra,** que se liberan de esa inmundicia y se depura su cuerpo. Y a esto se refiere el misterio de lo que está escrito: «Elías dijo a Eliseo –su discípulo–: "solicita lo que desees que haga por ti, antes que yo sea tomado de ti". Y Eliseo dijo: "te ruego que una doble porción de tu espíritu sea sobre mí". Él le dijo: "algo complicado has pedido. Si me vieras cuando sea tomado de ti, te será concedido, mas si no, no te será concedido". Aconteció que mientras caminaban y hablaban, he aquí un carro de fuego con caballos de fuego separó a ambos, y Elías subió al Cielo en un torbellino» (II Reyes 2:10-11). ¿Cómo Elías pudo subir al Cielo con un cuerpo terrenal? Porque lo depuró, librándose de la inmundicia de la serpiente.

Después fue rectificado ese lugar, o sea, el lugar cósmico asociado con el misterio del Aspecto Cósmico Masculino Inferior –*Zeir Anpin*–, y el Aspecto Cósmico Femenino Inferior –*Maljut*–, de todos los mundos. Pues todos habían sido dañados por el pecado de Adán, el primer hombre. Pero como Adán se arrepintió y rectificó, todos los mundos fueron rectificados con su arrepentimiento. Y los entes cósmicos volvieron a unirse, **y produjeron espíritus y almas con su unión. Y el cuerpo** fue creado con lo **de lo bajo, en la Tierra,** a través de la unión del padre biológico, con la madre biológica.

Y por eso el hombre viene al mundo por la asociación de lo Alto y lo bajo. Pues hay tres socios en la persona, como hemos explicado. **Y** por esa razón la persona **debe temer a esos socios y honrarlos, tal como ha hemos dicho** y explicado anteriormente.

Está escrito: «**No os tornéis** *–al tifnu–* **hacia los ídolos y no os hagáis dioses fundidos;** Yo soy El Eterno, vuestro Dios» (Levítico 19:4). **Rabí Jía Abrió** su disertación sobre este asunto **y** para explicarla **dijo** este versículo que describe la plegaria de Moshé ante El Santo, Bendito Sea: «Recuerda a Tus servidores, Abraham, Itzjak (Isa-

SECCIÓN KEDOSHIM

ac) y Iaacov (Jacob); **no repares** *–al tefen–* **en la obstinación de este pueblo, ni en su maldad ni en su pecado»** (Deuteronomio 9:27). Lo que está escrito: **«no repares** *–al tefen–***»**, es algo que sorprende. **Pues, ¿quién le dice al rey no repares** *–al tefen–*? Es decir, ¿cómo es posible solicitar a El Santo, Bendito Sea, que no repare en las acciones de las personas? **Y he aquí que está escrito: «Pues sus ojos están sobre los caminos del hombre»** (Job 34:21). Es decir, El Santo, Bendito Sea, observa todas las acciones de las personas y repara en cada camino de los hombres, estando todo revelado y descubierto ante Él. ¿Y cómo Moshé solicitó a El Santo, Bendito Sea: «Recuerda a Tus servidores, Abraham, Itzjak (Isaac) y Iaacov (Jacob); no repares *–al tefen–* en la obstinación de este pueblo, ni en su maldad ni en su pecado» (Deuteronomio 9:27)? ¡Es algo que sorprende!

Y además debe considerarse que **está escrito: «Acaso un hombre se ocultará en un escondite y Yo no lo veré, dice El Eterno»** (Jeremías 23:24). Y de lo que hemos mencionado resulta que **he aquí que El Santo, Bendito Sea, repara sobre todo** asunto, sin excepción. Y también hemos visto que El Santo, Bendito Sea, **observa todas las acciones** de las personas. Y además, **trae el juicio sobre todo,** tanto **si es bueno, y** lo mismo si es **malo, como está dicho: «Porque Dios traerá toda acción a juicio, juntamente con toda cosa encubierta, sea buena o sea mala»** (Eclesiastés 12:14). ¿Y cómo **Moshé dijo** a El Santo, Bendito Sea: «Recuerda a Tus servidores, Abraham, Itzjak (Isaac) y Iaacov (Jacob); **no repares** *–al tefen–* en la obstinación de este pueblo, ni en su maldad ni en su pecado» (Deuteronomio 9:27)? ¡Es algo que sorprende! ¿Cuál es la explicación?

La respuesta no es **sino ésta: cuánto debe cuidarse la persona de sus pecados, para no pecar ante el Rey sagrado. Ven y observa: una persona que cumple un precepto, ese precepto asciende y se pone de pie ante El Santo, Bendito Sea.** Y a esto se refiere el misterio de lo que se enseñó: Rabí Eliezer, el hijo de Jacob, decía: el que cumple un precepto, adquiere para él un defensor; y el que comete una falta, adquiere para él un acusador. La rectificación y las buenas acciones son como un escudo ante el castigo (Mishná, tratado de Avot 4:11). Ese defensor es el ángel creado por la persona al cumplir el precepto, que asciende a lo Alto y se pone de pie ante El Santo, Bendito Sea. **Y** ese ángel **dice** ante El Santo, Bendito Sea: **yo soy de Zutano que me hizo. Y El Santo, Bendito Sea, lo designa** a ese ángel creado con la acción del precepto que realizó Zutano, para estar **ante Él, para reparar en él todos los días.** Y esto es así **para beneficiarlo por ella,** esa acción que realizó.

Y lo mismo ocurre con la persona si **trasgredió las palabras de la Torá.** Como hemos dicho, tal como fue enseñado: y el que comete una falta, adquiere para él un acusador (Mishná, tratado de Avot 4:11). Y ese ángel acusador que se formó con **esa transgresión asciende ante Él, y dice: yo soy de Zutano que me hizo. Y El Santo, Bendito Sea, lo designa** a ese ángel acusador creado con la trasgresión que realizó Zutano, para estar ante Él, para reparar en él todos los días. **Y está allí para que** El Santo, Bendito Sea, **observe en él, para exterminarlo por ella,** esa acción pecaminosa que realizó. **A esto se refiere** el misterio de **lo que está escrito: «El Eterno verá y será provocado por el enojo de Sus hijos e hijas,** y dirá: "Ocultaré Mi rostro de ellos y veré cuál es su fin, pues son una generación de trastornos, hijos sin fidelidad"» (Deuteronomio 32:19-20). ¿**Qué** significa: **«verá»?** ¿A qué se refiere? Se refiere a **ese** ángel acusador creado con la trasgresión, **que está ante Él.**

Sin embargo, si la persona **se arrepintió** del mal que hizo **y se corrigió, ¿qué está escrito** acerca de él? Está escrito: **«También El Eterno ha quitado tu pecado, no morirás»** (II Samuel 12:13). **Pues** El Santo, Bendito Sea, **quita** ese ángel acusador creado con **esa falta de ante Él, para no observar en ella,** esa acción vinculada con la trasgresión. Y El Santo, Bendito Sea, hace esto **para beneficiarlo** al arrepentido. Pues la persona que se arrepiente de los pecados cometidos, proyecta una gran irradiación de luminosidad que repara el daño, y hace que se anule el acusador. **Y a esto se refiere** el misterio de lo que está escrito: «Recuerda a Tus servidores, Abraham, Itzjak (Isaac) y Iaacov (Jacob); **no repares** –*al tefen*– **en la obstinación de este pueblo, ni en su maldad ni en su pecado»** (Deuteronomio 9:27). O sea, Moshé se refirió a las faltas y a las acusaciones de los acusadores creados con las trasgresiones.

Sección Kedoshim

Rabí Iosei le **dijo** a Rabí Jía: **y asimismo de aquí surge** y se aprende eso que has dicho, de esta otra cita, **como está escrito: «La mancha de tu pecado permanecerá aún delante de Mí»** (Jeremías 2:22). Es decir, el pecado que has cometido se ve ante Mí como una mancha, pues no te has arrepentido y corregido para quitarla.

Rabí Iosei Zeeira fue ante Rabí Shimón para estudiar Torá. **Un día** Rabí Iosei Zeeira **observó que** Rabí Shimón **estaba sentado y leía: está escrito: «El hombre dijo: "La mujer que me diste conmigo para que estuviera conmigo, ella me dio del árbol y yo comí"»** (Génesis 3:12). **Se entiende** de aquí **que Adán y Eva fueron creados como uno, y con un cuerpo, como está escrito: «La mujer que me diste conmigo», y no está escrito:** «La mujer **que me diste a mí».**

Rabí Iosei **le dijo: si es así,** es difícil de entender. **¿Y esto qué está escrito** acerca de Jana, que le dijo a Eli: **«Yo soy la mujer que estaba de pie contigo por esto»** (I Samuel 1:26)? Y si es como tú dices, maestro, la explicación sería que Eli estaba unido a Jana con un mismo cuerpo. **Y** eso se deduce porque **no está escrito:** «Yo soy la mujer **que estaba de pie ante ti».**

Rabí Shimón **le dijo:** lo que he dicho lo deduzco de lo que está escrito: «que me diste conmigo». Pues esa declaración indica: desde el momento en que me la has dado estuvo conmigo siempre. Pues **si estuviera escrito** acerca de Jana: **«que es dada contigo», hubiese dicho como tus palabras.** Ya que en ese caso se asemejaría a lo mencionado, **como está escrito: «que me diste conmigo». Pero está escrito:** «Yo soy la mujer **que estaba de pie».** O sea, no se refiere al momento de la creación del mundo, sino a partir de cuando estaba de pie con él.

Rabí Iosei **le dijo** a Rabí Shimón: ¿Es verdaderamente así? **Y he aquí que está escrito: «El Eterno Dios dijo: "No es bueno que el hombre esté solo; le haré una compañera que le corresponda"»** (Génesis 2:18). Se deduce que El Santo, Bendito Sea, dijo: **«le haré»,** ahora una compañera que le corresponda. Resulta que Eva no fue creada por separado el sexto día de la creación, ni tampoco fue creada estando unida al cuerpo de Adán, es decir, se aprende de aquí que

83b

Adán y Eva no eran hermafroditas. Sino que El Santo, Bendito Sea, creó a Eva a partir de ese momento mencionado en el versículo.

Rabí Shimón **le dijo: ciertamente que es así,** como he dicho previamente, ya que Eva fue creada junto con Adán. Sin embargo, aún así, **Adán estaba solo, pues no tenía apoyo de su pareja, pues estaba en su flanco, como ya fue** estudiado y **establecido por nosotros. Y lo que está dicho: «le haré una compañera** que le corresponda», **así es** ciertamente, y la explicación es ésta: **pues no está escrito «le crearé una compañera** que le corresponda». ¿Por qué? Porque ya fue creada. ¿Cuándo? Junto con Adán. **Porque está escrito:** «Éste es el recuento de los descendientes de Adám (Adán); el día que Dios creó al hombre. Lo hizo a semejanza de Dios. **Los creó hombre y mujer;** los bendijo y los llamó Hombre el día que fueron creados» (Génesis 5:1-2). Se deduce de aquí que desde el momento en que El Santo, Bendito Sea, creó al Hombre, ya eran hombre y mujer. Pues ambos fueron creados con un solo cuerpo.

Pero en el versículo que se refiere a la hechura de una compañera que le corresponda **está escrito:** «El Eterno Dios dijo: "No es bueno que el hombre esté solo; **le haré** una compañera que le corresponda» (Génesis 2:18). **¿Y qué** significa: **«le haré»?** La respuesta no es sino ésta: **significa: le acondicionaré** una mujer. **Pues El Santo, Bendito Sea, la tomó de su costado,** es decir, de su parte posterior. Y a esto se refiere el misterio de lo que está escrito: «El Eterno Dios causó un profundo estado de somnolencia en el hombre, y éste se durmió; y Él tomó uno de sus costados y cerró la carne en su lugar. El Eterno Dios, con el costado que había tomado del hombre, construyó una mujer y la llevó ante el hombre. Y el hombre dijo: "Esta vez es hueso de mis huesos y carne de mi carne. Ésta será llamada *Ishá* (mujer), pues del *Ish* (hombre) fue tomada"» (Génesis 2:21-23). **Y** entonces, El Santo, Bendito Sea, **la acondicionó con sus arreglos, y la trajo ante él.** Como se enseñó en el Midrash: está escrito: «El Eterno Dios, construyó –*vaiben*– con el costado que había tomado del hombre, una mujer y la llevó ante el hombre» (Génesis 2:22). Rabí Aivu, y hay quien dice que esta enseñanza la dijo en nombre de Rabí Benaia, quien la estudió en nombre de Rabí Shimón bar Iojai, dijo: El Santo, Bendito Sea, la ornamentó a Eva como a una novia trenzando su cabello, y después se la trajo a Adán. Esto se aprende de la expresión *vaiben*, enunciada en el versículo, pues hay lugares lejanos en los que se denomina al trenzado del cabello *biniata*. Dijo Rabí Jama bar Janina: ¿Tú piensas que debajo de un algarrobo o ciprés, se la trajo El Santo, Bendito Sea, sin más adornos? Te diré que no es así, sino que la ornamentó con veinticuatro tipos de ornamentos, y después se la trajo. A esto se refiere lo que está escrito: «En el Edén, en el huerto de Dios, estuviste; de toda piedra preciosa era tu palio; de rubí, topacio, jaspe, cristal, berilo y ónice, de zafiro, carbunclo, esmeralda y oro» (Ezequiel 28:13) (Bereshit Raba 18:1). **Y entonces Adán estuvo con su mujer, y ella fue para él una compañera que le correspondía.**

Y hemos estudiado: la belleza de Adán era del Trono del vínculo supremo. Y los sabios cabalistas explicaron que se refiere a la irradiación de luminosidad de los cuerpos cósmicos denominados *Partzufim* del Mundo de la Emanación –*Atzilut*–. Pues esos cuerpos cósmicos denominados *Partzufim* son un Trono para la Luz Infinita proveniente de lo Alto. Y estos entes cósmicos están vinculados y unidos como uno. A esto se refiere el misterio del Trono del vínculo supremo.

Pues la belleza de Adán provenía **del resplandor de la irradiación de luminosidad** que irradia en el Mundo de la Emanación –*Atzilut*–. Y ese misterio está asociado a los grados de alma provenientes del Mundo de la Emanación –*Atzilut*–, denominados: esencia existencial –*nefesh*–, espíritu –*ruaj*–, alma –*neshamá*–, y alma suprema –*jaia*–. Y esos grados le fueron dados a Adán en el momento de su creación. (*véase* Shefa Tal, cáp I).

Y **la belleza de Eva** eran tan majestuosa **que todas las criaturas creadas no podían observar en ella.** Pues se proyectaron sobre ella las irradiaciones de luminosidad provenientes del ente cósmico oculto denominado *Arij Anpin*, y emanaban de su rostro. **E incluso Adán no observaba en ella.** Esto fue así **hasta ese momento en que pecaron, y fue quitada la belleza de ellos.** Pues se apartaron de Adán y Eva todas las irradiaciones de luminosidad del Mundo de la Emanación –*Atzilut*–, y sus rostros dejaron de emitir luminosidad.

Entonces, **Adán observó en ella, y la conoció para unirse a ella** íntimamente. **A esto se refiere lo que está escrito: «El hombre conoció a su mujer Javá** (Eva) y ella concibió y dio a luz a Caín, y dijo: «He adquirido –*kaniti*– un hombre con El Eterno» (Génesis 1:4). ¿Por qué está escrito «conoció», y no, «se allegó»? Porque la observó y vio lo que no podía observar en su rostro antes de eso. **Y conoció** a su mujer **en todo asunto, y conoció** a su mujer **en el allegamiento íntimo.** Por tanto, lo que está escrito: **«conoció»,** significa que **la conoció y observó en ella.**

Y hemos estudiado: está prohibido para el hombre observar en la belleza de una mujer, para que no llegue a tener un mal pensamiento, y sufra un arranque (84a) para otro asunto. Es decir, debe evitar mirar a una mujer para no sufrir una efusión seminal, y tener pensamientos nocturnos vinculados con eso, que lo impurificarían.

Y así hacía Rabí Shimón cuando iba a la ciudad, y los compañeros iban tras él, y veía –a través de su mente que allí había– **mujeres bellas. Bajaba su vista** antes de toparse con ellas, **y decía a los compañeros: «No os tornéis** –al *tifnu*– **hacia los ídolos y no os hagáis dioses fundidos; Yo soy El Eterno, vuestro Dios»** (Levítico 19:4). ¿Y por qué denominaba a la observación de las mujeres de ese modo: «No os tornéis –*al tifnu*– hacia los ídolos»? Porque a través de observar en ellas se pueden generar malos pensamientos, y a través de eso se atraen las fuerzas malignas del Otro Lado –*Sitra Ajara*–, o sea, los entes impuros denominados *jitzonim*, que se denominan ídolos.

Y todo el que observa en la belleza de una mujer durante el día, tendrá pensamientos por la noche, y eso provocará un percance nocturno, o sea, el derramamiento seminal en vano. **Y si le viene ese mal pensamiento, transgrede la prohibición: «y no os hagáis dioses fundidos»** (Levítico 19:4). Pues a través de los malos pensamientos se crean entes impuros denominados *jitzonim*, que se denominan «dioses fundidos».

Además, hay otro asunto importante que debemos aprender de la declaración: «No os tornéis –*al tifnu*– hacia los ídolos y no os hagáis dioses fundidos; Yo soy El Eterno, vuestro Dios» (Levítico 19:4). Pues se aprende de esa cita que **si** el hombre **se allegó a su mujer cuando subió a** la mente de **él ese mal pensamiento** a raíz de lo que vio en el día, **esos hijos que engendrará se denominarán dioses fundidos. Y a esto se refiere** el misterio de **lo que está escrito: «No os tornéis hacia los ídolos y no os hagáis dioses fundidos».** Pues las almas de esos hijos que engendrará un hombre que vio mujeres bellas durante el día y tuvo pensamientos vinculadas con ellas al estar con su mujer en la noche, provendrán del Otro Lado –*Sitra Ajara*–.

Dijo Rabí Aba: el versículo que declara: «No os tornéis –*al tifnu*– hacia los ídolos y no os hagáis dioses fundidos; Yo soy El Eterno, vuestro Dios», enseña que **está prohibido para la persona observar los ídolos** y objetos **de culto idolatra** a través de la mente. Es decir, se prohíbe meditar en ellos, y en el modo en que los idólatras les rinden culto, tal como surge de esa declaración bíblica. **Y no** se permite **tener provecho de ellos, y no** se permite **curarse a través de ellos. Con más razón** que no se permite **observarlos** directamente, a los objetos de culto idólatra para contemplar su aspecto, o forma. **Pues está prohibido que la persona observe un lugar que no necesita,** ya que a través de eso proyecta hacia él una gran impureza proveniente del Otro Lado –*Sitra Ajara*–, y atrae a los entes impuros denominados *jitzonim*. Por eso debe apartarse de la idolatría totalmente, incluso de las observaciones visuales o los pensamientos en el diseño, o el aspecto artístico de estos objetos.

Rabí Aba abrió su disertación **y** para explicarla **dijo** este versículo: **«Dirígete a mí, y agráciame; da de tu poder a tu siervo»** (Salmos 86:16). Lo que está escrito: **«Dirígete a mí y agráciame»,** parecería indicar que el rey David estaba seguro de que El Santo, Bendito Sea, se dirigiría a él y lo agraciaría. **Y** eso es difícil de entender, pues, **¿acaso El Santo, Bendito Sea, no tenía en el mundo** justos **bellos** en sus acciones **como David,** a tal punto **que** el propio David **dijo: «Dirígete a mí y agráciame»?** ¿Cómo se explica que David aparentemente confiara en sus propios méritos, cuando los sabios talmudistas enseñaron que eso no debe hacerse?

84a

La respuesta no es **sino ésta: así hemos estudiado: El Santo, Bendito Sea, tiene otro David.** Y los sabios cabalistas han explicado que se refiere al Aspecto Cósmico Femenino Inferior –*Maljut*–, ya que es el lugar donde el alma de David está enraizada en lo Alto. **Y él,** el Aspecto Cósmico Femenino Inferior –*Maljut*–, **está a cargo de numerosas legiones supremas, y campamentos** en lo Alto. **Y cuando El Santo, Bendito Sea, desea apiadarse del mundo, observa en ese** ente cósmico denominado **David.** Y ve las aguas femeninas que ascendieron a él, al Aspecto Cósmico Femenino Inferior –*Maljut*–, a través de los méritos de los preceptos realizados por los Hijos de Israel en lo bajo. **Y** entonces, El Santo, Bendito Sea, **le transmite la irradiación de luminosidad de su rostro,** o sea, lo agracia, según el misterio del descenso de las aguas masculinas. **Y él transmite la irradiación de luminosidad a los mundos** supremos, les envía bendición y abundancia, **y se apiada del mundo.**

Y la belleza de este ente cósmico denominado **David, transmite** y proyecta **la irradiación de luminosidad a todos los mundos.** Pues todos los mundos se nutren de la bendición y la abundancia que se proyecta a través del Aspecto Cósmico Femenino Inferior –*Maljut*–. Y su belleza está vinculada con el misterio de la irradiación de luminosidad y la abundancia que le transmite El Santo, Bendito Sea, o sea, el Aspecto Cósmico Masculino Inferior –*Zeir Anpin*–.

Su cabeza está asociada con el misterio de la **testa de oro,** es decir, la emanación cósmica –sefirá– denominada *Daat* del Aspecto Cósmico Femenino Inferior –*Maljut*–, tiene cinco *guevurot* que se denominan oro. **Y está engalanada con siete adornos de** siete **tipos de oro** fino. Y los sabios cabalistas han explicado este misterio. Ellos revelaron que se refiere a las cinco *guevurot* que se denominan oro, y se vinculan con la emanación cósmica –sefirá– denominada *Daat* del Aspecto Cósmico Femenino Inferior –*Maljut*–, las cuales se proyectan a estas emanaciones cósmicas –sefirot– del Aspecto Cósmico Femenino Inferior –*Maljut*–: la emanación cósmica –sefirá– denominada *Jesed*, la emanación cósmica –sefirá– denominada *Guevurá*, la emanación cósmica –sefirá– denominada *Tiferet*, la emanación cósmica –sefirá– denominada *Netzaj*, y la emanación cósmica –sefirá– denominada

Sección Kedoshim

Hod. Y se incluyen en la emanación cósmica –sefirá– denominada *Iesod* del Aspecto Cósmico Femenino Inferior –*Maljut*–. Y esa inclusión se incluye en la emanación cósmica –sefirá– denominada *Maljut* del Aspecto Cósmico Femenino Inferior –*Maljut*–. He aquí siete niveles de *guevurot*. **Y he aquí que esto ya fue** estudiado y **establecido** por los sabios.

Y el aprecio de El Santo, Bendito Sea, o sea, el Aspecto Cósmico Masculino Inferior –*Zeir Anpin*–, **está dirigido hacia ella,** el Aspecto Cósmico Femenino Inferior –*Maljut*–. ¿Cuál es la razón? Para endulzar las emanaciones de rigor de ella –*guevurot*–. **Y debido a su gran amor por ella, El Santo, Bendito Sea, le dijo que volviera sus ojos ante él, y lo observara. Pues ellos,** los ojos del Aspecto Cósmico Femenino Inferior –*Maljut*–, **son bellos en todo,** y proyectan sublimes y majestuosas irradiaciones de luminosidad. ¿De dónde se aprende? **Como está dicho: «Gira tus ojos de delante de mí»** (Cantar de los Cantares 6:5). Esta declaración se refiere a el Aspecto Cósmico Masculino Inferior –*Zeir Anpin*–, que a raíz del gran amor que despertó en Él el Aspecto Cósmico Femenino Inferior –*Maljut*–, le solicita: **«Gira tus ojos de delante de mí». Pues cuando esos ojos** del Aspecto Cósmico Femenino Inferior –*Maljut*– **observan en El Santo, Bendito Sea,** o sea, el Aspecto Cósmico Masculino Inferior –*Zeir Anpin*–, **entonces ellos despiertan en su corazón flechas de lanzadoras,** que son flechas de amor supremo. Y a esto se refiere el misterio de lo que **dijo: «Gira tus ojos de delante de mí»,** o sea: **gira tus ojos de mí, a otro lado, pues me queman con el fuego del amor.**

Y por eso está escrito acerca de David: «Y era bermejo, hermoso de ojos, y de buen parecer» (I Samuel 16:12). Y ya hemos explicado esta declaración que se refiere al origen de David, y su alma, pues aunque era bermejo, lo cual alude a la sefirá de *Guevurá* –rigor–, aún así estaba vinculado con la sefirá de *Guevurá* –rigor– endulzada, que embellece el aspecto del rostro, y por eso era hermoso de ojos, y de buen parecer. Y según los misterios de la cábala esta declaración **se refiere a ese David supremo** y **bello,** que es el Aspecto Cósmico Femenino Inferior –*Maljut*–, **que el amor y el deseo de El Santo, Bendito Sea, es apegarse a él.** Y **David** de lo bajo, que estaba asociado

84a

con ese grado supremo a través de su alma, **dijo: «Dirígete a mí, y agráciame;** da de tu poder a tu siervo» (Salmos 86:16). Es decir, la intención de David fue referirse al Aspecto Cósmico Femenino Inferior –*Maljut*–, o sea: «Dirígete a mi atributo en el cual estoy enraizado, el Aspecto Cósmico Femenino Inferior –*Maljut*–, y a por el poder de ella, agráciame también a mí, y otórgame de la abundancia de lo Alto.

Algo parecido a esto que fue explicado en relación con este versículo, el cual se refiere a asuntos supremos, o sea, al Aspecto Cósmico Femenino Inferior –*Maljut*–, que es la Presencia Divina –*Shejiná*–, y no debe interpretarse considerando sólo su sentido llano, lo mismo ocurre con otros versículos que serán mencionados a continuación. Está escrito: «Y su padre Itzjak (Isaac) le dijo:"Acércate, por favor, y bésame, hijo mío". Él se acercó y lo besó; olió el aroma de su ropa y lo bendijo. **Dijo: "Mira, el aroma de mi hijo es como el aroma de un campo bendecido por El Eterno"»** (Génesis 27:26-27). Surge de aquí que ese no era un aroma terrenal. Por tanto, **surge** de aquí, **que el Jardín del Edén, que es el Campo de los Manzanos sagrados, entró con él, con Jacob.**

Y esto es difícil de entender, pues, **¿cómo podía el Jardín del Edén entrar con él?** Ya que el Jardín del Edén es enorme, a **longitudinalmente y transversalmente** (*véase* Talmud, tratado de Pesajim 94a). Y además, **¡cuántos tipos de casas supremas sagradas hay allí! ¡Grados sobre grados, compartimientos, sobre compartimientos!** Siendo así, ¿Cómo se explica que el Jardín del Edén entró con él?

La respuesta no es **sino ésta**: **El Santo, Bendito Sea, tiene otro Jardín supremo sagrado,** y es la sagrada Presencia Divina –*Shejiná*–. ¿Y por qué se denomina Jardín? Por las almas que son plantadas en ella, y las hace crecer. **Y en ese Jardín está el amor de Él,** El Santo, Bendito Sea, que es el Aspecto Cósmico Masculino Inferior –*Zeir Anpin*–. Y por eso se une con él, ese Jardín, que es el Aspecto Cósmico Femenino Inferior –*Maljut*–, según el misterio de la unión íntima.

Y ese Jardín, o sea, el Aspecto Cósmico Femenino Inferior –*Maljut*–, **no está reservado sino sólo para El Santo, Bendito Sea. Pues Él entra a él** para unirse con él, es decir, con el Aspecto Cósmico Femenino Inferior –*Maljut*–, que es el Presencia Divina –*Shejiná*–. **Y**

a ese Jardín, **El Santo, Bendito Sea, lo concedió en heredad, para que esté siempre con ellos, los justos** que hacen la voluntad de El Santo, Bendito Sea. Ya que los justos son el asiento y la Carroza del Aspecto Cósmico Femenino Inferior –*Maljut*–, que es la Presencia Divina –*Shejiná*–. **Y con más razón que** la Presencia Divina –*Shejiná*– **se encontraba con Jacob,** pues él era Carroza de la emanación cósmica –sefirá– denominada *Tiferet*, que es una emanación cósmica –sefirá– esencial del Aspecto Cósmico Masculino Inferior –*Zeir Anpin*–. **Y** por eso, **El Santo, Bendito Sea, le preparó** el Jardín a Jacob, **para que entrara con él, y lo ayudara** a recibir las bendiciones de su padre.

Algo parecido a esto fue explicado en relación con este versículo, que oculta misterios supremos, como está escrito: «Y he aquí que El Eterno estaba de pie sobre él y dijo: **Yo soy El Eterno, Dios de Abraham, tu padre, y Dios de Itzjak (Isaac); la tierra** sobre la cual yaces a ti te la daré y a tus descendientes» (Génesis 28:13). Y **hemos estudiado:** esta declaración **enseña que se le plegó la Tierra de Israel** debajo de él (*véase* Talmud, tratado de Julín 91b). **¿Y acaso la Tierra de Israel que mide cuatrocientas** medidas *parsá* por cuatrocientas medidas *parsá*, **cómo se quitó de su lugar, y se situó debajo de él?**

La respuesta no es **sino ésta: El Santo, Bendito Sea, tiene otra Tierra suprema,** y es el Aspecto Cósmico Femenino Inferior –*Maljut*–, o sea, la Presencia Divina –*Shejiná*–, **y se denomina Tierra de Israel.** ¿Y por qué el Aspecto Cósmico Femenino Inferior –*Maljut*– se denomina Tierra de Israel? Porque es la heredad de los Hijos de Israel de lo bajo. **Y** ese grado **está debajo del grado de Jacob,** que está asociado con el misterio de la emanación cósmica –sefirá– denominada *Tiferet* del Aspecto Cósmico Masculino Inferior –*Zeir Anpin*–. **Pues él está sobre ella. Y El Santo, Bendito Sea, la otorgó en heredad a los Hijos de Israel por el amor** que siente **por ellos.** Y por eso les otorgó a la Presencia Divina –*Shejiná*–, **para que more con ellos, y los guíe, y los proteja de todo.** Pues al morar la Presencia Divina –*Shejiná*– con los Hijos de Israel, ellos están protegidos de toda aflicción, **y ella se denomina Tierra de la Vida.**

Ven y **observa:** dado que las almas de los Hijos de Israel están aferradas a la Presencia Divina –*Shejiná*–, por esta razón, **está prohibido**

84a

para la persona observar en un lugar que El Santo, Bendito Sea, detesta, y su alma lo aleja de él. Por ejemplo, las relaciones prohibidas, como está escrito: «Ningún hombre se acercará a su familiar cercano para descubrir su desnudez; Yo soy El Eterno. La desnudez de tu padre y la desnudez de tu madre no descubrirás; ella es tu madre, no descubrirás su desnudez. La desnudez de la mujer de tu padre no descubrirás; es la desnudez de tu padre. La desnudez de tu hermana, tanto de la hija de tu padre como de la hija de tu madre, tanto si nació de alguien que puede permanecer en la casa, como si nació de alguien que debe permanecer fuera de ella, no descubrirás su desnudez. La desnudez de la hija de tu hijo o de la hija de tu hija, no descubrirás su desnudez; pues son tu propia desnudez. La desnudez de la hija de la mujer de tu padre que nació a tu padre: es tu hermana; no descubrirás su desnudez [...]» (Levítico 18:6-11). Se aprecia que El Santo, Bendito Sea, detesta las relaciones prohibidas con parientes cercanos. Y lo mismo ocurre con otros asuntos, como la idolatría. **Y si** nos fue enseñado que **lo que El Santo, Bendito Sea, ama, está prohibido observar en ello, lo que alejó de Él, cuánto más y más.**

Pues ven y **observa: está prohibido para la persona observar en el arco iris.** ¿Por qué razón? Por el honor de la Presencia Divina –Shejiná– (*véase* Talmud, tratado de Jaguigá 16a). **Pues** esa apariencia que se refleja en el arco iris **es la apariencia del aspecto supremo,** o sea, la apariencia de la Presencia Divina –*Shejiná*–. Ya que la Presencia Divina –*Shejiná*– tiene tres tonalidades del arco iris, y quién observa allí, es como si fuese liviano con el honor de la Presencia Divina –*Shejiná*–.

Asimismo, **está prohibido para la persona observar en la señal del pacto sagrado de él. Pues** esa señal **alude al justo del mundo,** o sea, la emanación cósmica –sefirá– denominada *Iesod* del Aspecto Cósmico Masculino Inferior –*Zeir Anpin*–. Y ese ente cósmico debe estar siempre oculto para evitar la adherencia de los entes impuros denominados *jitzonim*. Y lo mismo en lo bajo, hay que ser cuidadoso con la señal que alude al mismo y hay que evitar observar en ella.

Del mismo modo, **está prohibido para la persona observar en los dedos de los sacerdotes cuando extienden sus manos** para bendecir a la congregación. ¿Cuál es la razón? **Porque allí se posa la**

gloria del Rey supremo. O sea, allí se posa la Presencia Divina –*Shejiná*–. Y aquel que observa allí, es como si fuese liviano con el honor de la Presencia Divina –*Shejiná*–.

Y considerando lo que hemos observado, **si en un lugar sagrado supremo está prohibido (84b) observar, en un lugar impuro alejado** por El Santo, Bendito Sea, **¿no más aún?** Pues aquel que observa en lo que El Santo, Bendito Sea, alejó de Él, como el culto idólatra, se apegará a él un espíritu de impureza, y lo instará a ir tras ese culto. Y si hace eso, dañará en los mundos supremos. **A esto se refiere** el misterio de lo que está escrito: «**No os tornéis** –*al tifnu*– **hacia los ídolos** y no os hagáis dioses fundidos; Yo soy El Eterno, vuestro Dios» (Levítico 19:4).

Dijo Rabí Itzjak: la persona debe considerar: **si observar en ellos,** los objetos de culto idólatra, **está prohibido, adorarlos, o realizar una acción con ellos, cuánto más y más. Y a esto se refiere** el misterio de lo que está escrito: «**No os tornéis** –*al tifnu*– **hacia los ídolos** y no os hagáis dioses fundidos; Yo soy El Eterno, vuestro Dios» (Levítico 19:4).

Y enseñó a partir de ese versículo: **aquí** el versículo **viene para advertir a** los Hijos de **Israel como al comienzo,** cuando les fueron entregados los Diez Mandamientos en el monte Sinaí. Como está escrito: «En el tercer mes del Éxodo de los Hijos de Israel de Egipto, en ese día, llegaron al desierto de Sinaí. Marcharon desde Refidim y llegaron al desierto de Sinaí, y acamparon en el desierto; e Israel acampó allí, frente a la montaña. Moshé (Moisés) ascendió a Dios y El Eterno lo llamó desde la montaña [...] Dios dijo todas estas palabras, diciendo: Yo soy El Eterno, tu Dios, Quien te sacó de la tierra de Egipto, de la casa de la esclavitud [...]» (Éxodo, cáps XIX y XX). Por tanto, siguiendo con el paralelismo mencionado, lo que está escrito en el libro de Éxodo: «**Yo soy El Eterno, tu Dios,** Quien te sacó de la tierra de Egipto, de la casa de la esclavitud» (Éxodo 20:2), **corresponde con** lo que está escrito aquí, en el libro de Levítico: «**Yo soy El Eterno, vuestro Dios**» (Levítico 19:4).

Asimismo, lo que está escrito también en el citado versículo del libro de Levítico: «**No os tornéis** –*al tifnu*– **hacia los ídolos**» (Levítico

84b

19:4), **corresponde con** lo que está escrito en el libro de Éxodo, en el segundo Mandamiento: «**No tendrás** –reconocerás– **a otros dioses en Mi presencia** –fuera de Mí» (Éxodo 20:3).

Además, lo que está escrito también en el citado versículo del libro de Levítico: «**y no os hagáis dioses fundidos**» (Levítico 19:4), **corresponde con** lo que está escrito aquí, en el libro de Éxodo, en el segundo Mandamiento: «**No te harás una imagen tallada** ni ninguna semejanza de aquello que está arriba en los cielos ni abajo en la tierra ni en el agua debajo de la tierra» (Éxodo 20:4).

Asimismo, en el libro de Levítico, antes del versículo citado está escrito: «Cada hombre –de vosotros–, a vuestra madre y a vuestro padre temeréis, y Mis Shabat observaréis, Yo soy El Eterno, vuestro Dios» (Levítico 19:3). Y también aquí hay un paralelismo con los Mandamientos mencionados en el libro de Éxodo. Pues la declaración: «**Cada hombre** –de vosotros–, **a vuestra madre y a vuestro padre temeréis**», **corresponde con** lo que está escrito en el libro de Éxodo, en el quinto Mandamiento: «**Honra a tu padre y tu madre,** para que se prolonguen tus días sobre la tierra que El Eterno, tu Dios, te da» (Éxodo 20:12).

A su vez, lo que está escrito a continuación en el versículo citado del libro de Levítico: «**y Mis Shabat observaréis**» (Levítico 19:3), **corresponde con** lo que está escrito en el libro de Éxodo, en el cuarto Mandamiento: «**Recuerda el día de Shabat, para santificarlo**» (Éxodo 20:8).

Asimismo está escrito en el libro de Levítico: «**No juraréis en falso por Mi Nombre,** profanando así el Nombre de vuestro Dios; Yo soy El Eterno» (Levítico 19:12). Y esa declaración **corresponde con** lo que está escrito en el libro de Éxodo, en el tercer Mandamiento: «**No tomarás para jurar en el Nombre de El Eterno, tu Dios, en vano,** pues El Eterno no absolverá a nadie que tome Su Nombre en vano» (Éxodo 20:7).

También está escrito aquí, en el libro de Levítico, antes del versículo citado: «No robaréis –dinero–, no negaréis falsamente y no os mentiréis mutuamente» (Levítico 19:11). Y también aquí hay un paralelismo con los Mandamientos mencionados en el libro de Éxodo.

Sección Kedoshim

84b

Pues la declaración: **«No robaréis», corresponde con** lo que está escrito en el libro de Éxodo, en el octavo Mandamiento: **«No robarás»** (Éxodo 20:13).

Asimismo está escrito en el libro de Levítico, en el mismo versículo a continuación: **«no negaréis falsamente y no os mentiréis mutuamente»** (Levítico 19:11). Y esa declaración **corresponde con** lo que está escrito en el libro de Éxodo, en el noveno Mandamiento: **«No prestarás falso testimonio contra tu prójimo»** (Éxodo 20:13).

Además está escrito en el libro de Levítico: «El hombre que cometiere adulterio con la mujer de un hombre, que cometiere adulterio con la mujer de su prójimo; **el adúltero y la adúltera serán condenados a muerte»** (Levítico 20:10). Y esa declaración mencionada **corresponde con** lo que está escrito en el libro de Éxodo, en el séptimo Mandamiento: **«no cometerás adulterio»** (Éxodo 20:13).

También está escrito aquí, en el libro de Levítico, en la sección Kedoshim: «No seréis difamadores entre vuestro pueblo; **no os quedaréis de pie, sin intervenir mientras se derrama la sangre de vuestro prójimo,** Yo soy El Eterno» (Levítico 19:16). Y esa declaración: «no os quedaréis de pie, sin intervenir mientras se derrama la sangre de vuestro prójimo», **corresponde con** lo que está escrito en el libro de Éxodo, en el sexto Mandamiento: **«No matarás»** (Éxodo 20:13).

Y esto ya fue estudiado y **establecido** por los sabios. Pues ellos ya han revelado que aquí, en la sección Kedoshim, están insinuados los Diez Mandamientos. **Y por eso** los sabios han dicho que **la generalidad de la Torá se encuentra** incluida **en esta sección.** Pues todos los preceptos de la Torá están incluidos en los Diez Mandamientos. Y dado que los Diez Mandamientos están insinuados aquí, en esta sección, resulta que la generalidad de la Torá se encuentra incluida aquí, pero no todos los preceptos de la Torá. Sólo los Diez Mandamientos, en los cuales se encuentran aludidos todos los preceptos de la Torá.

Dijo Rabí Jía: al comienzo, cuando El Santo, Bendito Sea, entregó los Diez Mandamientos a los Hijos de Israel en el monte Sinaí, tal como consta en el libro de Éxodo, ¿qué está escrito? Está escrito: **«Yo soy El Eterno, tu Dios,** Quien te sacó de la tierra de Egipto, de la casa de la esclavitud» (Éxodo 20:2). Y está escrito: **«Recuerda el**

84b

día de Shabat, para santificarlo» (Éxodo 20:8). Y está escrito: **«No tomarás** para jurar en el Nombre de El Eterno, tu Dios, en vano, pues El Eterno no absolverá a nadie que tome Su Nombre en vano» (Éxodo 20:7). Y está escrito: **«No matarás; no cometerás adulterio; no robarás»** (Éxodo 20:13). **Todo** está escrito **en lenguaje singular. Y aquí,** en la sección Kedoshim del libro de Levítico, está escrito: **«Yo soy El Eterno, vuestro Dios»** (Levítico 19:4). **«Cada hombre** –de vosotros–, **a vuestra madre y a vuestro padre temeréis»** (Levítico 19:3). Y a continuación está escrito: **«Y Mis Shabat observaréis,** Yo soy El Eterno, vuestro Dios» (Levítico 19:3). También está escrito: **«No os tornéis** –al tifnu– **hacia los ídolos** y no os hagáis dioses fundidos; Yo soy El Eterno, vuestro Dios» (Levítico 19:4). Todo está escrito **en lenguaje plural.** ¿Cuál es la razón de esa diferencia?

La respuesta no es **sino ésta: ven** y **observa: desde el día en que los** Hijos **de Israel estuvieron en el mundo, no estaban ante El Santo, Bendito Sea,** unidos **con un solo corazón, y con una sola voluntad, como ese día que estuvieron de pie junto al monte Sinaí.** Y a esto se refiere el misterio de lo que está escrito: «En el tercer mes del Éxodo de los Hijos de Israel de Egipto, en ese día, llegaron al desierto de Sinaí. Marcharon desde Refidim y llegaron al desierto de Sinaí, y acamparon en el desierto; e Israel acampó allí, frente a la montaña» (Éxodo 19:1-2). La declaración «e Israel acampó allí», indica que estaban todos unidos, como uno. ¿Y cuál era la razón? Porque entonces cesó de ellos la inmundicia proveniente de la serpiente antigua que estaba en el interior de ellos. Y a raíz de eso, cesó en forma absoluta el odio gratuito entre ellos, y todos estaban unidos, como uno, con un solo corazón. **Y por eso todo fue dicho en lenguaje singular,** indicándose unión perfecta de todos los Hijos de Israel. Pero después pecaron con el Becerro de Oro, como está escrito: «Entonces vi y he aquí que habíais pecado a El Eterno, vuestro Dios; os hicisteis un becerro fundido; os descarriasteis rápidamente del camino que El Eterno os ordenó» (Deuteronomio 9:16). En ese momento los Hijos de Israel perdieron la pureza que habían obtenido, y dejaron de estar unidos como antes, por eso, **después todo** está escrito **en lenguaje plural.** ¿Cuál es la razón? **Porque he aquí que no estaban tan uni-**

dos como antes, con voluntad absoluta, y un solo corazón, como en la entrega de la Torá. Entonces, el Mal Instinto volvió a ejercer dominio sobre ellos, y hubo odio gratuito y división. Y por esa razón El Santo, Bendito Sea, volvió a decirles a los Hijos de Israel los Diez Mandamientos en esta sección, Kedoshim, con lenguaje plural.

Rabí Elazar iba por el camino **para** visitar y **ver a su suegro Rabí Iosei, el hijo de Rabí Shimón, el hijo de Lakunia. Y estaban con él Rabí Jía y Rabí Iosei.**
Cuando los sabios **llegaron a un campo, se sentaron debajo de un árbol.** Y entonces **Rabí Elazar dijo** a los compañeros: **cada uno diga un asunto de la Torá.**
Rabí Elazar abrió su disertación **y** para explicarla **dijo** este versículo: «**Y Yo soy El Eterno vuestro Dios desde la tierra de Egipto; no conocerás, pues, otro dios** fuera de Mí, ni otro salvador sino a Mí» (Oseas 13:4). Según se observa, en el versículo se indica que a partir de lo ocurrido en Egipto, los Hijos de Israel recibieron a El Eterno como Dios de ellos. Y en este versículo hay algo que sorprende, pues **no está escrito:** «Y Yo soy El Eterno vuestro Dios **que os saqué de la tierra de Egipto», sino** que está escrito: «Y **Yo soy El Eterno vuestro Dios desde la tierra de Egipto».** O sea, tal como dijimos, se indica que a partir de lo ocurrido en Egipto, los Hijos de Israel recibieron el yugo divino de El Eterno, aceptándolo como Dios de ellos, y servirle. Y esto es algo que sorprende, pues, **¿desde la tierra de Egipto** El Santo, Bendito Sea, **fue para ellos,** los Hijos de Israel, **por Rey, y no antes de eso? Y he aquí que está escrito** en el libro del Génesis: «**Iaacov** (Jacob) **le dijo a los miembros de su casa y a todos los que estaban con él: ¡Quitad los dioses foráneos que hay entre vosotros;** purificaos y cambiaos vuestras vestiduras!» (Génesis 35:2). **Y está escrito** a continuación: «**Luego venid, ascenderemos a Bet–El;** allí erigiré un altar a Dios Quien me respondió en un momento de angustia y estuvo a mi lado en el camino que transité» (Génesis 35:3). Se ve que Jacob, el padre de las doce tribus de los Hijos de Israel, reconocía como su Dios a El Santo, Bendito Sea, y había recibido el yugo divino de Él, y también lo hicieron sus hijos, y lo mismo hicieron los

84b

otros patriarcas antes de él, Abraham e Itzjak, **¿y tú dices: de la tierra de Egipto?** ¡Es algo que sorprende! ¿Cómo se explica?

La respuesta no es **sino ésta**: es verdad que los patriarcas de Israel recibieron como su Dios a El Santo, Bendito Sea, pero el poder de la fe en Él no era notorio manifiestamente hasta que los Hijos de Israel fueron a Egipto. Pues **desde el día que los** Hijos **de Israel estuvieron en el mundo, no se conocía la gloria de El Santo, Bendito Sea, con excepción de la tierra de Egipto, cuando** los Hijos de Israel **estaban** allí, esclavizados y sometidos por el imperio egipcio, y eran obligados **con** gran crueldad a realizar **duros trabajos.** Pero aún así, los Hijos de Israel no abandonaron la fe que había recibido de sus antepasados, y siguieron creyendo en El Santo, Bendito Sea. **Y** solamente **a Él clamaron** en medio de su aflicción, como está escrito: «El Eterno dijo: ciertamente he visto la aflicción de Mi pueblo que está en Egipto y he oído su clamor a causa de sus supervisores, pues he sabido de su dolor. Bajaré y lo rescataré de la mano de Egipto, y lo ascenderé de esa tierra a una tierra buena y amplia, a una tierra en la que fluye la leche y la miel datilera, al lugar del cananeo, el jeteo, el amorreo, el perizeo, el jiveo y el iebuseo. Y ahora, he aquí que el clamor de los Hijos de Israel ha llegado hasta Mí y también he visto la opresión con que los egipcios los oprimen» (Éxodo 3:7-9). He aquí que se manifiesta claramente que los Hijos de Israel creían y confiaban en El Santo, Bendito Sea. **Y no modificaron la conducta de ellos jamás. Y allí fueron probados** y depurados **nuestros ancestros como el oro dentro del crisol.**

Y además, ellos veían todos los días numerosas nigromancias y muchos tipos de fuerzas **malas, para desviar a la persona.** Pues era la intención de ellos hacerlos desviar del camino recto, y que se unieran a sus malos caminos y acciones impuras. **Y** aún así, los Hijos de Israel **no se apartaron** del camino de los padres de ellos, **a la derecha ni a la izquierda,** y no aceptaron unirse a los malos caminos impuros, y tampoco realizar ningún tipo de culto idólatra. **Y** esto fue así **aunque ellos no sabían tanto de la Gloria de El Santo, Bendito Sea, sino que iban tras la tradición de sus padres.**

Otra explicación: lo que está dicho: «Y Yo soy El Eterno vuestro Dios desde la tierra de Egipto; no conocerás, pues, otro dios fuera de

Sección Kedoshim

Mí, ni otro salvador sino a Mí» (Oseas 13:4), manifiesta que allí reconocieron el poder de El Santo, Bendito Sea, en forma revelada. **Y después,** cuando Moshé volvió a Egipto para sacar a los Hijos de Israel de allí, **vieron numerosos milagros y numerosas manifestaciones de poder, y El Santo, Bendito Sea, los tomó para el servicio de Él. Y dado que todos vieron con los ojos de ellos todas esas señales y todas esas manifestaciones de poder** que El Santo, Bendito Sea, hizo para ellos, entonces se fortaleció la fe de los Hijos de Israel en El Santo, Bendito Sea, desde el flanco de su poder para hacer prodigios y maravillas, en forma revelada y manifiesta.

Por eso, El Santo, Bendito Sea, **les dijo** a los Hijos de Israel: **«Y Yo soy El Eterno vuestro Dios desde la tierra de Egipto;** no conocerás, pues, otro dios fuera de Mí, ni otro salvador sino a Mí» (Oseas 13:4). **Pues allí la Gloria de Él fue** descubierta **en forma revelada,** y la inmensidad de su Poder se propagó por todo el mundo. **Y** después, El Santo, Bendito Sea, **se les reveló** manifiestamente **en el mar, y vieron el brillo de la Gloria de Él rostro con rostro.** Y en ese lugar los Hijos de Israel aprehendieron los misterios de la fe en El Santo, Bendito Sea, por el flanco de la profecía.

Otra explicación: lo que está dicho: «Y Yo soy El Eterno vuestro Dios desde la tierra de Egipto; no conocerás, pues, otro dios fuera de Mí, ni otro salvador sino a Mí» (Oseas 13:4), manifiesta que El Santo, Bendito Sea, les dijo eso para que no dijeran: **«otro dios habló con nosotros** en el monte Sinaí». **Sino, Yo soy el** Dios **que habéis visto su revelación en la tierra de Egipto. Yo soy el** Dios **que propinó todas esas diez plagas en la tierra de Egipto. Y por eso,** El Santo, Bendito Sea, dijo en la entrega de la Torá: **«no conocerás, pues, otro dios fuera de Mí». Para que no digas que fue otro** dios el que habló con vosotros. **Sino, Yo soy** el Dios que habla con vosotros y os guía y protege **en todo,** es decir, en todos los tiempos.

Nuevamente Rabí Elazar **abrió** su disertación **y** para explicarla **dijo** este versículo: **«No engañaréis a vuestro prójimo y no robaréis por la fuerza; la paga del asalariado no permanecerá en tu poder toda la noche hasta la mañana»** (Levítico 19:13). Lo que está escrito: **«la paga del asalariado no permanecerá en tu poder** toda la noche

84b - 85a

hasta la mañana», **¿por qué** fue dicho específicamente? ¡Esa advertencia es aparentemente innecesaria! Pues cada momento que tiene la paga del asalariado en su mano y no se la entrega transgrede una prohibición de la Torá. ¿Cómo se explica?

La respuesta no es **sino ésta: se aprende de otro versículo, como está escrito: «Ese mismo día le darás su paga; el Sol no se pondrá sobre él, pues es pobre y su vida depende de eso;** que no clame en contra de ti ante El Eterno, pues habrá en ti pecado» (Deuteronomio 24:15). Lo que está escrito: **«el Sol no se pondrá sobre él», es una advertencia para que no se reúna** con su pueblo, es decir, de que no fallezca y se vaya **del mundo, por él, antes de llegar su tiempo de reunirse** con su pueblo, **como está dicho: «Antes que se oscurezca el Sol,** y la luz, y la Luna y las estrellas, y vuelvan las nubes tras la lluvia» (Eclesiastés 12:2). Y en esta cita se alude al alma que se denomina Sol.

A partir de aquí aprendemos otro asunto. La retención del pago del asalariado provoca su muerte prematura, y lo mismo ocurre con **aquel que completa el alma del necesitado, incluso (85a) que llegaron sus días de apartarse del mundo, El Santo, Bendito Sea, completa su alma, y le otorga más vida.** Pues este hombre aumentó la vida del necesitado, dándole lo que necesitaba para vivir, por eso, El Santo, Bendito Sea, aumenta la vida de ese hombre generoso.

Otra explicación: está escrito: «No engañaréis a vuestro prójimo y no robaréis por la fuerza; **la paga del asalariado no permanecerá en tu poder** toda la noche hasta la mañana» (Levítico 19:13). **Ven y observa: aquel que toma el pago de un necesitado,** reteniéndolo, y no pagándole por el trabajo realizado inmediatamente, **es como si tomara su alma, y las** almas **de las personas de su casa.** Y a esto se refiere el misterio de lo que está escrito: «Ese mismo día le darás su paga; el Sol no se pondrá sobre él, pues es pobre y su vida –*nafshó*– depende de eso; que no clame en contra de ti ante El Eterno, pues habrá en ti pecado» (Deuteronomio 24:15). Pues **él disminuye las vidas** –almas– **de ellos,** ya que no tienen qué comer, y por eso, **El Santo, Bendito Sea,** lo castiga –a aquel que provocó eso–, **disminuyendo sus días** en este mundo, **y** no sólo eso, sino que además, **disminuye su alma de ese mundo,** el Mundo Venidero.

Sección Kedoshim

Y esto se debe a la aflicción que causó al necesitado ese hombre que retuvo su paga. **Pues todos esos alientos** y suspiros **que salen de su boca todo ese día** que se ocupa de la labor que le asignó aque que lo contrató, y el necesitado se esfuerza en ella, y por eso salen de su boca esos alientos, cuando no recibe la paga en su debido tiempo, **todos ellos,** esos alientos, **ascienden ante El Santo, Bendito Sea, y se sitúan ante Él.** Y son recibidos en lo Alto, y aceptados como expiación por sus pecados. **Después,** durante la noche, en la hora del sueño, **asciende su alma, y las almas de los de su casa,** que están tan hambrientos como él. **Y se sitúan junto a esos alientos** que salieron **de su boca,** y se invisten en ellos, y claman ante El Santo, Bendito Sea, reclamando justicia. Pues la aflicción de ellos es muy grande.

Y entonces, incluso se hubiera decretado sobre esa persona muchos días de vida, **y muchas bondades, todos se quitan de él, y se apartan de él.** Y entonces sus días se acortan y su calidad de vida merma. **Y no sólo eso, sino que el alma de él no asciende a lo Alto** por la noche, mientras duerme. Y a esto se refiere el misterio de lo que está escrito: «No engañaréis a vuestro prójimo y no robaréis por la fuerza; la paga del asalariado no permanecerá en tu poder toda la noche hasta la mañana» (Levítico 19:13). Lo que está escrito: «no permanecerá en tu poder toda la noche hasta la mañana», se refiere al alma, que la persona que retuvo el pago del asalariado retiene con él incluso durante la noche, cuando duerme, y no asciende a lo Alto. Es decir: «no permanecerá en tu poder, tu alma, toda la noche hasta la mañana», a causa del trabajo del empleado contratado.

Y a esto se refiere lo que dijo Rabí Aba: el Misericordioso nos salve de ellos y de su vergüenza. Es decir: El Santo, Bendito Sea, nos salve de los necesitados y de la vergüenza de ellos, o sea, de la vergüenza y la humillación que se pueden soportar a causa de ellos.

Y ya fue estudiado y **establecido** por los sabios: **incluso cuando** el asalariado **es** un hombre **rico,** también en ese caso fue dicho al respecto: **«y su vida** –*nafsho*– **depende de eso»** (Deuteronomio 24:15). La expresión *nafsho* significa literalmente: «su alma». Pues se entrega a sí mismo a la muerte por su acción. **Se deduce** de lo que está escri-

85a

to: «y su vida –*nafsho*–». Ya que no está escrito: «y la vida –*nafsho*– del necesitado», sino: «y su vida –*nafsho*–», en general, sin especificar. Enseña que esto es así **incluso también con toda persona, y con más razón** si se trata de **un necesitado.**

Y esto que debe hacerse para cumplir con el versículo en forma correcta **es tal como hacía Rav Amnuna, que cuando su empleado completaba la labor, le entregaba el pago. Y le decía: toma tu alma que has depositado en mis manos; toma tu depósito.**

Y Rav Amnuna hacía esto **aunque** el asalariado **le dijera: esté la paga en tu mano, pues deseo cuidar mi paga** dejando el dinero en tu poder. Aún así, Rav Amnuna **no quería** aceptar que el dinero quedara en su poder. Y le **decía** al asalariado que había contratado: **el depósito de tu cuerpo no es apropiado para ser dejado en depósito conmigo, con más razón, el depósito de tu alma. Pues el depósito del alma no se otorga sino a El Santo, Bendito Sea,** como está escrito: «En tu mano depositaré mi espíritu» (Salmos 31:6).

Dijo Rabí Jía: ¿y en manos de otro es permitido? Es decir, un empleado que recibió su salario de su empleador, ¿puede depositar su salario en manos de otro para que se lo cuide?

Rabí Eleazar **le dijo** a Rabí Jía: **incluso en sus manos después que se lo dio.** Es decir, una vez que el empleador pagó el salario a su empleado, y éste lo recibió en su mano, puede depositarlo incluso en manos de su empleador para que se lo guarde.

Está escrito: «No engañaréis a vuestro prójimo y no robaréis por la fuerza; **la paga del asalariado no permanecerá en tu poder** toda la noche hasta la mañana» (Levítico 19:13). Resulta que no se trasgrede la prohibición de retener la paga del asalariado hasta que pase toda la noche hasta la mañana. **Y** esto es difícil de entender, pues **está escrito: «Ese mismo día le darás su paga; el Sol no se pondrá sobre él,** pues es pobre y su vida –*nafshó*– depende de eso; que no clame en contra de ti ante El Eterno, pues habrá en ti pecado» (Deuteronomio 24:15). Se deduce de aquí que se trasgrede inmediatamente cuando se puso el Sol. ¿Y tú dices: «la paga del asalariado no permanecerá en tu poder toda la noche hasta la mañana»? ¿Cómo se explica?

La respuesta no es **sino ésta**: he **aquí que ya fue** estudiado y **establecido** por los sabios talmudistas (Talmud, tratado de Baba Metzía 110b), que cuando el asalariado contratado por el día termina su labor al final del día, y el salario no se paga sino al final, por eso el que lo contrató no está obligado a pagarle hasta la puesta del Sol, y por esa razón no trasgrede la prohibición de «la paga del asalariado no permanecerá en tu poder» (Levítico 19:13), hasta que retenga la paga hasta la mañana. Y el asalariado contratado para trabajar en la noche de ese día, que termina su labor al final de la noche, el que lo contrató no está obligado a pagarle hasta la salida del Sol, y por esa razón no trasgrede la prohibición de «la paga del asalariado no permanecerá en tu poder» (Levítico 19:13), hasta que retenga la paga hasta la salida del Sol.

Pero ven y **observa: no tienes día y día en que no ejerce dominio otro día supremo.** Pues en cada día laboral de la semana ejerce una emanación cósmica –sefirá– diferente del Aspecto Cósmico Masculino Inferior –*Zeir Anpin*–. Ya que en la semana hay seis días laborales, y el Aspecto Cósmico Masculino Inferior –*Zeir Anpin*–, está asociado con el misterio de las seis emanaciones cósmicas. Y en cada día laboral ejerce dominio una de estas emanaciones cósmicas –sefirot– del Aspecto Cósmico Masculino Inferior –*Zeir Anpin*–. Por ejemplo, en el primer día de la semana contando a partir del Shabat, ejerce dominio la emanación cósmica –sefirá– denominada *Jesed*. En el segundo día de la semana contando a partir del Shabat, ejerce dominio la emanación cósmica –sefirá– denominada *Guevurá*. Y así sucesivamente. Y en cada día se debe rectificar lo que corresponde con ese día. Por esta razón, **si** el que contrató a una persona para que trabaje para él, **no le dio su alma,** es decir, su paga, **en ese día** en que el empleado trabajó para él, se considera **como aquel que dañó a ese día supremo.** Es decir, al retener el pago del asalariado causa un daño en la emanación cósmica –sefirá– del Aspecto Cósmico Masculino Inferior –*Zeir Anpin*–, que ejerce dominio en ese día. **Y a esto se refiere** el misterio de lo que está escrito: «**Ese mismo día le darás su paga; el Sol no se pondrá sobre él,** pues es pobre y su vida –*nafshó*– depende de eso; que no clame en contra de ti ante El Eterno, pues habrá en ti

85a
pecado» (Deuteronomio 24:15). Pues después de la puesta del Sol, ejerce dominio una emanación cósmica –sefirá– diferente.

Y eso que está dicho: «No engañaréis a vuestro prójimo y no robaréis por la fuerza; la paga del asalariado **no permanecerá en tu poder** toda la noche hasta la mañana» (Levítico 19:13), también encierra profundos secretos cabalísticos además de su sentido llano. Y los sabios cabalistas han revelado que se aprende de aquí: no permanezca en tu poder tu alma, sin ascender a lo Alto durante el sueño, toda la noche hasta la mañana por retener la paga del asalariado. **Pues por esa causa su alma no asciende** por la noche junto con las demás almas de los Hijos de Israel. **Y asciende el alma de ese necesitado y de los de su casa, como ya ha sido dicho.** Entonces esas almas lo acusan en lo Alto, tal como hemos explicado.

Rabí Jía abrió su disertación **y** para explicarla **dijo el versículo que está** escrito **después** en el libro de Levítico, a continuación del mencionado previamente: **«No maldeciréis al sordo y** no pondréis estorbo **delante del ciego**; temeréis a tu Dios; Yo soy El Eterno» (Levítico 19:14). **Este versículo** debe entenderse textualmente, **según su sentido llano. Pero** también hay en él ocultos numerosos misterios de la cábala que deben ser esclarecidos y dilucidados; pues **en toda esta sección he estudiado otros asuntos** además de los que surgen de su sentido llano. **Y todos dependen éste de éste.**

Ven y **observa: aquel que maldice a su compañero y él está ante él, y lo avergüenza, es como si hubiese derramado su sangre. Y esto ya fue** estudiado y **establecido por nosotros.** Como consta en el Talmud, tratado de Baba Metzía (58b): todo el que avergüenza a su compañero públicamente es como su derramara sangre. **Y este versículo se refiere a cuando no está con él,** es decir, su compañero no está presente en el momento de la humillación, **cuando lo maldice.** Y a esto se refiere el misterio de lo que está escrito: «No maldeciréis al sordo» (Levítico 19:14). Pues el humillado, al no estar presente, es como un sordo, que no oye lo que dicen de él.

No obstante, **esa palabra** emitida por el difamador **asciende** a lo Alto, y acusa contra él. **Pues no hallas palabra y palabra que salga**

Sección Kedoshim

de la boca de la persona, y **que no tenga con ella una voz. Y esa voz asciende a lo Alto, y numerosos ángeles destructores se reúnen con ella, esa voz,** y la acompañan y la ascienden a lo Alto.

Esa voz sigue viajando cósmicamente y ascendiendo con la compañía de los ángeles destructores **hasta que asciende al lugar del Gran Abismo,** donde moran los entes impuros denominados *jitzonim*. Y esa voz los despierta, y entonces ellos se fortalecen y predominan en el mundo, **como ya fue** estudiado y **establecido** por los sabios.

Y no sólo ocurre lo que hemos dicho, sino que además, **numerosos** entes impuros denominados *jitzonim* **se despiertan contra ese hombre** que humilló a su compañero, para castigarlo. Por esta razón: **¡Ay de aquel que saca una mala palabra de su boca! Y esto ya fue** estudiado y **establecido** por los sabios.

Otra explicación: está escrito: **«Y no pondréis estorbo delante del ciego»** (Levítico 19:14). Esta declaración debe entenderse **según su sentido llano. Y esto ya fue** estudiado y **establecido** por los sabios (*véase* Talmud, tratado de Pesajim 22b). Pues ya ha sido enseñado que **se refiere a aquel que** induce a otro a pecar, o sea, **provoca que otro peque. Y asimismo, se refiere a aquel que golpea a su hijo mayor** (*véase* Talmud, tratado de Moed Katán 17a). Pues él hijo mayor puede levantarse contra el padre, y él podría haberlo evitado si no lo hubiese golpeado.

Asimismo, lo que está escrito: **«Y no pondréis estorbo** delante del ciego», se refiere a **aquel que no llegó a** –estar habilitado para impartir– **la enseñanza** –dictaminar una ley– **y enseña** –es decir, dictamina leyes–, **como está escrito: «Porque a muchos ha hecho caer muertos, y aun los más fuertes han sido abatidos por ella»** (Proverbios 7:26). **Y este** hombre **transgrede** el precepto indicado en el versículo que declara: **«Y no pondréis estorbo delante del ciego».** ¿Cuál es la razón? **Porque** a través de su enseñanza errónea **hace tropezar a su compañero para el Mundo venidero.** Ya que ese hombre que recibió su instrucción confía en su enseñanza y su alma se daña y es castigada por infringir la ley de la Torá.

Pues hemos estudiado: aquel que va por el camino recto de la Torá, aprendiendo de maestros idóneos, que conocen las enseñan-

85a

zas de la Torá como es debido, **y aquel que se esfuerza en la Torá como es debido, tiene siempre una buena parte para el Mundo venidero.** Y los sabios cabalistas revelaron este misterio según las enseñanzas de la cábala: porque la persona que aprende de un maestro idóneo, o estudia él mismo con pureza y limpieza, entendiendo la ley como es debido, se aferra a la emanación cósmica –sefirá– denominada *Biná*, que se denomina Mundo Venidero. Y lo hace a través de la Torá que está asociada con el misterio de la emanación cósmica –sefirá– denominada *Tiferet*. O sea, a través del estudio de la Torá, vinculada con la emanación cósmica –sefirá– denominada *Tiferet*, alcanza a la emanación cósmica –sefirá– denominada *Biná*, que se vincula con el misterio del Mundo Venidero.

Pues esa palabra de Torá que la persona **saca de su boca** en el momento de estudio, **marcha y deambula por el mundo, y asciende a lo Alto. Y numerosos** ángeles **supremos sagrados se unen a esa palabra** y la acompañan. **Y asciende por un camino recto, y se corona con una corona sagrada.** Es decir, se corona con la irradiación de luminosidad del Aspecto Cósmico Femenino Inferior –*Maljut*–, que se denomina Corona.

Y después, esa palabra de Torá emitida por esa persona que la pronunció en la Tierra, **se sumerge** para purificarse **en el río del Mundo venidero que se proyecta y sale del Edén.** Y los sabios cabalistas han enseñado que el río del Mundo venidero, está asociado con el misterio de la emanación cósmica –sefirá– denominada *Iesod* del ente cósmico denominado *Biná*. Y el Edén está asociado con el misterio de la emanación cósmica –sefirá– denominada *Jojmá*, o sea, el Aspecto Cósmico Masculino Supremo –*Aba*–.

Y esa palabra **es recibida por él y se absorbe en su interior.** Es decir, asciende a la emanación cósmica –sefirá– denominada *Iesod* del Aspecto Cósmico Femenino Supremo –*Ima*–, según el misterio de las aguas femeninas, y se absorbe en su interior. **Y** a través de su Torá provoca que El Santo, Bendito Sea, **plante alrededor de ese río un árbol supremo. Y entonces, se proyecta y sale una irradiación de luminosidad suprema** proveniente de las facultades cognitivas cósmicas –*mojín*–, del Aspecto Cósmico Masculino Inferior –*Zeir Anpin*–.

Y se corona en él, en ese hombre que pronunció la palabra de Torá, **todo ese día. Como ya ha sido** explicado y **dicho.**

Y aquel que estudia la Torá y no se esfuerza en ir por **un camino de verdad (85b), y por un camino recto,** porque tiene un maestro que lo conduce erróneamente, y le enseña cosas que no son verdad, y no va a un maestro idóneo y capacitado para aprender de él, y tampoco se esfuerza él mismo en llegar a la verdad de la Torá a través de su estudio y su capacidad de aprehensión, **esa palabra** de Torá que él estudia **asciende, y se desvía del camino** recto, **y no hay quien se una a ella.** Es decir, ningún ángel se une a ella para acompañarla y hacerla ascender a lo Alto.

Y cuando esa palabra pronunciada por este hombre que tiene un maestro inapropiado, y no se esfuerza en llegar a la verdad auténtica, asciende, **todos** los ángeles **la empujan fuera** de los espacios cósmicos de la santidad. Y a partir de esas palabras desplazadas se crean un Cielo y una Tierra de mentira. **Y** esa palabra rechazada **va y deambula por el mundo, y no encuentra lugar** dentro de los espacios cósmicos de la santidad para ser recibida allí.

¿Quién le provocó esto? Ese maestro inepto **que lo desvió del camino recto,** enseñándole cosas que no eran verdad. **A esto se refiere lo que está escrito: «Y no pondréis estorbo delante del ciego».** Es decir, se refiere al maestro, que no debe poner tropiezo al alumno enseñándole algo vinculado con la Torá que no es correcto. **Y a esto se refiere** el misterio de **lo que está escrito:** «No maldeciréis al sordo y no pondréis estorbo delante del ciego; **temeréis a tu Dios; Yo soy El Eterno»** (Levítico 19:14). Es decir, habéis de temer de Dios, y no enseñar a los alumnos cosas erróneas.

A continuación Rabí Jía dijo: **y aquel que desea** esforzarse y **ocuparse en la Torá, y no halla quien le enseñe, y a raíz de su gran amor por la Torá se esfuerza en ella y pronuncia sus enseñanzas con dificultad,** pues no sabe cómo interpretar correctamente esas enseñanzas, aún así, **cada palabra y palabra** que ese hombre saca de su boca **asciende** a lo Alto. **Y El Santo, Bendito Sea, se alegra con esa palabra y la recibe.** Pues si intención fue buena, y sus deseos de aprender la Torá correctos, sólo que no halló quien le enseñara correc-

85b

tamente. Y El Santo, Bendito Sea, **la planta** a esa palabra **alrededor de ese arroyo** del ente cósmico denominado *Biná*. **Y a partir de esas palabras se forman grandes árboles, y se denominan: sauces de arroyo.** Y se denominan así porque los sauces de arroyo no tienen sabor ni aroma, ya que son palabras que fueron pronunciadas sin conocimiento ni integridad. **A esto se refiere lo que está escrito: «Con su amor se equivoca siempre»** (Proverbios 5:19). Es decir, si amas verdaderamente a la Torá, y te equivocas en el estudio de su contenido, esas palabras son igualmente preciadas para El Santo, Bendito Sea.

Y el rey David oró a El Santo, Bendito Sea, y en medio de su plegaria **dijo: «El Eterno, enséñame tu camino; andaré en tu verdad»** (Salmos 86:11). **Y está escrito:** «El Eterno, enséñame tu camino, **y guíame por senda de rectitud a causa de mis observadores** –se refiere a los enemigos, que lo observaban siempre para ver su tropiezo–» (Salmos 27:11). En esta oración, David pidió a El Santo, Bendito Sea, ameritarse ir por un camino recto, y merecer estudiar la Torá. **¡Bienaventurados aquellos que conocen los caminos de la Torá, y se esfuerzan con ella por una senda de rectitud! Pues ellos plantan en lo alto árboles de vida, que todos ellos son curación** para su alma.

Y a esto se refiere lo que está escrito: «La Torá de verdad estuvo en su boca, e iniquidad no fue hallada en sus labios» (Malaquías 2.6). Esto es algo que sorprende. **Pues, ¿acaso hay Torá que no es de verdad?**

La respuesta no es sino ésta: **¡Sí! Tal como hemos dicho, en referencia a aquel que enseña sin saber** la enseñanza en forma apropiada, **y enseña algo que no es de verdad. Y ese que aprende el asunto de él, estudia algo que no es verdad. Y a esto se refiere lo que está escrito: «La Torá de verdad estuvo en su boca».** Pues Aarón enseñaba a los Hijos de Israel la Torá de verdad.

Y aún así, la persona debe estudiar las palabras de la Torá de toda persona, incluso de aquel que no sabe como es debido. ¿Cuándo? En el caso en que no tenga un maestro apropiado. ¿Y por qué razón en un caso así debe estudiar las palabras de la Torá de toda

Sección Kedoshim

persona, incluso de aquel que no sabe como es debido? **Porque a través de eso se despertará en** el estudio de **la Torá. Y después, vendrá a estudiar de aquel que sabe** apropiadamente. **Y después, hallará que anda por** el camino de **la Torá, por la senda de la verdad.**

Ven y **observa: la persona debe esforzarse siempre en la Torá y sus preceptos incluso no en su nombre.** Es decir, debe hacerlo incluso que no lo hace en el nombre de la Torá, sino por otras razones, como intereses particulares, o causas similares. **Pues al hacerlo no en su nombre,** finalmente **vendrá a hacerlo en su nombre.**

Rabí Iosei abrió su disertación y para explicarla dijo **el versículo** que está escrito **después,** a continuación de la cita que declara «No maldeciréis al sordo y no pondréis estorbo delante del ciego; temeréis a tu Dios; Yo soy El Eterno» (Levítico 19:14). **Y dijo:** está escrito: **«No pervertiréis la justicia;** no favoreceréis al pobre y no honraréis al grande; con rectitud juzgaréis a tu prójimo» (Levítico 19:15). Lo que está escrito: **«No pervertiréis la justicia», es así textualmente. Pero he aquí que ya ha sido** explicado y **dicho** previamente, **que en esta sección,** Kedoshim, **se manifestaron asuntos supremos y valiosos** que están ocultos y aludidos **en los preceptos de la Torá.**

La explicación de **este versículo se entiende de su final, como** está escrito: «con rectitud –*tzedek*– juzgaréis –*mishpat*– a tu prójimo». Y para comprender este misterio: **ven** y **observa: hay aquí** indicados **dos grados: rectitud** –*tzedek*– **y justicia** –*mishpat*–. **¿Qué diferencia hay entre éste y éste?** La respuesta no es **sino ésta: uno** está relacionado con el misterio de la **misericordia, y uno** está relacionado con el misterio del **juicio.** Pues la rectitud –*tzedek*–, está asociada con el misterio del Aspecto Cósmico Masculino Inferior –*Zeir Anpin*–, que se vincula con el atributo de la misericordia, y justicia –*mishpat*–, está asociada con el misterio del Aspecto Cósmico Femenino Inferior –*Maljut*–, que se vincula con el atributo del juicio. **Y este** grado, el del Aspecto Cósmico Femenino Inferior –*Maljut*–, **se perfuma** y endulza **con este** otro grado, el del Aspecto Cósmico Masculino Inferior –*Zeir Anpin*–. O sea, el juicio se endulza con la misericordia.

Y debe considerarse que **cuando se despierta** el atributo del Aspecto Cósmico Femenino Inferior *–Maljut–*, o sea, **la rectitud** *–tzedek–* solo, sin estar endulzado por el atributo del Aspecto Cósmico Masculino Inferior *–Zeir Anpin–*, **juzga el juicio de todo** el mundo **como uno,** conjuntamente. **Pues no hay en él misericordia, ni indulgencia.**

Sin embargo, **cuando se despierta** el atributo del Aspecto Cósmico Masculino Inferior *–Zeir Anpin–*, o sea, **la justicia** *–mishpat–* solo, sin estar combinado con el grado del atributo del Aspecto Cósmico Femenino Inferior *–Maljut–*, **hay en él misericordia.**

Ahora bien, **¿es posible que todo sea** juzgado **con** el atributo del Aspecto Cósmico Masculino Inferior *–Zeir Anpin–*, o sea, **la justicia** *–mishpat–*? Para esclarecerlo **viene el** final del **versículo y declara:** «**con rectitud** *–tzedek–* **juzgaréis a tu prójimo». ¿Cuál es la razón? Porque** el atributo del Aspecto Cósmico Masculino Inferior *–Zeir Anpin–*, o sea, **la justicia** *–mishpat–* **no juzga a éste** con rigor **y deja a éste** otro, es decir, lo perdona, **sino que juzga a todos como uno, con una sola medida.** O sea, **como esto** que declara el versículo: **«No favoreceréis al pobre y no honraréis al grande»,** sino que todos han de ser juzgados **con una** sola **medida, con rectitud.** Y a esto se refiere el misterio de lo que está escrito: «con rectitud *–tzedek–* juzgaréis a tu prójimo» (Levítico 19:15).

Antes bien, **¿es posible que todo sea** juzgado **con** el atributo del Aspecto Cósmico Femenino Inferior *–Maljut–*, o sea, **la rectitud** *–tzedek–* **solamente?** Para esclarecerlo **viene el** final del **versículo y declara: «juzgaréis** *–tishpot–* **a tu prójimo».** La expresión *tishpot* comparte raíz con *mishpat*. Es decir, debes juzgar también con la medida del juicio, o sea la medida del Aspecto Cósmico Masculino Inferior *–Zeir Anpin–*. **Pues se los debe unír como uno, para que no se encuentre éste sin éste.** O sea, para juzgar se debe unir al atributo del Aspecto Cósmico Masculino Inferior *–Zeir Anpin–*, la justicia *–mishpat–*, con el atributo del Aspecto Cósmico Femenino Inferior *–Maljut–*, o sea, la rectitud *–tzedek–*. **Y ésta es la integridad del juicio.**

Y todo esto, ¿por qué? Porque El Santo, Bendito Sea, se encuentra allí, en el lugar del juicio *–mishpat–*, **y por eso se debe**

Sección Kedoshim

completar el juicio integrando a ambos atributos, la rectitud –*tzedek*– y la justicia –*mishpat*–, pues **como él hace en lo bajo,** así, **de ese mismo modo concretamente,** El Santo, Bendito Sea, **hace en lo Alto.**

Y ven y observa: El Santo, Bendito Sea, dispone el Trono del Juicio en lo Alto, **cuando los jueces se sientan** para juzgar en lo bajo. **A esto se refiere lo que está escrito: «Dispone su Trono para el juicio»** (Salmos 9:8). **Y de allí se rectifica el Trono de El Santo, Bendito Sea,** que está asociado con el misterio del ente cósmico denominado *Biná*.

¿Y quién es su Trono, es decir, el Trono del ente cósmico denominado *Biná*? La respuesta no es sino ésta: **esos** atributos asociados al Aspecto Cósmico Masculino Inferior –*Zeir Anpin*–, y el Aspecto Cósmico Femenino Inferior –*Maljut*–, o sea, **son: la rectitud** –*tzedek*– **y la justicia** –*mishpat*–. **A esto se refiere lo que está escrito: «La justicia** –*Tzedek*– **y el juicio** –*Mishpat*– **son el asiento de tu Trono»** (Salmos 89:15). **Y el que juzga un juicio, debe sentarse en el Trono del Rey.** Es decir, debe concentrarse en ser Carroza de la emanación cósmica –*sefirá*– denominada *Tiferet*, o sea, la medida asociada al cuerpo cósmico del Aspecto Cósmico Masculino Inferior –*Zeir Anpin*–, y al Aspecto Cósmico Femenino Inferior –*Maljut*–. **Y si daña a uno de ellos** torciendo el juicio, **es como si dañara el Trono del Rey.** O sea, torciendo el juicio daña al Aspecto Cósmico Masculino Inferior –*Zeir Anpin*–, y al Aspecto Cósmico Femenino Inferior –*Maljut*–, que conforman el Trono del ente cósmico denominado *Biná*. **Y entonces, El Santo, Bendito Sea, se aparta de en medio de ellos, los jueces, y no está con el juicio de ellos. ¿Y qué dice** El Santo, Bendito Sea, o sea, el Aspecto Cósmico Masculino Inferior –*Zeir Anpin*–, asociado con el misterio del Nombre El Eterno? La respuesta no es sino ésta: **«Ahora me levantaré, dice El Eterno»** (Salmos 12:6). **Y el espíritu de santidad,** o sea, el Aspecto Cósmico Femenino Inferior –*Maljut*–, asociado con el misterio del Nombre: *Elokim* –Dios–, **dice: «Elevado seas sobre los Cielos, Dios»** (Salmos 57:12). Y se aparta de entre los jueces.

REIA MEIMNA

Está escrito: «**No odiaréis a vuestro hermano en vuestro corazón; reprenderéis a vuestro prójimo** y no cargaréis con un pecado por su causa» (Levítico 19:17). **Este precepto** enseña que **se debe reprender al que cometió un pecado, y mostrarle el gran amor que siente por él** al reprenderlo. Pues la persona que reprende a su amigo, le demuestra que lo ama y no lo odia, ya que le demuestra que es su intención ayudarlo a que se corrija. Y esto, **para que no sea castigado él** por el pecado de su compañero, al ver lo que hacía y no reprenderlo.

¿Cuál es la razón? **Porque acerca de El Santo, Bendito Sea, está escrito: «Pues a quien El Eterno ama, a él reprende»** (Proverbios 3:12). **Y así como El Santo, Bendito Sea, hace, y reprende a quien ama, así debe aprender a hacer la persona, de ese camino** de El Santo, Bendito Sea, **y reprender a su compañero.**

Ahora bien, **El Santo, Bendito Sea, ¿con qué reprende a la persona? Lo reprende con amor, en secreto.** Entonces, **si** la persona **recibe** la reprensión, **bien, y si no, lo reprende entre sus amados.** Entonces, **si** la persona **recibe** la reprensión, **bien, y si no, lo reprende reveladamente, ante los ojos de todos.** Entonces, **si** la persona **recibe** la reprensión, **bien, y si no, lo deja** que descienda con los entes impuros denominados *jitzonim*, **y no lo reprende** nuevamente. **Y lo deja (86a) ir** por el camino que desea **y hacer su voluntad.**

Ahora bien, hemos dicho que **en el comienzo** El Santo, Bendito Sea, **lo informa** su pecado **en secreto,** trayéndole flagelos interiores. ¿Por qué razón? **Para reprenderlo y hacerlo despertar sin que sepa ninguna persona. Y esto es entre Él y él. Si** la persona **recibe** la reprensión, **bien, y si no,** El Santo, Bendito Sea, **lo hace saber entre Sus** revelando su pecado ante ellos.

Pues **cuando el sumo sacerdote estaba en el mundo,** sabía los pecados que las personas habían cometido a través de su bincha, denominada *Tzitz*. Tal como enseñó Rabí Shimón, aquel que abrió su enseñanza acerca de este asunto y para explicarlo dijo este versículo: «Hicieron la Bincha –*tzitz*–, la sagrada corona, de oro puro, y en él

Sección Kedoshim

inscribieron con un grabado como el de un anillo de sello Santo a El Eterno» (Éxodo 39.30). ¿Por qué esa lámina de oro que el sumo sacerdote se coloca en su cabeza se denomina «*tzizt*»? Esta palabra significa observar, como está escrito: «Observa –*metzitz*– por las rendijas» (Cantar de los Cantares 2:9). Pues esa bincha fue hecha para observar por medio de ella. Y dado que fue hecha para observar a la persona, se denomina «*tzitz*». Y todo el que se observaba con ese *tzitz*, era conocido por él, por el sumo sacerdote, el cual sabía si ese hombre era un justo o si no lo era. Ahora bien, ¿cómo lo sabía el sumo sacerdote? La respuesta no es sino ésta: porque en el *tzitz* había letras del Nombre sagrado de El Santo, Bendito Sea. Y las mismas estaban labradas con obra de labrado, y grabadas en él (*véase* Talmud, tratado de Guitín 20a). Y si ese hombre que estaba ante el *tzitz* era justo, entonces, esas letras que estaban grabadas en él, dentro del oro, sobresalían de abajo hacia arriba, y ascendían de ese grabado con emisión de luminosidad. Y las irradiaciones de luminosidad que surgían de las letras iluminaban en el rostro de esa persona a través de un destello de luminosidad con que destellaban; y este destellar no era visible para todos, pues esas irradiaciones no destellaban reveladamente. Sólo en el momento inicial en que el sacerdote observaba en él repentinamente, veía la irradiación de luminosidad de todas las letras del Tetragrama en el rostro de la persona que estaba de pie ante el *tzitz*. Y cuando observaba en él visiblemente, para meditar sobre esa irradiación de luminosidad que irradiaba en el rostro de la persona que estaba de pie ante el *tzitz*, no veía nada, pues esa irradiación de luminosidad se ocultaba inmediatamente. ¿Y qué veía? La respuesta no es sino ésta: veía la irradiación de luminosidad del rostro de la persona, que irradiaba luminosidad, como si un destello de luz que sale del oro destellara –*natzitz*– en él, y no más. Sólo que el sacerdote conocía el aspecto de la primera observación que observaba de acuerdo al momento. Y así sabía pues, que la voluntad de El Santo, Bendito Sea, estaba orientada en dirección de él, es decir, en dirección de ese hombre que estaba de pie ante el *tzitz*, pues era una persona justa. Y de este modo el sacerdote sabía que ese hombre estaba preparado para el Mundo Venidero. Pues esa visión que el sacerdote observó la primera vez repentinamente, irradiaba en

86a

él desde arriba, y eso indicaba que El Santo, Bendito Sea, se congraciaba con él. Y después, cuando observaban en él, en ese hombre que estuvo de pie ante el *tzitz*, no veían nada, pues la visión de lo Alto no se revela sino de acuerdo con el momento, es decir, en forma momentánea, y después se oculta inmediatamente. Y si la persona estaba de pie ante ese *tzitz*, y su rostro no se veía irradiado con luminosidad de acuerdo con el momento, es decir, en forma momentánea, con una visión de santidad, pues las letras del *tzitz* ni iluminaban en él en absoluto, en ese caso el sacerdote sabía que era un insolente. Y debía expiar por él, y también pedir piedad por él, para que se arrepintiera de su mal proceder, y se rectifique como es debido (*véase* II 217b).

Entonces, cuando el sumo sacerdote estaba en el mundo, El Santo, Bendito Sea, **le traía** a la persona que había pecado, **enfermedades, y lo hacía caer en cama. Y venían los amados de El Santo, Bendito Sea,** o sea, los sacerdotes, **y le informaban si había en él un pecado, para que se arrepintiera del mismo, y revisara sus asuntos,** es decir, para que haga una introspección y vea qué hizo mal.

Si la persona **recibe** la represión, **bien, y si no,** El Santo, Bendito Sea, **lo reprende en forma revelada, con su dinero,** provocándole una pérdida, o **con sus hijos,** haciendo que enfermen o mueran. **Pues todos murmuran sobre él,** y dicen que no en vano vinieron a él esos flagelos. Pues El Santo, Bendito Sea, no ejecuta juicio sin juicio. **Y vienen a él** para reprenderlo y despertarlo a que se arrepienta de sus pecados.

Si la persona **recibe** la represión, **bien, y si no,** El Santo, Bendito Sea, **lo deja** que descienda con los entes impuros denominados *jitzonim*, **y no lo reprende** nuevamente. **Y su Amo lo deja ir** por el camino que desea **y hacer su voluntad. Y no lo vuelve a aferrar más** para reprenderlo.

Similar a esto debe hacer la persona en el mundo, **reprendiendo a su compañero, al principio en secreto, y después,** si no escuchó lo que le dijo, **entre sus amigos, y después, reveladamente. De aquí en más ha de dejarlo y que** el pecador **haga su voluntad.**

Y a esto se refiere lo que está escrito: «No odiaréis a vuestro hermano en vuestro corazón; **reprenderéis** –*ojeaj tojiaj*– **a vuestro pró-**

Sección Kedoshim

jimo y no cargaréis con un pecado por su causa» (Levítico 19:17). Se aprecia que está escrito: «*ojeaj tojiaj*», dos variantes de la misma palabra, para indicar que se debe reprender al prójimo. ¿Cuál es la razón de esta aparente redundancia? La respuesta no es sino ésta: una vez, *ojeaj*, **se refiere a la represión en privado, que no sepa de ello ninguna persona.** Y la segunda vez, *tojiaj*, se refiere a la represión **entre sus compañeros y amigos,** como está escrito: **«a vuestro prójimo», en forma revelada. Y por eso no está escrito al comienzo** *tojiaj*, en imperativo, **sino** *ojeaj*, que indica represión en privado.

Otra explicación: **además,** lo que está escrito: **«reprenderéis –*ojeaj*–»,** indica que **si es una persona que se avergüenza** si le mencionan sus pecados, **no debe decirle ni reprenderlo incluso en privado, sino que ha de decir ante él palabras como si contara otra cosa, y en medio de esas palabras, ha de mencionar que aquel que comete un pecado así y así, el castigo que corresponde es éste.** Y debe actuar así **para que él sepa** y comprenda **por sí solo, y se aparte de ese pecado. Y a esto se refiere** el misterio de lo que está escrito: «No odiaréis a vuestro hermano en vuestro corazón; reprenderéis –*ojeaj tojiaj*– a vuestro prójimo y no cargaréis con un pecado por su causa» (Levítico 19:17). Es decir: **«*ojeaj*»,** en privado, **y si no, «*tojiaj*»,** entre sus amigos. **Y después: «a vuestro prójimo», en forma revelada. De aquí en adelante: «y no cargaréis con un pecado por su causa».** Es decir, no lo volváis a reprender, sino dejadlo que haga su voluntad.

Otro modo de interpretar el **asunto:** está escrito: **«y no cargaréis con un pecado por su causa». Pues dado que la persona reprende a su compañero, y se le presenta** la ocasión de **reprenderlo reveladamente,** en público, **no debe hacer emerger ante él ese pecado que hizo,** es decir, no debe mencionarlo, para no avergonzarlo. **Pues ciertamente que hacer eso está prohibido para él. Sino que** hable y **diga sin especificar:** aquel que cometió el pecado tal y tal, el castigo que corresponde es así y así; sin especificar el nombre del pecador. **Y no debe hacer emerger sobre él ese pecado reveladamente,** recordándoselo en público en forma directa.

Y otra razón por la que debe actuar como dijimos es, **para no marcar en él el pecado,** sobre su alma. Pues según los misterios de la

86a

cábala está prohibido determinar en forma concluyente que su compañero pecó ciertamente. Pues de ese modo también en lo Alto se graba sobre él el pecado. Y después resultará muy difícil limpiarlo. **Y El Santo, Bendito Sea, repara en el honor de las personas, incluso los pecadores.**

Final del Reia Meimna

A continuación se retoma el diálogo entre Rabí Elazar, Rabí Jía, y Rabí Iosei, que estaban sentados bajo un árbol pronunciando palabras de Torá:

El sabio **abrió** su disertación **y** para explicarla **dijo** este versículo: **«El sonido del *shofar* se hizo más y más fuerte;** Moshé (Moisés) hablaba y Dios le respondía con una voz» (Éxodo 19:19). Lo que está escrito: **«El sonido del *shofar*»,** aquí, en relación con esta declaración, **hay discrepancia en los libros ancestrales,** y todos los autores de esos libros tuvieron dificultades para esclarecer el mismo asunto, o sea, la declaración: «el sonido del *shofar*». Hay quien dijo que «el sonido del *shofar*», alude a dos aspectos cósmicos denominados *partzufim*, es decir, «sonido», uno, en referencia al aspecto masculino inferior –*Zeir Anpín*–, «*shofar*», dos, en referencia al ente cósmico denominado *Biná*. Y lo deduce puntualmente de esta declaración, porque no está escrito: «El *shofar* se hizo más y más fuerte», que aludiría al ente cósmico denominado *Biná*. Sino que está escrito: «El sonido del *shofar*». Es decir, un sonido que sale del *shofar*. O sea, se refiere al aspecto masculino inferior –*Zeir Anpín*–, que sale del ente cósmico denominado *Biná*. Pues ciertamente que el ente cósmico denominado *Biná*, se denomina «*shofar*», como está dicho: «Hará sonar el gran *shofar*» (Isaías 27:13). Y este ente cósmico, el ente cósmico denominado *Biná*, es denominado «Gran *Shofar*». Pues con él los esclavos salen en libertad perpetua. Y esto ya ha sido estudiado y establecido por los sabios [...] (*véase* III Zohar 6b). **Hasta que vinieron Rabí Aba y Rabí Iehuda y agradecieron a Rabí Aja** por las profundas enseñanzas que había dicho.

Sección Kedoshim

Rabí Elazar, Rabí Jía, y Rabí Iosei, **se levantaron** de bajo el árbol junto al cual estaban pronunciando palabras de Torá, y marcharon. **Mientras marchaban, Rabí Elazar dijo:** lo que está escrito: **«No seréis difamadores entre vuestro pueblo;** no os quedaréis de pie, sin intervenir mientras se derrama la sangre de vuestro prójimo, Yo soy El Eterno» (Levítico 19:16); **«No odiaréis a vuestro hermano** en vuestro corazón; reprenderéis a vuestro prójimo y no cargaréis con un pecado por su causa» (Levítico 19:17); **«No tomaréis venganza y no guardaréis rencor** contra los miembros de vuestro pueblo; amaréis a vuestro prójimo como a vosotros mismos. Yo soy El Eterno» (Levítico 19:18); **he aquí que a esos** versículos **ya los hemos** estudiado y **establecido, y respecto** al mensaje íntimo **de todos ellos ya se han despertado los compañeros. Pero** ahora también nosotros **digamos un asunto de esta sección.**

Y el sabio se refirió al versículo que consta a continuación de los mencionados, como **está escrito: «Observaréis Mis decretos: no aparearéis vuestro animal con otra especie, no sembraréis vuestro campo con semillas mezcladas; y la vestimenta que es una mezcla de fibras combinadas no estará sobre vosotros»** (Levítico 19:19). **Rabí Elazar abrió** su disertación **y** para explicarla **dijo** este versículo: **«Vosotros sois mis testigos, dice El Eterno, y mi siervo que escogí, para que me conozcáis y creáis, y entendáis** que Yo mismo soy; antes de Mí no fue formado dios, ni lo será después de Mí» (Isaías 43:10). Es decir, los Hijos de Israel son testigos de que El Santo, Bendito Sea, conoce el futuro. Y el siervo escogido de Él, Jacob, también testificará que El Santo, Bendito Sea, le aseguró que lo guardaría y lo protegería cuando fue a Aram Naraim, y cumplió lo que dijo. Y esto, para que todos sepan que El Santo, Bendito Sea, cumple su palabra, y no hay otro dios fuera de Él.

Y comenzó a explicar: lo que está escrito: **«Vosotros sois mis testigos», se refiere a los** Hijos **de Israel.** Pues los Hijos de Israel son garantes uno del otro, y testigos uno del otro, tal como enseñaron los sabios talmudistas. **Y hemos estudiado:** lo que está escrito: «Vosotros sois mis testigos», **se refiere a los Cielos y la Tierra.** Pues también los Cielos y la Tierra testifican contra los Hijos de Israel, **como**

está escrito: «Yo convoco al Cielo y a la Tierra hoy para que sean testigos contra ti: he colocado la vida y la muerte ante ti, la bendición y la maldición; y elegirás la vida, para que vivas, tú y tu descendencia, amando a El Eterno, tu Dios, escuchando Su voz, y aferrándote a Él, pues Él es tu vida y la prolongación de tus días, habitando en la tierra que El Eterno les juró a tus antepasados, a Abraham, a Itzjak (Isaac) y a Iaacov (Jacob), que les daría» (Deuteronomio 30:19-20). Se aprecia que El Santo, Bendito Sea, puso a los Cielos y la Tierra por testigos contra los Hijos de Israel, **pero los Hijos de Israel, testifican unos por los otros, y los Cielos y la Tierra, y todos** los entes de la creación **testifican contra ellos.**

Y a esto se refiere el misterio de lo que está escrito: «Vosotros sois mis testigos, dice El Eterno, **y mi siervo que escogí»** (Isaías 43:10). **Se refiere a Jacob** cósmico. Es decir, el cuerpo cósmico denominado –*ish*– de Jacob que está ante el Aspecto Cósmico Masculino Inferior –*Zeir Anpin*–. Y a esto se refiere el misterio de lo que está escrito: «siervo mío Jacob», **como está escrito: «Y me dijo: eres mi siervo, Israel, porque en ti me gloriaré»** (Isaías 49:3). **Y está escrito: «Tú, pues, siervo mío Jacob, no temas,** dice El Eterno, ni te atemorices, Israel; porque te salvaré desde lejos, a ti y a tu descendencia, de la tierra de cautividad» (Jeremías 30:10). **Y hay quien dice que se refiere a David. Y** hallamos que **David se denomina siervo** de El Santo, Bendito Sea, **como está escrito: «Por Mí y por mi siervo David»** (Isaías 37:35). Y lo que está escrito: **«que escogí», se refiere al David supremo,** o sea, el Aspecto Cósmico Femenino Inferior –*Maljut*–.

A continuación está escrito en el versículo: «Vosotros sois mis testigos, dice El Eterno, y mi siervo que escogí, **para que me conozcáis y creáis, y entendáis que Yo mismo soy»** (Isaías 43:10). **¿Qué** significa: **«que Yo mismo soy»?** La respuesta no es sino ésta: se refiere al Aspecto Cósmico Masculino Inferior –*Zeir Anpin*–, que dice: **Yo soy quien eligió a este David, y a ese Jacob. Yo mismo soy,** y los incluyo a **ellos concretamente.** Pues el Aspecto Cósmico Masculino Inferior –*Zeir Anpin*–, incluye a Jacob y a Raquel. Y es sabido que Raquel está asociada con el misterio de la Presencia Divina –*Shejiná*–, al igual que David.

Sección Kedoshim

A continuación está escrito en el versículo: **«Antes de Mí no fue formado dios** –El–, ni lo será después de Mí» (Isaías 43:10). La explicación es, tal **como hemos estudiado: El Santo, Bendito Sea,** asociado con el misterio de la emanación cósmica –sefirá– denominada *Keter,* **llamó a Jacob,** asociado con el misterio de la emanación cósmica –sefirá– denominada *Tiferet,* por el denominativo: **«El».** ¿De dónde lo sabemos? **Como está escrito: «Allí erigió un altar y lo denominó: "Dios** –El–, **el Dios de Israel"** (Génesis 33:20).

Ésta es la explicación: **El Santo, Bendito Sea,** que es denominado «el Dios de Israel», y está asociado con el misterio de la emanación cósmica –sefirá– denominada *Keter,* **denominó a Jacob,** que está asociado con el misterio de la emanación cósmica –sefirá– denominada *Tiferet*: **«Dios** *–El–»*. Pues la emanación cósmica –sefirá– denominada *Keter* se denomina: «Dios supremo –*El Elion*–», y a través de la el ente cósmico denominado *Biná,* proyecta su influencia a la emanación cósmica –sefirá– denominada *Tiferet,* para que se denomine también: «Dios –*El*–». Y **a esto se refiere** el misterio de **lo que está escrito: «antes de Mí no fue formado dios, ni lo será después de Mí».** Y se refiere a la emanación cósmica –sefirá– denominada *Keter,* que declara que antes de su creación no fue formado ningún cuerpo cósmico denominado *–ish–* denominado: «Dios –*El*–». Y después del Aspecto Cósmico Femenino Inferior *–Maljut–,* que es el final del Mundo de la Emanación *–Atzilut–,* no hay ningún cuerpo cósmico denominado *–ish–* denominado: «Dios –*El*–». **Y a esto se refiere** el misterio de lo que está escrito: **«Yo mismo soy»,** el que incluye a **todos, tal como ya ha sido** explicado y **dicho.** Es decir, todo es uno, la emanación cósmica –sefirá– denominada *Keter,* la emanación cósmica –sefirá– denominada *Tiferet,* y la emanación cósmica –sefirá– denominada *Maljut*.

Ahora se explica el misterio de lo que está escrito: **«ni lo será después de Mí». Pues David,** que tal como dijimos, está asociado con el misterio del Aspecto Cósmico Femenino Inferior *–Maljut–,* **así es denominado,** «Dios *–El–».* **Y no hay otro** cuerpo cósmico denominado *–ish–* denominado «Dios –*El*–», **después** de su cuerpo cósmico denominado Partzuf, es decir, después del Aspecto Cósmico Femenino Inferior *–Maljut–.*

Ven y observa: cuando El Santo, Bendito Sea, creó el mundo, dispuso cada cosa y cosa, cada una y una en su flanco apropiado. **Y designó sobre ellas legiones supremas** de ángeles. **Y no hay siquiera una hierba pequeña en la Tierra, que no tenga un poder supremo** y un ángel en lo Alto, a cargo de ella. **Y todo lo que** los seres humanos **hacen con cada una y una** de las hierbas creadas, **y** asimismo **todo lo que cada una y una** de las hierbas **hacen** en su desarrollo y crecimiento, **todo es con el poder de esa fuerza suprema de lo Alto que está a cargo de ellas. Y todas sus conducciones son determinadas con el juicio** del Aspecto Cósmico Femenino Inferior –*Maljut*–. Pues **según el juicio** establecido en el tribunal del Aspecto Cósmico Femenino Inferior –*Maljut*– **viajan** cósmicamente para cumplir su misión, y **según el juicio** establecido en el tribunal del Aspecto Cósmico Femenino Inferior –*Maljut*–, **existen. No hay quien salga (86b) fuera de su dominio** que le fue establecido, sino que cada encargado está contento con la misión que se le encomendó.

Y todos los encargados fueron designados desde el día de la creación del mundo, para ejercer dominio sobre cada cosa y cosa. Y todos se comportan según las normas de **otra conducción suprema,** o sea, la conducción del Aspecto Cósmico Femenino Inferior –*Maljut*–. **Pues cada uno y uno toma** lo que debe tomar del Aspecto Cósmico Femenino Inferior –*Maljut*–, según su nivel, **como está escrito: «Se levanta aún de noche y da comida a su familia, y ración** –*jok*– **a sus criadas»** (Proverbios 31:15). Es decir, el Aspecto Cósmico Femenino Inferior –*Maljut*–, reparte ración y abundancia a las huestes de ángeles celestiales que están sujetas a ella.

Dado que los ángeles encargados **que reciben esa ración** –*jok*– del Aspecto Cósmico Femenino Inferior –*Maljut*–, **todos ellos se denominan: *jukot*.** Pues *jok*, además de significar ración, significa también decreto. Es decir, los ángeles sujetos al Aspecto Cósmico Femenino Inferior –*Maljut*–, se denominan así, *jukot*, por la ración y la abundancia que reciben a través del decreto supremo. **Y esa ración** –*jok*– **que se les otorga, viene del Cielo,** o sea, de la emanación cósmica –sefirá– denominada *Tiferet* asociada con el misterio del cuerpo cósmico del Aspecto Cósmico Masculino Inferior –*Zeir Anpin*–, que se denomina Cielos. Pues la emanación cósmica –sefirá– denominada *Tiferet* otorga influencia a la emanación cósmica –sefirá– denominada *Iesod*, y la emanación cósmica –sefirá– denominada *Iesod* otorga abundancia a la emanación cósmica –sefirá– denominada *Maljut*Y ella, el Aspecto Cósmico Femenino Inferior –*Maljut*–, otorga de esa abundancia que recibió a los ángeles encargados que están sujetos a ella. **Y entonces se denominan «Decretos** –*jukot*– **de los Cielos».** **¿Y de dónde sabemos que** las raciones de ellos –*jukot*– **vienen de los Cielos? Como está escrito: «Porque es decreto** –*jok*– **para Israel»** (Salmos 81:5). Es decir, de la emanación cósmica –sefirá– denominada *Tiferet*, que se denomina Israel, y también se denomina Cielos.

Y a esto se refiere el misterio de **lo que está escrito: «Observaréis Mis decretos** –*jukotai*–: no aparearéis vuestro animal con otra especie, no sembraréis vuestro campo con semillas mezcladas; y la vestimenta que es una mezcla de fibras combinadas no estará sobre vosotros» (Levítico 19:19). **Pues cada uno y uno está a cargo de una cosa sabida en el mundo con** el poder de **ese *jok*,** es decir, con el poder de la abundancia que reciben del Aspecto Cósmico Femenino Inferior –*Maljut*–.

Por esa razón está prohibido alterar o mezclar **especies** con especies diferentes, **e introducir una especie en otra especie** e injertarlas. ¿Por qué razón? **Porque extirpa a cada poder y poder** de los ángeles encargados **de su lugar. Y debilita la conducción del Rey.** Ya que El Santo, Bendito Sea, puso una naturaleza en el mundo, que es el tipo de conducción que decretó, y la persona la altera.

Otra explicación: está escrito: «Observaréis Mis decretos –*jukotai*–: no aparearéis vuestro animal con otra especie –*kilaim*–, no sembraréis vuestro campo con semillas mezcladas –*kilaim*–; y la vestimenta que es una mezcla de fibras combinadas –*kilaim*– no estará sobre vosotros» (Levítico 19:19). Se aprecia que está escrito *kilaim* para definir a los tipos de mezclas prohibidos. **¿Qué** significa: *kilaim***?** La respuesta es ésta: hay tres explicaciones:

1. **Como aquel que apresa a otro** –hombre– **y lo pone en la cárcel** –*kele*–. **Como está dicho: «A la prisión** –*beit hakele*–**»** (Jere-

mías 37:18). Es decir, lo encierra en prisión **para que no pueda hacer nada.** Y en el caso de las mezclas prohibidas, la persona que las realiza encierra al ángel encargado de esa hierba, o esa prenda de vestir, para que no pueda hacer nada con lo que tiene a cargo.

2. *Kilaim,* significa **retener** e impedir. Y a esto se refiere lo que está escrito: «El Eterno, no retengas –*tijla*– de mí tus misericordias» (Salmos 40:12). Las palabras *kilaim* y *tijla* comparten raíz. Y en el caso de las mezclas prohibidas, la persona que las realiza **retiene a todas esas fuerzas,** o sea, los ángeles encargados, **para que no puedan hacer** lo que deben con lo que tiene a cargo.

3. *Kilaim,* significa **mezcla.** Y ésta es la explicación simple de la expresión *kilaim*. Pues la persona que realiza mezclas prohibidas **produce confusión en las fuerzas de lo Alto, y debilita la conducción de lo Alto, como ya hemos dicho** anteriormente.

Otra explicación: está escrito: **«Y la vestimenta que es una mezcla de fibras combinadas** –*kilaim*– **no estará sobre vosotros»** (Levítico 19:19). Para comprender el misterio de este asunto, **ven** y **observa:** está escrito: «Y El Eterno Dios le ordenó al hombre, diciendo: "De todo árbol del jardín podrás comer; **pero del Árbol del Conocimiento del Bien y del Mal, no comerás; pues el día que de él comas, ciertamente morirás"**» (Génesis 2:16-17). ¿Por qué El Santo, Bendito Sea, le ordenó a Adán que no comiera del Árbol del Conocimiento del Bien y del Mal? La respuesta no es sino ésta: porque ese árbol proviene de la corteza impura denominada *Klipat* Noga, y todas las cortezas impuras denominadas *klipot* impuras están vinculadas con esa corteza impura denominada *Klipat* Noga. Y a esto se refiere lo que está escrito: «pues el día que de él comas, ciertamente morirás». Ya que la muerte se produce a causa del despertar del Otro Lado –*Sitra Ajara*–. **Y ya hemos** estudiado y **dicho que Adán, el primer hombre, modificó ordenanzas del Rey, y cambió el Árbol de la Vida,** que está asociado con el misterio de la santidad absoluta del Mundo de la Emanación –*Atzilut*–, **que** con ella se **completa todo.**

Y de él, el Árbol de la Vida, **depende la fe.** ¿Por qué razón? Porque el Árbol de la Vida está vinculado con el misterio de la emanación cósmica –sefirá– denominada *Tiferet*. Pues la emanación cósmica –sefirá– denominada *Tiferet* se denomina Árbol de la Vida, y está asociada con el misterio de la fe. **Y** al comer del Árbol del Conocimiento del Bien y del Mal, Adán **se adhirió a otro lado,** o sea, el lugar del Otro Lado –*Sitra Ajara*–.

Esto que hemos visto fue enseñado con el propósito de revelar que las acciones de la persona en este mundo son determinantes. Y si actúa de acuerdo a la voluntad de El Santo, Bendito Sea, atrae el poder de la santidad de lo Alto, pero si actúa contra la voluntad de El Santo, Bendito Sea, atrae el poder del Otro Lado –*Sitra Ajara*–, y la impureza se posa sobre él.

Y he aquí que hemos estudiado: en todo asunto **la persona debe mostrar** que **lo que hace,** lo hace **similar a lo Alto. Y ha de realizar su acción como es debido. Y si modifica** su acción, y la realiza **de otro modo,** contrario a la voluntad de El Santo, Bendito Sea, y su Torá, **atrae sobre sí mismo otro** espíritu, que no es de la santidad, sino de la impureza, y **se posa sobre él,** pues atrae algo **que no necesita,** ni lo beneficia en absoluto.

Y ven y **observa: cuando la persona muestra que la acción que realiza en lo bajo sigue un camino recto, como es debido,** entonces **se proyecta y sale para posarse sobre él un espíritu supremo sagrado. Y cuando la persona muestra que la acción que realiza en lo bajo sigue un camino tortuoso, que no es un camino recto,** entonces **se proyecta y sale para posarse sobre él otro espíritu** del Otro Lado –*Sitra Ajara*–, **que no necesita** atraer. **Pues** ese otro espíritu del Otro Lado –*Sitra Ajara*–**desvía a la persona hacia el flanco del mal.**

Ahora bien, **¿quién proyectó sobre él** ese otro espíritu del Otro Lado –*Sitra Ajara*–? **Debéis decir que fue esa mala acción** que realizó, **que se ve** asociada **con el flanco del Otro Lado** –*Sitra Ajara*–.

Para comprender la enseñanza que se mencionará a continuación, debe considerarse que la Presencia Divina –*Shejiná*– se compara con una mujer virtuosa. Y a esto se refiere el misterio de lo que **está escri-**

to: «**Busca lana y lino,** y hace con deseo con sus manos» (Proverbios 31:13). O sea, tiene voluntad de hacer con sus manos, y no, de abstenerse de hacer (*véase* Rashi). Ahora bien, se aprecia que está escrito: «**Busca** –*darsha*–». **¿Cuál** es la explicación de esta expresión: «**Busca** –*darsha*–»?

La respuesta no es sino ésta: la Presencia Divina –*Shejiná*–, **escudriña y busca respecto a la lana y el lino,** para saber **quién los une como uno.** Pues es una violación a las normas de la Torá, como está escrito: «Observaréis Mis decretos –*jukotai*–: no apareraréis vuestro animal con otra especie –*kilaim*–, no sembraréis vuestro campo con semillas mezcladas –*kilaim*–; y la vestimenta que es una mezcla de fibras combinadas –*kilaim*– no estará sobre vosotros» (Levítico 19:19). Y está escrito: «No vestirás fibras combinadas –*shatznez*–, lana y lino juntos» (Deuteronomio 22:11). Por eso la Presencia Divina –*Shejiná*– escudriña y busca a aquel que infringe esa prohibición y viste una prenda elaborada con lana y lino conjuntamente, para castigar a esa persona a través de las fuerzas del Otro Lado –*Sitra Ajara*–. Ya que tal como dijimos, el Otro Lado –*Sitra Ajara*–, se despierta con el pecado, y provoca un daño a la Presencia Divina –*Shejiná*.

Y si dijeras, con respecto al precepto de **los *tiztzit*, ¿por qué se permite** vestir fibras combinadas –*shatznez*–, de lana y lino juntos? Pues está escrito: «No vestirás fibras combinadas –*shatznez*–, lana y lino juntos» (Deuteronomio 2:11). Y a continuación está escrito: «Te harás hebras trenzadas en las cuatro esquinas de tu vestimenta con que te cubres» (Deuteronomio 22:12). Y el exegeta Rashi explicó: «también con fibras combinadas –*shatznez*–». Y esa es la razón de la aproximación de temas, como fue enseñado por los sabios. ¿Y cuál es la razón de esa permisión?

La respuesta no es sino ésta: he **aquí que esto ya fue** estudiado y **establecido** por los sabios, pues ya fue enseñado que El Santo, Bendito Sea, dijo: lo que te he prohibido aquí, te lo permitido aquí; te he permitido las fibras combinadas –*shatznez*– –de las demás cosas– del mundo, te he permitido las fibras combinadas –*shatznez*– de los *tzitzit*. **Pero** según los misterios de la cábala, **allí, en esa vestimenta** de los flecos denominados *tzitizt* con el manto denominado *talit*, es **con**

su arreglo apropiado de acuerdo a su rectificación. Es decir, **con la completitud de su acción, como es debido.** Pues esa mezcla es para cumplir con un precepto indicado en la Torá.

Respecto al misterio de esta permisión, se entiende según los misterios de la cábala. Pues los sabios cabalistas han explicado que los flecos denominados *tzitzt* con el *talit*, aluden a las irradiaciones de luminosidad supremas que rodean y protegen. Y se refiere precisamente a las irradiaciones de luminosidad que se proyectan del Aspecto Cósmico Masculino Supremo –*Aba*– y el Aspecto Cósmico Femenino Supremo –*Ima*–, sobre el Aspecto Cósmico Masculino Inferior –*Zeir Anpin*–, y el Aspecto Cósmico Femenino Inferior –*Maljut*–. Y esas irradiaciones de luminosidad protegen de la adherencia de las fuerzas del Otro Lado –*Sitra Ajara*–, pues los entes impuros denominados *jitzonim* no se pueden adherir a ellas, y por esa razón esos entes del Otro Lado –*Sitra Ajara*–, no pueden dañar al Aspecto Cósmico Femenino Inferior –*Maljut*–. Ésta es la razón intrínseca acerca de por qué en la Torá se permitió vestir las fibras combinadas –*shatznez*– de los *tzitzit*.

Y ella, la Presencia Divina –*Shejiná*–, **busca lana y lino para tomar venganza de aquel que los viste** conjuntamente, **como uno,** y los viste. **Pero, ¿cuándo es permitido** vestirlos juntos? **Cuando están** unidos **con completitud,** de acuerdo con la ordenanza de la Torá, tal como hemos visto acerca de los *tzitzit*, y también cuando se hace con ellos vestimentas para el sacerdocio. ¿De dónde lo sabemos? **Como está escrito:** «Busca lana y lino, **y hace con deseo con sus manos**» (Proverbios 31:13). Pues con deseo con sus manos y la voluntad de El Santo, Bendito Sea, se hacen vestimentas de sacerdocio de fibras combinadas –*kilaim*–, como se explicará a continuación.

Y lo referente a los *tzitzit* he aquí que ya fue estudiado y **establecido por nosotros, pues allí está incluida y se encuentra la completitud** del precepto. Y por esa razón no hay adherencia de los entes impuros denominados *jitzonim*. **Y** eso **no hace nada** dañino contra la Presencia Divina –*Shejiná*–. Ya que no se atrae a las fuerzas del Otro Lado –*Sitra Ajara*–. **Pero cuando** la mixtura de lana y lino **no se encuentra con la completitud** del precepto, **aquel que los une**

86b

como uno, despierta sobre él un espíritu que no necesita despertar, o sea, un espíritu proveniente del Otro Lado –*Sitra Ajara*–.

A este asunto, ¿quién lo prueba? Caín y Abel lo prueban. Pues éste vino de un flanco, y éste vino de otro flanco. Ya que tal como han enseñado los sabios cabalistas, el alma de Abel vino del flanco de la emanación cósmica –sefirá– denominada *Jesed*, que está en la alineación de la derecha, y por eso trajo como ofrenda primerizos de su rebaño, con sus grosuras, y la lana, que están vinculados con el flanco de la emanación cósmica –sefirá– denominada *Jesed*. Y el alma de Caín vino del flanco de la emanación cósmica –sefirá– denominada *Guevurá*, que está en la alineación de la izquierda, y por eso trajo como ofrenda semilla de lino, que está vincula con el flanco del juicio, que se vincula con el Otro Lado –*Sitra Ajara*– a través de la proyección de las concatenaciones cósmicas. Y por eso hay asociado a ese producto poder de adherencia de los entes impuros denominados *jitzonim*. **Y por eso, no debemos unirlos como uno. Y la ofrenda de Caín fue apartada ante la ofrenda de Abel.** ¿Por qué razón? Porque la ofrenda de Caín provenía del flanco de la sefirá de *Guevurá*, con alcance hasta el Otro Lado –*Sitra Ajara*–, mientras que la ofrenda de Abel, provenía del flanco de la sefirá de *Jesed*. Y no sólo eso, sino que la ofrenda de Abel era de lana, y la ofrenda de Caín era de lino, y no se pueden mezclar. Y Abel no fue desplazado porque estuvo siempre unido al flanco de la santidad, y no así Caín. Por eso fue apartada su ofrenda. Y a esto se refiere el misterio de lo que está escrito: «Transcurrido cierto tiempo, Caín llevó una ofrenda ante El Eterno del fruto de la tierra; Hevel (Abel), él también presentó una ofrenda de los primerizos de su rebaño, y de los más selectos. El Eterno accedió a Hevel (Abel) y su ofrenda, mas a Caín y su ofrenda no prestó atención. Esto le causó a Caín gran enojo y se le abatió el rostro» (Génesis 4:3-4).

Y a esto se refiere lo que está escrito: **«Y la vestimenta que es una mezcla de fibras combinadas** –*kilaim*– **no estará sobre vosotros»** (Levítico 19:19). **«No estará sobre vosotros», sin especificar.** Es decir, **no estará sobre vosotros otro espíritu** proveniente del Otro Lado –*Sitra Ajara*–, **para ejercer dominio sobre vosotros.**

Y la persona debe mostrar una acción apta, como es debido, y con esa acción se posa sobre él un espíritu sagrado, un espíritu supremo para santificarse con él. Pues aquel que **viene a santificarse, se lo santifica, como está escrito:** «El Eterno habló a Moshé (Moisés), diciendo: háblale a toda la asamblea de los Hijos de Israel y diles: **santos seréis, pues Yo soy Santo, El Eterno,** vuestro Dios» (Levítico 19:1-2).

Considérese que **está escrito:** «El Eterno Dios tomó al hombre y lo colocó en el Jardín del Edén, para que lo trabajara y lo cuidara. Y El Eterno Dios le ordenó al hombre, diciendo: "De todo árbol del jardín podrás comer; pero **del Árbol del Conocimiento del Bien y del Mal,** no comerás; pues el día que de él comas, ciertamente morirás"» (Génesis 2:15-17). **Y si por eso,** por comer del Árbol del Conocimiento del Bien y del Mal, **Adán provocó la muerte en el mundo, aquel que muestra otra acción** vinculada con el Otro Lado –*Sitra Ajara*–, **que no necesita,** ni es apropiado hacer, como mezcla de fibras, **cuánto más y más** que a través de eso provoca muerte en el mundo.

Y en relación con lo mencionado, debemos decir que **el toro y el burro lo prueban, pues de este flanco se denomina toro, y de este flanco se denomina burro.** Es decir, el toro –*shor*–, se denomina así por el flanco de la santidad, y el burro –*jamor*– se denomina así por el flanco de los entes impuros denominados *jitzonim*. **Y a esto se refiere lo que está escrito:** «No ararás con un toro y un burro juntos» (Deuteronomio 22:10). Es decir, **no los mezcléis como uno.** ¿Por qué razón? **Porque** aquel que los mezcla **despierta al Otro Lado** –*Sitra Ajara*–, **para que se una como uno, para hacer mal al mundo. Y aquel que los separa, aumenta paz en el mundo.**

También aquí, en lo referente a la lana y el lino, **aquel que los separa de ese modo, tal como hemos dicho, que no los une como uno cuando procesa la fibra** para elaborar el hilado con el que realizará la prenda de vestir **(87a), ese hombre aumenta paz sobre él y sobre el mundo.**

Ahora bien, tal como hemos dicho, la ofrenda Caín y Abel, era de lana y lino. Pues **la ofrenda de Caín era de lino,** como está escrito: «Transcurrido cierto tiempo, Caín llevó una ofrenda ante El Eterno del

87a

fruto de la tierra» (Génesis 4:3). **Y la ofrenda de Abel era lana** y grosuras de oveja, como está escrito: «Hevel (Abel), él también presentó una ofrenda de los primerizos de su rebaño, y de los más selectos» (Génesis 4:4). Y **esto no era como esto, y esto no era como esto.** Pues la ofrenda de Caín estaba asociada con el misterio de las fuerzas de la emanación cósmica –sefirá– denominada *Guevurá*, y la ofrenda de Abel estaba asociada con el misterio de las fuerzas de la emanación cósmica –sefirá– denominada *Jesed*. **Y el misterio del asunto es que Caín era una mezcla** *–kilaim–*, o sea, **una mezcla que no necesitaba** ni era apropiada, pues él era producto de la mezcla de la simiente de un ser humano con la inmundicia de la serpiente. O sea, **del Otro Lado** *–Sitra Ajara–*, **que no era del tipo de Eva y Adán,** o sea, no era de su misma especie. **Y** por eso **trajo su ofrenda de ese flanco.** Es decir, trajo su ofrenda del flanco de las fuerzas de la emanación cósmica –sefirá– denominada *Guevurá*, que se proyectan y concatenan hasta el Otro Lado *–Sitra Ajara–*. **Pero Abel era del tipo de Adán y Eva. Pues en el vientre de Eva se unieron esos dos flancos,** la simiente de Adán de la santidad, con la inmundicia de la serpiente impura, y de ambos nació Caín. **Y dado que** la santidad y la impureza **se unieron como uno,** por tal razón **no sobrevino al mundo beneficio de ellos, y se perdieron** en el Diluvio.

Y por esa razón la simiente de Caín desapareció en el Diluvio. Pero en lo que respecta al grado de las almas y el aspecto espiritual, es diferente, pues **hasta el día de hoy el grado de ambos,** de Caín y Abel, **existe** en el mundo. Pues todas las almas que hay en el mundo vienen de Caín o de Abel. **Y aquel que se ve a sí mismo** vinculado **con la unión de esa acción,** pues une una especie con otra especie, sembrando mezclas, o vistiendo vestimentas elaboradas con fibras mezcladas, o quién trabaja su campo con mezcla de animales, **se despiertan sobre él esos flancos** y esas fuerzas de Caín **como uno, y** esa fuerza impura **puede dañar** su cuerpo. **Y se posa sobre él otro espíritu que no necesita** ni tiene beneficio de él, pues es un espíritu del Otro Lado *–Sitra Ajara–*. **Y los Hijos de Israel necesitan despertar sobre ellos** siempre **un espíritu de santidad, para ser santos, para hallarse con paz en este mundo y en el Mundo Venidero.**

Sección Kedoshim

Está escrito: «El sacerdote vestirá su Túnica de lino –*bad*– y vestirá pantalones de lino sobre su cuerpo; separará las cenizas de lo que consumió el fuego de la ofrenda ígnea –*olá*– sobre el Altar y las colocará junto al Altar» (Levítico 6:3). Y está escrito: «Con esto vendrá Aarón al Santuario: con un toro joven como sacrificio expiatorio –*jatat*– y un carnero como ofrenda ígnea –*olá*–. Vestirá una Túnica de lino sagrada; **pantalones de lino** –*bad*– **habrá sobre su carne, se ceñirá con una faja de lino,** y cubrirá su cabeza con un Turbante de lino; son vestimentas sagradas: se sumergirá en agua y luego se las pondrá» (Levítico 16:3-4). **¿Por qué** el lino, que comúnmente se denomina en los Escritos *pishtim*, aquí **se denomina *bad*?**

La respuesta no es sino ésta: *bad* viene del lenguaje *iejidai,* que significa: solo y único. **Pues no se debe unir a ese lino con otro** tipo de hilado. Sino que el lino debe quedar solo. **Y por eso no está escrito: «El sacerdote vestirá su Túnica de lino** –*pishtim*–**», sino:** «El sacerdote vestirá su Túnica de **lino** –*bad*–», para enseñar que debe estar **solo.**

Y el sacerdote, ¿por qué debía verse con eso, es decir, con una vestimenta de lino? Pues el sacerdote está asociado con el misterio de la emanación cósmica –*sefirá*– denominada *Jesed*, y el lino está asociado con el misterio de la emanación cósmica –*sefirá*– denominada *Guevurá* y el juicio. ¿Cómo se explica?

La respuesta no es **sino ésta: con esas vestimentas de lino** –*bad*– mencionadas aquí en relación con el ofrendado de la ceniza, **debe mostrarse con ellas junto al Altar de la ofrenda ígnea, cuando quitaba la ceniza de la ofrenda ígnea. Pues a la ofrenda ígnea se la traía por los malos pensamientos** vinculados con la idolatría u otros asuntos que provocaban un daño al alma, y a través de la presentación de la ofrenda ígnea se quemaba la fuerza de la impureza de él. **Y por eso debe mostrase con ellas solamente,** las vestimentas de lino, **y no con mezcla, tal como hemos dicho.** Y la razón es **para que se expíe de la persona todas esas faltas que vienen de ese flanco** del Otro Lado –*Sitra Ajara*–.

Y cuando el sacerdote **entraba en el Templo, en el lugar en que se encuentra la completitud, y todos esos servicios de comple-**

87a

titud, **aunque sea que se unían** la lana con el lino para elaborar sus vestimentas, **no importaba, tal como hemos dicho acerca de los** *tzitzit.* **Pues allí se encontraban y unían todos esos tipos** de fuerzas **de lo Alto,** las fuerzas del rigor del juicio, y las fuerzas de la misericordia. **Y lo mismo ocurría con todos los utensilios del Templo, se encontraban en ellos numerosos tipos** de fuerzas de lo Alto, **diferentes éste de éste. Y todos** los tipos de fuerzas de lo Alto **se incluían allí como en lo Alto,** ya que las fuerzas del rigor del juicio se incluían con las fuerzas de la misericordia, y se endulzaban éstas con éstas.

Bienaventurados ellos, los Hijos **de Israel, pues El Santo, Bendito Sea, les dio la Torá de verdad** del flanco del Aspecto Cósmico Masculino Inferior *–Zeir Anpin–*, **la Torá de la fe** del flanco del Aspecto Cósmico Femenino Inferior *–Maljut–*, **y los amó más que a los demás pueblos, como está escrito: «Os he amado, dijo El Eterno»** (Malaquías 1:2).

Rabí Jía abrió su disertación **después de él,** Rabí Eleazar, **y** para explicarla **dijo** este versículo: **«Cuando viniereis a la Tierra y plantareis cualquier árbol frutal,** consideraréis a sus frutos prohibidos; durante tres años os serán prohibidos *–orlá–*, no se comerán. **Al cuarto año, todos sus frutos serán santificados para loar a El Eterno»** (Levítico 19:23-24). Lo que está escrito: **«Cuando viniereis a la Tierra»,** indica que El Santo, Bendito Sea, hizo depender la prohibición de *orlá* de la entrada a la Tierra de Israel. ¿Cuál es la razón?

La respuesta no es sino ésta: he **aquí que** eso **ya fue** estudiado **y establecido por los compañeros, pero** ahora lo explicaremos de modo diferente: **ven** y **observa: pues el árbol** plantado en el suelo **no produce frutos sino con** la fuerza de **la tierra,** y esto sigue un paralelismo con el mundo supremo de lo Alto. Pues en lo Alto, el Árbol supremo, que es el Aspecto Cósmico Masculino Inferior *–Zeir Anpin–*, no produce frutas, que son las almas de los Hijos de Israel, sino uniéndose con el Aspecto Cósmico Femenino Inferior *–Maljut–*, que se denomina Tierra. Pues por medio de esa unión, el Aspecto Cósmico Masculino Inferior *–Zeir Anpin–*, a través de su emanación cósmica

–sefirá– denominada *Iesod*, otorga al Aspecto Cósmico Femenino Inferior –*Maljut*–, a través de la emanación cósmica –sefirá– denominada *Iesod* de ella, gotas de aguas masculinas, y de allí surgen las almas de los Hijos de Israel. **Y la Tierra los hace salir,** a los frutos, tal como ocurre en lo Alto, donde el Árbol supremo, que es el Aspecto Cósmico Masculino Inferior –*Zeir Anpin*–, otorga las gotas en el Aspecto Cósmico Femenino Inferior –*Maljut*–, y ésta saca las almas al mundo. **Y la tierra no produce frutas sino** a través **de otra fuerza que está sobre ella.** Es decir, la fuerza de la abundancia suprema que le llega a través de los ángeles, a cada especie y especie; y en lo Alto, el Aspecto Cósmico Femenino Inferior –*Maljut*–, no saca las almas al mundo sino a través de la fuerza de la emanación cósmica –sefirá– denominada *Jesed*, la emanación cósmica –sefirá– denominada *Guevurá*, y la emanación cósmica –sefirá– denominada *Tiferet*, del Aspecto Cósmico Masculino Inferior –*Zeir Anpin*–. Esto es así del mismo modo **como la mujer no produce frutos sino con la fuerza del hombre.**

    Y ese fruto del árbol **no se completa con completitud hasta** que transcurran **tres años. Y la fuerza** suprema, es decir, el ángel encargado, **no se designa sobre él en lo Alto hasta que se complete.**

    Después de que se completó, se designa sobre él la fuerza suprema, es decir, el ángel encargado, **y la tierra se rectifica a través de él.** Y se refiere a la Tierra santa, que se nutre de los entes sagrados. **Pues hasta tres años la tierra no se rectifica con él y no se completa con él.**

    Después de que el árbol **se completó,** al cabo de tres años, **y se completan como uno** con la tierra, **entonces hay completitud.** Y esta es la razón por la cual se prohíbe ingerir las frutas de los árboles hasta que transcurran tres años.

    Ven y **observa: la mujer, antes de quedar preñada tres veces, el fruto de su vientre no se completa. Después de tres embarazos, la mujer se rectifica con ese fruto.** Y esta es la razón por la cual el tercer hijo es sano, porque el proceso del embarazo en la Tierra sigue un paralelismo con el proceso espiritual de lo Alto. Y en lo Alto, el Aspecto Femenino supremo recibe fuerza y poder de *Tiferet*, que es la tercera sefirá del grupo comprendido por estas emanaciones cósmicas –sefirot–: la emanación cósmica –sefirá– denominada *Jesed*, la emanación cósmica –sefirá– denominada *Guevurá*, y la emanación cósmica –sefirá– denominada *Tiferet*. Y *Tiferet* desnivela entre ellas. **Y entonces se endulzan y perfuman como uno. Entonces ese fruto está completo con todo** lo que requiere para su completitud, **y es más bello que todos.**

Después de que el hijo **sale** al mundo y nace, **hasta los tres años no tiene fuerza en lo Alto, pues entonces,** en ese tiempo, **se completa su maduración.**

Por esta razón, **Levi fue elegido de todos** sus hermanos, por El Santo, Bendito Sea, **porque era el tercero** del vientre **de su madre,** como está escrito: «Lea concibió y dio a luz un hijo, y lo llamó Reuben (Rubén), porque dijo: «Porque El Eterno ha percibido mi aflicción, pues ahora mi marido me amará». Y concibió nuevamente y dio a luz un hijo, y dijo: "Porque El Eterno ha oído que soy odiada, me ha dado éste también", y lo llamó Shimón (Simeón). Nuevamente concibió y dio a luz un hijo, y dijo:"Esta vez mi marido se unirá –*ilavé*– a mí, pues le he dado tres hijos"; por eso lo llamó Levi» (Génesis 29:32-34). **Pues,** Lea, **ella se rectificó con él, y se perfumó con él,** ya que Levi estaba asociado con el misterio de la emanación cósmica –sefirá– denominada *Tiferet*. Y a esto se refiere el misterio de lo que está escrito: «Esta vez mi marido se unirá –*ilavé*– a mí, pues le he dado tres hijos». **Después de tres años se designó sobre él la fuerza suprema de lo Alto.**

Otra explicación: está escrito: **«Al cuarto año, todos sus frutos serán santificados para loar»** a El Eterno» (Levítico 19:24). ¿**Qué** significa: **«serán santificados para loar»**? La respuesta no es sino ésta: **alabanza,** o sea, **alabar a El Santo, Bendito Sea,** con alabanzas. Pues a esa edad, el niño ya está capacitado para estudiar la Torá y alabar a El Santo, Bendito Sea, con alabanzas.

Hasta aquí la explicación según el sentido llano. **De aquí en adelante** observaremos **el misterio del asunto.** Y según esta visión, lo que está escrito: «Al cuarto año, todos sus frutos serán santificados para loar a El Eterno» (Levítico 19:24), indica que **al cuarto (87b) año la Congregación de Israel** –*Kneset Israel*–, **se une a El Santo, Ben-**

dito Sea, o sea, el Aspecto Cósmico Femenino Inferior *–Maljut–*, se une con el Aspecto Cósmico Masculino Inferior *–Zeir Anpin–*. **Y hay un loado** y alegría intrínseca. ¿De dónde lo sabemos? **Como está escrito: «serán santificados** *–Kodesh–* **para loar».** Es decir, **loado y alegría al mismo tiempo,** lo cual se relaciona con el misterio de la alegría del novio y la novia vinculado con el misterio supremo.

Ahora bien, **¿cuál** es el significado del **cuarto año** en el campo cabalístico? ¿A qué ente cósmico alude? La respuesta no es sino ésta: **se refiere a El Santo, Bendito Sea,** o sea, el Aspecto Cósmico Masculino Inferior *–Zeir Anpin–*, que es el cuarto cuerpo cósmico denominado *–ish–* del Mundo de la Emanación *–Atzilut–*. Pues en el Mundo de la Emanación *–Atzilut–* se encuentra el ente cósmico oculto denominado *Arij Anpin*, el Aspecto Cósmico Masculino Supremo *–Aba–*, el Aspecto Cósmico Femenino Supremo *–Ima–*, y después, el Aspecto Cósmico Masculino Inferior *–Zeir Anpin–*.

Y esto es difícil de entender, pues **hemos estudiado que el cuarto año se refiere a la Congregación de Israel** *–Kneset Israel–*, que es el Aspecto Cósmico Femenino Inferior *–Maljut–*. **Pues ella,** el Aspecto Cósmico Femenino Inferior *–Maljut–*, **está dispuesta como la cuarta pata del Trono** supremo. Ya que los sabios cabalistas han explicado que la emanación cósmica *–sefirá–* denominada *Jesed*, la emanación cósmica *–sefirá–* denominada *Guevurá*, y la emanación cósmica *–sefirá–* denominada *Tiferet*, conforman las tres patas del Trono del ente cósmico denominado *Biná*, y la emanación cósmica *–sefirá–* denominada *Maljut*, que en forma general se relaciona con el misterio del Aspecto Cósmico Femenino Inferior *–Maljut–*, es la cuarta pata. Siendo así, ¿cómo se explica? Pues ya se dijo que el cuarto año se refiere a El Santo, Bendito Sea, ¿y cómo ahora dices que se refiere al Aspecto Cósmico Femenino Inferior *–Maljut–*? ¡Es difícil de entender!

La respuesta no es sino ésta: no hay contradicción **y todo es uno. Pues entonces, El Santo, Bendito Sea, se une con la Congregación de Israel** *–Kneset Israel–*, que es el Aspecto Cósmico Femenino Inferior *–Maljut–*, y en el momento de la unión ambos son iguales. Por esta razón la denominación «año cuarto», recae tanto sobre El Santo, Bendito Sea, como sobre la Congregación de Israel *–Kneset*

87b

Israel–. **Y entonces,** en el momento de la unión, **ella,** la la Congregación de Israel –*Kneset Israel*–, **es santa** –*Kodesh*–, como el Aspecto Cósmico Masculino Inferior –*Zeir Anpin*–. Ya que está en su mismo nivel. Y a esto se refiere el misterio de lo que está escrito: «serán santificados –*Kodesh*– para loar». **Y** entonces, **el loado sagrado** y la alegría **se encuentra** en medio de esa unión sagrada.

Otro modo de interpretar el asunto: está escrito: «Al cuarto año, todos sus frutos serán santificados para loar a El Eterno» (Levítico 19:24). **Y entonces,** cuando el fruto se completa al cuarto año, **las fuerzas de lo Alto son designadas sobre el mundo, sobre cada cosa y cosa, según lo apropiado para ella. De aquí en adelante todos** los frutos **se bendicen. Y son permitidos para comer. Pues todos están completos con toda la completitud.** Es decir, **con la completitud de lo Alto y lo bajo.** Con la completitud de lo Alto, a través de la fuerza de lo Alto designada sobre él, con la completitud de lo bajo, porque el fruto maduró completamente, como es debido.

Y hasta que el fruto **no se completó con todo en lo Alto y en lo bajo, está prohibido comer de él. Y aquel que come de él, es como aquel que no tiene parte con El Santo, Bendito Sea, y la Congregación de Israel** –*Kneset Israel*–. Es decir, el Aspecto Cósmico Masculino Inferior –*Zeir Anpin*–, y el Aspecto Cósmico Femenino Inferior –*Maljut*–. **Pues ese fruto está sin el permiso supremo sagrado** del Aspecto Cósmico Masculino Inferior –*Zeir Anpin*–, **que no se posa sobre él hasta que se completa. Y** está **sin el permiso de lo bajo,** o sea, sin el permiso del Aspecto Cósmico Femenino Inferior –*Maljut*–, **pues la fuerza de la tierra no se perfumó con él,** con el fruto. Ya que para que eso ocurra deben transcurrir tres años.

Y aquel que come de él muestra que él mismo no tiene parte en lo Alto y en lo bajo. O sea, muestra que no tiene parte con El Santo, Bendito Sea, y la Congregación de Israel –*Kneset Israel*–, , que son el Aspecto Cósmico Masculino Inferior –*Zeir Anpin*–, y el Aspecto Cósmico Femenino Inferior –*Maljut*–. **Y si** una persona infringe la ley y come del fruto del árbol antes de completarse los tres años, y **recita la bendición sobre él, la bendición es vana.** Y esa bendición no asciende a la santidad, sino que va al Otro Lado –*Sitra Ajara*–. **Pues**

hasta ese momento El Santo, Bendito Sea, no se posa sobre él, el fruto. **Y no tiene parte en él** el Aspecto Cósmico Femenino Inferior –*Maljut*–. **El Misericordioso nos salve de esos que no reparan en la Gloria de su Amo,** El Santo, Bendito Sea.

Bienaventurados esos justos en este mundo y en el Mundo venidero. Acerca de ellos está escrito: «La senda de los sabios es como la luz del día –que aumenta constantemente–**»** (Proverbios 4:18). Y los sabios cabalistas han enseñado a partir de esta cita, que la luz de ellos irradiará hasta la llegada del Mesías. **Pues en ese tiempo se apartará la serpiente del Aspecto** Cósmico **Femenino** Inferior, **que se posaba** y adhería a ella, **en el comienzo, y vendrá el Aspecto** Cósmico **Masculino** Inferior **para morar en su lugar, como al comienzo,** cuando el Templo Sagrado estaba en pie. **Y entonces todo estará completo.**

Hemos estudiado: cuando el justo mora en el mundo […] Hasta: «El justo florecerá como la palmera; prosperará como el cedro del Líbano**»** (Salmos 92:13). (Esta enseñanza ya fue dicha y explicada en III Zohar 14b–15a).

Rabí Iosei abrió su disertación y para explicarla **dijo** este **versículo: «No comeréis sobre la sangre;** no practicaréis la brujería y no creeréis en momentos de suerte**»** (Levítico 19:26). **Este** versículo **ya fue** estudiado y **establecido por los compañeros en varios lugares,** y enseñaron que se refiere a los sacrificios, es decir, no comáis de la carne de los sacrificios hasta que sea esparcida su sangre en el Templo. Y también explicaron este versículo en relación con la plegaria: no comáis antes de orar a El Santo, Bendito Sea, orando sobre vuestra sangre. **Y también explicaron todos esos versículos** escritos **a continuación. Y a cada uno y uno** de esos versículos los sabios los explicaron **en forma revelada,** según su sentido llano. **Pero este versículo** tiene misterios íntimos muy profundos e importantes asociados a él, y **hay que despertarse en él** para explicarlo según los misterios de la cábala, **como está escrito: «En la presencia de un sabio** –*seiva*– **os levantaréis** y honraréis la presencia de un anciano y temeréis a vuestro Dios; Yo soy El Eterno**»** (Levítico 19:32). La declaración **«En la presencia de un sabio** –*seiva*–**»,** se refiere a **la presencia de un**

87b

sabio *–seiva–*, **sin especificar, ante él «os levantaréis».** Es decir, se refiere a una persona entendida en la Torá, y se ordena que hay que levantarse ante su presencia. **De aquí** aprendemos **que la persona debe levantarse ante un rollo de la Torá.** Y esto se aprende por deducción, pues si ante la presencia de alguien que estudia la Torá se ordenó levantarse ante su presencia, ante la Torá misma, ¿acaso no se lo debe hacer con más razón? **Y así hacía Rav Amnuna el anciano, cuando veía un rollo de la Torá,** se levantaba y **decía: «En la presencia de un sabio** *–seiva–* **os levantaréis».**

De forma similar la persona debe levantarse y ponerse de pie ante un anciano, pues él se levanta con el levantado sagrado supremo. Pues dado que llegó a la ancianidad, y se tornó blanco y puro, se asemeja al ente cósmico oculto denominado el Anciano Sagrado, que está asociado a la tonalidad blanca. Y dado que un anciano se asocia con el misterio de este ente cósmico supremo, hay que levantarse y ponerse de pie ante él. **Y alude al sacerdote supremo,** que es la emanación cósmica –sefirá– denominada *Jesed*, y el anciano también está asociado con el misterio del flanco de la emanación cósmica –sefirá– denominada *Jesed*. Y dado que un anciano se asocia con este misterio supremo, hay que levantarse y ponerse de pie ante él, **como está escrito: «y honraréis la presencia de un anciano».** O sea, **se refiere a** un anciano **que está en el mundo.**

Dijo Rabí Shimón: está escrito: «y honraréis *–hadarta–* la presencia de un anciano». **De aquí** se aprende **una alusión a la Torá escrita.** Pues la Torá escrita está asociada con el misterio de la emanación cósmica –sefirá– denominada *Iesod* del Aspecto Cósmico Masculino Inferior *–Zeir Anpin–*, que se denomina Hadar. Por eso hay que levantarse y ponerse de pie ante un rollo de la Torá. **Y** también de aquí se aprende **una alusión a la Torá oral.** Pues la Torá oral está asociada con el misterio de la coronilla de la emanación cósmica –sefirá– denominada *Iesod*, que se denomina «Fruto de árbol magnífico *–hadar–*». Y por eso hay que levantarse y ponerse de pie ante un sabio estudioso de la Torá, que está asociado al grado de la Torá oral.

Y además hemos estudiado: este versículo vino para disertar de él. Pues lo que está escrito: **«En la presencia de un sabio** *–sei-*

va– **os levantaréis»** (Levítico 19:32), **es tal como los compañeros se despertaron** para disertar **a partir de él.** Es decir: «**En la presencia de un sabio** *–seiva–* **os levantaréis»**, **es una advertencia para la persona, y que antes de que llegue a la ancianidad, se levante con la realización de bien en el mundo.** Es decir, es una advertencia de que realice buenas acciones antes de llegar a la ancianidad, y se arrepienta de las faltas cometidas y se rectifique. **Pues eso es honorable** y bello **para él** (*véase* Talmud, tratado de Avoda Zara 19a). **Pero si** se arrepiente y corrige **al final de sus días, no hay tanta alabanza para la persona en eso,** ya que lo hizo **cuando era anciano y no podía hacer mal. Sino que la alabanza de él es hacerlo cuando es** joven y **fuerte, y** entonces **es bueno. Y** debe considerarse que **el rey Salomón clamó y dijo: «Aun el joven es conocido por sus hechos,** si su conducta fuese pura y recta» (Proverbios 20:11). **Similar a esto está escrito: «Y recuerda a tu Creador en los días de tu juventud»** (Eclesiastés 12:1).

Dijo Rabí Eleazar: ciertamente que este camino está rectificado ante nosotros, y este camino es de El Santo, Bendito Sea.

Rabí Eleazar dijo esto por todas las palabras de Torá que se dijeron en ese camino, y se alegró mucho por eso. Ya que muchas de esas enseñanzas eran revelaciones supremas de la cábala, muy importantes.

Rabí Eleazar **abrió** su disertación **y** para explicarla **dijo** este versículo: **«Porque El Eterno conoce el camino de los justos; mas el camino de los malvados se perderá»** (Salmos 1:6). Esta declaración requiere análisis y explicación, pues, ¿acaso cabe suponer que hay algo que El Santo, Bendito Sea, no conoce? ¡Es algo que sorprende! ¿Cómo se explica?

La respuesta no es **sino ésta: El Santo, Bendito Sea, sabe y vigila los caminos de los justos, para beneficiarlos y protegerlos. Y Él va ante ellos para cuidarlos. Y por eso, aquel que sale al camino, debe observar que ese sea un camino de El Santo, Bendito Sea, y lo asocien con ellos** en el viaje, estudiando la Torá. Pues en todo lugar en que se estudia la Torá, la Presencia Divina *–Shejiná–* está presente. **Y a esto se refiere lo que está escrito: «Porque El Eterno conoce el camino de los justos»** (Salmos 1:6).

87b - 88a

A continuación está escrito en el versículo: **«Mas el camino de los malvados se perderá»** (Salmos 1:6). **Él** se perderá **por sí solo,** como está escrito: «se perderá». Pues en un caso así El Santo, Bendito Sea, retira su protección de los malvados y automáticamente el camino de ellos se pierde, o sea, la falta de protección de El Santo, Bendito Sea, los afecta a ellos directamente, y se pierden. **Pues El Santo, Bendito Sea, no (88a) desea conocer el camino de ellos, y no va con ellos.**

Seguidamente Rabí Eleazar presentó una nueva disertación a partir del versículo citado, y dijo: **está escrito** aquí **«camino»** en relación con los justos, como se declara: «Porque El Eterno conoce el **camino** de los justos; mas el camino de los malvados se perderá» (Salmos 1:6). **Y** en otro versículo **está escrito «senda»** en relación con los justos, como se declara: «La senda de los sabios es como la luz del día –que aumenta constantemente–» (Proverbios 4:18). ¿**Qué** diferencia **hay entre esto** mencionado aquí, en este versículo del libro de los Salmos, **y esto** mencionado allí, en este otro versículo de Proverbios?

La respuesta no es **sino ésta: «camino», es aquel trayecto que los pies de otras personas ya han andado por él.** Pero **«senda», es un trayecto que se abrió en un tiempo breve,** y aún no fue transitado por otras personas. **Y acerca de esta senda está escrito: «La senda de los sabios es como la luz del día, que** aumenta constantemente e **ilumina hasta que el día es propicio»** (Proverbios 4:18).

APÉNDICE

EL MISTERIO DE LA PURIFICACIÓN DEL ALMA

El presente volumen del Zohar nos enseña (III-67a) que en la víspera de *Iom Kippur*, los Hijos de Israel han de alegrarse en este mundo ante su Amo, pues en el mundo venidero, Él se sentará por ellos en el Trono sagrado de misericordia. En ese día, todos los libros donde están escritas las acciones de los hombres estarán abiertos ante Él.

Entonces los sacerdotes y los asistentes al servicio pronuncian las siguientes palabras (*Éxodo* XVI-30):

«Pues en este día él procurará expiación para vosotros, para purificaros; de todos vuestros pecados ante El Eterno [...]».

Pero se quedan aquí y no pronuncian lo que sigue:

«Seréis purificados».

¿Cuál es la razón? Sólo el Sumo Sacerdote que realiza el servicio tiene permitido decir: «seréis purificados». Y cómo dice el Zohar:

«Y vinculaba el Nombre sagrado con su boca. Y cuando lo vinculaba y se bendecía con su boca, esa voz descendía y lo golpeaba e irradiaba la palabra en la boca del sacerdote, y decía: «seréis purificados».

La palabra que la *Torah* utiliza para decir «seréis purificados» es *Titharú* (ורהטת). Los sabios la han relacionado con la sefirah de *Keter* (רתכ), que corresponde a la misericordia y que de algún modo engloba a las demás sefirot.

En los *Shaarei Orah* de José Gikatilla podemos leer:

«Esta sefirah (*Keter*) se llama "corona". ¿Por qué? Porque así como la corona ciñe la cabeza, así esta sefirah abarca a todas las otras sefiroth porque encarna el mundo de la Misericordia, en el que se encuentran todas las cosas».

Por otra parte, en su *Tomer Dvorah*, Moshé Cordovero también decía que:

«El atributo de la corona es la misericordia perfecta».

¿Pero por qué podemos relacionar a *Keter* (כתר) con la misericordia divina? ¿No sería más lógico asociarla a Hessed? Los cabalistas nos enseñan que los Trece Atributos de Misericordia están enraizados en la *Sefirá de Keter*. Estos atributos, que el hombre ha de intentar imitar, son:

«(1) Tolerancia;

(2) Paciencia con los demás;

(3) Perdonar;

(4) Buscar el bien en los demás y para los demás;

(5) No guardar la ira;

(6) Realizar actos de bondad;

(7) Amar y buscar el bien para alguien que te ha hecho daño y ahora desea rectificar ese daño (perdonarlo no es suficiente);

(8) Recordar las buenas acciones de los demás y olvidar sus malas acciones;

(9) Sentir compasión por los demás, incluso por la gente malvada;

(10) Actuar con honestidad;

(11) Actuar con bondad e indulgencia hacia los demás (no insistir en aplicar "la letra de la ley" sobre los demás);

(12) Ayudar a los demás a arrepentirse y no guardarles rencor;

(13) Buscar maneras de mostrar misericordia y compasión a los demás, aunque uno no encuentre en ellos ningún factor atenuante».

Como escribe el Rav Ginzburg:

«La bendición sacerdotal comienza con la letra *Iud*. Tiene quince palabras y las trece primeras contienen esta letra. Estas trece *Iudim* de la bendición sacerdotal se interpretan en cábala como equivalentes a los trece atributos de misericordia, cuyo origen está en *Keter* pero que son revelados al mundo por el poder de *Jojmah*, la *Iud* –primera letra– del Nombre *Havaiá*».

Llama la atención la insistencia en el número 13, un número que la cultura occidental considera aciago. Sin embargo si pensamos que la Misericordia Divina emana directamente del Tetragrama y que la guematria de éste es 26, 13 supone exactamente la mitad. Esto ha propiciado el siguiente comentario: el hombre ha de esforzarse por la misericordia, pero su solo esfuerzo no es suficiente; sin embargo, si recorre 13 pasos hacia ella, Dios recorrerá 13 pasos hacia él y así se sumará 26 que, como vemos visto, corresponde al Tetragrama y a la misericordia. Por eso leemos en este volumen del Zohar (III-80 b) Por eso leemos en este volumen del Zohar (III-80 b) "Porque a aquel que viene a purificarse, del cielo lo ayudan".

Si la sefirah de *Maljut* corresponde, como es sabido, con la tierra (Zohar III-80 b), la de *Keter* corresponde al cielo.

La purificación, el «seréis purificados», se produce en *Keter* (כתר) porque esta sefirah representa a lo que está por encima de la dualidad: la supraconsciencia. No nos hallamos ante la dualidad entre *Jojmah* y *Binah*, que puede superarse desde abajo por medio de *Daat* o desde arriba, por medio de *Keter*. Estamos por encima de la dualidad consciente-inconsciente, en la supraconsciencia. *Keter* actúa de algún modo como el *Mikveh*, cuyas aguas purifica purifican.

El Zohar (III-288a) habla de las tres cabezas de *Keter*, relacionadas por Isaac Luria y los cabalistas con la Voluntad, el Placer y la Fe o, mejor dicho, la erteza. Son como las tres patas de un taburete, imprescindibles para que esté en equilibrio. A propósito de estas tres cabezas leemos en *Eclesiastés* (IV-12):

«Un cordel de tres hilos no se rompe fácilmente»:

Más delante, en este mismo folio del Zohar leeremos que el Sumo Sacerdote:

«caminaba dando tres pasos».

Y los demás sacerdotes que lo acompañaban allí se detenían y no iban tras él.

«Daba tres pasos, cerraba los ojos y se vinculaba con lo alto».

63b

Es decir conectaba con *Keter* y su poder prurificador. Cuando calculamos la guematria de *Titharú* (ורהטת), «seréis purificados», descubrimos que es 620 y coincide exactamente con la de *Keter* (רתכ).

Pero se trata también de la guematria de *Jojmah, Binah veDaat* (תעדו הניב המכח):

ת = 400
ט = 9
ה = 5
ר = 200
ו = 6
620

המכח = 73
הניב = 65
תעדו = 480
620

כ = 20
ת = 400
ר = 200
620

Jojmah, Binah y *Daat* han sido trascendidos.

EL EDITOR

GLOSARIO

En el presente glosario aparecen las definiciones puntuales de las palabras, los términos y los conceptos principales, ya que los más generales fueron incluidos en la Introducción del Volumen I. También, debido a la complejidad y profundidad de ciertos temas, en el glosario simplemente se describe el tópico de modo extremamente resumido, el cual muchas veces aparece luego explicado por el mismo texto de El Zohar. De todos modos, esperamos que resulte de ayuda para el lector.

– A –

Aba: Uno de los cinco Rostros o Partzufim, en este caso identificado con la sefirá de Jojmá. *Véase* página 36 en la Introducción del Volumen I.

Academia Celestial: En el lenguaje de los sabios cabalistas se refiere al lugar espiritual al que ascienden los justos tras su muerte para continuar estudiando Torá y completar sus niveles espirituales.

Adam Kadmón: Lit.: Hombre Primordial. Se refiere a uno de los estados principales y esenciales de la concatenación y creación de los Cuatro Mundos. *Véase* página 63 en la Introducción del Volumen I.

Adonai: Nombre divino relacionado con la sefirá de Maljut y la letra Tav. Es uno de los diez Nombres divinos sobre los que recae la prohibición de ser borrado.

Ain: Una de las veintidós letras del abecedario hebreo. Su valor numérico es 70. Los sabios cabalistas la asocian con el signo de Capricornio, el enojo y el mes hebreo de Tevet.

Alef: Primera letra del abecedario hebreo. Su valor numérico es 1.

Alef Hei Iud Hei: Nombre divino relacionado con la sefirá de Keter. Es uno de los diez Nombres divinos sobre los que recae la prohibición de ser borrado.

Amá: Medida de longitud equivalente, aproximadamente, a medio metro.

Amalek: El primer pueblo que atacó por la espalda a Israel al salir de Egipto. Archienemigo espiritual de Israel, se considera que el Nombre de El Eterno no estará completo hasta que el recuerdo de este pueblo sea borrado, lo cual constituye un precepto bíblico. En el lenguaje de los sabios cabalistas, representa a la klipá que se opone al nivel de Daat de Santidad.

Amidá: Conjunto de Dieciocho bendiciones que se pronuncia tres veces al día, mañana, tarde y noche, las cuales resumen los pedidos tanto del individuo como los de la comunidad en general. En el lenguaje de los sabios este rezo también es denominado simplemente como «el rezo». Sus otros nombres son Amidá y Shmona Esré.

Arameo: Lengua relativamente cercana al hebreo. Hasta el exilio en Babilonia el arameo era conocido sólo por los sabios, mas allí el pueblo aprendió el idioma popular y casi olvidó el hebreo. El arameo del Talmud es coloquial, a diferencia del arameo literario que aparece en la Biblia (Daniel, Ezra).

Arij Anpín: Uno de los cinco Rostros o Partzufim, en este caso identificado con la sefirá de Keter. *Véase* pág. 76 en la Introducción del Volumen I.

Arvat Haminim: Lit: Cuatro especies. Una de las cuatro especies que se bendicen la fiesta de Sukot, la fiesta de las Cabañas: *etrog* –cidra–, *lulav* –rama de palmera–, *hadás* –mirto– y *aravá* –sauce.

Arvit: Rezo nocturno, uno de los tres rezos que se pronuncian a diario. De acuerdo con la enseñanza de los sabios del Talmud, este rezo fue establecido por el patriarca Jacob.

Atik Iomin: Uno de los Rostros o Partzufim. *Véanse* pág. 75 y ss. en la Introducción del Volumen I.

GLOSARIO

Aza y Azael: *Véanse* págs. 156, 243, 273-274, 296 en el Volumen I.

- B -

«Baraita»: Del arameo «externa». Se trata de enseñanzas que no fueron incluidas dentro de la recopilación de la Mishná. Estas mishnaiot fueron compiladas por separado y en parte son citadas en el Talmud.

Bet: Segunda letra del abecedario hebreo. Su valor numérico es 2.

Bein Hashmashot: Tiempo comprendido entre la puesta del Sol y el momento en el que se divisan en el cielo tres estrellas. Es un período en el que dudamos si es de día o de noche y existen distintas opiniones acerca de su duración.

Biná: Lit.: Entendimiento. Una de las tres sefirot más elevadas, junto con el Keter y la Jojmá. Si establecemos un paralelismo con el cuerpo humano, corresponde al cerebro, el hemisferio izquierdo, y el corazón.

Birkat Hamazón: Bendición posterior a las comidas ordenada por la Torá. Está compuesta por otras cuatro bendiciones: la bendición por la comida, la bendición y agradecimiento por la Tierra de Israel, la bendición por la reconstrucción de Jerusalén y la bendición por el bien recibido de Dios.

Birkot Hashajar: Lit.: Bendiciones de la mañana. Se refiere a las primeras bendiciones que se pronuncian al levantarse, y que constituyen un corpus dentro del Sidur o libro de oraciones.

Brit Milá: Circuncisión. Se realiza a todo hijo varón de Israel al octavo día de su nacimiento. Es realizado por un Mohel, persona especialmente preparada para efectuarlo, y se considera que libera al niño de importantes grados de impureza ritual.

Buen Instinto: *Véase*: Ietzer Hatov.

- D -

Daat: Lit.: Conocimiento. Una de las diez sefirot, la cual es contada y nombrada en el caso de no incluirse al Keter entre las sefirot. Está asociada con la letra hebrea Bet y el candelabro del Tabernáculo. *Véase* pág. 39 en la Introducción del Volumen I.

Dalet: Cuarta letra del abecedario hebreo. Su valor numérico es 4.

Día del Perdón: Llamado en hebreo Iom Kipur, se trata de uno de los días más sagrados del año judío. En este día –el 10 del mes de Tishrei– Moisés alcanzó el perdón divino para el pueblo tras el pecado del becerro de oro. Es un día dedicado por completo al ayuno, al arrepentimiento y al rezo.

Diez locuciones: Se refiere a las diez veces que durante los seis días de Creación aparece escrito «Y dijo Dios». De aquí se aprende también que el mundo fue creado a partir de la Palabra divina. El primer versículo bíblico es considerado por los sabios del Talmud como la primera de las locuciones.

– E –

Ein Sof: Lit.: Sin límite o Infinito. Expresión que refiere a la Voluntad ilimitada del Creador, antes del Tzimtzum y del comienzo del proceso de Creación. *Véanse* pág. 14 y ss. en la Introducción del Volumen I.

Elohim: El primero de los Nombres divinos que aparece en la Torá, el cual está asociado con la Gevurá, el Juicio y el Rigor divinos, con la vocal de shvá, el brazo y mano izquierdos, la letra Guimel, y con la mesa del Tabernáculo. Es uno de los diez Nombres divinos sobre los que recae la prohibición de ser borrado.

Elohim Tzevakot: Nombre divino relacionado con la sefirá de Hod. Es uno de los diez Nombres divinos sobre los que recae la prohibición de ser borrado.

Erev rav: Referente a la Mixtura de gente que, sin pertenecer al Pueblo de Israel, salió junto a sus integrantes cuando éste se liberó de Egipto, tal como lo relata la Torá en el libro del Éxodo. Los sabios cabalistas nos enseñan que los miembros de esta Mixtura afectan a Israel durante el exilio, y debido a esta razón Moisés debe reencarnarse en cada generación para ayudar y salvar a su pueblo de la influencia dañina de estas almas. En el lenguaje de los sabios cabalistas también tal Mixtura de gente aparece asociada con todos aquellos entes que aún no pudieron ser rectificados y que son afectados por la klipá o cáscara de Noga.

– F –

Femenino: En el lenguaje de los sabios cabalistas la idea de lo femenino no se reduce a mujer o hembra, sino a la energía receptiva y a la materia que busca su forma. Todo, a su vez, en todos los planos, está conformado por su aspecto masculino y por su aspecto femenino. Lo femenino está relacionado con la Biná.

– G –

Gabriel: Una de las principales divisiones entre los campamentos de ángeles celestiales es en cuatro, encabezados por cuatro ángeles más importantes: Mijael, Gabriel, Uriel y Refael.

Gan Eden: Lit.: Jardín del Edén. Se refiere al paraíso bíblico en el que habitaban Adam y Eva, pero también al lugar celestial, espiritual, compuesto por habitaciones e hileras, una más interna que la otra, y en la más interior de las cuales se encuentra el Mesías, luego los justos, los piadosos, etc.

Gezeirá shavá: Uno de los métodos utilizados para interpretar la Torá, basado en palabras similares o repetidas que figuran en dos versículos distintos. En estos casos los sabios aplican leyes de un versículo respecto al otro en base a este método comparativo.

Gimel: Tercera letra del abecedario hebreo. Su valor numérico es 3.

Gog y Magog: Si bien los exegetas divergen en la identidad de este o estos pueblos, y su rey o reyes, todos están de acuerdo en que la guerra de Gog y Magog se refiere a que las naciones del mundo se enfrentarán a Israel en Jerusalén y que se trata de un hito relacionado con la llegada del Mesías y el final de los seis mil años del mundo.

Guehenóm: Lit.: Infierno. Lugar espiritual en el que se expían las transgresiones realizadas en este mundo. Todo lo descrito acerca del Infierno, tal como el fuego, los castigos, el sufrimiento, etc., se refiere a niveles espirituales de corrección, siempre con el objetivo de que el alma alcance la perfección absoluta.

Guematria: Sabiduría basada en el valor numérico de las letras hebreas, según la cual dos palabras que comparten el mismo valor numérico están conectadas de modo esencial.

Gevurá: Lit.: Juicio o Rigor. Una de las diez sefirot. Si establecemos un paralelismo con el cuerpo humano, corresponde con el brazo izquierdo y la mano. *Véanse* págs. 33, 41 y 43 en la Introducción del Volumen I.

– H –

Havdalá: Bendición que se pronuncia al finalizar el Shabat y las festividades, para indicar la separación entre la Santidad de ese día y el resto de los días de la semana. Se realiza sobre el vino, las especias aromáticas y el fuego.

Hei: Quinta letra del abecedario hebreo. Su valor numérico es 5. Los sabios cabalistas la asocian con el signo de Aries, la fuerza del habla y el mes hebreo de Nisán.

Hei Vav Iud Hei Tzevakot: Nombre divino relacionado con la sefirá de Netzaj. Es uno de los diez Nombres divinos sobre los que recae la prohibición de ser borrado.

Heijal: Generalmente traducido como Palacio. Refiere al Maljut, y sobre él se escribe en el Sefer Ietzirá «que está orientado hacia el centro» (Capítulo 4, Mishná 4). También, en el lenguaje de El Zohar, los heijalot o palacios son los pasadizos espirituales de cada mundo, por los que asciende la plegaria de los hombres en dirección a lo Alto.

Hod: Lit.: Esplendor. Una de las diez sefirot. Si establecemos un paralelismo con el cuerpo humano, corresponde a la pierna izquierda, el riñón y el testículo. *Véase* pág. 38 en la Introducción del Volumen I.

Holej: Uno de los signos musicales que se utilizan para leer la Torá y que encierra misterios muy profundos.

– I –

Iejidá: Una de las cinco partes que conforman el concepto judío del Alma. En este caso, nos referimos a la parte más elevada, la cual también, como la Jaiá, se encuentra por encima de la persona. Los sabios cabalistas la asocian también con el Keter.

Iesod: Lit.: Fundamento. Una de las diez sefirot. Si establecemos un paralelismo con el cuerpo humano, se corresponde con el órgano sexual. *Véase* pág. 38 en la Introducción del Volumen I.

Ietzer Hará: Lit.: Mal Instinto: en el lenguaje de los sabios cabalistas alude a la fuerza espiritual que intenta desviar a la persona del camino correcto. Junto con el Buen Instinto –Ietzer Hatov– son los responsables de establecer un equilibrio permanente para que el hombre pueda ejercer su libre albedrío, elegir, y recibir su recompensa o su castigo.

Ijudim: El término se relaciona en el lenguaje de los sabios cabalistas con la palabra hebrea *ejad*, uno, lo mismo que hace referencia a la unión, la asociación, y a la cercanía. En acto, significa unir, asociar y acercar algo a su fuente y raíz, con el objeto de que ambos se transformen en uno. El hombre, a través de su servicio espiritual, es capaz de generar ijudim, por ejemplo, entre dos Rostros o Partzufim y también entre dos Nombres divinos.

Ima: Uno de los cinco Rostros o Partzufim, en este caso identificado con la sefirá de Biná. *Véase* pág. 75 en la Introducción del Volumen I.

Iom Kipur: *Véase*: Día del Perdón.

Ishim: De acuerdo con Maimónides (Iesodei Hatorá 2:7) la diferencia de nombres entre los ángeles está en relación con los diferentes niveles que ocupan, y según esto se los denomina: «Jaiot Hakodesh», cuyo nivel es el superior, y «Ofanim», «Erelim», «Jashmalim», «Serafim», «Malajim», «Elohim», «Benei Elohim», «Kerubim» e «Ishim». Estos últimos son los ángeles que hablan con los profetas y que son vistos por ellos en una visión.

Itapja: *Véanse* págs. 294-295 en el Volumen I.

Itkafia: *Véanse* págs. 294-295 en el Volumen I.

Iud: Décima letra del abecedario hebreo. Su valor numérico es 10. Los sabios cabalistas la asocian con el signo de Virgo, la fuerza de la acción y el mes hebreo de Elul.

Iud Hei: Nombre divino relacionado con la sefirá de Jojmá. Es uno de los diez Nombres divinos sobre los que recae la prohibición de ser borrado.

Iud Hei Vav Hei (con la vocalización de Elohim): Nombre divino relacionando con la sefirá de Biná. Es uno de los diez Nombres divinos sobre los que recae la prohibición de ser borrado.

– J –

Jaiá: Una de las cinco partes que conforman el concepto judío del Alma. En este caso, nos referimos a la parte asociada con las fuerzas espirituales externas y superiores a la persona. Los sabios cabalistas la asocian también con la Jojmá. *Véase* pág. 23 en la Introducción del Volumen I.

Jaiot Hakodesh: De acuerdo con Maimónides (Iesodei Hatorá 2:7) la diferencia de nombres entre los ángeles está en relación con los diferentes niveles que ocupan, y según esto se los denomina: «Jaiot Hakodesh», cuyo nivel es el superior, y «Ofanim», «Erelim», «Jashmalim», «Serafim», «Malajim», «Elohim», «Benei Elohim», «Kerubim» e «Ishim». Estos últimos son los ángeles que hablan con los profetas y que son vistos por ellos en una visión.

Jesed: Primera de las consideradas «las siete sefirot inferiores». Si establecemos un paralelismo con el cuerpo humano, se corresponde con el brazo derecho y la mano. *Véanse* págs. 38 y 41 en la Introducción del Volumen I.

Jet: Octava letra del abecedario hebreo. Su valor numérico es 8. Los sabios cabalistas la asocian con el signo de Cáncer, la fuerza de la vista y el mes hebreo de Tamuz.

Jirik: Vocal relacionada por los sabios cabalistas con la sefirá de Netzaj y la letra Kaf.

Jojmá: Lit.: sabiduría. Es una de las tres sefirot más elevadas, junto al Keter y la Biná. Si establecemos un paralelismo con el cuerpo humano, se corresponde con el cerebro y el hemisferio derecho. *Véase* pág. 36 en la Introducción del Volumen I.

Jolam: Vocal relacionada por los sabios cabalistas con la sefirá de Tiferet y la letra Dalet.

Jubileo: En hebreo: Novel. El quincuagésimo año que llega tras completar siete veces los siete años de Remisión –Shemitá–. Es un año de descanso para la tierra y de liberación de esclavos (Levítico 25).

– K –

Kadish: Plegaria que se pronuncia tanto en el rezo diario como en otras ocasiones, tales como después de estudiar la Torá, o para la elevación del alma de un fallecido. Existen distintos tipos de esta misma oración, tal como el kadish de los Rabinos o el kadish de duelo, todos los cuales solo pueden ser pronunciados en comunidad. El contenido de la oración está escrito en idioma arameo.

Kaf: Una de las veintidós letras del abecedario hebreo. Su valor numérico es 20.

Kal vajomer: Inferencia del más débil al más fuerte: uno de los trece métodos utilizados para interpretar la Torá. El mismo indica que si tenemos dos asuntos, uno grave y uno leve, y se trata el caso leve con rigor, inferimos que se aplicará rigor también al caso grave. Por ejemplo, si un acto determinado se permite en Shabat, día de máxima Santidad, seguramente estará permitido en un día festivo.

Kamatz: Uno de los signos de puntuación o vocales. Los sabios cabalistas lo asocian con el Nombre divino Alef, Hei, Iud, Hei, la sefirá de Keter, la letra Alef, y los Querubines del Tabernáculo.

Karet: Castigo que señala la desconexión del alma de su raíz espiritual superior. Según algunas opiniones, la vida de la persona castigada con *karet* es cortada y esta no alcanza su ancianidad, no logra tener descendencia y tampoco entra al Mundo Venidero.

Kasher: Cuando el término se aplica a un alimento, se refiere a uno que cumple con las normas y las leyes de la Halajá, la Ley de la Torá, tal como los animales puros sacrificados de acuerdo con las normas rituales, etc. Cuando el término recae sobre un individuo, significa que tal persona es idónea y apta.

Kedushá: Lit.: Santificación: Bendición de máxima Santidad perteneciente al rezo de Amidá o Shmoná Esré.

Kel: Nombre relacionado con la sefirá de Jesed. Es uno de los diez Nombres divinos sobre los que recae la prohibición de ser borrado.

Keter: Lit: Corona. Es la primera y la más elevada de todas las sefirot. Si establecemos un paralelismo con el cuerpo humano, corresponde al cráneo. *Véase* pág. 34 en la Introducción del Volumen I.

Kidush: Oración de santificación que se pronuncia sobre el vino, en el Shabat y las festividades, lo cual constituye un precepto. El vino encierra misterios muy profundos, y los mismos son sugeridos a menudo por los sabios cabalistas.

Klipot: Cáscaras espirituales. Los sabios cabalistas explican que debido a que El Eterno quiso conducir al mundo con justicia (Deuteronomio 32:4), se establecieron fuerzas malignas que determinaran un equilibrio entre el Lado del Bien y el Lado del Mal. Las fuerzas espirituales malignas que buscan castigar a los pecadores en este mundo o en el Infierno, son denominadas *Sitra Ajra* y también Klipot, ya que la Santidad, la Kedushá, es denominada «fruto», y estas fuerzas actúan como cáscaras del fruto. Los sabios determinan que hay cuatro tipos de Klipot, tres completamente malignas, y la cuarta, Noga, a veces actúa para el Bien y a veces para el Mal.

Kuf: Una de las veintidós letras del abecedario hebreo. Su valor numérico es 100. Los sabios cabalistas la asocian con el signo de Piscis, la risa y el mes hebreo de Adar.

– L –

Lamed: Una de las veintidós letras del abecedario hebreo. Su valor numérico es 30. Los sabios cabalistas la asocian con el signo de Libra, el coito y el mes hebreo de Tishrei.

Lea: Matriarca, una de las esposas de Jacob. En el lenguaje de los sabios cabalistas se refiere a una de las partes en las que se divide el Rostro femenino denominado Nukva. Corresponde a la parte que va desde el pecho hacia arriba y es considerado «el mundo oculto» o alma deitkasia.

Leviatán: Animal marítimo de grandísimas proporciones. En el lenguaje de los sabios se describe una pareja, macho y hembra, que fueron creados por El Eterno, pero se mató a la hembra para evitar su reproducción, lo cual representa un gran peligro para el mundo. Este misterio también indica que la hembra fue salada y reservada para los justos en el Mundo Venidero. También se enseña que ante la llegada del Mesías, El Creador alimentará a los justos con la carne del Leviatán y con su piel les construirá una Suká, una cabaña.

Lilit: Adán estuvo separado de su mujer, Java, por espacio de 130 años, durante los cuales se unió con espíritus femeninos, y engendró una especie mixta de humano y demonio. Algunos suponen a Lilit como la madre de buena parte de estas criaturas. Otro midrash (Otzar hamidrashim 34:4) nos cuenta que Lilit fue la primera criatura femenina humana, creada junto a Adán, pero que no lograban armonizar, disputando constantemente –en especial en lo referente a la sexualidad– en busca del poder. Hasta que ella utilizó el Nombre Inefable para evaporarse en el aire y convertirse en un ente no denso. Dios se apiadó por el sufrimiento causado por la soledad del varón, y envió tres emisarios para que hicieran entrar en razón a la rebelde Lilit. Ella se enfrentó rudamente a los mensajeros de Dios, y decidió que el objetivo de su existencia sería el de dañar a los recién nacidos descendientes de Adán. En el cuerpo humano el bazo representa a Lilit, la «esposa» de Satán, el Ángel de la Muerte. Ella es también considerada como la «madre» de la Mixtura de gente (Éxodo 12:38). Ella atrapa a la gente con la riqueza y luego la mata (Tikunei Zohar, 140a).

GLOSARIO

Límite de desplazamiento: Dos mil amot alrededor de los cuales se encuentra la persona asentada en Shabat. Está prohibido en Shabat salir fuera de la ciudad dos mil amot, en cualquier dirección.

Lulav: *Véase*: Arvat Haminim. También el nombre *lulav* suele referirse a las cuatro especies unidas.

– M –

Maasé Bereshit: Lit.: Obra de Creación. Término que los sabios utilizan para hacer referencia a la Creación del Mundo Físico, durante los primeros seis días de Creación, en oposición a Maasé Merkavá, que se refiere a los Mundos espirituales superiores.

Maasé Merkavá: Lit.: Obra del Carruaje. Se refiere a la visión del profeta Ezequiel cuando se abrieron los Cielos (Ezequiel 1; 8:3). El término «Carruaje» no aparece en el texto del profeta Ezequiel sino en el primer libro de Crónicas (28:18). Según Maimónides, este concepto se ocupa de todo lo referente a lo trascendente a la naturaleza. Algunos sabios cabalistas lo entienden como una de las ramas de estudio de la mística hebrea.

Mal Instinto: *Véase*: Ietzer Hará.

Masculino: En el lenguaje de los sabios cabalistas la idea de lo masculino no se reduce a hombre o macho, sino a la energía que influye y a la forma que busca la materia para expresarse. Todo, a su vez, en todos los planos, está conformado por su aspecto masculino y por su aspecto femenino. Lo masculino está relacionado con la Jojmá.

Makaf: Uno de los signos musicales que se utilizan para leer la Torá y que encierra misterios muy profundos.

Maljut: Lit.: Reinado. Una de las diez sefirot. Si establecemos un paralelismo con el cuerpo humano, corresponde a los pies y la corona del órgano sexual. *Véase* pág. 38 en la Introducción del Volumen I.

Matronita: En idioma arameo: madre. En el lenguaje de los sabios cabalistas, el Mundo de Creación –Ietzirá– es denominado Matronita por tratarse del primer mundo superior que incluye entes separados y escindidos del Creador. Este mundo es considerado femenino en relación al Mundo de Emanación –Atzilut–, y por eso, cuando Adam transgredió, se considera que la consecuencia fue que la Matronita se separó de su Esposo.

Mazal: Término que comúnmente se relaciona con la suerte o el destino de la persona, aunque en realidad, y de un modo más preciso, tal vez convendría asociarlo con las tendencias personales a determinadas acciones, o a ciertas inclinaciones de personalidad, que tienen que ver con el momento del nacimiento de una persona determinada. Los sabios enseñan, por ejemplo, que una persona que nace con un mazal que lo lleva a derramar sangre, podrá elegir a través de su libre albedrío, si ser asesino, cirujano, shojet (matarife de acuerdo con las leyes rituales de la Torá) o moel (encargado de realizar la circuncisión).

Mem: Una de las veintidós letras del abecedario hebreo. Su valor numérico es 40.

Merkavá: *Véase*: Maasé Merkavá.

Metatrón: Ángel principal, considerado como el Gran Sacerdote espiritual, el cual puede ingresar al Sanctasanctórum en lo Alto ante el Trono de Gloria divino. Es considerado el representante de los ángeles, y es el que reúne a las plegarias y las presenta ante la Presencia divina. También aparece asociado con el Mundo de Formación, que es el Mundo de los ángeles. El valor numérico de su nombre es similar al del Nombre divino: Shakai.

Mijael: Una de las principales divisiones entre los campamentos de ángeles celestiales es en cuatro, encabezados por los cuatro ángeles más importantes: Mijael, Gabriel, Uriel y Refael.

Modé Aní: Primera oración que pronuncia la persona al despertarse, en la que agradece al Creador que le devuelva su alma, la cual, según las enseñanzas de los sabios, asciende a los mundos superiores mientras el hombre duerme.

Mojín: Se refiere principalmente al «alma» que habita en el interior de las tres primeras sefirot, Keter, Jojmá y Biná. En algunos casos las mismas sefirot son denominadas mojín. Además, toda influencia superior es denominada mojín.

Mundo de Atzilut: Lit.: Mundo de Emanación. *Véanse* pág. 27 y ss. en la Introducción del Volumen I.

Mundo de Briá: Lit.: Mundo de Creación. *Véanse* pág. 27 y ss. en la Introducción del Volumen I.

Mundo de Ietzirá: Lit.: Mundo de Formación. *Véanse* pág. 27 y ss. en la Introducción del Volumen I.

Mundo de Asiá: Lit.: Mundo de Acción. *Véanse* pág. 27 y ss. en la Introducción del Volumen I.

Musaf: El rezo adicional, tal como su nombre indica, se agrega a los rezos diarios de shajarit en Shabat, Rosh Jodesh y las festividades. Este rezo, corresponde a las ofrendas comunitarias especiales que se ofrecían en el templo en días festivos (Números 28 y 29).

– N –

Natlá: Recipiente con el que se realiza la ablución de las manos establecida por los sabios con fines de purificación. La ablución de las manos se realiza antes de comer de modo estable, antes de rezar, tras salir del retrete, y al despertarse por la mañana.

Nefesh: Una de las cinco partes que conforman el concepto judío del Alma. En este caso, nos referimos a la parte más baja, la cual está asociada con las fuerzas vitales del cuerpo. Los sabios cabalistas la asocian también con el Maljut.

Nefilat Hapaim: Rezo conocido con el nombre de Nefilat Hapaim o Tajanun –reclinar la cabeza– y que consta del salmo 6:2-11, precedido por otros dos versículos que reflejan el mismo espíritu de contrición. La fuente bíblica de esta oración es el libro de Números 16, cuando Moisés y Aharón se postran ante Dios. Se acostumbra a pronunciar este rezo sentados con la cabeza inclinada y reposando sobre el brazo izquierdo, salvo que se lleven puestas las filacterias –tefilín–, en cuyo caso reposa la cabeza sobre el brazo derecho.

Nehar dinur: Lit.: Río de fuego. Se relaciona con la Gevurá de cada Mundo, es puramente de fuego, y también es denominado Heijal Zejut, el cual es el Infierno Superior, ya que de él fluye: de debajo del Trono de Gloria. Los ángeles que se crean cada día, de este río son creados.

Nekudot: Uno de los componentes del texto de la Torá, junto con los signos musicales –taamim–, las coronas –taguin–, y las letras –otiot–. En este caso, los nekudot son las vocales que esconden misterios muy profundos.

Neshamá: Una de las cinco partes que conforman el concepto judío del Alma. En este caso nos referimos a la parte asociada con las fuerzas mentales de la persona. Los sabios cabalistas la asocian también con la Biná.

Nesirá: Lit.: corte o escisión. Refiere al corte que realizó el Creador para separar a los aspectos masculino y femenino que se encontraban apegados, espalda contra espalda, en el momento de ser creado el Hombre.

Netzaj: Lit.: Victoria. Una de las diez sefirot. Si establecemos un paralelismo con el cuerpo humano, corresponde a la pierna derecha, el riñón y el testículo. *Véanse* págs. 38 y 41 en la Introducción del Volumen I.

Nidá: Mujer en estado de impureza ritual debido a su período menstrual. Existen leyes de purificación que incluyen la cuenta de días de pureza y la inmersión en el baño ritual Mikve. El Talmud reúne el análisis de estas leyes en un tratado denominado Nidá.

Nitzotz: Lit.: Chispa. Tal como las chispas que salen del fuego son denominadas así para señalar que son sólo una parte muy pequeña que se separa de la fuente principal, el fuego, de igual modo, las chispas espirituales que descendieron con las vasijas rotas, son sólo una parte de la gran Luz general del Mundo de los Puntos o Nekudim.

Noga: Los sabios cabalistas determinan que hay cuatro tipos de Klipot, tres completamente malignas, y la cuarta, Noga, a veces actúa para el bien y a veces para el mal.

Nombre de 42 letras: *Véase* el Apéndice que se encuentra al final del Volumen I.

Notrikón: Se refiere al método de interpretación a partir de las iniciales de una palabra determinada. Ejemplo: la palabra Elul, nombre de uno de los meses, sugiere la expresión del Cantar de los Cantares: «Yo soy de mi Amado y mi Amado es mío», ya que cada palabra del versículo comienza con una de las iniciales del nombre.

Nun: Una de las veintidós letras del abecedario hebreo. Su valor numérico es 50. Los sabios cabalistas la asocian con el signo de Escorpio, el olfato y el mes hebreo de Jeshván.

Nukva: Uno de los cinco Rostros o Partzufim, en este caso identificado con la sefirá de Maljut. Representa el aspecto netamente femenino. *Véase* pág. 75 en la Introducción del Volumen I.

– O –

Ofanim: De acuerdo con Maimónides (Iesodei Hatorá 2:7) la diferencia de nombres entre los ángeles está en relación con los diferentes niveles que ocupan, y según esto se los denominan: «Jaiot Hakodesh», cuyo nivel es el superior, y «Ofanim», «Erelim», «Jashmalim», «Serafim», «Malajim», «Elohim», «Benei Elohim», «Kerubim» e «Ishim». Estos últimos son los ángeles que hablan con los profetas y que son vistos por ellos en una visión.

Or Haganuz: Luz guardada y ocultada. La primera luz creada en el relato bíblico, la cual es considerada de un altísimo nivel espiritual, y que permitía al Primer Hombre «ver desde un extremo al otro del mundo». Los sabios nos enseñan que la misma fue guardada y reservada para los hombres justos, para el Mundo Venidero. La luz que nosotros conocemos es la luz creada durante el cuarto día, a diferencia del Or Haganuz.

Oraita: En idioma arameo se refiere a la Torá, e incluye en su raíz la palabra luz –or– lo cual señala en particular a la Luz de la divinidad oculta en ella.

– P –

Pargod: Cortina celestial que señala la separación de los mundos inferiores con los mundos superiores. En el lenguaje de los sabios cabalistas, atravesar esta cortina o escuchar lo que sucede del otro lado del Pargod, representa el poder acceder a niveles espirituales y a secretos muy elevados.

Pardés: Lit.: Prado. De acuerdo con la enseñanza de los sabios cabalistas las iniciales de esta palabra señalan cuatro niveles o perspectivas a través de las cuales comprendemos la Torá. La primera inicial, la letra Pei, indica el nivel de Pshat, lo simple, el relato literal de la Torá. La segunda inicial, la letra Reish, alude al Remez –insinuación– que le da una dimensión más profunda al relato bíblico. La tercera inicial, la letra Dalet, nos indica el Drash que proviene del verbo exigir. Esta lectura encierra una búsqueda en la cual el hombre exige el significado interior que el texto quiere transmitir. La última inicial de la palabra, la letra Samej, indica el Sod, literalmente el secreto y el misterio.

Parsá: Medida de longitud equivalente a 4,6 metros.

Partzufim: Lit.: Rostros. Se refiere a los Cinco Rostros, cada uno compuesto por diez sefirot. *Véase* pág. 75 en la Introducción del Volumen I.

Pataj: Uno de los signos de puntuación o vocales. Los sabios cabalistas lo asocian con el Nombre divino Iud Hei, la sefirá de Jojmá, la letra Mem, y el Kaporet del Tabernáculo.

Pei: Una de las veintidós letras del abecedario hebreo. Su valor numérico es 80.

Pesaj: Fiesta que conmemora la salida de Egipto y la liberación del pueblo de Israel. Pesaj comienza el 15 del mes de Nisán y se celebra en Israel durante siete días. El precepto principal de esta festividad consiste en no comer levadura o productos que la contengan.

Pidión Habén: Ceremonia que se realiza a los 30 días del nacimiento del hijo varón primogénito por parte de la madre. De acuerdo con la Ley de la Torá, en un principio el primogénito pertenecía a El Eterno, lo cual significaba que debía servir como sacerdote –kohen–, mas una vez que toda la tribu de Leví fue consagrada a este fin, los primogénitos son rescatados del sacerdote a través de cinco monedas –selaim.

– R –

Rajel: Lit.: Raquel, la matriarca, una de las esposas de Jacob. En el lenguaje de los sabios cabalistas se refiere a una de las partes en las que se divide el Rostro femenino denominado Nukva. Se refiere a la parte que va desde el pecho hacia abajo y es considerado «el mundo revelado» o «alma deitgalia».

Refael: Una de las principales divisiones entre los campamentos de ángeles celestiales es en cuatro, encabezados por los cuatro ángeles más importantes: Mijael, Gabriel, Uriel y Refael.

Reish: Una de las veintidós letras del abecedario hebreo. Su valor numérico es 200.

Remisión: En hebreo: Shemitá. Refiere al séptimo año, en el cual no se trabaja la tierra y en el que todas las deudas quedan anuladas. Cuando transcurren siete años de Shemitá llega el año del Jubileo (Tratado de Moed Katán 2b y ss.)

Reshimo: Lit.: Marca o huella. Se refiere a la Luz divina que, tras realizarse el tzimtzum o la contracción, quedó en el jalal o espacio. En ningún caso podemos decir que este espacio quedó vacío de Luz de la divinidad, sino que a esta Luz que quedó la consideramos la marca o la huella de la anterior.

Resurrección de los muertos: Los sabios nos enseñan que existen dos etapas en la resurrección de los muertos: la primera sucederá al comienzo de la época mesiánica en la que Moisés, Aharón, sus hijos y todos los justos de Israel resucitarán para guiar al pueblo. Acerca de la segunda etapa de la resurrección, la general, existen distintas enseñanzas al respecto: hay entre los sabios quienes mantienen que sucederá al final del sexto milenio, otros cuarenta años tras la llegada del Mesías y otros setenta años tras la llegada del mismo.

Revii: Uno de los signos musicales que se utilizan para leer la Torá y que encierra misterios muy profundos.

Rosh Jodesh: Lit: Cabeza del mes. Día en el que comienza el mes hebreo, considerado como un día semifestivo. En la Torá y el Talmud es mencionado junto con las festividades y el Shabat. Antes de que se estableciera el calendario fijo, el Rosh Jodesh era establecido por el Tribunal, el Sanedrín, basándose en el testimonio de testigos que habían observado la luna nueva.

Rostro: En hebreo: Partzuf. *Véanse* pág. 75 y ss. en la Introducción del Volumen I.

Ruaj: Una de las cinco partes que conforman el concepto judío del Alma. En este caso, nos referimos a la parte asociada con las fuerzas emocionales de la persona. Los sabios cabalistas la asocian también con las seis sefirot, desde Jesed a Iesod.

– S –

Samael: Ministro espiritual de Edom, el cual actúa igualmente como el Ministro espiritual de los otros setenta ministros. Al caer Samael, todos los demás también caen. Los sabios lo citan también como «montado sobre la Serpiente».

Samej: Una de las veintidós letras del abecedario hebreo. Su valor numérico es 60. Los sabios cabalistas la asocian con el signo de Sagitario, el poder del sueño y el mes hebreo de Kislev.

Sefirot: *Véanse* pág. 31 y ss. en la Introducción del Volumen I.

Segol: Uno de los signos de puntuación o vocales. Los sabios cabalistas lo asocian con el Nombre divino Kel, la sefirá de Jesed, la letra Bet, y con el candelabro del Tabernáculo.

Segolta: Uno de los signos musicales que se utilizan para leer la Torá y que encierra misterios muy profundos.

Sela: Moneda de plata cuyo valor es equivalente a dos Shekalim o 4 Zuzim o Dinarim: 14,34 gramos.

Serafim: De acuerdo con Maimónides (Iesodei Hatorá 2:7) la diferencia de nombres entre los ángeles está en relación con los diferentes niveles que ocupan, y según esto se los denominan: «Jaiot Hakodesh», cuyo nivel es el superior, y «Ofanim», «Erelim», «Jashmalim», «Serafim», «Malajim», «Elohim», «Benei Elohim», «Kerubim» e «Ishim». Estos últimos son los ángeles que hablan con los profetas y que son vistos por ellos en una visión.

Shajarit: Uno de los tres rezos que se pronuncian a diario, el matutino. De acuerdo con la enseñanza de los sabios fue establecido por el patriarca Abraham.

Shakai: Uno de los Nombres divinos que aparece en la Torá, el cual está asociado con la sefirá de Iesod, Fundamento, la conducción divina que combina el Netzaj y el Hod, el órgano sexual y la letra Tav.

Shakai Kel Jai: Nombre divino relacionado con la sefirá de Iesod. Es uno de los diez Nombres divinos sobre los que recae la prohibición de ser borrado.

Shalshelet: Uno de los signos musicales que se utilizan para leer la Torá y que encierra misterios muy profundos.

Shavuot: Una de las tres fiestas de peregrinaje bíblicas, en la cual se celebra la recepción de la Torá en el Monte Sinaí. No posee una fecha propia sino que se conmemora a los 50 días de la salida de Egipto.

Shedim: Lit.: Demonios. El nombre hebreo está relacionado con el hecho de que engañan –shodedim– las mentes de los hombres o porque habitan en sitios destruidos o deshabitados –shadud. De acuerdo con los sabios sus almas fueron creadas el sexto día, antes de que entrara el Shabat, pero no alcanzó a crear sus cuerpos. Éstos habitan principalmente en sitios descampados y destruidos, y el objetivo de su creación fue generar sufrimiento y amonestar a los hombres alejados del camino de la verdad.

Shejiná: Presencia divina. La raíz hebrea de esta palabra –shin, kaf, nun– señala el acto de habitar, morar, residir. La Shejiná, de acuerdo con los actos de los hombres, se aleja del mundo o se aproxima, y el objetivo final de toda la Creación es que la Presencia divina se revele concretamente en el mundo.

Shemá Israel: Oración pronunciada dos veces cada día, por la mañana y por la noche. Está compuesta por tres secciones bíblicas: (Deuteronomio 6:4-9; 11:13-21; Números 15:37-41).

Shin: Una de las veintidós letras del abecedario hebreo. Su valor numérico es 300.

Shevarim: Tres voces entrecortadas que se soplan del shofar en Rosh Hashaná, largas, como las de un quejido, y desde el principio al fin se prolongan como las nueve teruot.

Shofar: a) Cuerno de animal, de preferencia carnero, con el que se cumple el precepto de escuchar la voz del shofar en la festividad de Rosh Hashaná. También se lo hace sonar con el fin de despertar espiritualmente a la comunidad durante el mes de Elul, mes de arrepentimiento, y al finalizar el Iom Kipur. En la Torá el shofar aparece relacionado con otros acontecimientos, tales como la entrega de la Torá, el año del Jubileo y la llegada del Mesías. b) Uno de los signos musicales que se utilizan para leer la Torá y que encierran profundos misterios.

Shuruk: Vocal relacionada por los sabios cabalistas con la sefirá de Hod, el muslo y pie izquierdos, y la letra Pei.

Shvá: Uno de los signos de puntuación o vocales. Los sabios cabalistas lo asocian con el Nombre divino Elohim, la sefirá de Gevurá, la letra Guimel, y la mesa del Tabernáculo.

Shvirat hakelim: Lit.: Ruptura de vasijas. Se refiere al momento del proceso de creación en que una Luz demasiado potente entró en las vasijas que simplemente no podían contenerla y se rompieron. En el ámbito de las sefirot, se considera que la ruptura afectó a las siete inferiores. De acuerdo con los sabios cabalistas la ruptura de las vasijas permite el surgimiento y la existencia del Mal. También esta ruptura es la raíz del libre albedrío. *Véase* pág. 67 en la Introducción del Volumen I.

Sitra Ajra: En arameo: el Otro Lado. Así como El Eterno creó los Mundos de Creación, Formación y Acción, para que sirvieran de base para la realización del Bien y la Santidad, de igual modo creó el lado opuesto, es decir, los encargados del Mal. El conjunto de estas criaturas encargadas del Mal en el mundo se denomina las «fuerzas del Otro Lado». El Mal, tal como es entendido por los sabios cabalistas, es sólo un medio para lograr y generar finalmente el máximo Bien, objetivo último de la creación del mundo.

Sucot: Fiesta que conmemora la protección divina de la que goza Israel durante su paso por el desierto, al salir de Egipto. La misma comienza el 15 del mes de Tishrei y se celebra en Israel durante siete días. El precepto principal de esta festividad es habitar en la suká, una cabaña, durante toda la festividad, y balancear las cuatro especies durante el rezo matutino.

Suká: Cabaña que se construye especialmente para la fiesta de Sucot, en la que se debe habitar durante los días de la festividad tal como se habita en la casa durante el resto de los días del año.

– T –

Taamim: Uno de los componentes del texto de la Torá, junto con las coronas –taguin–, las letras –otiot– y las vocales –nekudot–. En este caso, los taamim son los signos musicales que esconden misterios muy profundos.

Tagin: Uno de los componentes del texto de la Torá, junto con los signos musicales –taamim–, las vocales –nekudot–, y las letras –otiot–. En este caso, los tagin son las coronas o dibujos lineares que aparecen por encima de algunas letras de la Torá y que esconden misterios muy profundos.

Talit: Prenda superior, ancha, con la que las personas solían cubrirse todo el día. Cuando reúne las condiciones de poseer cuatro esquinas, el talit llevaba los tzitzit. En la actualidad el talit es utilizado para los rezos y para asistir a la sinagoga, aunque existe también el talit pequeño, que es utilizado permanentemente.

Tav: Una de las veintidós letras del abecedario hebreo. Su valor numérico es 400.

Tefilín: Filacterias, dos cajitas de cuero negro que contienen cuatro pergaminos con pasajes de la Torá: (Deuteronomio 6:4-9), (Deuteronomio 11:13-21), (Éxodo 13:1-10), (Éxodo 13:11-16). Se fijan en la frente y en el brazo izquierdo mediante unas correas de cuero negro que penden de las cajitas durante la oración matutina –shajarit– de cada día, a excepción de los días festivos y el Shabat.

Teshuvá: Término que expresa el retorno a la conexión espiritual con El Creador, tras haberse alejado de Él. Su raíz incluye la acepción de regreso –lashuv– y también la misma palabra puede, de modo sugerente, ser dividida en dos: teshu-va, es decir, volver o retornar a Dios.

Tet: Novena letra del abecedario hebreo. Su valor numérico es 9. Los sabios cabalistas la asocian con el signo de Leo, la fuerza de la audición y el mes hebreo de Av.

Tetragrama: El Nombre de las cuatro letras: Iud, Hei, Vav, Hei, el cual está asociado con la sefirá de Tiferet, con la vocal jolam, el cuerpo o el torso de persona, la letra Dalet, y con el altar de oro del Tabernáculo.

Tiferet: Lit.: Belleza o Armonía. Una de las diez sefirot. Si establecemos un paralelismo con el cuerpo humano, se corresponde con el torso. *Véanse* pág. 38 y ss. en la Introducción del Volumen I.

Tikún: Lit.: Rectificación. Se refiere al estadio en el que determinado ente o persona alcanza el objetivo divino y el sentido de su creación. Por ejemplo, el Mundo del Tikún es el estadio en el que la Presencia divina debe ya revelarse concretamente en la realidad, lo cual es considerado la rectificación o tikún del mundo.

Torá: Pentateuco o los Cinco libros de Moisés: Génesis, Éxodo, Levítico, Números y Deuteronomio. También es considerada la sabiduría escrita o Torá Escrita, en oposición a lo que se denomina Torá Oral. Los textos cabalísticos enseñan que la Torá representa el plano de todo lo creado: «Dios miró la Torá y creó el mundo».

Tikún Jatzót: Rezo que se pronuncia a medianoche, cuando es costumbre enunciar de modo individual o en una habitación secundaria de la sinagoga, sentándose en el suelo y llorando. Como de acuerdo con los sabios cabalistas la Shejiná incluye dos aspectos, uno denominado Rajel y el otro Lea, este rezo también está compuesto por dos tikunim o rectificaciones: Tikun Rajel, en el que se llora debido al exilio de la Shejiná, y Tikun Lea, basado en el estudio de la Torá.

Trece medidas de misericordia: También son denominadas «atributos» de misericordia. Aparecen en dos secciones bíblicas: en el libro del Éxodo (34:6-7) y Malaquías (7:18-20). En el Talmud, Tratado de Rosh Hashaná (17b) se enseña que El Eterno le reveló a Moisés esta súplica, la cual se considera que en todos los casos es respondida.

Treinta y dos senderos de sabiduría: La Jojmá –por ser el primer destello de revelación– incluye a todos los posteriores modos de conducción divina, incluyendo a los 32 senderos. Éstos son mencionados al comienzo del Sefer Ietzirá, y están conformados por las diez sefirot y las 22 letras del abecedario hebreo.

Treinta y nueve prohibiciones: Lo que la Torá prohibió fue la realización en Shabat de actos que impliquen una actividad creativa, actividades que surgen del precepto de construir el Tabernáculo (Mishkán) en el desierto del Sinaí (Éxodo 31:1-11), (Éxodo 35:1-3). Las actividades necesarias para la construcción del Tabernáculo eran treinta y nueve en total. Éstas se denominan Actividades Principales (Avot Melajot) que incluyen en sí mismas a todas las demás prohibiciones de Shabat que reciben el nombre de Actividades Derivadas (Toladot). Las actividades 1 al 11 están relacionadas con la preparación de los diversos tipos de alimento del ser humano: arar, plantar, cosechar, engavillar, trillar, aventar granos, seleccionar, tamizar, moler, amasar y hornear. Las actividades 12 a la 24 están ligadas con la preparación de la indumentaria del ser humano: esquilar, blanquear o lavar, cardar, teñir, hilar, introducir hilo en el ojal, actividad preparatoria para el tejido, tejer, deshebrar, anudar, desanudar, coser y desgarrar. Las actividades 25 a la 33 están relacionadas con la escritura o con la preparación de los materiales para la escritura: cazar, degollar, desollar, curtir, raspar, rayar, cortar, escribir y borrar. Las actividades 34 y 35 están ligadas con la construcción de la vivienda del ser humano, y son: construir y demoler. Las actividades 36 y 37 están ligadas al fuego, y son: encender y apagar el fuego. La actividad número 38 es la que completa una determinada actividad. La actividad número 39 es el transporte de objetos del dominio privado al público y viceversa.

Truá: Nueve voces entrecortadas que se soplan del shofar en Rosh Hashaná, cortas, como las de un hombre que solloza, y desde el principio al fin se prolongan como tres shevarim.

Tzadik: Una de las veintidós letras del abecedario hebreo. Su valor numérico es 90. Los sabios cabalistas la asocian con el signo de Acuario, el gusto y el mes hebreo de Shevat.

Tzimtzum: Lit.: Contracción. Se refiere a la contracción de la Luz inicial del Ein Sof, para dar lugar a otra existencia además de la Divinidad. La contracción también generó el Jalal y el Roshem. *Véase* pág. 58 en la Introducción del Volumen I.

– U –

Uriel: Una de las principales divisiones entre los campamentos de ángeles celestiales es en cuatro, encabezados por los cuatro ángeles más importantes: Mijael, Gabriel, Uriel y Refael.

– V –

Vav: Sexta letra del abecedario hebreo. Su valor numérico es 6. Los sabios cabalistas la asocian con el signo de Tauro, la fuerza de la meditación y el mes hebreo de Iyar.

– Z –

Zain: Séptima letra del abecedario hebreo. Su valor numérico es 7. Los sabios cabalistas la asocian con el signo de Géminis, la fuerza del movimiento y el mes hebreo de Siván.

Zarka: Uno de los signos musicales que se utilizan para leer la Torá y que encierran misterios muy profundos.

Zeir Anpín: Uno de los cinco Rostros o Partzufim, en este caso identificado con las sefirot de Jesed, Gevurá, Tiferet, Netzaj, Hod y Iesod. *Véase* pág. 75 en la Introducción del Volumen I.

Zun: Palabra compuesta por las iniciales de los nombres de dos Rostros –Zein Anpín y Nukva–, y que generalmente señala la relación entre ambos.

TABLA DE EQUIVALENCIAS DE LIBROS BÍBLICOS

Génesis	*Bereshit*
Éxodo	*Shemot*
Levítico	*Vaikrá*
Números	*Bamidbar*
Deuteronomio	*Devarim*
Josué	*Ieoshúa*
Jueces	*Shoftim*
Samuel	*Shmuel*
Reyes	*Melajim*
Isaías	*Ishaiahu*
Jeremías	*Irmiahu*
Ezequiel	*Iejezquel*
Oseas	*Hoshea*
Joel	*Ioel*
Amós	*Amós*
Abdías	*Ovadiá*
Jonás	*Ioná*
Miqueas	*Mijá*
Nahúm	*Najúm*
Habacuc	*Jabakuk*
Sofonías	*Tzfaniá*
Hageo	*Jagai*
Zacarías	*Zejariá*
Malaquías	*Malají*
Salmos	*Tehilim*
Proverbios	*Mishlei*
Job	*Iov*
Cantar de los Cantares	*ShirHashirim*
Rut	*Rut*
Lamentaciones	*Eijá*
Eclesiastés	*Kohelet*
Ester	*Ester*
Daniel	*Daniel*
Esdras	*Ezrá*
Nehemías	*Nejemiá*
Crónicas	*Divrei Haiamim*

ÍNDICE DE CITAS BÍBLICAS

A

Abdías 1:21	292
Amós 8:11	9

C

Cantar de los Cantares 1:1	18
Cantar de los Cantares 1:3	46, 47, 48, 49, 211
Cantar de los Cantares 1:4	49, 50, 55
Cantar de los Cantares 1:5	59
Cantar de los Cantares 1:6	59, 61
Cantar de los Cantares 1:12	85, 86
Cantar de los Cantares 1:15	129
Cantar de los Cantares 2:3	250, 251
Cantar de los Cantares 2:4	244
Cantar de los Cantares 2:6	252
Cantar de los Cantares 2:9	437
Cantar de los Cantares 2:14	81
Cantar de los Cantares 3:1	86, 150
Cantar de los Cantares 3:7	66
Cantar de los Cantares 3:7-8	66, 171, 247
Cantar de los Cantares 3:8	68
Cantar de los Cantares 3:11	291
Cantar de los Cantares 4:8	221
Cantar de los Cantares 4:12	145
Cantar de los Cantares 5:1	172
Cantar de los Cantares 5:11	323
Cantar de los Cantares 6:5	413
Cantar de los Cantares 6:12	169
Cantar de los Cantares 8:8	294

D

Daniel 1:6	23
Deuteronomio 2:11	448
Deuteronomio 4:4	332, 354
Deuteronomio 4:15	250
Deuteronomio 4:19	107
Deuteronomio 4:39	76, 118
Deuteronomio 4:44	236, 360
Deuteronomio 5:16	357
Deuteronomio 6:4	23, 24, 345, 483, 485
Deuteronomio 6:5	173
Deuteronomio 7:8	95
Deuteronomio 9:16	420
Deuteronomio 9:27	405, 406
Deuteronomio 10:12	13
Deuteronomio 11:13	485
Deuteronomio 12:5	170
Deuteronomio 14:1	344, 352
Deuteronomio 14:6	209
Deuteronomio 17:15	396
Deuteronomio 18:10-11	200, 210
Deuteronomio 21:18	386

63b

Deuteronomio 21:18-20	379	Éxodo 3:7-9	422
Deuteronomio 21:21	380	Éxodo 3:13	307
Deuteronomio 21:23	229	Éxodo 4:22	254, 381, 382
Deuteronomio 22:10	451	Éxodo 5:1	381
Deuteronomio 22:11	448	Éxodo 6:25	27, 29, 84
Deuteronomio 22:12	448	Éxodo 10:4	381
Deuteronomio 23:11	283	Éxodo 11:5	184, 186
Deuteronomio 23:15	268	Éxodo 12:15	193
Deuteronomio 24:15	424, 425, 426, 428	Éxodo 12:23	216
		Éxodo 12:38	381, 474
Deuteronomio 25:17-19	399	Éxodo 12:43	234
Deuteronomio 27:9	183	Éxodo 12:44	234
Deuteronomio 30:19-20	442	Éxodo 12:45	234
Deuteronomio 31:17	315	Éxodo 13:1	485
Deuteronomio 32:4	56, 472	Éxodo 13:11	485
Deuteronomio 32:9	94, 107, 243	Éxodo 14:19	238, 304
Deuteronomio 32:12	382	Éxodo 14:20	238, 304
Deuteronomio 32:13	94	Éxodo 14:21	238, 304
Deuteronomio 32:19-20	406	Éxodo 18:21	166
Deuteronomio 32:29	76	Éxodo 19:1-2	420
Deuteronomio 32:39	310, 364	Éxodo 19:6	339
Deuteronomio 32:43	232	Éxodo 19:19	440
Deuteronomio 33:2	338	Éxodo 20:2	417, 419
Deuteronomio 33:5	393, 396	Éxodo 20:3	418
		Éxodo 20:4	418
E		Éxodo 20:7	418, 420
		Éxodo 20:8	352, 418, 420
Eclesiastés 1:7	32, 35, 36	Éxodo 20:8-12	349
Eclesiastés 1:9	81, 83, 84	Éxodo 20: 12	390
Eclesiastés 2:15	391, 392	Éxodo 20:12	373, 418
Eclesiastés 3:1	40	Éxodo 20:13	419, 420
Eclesiastés 3:9	82, 83	Éxodo 20:14	309
Eclesiastés 3:11	43	Éxodo 20:22	242
Eclesiastés 4:2	204, 207, 210	Éxodo 23:5	388
Eclesiastés 5:5	314	Éxodo 23:19	222
Eclesiastés 6:10	82, 83	Éxodo 24:1	12
Eclesiastés 9:14-15	179	Éxodo 24:7	85, 240, 371, 375, 379
Eclesiastés 9:16	183	Éxodo 24:11	83
Eclesiastés 10:17	321	Éxodo 24:18	51
Eclesiastés 12:1	461	Éxodo 25:20	52, 55, 57
Eclesiastés 12:2	424	Éxodo 27:10	261
Eclesiastés 12:14	405	Éxodo 31:1	487
Ester 3:3	384	Éxodo 31:14	352
Éxodo 1:1-4	397	Éxodo 32:1	381
Éxodo 1:11	181	Éxodo 32:4	85
Éxodo 2:2	393	Éxodo 32:35	381
Éxodo 2:4	61	Éxodo 34:5	51

ÍNDICE DE CITAS BÍBLICAS

Éxodo 34:6	195
Éxodo 38:25-28	395
Éxodo 39.30	437
Éxodo 40:38	51
Ezequiel 1	474
Ezequiel 1:10	71
Ezequiel 1:16	244
Ezequiel 1:18	245
Ezequiel 1:24	55
Ezequiel 1:26	142, 342, 394
Ezequiel 3:12	369
Ezequiel 9:6	353
Ezequiel 11:13	258
Ezequiel 28:2	80
Ezequiel 28:13	409
Ezequiel 36:25	194
Ezequiel 41:22	92

G

Génesis 1:1	351
Génesis 1:3	367
Génesis 1:4	392, 410
Génesis 1:16	367
Génesis 1:24	202
Génesis 1:31	104
Génesis 2:4	351
Génesis 2:7	400, 401
Génesis 2:10	33, 85, 129, 169, 191
Génesis 2:15-17	382, 402, 451
Génesis 2:16-17	446
Génesis 2:18	407, 408
Génesis 2:21	296
Génesis 2:21-23	408
Génesis 2: 22	408
Génesis 2:23	296
Génesis 2:24	348
Génesis 3:6	402
Génesis 3:12	407
Génesis 3:15	316
Génesis 3:21	403
Génesis 3:22	387
Génesis 4:1-2	392
Génesis 4:3	452
Génesis 4:3-4	450
Génesis 4:4	452
Génesis 4:8	284
Génesis 4:22	279
Génesis 4:23-24	284
Génesis 4:25	284
Génesis 5:1-2	408
Génesis 6:1-2	279
Génesis 6:2	73
Génesis 8:3-4	370
Génesis 9:25	229
Génesis 15:2	118, 378
Génesis 15:3	378
Génesis 17:10	240
Génesis 17:14	205
Génesis 18:1	216
Génesis 18:33	114
Génesis 19:18-20	182
Génesis 19:27	113
Génesis 22:16	142
Génesis 25:27	108
Génesis 26:8	37, 69
Génesis 27:11	103, 107
Génesis 27:22	199
Génesis 27:26-27	414
Génesis 27:27-29	199
Génesis 27:28	199
Génesis 28:13	415
Génesis 29:2-3	87
Génesis 29:3	88
Génesis 29:32-34	456
Génesis 30:13	124
Génesis 31:42	69
Génesis 31:53	69
Génesis 33:20	443
Génesis 34:25	93
Génesis 35:2	421
Génesis 35:3	421
Génesis 35:10	235
Génesis 37:9-12	356
Génesis 37:19-20	93
Génesis 38:6-10	215
Génesis 38:13-14	215
Génesis 38:14	217
Génesis 38:15	218, 226
Génesis 38:16	219, 220
Génesis 38:17	222
Génesis 38:18	222, 223
Génesis 38:24	224
Génesis 38:25	224, 225, 226

63b

Génesis 38:26	225
Génesis 42:24	93
Génesis 46:18	397
Génesis 49:24	153
Génesis 49:28	90

H

Habacuc 2:20	214

I

I Crónicas 12:29	92
II Crónicas 1:12	79
II Reyes 2:10-11	404
II Reyes 2:11	51
II Samuel 7:14	277
II Samuel 7:23	345
II Samuel 11:27	309
II Samuel 12:13	406
II Samuel 20:1	190
I Reyes 3:16	73
I Reyes 5:10	255
I Reyes 5:26	79, 80
I Reyes 12:16	191
I Reyes 17:1	174, 175
I Reyes 18:39	119
Isaías 1:18	159
Isaías 1:21	188
Isaías 1:27	225
Isaías 2:5	191
Isaías 3:12	74
Isaías 4:5	51
Isaías 6:2	319
Isaías 6:7	32, 271
Isaías 18:1	333, 335
Isaías 22:12	265
Isaías 26:1	179
Isaías 26:9	160, 161, 172, 173, 334
Isaías 27:13	440
Isaías 29:22-23	22, 25
Isaías 32:15	203
Isaías 37:35	213, 442
Isaías 38:5	326
Isaías 43:7	395
Isaías 43:10	441, 442, 443
Isaías 44:5	24
Isaías 49:3	81, 442
Isaías 50:1	255, 267
Isaías 50:3	260
Isaías 50:4	77, 79
Isaías 53:10	32
Isaías 54:13	78, 89
Isaías 55:6	40, 324
Isaías 56:4-5	356
Isaías 56:11	104, 332
Isaías 57:1	186
Isaías 57:19	276
Isaías 58:14	92, 163, 206
Isaías 59:21	77
Isaías 60:6	114
Isaías 60:7	191
Isaías 64:3	326
Isaías 66:22	177
Isaías 66:23	206, 282, 321
Isaías 66:24	310
I Samuel 1:10	323, 326
I Samuel 1:26	407
I Samuel 3:14	336
I Samuel 12:22	240
I Samuel 14:27	172
I Samuel 16:12	413
I Samuel 20:29	182
I Samuel 25:6	276
I Samuel 25:29	211

J

Jeremías 2:3	77
Jeremías 2:7	231
Jeremías 2:21	239
Jeremías 2:22	407
jeremías 6:4	264
Jeremías 17:8	33
Jeremías 23:24	405
Jeremías 25:30	259, 266
Jeremías 30:10	442
Jeremías 30:10-11	23, 24, 25
Jeremías 31:2	41, 112
Jeremías 31:33	33
Jeremías 33:24	236
Jeremías 37:18	445
Job 12:10	173
Job 14:11	36

ÍNDICE DE CITAS BÍBLICAS

Job 16:8	272
Job 20:27	112
Job 23:13	347
Job 26:13	172
Job 28:7	85
Job 28:13	125
Job 34:21	405
Job 38:1	51
Job 38:7	113
Job 38:13	230
Job 40:20	69
Josué 2:1	72, 94
Jueces 20:28	27

L

Lamentaciones 2:1	60, 224, 252
Lamentaciones 2:3	252
Levítico 1:1	11
Levítico 5:5	99
Levítico 6:3	453
Levítico 7:37-38	336
Levítico 10:1	17, 65
Levítico 10:2	43
Levítico 10:6	21
Levítico 11:43	268, 331, 335
Levítico 11:44	280, 283, 341
Levítico 16:1	13, 15, 16, 21, 26, 64, 65
Levítico 16:1-2	11, 12
Levítico 16:2	16, 32, 39, 41, 42, 44, 50, 51, 52, 53, 55, 64
Levítico 16:2-3	16, 44
Levítico 16:3	42, 53, 103
Levítico 16:3-4	453
Levítico 16:5	106
Levítico 16:6	139
Levítico 16:8-9	97
Levítico 16:8-11	20
Levítico 16:16	138
Levítico 16:17	139, 145
Levítico 16:18	112, 134, 136
Levítico 16:19	137
Levítico 16:20-22	20
Levítico 16:22	98, 100, 101, 102, 105, 108
Levítico 16:29-30	188, 192
Levítico 16:30	95, 107, 108, 139, 155, 156, 178, 193
Levítico 17:7	99, 198
Levítico 18:2-3	198, 214
Levítico 18:3	228, 229, 230, 232
Levítico 18:4	233
Levítico 18:6	310
Levítico 18:6-11	416
Levítico 18:7	249, 253, 257, 260, 267
Levítico 18:8	266, 267, 269
Levítico 18:9	294, 295
Levítico 18:12	276, 287
Levítico 18:13	293
Levítico 18:14	293
Levítico 18:15	299, 300
Levítico 18:17	307
Levítico 18:19	311, 312, 314, 318, 320
Levítico 18:24	242
Levítico 18:24-27	230
Levítico 18:27	241
Levítico 19:1	341
Levítico 19:1-2	329, 335, 339, 345, 348, 350, 451
Levítico 19:2	332, 333, 344, 348
Levítico 19:3	349, 351, 352, 354, 355, 356, 3 57, 363, 373, 374, 400, 418, 420
Levítico 19:4	404, 410, 411, 417, 418, 420
Levítico 19:11	418, 419
Levítico 19:12	418
Levítico 19:13	423, 424, 425, 426, 427, 428
Levítico 19:14	428, 429, 431, 433
Levítico 19:15	433, 434
Levítico 19:16	419, 441
Levítico 19:17	388, 436, 439, 441
Levítico 19:18	388, 441
Levítico 19:19	441, 445, 446, 448, 450
Levítico 19:23-24	454
Levítico 19:24	456, 458
Levítico 19:26	459
Levítico 19:32	459, 461
Levítico 19:36	246
Levítico 20:2	236

63b

Levítico 20:10	419
Levítico 20:17	276, 285, 287, 289
Levítico 22:10	239
Levítico 22:24	104
Levítico 23:15	268, 269
Levítico 23:27	192
Levítico 23:30	43
Levítico 23:32	192
Levítico 25	471
Levítico 26:2	353, 354
Levítico 26:3	373
Levítico 26:18	114
Levítico 26:42	139, 141
Levítico 26:44	62, 136
Levítico 32:26-27	159
Levítico 32:26-32	155
Levítico 32:27	177, 179

M

Malaquías 1:2	95, 454
Malaquías 1:6	358, 375, 379
Malaquías 2:6	385, 390
Malaquías 2.6	432
Malaquías 2:10	365
Malaquías 2:11	30
Malaquías 3:16	63
Malaquías 3:21	272
Miqueas 5:7	67
Miqueas 7:19	103
Miqueas 7:20	239

N

Números 3:2	20, 21
Números 3:3	20
Números 3:4	16, 17, 18, 26, 29, 65
Números 7:89	56
Números 10:25	116
Números 11:17	398, 399
Números 12:7	393
Números 12:8	79, 217, 312, 313
Números 15:31	127
Números 15: 37	483
Números 16:11	319
Números 16:29-34	44
Números 16:33	43, 44
Números 16:35	44
Números 17:27	44
Números 19:1-2	276
Números 19:20	316
Números 21:18	87
Números 22:29-30	229
Números 24:1	101
Números 24:2-3	101
Números 24:21	153
Números 25:7-8	30
Números 25:7-9	28
Números 25:10-12	30
Números 25:11	27
Números 25:12	31
Números 26:11	19
Números 27:2-3	28
Números 28:10	323
Números 28 y 29	476
Números 29:7-11	45
Números 31:21-22	28

O

Oseas 11:9	179
Oseas 11:10	321
Oseas 12:1	218
Oseas 13:4	421, 423
Oseas 14:7	251
Oseas 14:10	287

P

Proverbios 1:7	14
Proverbios 1:8	254
Proverbios 1:22	33
Proverbios 3:8	337
Proverbios 3:12	436
Proverbios 3:15	370, 378
Proverbios 3:19	358
Proverbios 3:35	359, 360, 375, 379
Proverbios 4:2	234, 359
Proverbios 4:18	459, 462
Proverbios 5:19	432
Proverbios 7:26	429
Proverbios 8:30	125, 163
Proverbios 9:4	33, 330
Proverbios 10:1	254, 255

Proverbios 10:25	35, 187	Salmos 32:9	329, 331, 332
Proverbios 13:23	58	Salmos 33:6	175
Proverbios 16:28	252	Salmos 40:12	446
Proverbios 20:11	461	Salmos 42:2	162, 164, 168, 169
Proverbios 22:9	100, 101, 102	Salmos 42:9	117
Proverbios 23:25	84, 165	Salmos 42:10	330
Proverbios 24:3	295	Salmos 45:4	68, 247
Proverbios 25:2	374	Salmos 45:15	165
Proverbios 25:25	109, 110	Salmos 46:1	48
Proverbios 27:9	46	Salmos 48:1	18
Proverbios 27:10	294	Salmos 48:5	165
Proverbios 28:10	359	Salmos 50:1	112, 118, 132
Proverbios 30:15	332	Salmos 55:14	359
Proverbios 30:20	218, 219	Salmos 55:23	323, 326
Proverbios 30:21	184	Salmos 57:12	435
Proverbios 31:1	254, 256	Salmos 69:14	40
Proverbios 31:11	66	Salmos 81:5	445
Proverbios 31:13	448, 449	Salmos 83:19	24
Proverbios 31:14	69	Salmos 86:11	432
Proverbios 31:15	48, 67, 444	Salmos 86:16	411, 414
Proverbios 31:16	69	Salmos 89:3	286
		Salmos 89:15	58, 242, 435
S		Salmos 91:10	277, 281
		Salmos 91:14	281
Salmos 1:3	345	Salmos 92:1	18, 322
Salmos 1:6	461, 462	Salmos 92:7	271, 272, 360
Salmos 2:11	13, 14, 15	Salmos 92:8	272
Salmos 5:12	327	Salmos 92:13	459
Salmos 9:8	435	Salmos 96:4	53
Salmos 9:11	327	Salmos 96:5	54
Salmos 10:1	40	Salmos 96:11	50
Salmos 11:7	226	Salmos 98:9	54, 55, 56
Salmos 12:6	435	Salmos 99:4	56
Salmos 19:8	369, 391	Salmos 99:10	56
Salmos 19:10	337, 338	Salmos 100:2	13, 14, 15
Salmos 20:2	167	Salmos 102:22	213, 214, 228
Salmos 22:2	168	Salmos 104:2	59
Salmos 23:5	92	Salmos 104:16	34
Salmos 24:3-4	181	Salmos 104:24	301, 366, 368
Salmos 24:3-5	180	Salmos 104:26	36, 69, 70
Salmos 25:5	115	Salmos 104:27	37, 41
Salmos 25:14	314	Salmos 104:35	232, 249
Salmos 27:4	325	Salmos 106:35	382
Salmos 27:11	432	Salmos 106:45	240
Salmos 29:9	165, 168, 171, 172, 368	Salmos 111:10	338
Salmos 31:6	426	Salmos 118:6-7	23, 24
Salmos 32:6	324	Salmos 118:19	217

63b

Salmos 119:62	163	**Z**	
Salmos 119:99	183		
Salmos 119:126	93	Zacarías 2:9	180
Salmos 122:3	297	Zacarías 4:7	273
Salmos 122:4	297, 298	Zacarías 5:9	246
Salmos 122:5	299	Zacarías 9:9	185, 188
Salmos 122:8	63, 294	Zacarías 14:9	290, 292, 293, 345
Salmos 130:1	194, 196		
Salmos 133:1	57, 61, 62		
Salmos 139:9	116		
Salmos 140:14	56, 132, 327		
Salmos 144:15	106, 159, 243		
Salmos 145:15	37		
Salmos 145:18	41		
Salmos 147:19	242		
Salmos 147:20	234		
Salmos 149:5	89		

ÍNDICE

Dedicatoria de El Zohar 7
Palabras introductorias 9

Segunda parte: Ajarei Mot 11
Sección Kedoshim 329

Apéndice 463
Glosario 467
Tabla de equivalencias de libros bíblicos 490
Índice de citas bíblicas 491

EL ZOHAR
PLAN GENERAL DE LA OBRA

Volumen 1: Hakdamat Hazohar - Bereshit (1)
Volumen 2: Bereshit (2)
Volumen 3: Noaj - Lej Lejá
Volumen 4: Vaierá - Jaiei Sará
Volumen 5: Toldot - Vaietzé
Volumen 6: Vaishlaj - Vaieshev
Volumen 7: Miketz - Vaigash
Volumen 8: Vaiejí

Volumen 9: Shemot - Vaera
Volumen 10: Bo - Beshalaj
Volumen 11: Itró
Volumen 12: Mishpatim
Volumen 13: Terumá (1)
Volumen 14: Terumá (2) (Sifra Detzniuta)
Volumen 15: Tetzave - Ki Tissa
Volumen 16: Vaiakel
Volumen 17: Pekude (1)
Volumen 18: Pekude (2)

Volumen 19: Vaikrá
Volumen 20: Tzav - Sheminí - Tazría - Metzorá

Volumen 21: Ajarei Mot - Kedoshim
Volumen 22: Emor - Behar - Bejukotai

Volumen 23: Bamidbar - Nasó (1)
Volumen 24: Nasó (2) - Behaalotjá (Idra Raba)
Volumen 25: Shelaj - Koraj
Volumen 26: Jukat - Balak
Volumen 27: Pinjas (1)
Volumen 28: Pinjas (2) - Matot

Volumen 29: Devarim (1)
Volumen 30: Devarim (2) (Idra Zuta)

Volumen 31: Shir Hashirim
Volumen 32: Ruth - Eijá

ESTIMADO LECTOR

Dado que los volúmenes de El Zohar se publicarán de modo progresivo a lo largo de varios años, Ediciones Obelisco se compromete, para su facilidad, a comunicarle la aparición de cada nuevo volumen publicado para que usted pueda adquirirlo en cualquier librería de su país. Para ello le agradeceríamos nos enviara sus datos por e-mail o por carta a:

EDICIONES OBELISCO

Pere IV 78, 3º 5ª
08005 Barcelona (ESPAÑA)
Tel. (34) 93-309-85-25
Fax: (34) 93-309-85-23
e-mail: comercial@edicionesobelisco.com